[redacted]

MW01699890

Ter herinnering
aan onze vakantie
juli 2010.

Wim en Margriet.

Het nieuwe kookboek

Al **60** jaar

Het nieuwe kookboek

HET BASISKOOKBOEK SINDS 1948

H.H.F. Henderson,
I.J. Ebbelink-Bosch,
H. Toors, C. Thijssen

Het basiskookboek voor iedere keuken

KOSMOS

Kosmos Uitgevers, Utrecht/Antwerpen

KOSMOS
www.kosmosuitgevers.nl

Negenendertigste druk, 2010
Kosmos Uitgevers B.V., Utrecht/Antwerpen

Oorspronkelijke uitgave 1948
Geheel herziene editie © 2005 Kosmos-Z&K Uitgevers B.V., Utrecht
Auteur: H.H.F. Henderson e.a.
Ontwerp en opmaak: Studio Angela Damen
ISBN 978 90 215 3515 9
NUR 441

Alle rechten voorbehouden/All rights reserved
Niets uit deze uitgave mag worden verveelvoudigd en/of openbaar gemaakt
door middel van druk, fotokopie, microfilm of op welke andere wijze en/of door
welk ander medium ook, zonder voorafgaande schriftelijke toestemming van de uitgever.

Deze uitgave is met de grootst mogelijke zorgvuldigheid samengesteld.
Noch de maker, noch de uitgever stelt zich echter aansprakelijk voor eventuele
schade als gevolg van eventuele onjuistheden en/of onvolledigheden in deze uitgave.

Printed and bound in India by Replika Press Pvt. Ltd.

Woord vooraf bij de 38e druk

Origineel is dat ter gelegenheid van de zestigste verjaardag van dit basiskookboek het omslag uit de beginperiode is gebruikt. *Het nieuwe kookboek* werd destijds nog – met de hand geschreven – aan de uitgever overhandigd als "Neerlands Kookboek".
De *inhoud* bestaat nog steeds uit betrouwbare recepten, duidelijke bereidingswijzen en achtergrond-informatie; bruikbaar voor zowel dagelijkse-, weekend- als feestelijke maaltijden.
Eigentijds in deze druk is dat recepten, met gebruikmaking van de computertechniek, aangepast zijn aan nieuwe kooktrends en inzichten op het gebied van voedingsmiddelen.

Door de jaren heen is dit kookboek *up to date* en een rots in de branding gebleven en daar zijn wij best trots op.

De auteurs

Woord vooraf bij de 36e druk

Voor de 36e druk zijn verschillende hoofdstukken opnieuw gerangschikt, wat naar de mening van de auteurs de overzichtelijkheid ten goede is gekomen. Nieuwe recepten en variaties uit de wereldkeuken zijn toegevoegd. Enkele bewerkelijke, minder gangbare recepten en recepten die naar de huidige inzichten een risico voor de gezondheid kunnen inhouden zijn verwijderd.
Het onderdeel 'Kruiden' is geheel herzien. Uitgebreid is het hoofdstuk 'Roerbak(wok)gerechten', dat inhaakt op de behoefte aan gezond en vlugklaar bereiden. Gehandhaafd is het hoofdstuk 'Bereidingstechnieken en ovengebruik'. De inleidingen bij elk hoofdstuk gaan dieper in op de achtergrond van de samenstelling en de bereiding van de betreffende gerechten.
Rekening houdend met de mogelijke bezwaren tegen het gebruik van rauw eiwit hebben we de betreffende recepten – mayonaise, schuimige vla's en bavarois – zodanig aangepast dat ze zonder risico gebruikt kunnen worden.
Wij wensen de gebruiker veel kookplezier toe.

De auteurs

Inhoud

Aanbevolen wordt:
- Het *hele* recept door te lezen voor het koken.
- Alle ingrediënten vooraf klaar te zetten.
- *Voor* het opdoen het gerecht kritisch te proeven en zo nodig bij te werken.

De recepten zijn berekend voor *vier volwassen personen*, tenzij er een ander aantal genoemd staat.
Waar boter wordt vermeld, kan ook margarine gebruikt worden. Bij bakken en braden en dergelijke kan ook vloeibaar bak- of braadvet of (olijf)olie gebruikt worden.

Gewichtstabel/lepelmaten (gebaseerd op lepels van gemiddelde grootte)

1 lepel water weegt	15 g
1 lepel olie	9 g
1 afgestreken lepel aardappelmeel	7 g
1 afgestreken theelepel aardappelmeel	1,5 g
1 afgestreken theelepel bakpoeder	1,5 g
1 afgestreken lepel basterdsuiker	12 g
1 afgestreken lepel bloem	7 g
1 afgestreken lepel boter	14 g
1 afgestreken lepel cacao	8 g
1 afgestreken lepel custardpoeder	7 g
1 afgestreken lepel gelatinepoeder	8 g
1 afgestreken theelepel gelatinepoeder	1,5 g
1 blaadje gelatine	± 2 g
1 afgestreken lepel griesmeel, boekweitegrutten	9 g
1 afgestreken lepel havermout	5 g
1 afgestreken lepel oploskoffie, koffie-extractpoeder (grof)	3 g
1 afgestreken theelepel oploskoffie, koffie-extractpoeder (grof)	0,5 g
1 afgestreken lepel krenten	10 g
1 afgestreken lepel maïzena	7 g
1 afgestreken lepel margarine	14 g
1 afgestreken lepel mayonaise	14 g
1 afgestreken lepel poedersuiker	10 g
1 afgestreken lepel rozijnen	10 g
1 afgestreken lepel rijst	12 g
1 afgestreken lepel suiker	12 g
1 afgestreken lepel fijn zout	15 g
1 afgestreken theelepel fijn zout	3 g

Inhoudsmaten

1 dl	=	1/10 liter	=	100 cc	1 lepel	=	± 0,15 dl	=	15 cc
1¼ dl	=	⅛ liter	=	125 cc	1 koffiekopje	=	± 1,5 dl	=	150 cc
2½ dl	=	¼ liter	=	250 cc	1 beker, soepkop	=	± 2 dl	=	200 cc
5 dl	=	½ liter	=	500 cc					
10 dl	=	1 liter	=	1000 cc					

Bij conserven (blik/glas) wordt bij de hoeveelheid in grammen uitgegaan van het nettogewicht.

Oventemperaturen:

1 = ± 140 °C	=	lauwwarm	5 = ± 220 °C	=	heet
2 = ± 160 °C	=	matig warm	6 = ± 240 °C	=	zeer heet
3 = ± 180 °C	=	warm	7 = ± 260 °C	=	zeer heet
4 = ± 200 °C	=	vrij heet	8 = ± 280 °C	=	grilleren

Aanwijzingen ovengebruik

Gas- en elektrische ovens met thermostaat (zogenoemde conventionele ovens) zijn voorzien van aanwijzingen voor temperatuur en plaats in de oven die in de gebruiksaanwijzing of op de ovendeur zijn aangegeven. Deze gemiddelden moet men soms naar eigen ervaring iets aanpassen. Op de knop van de ovenschakelaar is óf de temperatuur óf een cijferverdeling aangegeven (zie Oventemperaturen op blz. 362).
Bij het inschakelen van de *grill* is de ovenverwarming uitgeschakeld.
Voorverwarmen van ovens op de gewenste bereidingstemperatuur: gas 2-5 minuten; elektrisch 10-15 minuten.
Plaats van een gerecht in de oven: indien dit niet in de recepten is aangegeven, het midden van het gerecht in het midden van de oven plaatsen; op te warmen gerechten iets onder het midden plaatsen. Het energieverbruik van een oven is aanmerkelijk hoger dan dat van een kookplaat.
De heteluchtoven (turbo- of circulatieoven) met ingebouwde ventilator ± 20 °C lager instellen dan in de recepten is aangegeven (zie de gebruiksaanwijzing). Er zijn ovens waarbij men de ventilator zelf moet inschakelen. Zonder ingeschakelde ventilator is het effect gelijk aan dat van conventionele ovens. Een turbo- of heteluchtoven geeft door de gehele oven gelijkmatige warmte; men kan op meerdere hoogten tegelijk bakken.
De magnetron is een elektrisch apparaat, dat bepaalde gerechten snel kan ontdooien en opwarmen. Indien het vermogen hoog genoeg is (vanaf 650 watt), kan het gerecht ook gaar gemaakt worden. De magnetronbuis (het belangrijkste onderdeel van de magnetron) zendt elektromagnetische (micro)golven uit. Die golven dringen aan alle kanten ± 2-4 cm in het gerecht (afhankelijk van het vochtgehalte) en veranderen dan van richting. Dat veroorzaakt trillingen, waardoor wrijvingswarmte binnen in het gerecht ontstaat (de lucht rondom het gerecht wordt niet verwarmd). Om een gelijkmatig resultaat te krijgen, worden de microgolven verdeeld door een draaiantenne boven in de magnetron of door een draaiplateau onder in de magnetron.
Magnetronstanden verschillen per type. Zie daarvoor de bijgeleverde gebruiksaanwijzing. Zie ook Magnetronbereiding op blz. 14-15 .
De bereidingstijd is afhankelijk van de begintemperatuur, het vochtgehalte, de hoeveelheid en de hoogte van het gerecht. Indien 4 cm of hoger, het gerecht halverwege de bereidingstijd omscheppen. Na de bereidingstijd ± 5 minuten laten nagaren. De magnetron is geschikt voor het bereiden van een- of tweepersoonsporties. Bij een dubbele hoeveelheid wordt de bereidingstijd tweemaal zo lang. Het apparaat nooit leeg inschakelen; dit is zeer nadelig voor de levensduur van de magnetronbuis.
Combinatiemagnetrons zijn uitgevoerd met een grillelement en vaak een heteluchtsysteem. Hierin kan men het voedsel door microgolven gaar laten worden, met de grill een bruin korstje laten krijgen en met het heteluchtsysteem bakken.
Als *serviesgoed* worden aanbevolen: glas, porselein of speciale voor de magnetron geschikte kunststoffen, bij voorkeur in ronde of ovale vorm. *Niet geschikt zijn:* metaal, serviesgoed met gouden of zilveren versieringen en poreus aardewerk.

Kruiden en specerijen

Kruiden en specerijen moeten in zo'n (geringe) mate worden toegevoegd, dat de smaak en geur ervan bijdragen tot een harmonisch aroma van een gerecht, maar nooit overheersen. Bladeren van verse kruiden bij voorkeur niet of zeer kort meekoken. De smaak verandert bij het koken (aangegeven met *). Stengels, wortels en specerijen vaak wel meekoken, -smoren of -fruiten, waardoor het aroma sterker naar voren komt. Kruiden en specerijen met een uitgesproken, pittig of scherp aroma met mate toevoegen. Ze overheersen snel!

A = soepen/marinades
B = sauzen/ragouts
C = boter/eieren/kaas
D = vis
E = vlees/wild/gevogelte
F = (gekookte) groente
G = dressing/salades
H = peulvruchten
I = vruchten/gebak
J = zoete gerechten

Kruid/specerij	**Bijzonderheden Toepassing**	**A**	**B**	**C**	**D**	**E**	**F**	**G**	**H**	**I**	**J**
Anijszaad, -poeder	uitgesproken aroma				D	E	F			I	J
Basilicum	takjes, pittig aroma, Italiaanse keuken	A	B	C	D	E	F	G	H		
Bieslook	zachte uiensmaak	A	B	C	D	E	F	G	H		
Knoflookbieslook *(Chinees bieslook)*	zachte knoflooksmaak	A	B	C	D	E	F	G	H		
Bladselderij	zacht aroma	A	B	C	D	E	F	G	H		
Bonenkruid	pittig aroma						F	G	H		
Borage* *(komkommerkruid)*	smaakt naar komkommer		B	C	D	E	F	G	H		
Citroengras *(sereh)*	kruidig aroma, eerst kneuzen	A	B		D	E		G	H	I	J
Citroenmelisse*	frisse, citroenachtige smaak	A	B	C	D	E	F	G	H	I	J
Dille*	zacht aroma	A	B	C	D	E	F	G	H		
Dillezaad	sterker van smaak dan dille	A	B	C	D	E	F	G	H		
Dragon	pittig aroma	A	B	C	D	E		G			
Foelie	bast om de nootmuskaat, pittig aroma	A	B			E					
Gemberwortel	pittig aroma, kleinsnijden of raspen,	A	B		D	E					
Gemberpoeder *(djahé)*	kruidig aroma	A	B	C	D	E		G		I	J
Jeneverbessen	rijpe gedroogde bessen van de jeneverstruik, kruidig aroma, kneuzen	A				E					
Kaneel	jonge schors van de kaneelboom, uitgesproken aroma					E	F			I	J
Kardemom	kruidig aroma, kneuzen					E				I	J
Karwijzaad *(kummel)*	uitgesproken aroma			C		E	F	G	H	I	
Kervel	lichte anijssmaak	A	B	C	D	E	F	G	H	I	J
Knoflook	uitgesproken aroma	A	B	C	D	E	F	G	H		
Komijn	gemalen (djinten), uitgesproken aroma			C		E	F	G	H	I	
Koriander	blad en zaad, gemalen (ketoembar) uitgesproken aroma, mediterrane en oosterse keuken	A	B	C	D	E	F	G	H		
Kruidnagel	gedroogde bloemknop, uitgesproken aroma		C		E	F				I	J

Kruid/specerij	Bijzonderheden Toepassing	A	B	C	D	E	F	G	H	I	J
Kurkuma *(koenjit, geelwortel)*	hoofdbestanddeel van kerrie, geeft gele kleur aan kerrie en gerecht, zacht, bitter aroma			C	D	E					
Laos	(gemalen) galanga, wortel, lichte gembersmaak				D	E			H		
Laurier	blaadjes van de laurierboom, uitgesproken aroma	A	B		D	E			H		
Lavas *(maggiplant)*	uitgesproken aroma	A	B	C		E					
Majoraan, marjolein	blad, kruidig aroma	A	B	C		E	F	G	H		
Mierikswortel	scherp aroma, raspen		B	C		E	F				
Mosterdzaad, -poeder	wit mosterdzaad heeft zacht, zwart mosterdzaad heeft meer uitgesproken aroma, eerst kneuzen		B	C	D	E		G			
Munt, mint*	uitgesproken aroma			C		E		G	H	I	
Nootmuskaat*	uitgesproken aroma, raspen	A	B	C		E	F		H		
Oregano	wilde marjolein, uitgesproken aroma	A	B	C		E			H		
Paprikapoeder	mild en scherp aroma (pikant)	A	B	C	D	E	F	G	H		
Peper	scherp/zeer scherp aroma	A	B	C	D	E	F	G	H		
Peterselie	takjes, gladde peterselie meer aroma dan krulpeterselie	A	B	C	D	E	F	G			
Piment, allspice	bessen van pimentboom, kruidig aroma, Caribische keuken	A	B			E			H	I	J
Rozemarijn	blaadjes, uitgesproken aroma	A	B			E		G			
Saffraan	meeldraden van een krokussoort, kleurt gerecht geel, zacht, bitter aroma	A	B		D	E				I	J
Salie	blad, uitgesproken aroma	A	B			E	F	G	H		
Tijm	blad, uitgesproken aroma	A	B	C	D	E	F	G	H		
Vanille	zaad uit de peul van orchideesoort, uitgesproken aroma									I	J
Venkelgroen*	kruidig aroma met anijsachtige smaak	A	B	C	D	E	F	G		I	J
Venkelzaad	idem, eerst kneuzen	A	B	C	D	E	F	G		I	

Hoeveelheid: 1 lepel verse kruiden (diepvries) = ± 1½ theelepel gedroogd = ± ¼ theelepel poeder. Verse groene kruiden invriezen (zie blz. 432).

Bouquet garni: kruidenboeketje dat wordt samengebonden en kan bestaan uit takje(s) tijm, laurierblaadje en enkele takjes peterselie (klassiek). Kan uitgebreid worden met stukje prei, ui, teentje knoflook, takje dragon of een ander kruid. Altijd meetrekken.

Kruidenbuiltje: mengsel van kruiden (vaak gedroogd) en specerijen in een builtje (zakje) of gedaan in een thee-ei. Altijd meetrekken.

Fines herbes: mengsel van kruiden; dragon, peterselie, kervel en bieslook. Meestal gedroogd.

Groenten: de meest gebruikte groenten die (kleingesneden) met kruiden en/of specerijen worden meegekookt zijn prei, ui, sjalot, wortel, knolselderij, bleekselderij, venkel.

Pepers

Groene peperkorrels zijn de verse, onrijpe bessen van de peperplant die meestal worden ingemaakt, soms gedroogd. Zwarte peperkorrels zijn de gedroogde onrijpe groene bessen. Witte peperkorrels zijn de rijpe rode bessen, door fermentatie van schil ontdane en daarna gedroogde zwarte peperkorrels. Roze peperkorrels zijn de bessen van een andere plant dan de peperplant. Ze worden gedroogd of ingemaakt. Ze zijn veel minder scherp. Szechuan- of sansjopeper zijn de aromatische en pittig smakende gedroogde bessen van een Chinese boom. Spaanse pepers (lombok, rawit) is familie van de paprika en de peulen zijn er zowel vers als gedroogd, in diverse kleuren en maten. Onrijpe pepers zijn groen, rijpe pepers zijn geel, oranje of rood. De zaadjes zijn het scherpst. Cayennepeper of chilipeper is gedroogde gemalen Spaanse peper. Van deze pepers worden ook pasta's onder andere sambal (Indonesië) en harissa (Noord-Afrika) en sauzen, onder andere tabasco, piripirisaus, chilisaus, jalapeñosaus, sweet chilisaus gemaakt.

Kruiden- en specerijenmengsels

Afhankelijk van de samenstelling en de verhouding van de ingrediënten (per merk verschillend) is de smaak meer of minder aromatisch of pittig en daarom ook in het gebruik verschillend.

Droge mengsels

Klassieke mengsels uit de wereldkeuken zijn onder andere kerrie (onder andere kurkuma, koriander, peper, gember, madras is scherp, djawa is iets zoet), garam masala (onder andere koriander, komijn, gember, zwarte peper, kaneel, kardemom, laurier, kruidnagel, nootmuskaat), Chinees vijfkruidenpoeder (anijs, venkel, peper, kaneel, gember) en chilipoeder (onder andere chilipeper, komijn, oregano, koriander, knoflook). Er zijn ook mengsels voor diverse (streek)keukens zoals Provençaalse kruiden, Italiaanse kruiden, cajunkruiden, TexMexkruiden en dergelijke en mengsels voor speciale gerechten zoals bami- en nasikruiden, gyros-, pizza-, taco-, tandoori-, gehakt-, sla, vis-, vlees-, kip-, koek- en speculaaskruiden, et cetera.

Pasta's

Min of meer vloeibare mengsels van kruiden en/of specerijen met vaak nog andere smaakmakers (onder andere azijn, wijn, kaas, noten, zaden) zoals pesto, mosterd, garnalenpasta (trassi) Indiase en Thaise currypasta's, sambal en harissa, boemboes (Indonesisch). Gebruiken zoals in het recept staat aangegeven.

Sauzen

Onder andere pepersaus (zie pepers), sojasaus (Indonesische ketjap asin is zout, ketjap manis is zoet, Chinese dunne of heldere en donkere sojasaus en Japanse sojasaus), vissaus (Thais en Vietnamees), oestersaus (Chinees), hoisinsaus (Chinees). Gebruiken zoals in het recept of op de verpakking staat aangegeven.

Bereidingstechnieken

Aromatiseren Geur en smaak aanbrengen of verhogen door middel van

- trekken (zie blz. 17), marineren (zie blz. 15);
- fruiten of smoren van (verse) kruiden, specerijen, rookspek of ham (in blokjes: mirepoix);
- toevoegen van:
- aromatische producten, fond of fumet (geconcentreerde bouillon), bruin van jus;
- (gemalen) specerijen, zout, suiker;
- eierdooier, (koffie)room;
- citroensap, azijn, wijn, likeur.

Au bain-marie verwarmen Verwarmen (tot even onder het kookpunt) in een afgedekte pan of schaal, die in een waterbad is geplaatst dat aan de kook wordt gehouden op een warmtebron of in een oven (± 200 °C). Deze bereidingswijze voorkomt aanzetten en/of schiften.

Bakken in (koeken)pan Bruin, krokant en geheel of gedeeltelijk gaar maken in een kleine hoeveelheid licht gebruinde boter of in hete olie of vet in een open pan; zie ook roerbakken en fruiten.

Bakken in een ruime hoeveelheid olie of frituurvet (zogenoemd diep vet) (frituren) Bruin, krokant en geheel of gedeeltelijk gaar maken, ondergedompeld in warme of hete frituurolie of frituurvet (150-180 °C) in een open pan die maximaal voor de helft is gevuld. Bij een frituurpan zonder thermostaat de temperatuur controleren door er een korstje oud brood in te bakken. Indien dit vrij snel kleurt, is de olie 180 °C. Vet ontleedt boven ± 180 °C; dit kan schadelijk voor de gezondheid zijn.

160 °C: uitrijzen (bijvoorbeeld soesjes) of gaar maken zonder te kleuren (bijvoorbeeld gaar maken (voorbakken) van patates frites).

175 °C: gaar maken en laten kleuren (bijvoorbeeld oliebollen); doorwarmen en laten kleuren van gepaneerde gerechten.

180 °C: snel laten kleuren van gare gerechten (bijvoorbeeld voorgebakken patates frites).

N.B. Diepvriesproducten in bevroren toestand, ontdaan van ijsdeeltjes, bakken.

Als frituurvet gebruikt men bij voorkeur (sla)olie (boter en margarine zijn ongeschikt). Frituurolie of vet na elk gebruik zeven en na 4-6 keer gebruik geheel vernieuwen. Vet ontbrandt spontaan bij zeer hoge temperatuur of door het overslaan van een vlam in de pan; daarom altijd een deksel bij de hand houden om de pan af te kunnen sluiten en daardoor de vlam te doven.

Bakken in een (conventionele en heteluchtt)oven Bruin en gaar maken door middel van hete lucht (140-260 °C) in een gesloten oven. Voor oventemperaturen van gebak zie blz. 362.

Barbecuen Bruin en geheel of gedeeltelijk gaar roosteren boven de stralende warmte van een gloeiend (houtskool)vuur, elektrisch of gasgrillapparaat. (De gerechten worden niet gezouten, maar vaak tijdens de bereiding bestreken met een pittig smakende saus.)

Barderen Mager vlees of gevogelte voor de bereiding bedekken of omwikkelen met een plak of plakjes vers spek, om uitdrogen te voorkomen.

Bedruipen Regelmatig vet of vocht over een gerecht scheppen tijdens braden, om uitdrogen te voorkomen.

Beslaan Beslag of deeg met kracht tegen de wand van een kom slaan, om het elastisch te maken en er lucht in te brengen.

Binden Dikker maken van een vloeistof door middel van

- een (meestal) koud aangemengd zetmeelhoudend bindmiddel, dat verstijfselt tussen 70 °C en 100 °C; bij bloem eventueel in de vorm van een roux (zie bij soepen, blz. 75);
- eieren of eierdooiers, waarvan het eiwit coaguleert bij ± 70 °C (zie bij sauzen, blz. 104-105);
- gelatine, die water vasthoudt bij afkoeling beneden 25 °C (zie bij puddingen, blz. 320-321);

- agar agar, die water vasthoudt bij afkoeling beneden 40 °C (zie chocoladepudding, blz. 329);
- een combinatie van genoemde bindmiddelen.

Blancheren In gedeelten aan de kook laten komen in ruim kokend water (de blancheertijd gaat in als het water weer kookt), afgieten en (onder stromend water) afkoelen om:

- groenten beetgaar te maken;
- minder gewenste (smaak)stoffen te verwijderen (toegepast bij nieren);
- bruin kleuren van geschilde vruchten te voorkomen;
- groenten iets te laten slinken en enzymen onwerkzaam te maken (onder andere bij diepvriezen);
- ontvellen mogelijk te maken (onder andere bij tomaten en amandelen).

Blussen Toevoegen van iets koude vloeistof om temperatuurstijging te voorkomen of een te hoge temperatuur te verlagen.

Braden Bruin en geheel of gedeeltelijk gaar maken van vlees in vrij heet vet, in een gesloten pan op een iets getemperde warmtebron of in een braadslede in de oven (150 °C bij lang braden, 220 °C bij kort braden).

Bruineren (in oven) Dun goudbruin korstje opbrengen door verhitten in de oven (zie ook gratineren):

- uitsluitend bruineren, desgewenst met honing, marmelade of zoete sojasaus bestreken, ± 260 °C (boven in de oven);
- uitsluitend bruineren met kaas en/of ei ± 220 °C (midden in de oven);
- opwarmen en bruineren ± 220 °C (iets boven het midden, driekwart van de tijd afgedekt);
- gaar maken en bruineren ± 220 °C (midden in de oven, driekwart van de tijd afgedekt).

Bruineren (in koekenpan) Onder regelmatig roeren of omschudden lichtbruin en droog maken door middel van geleidende warmte, bijvoorbeeld

- droge bloem voor bruine saus of soep (zie blz. 107);
- roux voor blonde of bruine saus of soep (zie blz. 105);
- amandelsnippers als garnering.

Canneleren Aanbrengen van ondiepe groefjes in de schil van groenten en vruchten.

Deglaceren Vocht toevoegen en daarna onder verwarmen losroeren van bruin geworden, op de panbodem vastgezet bruin bezinksel, zodat dit oplost (na bakken of braden). Zie ook het maken van jus, blz. 151.

Dichtschroeien Rondwentelen van vlees in heet vet, waardoor het eiwit aan de buitenkant coaguleert, zodat het gerecht tijdens de verdere bereiding zo min mogelijk vocht verliest.

Farceren Vullen, bedekken of omhullen van vlees, vis, gevogelte, groenten of eieren met bijvoorbeeld een gehaktmengsel (een farce).

Fileren Vis, vlees, wild of gevogelte in repen van de graat of botten nemen.

Flamberen Branden van alcoholdamp, afkomstig van bijvoorbeeld in metalen lepel *verwarmde* cognac, rum of likeur, geschonken over een gerecht ter verbetering van smaak of uiterlijk. Geflambeerde gerechten worden vaak brandend aan tafel gebracht. (Bij flamberen op het fornuis de eventueel aanwezige afzuigkap uitschakelen.)

Frituren Zie bakken in een ruime hoeveelheid hete olie of vet (zogenoemd diep vet).

Fruiten Langzaam goudgeel bakken in weinig licht gebruinde boter of in warme olie in een open pan.

Garneren Verbeteren van het uiterlijk van een gerecht door middel van:

- glans aanbrengen: zie glaceren;
- bedekken met een saus;
- aanbrengen van bijvoorbeeld fijngesneden tuinkruiden, noten, (Franse) vruchtjes, schijfjes citroen, gekleurde suiker; opspuiten van slagroom;
- aanbrengen van een garnituur, zie blz. 76, 92-93, 151-152.

Glaceren, glanzen Opbrengen van een dun glanzend laagje, waardoor het uiterlijk van het gerecht verbetert en uitdrogen wordt voorkomen. Glaceermiddelen zijn onder andere:

- heldere gelei: aspic, vruchtengelei, glansgelei;
- gesmolten boter, jus of dunne saus;
- glazuur, jam;
- losgeklopt ei (vóór het bakken opbrengen).

Gratineren Dun goudgeel korstje opbrengen door middel van snel verhitten in een zeer hete oven (± 240 °C met bovenwarmte) of op 15 cm afstand van een roodgloeiende grill (2 à 3 minuten).
Het gerecht kan bedekt worden met:

- paneermeel en klontjes boter;
- een roommengsel;
- geraspte kaas of kaassaus.

Zie ook bruineren.

Grilleren Bruin en geheel of gedeeltelijk gaar maken zonder vet door middel van een felle stralende warmte (± 280 °C) boven het levensmiddel bij geopende oven:

- dikke producten (zo nodig samengebonden) ronddraaien aan een spit;
- platte producten afhankelijk van dikte, gewenste gaarte en kleur 5-15 cm op een ingevet rooster onder het grillelement plaatsen.

Inkoken Laten verdampen van een teveel aan vocht door middel van koken in een open pan, zodat het gerecht geconcentreerder wordt. Bijvoorbeeld: het inkoken van bouillon (fond of fumet) of vruchtenpuree voor jam.

Karameliseren Lichtbruin branden van vooraf gelijkmatig gesmolten suiker, waarbij de smaak verandert.

Klaren Helder maken van een vloeistof met behulp van koken met geklopt eiwit, gevolgd door zeven.

Kloppen Inbrengen van lucht tot een samenhangende of vormhoudende massa is verkregen.
Verse eieren op kamertemperatuur gebruiken; slagroom gekoeld en in een koele omgeving kloppen (zie recept blz. 415).
Hele eieren voor biscuitdeeg in een kom in handwarm water plaatsen om de kloptijd te bekorten.
Eiwit kan alleen zonder dooier(resten) stijf geslagen worden; gebruik van vetvrij materiaal is noodzakelijk. Het toevoegen van een tikje zout bevordert het stijf worden, een theelepel suiker na het stijf slaan maakt het schuim fijner en beter te verdelen (zie ook omscheppen).

Koken

- Verhitten van levensmiddelen in kokend vocht (100 °C) of in stoom (eventueel onder druk, maximaal 120 °C) om gerechten 'gaar' te maken.
- Verhitten van kleine hoeveelheden vochthoudende levensmiddelen door middel van microgolven.

Larderen Rauw mager (orgaan)vlees middenin met bijvoorbeeld een lardeernaald in de richting van de spiervezels op regelmatige afstand doorrijgen met lange repen vers spek, die aan weerszijden een stukje blijven uitsteken (om uitdrogen tegen te gaan, bijvoorbeeld ossenhaas, hazenrug, lever).

Losroeren/loskloppen Voorbewerking bij het verwerken van eieren of eiwit, om een gelijkmatig mengsel te verkrijgen:

- als ingrediënt in een gerecht: stevig uitroeren, al of niet met vocht of suiker;
- als plakmiddel bij paneren: langzaam met een vork vermengen met vocht en loshalen van de eiwitstrengen, zodat deze verdeeld raken, *zonder* dat de massa schuimig wordt.

Eventueel toch ontstaan schuim uitzeven.

Magnetronbereiding (zie ook de magnetron op blz. 8) Het ontdooien, opwarmen of gaar maken van vocht bevattende gerechten door microgolven, die het gerecht van binnenuit door middel van wrijvingswarmte verhitten. Een goed resultaat verkrijgt men door:

• de juiste stand en tijdsduur in te stellen;
• vliesjes en velletjes waaronder in de magnetron een vacuüm kan ontstaan (bijvoorbeeld eierdooier, tomaten, aardappels, (rook)worst) vooraf in te prikken;
• het gerecht of de gerechten in een cirkel op de schaal te rangschikken met de dikkere delen aan de buitenzijde;
• het gerecht in een dunne gelijkmatige (maximaal 4 cm) laag uit te spreiden;
• het gerecht gedurende de bereiding enkele malen door te roeren of om te scheppen;
• gerechten (bijna) altijd af te dekken waardoor ze sneller opwarmen en minder uitdrogen (met een deksel, een bord, plastic folie waarin men gaatjes prikt of speciaal magnetronfolie);
• in vloeistoffen een (houten of glazen) staafje mee te warmen, om 'kookvertraging' (en daardoor kans op overkoken als men het uit de magnetron haalt) te voorkomen;
• na ieder gebruik de gehele binnenkant van de oven, ovendeur en deursponning goed te reinigen (vuil- en vetdeeltjes verminderen de werking van de microgolven).

Magnetronbereiding is ONGESCHIKT voor eieren in hun schaal, grote hoeveelheden, gerechten die in veel water gekookt moeten worden (bijvoorbeeld macaroni) en gerechten die bruin en knapperig moeten worden of blijven (daarvoor is de combi-magnetron ontwikkeld; ook kan men het gerecht na de bereiding in de magnetron in de conventionele oven – al of niet onder de grill – laten kleuren).
Olie of alcohol verhitten in de magnetron is ZEER GEVAARLIJK door de grote kans op zelfontbranding van de olie- of alcoholdamp.

Marineren Levensmiddelen enige tijd op een koele plaats laten staan in een (zachtzure) gekruide vloeistof met het doel de producten smakelijker te maken en/of het bindweefsel van vlees zachter te maken.
Tijd: 10 minuten tot maximaal 2 × 24 uur, afhankelijk van de sterkte van de marinade en het soort product.

Omscheppen, omleggen, spatelen De onderste (lichtste) laag van een aantal ingrediënten naar boven halen en op de bovenste (zwaarste) laag leggen. Deze behandeling enige malen herhalen, tot de ingrediënten gemengd zijn. Hierdoor behoudt men de luchtigheid van een gerecht beter dan door roeren.

Ontdooien Warmte toevoeren aan bevroren producten, tot deze geschikt zijn voor verdere bereiding:
• zonder verpakking, afgedekt in de koelkast, bijvoorbeeld vlees;
• in diepvriesverpakking in kokend water, bijvoorbeeld saté;
• in magnetronoven; voor materiaal en tijd zie de gebruiksaanwijzing.

Ontvetten Vet verwijderen door:
• zeven met behulp van een katoenen of linnen doek (bijvoorbeeld bouillon);
• afscheppen van gestold vet van bijvoorbeeld gekoelde soep, saus of jus.

Paneren Bedekken met een dun laagje (een panade), dat bruinbakken bevordert en uitdrogen tegengaat, bijvoorbeeld paneermeel, bloem of een mengsel van beide, gemalen peperkorrels, noten, kokos, sesamzaad of droog kruidenmengsel (zie blz. 163). Het laagje wordt kort voor het bakken op of om het gerecht aangebracht en vastgehouden met behulp van (koffie)melk, een bloempapje of paneerei, dat wil zeggen 1 ei losgeklopt met 1 lepel melk, 1 eiwit losgemaakt met 1 lepel water (zie losroeren/loskloppen); overtollig paneermeel goed afschudden.

Passeren Zie zeven.

Pasteuriseren Gedurende enige tijd verhitten bij 70 °C - 90 °C onder afsluiten van de lucht, om zoveel mogelijk micro-organismen te doden en toetreden van nieuwe te beletten (zie blz. 434).

Pikeren Rauw mager vlees aan de bovenkant met bijvoorbeeld een lardeernaald oppervlakkig (soms stervormig) doorsteken met korte reepjes vers spek (om uitdrogen te voorkomen, bijvoorbeeld bij ossenhaas, hazenrug, reerug, hazen- en reefilets/-biefstukjes).

Pocheren Gaar maken in een geurige vloeistof (bijvoorbeeld court-bouillon, vruchtensap of wijn), die tegen de kook aan gehouden wordt, in een afgedekte pan of schaal.
Temperatuur vloeistof: ± 90 °C; oven: ± 160 °C.
Pureren Fijn(er) maken (puree, moes), zowel rauw als gaar met behulp van:
- keukenmachine, staafmixer;
- passe-vite (roerzeef);
- pureeknijper;
- draadzeef.

Roerbakken (sauteren) Kort bakken in weinig hete olie onder regelmatig omleggen of roeren in een wijde, open pan (wok, wadjan), waarbij vrijkomend vocht meteen verdampt. Toegepast bij mals, klein verdeeld vis, vlees, verse kruiden en snel garende groenten (deze bij gedeelten toevoegen). Zie ook roerbakgerechten (blz. 264-269).
Roeren In beweging houden met als doel:
- klonteren of schiften te voorkomen bij het binden met een zetmeelhoudend bindmiddel of ei (constant over de panbodem roeren met een afgeplatte houten of kunststoflepel);
- aanbranden te voorkomen (regelmatig over de gehele panbodem roeren met een afgeplatte houten of kunststoflepel);
- lucht in te brengen bij bijvoorbeeld aardappelpuree (stevig roeren);
- bestanddelen te vermengen (stevig roeren bij een dik product, bijvoorbeeld stamppot, omscheppen/spatelen bij luchtige ingrediënten, bijvoorbeeld slagroom, eiwit).

Roosteren Bruin en eventueel droog maken door middel van: stralende warmte, zie barbecuen en grilleren; geleidende warmte, zie bruineren in de koekenpan.
Roux maken Onder verhitting een mengsel maken van gelijke gewichtshoeveelheden boter en bloem, om vloeistof te binden. Een roux kan licht, blond of bruin zijn (zie blz. 75, 104-105).
Rijzen Vergroten van het volume van een massa door het inbrengen van lucht, die in geval van verhitting bovendien nog uitzet (vastgehouden door een gaar eiwitskelet). Lucht wordt direct ingebracht door middel van kloppen, roeren of beslaan, indirect door werking van gistcellen of bakpoeder of door het ontwijken van waterdamp.
Sauteren Zie roerbakken.
Smoren Gaar maken en geur laten behouden door matig verwarmen in weinig boter of vet en iets vocht
- in een gesloten pan of afgedekt in een oven (180 °C - 200 °C);
- in een braadzak;
- in aluminiumfolie (en papillote);
- in een poreuze aardewerk schaal (römertopf).

Snijden Het verdelen van producten in kleinere stukken (zeer dunne, lucifergrote reepjes groenten: julienne; zeer kleine dobbelsteentjes groenten: brunoise) met het doel:
- de bereiding te variëren;
- de bereiding te vergemakkelijken en de bereidingstijd te bekorten;
- het uiterlijk te verbeteren;
- een product gelijkmatig te verdelen;
- het oppervlak te vergroten, waardoor er meer aromatische stoffen aan onttrokken worden.

Souffleren Laten rijzen van een met veel stijfgeklopt eiwit omgeschept gerecht in een oven (± 200 °C).
Stomen Gaar laten worden op een rooster, in een zeef of (bamboe) stoommandje boven de damp van heet (100 °C) water desgewenst met bouillon, wijn en/of kruiden in een gesloten pan; de bereidingstijd is een derde langer dan bij koken. Onder druk (± 120 °C in hogedrukpan (pressure cooker) wordt de bereidingstijd met ongeveer twee derde bekort.

Stoven Gaar en geurig laten worden in een mengsel van vocht, vet en kruiden, dat tegen de kook aangehouden wordt in een gesloten pan op een getemperde warmtebron of afgedekt in een vrij hete oven (± 200 °C). Zie ook vis stoven, blz. 130 en vlees stoven, blz. 150.

Trancheren In stukken verdelen van wild en gevogelte om het bereiden en/of opdoen te vergemakkelijken.

Trekken Een vloeistof, met daaraan toegevoegd al of niet klein verdeelde geurige producten, tegen de kook aan houden (90 °C) in een gesloten pan om de vloeistof te aromatiseren:

- vanillestokje, pijpkaneel, citroenschil: ± 15 minuten;
- groenten, kruiden, specerijen: ± 30 minuten;
- vis voor bouillon (fumet): ± 20 minuten;
- vlees voor bouillon (fond): ± 3 uur.

Tremperen Besprenkelen met vocht (suikerwater, vruchtensap, likeur) van luchtig gebak vóór het garneren, om het minder droog te maken.

Weken Gedroogde levensmiddelen op een koele plaats onder water laten staan met het doel een groot deel van tijdens het drogen verdwenen vocht weer in te brengen. Weken bekort de kooktijd (peulvruchten) of verhoogt de oplosbaarheid (gelatine).

Wellen Vocht in een levensmiddel brengen door:

- roeren: gewelde boter;
- tegen de kook aan houden in water of suikerwater: (gedroogde) vruchten.

Zeven

1 Scheiden van bestanddelen door:

- een zeef (vloeistof en grove bestanddelen scheiden);
- een zeef met daarin een natte (flanellen) doek (vloeistof ontvetten of klaren).

2 Fijnmaken, pureren, passeren.

Koude gerechten voor amuses /borrelhapjes, hors d'oeuvres, brunch/lunch, koud buffet

De in dit hoofdstuk beschreven gerechten kunnen worden gebruikt als:

- amuses/borrelhapjes;
- hors d'oeuvre (voorgerecht van een diner);
- onderdeel van een brunch/lunch;
- onderdeel van een koud buffet.

Het type gerecht dat gekozen wordt en de grootte van de portie hangen samen met het doel waarvoor ze gebruikt worden. In het algemeen staan smaak en uiterlijk op de voorgrond. Omdat ze meestal geen hoofdbestanddeel van de maaltijd vormen, moeten deze gerechten niet te voedzaam zijn.
Deze indeling is niet bindend; de meeste gerechten kunnen voor zowel het ene als het andere onderdeel gebruikt worden.
Vandaar dat salades voor hors d'oeuvres, brunch/lunch en koud buffet als apart onderdeel achter aan dit hoofdstuk zijn geplaatst.

Hoeveelheid

In de recepten zijn de hoeveelheden berekend op 4 à 5 personen bij gebruik als enkelvoudig voorgerecht.

Amuses-bouches, amuses-gueules, aperitief/borrelhapjes

Dit zijn kleine, hartige hapjes. Ze worden voorafgaand aan een diner (meestal bij het aperitief) geserveerd (soms op een lepel).
Deze hapjes dienen gemakkelijk, liefst in één hap en zonder bestek geconsumeerd te kunnen worden.
De gerechten kunnen worden ingedeeld naar de *belangrijkste ingrediënten:*

- eieren, kaas;
- vlees(waren), vis(conserven), schaal- en schelpdieren;
- groenten, vruchten;
- brood, deegsoorten

en naar de *wijze van verwerking*:

- een hoofdbestanddeel met hartige boter, saus of aspic;
- een vrucht of groente met een hartig vulsel;
- een salade van verschillende bestanddelen;
- een hoofdbestanddeel verwerkt tot:

mousse (luchtig mengsel van puddingdikte)
paté/terrine (compact mengsel op snijdikte, in een vorm bereid, al of niet gehuld in korstdeeg).

Hors d'oeuvres, voorgerechten

Hors d'oeuvres worden vóór de soep of in plaats van soep gegeven. Ze moeten eetlustopwekkend zijn; daarom zal de portie klein gehouden worden. Men kan één (enkelvoudig) gerecht kiezen of een samengesteld voorgerecht, dat wil zeggen een combinatie van een aantal kleine gerechtjes (hors d'oeuvre varié of frivolités). Bij een samengesteld voorgerecht wordt rekening gehouden met:

1 gerechten van verschillende *smaak*, bijvoorbeeld vlees, vis, ei, kaas, groente, fruit;
2 gerechten van verschillende *kleur*;
3 gerechten met onderling verschillende *afwerking*, bijvoorbeeld een slaatje, een gerecht met hartige boter, een gerecht op toast et cetera;
4 verschillende soorten *ondergrond*, bijvoorbeeld sterkers, waterkers, peterselie, alfalfa, kleingesneden krulandijvie, sla, gehakte aspic, gezeefde of gehakte eierdooier of eiwit.

Manieren van opdoen:

- op een schaal, al of niet verdeeld in vakjes;
- op een dienblad (desgewenst bedekt met aluminiumfolie) of op een spiegel; de gerechtjes in vakken of rijen leggen of in een bepaald patroon (letter, getal);
- elk gerecht op een apart schaaltje; de schaaltjes op een groot blad;
- verscheidene gerechtjes op één bordje per persoon.

Het uiterlijk van de gerechten blijft mooier als ze na het garneren worden bestreken met een glansmiddel, bijvoorbeeld aspic of gelei.

Voorbeelden van samengestelde gerechten voor hors d'oeuvre varié of koud buffet

I Bestaande uit 3 gerechtjes	kaassla of makreelfilets tongrolletjes of waldorfsalade meloenballetjes of gevulde tomaatjes
II Bestaande uit 5 gerechtjes	kaastoastjes of gevulde eieren gerookte paling of zalmhoorntjes garnalensalade of kipsalade hamrolletjes of gevulde artisjokbodems groentedaubetjes of hartige ananassalade
III Bestaande uit 7 gerechtjes	gevulde eieren of chaudfroid van eieren kaasballetjes of garnalensalade sardines of haring krabsalade of gevulde tomaten cervelaatrolletjes of rookvleeshoorntjes aspergepunten of plakjes tomaat met olijven Italiaanse salade of bleekselderijsalade

De hoeveelheden moeten worden aangepast aan het aantal gerechten. Hierbij worden meestal een of meer van de volgende producten gegeven: toast, crackers, roggebrood (rondjes), stokbrood, geroosterd brood.

Brunch/lunchgerechten

Deze worden als uitbreiding van een broodmaaltijd of als brunch of lunch gegeven. Ze kunnen desgewenst iets voedzamer zijn dan voorgerechten (ruimere hoeveelheid). Een aantal van deze gerechten is geschikt om resten vlees, vis et cetera te verwerken.

Gerechten voor een koud buffet

Hiervoor gelden in het algemeen dezelfde regels als voor een samengesteld voorgerecht. De hoeveelheden per gerecht kunnen zo nodig iets ruimer genomen worden dan in de recepten is aangegeven (zie voor keuze blz. 37-39).

Amuses (koud)

2 eieren of 2 tomaten
50 g kaviaar of
1 blikje viskuit
(peterselie of alfalfa)
(1 dl aspic of glansgelei, blz. 103)

Kaviaar in ei of tomaat

De eieren hard koken (10 minuten), afkoelen en in acht partjes snijden; de dooier uit het wit halen. Of de tomaten ontvellen en in acht partjes snijden; deze uithollen. De partjes ei of tomaat vullen met de kaviaar of de viskuit en enige tijd koel wegzetten. De partjes opdoen op een ondergrond van gezeefde eierdooier of van kleingesneden peterselie en desgewenst glanzen met aspic of glansgelei.

Variatie

Kwarteleitjes met kaviaar

8 kwarteleitjes hard koken (5 minuten), koud afspoelen, pellen en halveren. De dooier verwijderen en de holten vullen met de kaviaar.

20 (gevulde) groene olijven
5 ansjovisfilets

Olijven met stukjes ansjovisfilet

De olijven laten uitlekken, de ansjovisfilets in vieren snijden en met een prikker vastzetten op de olijf.

100 g uitgesneden eendenborstfilet
oranjemarmelade

Eendenborstfilet met oranjemarmelade

De eendenborstfilet in rechthoekjes van ± 3 × 8 cm verdelen, bestrijken met de marmelade en in drieën vouwen. Opdoen op een (amuse) lepel of aan een prikker.

2 stevige rijpe peren
plak paté van ± 100 g

Sterretje peer met paté

De peren schillen, in de lengte langs het klokhuis in ½ cm dikke plakken snijden, met citroensap bestrijken. Uit elke plak met een uitsteekvorm twee sterren steken. De paté in blokjes verdelen en op elke ster een blokje paté met een prikker vastzetten.

Stukjes paté met cranberrydipsaus ***(zie blz. 99)***

Opdoen op een lepel of aan een prikker.

Hamrolletjes met kruidenkaas ***(zie blz. 24)***

Dobbelsteen meloen met gerookte zalm/Ardenner ham ***(zie blz. 28)***

Opdoen op een lepel of aan een prikker.

Rolletje gerookte forel ***(zie blz. 24)***

Garnaal met cocktailsaus ***(zie blz. 96)***
Opdoen op een lepel of aan een prikker.

Gevulde champignons ***(zie blz. 53)*****, kerstomaatjes** ***(zie blz. 22)***

Borrelhapjes (koud)

100 g amandelen
25 g boter
(tafelzout)

Gebakken amandelen, zoute amandelen
De amandelen met ruim kokend water opzetten, aan de kook laten komen, afgieten, met koud water afspoelen, pellen en drogen. In de koekenpan de boter bruin laten worden, de noten hierin langzaam heel lichtbruin bakken. Laten uitlekken en desgewenst bestrooien met tafelzout.

Amandelzoutjes, zoute stengels, kaaskoekjes en palmiers ***(zie blz. 411 en 412)***

75 g boter, peper
50 g geraspte (oude) kaas
100 g zeer droog roggebrood
(fijngesneden peterselie)

Kaasballetjes
De boter met wat peper tot room roeren; driekwart van de geraspte kaas toevoegen. Het roggebrood raspen of malen en door de kaas-boter roeren, tot een samenhangende massa verkregen is. Hiervan kleine balletjes vormen en deze door de rest van de kaas of peterselie rollen. De balletjes met prikkers erin serveren.

1½ kg mosselen
een dipsaus (blz. 96-99)

Mosselprikkers
De mosselen koken (blz. 146), laten afkoelen en uit de schelpen nemen. De mosselen door de saus halen, laten uitlekken en in de schelp terugleggen; met prikkers serveren.
Variaties
Gebakken mosselen (blz. 147, half recept)
Laten afkoelen, desgewenst met ± 50 g geraspte kaas bestrooien en aan prikkers opdoen.
Garnalenprikkers
De mosselen vervangen door grote gekookte en gepelde garnalen.

1 kleine meloen
150 g (Ardenner)ham

Meloenprikkers
De gekoelde meloen in dikke plakken snijden, schillen, in stukken van ± 1½ × 3 cm verdelen. Kort voor het opdoen omwikkelen met ¼ plak (Ardenner)ham of gerookte zalmfilet en met een prikker vastzetten.
Variatie
De meloen vervangen door banaan, avocado, peer, ananas of papaja. Banaan, avocado en peer eerst met citroensap bestrijken.

100 g belegen kaas of
komijnekaas
Voor de garnering
zilveruitjes, augurkjes
olijven, walnoten,
gember, druiven,
stukjes dadel, kerstomaatjes

Gegarneerde kaasprikkers

De kaas in dobbelsteentjes snijden. De garnering met prikkers vastzetten. Garnering naar keuze: zilveruitjes, zoetzure augurkjes, (gevulde) olijven, gehalveerde walnoten, gembernootjes, druiven, stukjes dadel of kerstomaatjes.

2 bananen of
1 blikje ananas van ± 225 g
citroensap
200 g achterham
4 lepels pindakaas

Banaanprikkers, ananasprikkers

De bananen van de schil ontdoen en in balkjes van ± 4 cm lengte snijden, met citroensap bestrijken of de ananas laten uitlekken en de schijven in zessen snijden. De plakken ham dik met pindakaas besmeren, halveren en om de banaan of de ananas rollen; de ham met een prikkertje vastzetten.

1 plak ananas
½ paprika
4 borrelworstjes
8 zoetzure uitjes
8 gare mosselen
4 houten satéprikkers

Koude spiesjes

De ananas en de schoongemaakte paprika in acht gelijke stukken verdelen; de worstjes halveren. De ingrediënten afwisselend op kleur en smaak aan de gehalveerde satéprikkers rijgen.

Variatie

Afwisselen met druiven, partjes mandarijn, kerstomaatjes, olijven, blokjes kaas, blokjes worst et cetera.

½ kleine winterpeen
½ bosje radijs
¼ komkommer
1 ontvelde vleestomaat
½ gele of
groene paprika
± 2 stengels bleekselderij
¼ kleine bloemkool
of broccoli
(cocktailsaus, blz. 96)

Crudités, schotel van rauwe groenten

De groenten schoonmaken. De winterpeen en de komkommer in plakjes of balkjes, de tomaat in dikke plakken of partjes en de paprika in ringen of smalle reepjes snijden. De bleekselderij in stukken van ± 4 cm en de bloemkool in roosjes verdelen. De groenten op een platte schaal rangschikken. Desgewenst cocktailsaus er apart bij geven.

Variatie

De bleekselderij vervangen door een kleine, in dunne plakken gesneden venkelknol, de bloemkool vervangen door 75 g rode sla.

Avocadodipsaus *(guacamole) (zie blz. 97)*

Kikkererwtendipsaus *(hummus) (zie blz. 98)*

4 holle stengels bleekselderij
of 16 kerstomaatjes
150 g blauwe kaas of
150 g zachte paté
± 1 lepel room en/of cognac
(1 lepel gesneden bieslook)

Gevulde bleekselderijstengels, kers-/cherrytomaatjes

De groenten wassen. De stengels in stukken van ± 4 cm verdelen, de tomaatjes uithollen. De kaas of de paté vermengen met de room en/of cognac en desgewenst het bieslook. Met deze romig geroerde massa de groenten vullen.

Variatie

De bleekselderij of tomaatjes vervangen door kleine blaadjes witlof of stevige (rode) sla en de vulling vervangen door kruidenkwark (blz. 129) of door ham- of palingmousse (blz. 32).

Vruchten en groenten gevuld met hartige boter

½ blik abrikozen (½ liter)
1 à 2 avocado's in plakjes of
16 dadels of
1 à 2 peren in partjes of
8 kerstomaatjes
½ komkommer of
4 bleekselderijstengels
een hartige boter (blz. 100)

De vruchten schoonmaken, zo nodig laten uitlekken, halveren of uithollen. De komkommer in plakken snijden of de bleekselderijstengels in stukken van 4 cm verdelen. De vruchten of de groente met de hartige boter opspuiten.

Variaties

Vruchten en groenten gevuld met roomkaascrème

De hartige boter vervangen door roquefortcrème (blz. 100) of door 150 g Mon Chou of Boursin die met koffieroom op de juiste dikte wordt gebracht.

Vruchten en groenten gevuld met kruidenkwark

De hartige boter vervangen door kruidenkwark (blz. 129)

Gevulde dadels

1 pakje dadels of
200 g verse dadels
Voor de vulling:
100 g zachte room- of kruidenkaas
of 100 g kaascrème (blz. 100)
(amandelen)

De dadels insnijden en ontpitten en op de plaats van de pit het vulsel aanbrengen. Desgewenst twee ontvelde amandelen rechtop in iedere dadel steken. De dadels met een prikker erin opdoen.

Gevulde abrikozen, peren, perziken *(hartig)*

1 blik abrikozen, peren of stevige perziken van ½ liter
Een vulling naar keuze:
kaasboter of -crème (blz. 100)
of vleesmousse (blz. 32)
of zalmmousse (blz. 32)
selderijblad of bieslook

De vruchten laten uitlekken; met de open zijde naar boven op een schaal plaatsen en de holte opspuiten met de kaasboter of de zachte mousse. Garneren met kleingesneden selderijblad of bieslook.

Zalmhoorntjes

1 ei of
1 plak ananas
8 plakjes uitgesneden gerookte zalm
(1 dl aspic of glansgelei, blz. 103)

Het ei hard koken (10 minuten) of de ananas laten uitlekken; in acht partjes snijden. De plakjes zalm tot hoorntjes oprollen en elk hoorntje vullen met ei of ananas. Desgewenst de vis glanzen met aspic of glansgelei.

Variatie

Zalmhoorntjes met kaas-, mierikswortelboter, roquefortcrème

De hoorntjes vullen met kaas-, mierikswortelboter of de crème (recept blz. 100).

Rookvleeshoorntjes, cervelaathoorntjes

8 plakken rookvlees (minder zout)
of (dunne) cervelaatworst
8 reepjes (noten)kaas
of cornichons

De plakjes rookvlees of de zo nodig gehalveerde plakjes cervelaat tot hoorntjes oprollen. De hoorntjes vullen met de reepjes (noten)kaas of met de augurkjes (cornichons).

8 plakken (rauwe) ham (± 200 g)
16 gemarineerde aspergepunten (blz. 38)

Hamrolletjes met aspergepunten
De plakken ham halveren. De ham om de uitgelekte aspergepunten rollen zodat de punten nog juist zichtbaar zijn.

Variaties

Hamrolletjes met bleekselderij
De aspergepunten vervangen door 4 cm lange stukken dunne (binnen)stengels bleekselderij.

Hamrolletjes met meloen, papaja, peer
De aspergepunten vervangen door balkjes meloen, papaja of peer. Meloen kort voor het gebruik inrollen en peer eerst met citroensap bestrijken. Desgewenst de ham eerst met mierikswortelboter (blz. 100) bestrijken.

Hamrolletjes met kruidenkaas
De aspergepunten vervangen door ± 100 g kruidenkaas. Hiermee de ham dik bestrijken, oprollen en in folie laten opstijven. Met een scherp mes in dikke plakken snijden en op een (amuse)lepel of aan een prikker opdoen.

Tongrolletjes, casselerribrolletjes
16 plakjes tong of casselerrib om de asperges rollen.

Gerookte visrolletjes
16 dunne plakjes gerookte vis om de asperges rollen.

250 g gerookte makreel of gerookte paling of
8 plakjes uitgesneden paling, gerookte zalm of forel
(10 toastjes)
(1 dl aspic of glansgelei, blz. 103)
1 citroen, peterselie

Gerookte makreel, paling, zalm, forel
De vis zo nodig ontvellen, in gelijke stukjes verdelen en ontgraten. De stukjes of plakjes kort voor het gebruik op toast leggen of de plakjes oprollen. Desgewenst de vis glanzen met aspic of glansgelei. De schaal garneren met gehalveerde plakjes citroen en peterselie.

50 g boter
50 g (oude) geraspte kaas of 80 g smeerkaas
3 à 4 sneetjes (Fries) roggebrood

Zebra's *(roggebrood met kaas)*
De boter zacht roeren en met de geraspte kaas vermengen. De sneetjes roggebrood met zeer dikke lagen kaasboter of smeerkaas op elkaar plakken. De kaasboter koud en zeer stijf laten worden en het stapeltje met een scherp mes voorzichtig in acht smalle plakjes snijden.

75 g boter
3 lepels koffieroom
75 g geraspte kaas of 50 g blauwe kaas
3 dunne sneetjes brood of 8 à 10 ronde plakjes Fries roggebrood
peterselie
(paprikapoeder)
(druiven)

Kaastoastjes, kaasroggetjes
De boter zacht roeren, er druppelsgewijs de koffieroom aan toevoegen en de geraspte of fijngemaakte kaas erdoor roeren. Zo nodig het mengsel laten opstijven. De sneetjes brood van de korst ontdoen, licht roosteren en elk sneetje in drie rechthoekjes of in driehoekjes snijden. Kort voor het gebruik de kaasboter op de toastjes spuiten of er dik op smeren. De broodjes garneren met kleingesneden peterselie en desgewenst paprikapoeder of een gehalveerde druif.

± 20 eenhapstoastjes, crackers of cups
of ± 20 platte droge zoutjes
Voor het beleg naar keuze:
100 g kaas of paté
of makreel- of haringfilets
of gerookte zalm of andere gerookte vis
of een hartig mengsel (zie bij smørrebrød, 2x recept)
of een hartige boter of crème (blz. 100, 2 × recept)
Garnering:
zie recept

Gegarneerde eenhapstoastjes, crackers, cups

De toastjes en dergelijke kort voor het gebruik beleggen met in plakjes gesneden kaas, paté, filets of gerookte vis of dik besmeren met een hartig mengsel of een hartige boter. Een garnering aanbrengen van naar keuze: paprikapoeder, kerrie, tomatenketchup, mayonaise, kappertjes, zilveruitjes, hazel- of walnoten en plakjes, partjes of reepjes wortel, paprika, augurk, gember, tomaat, radijs, mandarijn, ham, gerookte zalmsnippers, hardgekookt ei.

12 sneetjes (stok) brood of ciabatta
knoflook
olijfolie

Crostini, bruschetta

De sneetjes brood desgewenst wat kleiner snijden en goudbruin roosteren. Met uitgeperst knoflook en olijfolie bestrijken. Of de sneetjes met knoflookolie bestrijken en goudbruin en knapperig laten worden in een grillpan, in een hete oven of onder een voorverwarmde grill. Met pesto of tapenade en/of met 'hartig' beleg (zie gegarneerde eenhapstoastjes) of met een van de volgende mogelijkheden beleggen.

Variatie

De sneetjes bestrijken met een mengsel van olijfolie, uitgeperst knoflook en gehakte groene kruiden (peterselie, bieslook, oregano en/of basilicum) of gedroogde (Provençaalse of Italiaanse) kruiden.

Beleg naar keuze:

a (tomaten)pesto, (Italiaanse) worst (salami, mortadella, pastrami), plakjes of halve (gevulde) olijven;
b (groene) pesto, stukjes gedroogde vijgen, plak opgerolde (Parma)ham;
c blaadje (rode) sla of rucola, plakje paté naar keuze, klein augurkje;
d plak (geiten)kaas, reepjes (geroosterde) rode paprika, vers gemalen peper, gehakte peterselie;
e blaadje sla, plakjes mozzarella en tomaat, met zout, peper en in reepjes gesneden basilicum bestrooien;
f plak blauwe kaas (Gorgonzola), (gedroogde, uit olie) tomaat in plakjes, basilicum;
g tapenade, blaadje sla, 2 ansjovisfilets of sardientjes, met kleingesneden knoflook en peterselie bestrooien;
h blaadje sla of rucola, plak kaas (camembert, brie, kernhem, St. Paulin, harde of zachte geitenkaas), met bieslook en gehakte noten bestrooien.

75 g basilicumblaadjes
1-2 teentjes knoflook
40 g pijnboompitten
1 dl (of meer) olijfolie
60 g geraspte Parmezaanse kaas
peper

Groene pesto

De gewassen en drooggedepte basilicumblaadjes met het knoflook, de pijnboompitten en de helft van de olie pureren. De kaas en de peper erdoor mengen De rest van de olie in een klein straaltje toevoegen, tot een smeuïge massa ontstaat.

Variaties

Peterseliepesto

In plaats van basilicumblaadjes 100 g (gladde) peterselie gebruiken en de Parmezaanse kaas vervangen door geiten- of schapenkaas.

Tomatenpesto

150 g gedroogde tomaten op olie en 25 g basilicumblaadjes nemen.

150 g groene olijven zonder pit
75 g gedroogde tomaten op olie
3 ansjovisfilets
1-2 teentjes knoflook
¾ dl olijfolie
4 lepels kleingesneden peterselie
enkele druppels citroensap
grof gemalen peper
cayennepeper

Tapenade

De olijven, tomaten en ansjovis pureren en het uitgeperste knoflook, olijfolie, peterselie, citroensap, peper en cayennepeper erdoor mengen. Geven op (stok)brood, toast, crostini of bruschetta.

Variaties

Tapenade van zwarte olijven

Zwarte olijven in plaats van groene olijven en 1 lepel kappertjes in plaats van gedroogde tomaten gebruiken.

Tapenade van gedroogde tomaten

150 g gedroogde tomaten op olie en 50 g groene olijven zonder pit pureren. Uitgeperst knoflook, olijfolie, citroensap, peper, cayennepeper en 1 lepel kleingesneden verse rozemarijn of 1 lepel kleingesneden vers basilicum en 1 theelepel tijm erdoor mengen.

Tapenade met tonijn

100 g zwarte olijven zonder pit, 2 lepels kappertjes en 4 ansjovisfilets pureren. ½ dl olijfolie, 150 g uitgelekte tonijn uit blik, een uitgeperst teentje knoflook, 2 lepels kleingesneden peterselie en grof gemalen peper erdoor mengen.

soezendeeg van 2 eieren (blz. 402)
een hartige crème (blz. 100) of een mousse (zie blz. 18, 32-33)

Hartig gevulde soesjes

Het soezendeeg op een beboterde bakplaat in ± 20 bergjes verdelen en in ± 10 minuten gaar en goudgeel bakken in een hete oven (220 °C). De afgekoelde soesjes aan de zijkant insnijden en het vulsel erin spuiten.

½ vers casinobrood
vulsel naar keuze
tuinkruiden: peterselie, dille of koriander

Sandwichrolletjes

Het brood van korst ontdoen en horizontaal in dunne plakken van ± 1 cm snijden. Iedere plak met een deegroller zeer dun uitrollen en bestrijken met een van de gladgeroerde vulsels en bestrooien met de zeer klein gesneden tuinkruiden. De plakken een voor een zeer stevig oprollen. De dunne rol in vershoudfolie verpakt in de koelkast laten opstijven. Kort voor het gebruik in plakjes snijden.

Vulsels naar keuze

a 75 g leverpastei
± 4 zeer kleingesneden cornichons (augurkjes)
± 1 lepel (koffie)room of crème fraîche

b 75 g zeer klein gesneden ham
50 g Boursin of verse roomkaas
c ± 3 bolletjes zeer klein gesneden gember
4 lepels pindakaas
± 1 lepel gembervocht
d roomkaas- of roquefortcrème (blz. 100)
e zalmboter (blz. 100)

6 flensjes (blz. 350)
150 g roquefortcrème (blz. 100)
(olijven)
(grapefruit)

Kaasrolletjes

De koude flensjes dik bestrijken met de crème, stevig oprollen en op een koele plaats laten opstijven. Voor gebruik de rolletjes met een scherp mes in plakjes snijden. Desgewenst met een olijf aan een prikker vastzetten op een grapefruit.

Variatie

De crème vervangen door 150 g zeer fijn gemaakte ham vermengd met mosterd of mayonaise naar smaak.

Hors d'oeuvres (voorgerecht voor een diner)

De volgende gerechten zijn ook geschikt als onderdeel van een koud buffet.

2 dozijn oesters
blokjes ijs
1 citroen
geroosterd brood
boter

Oesters

De oesterschelpen zo nodig openen, de platte schelpen en de baarden verwijderen. De oesters koelen, opdoen in de diepe schelp; ijs tussen de schelpen leggen. Partjes citroen (zonder pit), geroosterd brood en boter erbij geven.

4 eieren (middelmaat)
Eiboter:
40 g boter
zout, peper
1 à 2 lepels koffieroom
kerrie of Engelse saus
Voor de garnering:
kappertjes
peterselie
(paprikapoeder)
2 tomaten
½ komkommer
(± 100 g krulandijvie)

Gevulde eieren met eiboter

De eieren hard koken (10 minuten), afkoelen, pellen en doormidden snijden. De dooiers uit de halve eieren nemen en fijnmaken. Voor de eiboter de boter zacht roeren en vermengen met de dooiermassa, zout, peper, de room en een mespunt kerrie of enkele druppels Engelse saus. De eieren iets bijsnijden, zodat ze kunnen staan. De eiboter in de eieren spuiten en garneren met een geopend kappertje en peterselie, desgewenst met paprikapoeder. Op een platte schaal plakjes tomaat of komkommer leggen en hierop de eieren plaatsen. De bodem van de schaal verder bedekken met zeer klein gesneden peterselie of krulandijvie.

Variaties

Gevulde eieren met tomatenboter

2 lepels tomatenpuree door de eiboter roeren. De kerrie vervangen door paprikapoeder. Desgewenst garnalen met een plakje olijf.

Gevulde eieren met zalm-, sardine-, ansjovisboter

40 g gepureerde gerookte zalmsnippers, ontgrate sardines of vier ansjovisfilets door de eiboter roeren. De kerrie vervangen door cayennepeper. Desgewenst garneren met gekleurde viseitjes, reepjes gerookte zalm of met een garnaal.

Gevulde eieren met mayonaise-, crème fraîche-, roomkaasvulling
De boter en de koffieroom vervangen door 3 lepels mayonaise, crème fraîche of verse roomkaas, desgewenst 20 g geraspte kaas of fijngemaakte blauwe kaas toevoegen.
Gevulde eieren met garnalen
De eiboter vervangen door kleine garnalen (desgewenst met iets mayonaise) of een garnalen-, krab- of kreeftsalade.

Russische eieren ***(zie blz. 116)***

Vliegenzwam-eieren ***(zie blz. 116)***

Chaudfroid van eieren ***(zie blz. 117)***

250 g ossenhaas (blz. 157)
(50 g alfalfa)
1 dl vinaigrettesaus (blz. 94)
± 25 g grof geraspte Parmezaanse kaas
1 lepel geroosterde pijnboompitten en /of
1 lepel kappertjes

Carpaccio van ossenhaas
Het gebakken, afgekoelde vlees minimaal ½ uur in de diepvries leggen. Daarna het vlees dwars op de vezelrichting in zeer dunne plakken snijden. Het vlees waaiervormig op vier borden leggen, desgewenst op een laagje alfalfa. De vinaigrettesaus over het vlees verdelen. Bestrooien met de kaas, de pijnboompitten en /of de kappertjes.
Variaties
Carpaccio van rosbief, carpaccio van kogelbiefstuk
De ossenhaas vervangen door kort gebraden rosbief (blz. 177) of kogelbiefstuk (blz. 153). De alfalfa desgewenst vervangen door rucola, waterkers, sterkers of taugé.
Carpaccio van gerookte zalm
De ossenhaas vervangen door zeer dunne plakken gerookte zalm, de kaas vervangen door 1 lepel kleingesneden dille.

1 kleine meloen (juist rijp)
150 g rauwe (Ardenner)ham in zeer dunne plakken

Meloen met ham
De meloen koelen, in zes à acht parten snijden en het zaad verwijderen. Het vruchtvlees lossnijden van de schil, in brede repen snijden, deze om en om naar links en rechts trekken. De meloenparten in de schil, met de plakken ham, op een schaal schikken.
Variaties
Meloen met gerookte zalm, gerookte kipfilet
De ham vervangen door dunne plakken gerookte zalm of gerookte kipfilet.
Meloenbalkjes met ham ***(zie blz. 24, bij hamrolletjes).***

150 g ontbijt- of katenspek
2 avocado's
sap van 1 citroen
(seroendeng)

Avocadoplakken met ontbijtspek
Het spek op een lage warmtebron uitbakken en daarna knapperig laten worden. De avocado's halveren en ontpitten door middel van een draaiende beweging. De helften in plakken snijden, schillen en met het citroensap besprenkelen. Voor het opdoen het spek verkruimelen en over de plakken verdelen. Desgewenst bestrooien met seroendeng.

Variatie

De avocado vervangen door peer, meloen of papaja of het ontbijtspek vervangen door gekookte gepelde garnalen, stukjes krab of surimi of plakken gerookte zalm.

1 blik artisjokbodems van ½ liter
peper
2 plakken paté van ¾ cm dikte of Italiaanse groentesalade (blz. 225, ¼ recept) of garnalensalade (blz. 41, ¼ recept)
peterselie
(gevulde) olijven

Gevulde artisjokbodems

De artisjokbodems laten uitlekken en met peper bestrooien. Uit de paté dikke ronde plakken steken. Iedere bodem met een plak paté of met een bergje groentesalade of garnalensalade bedekken en garneren met kleingesneden peterselie of met plakjes olijf.

8 kleine tomaten of 4 grote tomaten
peper, zout
kwark-hamdip (blz. 129, ½ recept)
(1 bos peterselie of ± 100 g krulandijvie of 50 g alfalfa)

Gevulde tomaten

De tomaten wassen en er aan de bovenkant een klein kapje afsnijden; grote tomaten halveren. De tomaten voorzichtig uithollen, bestrooien met peper en zout en vullen met de kwark-hamdip. De gevulde tomaten opdoen op een schaal waarvan de bodem desgewenst bedekt is met kleingesneden peterselie of zeer klein gesneden krulandijvie of alfalfa.

Variaties

Gevulde tomaten met Boursin, kaasboter of -crème

De vulling vervangen door Boursin of andere (gekruide) verse kaas, kaasboter of -crème (blz. 100).

Gevulde tomaten met salade, met roerei

De vulling vervangen door vis-, garnalen-, krab-, kip- of vleessalade (½ recept, blz. 42) of koud roerei (½ recept, blz. 119).

Gevulde tomaten met zalm-, palingmousse

De vulling vervangen door zalm- of palingmousse (½ recept, blz. 32).

Gevulde tomaten met taugésalade, zuurkoolsalade

De vulling vervangen door taugé- of zuurkoolsalade (½ recept, blz. 44).

8 kleine tomaten
peper, zout
Vulling:
komkommer (½ recept, blz. 37) of atjar (½ recept, blz. 38) of gemarineerde doperwten (½ recept, blz. 38) of knolselderijsalade (½ recept, blz. 43)

Gevulde tomatenmandjes

De tomaten wassen en aan de bolle kant van elke tomaat op ¾ cm afstand van elkaar, twee verticale insnijdingen geven tot halverwege de tomaatjes, waardoor later een hengsel ontstaat. Op deze hoogte, aan weerszijden van het hengsel, een half kapje uitsnijden. De tomaatjes uithollen, van binnen bestrooien met peper en zout en vullen.

Variatie

Zie gevulde tomaten.

2 à 3 rijpe avocado's
sap van ½ citroen
100 g magere ham
of gerookte zalm
2 lepels (kwark) mayonaise
1 lepel sherry
½ lepel cognac
paar druppels Engelse saus
(paar druppels tabascosaus)
(± ½ lepel gesneden
bieslook)
(1 theelepel kappertjes)
peper, zout
Voor de garnering:
4 gevulde olijven
(½ krop sla)

Gevulde avocado's

De avocado's halveren en ontpitten door middel van draaibewegingen. De vruchthelften uithollen en bestrijken met het citroensap (tegen het verkleuren). Het vruchtvlees kleinsnijden en vermengen met de kleingesneden ham of zalm, de mayonaise, sherry, cognac, Engelse saus en desgewenst de tabascosaus, het bieslook en de kappertjes. Het mengsel op smaak afmaken met peper en zout. De avocadohelften vullen met het mengsel en garneren met plakjes gevulde olijven. De avocado's gekoeld opdoen op een schaal die desgewenst bedekt is met gewassen en uitgelekte slabladeren.
N.B. Onrijpe avocado's versneld laten rijpen door ze een à twee dagen met een banaan in een gesloten zak te bewaren.

Variaties

De ham of zalm vervangen door 100 g kleine blokjes belegen kaas of 100 g garnalen.

Avocado's met cocktailmengsel of mousse

De uitgeholde avocado's vullen met een cocktailmengsel (blz. 96 en 97, ½ recept) of een zalmmousse of patécrème (blz. 32 en 33, ½ recept) vermengd met het vruchtvlees.

1 blikje krab of
kreeft van 200 g of 150 g
diepvries krabsticks
(1 grapefruit)
cocktailsaus
(blz. 96)
Voor de garnering:
1 eiwit
peterselie of
paprikapoeder
1 citroen of stervrucht

Krab-, kreeftcocktail *(6 personen/in glazen)*

De krab of kreeft laten uitlekken, in stukjes verdelen, zo nodig harde stukjes verwijderen. Desgewenst de uitgelekte schoongemaakte grapefruitpartjes (blz. 288) met de krab of de kreeft door de saus mengen; dit mengsel koelen. • De bovenrand van champagneglazen of ijscoupes even in losgeklopt eiwit houden (het eiwit mag niet schuimig zijn) en daarna in droge zeer fijn gesneden peterselie of paprikapoeder. De cocktail over de glazen verdelen. Op de rand van ieder glas een tot op de helft ingesneden schijfje citroen of stervrucht plaatsen.

Variaties

Garnalen-, shrimpcocktail

De krab vervangen door 200 g gepelde garnalen of shrimps.

100 g gare kipfilet
50 g gerookte kipfilet
1 plak ananas
1 lepel mandarijntjes
Voor de saus:
4 lepels mayonaise
½ lepel tomatenketchup
1 lepel sherry
½ lepel cognac
¼ dl stijfgeklopte slagroom
(selderijblad)

Kip-vruchtencocktail

Het koude kippenvlees, de uitgelekte ananas en mandarijnpartjes in kleine stukjes snijden. De ingrediënten voor de saus vermengen, kip en vruchten erdoor scheppen. Desgewenst het zeer klein gesneden selderijblad toevoegen, het mengsel koelen. Voor het opdoen, zie krabcocktail (zie boven, vanaf •).

Variatie

Kip-champignoncocktail

De vruchten vervangen door 50 g gesneden, gaar gemaakte champignons. De saus vervangen door koude kerriesaus (blz. 96). Desgewenst bestrooien met amandelsnippers.

1 kleine meloen
1 dl (witte) port of
1 dl sinaasappelsap (van 1 à 2 sinaasappels)
(1 lepel room)

Meloenballetjes, meloencocktail

De meloen in vieren snijden, van zaad ontdoen en er met een aardappelboortje kleine balletjes uitsteken of er kleine blokjes van snijden. De meloen overgieten met de port of met het sap tot ze juist onder water staat en ± 1½ uur afgedekt koel wegzetten. De meloen over vier glazen verdelen en desgewenst overgieten met een mengsel van vocht en room.

Variatie

De port vervangen door crème de menthe. Garneren met een takje mint.

2 à 3 grapefruits of
1 blik grapefruitpartjes van ½ liter of
1 grote pomelo (pompelmoes)

Voor de saus:

2 lepels stijfgeslagen slagroom
4 lepels mayonaise
½ lepel tomatenketchup
½ lepel sherry
½ lepel cognac
peterselie of paprika

Grapefruitcocktail, pomelococktail

De vruchten halveren. Het vruchtvlees van de vliezen lossnijden en de partjes laten uitlekken. De slagroom vermengen met de overige ingrediënten voor de saus. Het vruchtvlees zo nodig kleinsnijden, vermengen met de saus en koelen. Voor het opdoen in coupes zie krabcocktail vanaf • (blz. 30) of het cocktailmengsel verdelen over de schoongemaakte gehalveerde grapefruitschillen.

Variaties

Cocktail met garnalen, ham, gerookte kip

Een derde deel van het fruit vervangen door gepelde garnalen, kleingesneden ham of gerookte kip.

Lychee-cocktail

De grapefruitpartjes vervangen door gehalveerde lychees.

Salades voor hors d'oeuvres, brunch/lunch, koud buffet (zie blz. 37-45)

1 blikje extra fijne doperwtjes van ¼ liter
1 blikje extra fijne worteltjes van ¼ liter
groentemarinade (½ recept, blz. 101)
± 4 dl lichte aspic (blz. 103)

Voor de garnering:

stukje hardgekookt eiwit, truffel en/of peterselieblaadjes,
1 à 2 kropjes sla
(2 lepels olie, 2 lepels azijn, peper, zout)
(½ dl mayonaise)

Groentegeleitjes (daubetjes), groentetimbaaltjes ***(8 stuks)***

De doperwtjes en de worteltjes laten uitlekken, wegzetten in de marinade, hierin 10 minuten laten staan en daarna laten uitlekken. In acht vormpjes (timbaaltjes) een klein laagje aspic stijf laten worden. Hierop een garnering aanbrengen; hiervoor de stukjes garnering eerst in de aspic dompelen en daarna met de mooie kant naar beneden op de aspic leggen. Zodra de garnering goed vastgehecht is, hierop een tweede laagje aspic stijf laten worden. Daarna vier vormpjes met een laagje van de doperwtjes en vier vormpjes met een laagje van de worteltjes vullen, zonder dat deze de kant raken en deze vastleggen met een laagje aspic. Zodra deze aspic stijf geworden is, een volgend laagje van groente en aspic aanbrengen en zo doorgaan tot het hele vormpje gevuld is. De daubetjes koud en stijf laten worden. Voor het opdoen de vormpjes één tel in heet water onderdompelen en onmiddellijk daarna keren op een schaal bedekt met gewassen en uitgelekte blaadjes sla (hierbij de daubetjes met worteltjes en met doperwtjes om en om schikken). De daubetjes desgewenst geven met de overige sla, die met de olie, de azijn, peper en zout of met de mayonaise aangemengd is.

Kreeft-, krab-, garnalendaubetjes *(zie blz. 145)*

Zalmmousse *(in vorm of gespoten)*

1 blik zalm van 200 g
5 g gelatine voor snijdbare mousse of
2½ g gelatine voor zachte mousse
peterselie en/of bieslook
(⅛ schoongemaakte paprika)
± ½ lepel cognac
± 1 lepel sherry
(paprikapoeder)
1 dl slagroom

De zalm laten uitlekken, van graten en vel ontdoen, vocht bewaren. Het vocht met water aanvullen tot 1 dl en aan de kook brengen. Van de warmtebron af de in koud water geweekte en goed uitgeknepen gelatine erin oplossen, iets laten afkoelen. Peterselie en/of bieslook en desgewenst de paprika zeer fijn snijden. De zalm zeer fijn maken en vermengen met het afgekoelde, nog vloeibare gelatinemengsel. De kruiden, de cognac, de sherry en desgewenst het paprikapoeder toevoegen. De slagroom stijfkloppen; het zalmmengsel hier luchtig doorscheppen. Snijdbare mousse overdoen in een grote of enkele kleine vormen die met olie bestreken zijn. De mousse koud en stijf laten worden; desgewenst met een heet mes in plakken snijden. Zachte mousse kort voor het gebruik op bijvoorbeeld toast spuiten.

Variatie

Gerookte zalmmousse, palingmousse

De zalm vervangen door 100 g gerookte zalmsnippers of paling. Als vocht 1 dl (vis)bouillon gebruiken.

Zalmmousse in vruchten *(zie gevulde abrikozen, blz. 23)*

Vleesmousse, hammousse, moussedip

1½ dl sterk gekruide bouillon
6 g gelatine (snijdbare mousse) of
3 g gelatine (zachte mousse) of
1½ g gelatine (moussedip)
¼ kleine ui
225 g fijne paté of gemalen ham
± 1½ lepel madera
1½ dl slagroom

De bouillon aan de kook brengen en van de warmtebron af de in koud water geweekte en goed uitgeknepen gelatine erin oplossen; iets laten afkoelen. De ui zeer fijn raspen. De paté of de ham, de ui en de madera door de bouillon mengen; de slagroom stijfkloppen. Het patémengsel, zodra het geleiachtig wordt, onder luchtig omscheppen door de slagroom mengen. Snijdbare mousse in een met olie bestreken vorm overdoen en koud en stijf laten worden. Desgewenst met een heet mes in plakken snijden en geven als voorgerecht. Zachte mousse kort voor het gebruik opspuiten, bijvoorbeeld op toast of in vruchten. Zeer zachte mousse als dipsaus gebruiken.

Broccolimousse

400 g broccoli
foelie, tijm, peperkorrels, kruizemunt of basilicum
20 g boter
± 1 dl bouillon (blz. 76)
12 g gelatine
enkele druppels Engelse saus
2 lepels witte wijn
1 dl slagroom
(1 ei)
(± 100 g andijvie of 50 g alfalfa)

De groente zo nodig schoonmaken, wassen, kleinsnijden en met de kruiden en de boter 10 minuten smoren. De bouillon toevoegen en 5 minuten laten koken. De massa zeven, zo nodig aanvullen tot 4 dl en aan de kook laten komen. • De in koud water geweekte en goed uitgeknepen gelatine erin oplossen. De Engelse saus en de wijn toevoegen en laten afkoelen. De slagroom stijfkloppen. Zodra het bouillonmengsel geleiachtig begint te worden, dit luchtig door de slagroom scheppen. De vorm(pjes) met olie bestrijken. Zodra de mousse niet meer uitzakt, deze in de vorm(pjes) overdoen. De mousse koud en stijf laten worden, storten en desgewenst garneren met plakjes hardgekookt ei en opdoen op een ondergrond van zeer kleingesneden andijvie of alfalfa.

Variaties

Paprikamousse, groentemousse

De broccoli vervangen door 400 g paprika's of 400 g gemengde (soep)groenten.

Tomatenmousse

De broccoli vervangen door 400 g rijpe (soep)tomaten of 1 blik gepelde tomaten van 400 g. Met de kruiden ½ laurierblad en ui, wortel en peterselie meesmoren. Met de wijn ± 2 lepels tomatenketchup toevoegen.

Boerenpaté ***(vorm ± 1 liter)***

- 200 g varkensschouderlap
- 100 g kalfsvlees/-gehakt
- 100 g varkenslever
- 100 g vet spek
- 1 ui
- 1-2 teentjes knoflook
- 7 g zout, peper
- 2 lepels room
- 2 lepels cognac
- ½ lepel citroensap
- 15 g bloem
- 1 ei
- ½ rode paprika
- 100 g champignons
- 100 g ham
- 40 g boter
- 100 g ontbijtspek, plakjes
- 1 laurierblad

Het vlees, de lever en het spek met de schoongemaakte gesnipperde ui, het uitgeperste knoflook, het zout en de peper vermalen. De room, de cognac, het citroensap, de bloem, het losgeklopte ei en de in fijne reepjes gesneden paprika toevoegen en goed vermengen. De gewassen en uitgelekte champignons in stukken of plakken snijden en met de kleingesneden ham in de boter licht fruiten en door het patémengsel mengen. Een cakevorm of patépot met de plakjes ontbijtspek bekleden. De paté stevig in de vorm aandrukken, het laurierblad erop leggen en bedekken met beboterd aluminiumfolie. De vorm in een schaal warm water op een rooster midden in een matig warme oven (170 °C) plaatsen en in 2 uur gaar laten worden. De paté laten afkoelen, enkele dagen op een koele plaats bewaren om de smaak te laten ontwikkelen en vóór het keren in heet water plaatsen. Paté desgewenst in plakken met een vruchtensaus serveren.

Variatie

Kippenboerenpaté

Het varkens- en kalfsvlees vervangen door kipfilet, de varkenslever vervangen door kippenlevers.

Paté

- 350 g magere speklappen zonder zwoerd
- 150 g varkenslever
- 1 sjalotje
- 1 lepel boter
- 1 teentje knoflook
- 7 g zout, peper
- ½ dl room
- 1 theelepel Provençaalse kruiden
- (2 lepels cognac)
- 150 g vet spek (dunne plakken)

De speklappen en de lever vermalen. Het sjalotje snipperen, in de boter glazig bakken, het uitgeperste teentje knoflook toevoegen en koud laten worden. Het gebakken sjalotje en knoflook, zout, peper, room, de kruiden en de cognac door het vleesmengsel mengen. Een patévorm of cakevorm met de plakjes spek bekleden, het mengsel erin scheppen en aandrukken. De overgebleven plakjes spek erop leggen, de vorm afdekken en in een braadslee met kokend water zetten. De braadslee op het rooster in een niet voorverwarmde oven van 150 °C plaatsen. De paté in 1½ tot 2 uur gaar laten worden. De paté is gaar wanneer het vocht dat eruit komt bij prikken met een naald of satépen grijs is. De paté laten afkoelen en tenminste een dag op een koele plaats laten rusten. De patévorm voor het keren in heet water plaatsen, de paté keren en het vet en spek verwijderen. De paté in dunne plakken gesneden en, desgewenst met een saus, serveren.

Variaties

Paté met groene peper

2 lepels uitgelekte groene peperkorrels door het patémengsel roeren.

Gevulde paté
Een halve in dunne reepjes gesneden rode paprika, 100 g gebakken champignonplakjes of 20 g gedroogde, geweekte en kleingesneden paddenstoelen en 1 lepel kleingesneden peterselie of 75 g gehakte walnoten of hazelnoten door het patémengsel roeren.
Kippenpaté
De speklappen vervangen door 250 g kippengehakt en 100 g vet spek; de lever vervangen door kippenlevers.

Linzenpaté ***(zie blz. 231)***

Brunch/lunch ***(koud)***

5 dunne sneetjes oud brood

Toast
De sneetjes brood desgewenst van korst ontdoen en kort voor het gebruik in een broodrooster, op een rooster midden in een hete oven (220 °C) of in een droge koekenpan aan beide kanten licht roosteren. Toast op tafel brengen in een gevouwen (papieren) servet.

2 dunne sneetjes brood of 8 dunne toastjes
roerei (van 2 eieren, blz. 118)
(± 6 gevulde olijven)
(paprikapoeder)

Roerei op toast
De sneetjes brood van korst ontdoen, licht roosteren en elk sneetje in drie rechthoekjes snijden of er rondjes uitsteken met een koekjessteker. Kort voor het gebruik het afgekoelde roerei in een dikke laag op de toastjes leggen. De toastjes desgewenst garneren met gehalveerde gevulde olijven of met paprikapoeder.

Roerei met tomaat ***(zie blz. 119)***

4 Hollandse nieuwe haringen
krulpeterselie
ijs

Hollandse nieuwe haring
Zo nodig de haringen schoonmaken: de kop eraf snijden, aan de buikzijde opensnijden, de ingewanden verwijderen. De vis aan de rugzijde opensnijden, vlak over de graat heen. De graat uit de vis halen en het vel van de vis aftrekken. De haringen naast elkaar op een schaal leggen, gegarneerd met krulpeterselie. De haring afgedekt en koel bewaren. Desgewenst opdienen op blokjes ijs.
Variatie
Haring in zure room
De haringen geven met een mengsel van zure room, fijngesneden ui en dille.

1 komkommer
peper, zout
Een vulling naar keuze:
Italiaanse salade (blz. 225)
vleessalade (blz. 42)

Gevulde komkommer
De komkommer wassen of schillen en in 8 à 10 stukken snijden. Elk stuk iets uithollen en met peper en zout bestrooien. De stukken vullen en desgewenst opdoen op kleingesneden andijvie of alfalfa en garneren met gehalveerde olijven.

½ recept zalmmousse (blz. 32)
roomkaas
roquefortcrème (blz. 100)
(100 g krulandijvie of 50 g alfalfa)
(gevulde olijven)

Variatie

Komkommer met paté, met kaas

De vulling vervangen door 150 g paté of een mengsel van 100 g roomkaas en 50 g blauwe kaas.

Salades voor hors d'oeuvres, brunch/lunch, koud buffet ***(zie blz. 39-45)***

½ casino- of bruinbrood (een dag oud) of 2 pakjes gesneden Fries roggebrood of pumpernickel
Voor het beleg:
naar keuze vier van de beschreven mengsels met garnering

Smørrebrød, open sandwiches

Het brood zéér dun snijden, de sneetjes van korst ontdoen, halveren en bedekken met een van de volgende beleggingen. Ieder beleg is voldoende voor vier à vijf gehalveerde boterhammen.

Beleg naar keuze:

a mengsel van: 30 g boter, peper en 30 g kleingeknipte cervelaatworst of rookvlees; garnering: 30 g kaas in reepjes, en radijsjes of uitgelekte mandarijntjes;

b beleg van: ± 60 g leverpastei of boterhamworst; garnering: gebakken appelplak met bessengelei;

c mengsel van: 50 g boter met ¼ kleingesneden ui, een mespunt kerrie of paprikapoeder; garnering: sardines en waaiertjes augurk;

d beleg van: koud roerei (van 2 eieren, blz. 118); garnering: plakjes borrelworstjes en reepjes zoetzuur van rode paprika;

e mengsel van: 2 lepels mayonaise, 50 g (gesneden) garnalen en peterselie; garnering: afwisselend plakjes ei en plakjes (kleine) tomaat;

f mengsel van: 30 g Mon Chou, 30 g kleingesneden ham; garnering: streepjes chutney en plakjes gevulde olijf;

g mengsel van: kleingesneden gerookte zalmsnippers (± 100 g) en kwarkmayonaise (blz. 95); garnering: hardgekookt ei, gehalveerde walnoten;

h mengsel van: 30 g pindakaas met stukjes banaan; garnering: reepjes ham en paprika;

i kaasboter of -crème (blz. 100).

½ casino- of bruinbrood of 1 (rond) sandwichbrood
± 100 g boter of mayonaise
totaal ± 250 g beleg naar keuze, bijvoorbeeld:
vleeswaren
rookvlees, achterham
gerookte vis in plakken: zalm, paling, forelfilet
(geraspte) kaas
2 hardgekookte eieren

Sandwiches

Het brood in dunne sneetjes snijden; zo nodig van korst ontdoen. De sneden met boter of mayonaise bestrijken. De helft bedekken met zo nodig kleingesneden plakken vleeswaar, vis, kaas of ei en hierop (dunne plakken) groenten leggen. Desgewenst bedekken met een blad gewassen en goed uitgelekte sla en/of tuinkruiden. De overige sneden met de besmeerde kant erop leggen, aandrukken en desgewenst met een scherp mes schuin doorsnijden.

Variaties

Zoete sandwiches

Een snede met pindakaas, de andere met marmelade bestrijken, plakken gerookte kip of kalkoen ertussen leggen.

groenten naar keuze
2 tomaten
1 kleine komkommer
1 paprika
1 klein blikje asperges
1 kropje sla
tuinkruiden

Bacon-mierikswortelsandwiches

De sneden bestrijken met mierikswortelboter (blz. 100), vermengd met verkruimelde uitgebakken bacon. Zie ook Smørrebrødbeleg (zonder garnering, blz. 35) en vulsels bij sandwichrolletjes (hieronder).

½ casino- of
bruinbrood (een dag oud)
150 g boter
½ potje zilveruitjes
½ potje augurkjes
½ potje zoetzuur van paprika
peterselie
(mayonaise of cocktailsaus)
Voor de garnering:
hardgekookt ei
1 paprika
augurkjes, olijven
peterselie

Hartig sandwichbrood, sandwichtaart

Het brood geheel van korst ontdoen en in de lengte in zes plakken snijden. De leverpastei zo nodig zacht roeren met de koffiemelk. De boter zacht roeren en de kleingesneden uitjes, augurkjes, paprika en peterselie erdoor mengen. Drie plakken brood dik met leverpastei bedekken en drie met een botermengsel besmeren. De verschillend belegde plakken brood om en om op elkaar leggen en iets aandrukken. Het brood in folie verpakt enige uren laten intrekken. De broodtaart desgewenst bedekken met mayonaise of cocktailsaus. Een garnering aanbrengen van plakjes hardgekookt ei, reepjes paprika, augurkjes, olijven en fijngesneden peterselie. In plakken of punten snijden.

4 pistolets of
4 sesam-/maanzaadbolletjes
(bruin of wit) of
2 kleine stokbroden
± 100 g (kruiden)boter of
± 4 lepels mayonaise
4 bladeren (ijsberg)sla
200 g vleeswaar, paté,
biefstuk tartaar of
filet americain
2 ontvelde (vlees)tomaten
en/of ½ komkommer
en/of 1 paprika
en/of ± 12 olijven zonder pit
alfalfa

Pistolets, (stok)broodjes gezond met vlees

Het brood opensnijden, besmeren met de boter of de mayonaise. Beleggen met een blad sla en naar keuze plakken vleeswaar, paté, biefstuk tartaar of filet americain aangevuld met plakken tomaat, komkommer en/of paprika, olijven en een plukje alfalfa. Desgewenst het brood dichtklappen.

Variaties

Pistolets, (stok)broodjes met kaas

Het vleesbeleg vervangen door (komijne)kaas, witte of rode schimmelkaas of door geiten- of schapenkaas.

Pistolets, (stok)broodjes met vis

Het vleesbeleg vervangen door gerookte vis, garnalen, stukjes krab of surimi.

Pistolets, (stok)broodjes met salade

Een deel van het beleg vervangen door een salade.

Hartige taart ***(zie blz. 70-72)***

De taart koud, in punten gesneden opdoen.

Quiche lorraine ***(zie blz. 72)***

De quiche koud, in punten gesneden opdoen.

Buffet (koud)

De volgende gerechten zijn ook geschikt als hors d'oeuvre.

750 g gebraden kalkoen- of kiprollade (blz. 192)
10 schijven ananas
⅓ potje cranberrygelei
5 dl aspic (blz. 103)
10 geweekte pruimen (blz. 282)
1 dl rum

Kalkoenrollade/kiprollade met ananas, aspic en pruimen

De afgekoelde gebraden rollade van netje of touw ontdoen en in vrij dikke plakken snijden. Deze dakpansgewijs op een schaal leggen, met op iedere plak een schijf ananas met in het midden wat cranberrygelei. Van de aspic ± ½ dl achterhouden, de rest op een platte schaal laten opstijven en daarna in kleine stukjes hakken en rond het vlees op de schotel leggen. De pruimen 20 minuten in de rum weken, laten uitlekken en rond het vlees op de aspic leggen. Vlees en vruchten met de achtergehouden weer vloeibaar gemaakte aspic glanzen (om uitdrogen te voorkomen).

1 komkommer
4 g zout
peper
2 lepels azijn en
2 lepels olie of 4 lepels yoghurt
(mespunt suiker)
(1 teentje knoflook)
(peterselie)
(dille)
(paprikapoeder)

Komkommer

De komkommer schillen, in drie stukken snijden en in smalle reepjes verdelen of van het vruchtvlees 'sambalreepjes' trekken. De komkommer wegzetten met het zout en ½ uur laten staan, daarna laten uitlekken, met peper bestrooien en aanmengen met de azijn en de olie of de yoghurt en desgewenst een mespunt suiker. Eventueel de komkommer vermengen met het geperste knoflook, kleingesneden peterselie of dille en bestrooien met paprikapoeder.

Gevulde komkommer *(zie blz. 34)*

1 à 2 bosjes radijs

Radijs

De radijsjes schoonmaken, dat wil zeggen de worteltjes eraf snijden en zoveel van het groen, dat alleen het middelste blaadje overblijft. De radijsjes wassen en op een schaaltje leggen met het groen naar boven. Voor garnering: radijsjes insnijden en enige tijd in ijskoud water leggen.

½ rammenas
(citroensap)
(zout)

Rammenas

De rammenas schillen, wassen, raspen of in zeer dunne plakjes schaven en desgewenst met citroensap besprenkelen en met iets zout bestrooien.

1 bosje ijspegels of
1 à 2 rettichwortels
(2 lepels (zure) room)
(zout)

IJspegels, rettich

De ijspegels of de rettichwortels ontdoen van de uiteinden en dun schillen. In dunne plakjes snijden of raspen. Desgewenst met de (zure) room en zout vermengen.

50 g sterkers of
75 g waterkers
½ citroen
suiker of zout

Sterkers, waterkers

De groente wassen, zo nodig de worteltjes afknippen en van zaadhuisjes ontdoen. Laten uitlekken, met citroensap besprenkelen en vermengen met suiker of zout naar smaak.

100 g (witte) kool
Voor de marinade:
½ dl azijn
½ dl water
mespunt zout
1 theelepel suiker
2 peperkorrels
1 kruidnagel
mespunt gemberpoeder
mespunt kurkuma

Atjar van kool

De kool schoonmaken en in zeer fijne reepjes schaven. De ingrediënten voor de marinade aan de kook brengen, de kool toevoegen en 3 minuten blancheren. De kool in de marinade laten afkoelen en ± 3 dagen op een koele plaats laten intrekken. Voor het gebruik het vocht afschenken.

Variaties

Atjar van kool met (winter)wortel

Met de kool 50 g grof geraspte wortel meeblancheren.

Atjar van taugé

De witte kool vervangen door 100 g taugé; deze 1 minuut in de marinade blancheren.

5 zeer kleine tomaatjes of
2 à 3 middelgrote tomaten
(aromapoeder)

Tomaten

De tomaten wassen, het vel inkruisen, even in kokend water leggen en laten schrikken onder de koude kraan. Het vel eraf halen. De tomaten in de breedte in plakken snijden of in partjes verdelen. Desgewenst bestrooien met zout en peper.

± 150 g worteltjes
sap van ½ citroen
zout of suiker
(30 g rozijnen)

Geraspte wortel

De worteltjes schrappen, wassen en raspen, snel met het citroensap vermengen en met zout en/of suiker op smaak afmaken. Desgewenst de gewelde rozijnen erdoor mengen.

Crudités *(zie blz. 22)*

150 g of
van elk een blik van
± 225 g bleekselderij,
150 g haricots
verts of
150 g maïs

Voor de marinade:
¾ dl (kruiden)azijn
½ dl kookvocht
1 lepel olie
(peterselie)

Gemarineerde groenten, bleekselderij, haricots verts, maïs

De verse gewassen groenten apart beetgaar koken (5 minuten). De groenten laten uitlekken (het vocht bewaren), zo nodig in gelijkmatige stukken verdelen. Voor de marinade de azijn, het kookvocht en de olie vermengen; elke groente 10 à 15 minuten hierin laten staan en daarna laten uitlekken. Gemarineerde groente desgewenst bestrooien met fijngesneden peterselie.

Variatie

Gemarineerde asperges, doperwtjes, worteltjes

De genoemde groenten vervangen door aspergepunten, extra fijne doperwtjes en zeer fijne worteltjes.

Salades voor hors d'oeuvres, brunch/lunch, koud buffet *(zie blz. 39-45)*

Kaviaar in ei of tomaat *(zie blz. 20)*

Hollandse nieuwe haring *(zie blz. 34)*

Tongfilets in geleirand *(zie blz. 133)*

Kreeft, krab in geleirand *(zie blz. 145)*

Chaudfroid van vis *(zie blz. 133)*

Koude schotel van kreeft *(zie blz. 145)*

Hartige taart *(zie blz. 70-72)*
De taart koud, in smalle punten gesneden opdoen.

Quiche lorraine *(zie blz. 72)*
De quiche koud, in smalle punten gesneden opdoen.

Salades voor hors d'oeuvres, brunch/lunch, koud buffet

4 eieren
2 à 3 lepels koude hartige saus naar keuze (zie blz. 94-99)
(zout, peper, kerrie)
(2 tomaten)

Eiersalade
De eieren hard koken (10 minuten), afkoelen, pellen en in grove stukken snijden. Deze luchtig mengen met de saus en zo nodig op smaak afmaken met zout, peper en kerrie. Desgewenst garneren met tomaat.

100 g belegen kaas
2 lepels yoghurt of zure room
1 theelepel tomatenpuree
enkele druppels Engelse saus
peterselie of bieslook
Vulsel:
2 lepels zilveruitjes
4 kleine augurkjes
½ rode paprika
2 tomaten

Kaassalade
De kaas in kleine blokjes snijden. De yoghurt vermengen met de tomatenpuree, de Engelse saus en fijngesneden peterselie of bieslook. De uitjes, augurkjes en de paprika (zonder zaad) kleinsnijden en met de kaas aan de saus toevoegen. De salade garneren met tomaat.
Variaties
Geitenkaassalade, fetasalade
De kaas vervangen door 100 g grof verkruimelde droge geitenkaas of feta.
Kaassalade met vruchten
Het vulsel vervangen door uitgelekte, extra fijne doperwtjes (blikje ± 250 g), twee plakken kleingesneden ananas en ½ kleingesneden (sinaas)appel.
Kaassalade met rijst en gember
Het vulsel vervangen door ± 75 g koude gekookte rijst (= 25 g rauw), drie nootjes gember en ½ banaan (kleingesneden).
Kaassalade met spaghetti en vruchten
Het vulsel vervangen door ± 60 g koude, gekookte (= 15 g rauw) kleingesneden spaghetti, 50 g (ontpitte) druiven of kiwi en ± ½ sinaasappel (kleingesneden).

Haringsalade

2 (zure) haringen
1 zure appel
2 gekookte aardappels
1 gesnipperde ui
2 lepels gesneden bieslook
± 4 lepels (Bulgaarse) yoghurt
peper, zout
Voor de garnering:
(enkele slabladeren)
(½ komkommer)
(2 tomaten)
(1 ei)

De haringen van kop, vel en graten ontdoen en in stukken van ± 2 cm snijden. De schoongemaakte appel en de aardappels in blokjes snijden. Alle ingrediënten met de yoghurt omscheppen. De salade op smaak afmaken met peper en zout en overdoen in een slakom of op een schaal. Desgewenst garneren met gewassen en goed uitgelekte slabladen, plakjes tomaat, komkommer en hardgekookt ei.

Vissalade, visschelpen

± 250 g gepocheerde vis (blz. 131)
± ¼ paprika
1 à 2 eetlepels zilveruitjes
peterselie
± 2 lepels mayonaise, zure room of slasaus
± ½ lepel tomatenketchup
peper, zout
pikante Engelse saus
citroensap
Voor de garnering:
(enkele slabladeren)
(2 tomaten)

De afgekoelde vis in stukken verdelen. De paprika, de uitjes en de peterselie kleinsnijden, vermengen met de mayonaise of slasaus en de tomatenketchup. De saus door de vis scheppen en de salade op smaak afmaken met peper en zout, enkele druppels Engelse saus en citroensap. De salade op een schaal of op schelpen overdoen en gladstrijken. Desgewenst een garnering aanbrengen van gewassen en uitgelekte slabladeren en tomaat.

Variatie

Perzikpartjes door de salade mengen (kleingesneden) en als garnering gebruiken. De mayonaise vervangen door yoghurt.

Zalmsalade, tonijnsalade

1 blik zalm of tonijn van ± 200 g
2 augurkjes en 6 zilveruitjes of 1 lepel kappertjes
(1 blik zeer fijne doperwtjes van ± 200 g)
Voor de garnering:
± 100 g kropsla of krulandijvie
± 3 lepels mayonaise, zure room of slasaus
± ½ lepel tomatenketchup
1 tomaat
1 ei

De zalm of tonijn laten uitlekken, van graten en vel ontdoen, in stukken verdelen en omscheppen met de kleingesneden uitjes en augurkjes of kappertjes en desgewenst de uitgelekte doperwtjes. Een vleesschaal eventueel bedekken met gewassen en goed uitgelekte slabladeren. De salade erop leggen en bedekken met de door de tomatenketchup zalmroze gekleurde mayonaise of slasaus. De schotel garneren met partjes tomaat en hardgekookt ei. Desgewenst de sla opdoen in deegbakjes, op toast of in vruchten.

200 g gepelde garnalen
2 lepels mayonaise of cocktailsaus
± ½ theelepel tomatenketchup
(⅛ groene paprika of 4 bolletjes gember)
Voor de garnering:
1 tomaat
1 ei
(gevulde) olijven

Garnalensalade

De garnalen zo nodig wassen en laten uitlekken, vermengen met de mayonaise, roze gekleurd met de tomatenketchup, of de cocktailsaus en desgewenst de kleingesneden paprika of gember. De schaal garneren met partjes tomaat, hardgekookt ei of olijven. Desgewenst de salade opdoen in deegbakjes, op artisjokbodems, op toast of in vruchten.

Variatie

Krabsalade

De garnalen vervangen door ± 200 g krab, die na het uitlekken is ontdaan van harde stukjes.

± 200 g gare kip- of kalkoenfilet
50 g gerookte kipfilet, chorizo of mager rookspek
1 sinaasappel of 2 lepels mandarijntjes
2 lepels kwark of yoghurt
(citroensap)
peterselie
(1 zakje croutons)

Kipsalade, kalkoensalade

Het vlees kleinsnijden. De sinaasappel pellen, in plakken snijden en deze kleinsnijden of de mandarijntjes laten uitlekken en kleinsnijden. Het vlees en de vruchten met de kwark of de yoghurt omscheppen. De salade zo nodig op smaak afmaken met citroensap en garneren met kleingesneden peterselie. Desgewenst kort voor het opdoen de croutons door de salade mengen.

Variaties

Kip- of kalkoensalade met rijst en vruchten

De helft van het vlees vervangen door 150 g koude gekookte rijst (van 50 g rijst, zie blz. 248). De sinaasappel vervangen door vier bolletjes kleingesneden gember en/of twee plakken kleingesneden ananas. De kwark desgewenst vervangen door kerriesaus (blz. 109).

Kip- of kalkoensalade met groenten

De sinaasappel vervangen door een gesnipperde gefruite ui of ½ in ringen gesneden dunne prei en vier kleingesneden bleekselderijbinnenstengels of een klein blikje (225 g) uitgelekte doperwtjes zeer fijn en/of een kleingesneden rode paprika.

100 g gaar kippen- of kalfsvlees
25 g ham
25 g rozijnen of 2 plakken ananas
1 rode handappel
± 30 g selderijknol of 2 à 3 binnenstengels van bleekselderij
25 g gepelde walnoten of hazelnoten
1 lepel zilveruitjes
peterselie
2 lepels mayonaise, zure room of slasaus
zout, peper, (citroensap)

Waldorfsalade, Amerikaanse salade

Het koude vlees en de ham kleinsnijden. De rozijnen wellen of de ananas kleinsnijden. De appel wassen, van klokhuis ontdoen en met de schil in stukjes snijden. De selderijknol raspen of de bleekselderij wassen en kleinsnijden. De gehakte noten, de gesneden uitjes en de kleingesneden peterselie met de overige ingrediënten en de mayonaise of slasaus omscheppen. De salade op smaak afmaken met peper, zout en desgewenst citroensap. De salade opdoen in een slabak.

Variatie

Bij gebruik van knolselderij het vruchtvlees van twee à drie grapefruits kleinsnijden, laten uitlekken en extra door de salade mengen. De salade opdoen in de schoongemaakte halve grapefruitschillen.

Vleessalade

200 g gaar vlees
1 kleine paprika
1 appel
10 zilveruitjes
4 augurkjes
1 blikje zeer fijne doperwtjes van ± 225 g
2 lepels mayonaise, zure room of slasaus
verse koriander of rozemarijn
peper, zout

Het koude vlees, de paprika, de appel, de uitjes en de augurkjes kleinsnijden. Deze met de uitgelekte doperwtjes en de mayonaise, zure room of de slasaus omscheppen. De salade op smaak afmaken met de kruiden, peper en zout. De salade overdoen op een schaal. Voor garnering zie volgend recept.

Variatie

Worstsalade

Het vlees vervangen door 200 g in plakken en daarna in dunne reepjes gesneden (boterham)worst, de paprika vervangen door een gesnipperde ui of een dunne in ringen gesneden prei, de doperwtjes desgewenst vervangen door vier kleingesneden bleekselderijbinnenstengels.

Huzarensalade

150 g gaar vlees
150 g gekookte aardappels
100 g gekookte bieten of ½ rode paprika
½ à 1 appel
5 zilveruitjes
2 augurkjes
2 lepels mayonaise, zure room of slasaus
peper, zout
(1 lepel azijn)
Voor de garnering: zie recept

Het koude vlees, de koude aardappels, de schoongemaakte bieten of de paprika, de geschilde appel en de uitgelekte uitjes en augurkjes kleinsnijden. Deze ingrediënten omscheppen met de mayonaise, zure room of de slasaus. De salade op smaak afmaken met peper en zout en desgewenst de azijn. De salade overdoen op een schaal en gladstrijken. De gewassen en goed uitgelekte slabladeren er rondom leggen en garneren met de in partjes of plakjes gesneden tomaat en augurkjes, uitjes, hardgekookt ei, reepjes paprika en kleingesneden peterselie.

Variatie

Het vlees vervangen door 75 g ham en 75 g gaar kalfsvlees.

Vegetarische huzarensalade

Het vlees vervangen door 100 g in blokjes gesneden kaas of gemarineerde tahoe (blz. 235) of 150 g gebakken champignons (blz. 217). Deze ingrediënten kort voor het opdoen toevoegen.

Salade tiède, salade met warme saus

± 15 bladeren witlof of kleine bladeren rode sla
Italiaanse groentesalade (½ recept)(blz. 225)
3 tomaten of 1 paprika
± 200 g kippen- of varkensfilet
peper, zout
30 g boter
½ recept wittewijnsaus (blz. 109)

De lof- of slabladeren wassen en droogdeppen. Rond het midden van elk bordje drie bladeren stervormig schikken en op elk blad een klein bergje Italiaanse salade leggen. De bordjes garneren met partjes (ontvelde) tomaat of reepjes paprika. Het vlees met peper en zout bestrooien en gaar of bijna gaar en bruin bakken in de hete boter (blz. 193 of 177). De saus bereiden en warm houden. Het warme vlees in acht stukjes verdelen en in het midden van de bordjes leggen. Het vlees en desgewenst de groentesalade vlak voor het opdoen bedekken met de warme saus.

Variaties

De wittewijnsaus vervangen door ½ recept paprikaroomsaus (blz. 110) of door ½ recept Hollandse saus (blz. 113). De witlof en de Italiaanse groentesalade vervangen door (een mengsel van) bijvoorbeeld veldsla, waterkers en/of rucola (totaal ± 150 g).

Bleekselderijsalade

⅓ struikje bleekselderij
zout
1 appel
(25 g rozijnen)
(50 g gepelde (wal)noten)
± 2 lepels yoghurt of slasaus

De struik bleekselderij halveren en de malse stengels met de gele blaadjes in kleine stukjes van ± 2 cm snijden. De overige stengels wassen, zo nodig de dikke nerven wegtrekken, kleinsnijden en blancheren (± 3 minuten) in water met zout; laten uitlekken en afkoelen. De appel van klokhuis ontdoen, in kleine dobbelsteentjes snijden en deze desgewenst met de gewelde rozijnen en de kleingesneden noten met de bleekselderij aan de yoghurt of de slasaus toevoegen en ± ½ uur laten intrekken.

Bloemkoolsalade

¼ middelmaat bloemkool
zout
2 lepels yoghurt of slasaus
½ lepel tomatenketchup
2 lepels bieslook

De bloemkool van stronk ontdoen, in zeer kleine rozetjes verdelen, wassen en blancheren in kokend water met zout (2 minuten). De groente laten uitlekken en afkoelen. De yoghurt of slasaus en de tomatenketchup vermengen met de bloemkool. De salade bestrooien met kleingesneden bieslook.

Paddenstoelensalade

200 g (grot-, kastanje-) champignons of shii-takes
1 dl bouillon, citroensap
of 1 blikje champignons van ± 225 g
60 g magere ham
1 teentje knoflook
2 lepels peterselie
(15 g gepelde walnoten)
½ lepel witte wijn
± 2 lepels yoghurt

De paddenstoelen schoonvegen, zo nodig halveren en blancheren in de bouillon met enkele druppels citroensap (3 minuten, blz. 217). De champignons laten uitlekken, de ham kleinsnijden. De champignons, de ham, het uitgeperste knoflook, de kleingesneden peterselie, desgewenst de gehakte noten en de wijn met de yoghurt vermengen.

Oesterzwamsalade

250 g oesterzwammen
citroensap
½ gele paprika
± 5 takjes basilicum
2 lepels yoghurt of roommayonaise (blz. 95)
100 g eikenbladsla

De oesterzwammen schoonvegen, in reepjes snijden en met citroensap besprenkelen. De paprika van zaad en zaadlijsten ontdoen en met het basilicum in dunne reepjes snijden en toevoegen. Kort voor het gebruik de yoghurt of mayonaise erdoor mengen; opdoen op eikenbladsla.

Knolselderijsalade

¼ selderijknol
iets zout
2 lepels yoghurt of slasaus
bieslook
peterselie
(1 appel)
(⅓ winterwortel)

De selderijknol in dikke plakken snijden, schillen en wassen. De plakken in reepjes snijden ter grootte van lucifers, blancheren in kokend water met zout (± 2 minuten); laten uitlekken en afkoelen. De knolselderij vermengen met de yoghurt of slasaus, het fijngesneden bieslook en peterselie en desgewenst met de geraspte appel en/of winterwortel.

Paprikasalade

2 middelmatig grote paprika's van verschillende kleur
3 lepels olie
2 lepels azijn
zout
(2 g suiker)
1 lepel bieslook

De paprika's wassen, in de lengte of dwars doormidden snijden, ontdoen van zaad, in zeer fijne reepjes of ringen snijden. Desgewenst 1 minuut blancheren in kokend water met zout; laten uitlekken en afkoelen. Vermengen met de olie en de azijn, zout en desgewenst de suiker. Bestrooien met het kleingesneden bieslook.

Taugésalade

200 g taugé
Voor de saus:
1 lepel kwark of verkruimelde blauwe kaas
1 lepel olie
½ lepel azijn
rozemarijn
zout
peterselie of bieslook

De taugé zo nodig van worteltjes en groene deeltjes ontdoen en wassen. De taugé met kokend water overgieten, laten uitlekken en afkoelen. De ingrediënten voor de saus vermengen en met de taugé omscheppen. Kleingesneden peterselie of bieslook eroverheen strooien.

Variatie

50 g van de taugé vervangen door 50 g in dunne reepjes gesneden prei. De rozemarijn vervangen door ½ lepel geroosterd sesamzaad of komijn.

Venkelsalade

2 kleine venkelknollen
zout
2 lepels slasaus
30 g (blauwe) kaas
venkelblaadjes
(1 appel)

De venkelknollen zo nodig van bruine of stugge buitenrokken ontdoen en wassen. De venkel halveren, in dunne reepjes snijden en 1 minuut blancheren in kokend water met zout. Laten uitlekken en afkoelen. De slasaus vermengen met de verkruimelde kaas, de kleingesneden venkelblaadjes en desgewenst de geraspte appel en met de venkel omscheppen.

Zuurkoolsalade

150 g zuurkool
1 appel
2 lepels yoghurt of slasaus
een mespunt karwijzaad
(30 g gepelde walnoten)
(¼ rode paprika)

De zuurkool kleinsnijden, de appel schillen en snipperen en met de yoghurt of slasaus en het karwijzaad door de zuurkool mengen. Desgewenst de kleingesneden noten en de reepjes gesneden paprika door de salade scheppen.

Aardappelsalade ***(zie blz. 227)***

Witlofsalade ***(zie blz. 223, ¼ à ½ recept)***

Koolsalade ***(zie blz. 223, ¼ à ½ recept)***

Tomatensalade ***(zie blz. 224, ¼ à ½ recept)***

Komkommersalade, courgettesalade ***(zie blz. 224, ¼ à ½ recept)***

Gemengde salade van rauwe groenten ***(zie blz. 224, ¼ à ½ recept)***

Italiaanse groentesalade ***(zie blz. 225, ¼ à ½ recept)***

Hartige ananassalade, perziksalade

1 blik ananas of perzik van ¼ liter
1 appel of ½ banaan
100 g achterham
2 lepels yoghurt of slasaus
(citroensap, Engelse saus)
(selderijblad)

De ananas of de perzik laten uitlekken. De vruchten en de ham kleinsnijden en vermengen met de yoghurt of slasaus. Zo nodig de salade op smaak afmaken met citroensap en/of Engelse saus. Desgewenst zeer fijn gesneden selderijblad toevoegen.

Pittige bananensalade

1 lepel mangochutney
2 lepels tomatenketchup
2 bananen

De chutneystukjes zo nodig fijnsnijden, de chutney vermengen met de tomatenketchup. De bananen schillen, in plakjes snijden en met de saus vermengen.

Variatie

De chutney vervangen door twee nootjes gember en 1 lepel gembersiroop. De tomatenketchup vervangen door 2 lepels zure room.

Hartige grapefruitsalade, sinaasappelsalade, pomelosalade

2 grapefruits of
1 pomelo (pompelmoes)
of 3 sinaasappels
Voor de saus:
1 lepel yoghurt of kwark
1 lepel mayonaise
(citroensap, tomatenketchup)
(± 10 g basterdsuiker)
(½ lepel selderijblad en/of bieslook)

De grapefruits of pomelo's doormidden snijden, zodat men dwars door de partjes heen gaat. Met behulp van een grapefruitmesje de stukjes vruchtvlees van de vliesjes en schil lossnijden, uit de schil nemen, doorsnijden en laten uitlekken. Of de sinaasappels van schil en witte vezels ontdoen, in plakken snijden en deze plakken in stukjes verdelen en laten uitlekken. De vruchtenstukjes enige tijd koel wegzetten. De yoghurt of de kwark met mayonaise vermengen en op smaak afmaken met citroensap, ketchup en/of basterdsuiker. Desgewenst zeer fijn gesneden selderijblad en/of bieslook toevoegen. De vruchten met de saus vermengen.

Variatie

Gepelde garnalen, kleingesneden ham of gerookte vis of kip door de salade mengen.

Hartige peren-druivensalade

100 g witte druiven
2 rijpe handperen
± 1 dl zoete rode wijn (bijvoorbeeld Marsala)
(1 lepel yoghurt of 1 lepel zure room)
(¼ lepel mintblaadjes)

De druiven halveren en ontpitten. De peren schillen, van klokhuizen ontdoen en in gelijkmatige blokjes of balkjes snijden. De vruchten overgieten met de wijn, zodat ze juist onderstaan, en ± ½ uur afgedekt koel wegzetten. Vóór het opdoen de overtollige wijn afschenken. Desgewenst de yoghurt of de zure room en de kleingesneden mintblaadjes door de vruchten mengen.

Variatie

Hartige peren-kiwisalade

De druiven vervangen door twee geschilde en in blokjes gesneden kiwi's.

Warme gerechten voor borrelhapjes, voorgerechten, brunch/lunch, snacks

De in dit hoofdstuk beschreven gerechten kunnen worden gebruikt als:
1 borrelhapje (al of niet met prikker);
2 voorgerecht bij een diner (na of in plaats van de soep);
3 onderdeel van een brunch/lunch;
4 snack (hartig, uit de hand te eten, tussendoorhapje). Ook als brunch/lunchgerecht te gebruiken.

Het type gerecht dat gekozen wordt en de grootte van de portie hangen samen met het doel waarvoor ze gebruikt worden. In het algemeen staan smaak en uiterlijk op de voorgrond; ze mogen niet te voedzaam zijn. Bij sommige gerechten kunnen resten vlees, vis et cetera goed verwerkt worden.

De gerechten kunnen worden onderscheiden in: ragouts en combinatiegerechten

Ragouts

Een ragout bestaat uit een vrij dikke saus (meestal een rouxsaus), met daarin stukjes vulsel naar keuze, bijvoorbeeld vlees, organen, vis, garnalen, kaas, eieren, groente, paddenstoelen. De verhouding saus-vulsel is afhankelijk van de fijnheid van het gerecht: per persoon ± 40 g gaar vulsel, ± 2 × zoveel saus als vulsel.
De dikte van de saus hangt samen met de manier van opdoen:
- als de saus niet of nauwelijks kan uitlopen, bijvoorbeeld opgedaan in een schaal, in pasteitjes, in een (rijst)rand, dan ± 10 g bloem per dl vocht voor een lichte saus nemen, voor een bruine saus 2 g meer;
- als er meer kans op uitlopen is, bijvoorbeeld opgedaan in flensjes, in omelet, in schelpen, in rissoles, dan ± 12 g bloem per dl vocht voor een lichte saus nemen, voor een bruine saus 2 g meer;
- voor kroketten, die vorm moeten houden, 15 g bloem per dl vocht nemen.

Een ragout kan op de volgende manieren worden opgedaan:
a in of op een (oven)schaal of schelpen, met bijvoorbeeld aardappelpuree(rand), rijst(rand), piedeksel;
b als soufflé;
c in of op (stok)brood(jes), in een beschuitbol;
d in flensjes, in omelet, in wraps;
e in deeg, bijvoorbeeld pastei, pizza- of deegbodem;
f als kroketten, bitterballen.

Combinatiegerechten

Diverse ingrediënten kunnen:

- als vulsel worden gebruikt in uitgeholde vruchten (bijvoorbeeld champignons, tomaten, paprika's, aubergines), in aardappels, in broodjes, beschuitbollen, flensjes, wraps, in bladerdeeg/pasteitjes;
- als koekjes, beignets of prikkers worden verwerkt.

Borrelhapjes (warm)

1 knolselderij (± 300 g)
± 5 dl water
5 g zout
2 eieren
4 lepels melk
zout, peper
paneermeel of
sesamzaad
frituurolie

Gefrituurde knolselderijprikkers

De knolselderij in plakken van ± 1 cm dikte snijden, dik schillen, wassen en in reepjes van ± 5 cm snijden. De reepjes in ruim kokend water met zout blancheren (1 minuut) en goed laten uitlekken. De eieren loskloppen met de melk, het zout en de peper. De reepjes door het eimengsel halen, laten uitlekken, door het paneermeel of het sesamzaad wentelen, goed afschudden en in de hete frituurolie (180 °C) lichtbruin en knapperig bakken. Goed laten uitlekken, warm serveren met een prikker en een dipsaus (zie blz. 96-99).

Variatie in bereiding

Eimengsel en paneermeel vervangen door bakbeslag (zie lekkerbekjes blz. 142).

Variaties

Gefrituurde bleekselderijprikkers

De knolselderij vervangen door ± 6 zachte bleekselderij (binnen) stengels, deze in stukken van ± 4 cm snijden.

Gefrituurde bloemkool/broccoliprikkers

De knolselderij vervangen door een kleine bloemkool of ± 250 g broccoli, die in roosjes verdeeld wordt.

Gefrituurde champignonprikkers

De knolselderij vervangen door ± 200 g middelgrote champignons. Deze met keukenpapier schoonvegen.

Gefrituurde kippenprikkers

De knolselderij vervangen door ± 200 g vooraf juist gaar gesmoorde kipfilet. Deze in blokjes frituren en op de prikker afwisselen met stukjes paprika.

½ ciabatta of stokbrood
± 3 lepels knoflookolie of
olijfolie en ± 3 teentjes
knoflook of
60 g knoflook- of
kruidenboter (blz. 100)

Ciabatta of stokbrood, gegrilleerd met (knoflook)olie

Het brood niet te dun snijden. Elke snede besprenkelen met knoflookolie of met olijfolie en daarna dun bestrijken met het uitgeperste knoflook. De sneden kort voor het gebruik goudbruin en knapperig laten worden in een grillpan, boven in een hete oven (220 °C) of 10 cm onder een roodgloeiende grill heel licht laten kleuren.

Variatie

Ciabatta of stokbrood met kaas, tapenade of pesto

Het brood voor het roosteren dun bestrooien met geraspte (Parmezaanse) kaas of na het roosteren bestrijken met tapenade of pesto.

Mergbroodjes *(canapés à la Moëlle)*

1 gespleten mergpijp
2½ dl bouillon
4 sneetjes oud brood
peper
peterselie of bieslook of venkelblaadjes

Het merg met een breed warm mes uit de mergpijp halen en in plakken snijden. De bouillon aan de kook laten komen en de plakken merg hierin op een schuimspaan pocheren, tot ze grauw en enigszins doorschijnend zijn (± 5 minuten). Uit de sneetjes brood rondjes steken; deze roosteren. De uitgelekte plakjes warme merg erop leggen, bestrooien met (grof) gemalen peper en garneren met kleingesneden peterselie, bieslook of venkelblaadjes. De mergbroodjes warm serveren.

Gegrilleerde bacon/hamprikkers

Binnenkant:
200 g belegen kaas, geitenkaas of camembert of 1 blikje borrelworstjes
Buitenkant:
100 g bacon (± 15 plakjes) of gekookte ham

De ingrediënten voor de 'binnenkant' tot ± 5 cm kleine balkjes snijden. Deze omwikkelen met de bacon of de ham en ± 10 cm onder een roodgloeiende grill aan beide kanten warm en krokant laten worden (± 5 minuten). Met prikkers opdoen.

Variaties

Gegrilleerde dadelprikkers
Gevulde dadels (blz. 23) omwikkelen met ham, bacon of katenspek. Desgewenst de dadels vervangen door gewelde, ontpitte pruimen of abrikozen.

Gegrilleerde banaanprikkers
Twee geschilde bananen halveren en elke helft in vier reepjes verdelen. De banaan met kerrie bestrooien. De plakken ham of bacon desgewenst met oranje marmelade bestrijken en met amandelsnippers bestrooien. De banaan omwikkelen met de ham of bacon.

Gegrilleerde garnalenprikkers
Grote gepelde garnalen omwikkelen met ham, bacon of katenspek.

Gegrilleerde leverprikkers
Dunne reepjes kalfs-, varkens- of kippenlever omwikkelen met ham, bacon of katenspek.

Barbecue-hamprikkers, grill-hamprikkers

1 blik ananasstukjes à ± 500 g
200 g ham (10 plakken)
kruidnagels
barbecuesaus (½ recept, blz. 113)

De ananasstukjes laten uitlekken. Op elke plak ham enkele stukjes ananas als een reepje neerleggen en deze in de ham rollen. Ter hoogte van elk stukje ananas door de rolletjes een kruidnagel steken. De ham bestrijken met de barbecuesaus. De rolletjes aan beide kanten op een gloeiend barbecuevuur of 10 cm onder een roodgloeiende grill roosteren (± 5 minuten). Daarna op de maat van de ananas in stukjes verdelen, de kruidnagel verwijderen en er een prikker in steken.

Visfrites, visbeignets *(zie blz. 142)*

Warme gehaktprikkers

200 g gehakt
1 beschuit
1 g zout
peper, nootmuskaat
¼ ei of iets melk
1 lepel nasikruiden
40 g boter
zoetzuur of
1 blikje (ontpitte) kersen (¼ liter)

Het gehakt aanmengen met de beschuit, het zout, peper, nootmuskaat, ei of melk, de gewelde nasikruiden en er kleine balletjes van draaien. De balletjes in de gebruinde boter bruin en gaar bakken (± 7 minuten). Na het bakken op keukenpapier laten uitlekken. Op de balletjes een stukje zoetzuur of een kers met een prikker vastzetten.

Variaties

Kokos-gehaktprikkers

De nasikruiden vervangen door ± 1 lepel gemalen kokos.

Gekruide gehaktprikkers

Zie gekruid gehakt (blz. 174). Kleine balletjes ervan vormen.

Gevulde gehaktprikkers

Zie gevulde gehaktballen (blz. 174). Kleine balletjes ervan vormen.

Gevulde champignons *(zie blz. 53)*

Borrelsaté

Voor saté (blz. 154, ½ recept) als borrelgarnituur kleine stukjes vlees van ± 10 g snijden en na het roosteren (± 5 minuten) overbrengen van de pennen op kleine prikkers. Desgewenst pindasaus als 'dip' erbij geven.

Kippenvleugels, kipkluifjes *(zie blz. 194)*

Gefrituurde hambroodjes *(± 8 stuks)*

Voor de ragout:
24 g boter, 24 g bloem
2 dl bouillon
125 g ham
75 g gaar kalfsvlees
citroensap, peper, (zout)
Voor de broodjes:
4 dunne sneetjes oud casinobrood
1 ei
¾ dl melk en/of bouillon
peper, (zout)
paneerei (1 eiwit losgeklopt met 1 lepel water of 1 ei losgeklopt met 1 lepel melk)
paneermeel
frituurolie
peterselie

Van de boter, de bloem en het vocht een gebonden saus maken (zie roux-saus bereiden, blz. 107). De ham en het vlees zeer klein snijden en door de saus roeren. De zeer dikke ragout op smaak afmaken met enkele druppels citroensap, peper en zo nodig zout. De sneetjes brood van korst ontdoen en halveren. De ragout over de stukjes brood verdelen en met een warm, vochtig mes goed gladstrijken. Het ei loskloppen met de melk of de bouillon, iets peper en zo nodig zout. De broodjes hierin laten weken, zodat het brood goed doortrokken wordt; daarna paneren in het paneerei en het paneermeel. De hambroodjes in een pan die voor de helft gevuld is met hete frituurolie (± 175 °C) langzaam bruinbakken, daarna goed laten uitlekken en opdoen op een verwarmde schaal op een servetje; garneren met peterselie.

Variatie

Gefrituurde nierbroodjes

Het kalfsvlees en de ham vervangen door twee gepocheerde varkensnieren of een gepocheerde kalfsnier (zie gepocheerde kalfs-, varkensnier blz. 180).

1 dl water
1 g zout
40 g boter
50 g bloem
2 eieren
100 g achterham
50 g geraspte oude kaas
peper (zout)
frituurolie

Warme gefrituurde ham- en kaassoesjes ***(± 16 stuks)***

Van het water, het zout, de boter, de bloem en de eieren soezendeeg maken (blz. 401). Het deeg vermengen met de kleingesneden ham en de geraspte kaas en op smaak afmaken met peper en zo nodig zout. Van dit deeg met behulp van twee theelepels, die even in hete frituurolie gedompeld zijn, kleine balletjes vormen en deze in de hete olie (± 180 °C) laten uitrijzen en gaar worden (3 à 4 minuten). De soesjes goed laten uitlekken en warm opdoen op een schaal op een servetje, met prikkers erbij.

Bitterballen ***(zie blz. 62)***

Ragoutcups met ragout ***(zie blz. 52)***

Deeg:
100 g bloem
75 g boter
2 g zout
± ½ dl water
Vulling:
1 sneetje oud brood zonder korst
± 1 lepel melk
125 g gehakt
peper, zout, nootmuskaat
½ ei

Kleine saucijzenbroodjes ***(± 12 stuks)***

Van de bloem, de boter, het zout en het water luchtig piedeeg maken, zoals bij fleurons is beschreven (blz. 379). Het deeg uitrollen tot een lap van ± 8 bij ± 50 cm. Het brood met de melk zacht laten worden, uitdrukken, met het gehakt en de kruiden vermengen en er een rol van ± 50 cm lengte van maken. De rol gehakt op het deeg leggen. De deeglap aan een van de lange zijden natmaken en dubbelslaan. De randen stevig op elkaar drukken. De rol in stukjes van ± 4 cm lengte snijden; deze op een natgemaakt bakblik leggen en met losgeklopt ei bestrijken. Het bakblik iets onder het midden in een hete oven (± 220 °C) plaatsen. De saucijzenbroodjes hierin gaar en lichtbruin laten worden (± 30 minuten). De broodjes warm op een verwarmde schaal op een servetje opdoen.
N.B.: Het deeg kan vervangen worden door vijf plakjes diepvriesbladerdeeg. Meteen na het ontdooien op ieder deegplakje 10 cm van de gehaktrol leggen, de plakjes dubbelslaan en daarna halveren.

Voorgerechten (warm)

De volgende gerechten zijn ook geschikt als onderdeel van een brunch/lunch.

24-48 slakken uit blik
(24-48 slakkenhuisjes)
slakkenboter van 100-200 g boter (blz. 100)

Wijngaardslakken ***(escargots)***

De slakken goed laten uitlekken en in de huisjes stoppen of in de holten leggen van de slakkenbordjes. De slakkenboter in de huisjes op de slakken spuiten of over de slakken in de holten verdelen. De slakkenhuizen met de opening naar boven op de bordjes leggen. De slakken 10 cm onder een roodgloeiende grill verwarmen, tot de boter bruist (± 8 minuten). Geven met (warm) stokbrood.

Variatie

Champignons à l'escargots

Op de slakkenbordjes champignonhoedjes leggen en vullen met slakkenboter.

een ragout (blz. 54-63), maar 36 g boter en 36 g bloem gebruiken
paneermeel
15 g boter
peterselie
(aardappelpuree van 250 g aardappels, zie torentjes van aardappelpuree blz. 241)

Ragout in schelpen ***(± 8 stuks)***

De ragout overdoen in beboterde schelpen (¾ vullen). De bovenkant bedekken met een dun laagje paneermeel; daarover kleine stukjes boter verdelen. Desgewenst een randje puree langs de ragout in iedere schelp spuiten. De schelpen iets boven het midden in een zeer hete oven (± 260 °C) plaatsen. Een bruin korstje op de ragout laten komen (± 6 minuten). De schelpen opdoen op een schaal op een servetje; garneren met peterselie.

Variatie

Kaasschelpen (± 8 stuks)

De schelpen met kaasragout (blz. 57) vullen, en bedekken met een dun laagje geraspte kaas; ± 5 minuten in een hete oven (± 220 °C) laten kleuren.

25 g boter
25 g bloem
2½ dl bouillon
150 g ham
2 lepels (koffie)room
peper
citroensap of witte wijn
(zout)
bieslook
peterselie
(dille)
2 eieren

Hamsoufflé(s)

Van de boter, de bloem en de bouillon een gebonden saus maken (zie rouxsaus bereiden, blz. 107). De zeer klein gesneden ham, de room, peper, citroensap of witte wijn, zo nodig zout en de kleingesneden tuinkruiden door de saus roeren. De eieren splitsen, de eiwitten stijfkloppen. De dooiers vermengen met 4 lepels hete ragout en dit mengsel door de rest van de ragout roeren. De ragout luchtig door het eiwit scheppen en de massa vlug overdoen in beboterde soufflépotjes of in een beboterde hoge ovenschaal (ten hoogste voor twee derde vullen). De soufflé(s) meteen midden in een hete oven (± 220 °C) plaatsen en hierin laten rijzen en lichtbruin laten worden (kleine soufflés ± 10 minuten, een grote soufflé ± 20 minuten). De soufflé(s) met een heet deksel afdekken en meteen opdoen.

Variaties

Kaassoufflé(s)

De ham vervangen door 150 g geraspte oude kaas (in verband met de bindkracht van de kaas 5 g bloem minder nemen).

Ham-kaassoufflé(s)

De helft van de ham vervangen door 75 g geraspte oude kaas.

Champignon-hamsoufflé(s)

100 g ham vervangen door 150 g zeer klein gesneden, gesmoorde champignons.

Kippensoufflé(s)

De ham vervangen door 150 g zeer kleingesneden gaar kippenvlees en een mespunt dragon of dille.

Spinaziesoufflé(s)

De ham vervangen door 500 g gekookte, kleingehakte en goed uitgelekte spinazie. Deze door een dik gebonden saus roeren van 15 g boter, 15 g bloem, 1½ dl melk en 40 g geraspte (Parmezaanse) kaas.

Garnalensoufflé(s)

De ham vervangen door 150 g zeer klein gesneden garnalen.

Vissoufflé(s)

De ham vervangen door 200 g gepocheerde, in zeer kleine stukken gesneden visfilets.

Zalmsoufflé(s)
De ham vervangen door 150 g verse gare zalm (blik ± 200 g), deze van vel en graat ontdoen en kleinsnijden, of door 75 g gerookte, kleingesneden zalmsnippers.

Voor de rissoles:
100 g bloem
75 g boter
2 g zout
½ dl water of
6 plakjes diepvries-bladerdeeg
Vulsel:
een koude ragout
(blz. 54-63, ½ recept, maar
18 g boter en 18 g bloem
gebruiken)
(frituurolie)
(½ ei)
peterselie

Rissoles met ragout *(± 8 stuks)*
Van de bloem, de boter, het zout en het water luchtig piedeeg maken (blz. 375). Na de laatste rust van het deeg dit uitrollen tot een lap van ± ⅓ cm dikte en hieruit rondjes steken van ± 10 cm middellijn. Ongeveer op het midden van ieder rondje een deel van de koude ragout leggen. De randen van het deeg natmaken, het deeg dubbelslaan en de randen stevig op elkaar drukken. Het deeg op een koele plaats laten opstijven. De rissoles bakken in een pan die voor de helft gevuld is met hete frituurolie (± 175 °C, ± 7 minuten) en goed laten uitlekken. Of de rissoles met losgeklopt ei bestrijken en in een oven bakken als saucijzenbroodjes (blz. 380). De rissoles warm geven en opdoen op een verwarmde schaal op een servetje; garneren met peterselie.

4 pasteibakjes (blz. 382)
Vulsel:
een ragout (blz. 54-63)
(peterselie)

Pasteitjes
De pasteibakjes zo nodig op een rooster midden in een oven warm en knapperig laten worden (± 10 minuten, 200 °C). De bakjes vlak voor het gebruik vullen met de hete ragout en de dekseltjes erop leggen. Opdoen op een verwarmde schaal op een servetje; garneren met peterselie.

Variaties

Piebakjes met ragout
De pasteibakjes vervangen door acht piebakjes (blz. 377).

Ragoutcups
De pasteibakjes vervangen door 20 ragoutcups (kant-en-klaar).

Hartige notentaartjes *(zie blz. 377)*

4 dunne sneetjes
casinobrood
15 g boter
Vulling:
75 g ham (2 dikke plakken)
200 g champignons
citroensap
15 g boter
50 g geraspte kaas

Gegratineerde champignon-hambroodjes
De sneetjes brood van korst ontdoen en roosteren. De schoongemaakte gesneden champignons en enkele druppels citroensap smoren met 15 g boter (zie gesmoorde champignons, blz. 217). De plakken ham in reepjes snijden en deze door de champignons mengen. Het mengsel kort voor het gebruik op de boterhammen leggen, deze dik met geraspte kaas bestrooien en ± 10 cm onder een voorverwarmde, roodgloeiende grill gratineren.

Variatie

Gegratineerde geitenkaasbroodjes
Uit de sneetjes vóór het roosteren desgewenst rondjes steken. Op elk geroosterd rondje een plak geitenkaas, feta, brie of camembert leggen. Bedekken met 1 lepel honing, marmelade of (cranberry)compote; kort gratineren, tot de kaas begint uit te lopen.

Gevulde champignons met ham en kaas

4 grote champignons à ± 80 g
of 8 kleinere champignons
Vulling:
1 ui
75 g ham
25 g boter
zout, peper
peterselie of bieslook
25 g geraspte kaas

De champignons schoonvegen met keukenpapier; de stelen puntig lossnijden. De hoeden met de holle kant naar boven in een beboterde ovenschaal zetten. De ui schoonmaken, snipperen, de ham en de stelen kleinsnijden en in de boter licht fruiten tot het vocht verdampt is. Afmaken met zout, peper en kleingesneden peterselie of bieslook. Het mengsel over de hoeden verdelen, bestrooien met de geraspte kaas en midden in een zeer hete oven (± 240 °C) of onder de grill de kaas laten kleuren (± 13 minuten).

Variaties

Gevulde champignons met gehakt, met risotto

De champignons vullen met een vulsel zoals beschreven bij gevulde tomaten, aubergines of paprika's (½ recept). De kleingesneden stelen in 25 g boter licht fruiten en door het vulsel mengen.

Gevulde champignons (als 'prikker')

De grote champignons vervangen door ± 8 middelmaat champignons; de helft van het vulsel nemen. De champignons met een prikker warm of koud serveren.

Gevulde tomaten met gekruid gehakt

4 grote tomaten
peper, zout
1 boterham zonder korst
Vulling:
1 ui
½ theelepel kerrie
(1 lepel nasikruiden)
15 g boter
150 g gemengd gehakt
zout, peper
Engelse saus
tomatenketchup
Voor de afwerking:
paneermeel
15 g boter
peterselie

Van de gewassen tomaten aan de bolle kant een kapje afsnijden, de tomaten uithollen en de binnenkant bestrooien met peper en zout. Het vruchtvlees, sap en pitjes van de tomaten door een zeef wrijven, het brood hierin weken. De gesnipperde ui, de kerrie en desgewenst de gewelde nasikruiden in de boter licht fruiten. Het gehakt toevoegen, uit elkaar halen en roerend bakken tot het gaar is (± 5 minuten). Het geweekte brood toevoegen en op smaak afmaken met zout, peper, Engelse saus en tomatenketchup. De uitgeholde tomaten met het gehakt vullen en in een beboterde ovenschaal plaatsen. Een restje tomatenvocht of iets water erbij schenken. Het gehakt bedekken met een dun laagje paneermeel en kleine klontjes boter. De schaal midden in een zeer hete oven (± 240 °C) plaatsen en een korstje op het gehakt laten komen (± 15 minuten). De schotel uit de oven nemen en garneren met kleingesneden peterselie.

Variaties

Gevulde tomaten met roerei

Het gehaktmengsel vervangen door heel zacht roerei van vijf eieren (blz. 118), waarbij de tomaten worden toegedekt met de kapjes van de tomaten.

Gevulde tomaten met kaasragout

Het gehaktmengsel vervangen door kaasragout (blz. 57). Bestrooien met geraspte kaas, die in de oven licht mag kleuren.

Gevulde tomaten met tonijn

Het gehaktmengsel vervangen door een mengsel van uitgelekte tonijn (1 blik à ± 250 g), verse kruiden, ± 10 kleingesneden olijven en een verkruimelde boterham zonder korst.

Gevulde tomaten met risotto

Het gehaktmengsel vervangen door risotto van 100 g rijst (blz. 250).

Eiergelei, eiertimbaaltjes *(zie blz. 119)*

Gebakken geitenkaas, camembert *(zie blz. 126)*

Brunch/lunch (warm)

200 g runderschenkel, varkens(schouder)lap of nasivlees of kipfilet
4 dl water
3 g zout
ui, wortel, peterselie
tijm, foelie, peperkorrels
30 g boter, 30 g bloem
2 lepels (koffie)room
(peper)
(citroensap of witte wijn)

Vleesragout, kippenragout

Het vlees opzetten met het kokende water, het zout en de kruiden. Aan de kook laten komen en zachtjes laten koken tot het gaar is (runderschenkel ± 2½ uur, varkensvlees ± 30 minuten, kipfilet ± 15 minuten), zeven en het vocht zo nodig aanvullen tot 3 dl. Het vlees in kleine stukjes snijden, de kruiden verwijderen. Van de boter, de bloem en de bouillon een gebonden saus maken (zie rouxsaus bereiden, blz. 111). Het vlees aan de saus toevoegen en roerend meewarmen. De ragout afmaken met de room en desgewenst enkele druppels citroensap of ½ lepel witte wijn.

Variaties

Ragout van resten vlees/kip

In 3 dl warm water ½ bouillontablet oplossen; hiervan, of van overgebleven bouillon, met de boter en de bloem een gebonden saus maken. De kleingesneden vleesresten aan de saus toevoegen en ± 5 minuten roerend meewarmen.

Vleesragout, kippenragout met kerriesaus

± ½ gesnipperde ui en ± 1 theelepel kerrie in de boter smoren, daarna de bloem toevoegen en er met de bouillon een gebonden saus van maken. Het kleingesneden vlees toevoegen en goed doorwarmen.

Vleesragout, kippenragout met tomatensaus

Een stukje laurierblad met het vlees mee laten trekken. ½ gesnipperde ui in de boter smoren, 1 lepel tomatenpuree meewarmen, daarna de bloem toevoegen en er met de bouillon een gebonden saus van maken. Desgewenst afmaken met tomatenketchup en kleingesneden peterselie. Het kleingesneden vlees toevoegen en roerend meewarmen.

250 g (kalfs)vlees of kipfilet
4 dl water
2 g zout
ui, wortel, peterselie
tijm, foelie, peperkorrels
kleine gehaktballetjes van 50 g kalfsgehakt (blz. 174)
50 g verse champignons of ½ klein blikje champignons
30 g boter, 30 g bloem
2 lepels (koffie)room
witte wijn of citroensap
(peper, zout)
1 eierdooier

Fijne (kalfs)vleesragout, kippenragout

Het vlees opzetten met het kokende water, het zout en de kruiden. Aan de kook laten komen en zachtjes laten koken tot het gaar is (kalfsvlees ± ½ uur, kipfilet ± 15 minuten). De bouillon zeven en zo nodig met water aanvullen tot 3 dl. De gehaktballetjes en de schoongemaakte en in plakjes gesneden verse champignons in de bouillon gaarkoken (± 6 minuten) en uitscheppen. Het vlees zo nodig van velletjes en zeentjes ontdoen en in kleine stukjes snijden; de kruiden verwijderen. Van de bouillon met de boter en de bloem een gebonden saus maken (zie rouxsaus bereiden, blz. 107). Het vlees, de gehaktballetjes en de champignons aan de saus toevoegen en roerend meewarmen. De ragout afmaken met de room, ½ lepel wijn of enkele druppels citroensap, en zo nodig peper en zout. Vlak voor het opdoen de eierdooier, die met enkele lepels hete ragout is voorverwarmd, erdoor roeren.

Variaties

(Kalfs)vleesragout, kippenragout met ham

De gehaktballetjes vervangen door 75 g kleingesneden magere ham.

(Kalfs)vlees-champignonragout, kippen-champignonragout

De gehaktballetjes en 75 g vlees vervangen door 200 g in plakjes gesneden champignons. Deze plakjes ± 10 minuten gaarsmoren in 10 g boter en laten uitlekken; het smoorvocht bij de bouillon voegen.

Kalfstongragout *(± 6 personen)*

- 1 kleine kalfstong
- 6 dl water
- 4 g zout
- ui, wortel, peterselie
- tijm, foelie, witte peperkorrels
- 100 g verse champignons of klein blikje champignons
- kleine gehaktballetjes van 100 g kalfsgehakt (blz. 174)
- 50 g boter
- 50 g bloem
- 2 lepels (koffie)room
- (peper, zout)
- 1 lepel witte wijn
- 1 eierdooier

De kalfstong schoonwrijven met zout en afspoelen. Opzetten met het kokende water, het zout en de kruiden en zachtjes laten koken tot hij gaar is (1¼ à 2 uur, in een hogedrukpan 25 à 40 minuten). De tong is gaar als de keelbeentjes gemakkelijk loslaten. De bouillon zeven en zo nodig met water aanvullen tot ½ liter. Hierin de schoongemaakte en in plakjes gesneden verse champignons en de gehaktballetjes gaarkoken (± 6 minuten) en uitscheppen. De tong ontvellen, het keelstuk eraf snijden (bewaren voor bijvoorbeeld vleesragout). De tong in kleine stukjes snijden. Van de bouillon met de boter en de bloem een gebonden saus maken (zie rouxsaus bereiden, blz. 107). Het vlees, de gehaktballetjes en de champignons aan de saus toevoegen en roerend meewarmen. Vlak voor het opdoen de room, de wijn en de eierdooier, die met enkele lepels hete ragout is voorverwarmd, erdoor roeren.

Nierragout, leverragout

- 1 kalfsnier of 2 varkensniertjes of 200 g lever
- ½ liter water
- 4 g zout
- ui, peterselie
- laurierblad, peperkorrels
- 3 dl bouillon
- 30 g boter, 30 g bloem
- 1 lepel (koffie)room
- peper
- witte wijn
- (Engelse saus)

De nieren of de lever tot aan de bereiding onder water bewaren. De nieren blancheren (opzetten met zoveel koud water dat ze onderstaan, aan de kook laten komen, afgieten en afspoelen). De nieren of de lever in het water met het zout en de kruiden tegen de kook aan gaar laten worden (lever ± 15 minuten, nier ± 25 minuten). De nieren of de lever uit het vocht nemen, in de lengte halveren, bindweefsel (en vet) verwijderen en kleinsnijden. Van de bouillon met de boter en de bloem een gebonden saus maken (zie rouxsaus bereiden, blz. 107). De nier of lever aan de saus toevoegen en roerend meewarmen. De ragout afmaken met de room, ½ lepel witte wijn, peper en desgewenst enkele druppels Engelse saus.

Variatie

Nierragout, leverragout met paprikasaus

De kleingesneden nier of lever vermengen met paprikasaus. Hiervoor in de boter een kleingesneden ui, ± 2 lepels paprikapoeder en ± 1 lepel tomatenpuree smoren (± 5 minuten).

1 zwezerik
3 dl gekruide bouillon (van schenkelvlees)
kleine gehaktballetjes van 50 g kalfsgehakt (blz. 174)
30 g boter, 30 g bloem
½ blikje (à ± 200 g) champignons (gesneden)
1 lepel (koffie)room
± ½ lepel witte wijn
(peper, zout)
½ eierdooier

Zwezerikragout

De zwezerik blancheren (opzetten met zoveel koud water dat hij onderstaat, aan de kook laten komen, afgieten en afspoelen). Daarna in de bouillon tegen de kook aan gaar laten worden (± 25 minuten). De gehaktballetjes de laatste 5 minuten laten meekoken. De zwezerik uit de pan nemen en tussen twee borden of planken persen, tot hij afgekoeld is. Vet en vellen zoveel mogelijk verwijderen. De gepelde zwezerik in kleine stukjes snijden. De bouillon zeven en met water en champignonvocht aanvullen tot 3 dl. Van de bouillon met de boter en de bloem een gebonden saus maken (zie roux-saus bereiden, blz. 107). De champignons, de zwezerik en de balletjes aan de saus toevoegen en roerend meewarmen. De ragout afmaken met de room, de wijn en zo nodig peper en zout. Vlak voor het opdoen de eierdooier, die met 1 lepel hete ragout is voorverwarmd, erdoor roeren.

250 g visfilets
3 dl visbouillon of 2½ dl water en ½ dl witte wijn
ui, wortel, peterselie
tijm, foelie, peperkorrels
± 2 g zout
30 g boter, 30 g bloem
1 lepel (koffie)room
enkele druppels citroensap of ½ lepel witte wijn
(peper, zout, nootmuskaat)
dille of peterselie
(1 lepel kappertjes)
(½ eierdooier)

Visragout

De vis pocheren in de bouillon of in het water met de wijn, de kruiden en het zout (5-8 minuten, afhankelijk van de dikte). De vis uit het vocht nemen en in stukken verdelen. Het vocht zeven en zo nodig met water aanvullen tot 3 dl. Van de boter, de bloem en het vocht een gebonden saus maken (zie rouxsaus bereiden, blz. 107). De vis aan de saus toevoegen en roerend meewarmen. De ragout afmaken met de room, het citroensap of de wijn, zo nodig met peper, zout en nootmuskaat. Desgewenst vlak voor het opdoen kleingesneden dille of peterselie en desgewenst de kappertjes toevoegen en de eierdooier, die met enkele lepels hete ragout is voorverwarmd, erdoor roeren.

Variaties

Visragout met garnalen of champignons

50 g vis vervangen door 50 g garnalen of door 75 g vooraf gaargesmoorde champignons.

Zalm-, tonijnragout

De vis vervangen door 200 g kleingesneden, gerookte zalmsnippers of door stukjes ontgrate tonijn (blikje ± 250 g).

30 g boter
30 g bloem
3 dl visbouillon
200 g garnalen
zout, peper
citroensap
peterselie

Garnalenragout

Van de boter, de bloem en de bouillon een gebonden saus maken (zie rouxsaus bereiden, blz. 107). De garnalen aan de saus toevoegen en roerend meewarmen. De ragout op smaak afmaken met zout, peper en enkele druppels citroensap. Kleingesneden peterselie vlak voor het opdoen toevoegen.

Variatie

Garnalenragout met banaan

50 g garnalen vervangen door een in stukjes gesneden banaan.

150 g belegen kaas
25 g boter, 25 g bloem
2 dl melk en 1 dl bouillon
peper
(zout)
(peterselie of bieslook)

Kaasragout

De kaas van de korst ontdoen, de helft raspen en de rest in kleine blokjes snijden. Van de boter, de bloem en het vocht een gebonden saus maken (zie rouxsaus bereiden, blz. 107). De geraspte kaas en de kaasblokjes toevoegen en roerend kort meewarmen; de kaas mag niet geheel uitsmelten. De ragout op smaak afmaken met de peper, zo nodig met zout en desgewenst met kleingesneden peterselie of bieslook.

Variatie

Kaas-hamragout

75 g kaasblokjes vervangen door 75 g kleingesneden ham.

4 eieren (middelmaat) of
3 eieren en 50 g ham
30 g boter, 30 g bloem
3 dl bouillon
1 lepel (koffie)room
peterselie of bieslook
(citroensap)
(peper, zout)

Eierragout

De eieren 10 minuten koken, meteen in koud water afkoelen en pellen. De eieren en desgewenst de ham in stukjes snijden. Van de boter, de bloem en de bouillon een gebonden saus maken (zie rouxsaus bereiden, blz. 107). De stukjes ei en de ham aan de saus toevoegen en roerend meewarmen. De ragout afmaken met de room, kleingesneden peterselie of bieslook en zo nodig enkele druppels citroensap en peper of zout.

Variaties

Eierragout met tomatensaus

Met de boter en de bloem 1 lepel tomatenpuree even meewarmen, daarna met de bouillon er een gebonden saus van maken. Desgewenst tomatenketchup en kleingesneden peterselie toevoegen.

Eierragout met kerriesaus

½ gesnipperde ui en ± 1 theelepel kerrie in de boter smoren, daarna de bloem toevoegen en er met de bouillon een gebonden saus van maken. Desgewenst naar keuze ± 2 lepels blokjes appel, plakjes banaan, gewelde rozijnen, stukjes gember of ananas toevoegen en even meewarmen.

300 g schoongemaakte
groenten, bijvoorbeeld
worteltjes, knolselderij, prei,
sperziebonen, bloemkool of
± 150 g (diepvries)soepgroente
40 g boter
bouillon
30 g bloem
(peper, zout)

Groenteragout

De groenten zo nodig in stukjes snijden en in 10 g boter smoren tot ze juist gaar zijn (± 10 minuten). Op een zeef laten uitlekken, het smoorvocht opvangen en aanvullen met bouillon tot 3 dl. Van de overige boter, de bloem en het vocht een gebonden saus maken (zie rouxsaus bereiden, blz. 107). De gesmoorde groenten toevoegen, roerend meewarmen en de ragout zo nodig op smaak afmaken met peper en zout.

Champignonragout

300 g champignons
citroensap
(1 ui)
40 g boter
30 g bloem
bouillon
± 2 lepels (koffie)room
(zout)
(½ lepel witte wijn)

De champignons schoonvegen, in stukken snijden en in 10 g boter smoren met enkele druppels citroensap en desgewenst de gesnipperde ui tot ze gaar zijn (± 10 minuten). Op een zeef laten uitlekken; het smoorvocht opvangen en aanvullen met bouillon tot 3 dl. Van de overige boter, de bloem en het vocht een gebonden saus maken (zie rouxsaus bereiden, blz. 107). De champignons toevoegen en roerend meewarmen. De ragout afmaken met de room, zo nodig met zout en desgewenst de witte wijn.

N.B. Desgewenst de verse champignons vervangen door 1 blikje champignons (± 200 g).

Variatie

De verse champignons in 3 dl bouillon gaarkoken (± 7 minuten), zeven en van de opgevangen bouillon de saus maken. Desgewenst 50 g champignons vervangen door
50 g zalmsnippers, kleingesneden ham, geraspte oude kaas of fijngemaakte blauwe kaas.

Bruine vleesragout

200 g gaar vlees
35 g boter
35 g bloem
3 dl bouillon
peper
½ lepel tomatenpuree
enkele druppels Engelse saus
(zout)

Het vlees zo nodig van zeentjes ontdoen en in kleine stukjes snijden. De boter smelten, de bloem toevoegen, en de samenhangende massa roerend op een matige warmtebron pindakaaskleurig laten worden. De helft van de hete bouillon ineens toevoegen, de massa gladroeren en al roerend langzaam verdunnen met de overige bouillon. De saus roerend aan de kook laten komen, het gesneden vlees toevoegen en roerend meewarmen. Op smaak en kleur afmaken met peper, tomatenpuree, Engelse saus en zo nodig zout.

Fijne bruine (kalfs)vleesragout

250 g (kalfs)vlees
3 dl water
1½ g zout
ui, wortel peterselie
tijm, foelie, peperkorrels
een stukje laurierblad
kleine gehaktballetjes van
50 g kalfsgehakt (blz. 93)
(10 g boter)
15 g mager rookspek
20 g boter
35 g bloem
½ lepel tomatenpuree
kleurmiddelen (bruin van jus, aroma, vleesextract, soja)
½ klein blikje champignons
1 lepel madera of port
Engelse saus
(peper, zout)

Het vlees opzetten met het kokende water, het zout en de kruiden en zachtjes laten koken tot het gaar is (½ à ¾ uur). Kleine balletjes gehakt in de boter bruin en gaar bakken (5 minuten) en op keukenpapier laten uitlekken. De bouillon zeven en zo nodig aanvullen met water tot 3 dl. Het vlees zo nodig van velletjes en zeentjes ontdoen en in kleine stukjes snijden; de kruiden verwijderen. Het kleingesneden spek in de boter laten uitsmelten. Hierin ui, wortel en peterselie lichtbruin fruiten. De kruiden en het spek uit de boter nemen, de boter goed uitdrukken. De bloem toevoegen en de samenhangende massa al roerend langzaam pindakaaskleurig laten worden. De helft van de hete bouillon ineens toevoegen, de massa gladroeren en roerend verdunnen met de rest van de bouillon. Al roerend de saus aan de kook laten komen en afmaken met de tomatenpuree, de kleurmiddelen, het vocht van de champignons, de madera of de port, de Engelse saus en zo nodig met peper en zout. Het vlees, de gehaktballetjes en de champignons aan de saus toevoegen en roerend meewarmen.

Variatie

Bruine nier-, leverragout

Het vlees vervangen door kalfsnier of 200 g kalfs- of varkenslever. Deze pocheren (zie nierragout en leverragout, blz. 55). Het kookvocht vervangen door 3 dl bouillon.

Voor de puree:
1 kg aardappels
2 dl water
2 g zout
± 1½ dl melk
20 g boter
1 ei
zout, nootmuskaat
Voor de ragout:
een ragout (blz. 54-63)
(peterselie)

Ragout met torentjes aardappelpuree *(gebruineerd)*

Van de aardappels met de melk en de boter vrij dikke puree maken (aardappelpuree blz. 240). De hete puree vermengen met het losgeklopte ei, op smaak afmaken met zout en nootmuskaat en luchtig roeren. Op een platte ovenschaal een hoge rand van aardappelpuree spuiten. De schaal midden in een zeer hete oven (± 260 °C) plaatsen, tot de puree licht gebruind is (± 10 minuten). De ruimte binnen de pureerand vullen met de hete ragout. Desgewenst garneren met peterselie.

Voor de pureerand:
600 g aardappels
1 dl water
1 g zout
± 1 dl melk
20 g boter
1 ei
zout
nootmuskaat
paneermeel
Voor de ragout:
een ragout (blz. 54-63)
± ½ dl bouillon
(peterselie)

Ragout in aardappelpureerand

Van de aardappels met de melk en de boter een zéér dikke puree maken (aardappelpuree blz. 240). De hete puree vermengen met het losgeklopte ei, op smaak afmaken met zout en nootmuskaat en luchtig roeren. Een metalen rijstrand dik met boter bestrijken en met paneermeel bestrooien (los paneermeel uitschudden). De rand bijna geheel met aardappelpuree vullen en de puree stevig aandrukken. De pureerand meteen keren op een ovenschaal en daarna even in een warme oven opwarmen. Een deel van de hete ragout in de holte schenken; de rest van de ragout verdunnen met de hete bouillon en er afzonderlijk bij geven. De rand desgewenst garneren met peterselie.

Variatie

Ragout in gebruineerde pureerand

De gevulde metalen rand in een zeer hete oven (± 260 °C) plaatsen (± 20 minuten). De rand uit de oven nemen, een minuut laten bekoelen en daarna keren.

Voor de rijstrand:
200 g droogkokende rijst
4¼ dl water
2 g zout
Voor de ragout:
een ragout (blz. 54-63)
± ½ dl bouillon
(peterselie)

Ragout in rijstrand

De rijst met het water en het zout gaarkoken (droge rijst blz. 248). Een rijstrand omspoelen met heet water en vlug vullen met de warme rijst. De rijst stevig aandrukken en de rand keren op een warme schaal. Een deel van de hete ragout in de holte schenken. De rest van de ragout verdunnen met de hete bouillon en afzonderlijk bij de rand geven. Desgewenst garneren met peterselie.

Variatie

Rijsttimbaaltjes met ragout

De warme rijst overdoen in vier met heet water omgespoelde hoge gladde vormpjes of kopjes. De rijst stevig aandrukken en keren op een warme schaal. De hete ragout om de timbaaltjes heen schenken.

Desgewenst garneren met plakjes (gebakken) tomaat of gesmoorde (kers)tomaatjes (blz. 214).

Voor de flensjes:
75 g bloem
1½ g zout
1 ei
2 dl melk
± 20 g boter
Vulsel:
een ragout (blz. 54-63) maar 36 g boter en 36 g bloem gebruiken

Gevulde flensjes met ragout *(± 8 stuks)*

Van de bloem, het zout, het ei, de melk en de boter flensjes bakken (blz. 350). In het midden van elk warm flensje een streep hete ragout leggen. Het flensje over de ragout heen dubbelslaan en oprollen. De flensjes op een warme schaal opdoen.

Variaties

Gevulde flensjes (ovenschotel)
De flensjes in een ovenschaal, afgedekt met aluminiumfolie, in een voorverwarmde vrij hete oven (200 °C) in ± ½ uur warm laten worden.

Gevulde flensjes met roerei, - met spinazie-kaasmengsel
De ragout vervangen door roerei (blz. 118) of door een spinazie-kaasmengsel (zie bij ravioli blz. 262).

Omelet met ragout
Het flensjesbeslag vervangen door een omeletmengsel van zes eieren (zie blz. 119). Hiervan vier dunne omeletten bakken.

Voor de wraps:
250 g zelfrijzend bakmeel
1 theelepel zout
60 g boter
± 1½ dl lauw water
bloem om te bestuiven
Vulsel:
een ragout (blz. 54-63), maar 36 g boter en 36 g bloem gebruiken

Gevulde wraps met ragout *(± 8 stuks)*

Het zelfrijzend bakmeel en zout in een kom zeven. De boter in het meel in stukjes snijden en met 1 dl water door elkaar kneden. Tijdens het kneden zo nodig zoveel water toevoegen, dat een soepel en stevig deeg ontstaat. Het deeg in acht stukken verdelen en er ballen van draaien. Het werkvlak met bloem bestuiven en de ballen tot dunne ronde koeken uitrollen. Deze in een koekenpan (met anti-aanbaklaag) op een hoog vuur eerst aan de ene kant en vervolgens op laag vuur aan de andere kant goudbruin bakken. De blazen die ontstaan met een spatel indrukken. De wraps desgewenst vooraf bakken en de koude wraps even in een koekenpan warm laten worden. De warme ragout op de wraps leggen en deze oprollen of dubbelslaan.

Variaties

Gevulde wraps (ovenschotel)
De wraps in een ingevette ovenschaal leggen, desgewenst met kaas bestrooien en in een voorverwarmde oven (200 °C) in ± 20 minuten warm en lichtbruin laten worden.

Gevulde wraps met roergebakken vlees en groenten
300 g vlees- of kipreepjes of gehakt met 400 g gesneden groenten in 4 lepels olie roerbakken. Desgewenst 3 dl vrij dikke (tomaten)saus erdoor scheppen en kruiden naar smaak toevoegen.

Gevulde wraps met pittige bonen (ovenschotel)
Door 300 g gare bruine bonen of rode of zwarte nierbonen twee gesnipperde en gebakken uien met knoflook, twee in stukjes gesneden ontvelde tomaat, een half klein gesnipperd rood pepertje en 75 g in blokjes gesneden belegen kaas mengen. Met zout, peper en verse koriander kruiden. Hiermee de wraps vullen, oprollen of dubbelslaan

en in een ingevette ovenschaal leggen. Met geraspte kaas bestrooien en in een voorverwarmde oven (200 °C) in ± 20 minuten warm en lichtbruin laten worden.

Koude gevulde wraps

De koude wraps vullen met een (pittige) salade naar keuze.

Hartige pie met ragout *(12 × 18 cm)*

Voor het deeg:
60 g bloem
30 g boter
1 g zout
± 3 lepels water of
± 4 plakjes diepvriesbladerdeeg
Vulling:
een ragout (blz. 54-63)
1 blikje zeer fijne doperwtjes van ± 180 g
Om te bestrijken:
½ ei
1 lepel melk

Van de bloem, de harde boter, het zout en het water piedeeg maken (zie blz. 377 bij piebakjes). Het deeg na het rusten uitrollen tot een lap waarop een omgekeerde piedish (ovenschaal met brede rand) past. Langs de rand van de schaal het deeg ruim afsnijden. De ragout met de uitgelekte doperwtjes vermengen en in de beboterde schaal overdoen. De brede bovenrand van de schaal natmaken en bedekken met de lap deeg. Van het overige deeg desgewenst een garnering maken en deze met water op het piedeksel plakken. De rand van de pie stevig aandrukken. De bovenkant met het met de melk losgeklopte ei bestrijken en langs de garnering inprikken of kleine insnijdingen geven. De pie op een rooster in een hete oven (220 °C) plaatsen, iets boven het midden (15 minuten). Daarna de ovenwarmte temperen tot ± 200 °C en de pie gaar en héél lichtbruin laten worden (nog ± ½ uur). De pie geven met een groentesalade.

Variaties

Hartige pie met roerei en asperges

De ragout vervangen door zeer zacht roerei van vier eieren; de doperwtjes door kleingesneden aspergepunten en 125 g ham.

Hartige pie met roerbakmengsel

De ragout vervangen door een geroerbakt mengsel van 1 ui, 100 g champignons en 150 g (Chinese) kool. Vóór het overdoen in de piedish vermengen met 100 g verse roomkaas en 100 g gerookte zalmsnippers of garnalen.

Gevulde broodjes *(met ragout)*

4 (harde) puntbroodjes
een ragout (blz. 54-63)
peterselie

Uit de bovenkant van de broodjes een kapje snijden. De broodjes met behulp van een theelepeltje zo ver mogelijk uithollen, zonder de korst te beschadigen. De broodjes sluiten met de kapjes en in een zeer hete oven (± 240 °C) warm laten worden (± 5 minuten). De broodjes vlug vullen met de hete ragout, de kapjes er weer op plaatsen. Opdoen op een verwarmde schaal, op een servetje, garneren met peterselie.

Variaties

Gevulde broodjes met champignon-kaasmengsel

De ragout vervangen door een mengsel van 300 g gesmoorde champignons, 75 g blauwe kaas, 75 g crème fraîche en 2 lepels sherry.

Gevulde broodjes met champignon-hammengsel

De ragout vervangen door een mengsel van 300 g gesmoorde champignons en 150 g reepjes ham. Zo nodig het smoorvocht binden met allesbinder of aangemengde maïzena.

Gevulde broodjes met roerei
De ragout vervangen door roerei van vier eieren (zie blz. 118).

4 beschuitbollen
± 25 g boter
een ragout (blz. 54-63)
± 40 g geraspte kaas
peterselie

Hartige beschuitbollen ***(met ragout)***
Van de beschuitbollen een kwart afsnijden als deksel. De onderkanten uithollen en de korstzijden knapperig bakken in de gebruinde boter. De hete bollen vullen met de hete ragout, de deksels erop leggen en bestrooien met de geraspte kaas. In een zeer hete oven (± 240 °C) met overwegend bovenwarmte of onder de grill de kaas goudgeel laten kleuren (± 3 minuten). Opdoen op een verwarmde schaal op een servetje, garneren met peterselie.
Variatie
Hartige beschuitbollen met roomkaas-tuinkruidenmengsel
De bollen vullen met een mengsel van 200 g roomkaas, ± 2 lepels verse tuinkruiden en 2 lepels (koffie)room.

400 g gaar mager (kalfs) vlees of kipfilet
60 g boter, 60 g bloem
4 dl bouillon
1 lepel (koffie)room
1 lepel witte wijn of ¼ theelepel citroensap
1 eierdooier
(1 lepel kleingesneden peterselie)
(peper, zout)
paneermeel
paneerei (1 eiwit losgeklopt met 1 lepel water)
frituurolie
peterselie

Vleeskroketten, kipkroketten ***(± 4 stuks)***
Het vlees of de kip zeer klein snijden. Van de boter, de bloem en de bouillon een zeer dikke saus maken (zie rouxsaus bereiden, blz. 107). Het vlees toevoegen. De ragout afmaken met de room, de wijn of het citroensap en de eierdooier. Desgewenst de zeer klein gesneden peterselie toevoegen. De massa zo nodig op smaak afmaken met peper en zout. Uitstrijken op een diep bord en op een koude plaats laten staan, tot de ragout steenkoud en heel stijf is.
• De massa met een vork dooreen mengen en in vier à vijf gelijke delen verdelen. Met behulp van twee lepels de kroketten voorvormen. Zorgen dat oneffenheden en barstjes eruit gedrukt worden, om uitlopen te voorkomen. De kroketten aan alle kanten door paneermeel rollen, met de hand bijvormen, goed door paneerei halen, nog eens door paneermeel rollen en het overtollige paneermeel zeer zorgvuldig afschudden. De kroketten in een pan die voor de helft gevuld is met hete frituurolie (± 175 °C) langzaam bruinbakken (± 5 minuten). Goed laten uitlekken en opdoen op een verwarmde schaal op een servetje; garneren met een toefje peterselie.
Variaties
Vlees-, kipkroketten met champignons
De helft van het vlees vervangen door champignons. Deze schoonmaken en in de bouillon gaarkoken (± 10 minuten). De gare champignons zeer klein snijden en tegelijk met het kleingesneden vlees aan de dikke saus toevoegen.
Vlees-, kipkroketten met ham
De helft van het vlees vervangen door magere ham. Deze van zwoerdjes ontdoen, zeer klein snijden en tegelijk met het kleingesneden vlees aan de dikke saus toevoegen.
Bitterballen (± 20 stuks)
Van koud krokettenmengsel 16 à 20 kleine balletjes vormen. Deze paneren en bakken in frituurolie (175 °C, ± 5 minuten). Opdoen met prikkers.

Viskroketten *(± 4 stuks)*

400 g visfilets
4 dl (vis)bouillon
60 g boter
60 g bloem
(zout, peper)
(1 lepel kleingesneden peterselie of dille)
1 eierdooier
paneermeel
paneerei (1 eiwit losgeklopt met 1 lepel water)
frituurolie

De visfilets in de bouillon pocheren (± 6 minuten). De gare vis in zeer kleine stukjes verdelen. Het vocht zo nodig met water aanvullen tot 4 dl. Van de boter, de bloem en het vocht een gebonden saus maken (zie rouxsaus bereiden, blz. 107). De stukjes vis toevoegen. Zo nodig op smaak afmaken met zout, peper en desgewenst de kleingesneden peterselie of dille. De eierdooier op het laatst toevoegen. De massa uitstrijken op een diep bord en op een koude plaats laten staan, tot de ragout koud en heel stijf is. Voor verdere bereiding zie bij vleeskroketten blz. 62, vanaf •.

Variatie

Garnalenkroketten, zalmkroketten

De gare vis vervangen door 350 g zeer klein gesneden garnalen of surimi of 200 g gerookte zalmsnippers.

Kaaskroketten *(± 4 stuks)*

50 g boter
50 g bloem
3½ dl bouillon
½ dl (koffie)melk
200 g oude geraspte kaas
peper
1 lepel kleingesneden peterselie of bieslook
paneermeel
paneerei (1 eiwit, losgeklopt met 1 lepel water)
frituurolie

Van de boter, de bloem en de bouillon een gebonden saus maken (zie rouxsaus bereiden, blz. 107). De melk en de geraspte kaas toevoegen, op smaak afmaken met peper. Desgewenst kleingesneden peterselie of bieslook toevoegen. De massa uitstrijken op een diep bord en op een koude plaats laten staan, tot de ragout koud en heel stijf is. Voor de verdere bereiding, zie bij vleeskroketten, blz. 62 vanaf •.

Variatie

Eierkroketten

De kaas vervangen door vijf zeer klein gesneden hardgekookte eieren. Desgewenst een mespunt kerrie toevoegen of de peterselie of bieslook vervangen door ½ lepel kleingesneden dille of verse koriander.

Groentekroketten *(± 4 stuks)*

400 g schoongemaakte groenten, bijvoorbeeld worteltjes, knolselderij, prei, paprika, sperzieboontjes, doperwtjes en/of bleekselderij of
±200 g (diepvries) soepgroenten
½ ui
80 g boter
(groente)bouillon
60 g bloem
1 eierdooier
1 lepel (koffie)room
1 lepel gehakte peterselie
(zout, peper)
paneermeel
paneerei (1 eiwit losgeklopt met 1 lepel water)
frituurolie

De groenten zeer klein snijden en in 15 g van de boter smoren tot ze gaar zijn (± 10 minuten). Op een zeef laten uitlekken; zoveel mogelijk vocht uit de groenten drukken. Het smoorvocht opvangen en met de bouillon aanvullen tot 4 dl. De ui snipperen en in de rest van de boter glazig bakken. De bloem toevoegen en met de bouillon tot een gebonden saus maken (zie roux-saus bereiden, blz. 107). De groenten toevoegen. De eierdooier met de room glad roeren en op het laatst, met de peterselie, door de ragout mengen. Desgewenst zout en peper toevoegen. De massa uitstrijken op een diep bord en op een koude plaats laten staan, tot de ragout koud en stijf is. Voor verdere bereiding zie bij vleeskroketten blz. 62, vanaf •.

Variaties

Maïskroketten, maïs-paprikakroketten

De groenten vervangen door 200 g gare en goed uitgelekte maïskorrels en desgewenst 2 lepels zeer fijn gesnipperde (rode) paprika.

Maïs-kaaskroketten

De groenten vervangen door 150 g goed uitgelekte maïskorrels en 75 g grof geraspte of in kleine blokjes gesneden belegen kaas.

Aardappelkroketten *(zie blz. 241)*

Loempia's *(10 stuks)*

Vulling:
150 g taugé
200 g savooiekool
¼ bosje selderij of
1 kleine prei
20 g boter
150 g gaar varkensvlees of
kippenvlees
50 g schouderham
½ theelepel gemberpoeder
½ teentje knoflook
peper, zout, ketjap
paar druppels citroensap
10 (diepvries)loempiavellen
losgeklopt eiwit
frituurolie

De groenten apart wassen en goed laten uitlekken. De taugé zo nodig van bruine worteltjes en groene deeltjes ontdoen, de kool zeer fijn schaven, het selderijgroen of de prei kleinsnijden. De boter bruin laten worden, het kleingesneden vlees, de ham, het gemberpoeder en het uitgeperste knoflook hierin bakken. De groenten toevoegen en ± 2 minuten meebakken, tot ze nog juist knapperig zijn. Het mengsel op smaak afmaken met peper, zout, ketjap en het citroensap. In het midden van elk ontdooid loempiavel een deel van het vulsel leggen en zodanig vouwen dat het de vorm van een smal, langwerpig pakje krijgt (eerst de smalle zijden omslaan, daarna de lange zijden dichtslaan). Het 'pakje' met iets eiwit dichtplakken. De loempia's langzaam bruinbakken in een voor de helft gevulde pan met hete frituurolie (± 180 °C); daarna goed laten uitlekken en opdoen op een verwarmde schaal waarop een servetje ligt. Loempia's bijvoorbeeld geven met sambal oelek, ketjap of ketchup.

Variatie

De diepvries loempiavellen vervangen door tien vellen rijstpapier. Deze kort in koud water weken, tot ze te vouwen zijn.

Barbecue-worstaardappels

4 langwerpige aardappels
4 Frankfurter worstjes

De aardappels 15 minuten in de schil voorkoken en pellen. De halfgare aardappels in de lengte doorboren. Door elk boorgat een worstje steken. De aardappels in aluminiumfolie wikkelen en op een gloeiend barbecuevuur of op een rooster midden in een hete oven (± 220 °C) gaar laten worden (± 20 à 30 minuten).

Gevulde aardappels met ei

4 grote aardappels
± 2 dl water
4 eieren
zout, peper
bieslook of
peterselie

De aardappels schoonboenen, vlug aan de kook laten komen, in ± 25 minuten juist gaarkoken en afgieten. De aardappels in een beboterde ovenschaal neerzetten, een kapje afsnijden en de aardappels enigszins uithollen. In elke holte een ei breken, met zout en peper bestrooien. De aardappels ± 10 minuten midden in een vrij hete oven plaatsen (± 200 °C), tot de eieren gestold zijn. De bovenkant bestrooien met kleingesneden bieslook of peterselie.

Vulling:
100 g rijst
20 g boter
1 ui
2½ dl bouillon
1 lepel tomatenpuree
40 g geraspte oude kaas
peper
4 middelmaat paprika's
of 1 grote komkommer
3 dl water
3 g zout
paneermeel
15 g boter
peterselie

Gevulde paprika's, gevulde komkommer met risotto

Van de rijst, de boter, de ui, de bouillon, de tomatenpuree, de kaas en peper risotto maken (blz. 250), maar alle geraspte kaas door de rijst roeren. De paprika's van de kapjes ontdoen en uithollen of doormidden snijden, zaad verwijderen; of de komkommer schillen, in vier à zes stukken verdelen en uithollen. De paprika's in het kokende water en het zout 2 minuten voorkoken en vervolgens laten uitlekken. De vruchten in een beboterde ovenschaal plaatsen en vullen met de risotto. • De bovenkant met een dun laagje paneermeel bestrooien en op het paneermeel kleine klontjes boter leggen. Een klein beetje kooknat in de schaal schenken. Deze midden in een zeer hete oven (± 240 °C) plaatsen. Een korstje op de risotto laten komen (± 20 minuten). De schaal uit de oven nemen en garneren met kleingesneden peterselie.

Variatie

Gevulde paprika's, gevulde komkommer met gekruid gehakt

De risotto vervangen door 250 g gekruid gehakt (zie gevulde tomaten, blz. 53).

2 aubergines
3 dl water
3 g zout
20 g boter
Vulling:
1 ui
200 g gemengd gehakt
3 g zout
peper, nootmuskaat
1 lepel tomatenpuree
2 lepels gewelde rozijnen
Voor de afwerking:
paneermeel
15 g boter
peterselie

Gevulde aubergines met gehakt

De aubergines wassen, van de stelen en de kroonbladeren ontdoen, in de lengte doormidden snijden en voor een deel uithollen. De helften in het kokende water met het zout 3 minuten voorkoken, goed laten uitlekken en in een beboterde ovenschaal plaatsen. Het uitgenomen vruchtvlees heel klein snijden en met de kleingesneden ui smoren in de boter (± 10 minuten). Het gehakt, het zout, peper, nootmuskaat en de tomatenpuree toevoegen en al roerende bakken tot het gehakt gaar is (± 5 minuten). De rozijnen erdoor mengen. De auberginehelften vullen met het gehakt. Voor verdere bereiding zie bij gevulde paprika's (boven) vanaf •.

Variatie

Gevulde aubergines, gevulde pâtisson met risotto

Het gehaktmengsel vervangen door risotto van 100 g rijst (blz. 250), de pâtissonhelften (van een middelmaat vrucht) niet voorkoken.

Voor de puree:
± 300 g gare aardappels
½ dl melk
zout
nootmuskaat
± 150 g gare vis (zonder vel of graat)
peterselie
2 lepels bloem
± 60 g boter

Viskoekjes

Van de aardappels met de melk, het zout en de nootmuskaat zeer stevige puree maken (zie aardappelpuree, blz. 242). De vis in kleine stukjes verdelen en met de kleingesneden peterselie door de aardappelpuree roeren. Van dit mengsel ± 6 balletjes vormen. Deze tot platte koekjes uitdrukken en door bloem wentelen. De koekjes vlug bruinbakken in de lichtbruine boter in een koekenpan.

Vleeskoekjes *(restverwerking)*

3 sneden oud brood zonder korst of 200 g gare aardappels
± ½ dl bruin van jus of bouillon of melk
1 ui
10 g boter
(een mespunt kerrie)
± 150 g gaar vlees
fijngesneden peterselie
peper, zout, nootmuskaat (aroma)
2 lepels bloem
30 g boter

Het brood of de aardappels fijnmaken en vermengen met het vocht. De ui snipperen en in de boter lichtbruin bakken, desgewenst met de kerrie. Het vlees fijnsnijden of malen en goed vermengen met de gebakken ui, de peterselie en het brood- of aardappelmengsel. Op smaak afmaken met peper, zout, nootmuskaat en desgewenst aroma. Van dit zeer stevige mengsel ± 6 balletjes vormen. Deze tot platte koekjes uitdrukken en door bloem wentelen. De koekjes vlug bruinbakken in de hete boter in een koekenpan.

Aardappelkoekjes *(zie blz. 242)*

Kaasstokbrood

250 g belegen kaas (plat stuk)
1 dun lang stokbrood
(200 g bacon, ± 20 plakjes)

De kaas in niet te dunne plakken verdelen en deze tot ± 20 rechthoekjes snijden. Het stokbrood desgewenst in stukken van ± 6 cm lengte snijden. Op elke 2 cm een diepe insnijding maken en daartussen stukjes kaas steken, die desgewenst met bacon omwikkeld zijn. Het brood in aluminiumfolie rollen en op een gloeiend barbecuevuur onder nu en dan keren roosteren, totdat de massa zacht is geworden. Of het brood 15 cm onder een voorverwarmde roodgloeiende grill knapperig en de kaas zacht laten worden (± 5 minuten).

Variatie

Gegrilleerd uien-kaasstokbrood

Vóór het grilleren de ruimten tussen de insnijdingen met knoflook- of kruidenboter bestrijken en met een mengsel van geraspte kaas en geraspte ui bestrooien.

Gevuld stokbrood *(met roergebakken gehakt)*

1 klein stokbrood
± 3 lepels melk
1 kleine paprika
1 ui
1 theelepel paprikapoeder of kerrie
30 g boter
300 g gemengd gehakt
± 4 g zout
± 1 theelepel tomatenketchup
peper
Engelse saus
± 25 g geraspte kaas

Het stokbrood halveren; beide helften uithollen zonder de korst te beschadigen. Het broodkruim met de melk laten weken. De paprika wassen, het zaad verwijderen, en in dunne repen snijden. Voor de garnering 10 repen apart houden, de rest kleinsnijden. De ui schoonmaken, snipperen en met het paprikapoeder of de kerrie in de boter licht fruiten (5 minuten). Het gehakt toevoegen en al roerend gaar bakken (± 5 minuten). Het geweekte en goed uitgedrukte broodkruim, het zout, de paprikastukjes en de tomatenketchup toevoegen, goed vermengen en ± 4 minuten meewarmen. Op smaak afmaken met peper, enkele druppels Engelse saus en zo nodig zout. De broodhelften vullen met het warme gehaktmengsel en 10 cm onder een roodgloeiende grill lichtbruin en knapperig laten worden (± 5 minuten). De broodhelften garneren met de paprikarepen en de geraspte kaas, nog 2 minuten onder de grill plaatsen, tot de kaas gesmolten is. Of het afgekoelde brood midden in een warme oven

(200 °C) opwarmen (± ½ uur); de laatste 10 minuten de garnering meewarmen.

Variaties

Gevuld stokbrood Hawaï

De helften vullen met een van de vullingen genoemd onder Tosti Hawaï (blz. 68).

Gevuld Turks brood met gehakt of met shoarmavlees

Het stokbrood vervangen door een plat rond (Turks) brood. Beide helften vullen met een warm gehaktmengsel (500 g) of met shoarmavlees (500 g) (zie Shoarmabroodjes blz. 69).

2 eieren
3½ dl bouillon of 3½ dl tomatensap met peper en zout
12 dunne sneetjes oud brood
2 paprika's
2 uien
40 g boter
100 g ham
25 g geraspte kaas

Hartige broodschotel *(met ham en paprika)*

De eieren loskloppen met de koude bouillon of met het tomatensap; de sneetjes brood van korst ontdoen. Enkele sneetjes in punten snijden, zodat een aaneensluitende bovenlaag voor de vuurvaste schaal klaar ligt. Het overige brood ± 10 minuten in het mengsel van ei en vocht laten weken. De paprika's en de uien schoonmaken, kleinsnijden en ± 5 minuten in de boter smoren. Het geweekte brood laag om laag met de kleingesneden ham en de gesmoorde groenten in de beboterde ovenschaal leggen. Het deksel vormen van de klaargelegde bovenlaag brood. Het gerecht in een warme oven (± 200 °C) vast en lichtbruin laten worden (± ½ uur). Na 20 minuten de kaas erover strooien en laten kleuren.

Variatie

Hartige broodschotel met kaas, ramequin (zie blz. 128).

Soepen *(zie blz. 74-93)*

Eieren en eiergerechten *(zie blz. 114-123)*

Hartige taarten, quiches en pizza's *(zie blz. 70-73)*

Snacks (warm)

De volgende gerechten zijn ook geschikt als onderdeel van een brunch/lunch.

250 g tartaar
2 à 3 g zout, peper
(mosterd)
(½ ui)
of
4 hamburgers à 60 g
4 ronde zachte broodjes

Hamburgers, barbecueburgers *(gegrilleerd)*

De biefstuk vermengen met het zout, de peper en desgewenst de mosterd en de kleingesneden ui. Vier platte balletjes van het vlees vormen en deze met olie of boter bestrijken. • ± 10 cm onder een roodgloeiende grill of op een ingevet barbecuerooster boven een gloeiend barbecuevuur leggen. Het vlees aan elke kant 2 à 3 minuten grilleren of roosteren, tot het bruin is. Hamburgers tussen opengesneden broodjes leggen die eventueel tevoren licht geroosterd zijn. Tomatenketchup of chutney en desgewenst kleingesneden ijsbergsla erbij geven.

Variatie

'Cheeseburgers', kaasburgers

Na het grilleren op elke hamburger een dikke plak kaas leggen, deze onder de grill laten smelten en licht laten kleuren.

8 dunne sneden (wit- of bruin) brood
Vulling:
± 40 g boter
4 plakken kaas (± 60 g)
4 plakken ham (± 80 g)
(paprikapoeder, bieslook)

Tosti ham-kaas

Het brood desgewenst van korst ontdoen en met de helft van de boter besmeren. Vier sneden beleggen met de kaas en de ham, bestrooien met paprikapoeder of kleingesneden bieslook, de andere sneden hierop leggen. De dubbele boterhammen tussen een tostiapparaat lichtbruin en warm laten worden of in de rest van de boter in een koekenpan langzaam bakken (de boterhammen daartoe vooraf stevig samendrukken).

Variaties

Tosti Hawaï, tosti asperges

Tussen kaas en ham een dunne, uitgelekte schijf ananas of vier asperges bestrooid met dille leggen.

Tosti geitenkaas-gember

De ham vervangen door geitenkaas belegd met plakjes gember en ± ½ lepel gembersiroop.

Tosti banaan-gember

De boter vervangen door pindakaas, tussen ham en kaas plakken banaan en plakjes stemgember, bestrooid met kleingesneden koriander leggen.

Tosti mozzarella-appel (-tomaat, -paprika)

De ham vervangen door mozzarella, hierop plakken appel met kleingesneden mint leggen (of plakken tomaat of paprika met bieslook).

Tosti perzik-bacon, tosti sinaasappel-bacon

De boter vervangen door satésaus, de ham door bacon (acht plakjes), hierop plakken perzik of sinaasappel bestrooid met kleingesneden peterselie leggen.

Pizza-tosti

De boter vervangen door (curry)ketchup dun bestrooid met oregano, de ham vervangen door plakken salami of cervelaatworst, hierop een plak tomaat of paprika en ui- of preiringen leggen.

4 puntbroodjes
8 knakworstjes

Hotdogs

De worstjes opzetten met koud water, tegen de kook aan laten komen en ± 10 minuten zachtjes laten wellen. De broodjes aan de zijkant opensnijden. Per broodje twee warme knakworstjes erin leggen. De broodjes ± 10 cm onder een roodgloeiende grill lichtbruin laten kleuren (± 3 minuten). Tomatenketchup, mosterd, piccalilly of sandwichspread erbij geven.

Variatie

Hotdogs met ui

± ½ gesnipperde verse ui of ± 15 kleingesneden zilveruitjes over de worstjes in de broodjes verdelen.

1 grote ui
3 lepels (olijf)olie
300 g shoarmavlees
4 bladeren ijsbergsla
4 (shoarma)broodjes of
1 klein stokbrood

Shoarmabroodjes, shoarmastokbrood
De schoongemaakte, gesnipperde ui in de olie 3 minuten licht fruiten. De reepjes vlees toevoegen en nu en dan omscheppend op een matig ingestelde warmtebron gaar en bruin bakken (± 15 minuten). De sla wassen en laten uitlekken. Het brood insnijden en onder een grill of in een koekenpan licht laten kleuren (de stokbroodhelften vooraf iets uithollen). Het brood vullen met een blad of met de in repen gesneden sla en het vleesmengsel.

Hartige taarten, quiches en pizza's ***(zie blz. 70-73)***

Hartige taarten, quiches en pizza's

Geschikt voor vele toepassingen:
- als hoofdgerecht in combinatie met een groentesalade;
- als onderdeel van een brunch, lunch, buffetmaaltijd;
- als borrelhapje, snack, picknickgerecht (in punten, zowel warm als koud).

Er kan gevarieerd worden in
- *deegsoort* Piedeeg, bladerdeeg, deeg voor hartige taarten, (eventueel diepvries) croissant-, brood- en pizzadeeg.
- *vulling* Verschillende groenten(combinaties) met als toevoeging kaas, vis, schaal- en schelpdieren, vleeswaren (spekjes, hamreepjes), vlees (reepjes, gehakt, kippenlevertjes).
- *eimengsel* Aangevuld met melk, (koffie)room, crème fraîche. Niet meer vocht dan aangegeven toevoegen. Door de bindkracht van de eieren wordt vocht uit de vulling opgenomen, zodat de bodem krokant kan worden. Aan het eimengsel zout en kruiden toevoegen.
- *bereidingswijze* De vulling al of niet voorbereiden. Door de lange baktijd (± ¾ uur) worden groenten en vis gaar. Sterk slinkende groenten (bijvoorbeeld spinazie) vooraf laten slinken en stevig uitdrukken. Harde groenten (broccoli, paprika) desgewenst kort blancheren, in verband met kleurbehoud. Rauw vlees (bijvoorbeeld vleesreepjes) voorbakken.
- *bakvorm* Quichevorm, springvorm, boterkoekvorm, rechthoekige ovenschaal (taart na het bakken in vierkantjes snijden, eventueel diagonaal halveren), aluminiumfolie vormpjes, eenpersoonsvormpjes. De bakvorm op een bakplaat laag in de oven bakken (niet op het rooster). Door de geleidende warmte wordt de deegbodem goed gaar. De taart losmaken uit de bakvorm, even laten afkoelen.

Een hartige taart kan ook met een deeglap als deksel bedekt worden als een (moderne) pastei. Daartoe bijna tweemaal de hoeveelheid deeg nemen, De deegrand met koud water bevochtigen en het deksel hierop stevig aandrukken. De bovenkant met wat achtergehouden eimengsel bestrijken en met een vork op verschillende plaatsen inprikken, om het vocht te laten ontsnappen. Indien nodig de laatste 15 minuten de bovenkant boven in de oven laten kleuren of meer bovenwarmte instellen.

Preitaart ***(middellijn ± 24 cm)***

6 plakjes diepvriesbladerdeeg*
Vulling:
100 g mager rookspek
750 g prei
150 g oude geraspte kaas

De plakjes bladerdeeg meteen na het ontdooien met de vochtig gemaakte randen tot een rechthoek tegen elkaar plakken. Een springvorm beboteren, het deeg op maat uitrollen en de vorm hiermee tot boven aan de rand vullen; het deeg inprikken.
Het rookspek in kleine dobbelsteentjes snijden en op een getemperde warmtebron laten uitbakken. De prei schoonmaken (het donkere

Eimengsel:
4 eieren
1 dl melk
± 6 g zout
peper
± ½ lepel kleingesneden verse kruiden (peterselie, salie, tijmblad)

groen niet gebruiken), zeer goed wassen, laten uitlekken en indunne ringen snijden. De prei om en om met het uitgebakken spek (en spekvet) en de geraspte kaas in de deegbak overdoen. Overstekend deeg over het vulsel heen vouwen.
De eieren loskloppen met de melk, het zout, peper en de kruiden. De bovenkant van de taart hiermee bestrijken, de rest over de prei schenken. De taart op een (donkere) bakplaat bijna onder in een voorverwarmde, vrij hete oven (± 225 °C, na 15 minuten temperen tot 200 °C) gaar en lichtbruin laten worden (40 à 50 minuten, afhankelijk van de hoogte van de taart).
De hartige taart geven als lunchgerecht (± 8 personen) of als hoofdgerecht met een rauwkostsalade (± 4 personen).

Variaties

Broccolitaart, bloemkooltaart
De vulling vervangen door ± 500 g schoongemaakte broccoli of bloemkool. De stelen in dunne, ± 3 cm lange reepjes snijden. Deze met de kleine roosjes en 150 g grof verkruimelde droge geitenkaas of blauwschimmelkaas om en om in de deegbak leggen. Bij de bloemkool nootmuskaat of kerrie aan het eiermengsel toevoegen.

Spinazietaart
De vulling vervangen door ± 450 g goed uitgelekte diepvriesspinazie (1 kg geslonken verse spinazie) en stukjes ontgrate en ontvelde zalm of tonijn (blikje ± 225 g).

Aspergetaart
De vulling vervangen door ± 600 g geschilde en in 4 cm lange stukjes gesneden dunne asperges en 200 g garnalen of verse zalmfilet; dille aan het eimengsel toevoegen.

Champignon-paprikataart
De vulling vervangen door ± 500 g champignons en ± 200 g paprika (schoongemaakt en in plakjes/reepjes gesneden), 100 g kleingesneden schouderham en 100 g Mon Chou toevoegen.

Courgettetaart
De vulling vervangen door 400 g courgette. De schoongemaakte courgette in dunne plakjes snijden en in 2 lepels boter ± 3 minuten zachtjes bakken. Een uitgeperst teentje knoflook toevoegen en met vers gemalen peper en 1 theelepel oregano bestrooien. De courgette in de vorm doen en met 75 g geraspte belegen Goudse kaas of gruyère bestrooien.

Uientaart
De prei vervangen door 500 g in dunne ringen gesneden en glazig gebakken ui. Een uitgeperst teentje knoflook toevoegen. De kaas desgewenst vervangen door harde geraspte geiten- of schapenkaas; desgewenst tijm of oregano toevoegen.

Zuurkooltaart (vegetarisch)
De vulling vervangen door 300 g uitgelekte zuurkool en naar keuze 100 g gewelde en uitgelekte rozijnen en een in plakjes gesneden banaan of een geraspte zure appel en 50 g grof gemalen hazelnoten. Om en om in de deegbak leggen met 200 g kleingemaakte verse

** Het bladerdeeg kan vervangen worden door deeg voor hartige taarten, door 225 g broodmix, 1 blikje croissantdeeg of door (wittebrood)deeg van 200 g bloem (blz. 364).*

roomkaas. Desgewenst de melk uit het eiermengsel vervangen door yoghurt.

Gehakttaart

De vulling en het eiermengsel vervangen door een mengsel van 2 lepels gewelde nasikruiden, 200 g (gefruite) ui- of preiringen, 200 g reepjes paprika, 5 lepels uitgelekte maïs of doperwtjes, 300 g rul gebakken gemengd gehakt, 2 eieren en ± 6 g zout.

Voor het piedeeg:
100 g bloem
60 g boter
2 g zout
½ dl water
of ± 5 plakjes diepvriesbladerdeeg
Vulsel:
200 g extra belegen kaas of 100 g kaas en 100 g ham
(2 tomaten)
2 eieren
± ½ dl melk
peper
(1 theelepel kirsch)

Quiche lorraine, kaastaart *(middellijn 20 cm)*

Van de bloem, de boter, het zout en het koude water piedeeg maken (zie piebakjes blz. 377). Met het deeg een beboterde gladde boterkoekvorm of vorm van aluminiumfolie voeren; de bodem inprikken. De deegbak bedekken met de helft van de in plakken gesneden kaas, desgewenst hierop de plakken ham en de ontvelde, in plakken gesneden tomaat leggen en deze weer afdekken met de overige kaas. De eieren loskloppen met de melk, peper en desgewenst de kirsch en dit mengsel over de kaas schenken.

De taart op een donkere bakplaat iets onder het midden in een vrij hete oven (± 200 °C) in ± 35 minuten gaar en vast laten worden. Zo nodig de taart uit de vorm nemen en bij voorkeur warm opdoen.

Variaties

Het piedeeg vervangen door vijf plakjes diepvriesbladerdeeg (deze meteen na het ontdooien verwerken; zie blz. 376).

Quiche met blauwschimmelkaas

De kaas vervangen door 75 g gorgonzola of Danablue en 125 g verse roomkaas.

Kleine quiches, kaastaartjes

Het deeg en het vulsel verdelen over vijf of tien aluminiumfoliebakjes (baktijd 20 minuten).

Quiche Jura, spektaart

De ham en tomaten vervangen door ± 200 g gesnipperde uien en 100 g knapperig gebakken ontbijtspek.

Aardappelquiche, aardappeltaart

Kaas, ham en tomaten vervangen door 300 g vooraf gekookte (10 minuten) en daarna in plakken gesneden aardappels. Desgewenst mengen met tuinkruiden, kleingesneden paprika of preiringen.

Hartige kwarktaart

Het vulsel vervangen door 50 g in dunne plakken uitgebakken katenspek, waarmee de deegbodem bedekt wordt. Daaroverheen een mengsel van 225 g kwark, 2 eieren, 2 lepels kleingesneden tuinkruiden, peper, zout en Engelse saus naar smaak. Desgewenst de bovenkant afwerken met plakken ontvelde tomaat.

(Zie ook preitaart en variaties blz. 70.)

Pizzadeeg:
200 g bloem
1 theelepel zout
7 g verse gist of ½ zakje gedroogde
± 1½ dl lauw water
2 lepels (olijf)olie
± 3 lepels tomatenpuree
½ theelepel oregano
(50 g ontbijtspek)
(1 teentje knoflook)
Vulling:
150 g belegen kaas (dikke plakken) of fèta of geitenkaas (verkruimeld)
2 vleestomaten
100 g cervelaatworst of salami
1 ui (in ringen)
peper, zout

Pizza ***(middellijn ± 24 cm) (als hoofdgerecht voor ± 2 personen)***

Het deeg maken zoals wittebrooddeeg (blz. 364). Een gladde (boterkoek)vorm of een deel van de bakplaat invetten. Het deeg op maat uitrollen en in de vorm of op de bakplaat leggen; de bodem inprikken. • Het deeg bestrijken met de tomatenpuree. De oregano, desgewenst het uitgebakken verkruimelde spek en het uitgeperste knoflook erover verdelen. Beleggen met de kaas, de ontvelde in plakken gesneden tomaten, de plakjes worst en de uiringen. Bestrooien met peper en zout. De pizza iets onder het midden in een hete oven plaatsen (± 220 °C) en in ± 25 minuten gaar bakken.

N.B. Het deeg kan vervangen worden door pizzamix of broodmix.

Variaties

Broodpizza

Als bodem een plat rond (Turks) brood nemen. Het brood halveren, de helften desgewenst besprenkelen met ± 2 lepels olijfolie. Voor beide helften de vulling verdubbelen. Zie verder vanaf •. ± 15 minuten in de hete oven door en door warm laten worden en de vulling licht laten kleuren.

Pizza met kaas, ham en champignons

De vulling vervangen door blokjes camembert, gorgonzola of mozzarella, (schouder)ham en champignons.

Pizza met vis of garnalen, paprika en prei

De vulling vervangen door sardines of ansjovis (1 blikje), zalm of tonijn uit blik (± 250 g) of 150 g gerookte zalmsnippers of garnalen, 1 grote (rode) paprika en 100 g preiringen.

Pizza met gehakt, maïs en olijven

De vulling vervangen door 250 g roergebakken gehakt en 2 lepels gewelde nasikruiden, 2 lepels uitgelekte maïskorrels en tien ontpitte (zwarte) olijven.

Deeg:
Pizzadeeg van 200 g bloem (zie pizza boven)
1 lepel groene pesto
150 g mozzarella
25 g (Italiaanse) rauwe ham
grof gemalen peper
50 g geroosterde rode paprika uit een pot of 100 g grote en gare champignons of artisjokharten uit blik of pot
2 lepels olijfolie

Calzone ***(dubbelgeslagen pizza) (middellijn ± 24 cm) (als hoofdgerecht voor ± 2 personen)***

Het deeg maken zoals voor pizza. Het deeg dun uitrollen en de helft van het deeg bestrijken met de pesto. Een smalle rand vrijlaten. De kaas in blokjes en de hamplakken in de lengte doormidden snijden. De kaas op de pesto en daarop de luchtig opgerolde plakken ham leggen. Met grof gemalen peper bestrooien. De paprika in smalle repen, de champignons in plakken, de artisjokharten in de lengte in plakken snijden en op de ham leggen. De randen dun met water bestrijken en het deeg dubbelklappen, zodat een halve maanvorm ontstaat. De randen goed aandrukken en de bovenkant met wat olie bestrijken. De calzone bakken als pizza.

Variaties in de vulling

Zie pizza (boven).

Soepen

Afhankelijk van de samenstelling en de plaats in de maaltijd, kan soep een uitsluitend eetlustopwekkende functie hebben of als min of meer voedzaam onderdeel fungeren. Vleesbouillon heeft een wat grotere eetlustopwekkende waarde (door de extractiestoffen) dan groente- of kruidenbouillon.
De voedingswaarde van bouillon op zich is gering. Alleen als er peulvruchten in de soep verwerkt zijn of als vlees als vulsel wordt gegeven, kan dit bijdragen in de eiwitvoorziening. Soep maakt de maaltijd energierijker, afhankelijk van de hoeveelheid bindmiddel, vet en vulsel.
Soep wordt gegeven aan het begin van de warme maaltijd. Bij een uitgebreid diner na een koud voorgerecht en vóór (of in de plaats van) een warm voorgerecht. Soep kan ook bij de lunch of bij een buffetmaaltijd gegeven worden en als hoofdgerecht (maaltijdsoep).

Hoeveelheid per persoon

diner (meer dan 3 gangen)	± 1½ dl	-	vrij dun
warme maaltijd	± 2 dl		
volledige maaltijdsoep	± 4 dl	-	vrij dik

Ingrediënten

A Verschillende soorten bouillon

1 per liter water 5 g zout en bijvoorbeeld:
- **a** vlees: ± 300 g schenkelvlees, rund- of kalfspoelet of gevogelte. 500 g vlees of gevogelte per liter gebruiken voor (drink)bouillon zonder veel verdere toevoegingen;
- **b** beenderen: 300 g;
- **c** vlees en beenderen: ± 100 g poelet en 200 g beenderen;
- **d** blokjes, tabletten, pasta of poeder vervaardigd van vleesbouillon of planten of kruidenextract. Daar deze producten vrij zout zijn ± ¾ van de op de verpakking geadviseerde hoeveelheid gebruiken, *geen extra zout toevoegen*;
- **e** verschillende groenten: 350 g (waaronder in ieder geval ui of prei, selderij of peterselie, wortel of paprika, bloemkool of spruitjes);
- **f** kruidenmengsel 150 g (een mengsel van verschillende tuinkruiden en desgewenst specerijen) (zie bouillon van verse kruiden blz. 77);

2 verdund kookvocht van groenten (asperge, bloemkool). Verdunnen met zoveel water tot het niet te zout voor soep is;

3 kookvocht van peulvruchten;

4 verdunde puree van groenten, tomaten, aardappels of peulvruchten;

5 een combinatie van de genoemde mogelijkheden.

Bouillon bij voorkeur in een hoge (smalle) pan laten trekken, om geurverlies te voorkomen. Alle soorten bouillon zijn te gebruiken als basis(fond) voor soepen en sauzen. Ingekookte (geconcentreerde) bouillon, zogenoemde fond of fumet, is zeer aromatisch en wordt gebruikt bij het op smaak brengen van gerechten.

B Bindmiddel

Soort en hoeveelheid bindmiddel wordt bepaald door:

- de aard van de soep (diner-, huiselijke, maaltijdsoep);
- de aanwezigheid van vulsel;
- de 'grofte' van het bindmiddel.

Als vuistregel geldt:

- Hoe fijner het bindmiddel is, hoe groter de bindkracht (in verhouding minder van nodig) en hoe korter de kooktijd.
- Bindmiddelen met een fijne bloemachtige structuur moeten vooraf met koude bouillon worden aangemengd.
- De overige bindmiddelen kunnen al roerend in de kokende bouillon gestrooid worden.

Hoeveelheid per liter bouillon:

aardappelmeel	10 g	(consommé)
bloem/meel aangemengd, licht	25 g	(velouté-/crèmesoepen)
gebruind*	30 g	(velouté-/crèmesoepen)
lichte[1] roux	35 g	(velouté-/crèmesoepen)
blonde[2] roux	40 g	(velouté-/crèmesoepen)
bruine[3] roux	45 g	(velouté-/crèmesoepen)
rijst/pasta	30 g	(ook apart gaargekookt als vulsel te gebruiken)
peulvruchten	200 g	pureesoepen
aardappels	400 g	pureesoepen
groenten	500 g	pureesoepen

Voor een dinersoep die men wat dunner wenst, kan per liter ± 5 g bindmiddel minder genomen worden dan in het overzicht is vermeld.

1 Lichte roux: *gelijke gewichtshoeveelheden boter en bloem nemen. De boter smelten, alle bloem tegelijk toevoegen. Roeren tot een samenhangende massa (roux) ontstaat. Deze even doorwarmen zonder dat de kleur verandert. ± ¼ van het vocht koud toevoegen en stevig roerend aan de kook laten komen. De rest van het vocht verwarmen en hiermee de gladde massa roerend verdunnen. ± 2 minuten zacht laten doorkoken.*

2 Blonde roux: *de lichte roux (zie boven) al roerend lichtbeige laten worden, daarna vocht toevoegen.*

3 Bruine roux: *gelijke gewichtshoeveelheden boter en bloem nemen. De boter lichtbruin laten worden. Desgewenst verse kruiden en mager rookspek erin fruiten, eruit nemen, de boter er goed uitdrukken. Alle bloem tegelijk toevoegen. De samenhangende massa al roerend pindakaaskleurig laten worden. ¼ van het vocht ineens koud toevoegen en stevig roerend aan de kook laten komen. De rest van het vocht verwarmen en hiermee de gladde massa al roerend verdunnen. ± 2 minuten zacht laten doorkoken.*

* Gebruinde bloem: *in een pan met dikke bodem de droge bloem onder regelmatig roeren lichtbeige laten worden. Laten afkoelen. Met een deel van het koude vocht aanmengen tot een dikke, gladde massa. Met koud vocht verder verdunnen tot een vloeibare massa; deze al roerend aan de rest van de kokende vloeistof toevoegen en ± 2 minuten laten doorkoken. Gebruinde bloem kan op een koele plaats, afgesloten bewaard worden.*

C Ingrediënten voor geur, smaak en kleur

1 Toevoegen aan het begin van de bereiding, al of niet samengebonden (bouquet garni): verse of gedroogde kruiden, bijvoorbeeld ui of prei, (knoflook), peterselie of selderij, wortel of tomaat, tijm of rozemarijn, basilicum of marjolein of een kruidenbuiltje. Specerijen, bijvoorbeeld: foelie, witte of zwarte peperkorrels, laurierblad (mee laten trekken), kerrie, paprikapoeder, chilipoeder (meesmoren of fruiten).

2 Toevoegen aan het einde van de bereiding:
- Bij lichte gebonden soepen (crème- of veloutésoepen): citroensap of droge, witte wijn, (koffie) melk of room, losgeroerde eierdooier (die vooraf met wat hete soep wordt voorverwarmd).
- Bij bruine soepen: bruin van jus, vleesextract of aroma, madera, port of rode wijn, ketjap, Engelse saus, tomatenpuree, gebrande suiker, ve-tsin.

D Garnituur (vulsel), ook in kant-en-klare soepen

- Kleine stukjes soepvlees, kleine balletjes gehakt (gaargekookt of gebakken), uitgebakken stukjes rookspek of bacon, reepjes ham, gerookte tong of gerookte zalm, kleine garnalen, plakjes krabstick of surimi.
- Blokjes eiergelei, geraspte kaas of blokjes kaas.
- Gesneden tuinkruiden, plakjes paddenstoelen, stukjes groente (in reepjes: julienne, in blokjes: brunoise), blokjes tahoe, blokjes aardappel, roosjes bloemkool of broccoli, balletjes courgette of komkommer.
- Gare peulvruchten, maïskorrels of (wal)noten.
- Zeer kleine soesjes, smalle reepjes flens, ravioli of gevulde tortellini, gebakken kleine dobbelsteentjes brood (croutons), geroosterde amandelsnippers.

Garnituren afhankelijk van de hardheid: kort meekoken (5 minuten) of kort voor het gebruik toevoegen en even meewarmen.
Krokant vulsel vlak voor het opdoen aan de soep toevoegen of apart bij de soep geven.

Verschillende soorten bouillon

350 g schenkelvlees (poelet)
1¼ liter water
(hogedrukpan 1 liter)
6 g zout
¼ ui, 2 worteltjes
enkele takjes peterselie
foelie, tijm, peperkorrel
(rozemarijn)

Bouillon van rundvlees *(voor soep of saus)*
Het vlees zo nodig van vet ontdoen, kleinsnijden of malen. Met het water, het zout en de kruiden aan de kook laten komen. • Op een laag ingestelde warmtebron 3 à 4 uur laten trekken. (Hogedrukpan 40 minuten op druk houden.) De bouillon zeven (voor heldere bouillon: zeven door een vochtige flanellen doek). Desgewenst de bouillon ontvetten door deze te laten afkoelen en het vet af te scheppen. Het gare vlees kleingesneden als vulsel in soep geven of verwerken in een ander gerecht.

Variaties

Drinkbouillon
400 à 500 g schenkelvlees per liter water rekenen. Drinkbouillon opdoen in verwarmde koppen. Bij elke kop een partje citroen en toast of een soepstengel geven.

Bouillon van vlees en beenderen
Het schenkelvlees vervangen door 125 g runderpoelet en ± 250 g beenderen of mergpijp. Na het zeven het vlees tussen de beenderen uitzoeken; nagaan of er geen schilfertjes achterblijven.

300 g schenkelvlees
of (ossen)staart in stukken
of 500 g karkas van wild
25 g rookspek
60 g boter
½ ui, 2 worteltjes
selderij, peterselie
foelie, tijm, peperkorrel
laurierblad (1 kruidnagel)
1½ liter water, 5 g zout
(hogedrukpan 1liter)
bruin van jus of 1 lepel
tomatenpuree
Engelse saus of ketjap

Bruine bouillon van rundvlees, ossenstaart, wild
Het vlees met het spek in de gebruinde boter bakken; zodra het vlees kleurt, ui, worteltjes en de kruiden even meebakken. Het water en het zout toevoegen en aan de kook laten komen. Zie voor verdere bereiding bouillon van rundvlees vanaf •. De bouillon op kleur en smaak afmaken met gezeefd bruin van jus of tomatenpuree en enkele druppels Engelse saus of ketjap.
N.B. Bij grote hoeveelheden onder de grill of boven in een hete oven (220 °C) bruineren.

350 g schoongemaakte
verse groenten,
bijvoorbeeld prei of ui,
snij- of sperziebonen,
paprika of worteltjes,
bloemkool of champignons
tuinkruiden
1 liter water
5 g zout

Groentebouillon
De groenten en tuinkruiden zo nodig schoonmaken, wassen en kleinsnijden. Met het water en het zout in een goed sluitende pan aan de kook laten komen en gedurende 20 minuten op een laag ingestelde warmtebron laten trekken. De bouillon zeven.

Variaties

Tomatenbouillon
De groenten vervangen door 500 g in vieren gesneden tomaten en 1 laurierblad. Deze met de tuinkruiden en het zout in ½ liter water laten trekken; daarna door een zeef wrijven en zo nodig met water aanvullen tot 1 liter.

Bruine groentebouillon
De groente en kruiden ± 10 minuten fruiten in 2 lepels boter, voordat ze met het water en ½ laurierblad aan de kook worden gebracht. Op smaak en kleur afmaken met 1½ lepel ketjap, 1 theelepel marmite of 1 lepel groente-extract.

± 150 g schoongemaakte
verse kruiden (bijvoorbeeld
40 g worteltjes of paprika)
25 g selderij of lavas
40 g prei of ui
10 g rozemarijn of marjolein
10 g tijm of salie
25 g peterselie
(foelie, peperkorrels)
1 liter water
5 g zout

Kruidenbouillon *(zogenoemde court-bouillon)*
De kruiden wassen en kleinsnijden. Met het water, het zout en desgewenst foelie en peperkorrels aan de kook laten komen in een goed sluitende pan en gedurende 20 minuten op een laag ingestelde warmtebron laten trekken. De bouillon zeven en op smaak afmaken met het zout.

Variatie

Bouillon met kervel, taugé, prei
Kort voor het opdoen 4 lepels gewassen en kleingesneden kervel, of 125 g taugé of preiringen meewarmen.

½ soepkip of
600 g poten/vleugels
125 g schenkelvlees en
6 g zout of
1 kippenbouillontablet
1½ liter water
ui, wortel, peterselie
foelie, peperkorrel
rozemarijn

Kippenbouillon

De kip of de poten/vleugels en het schenkelvlees met het zout of het bouillontablet met het water en de kruiden aan de kook laten komen. Op een laag ingestelde warmtebron ½ uur laten trekken (hogedrukpan 15 minuten op druk houden). De bouillon zeven (door een vochtige flanellen doek). Het gare kippenvlees afsnijden, mooie stukjes gebruiken als vulsel in soep of saus.

300 g magere vis
(bijvoorbeeld wijting, schelvis
poon, zeebaars)
1 liter water of
9 dl water en 1 dl witte wijn
6 g zout
ui, wortel, peterselie foelie,
½ laurierblad, tijm, peperkorrel
(basilicum)
(extra graten)

Visbouillon

De vis zo nodig schoonmaken en wassen. Het water, het zout, de kruiden en desgewenst de wijn en de extra graten aan de kook laten komen. De vis toevoegen, de bouillon ½ uur laten trekken op een laag ingestelde warmtebron. De bouillon zeven (door een vochtige flanellen doek).

2 bouillontabletten of
2 lepels bouillonpoeder
1 liter water
(foelie, tijm, peperkorrels,
tuinkruiden)

Bouillon van tabletten of poeder

De vlees-, vis-, kippen-, groente- of kruidenbouillontabletten of -poeder oplossen in het kokende water. Desgewenst vooraf de kruiden op een laag ingestelde warmtebron ± 20 minuten in het kokende water laten trekken en het vocht zeven.

Soepen zonder bindmiddel

1 liter bouillon
1 ei
1 theelepel ketja

Haaienvinnensoep

De bouillon aan de kook laten komen. Het ei met de ketjap losklopen en onder goed roeren door een zeef in de bouillon schenken. De soep meteen opdoen.

500 g uien
35 g boter
5 g bloem
8 dl bouillon
1 laurierblad
peper
½ (stok)brood
75 g geraspte kaas

Uiensoep *(gegratineerd)*

De uien schoonmaken, in dunne plakken snijden en in de gebruinde boter goudgeel fruiten. De bloem toevoegen en erdoor roeren. Onder goed roeren de hete bouillon en het laurierblad toevoegen, de soep ± 7 minuten laten koken en op smaak afmaken met peper. Het brood dun snijden en de sneden desgewenst licht roosteren. De hete soep in soepkoppen schenken en het brood met de geraspte kaas op de soep leggen. Desgewenst de soepkoppen 15 cm onder een roodgloeiende grill plaatsen en de kaas licht laten kleuren (± 2 minuten).

Variaties

Uien-selderijsoep

De helft van de uien vervangen door kleingesneden bleekselderij.

Preisoep

De uien vervangen door 500 g gesneden prei.

Avocadosoep

2 rijpe avocado's (± 400 g)
25 g boter
1 theelepel kerrie of
1 theelepel gemberpoeder
6 dl bouillon
2 lepels crème fraîche
1 theelepel citroensap
(bieslook)

De avocado's van schil ontdoen. Het vruchtvlees in blokjes snijden. Een kwart apart houden als vulsel. Het overige vruchtvlees smoren met de boter en de kerrie of het gemberpoeder (5 minuten). De bouillon toevoegen, de soep aan de kook laten komen, zo nodig door een zeef pureren. De soep afmaken met de room en het citroensap. Desgewenst kleingesneden bieslook met het vulsel aan de soep toevoegen.

Variatie

Als vulsel ± 50 g garnalen, zalmsnippers of reepjes geblancheerde rode paprika toevoegen.

Goulashsoep

150 g runderpoelet
2 lepels boter
8 dl bouillon
1 lepel paprikapoeder
¼ laurierblad
(½ theelepel oregano)
1 grote ui, 1 paprika
1 grote tomaat of
1 lepel tomatenpuree
(1 teentje knoflook)
peper, zout (maïzena)

Het poelet in de helft van de boter bruinbakken. De bouillon, het paprikapoeder en de kruiden toevoegen. Aan de kook laten komen en op een laag ingestelde warmtebron ± 2 uur laten trekken. De ui en de paprika schoonmaken en in stukjes of dunne repen snijden, de tomaat ontvellen en kleinsnijden, desgewenst het knoflook persen. De ui en de paprika in de rest van de boter 10 minuten smoren, de tomaat of de tomatenpuree en het knoflook de laatste 5 minuten meesmoren. Aan de soep toevoegen en op smaak afmaken met peper en zout. De soep desgewenst bijbinden met de met koud water aangemengde maïzena.

Variatie

Goulashsoep (maaltijdsoep)

Tweemaal de hoeveelheid ingrediënten nemen en de laatste 20 minuten twee flinke, in stukjes gesneden aardappels in de soep gaar laten worden.

Koude komkommer-yoghurtsoep

1 groentebouillontablet
1 dl heet water
1 teentje knoflook
1 ui
1 kleine komkommer
½ liter yoghurt
peper, zout, basterdsuiker
1 lepel kleingesneden dille
2 lepels gewelde rozijnen of
50 g gerookte zalmsnippers
of 50 g garnalen

Het bouillontablet in het hete water oplossen, laten afkoelen. Het knoflook persen, de ui en de komkommer schoonmaken en raspen. De yoghurt en de koude groentebouillon toevoegen en zo nodig met koud water aanvullen tot 1 liter. Op smaak afmaken met zout, peper, suiker en dille. De rozijnen, de zalmsnippers of de garnalen als vulsel in de soep geven. Gekoeld opdoen.

2 witte boterhammen
600 g rijpe vleestomaten
1 teentje knoflook
½ komkommer
1 kleine ui
½ groene paprika
zout, peper
1 lepel rodewijnazijn
1 lepel tomatenpuree
2 lepels olijfolie
3 dl koude bouillon
(tomatensap)
(2 lepels in reepjes gesneden muntblaadjes)

Gazpacho, Spaanse koude tomatensoep

De boterhammen (zonder korst) in blokjes snijden en in een kom doen. De tomaten wassen en kleinsnijden en het knoflook uitpersen. De komkommer schillen, in de lengte in vieren snijden, de kern verwijderen en het vruchtvlees kleinsnijden. De ui en de paprika schoonmaken en kleinsnijden. De groenten bij het brood in de kom doen. Zout, peper, wijnazijn, tomatenpuree en olijfolie erdoor mengen en alles afgedekt 30 minuten laten staan. In gedeelten met de bouillon pureren; desgewenst met wat tomatensap verdunnen. De soep in de koelkast koud laten worden en op het laatst desgewenst met de munt bestrooien.

Variatie

Gazpacho met garnituur

1 kleine (rode) paprika, 1 kleine ui, ½ kleine komkommer schoonmaken, kleinsnijden en apart bij de soep geven, desgewenst met in plakjes gesneden groene olijven.

Licht gebonden soepen

1 liter bouillon
± 10 g aardappelmeel
(1 lepel tomatenpuree)
Vulsel:
eiergelei van 1 ei (blz. 119)
peterselie

Consommé mimosa, heldere soep met eiergelei

De hete bouillon dun binden met het aangemengde aardappelmeel, desgewenst iets roze kleuren met de tomatenpuree. Vóór het opdoen de eiergelei in plakken snijden en er kleine rondjes uit steken. De 'mimosaballetjes' en de gesneden peterselie toevoegen.

Variaties

Consommé profiteroles, heldere soep met soesjes

Het vulsel vervangen door 'mini-soesjes' (blz. 93) en in fijne reepjes gesneden ossentong.

Consommé célestine, heldere soep met reepjes flens

Het vulsel vervangen door in fijne reepjes gesneden flensjes (blz. 350, ¼ recept), 1 lepel gesneden tuinkruiden en blokjes ontvelde tomaat aan het beslag toevoegen.

Consommé julienne, fijne heldere groentesoep

Het vulsel vervangen door 100 g luciferdunne reepjes soepgroenten, bijvoorbeeld worteltjes, snijbonen en kleine bloemkoolroosjes; deze 3 minuten in de bouillon koken.

Consommé Henri IV, heldere groentesoep

Het vulsel vervangen door 100 g vrij grof gesneden schoongemaakte soepgroenten (± 5 minuten meekoken) en mooie stukjes gaar poelet.

Consommé d'asperges, fijne heldere aspergesoep

Het vulsel vervangen door 100 g aspergepunten; deze 5 minuten in de bouillon koken.

Consommé aux champignons, fijne heldere champignonsoep

Het vulsel vervangen door 100 g schoongemaakte en in plakjes gesneden champignons en desgewenst reepjes rode paprika; deze 5 minuten in de bouillon koken; enkele druppels citroensap toevoegen.

Consommé à la reine, heldere kippenbouillonsoep

Kippenbouillon gebruiken. Als vulsel stukjes gaar kippenvlees geven. Aardappelmeel vervangen door 15 g rijstebloem en deze 5 minuten laten doorkoken. Desgewenst gare doperwtjes, stukjes bleekselderij en peterselie toevoegen.

Oxtail clair, consommé queue de boeuf, heldere ossenstaartsoep

1 liter bruine bouillon
(van 250 g) ossenstaart
± 100 g schenkelvlees (zie blz. 76)
1 lepel tomatenpuree
± 10 g aardappelmeel
150 g (gebakken) champignons of (± 50 g van elk) plakjes champignons, dunne reepjes rode paprika, dunne reepjes snijboon en/of dunne ringen bleekselderij
(bruin van jus, Engelse saus, ketjap)
(2 lepels groene kruiden)
madera

De bouillon laten afkoelen, het gestolde vet afscheppen. De bouillon met de tomatenpuree aan de kook laten komen en binden met het aangemengde aardappelmeel. De in dunne plakjes gesneden (gebakken) champignons, dunne reepjes rode paprika, dunne reepjes snijboon en/of dunne ringen bleekselderij en kleine stukjes ossenstaart als vulsel in de soep geven. Zo nodig op kleur en smaak afmaken met bruin van jus, Engelse saus en/of ketjap. Op het laatst desgewenst met de groene kruiden bestrooien en de madera toevoegen, of deze in kleine glaasjes bij de soep geven.

Jenny Lindsoep

1 liter bouillon
25 g rijstebloem
peper, nootmuskaat
(citroensap)
½ eierdooier
± 2 lepels room
peterselie

De bouillon binden met de aangemengde rijstebloem; 3 minuten laten doorkoken. De soep afmaken met peper, nootmuskaat en desgewenst enkele druppels citroensap. Vlak voor het opdoen de halve eierdooier met de room uitroeren, met iets hete soep aanmengen en al roerend aan de soep toevoegen. Kleingesneden peterselie door de soep roeren.

Variaties

Koninginnensoep

Kippenbouillon gebruiken.

Crème Agnes Sorel

Kippenbouillon gebruiken. Als vulsel reepjes ossentong en gare (plakjes) champignon in de soep geven. De soep afmaken met iets sherry.

Vermicellisoep

1 liter kalfsbouillon
een stukje foelie
30 g vermicelli
balletjes van 50 g gehakt (blz. 93)
peterselie

De bouillon met de foelie aan de kook laten komen. De (gebroken) vermicelli in de bouillon gaarkoken (10 minuten). De gehaktballetjes de laatste 5 minuten meekoken. Op het laatst de foelie verwijderen en de kleingesneden peterselie door de soep roeren.

Variatie

Kippensoep

In de (kippen)bouillon 100 g kipfilet gaarkoken (10 minuten). Deze kleinsnijden en de laatste 2 minuten in de soep meewarmen.

Maïssoep

1 grote ui
1 kleine rode peper
1 lepel kerrie
3 lepels (olijf)olie
1 blikje maïs (± 225 g)
8 dl bouillon
5 takjes koriander

De ui snipperen, de peper van zaad ontdoen, kleinsnijden en met de kerrie in de hete olie 3 minuten licht fruiten. De maïs (desgewenst enkele lepels als vulsel apart houden), het vocht en de bouillon toevoegen, aan de kook laten komen en pureren. Op het laatst de achtergehouden maïskorrels meewarmen en daarna de kleingesneden koriander toevoegen.

Variatie

De maïs gepureerd toevoegen, als vulsel een kleingesneden paprika en/of 50 g blokjes kaas 5 minuten meewarmen.

Groentesoep met rijst of vermicelli

1 liter bouillon
25 g rijst of vermicelli
300 g verse soepgroenten, bijvoorbeeld 100 g prei, 25 g selderij of peterselie, 100 g (winter)wortel of paprika, 40 g spruitjes of bloemkool, 35 g snij- of sperziebonen
gaar poelet of balletjes van 50 g gehakt (blz. 93)
peterselie

De bouillon aan de kook laten komen en met de rijst (30 minuten) of de vermicelli (10 minuten) laten koken. De soepgroenten die zo nodig zijn schoongemaakt en kleingesneden en het poelet of de gehaktballetjes de laatste 5 minuten mee laten koken (desgewenst de geelgroene preiringen apart houden). Kleingesneden peterselie en de achtergehouden prei kort voor het opdoen toevoegen.

Variatie in bereiding

De soepgroenten 5 minuten smoren in 20 g boter en op het laatst aan de soep toevoegen. Desgewenst de verse soepgroenten vervangen door 250 g schoongemaakte en gesneden soepgroenten of door diepvriessoepgroenten. Het gehakt vervangen door 100 g ravioli.

Heldere tomatensoep van verse tomaten, met rijst of vermicelli

750 g soeptomaten
½ liter bouillon
4 g zout
ui, wortel, peterselie
foelie, tijm, peperkorrel
½ laurierblad
30 g rijst of vermicelli
balletjes van 50 g gehakt (blz. 93)
of 1 blik champignons (185 g)
(tomatenpuree of ketchup)
peterselie
(50 g geelgroene preiringen)

De tomaten wassen, halveren, gaarkoken met de bouillon, het zout en de kruiden (15 minuten). Door een zeef pureren. Dit vocht aan de kook laten komen, hierin de rijst (30 minuten) of de vermicelli (10 minuten) laten koken. Desgewenst de gehaktballetjes of de champignons de laatste 5 minuten meekoken. De soep zo nodig op smaak afmaken met tomatenpuree of ketchup. Kleingesneden peterselie en desgewenst de preiringen vlak voor het opdoen toevoegen.

Variatie in bereiding

De tomaten en de kruiden vooraf 5 minuten smoren in 20 g boter.

Tomatensoep van tomatenpuree, met rijst of vermicelli

De tomaten en de kruiden vervangen door een blikje tomatenpuree van ± 70 g. De bouillon aanvullen tot 1 liter.

Rodepaprikasoep

3-4 rode paprika's
1 sjalotje of kleine ui
2 lepels boter of olijfolie
1 theelepel paprikapoeder
1 liter bouillon
½ theelepel gedroogde Provençaalse kruiden
peper, zout
enkele druppels tabascosaus
(10 g maïzena)
(4 lepels geslagen room)
2 lepels kleingesneden basilicum of peterselie

De paprika's en het sjalotje of uitje schoonmaken en in stukken snijden. In de boter of de olie 5 minuten zachtjes bakken. Het paprikapoeder toevoegen en de bouillon erbij schenken. De kruiden toevoegen en de soep 10 minuten zachtjes laten koken. De soep pureren en desgewenst zeven (om de velletjes te verwijderen). Op smaak afmaken met peper, zout en tabascosaus en desgewenst binden met de met koud water aangemengde maïzena. Na het opdoen op ieder bord 1 lepel geslagen room leggen en met basilicum of peterselie bestrooien.

Variatie

Rodepaprika-tomatensoep

In plaats van 3-4 paprika's 2 rode paprika's en 2 eetlepels tomatenpuree gebruiken.

Wortelsoep

500 g (winter)wortel
1 grote aardappel
1 grote ui
½ theelepel gemberpoeder
2 lepels (olijf)olie of boter
1 liter bouillon of 8 dl bouillon en 2 dl sinaasappelsap
½ banaan en/of 5 bolletjes stemgember of 5 walnoten
honing of gembersiroop
curryketchup
crème fraîche of koffiemelk
peper, zout, suiker
koriander of peterselie

De wortels en de aardappel schillen en wassen. De ui schoonmaken, kleinsnijden en met het gemberpoeder in de hete olie of de boter licht fruiten. De wortels en de aardappel grofgeraspt 3 minuten meefruiten. De bouillon of de bouillon en het sap toevoegen, 15 minuten op een getemperde warmtebron laten doorkoken en pureren. Banaan, gember of walnoten kleingesneden even laten meewarmen. De soep op smaak afmaken met 1 lepel honing of gembersiroop, 1 lepel curryketchup, 1 lepel crème fraîche of koffiemelk en zo nodig peper, zout en suiker. Op het laatst 1 lepel kleingesneden koriander of peterselie toevoegen.

Variatie

Het vulsel vervangen door gare doperwtjes of maïskorrels (blikje 225 g).

Pompoensoep, courgettesoep

1 grote ui
(2 knoflookteentjes)
½ lepel gemberpoeder of ± 2 cm kleingesneden gemberwortel
± 4 lepels (olijf)olie
750 g pompoen of 500 g courgette
¾ liter bouillon
50 g geraspte kaas
verse koriander of vers basilicum
peper, zout, curryketchup of pesto

Erbij:

broodcroutons (blz. 93) of blokjes gebakken tahoe (blz. 235)

De ui schoonmaken en kleinsnijden, (het knoflook persen) en met het gemberpoeder of de gemberwortel in de hete olie licht fruiten. De pompoen schillen, pitten verwijderen (of de courgette wassen), grof raspen (desgewenst ¼ in kleine blokjes snijden en als vulsel achterhouden) en 3 minuten meefruiten. De bouillon toevoegen; 15 minuten op getemperde warmtebron laten koken en pureren. De achtergehouden blokjes vulsel met de geraspte kaas en de kleingesneden kruiden roerend toevoegen. Op smaak afmaken met peper, zout, curryketchup of pesto. De croutons en de tahoe apart bij de soep geven.

Variatie

Als extra vulsel zeer fijne doperwtjes toevoegen of maïskorrels (blikje 225 g); deze na het pureren meewarmen. De pompoensoep opdoen in een uitgeholde pompoenschil die vooraf in de oven (150 °C) gedurende 10 minuten is voorverwarmd.

500 g gekookte bieten
2 aardappels
1 ui
1 dunne prei of
2 stengels bleekselderij
± 4 lepels (olijf)olie
8 dl bouillon
2 takjes tijm of mespunt gedroogd
½ theelepel karwijzaad
1 laurierblad
zout, peper, suiker
1 dl zure room of yoghurt

Borsjtsj, Russische bietensoep

De bieten stropen, de aardappels schillen en wassen. De ui, de prei of de bleekselderij schoonmaken, kleinsnijden (van prei of bleekselderij het lichte groen apart houden) en in de hete olie 5 minuten fruiten. De bieten en de aardappels grof raspen en 5 minuten meefruiten. De bouillon en de kruiden toevoegen en 15 minuten op getemperde warmtebron laten doorkoken. De grove kruiden verwijderen, de soep pureren. De achtergehouden prei of bleekselderij meewarmen. Op smaak afmaken met zout, peper, eventueel suiker. Vlak voor het opdoen of op het bord de zure room of de yoghurt toevoegen.

Variatie

Borsjtsj (maaltijdsoep)

Met de bieten 200 g kleingesneden (savooien)kool meefruiten. De bouillon trekken van 350 g rundvlees (blz. 76). De soep niet pureren. Het kleingesneden vlees op het laatst meewarmen.

Glad gebonden soepen, crèmesoepen

35 g boter
(1 gesnipperde ui)
35 g bloem
1 liter bouillon
(koffie)melk
citroensap
peterselie
Vulsel naar keuze:
balletjes van 50 g gehakt (blz. 93)
broodcroutons (blz. 93)
50 g kaas
blokjes tahoe (blz. 235)

Snelsoep, potage à la minute

De boter smelten, desgewenst de ui ± 3 minuten licht fruiten; alle bloem tegelijk toevoegen. Roeren tot een samenhangende massa (roux) is verkregen. Deze even doorwarmen, zonder dat de kleur verandert. Een kwart van de koude bouillon toevoegen en stevig roerend aan de kook laten komen. De gladde massa roerend verder verdunnen met de rest van de verwarmde bouillon en 2 minuten zacht laten doorkoken. De soep afmaken met (koffie)melk, enkele druppels citroensap en kleingesneden peterselie. Als vulsel balletjes gehakt of geraspte kaas in de soep geven of croutons, kaas- of tahoeblokjes apart erbij.

Variaties

Kervelsoep, taugésoep

Kort voor het opdoen 5 lepels schoongemaakte, gewassen, uitgelekte en kleingesneden kervel of 125 g taugé 1 minuut in de soep meewarmen.

Sterkers-, waterkers-, slasoep

100 g sterkers, waterkers of sla wassen, laten uitlekken, kleinsnijden en 2 minuten meewarmen. Kort voor het opdoen 25 g uitgebakken ontbijtspek aan de snelsoep toevoegen.

Gebonden tomatensoep (van puree uit blik)

De inhoud van een blikje tomatenpuree (70 g) met een garde door de snelsoep kloppen; deze weer aan de kook laten komen. Zo nodig op smaak afmaken met tomatenketchup en iets suiker.

Asperge-, bleekselderij-, bloemkoolsoep (van rest kookvocht)

De bouillon vervangen door verdund kookvocht. Stukjes overgebleven groente en desgewenst reepjes ham als vulsel meewarmen.

Mosterdsoep
2 lepels grove mosterd en desgewenst 1 lepel mosterdzaad door de soep kloppen. Als vulsel preiringen en reepjes ham meewarmen.

Preisoep
200 g prei goed wassen, in ringen snijden en 5 minuten voor het opdoen in de soep meewarmen.

Komkommersoep
Vooraf in de boter een gesnipperde ui licht laten kleuren. Een kleine komkommer desgewenst schillen. In zeer kleine blokjes snijden of grof raspen en 5 minuten meewarmen. Desgewenst 50 g zalmsnippers, garnalen of reepjes ham kort meewarmen; vlak voor het opdoen 1 lepel kleingesneden dille toevoegen.

Kaassoep
100 g geraspte kaas kort voor het opdoen door de soep roeren.

Knoflooksoep
Met de ui 6-10 (afhankelijk van de grootte) geperste of zeer klein gesneden knoflookteentjes meefruiten. Peterselie vervangen door verse koriander of vers basilicum. Desgewenst 2 lepels geraspte Parmezaanse kaas door de soep roeren.

Vissoep
Visbouillon gebruiken. De soep zeer licht roze kleuren met ± ½ theelepel tomatenketchup. Als vulsel 50 g kleingesneden gerookte zalmsnippers en/of plakjes surimi toevoegen. Op smaak afmaken met 1 theelepel suiker of honing en kleingesneden dille.

Mosselsoep
De ui vervangen door 1 à 2 teentjes knoflook, de bouillon door visbouillon en/of mosselkookvocht. Als vulsel 200 g gekookte mosselen, preiringen of kleingesneden bieslook toevoegen. Op smaak afmaken met 1 theelepel mosterd, een paar druppels zoete sojasaus en desgewenst 1 lepel cocoscream.

Kerriesoep

1 ui
40 g boter
± 2 theelepels kerrie
35 g bloem
1 liter bouillon
(koffie)melk
Vulsel:
balletjes van 50 g gehakt (blz. 93)
(broodcroutons)

De ui schoonmaken, kleinsnijden en in de boter met de kerrie smoren (± 5 minuten). De bloem erdoor roeren tot een samenhangende massa (roux) is verkregen. Met de bouillon er een gebonden soep van maken (zie snelsoep). De soep afmaken met de melk en desgewenst zeven. De balletjes gehakt in de soep gaarkoken (± 5 minuten) of goudbruin gebakken dobbelsteentjes brood (broodcroutons, blz. 93) apart bij de soep geven.

Variatie

Mulligatawnysoep
Kippenbouillon gebruiken en kerrie madras. Als vulsel 2 lepels gare maïskorrels of rijst en 2 lepels (blanke) rozijnen, blokjes appel of plakjes banaan meewarmen.

750 g soeptomaten
½ liter bouillon, 4 g zout
ui, wortel, peterselie
foelie, tijm, peperkorrels,
½ laurierblad
35 g boter, 35 g bloem
(koffie)melk
(tomatenpuree of ketchup)
(1 lepel madera)
Vulsel:
50 g geelgroene preiringen
1 blik champignons (± 185 g)
of 30 g ham
peterselie

Gebonden tomatensoep ***(van verse tomaten)***

De tomaten wassen, halveren, gaarkoken in de bouillon, het zout en de kruiden (15 minuten). Door een zeef pureren. Dit vocht binden met de boter en de bloem (zie snelsoep blz. 84). De soep op smaak afmaken met de melk, zo nodig met de tomatenpuree of ketchup en desgewenst met de madera. Als vulsel de preiringen, de uitgelekte champignons of de gesneden ham meewarmen. Voor het opdoen de kleingesneden peterselie door de soep roeren.

Variatie in bereiding

De tomaten en de kruiden vooraf 5 minuten smoren in de boter. Het gezeefde vocht binden met de aangemengde bloem.

500 g spinazie of 1 pak
diepvriesspinazie (± 300 g)
6 g zout of 1 bouillontablet
25 g boter, 25 g bloem
zout, peper
(koffie)melk
(broodcroutons blz. 93)
(25 g kaas)

Spinaziesoep

De verse spinazie uitzoeken, wassen en laten slinken in ½ liter water, of de diepvriesspinazie laten ontdooien in ¾ liter kokend water. Hieraan zout of bouillontablet toevoegen. De massa door een zeef pureren. Van het vocht met de boter en de bloem een gebonden soep maken (zie snelsoep blz. 84). De soep op smaak afmaken met zout, peper en (koffie)melk. Desgewenst broodcroutons of blokjes kaas bij de soep geven.

1 kleine bloemkool of
500 g broccoli
1 liter bouillon
25 g boter, 25 g bloem
(zout)
(koffie)melk
50 g kaas

Bloemkoolsoep, broccolisoep

De groente schoonmaken; de helft van de bovenkant in roosjes verdelen. De overige groente kleinsnijden. De roosjes 3 minuten in de bouillon koken, eruit zeven en apart houden als vulsel. De overige groente met de bouillon gaarkoken (10 minuten) en pureren. Deze dunne puree binden met een roux van de boter en de bloem. De roosjes als vulsel in de soep meewarmen. De soep op smaak afmaken met zout en (koffie)melk. Vlak voor het opdoen de kaas (geraspt of in kleine blokjes) kort meewarmen.

Variatie

Knolselderijsoep

Een kleine selderijknol in plakken snijden, deze schillen en in blokjes snijden. Een vierde deel van de groente als vulsel gebruiken. Kleingesneden selderijblad voor het opdoen door de soep roeren.

25 g boter, 25 g bloem
1 liter gekruide bouillon
citroensap of
1 lepel witte wijn
½ eierdooier
2 lepels room
Vulsel:
kleine balletjes van
50 g kalfsgehakt (blz. 93)
150 g gekookte
champignons (blz. 217)

Witte ragoutsoep

De boter smelten, alle bloem tegelijk toevoegen. Roeren tot een samenhangende massa (roux) is verkregen. De roux even doorwarmen zonder dat de kleur verandert. Een kwart van de koude bouillon toevoegen en stevig roerend aan de kook laten komen. De gladde massa roerend verder verdunnen met de rest van de verwarmde bouillon en 2 minuten zacht laten doorkoken. De soep op smaak afmaken met enkele druppels citroensap of de wijn. De afzonderlijk gaargekookte balletjes en de gesneden champignons als vulsel aan de soep toevoegen.Vlak voor het opdoen de halve eierdooier met de room uitroeren en met enkele lepels van de hete soep vermengen. Dit mengsel goed roerend aan de hete soep toevoegen.

Variaties

Kippencrèmesoep

Kippenbouillon gebruiken en stukjes kippenvlees (± 200 g) als vulsel.

Viscrèmesoep

Visbouillon gebruiken en stukjes gare vis of garnalen (± 200 g) als vulsel geven.

Mosselcrèmesoep

Visbouillon en/of mosselkookvocht gebruiken. Eerst een uitje of sjalotje fruiten met 1 theelepel kerrie. Als vulsel 200 g gekookte mosselen en ringen bosui toevoegen.

Champignonsoep, Paddenstoelensoep

250 g schoongemaakte en gesneden champignons, oesterzwammen, shii-take of cantharellen in 25 g boter smoren (7 minuten) of in een deel van de bouillon gaarkoken (± 7 minuten), uitscheppen en als vulsel apart houden. De paddenstoelen voor het opdoen aan de soep toevoegen.

Londonderrysoep

Eerst een kleingesneden ui en 2 theelepels kerrie 5 minuten smoren in de gesmolten boter. Desgewenst een klein stukje van een Spaans pepertje toevoegen. De soep binden als boven beschreven. Vóór het afmaken de soep zeven.

500 g asperges
1 liter bouillon
25 g boter, 25 g bloem
50 g zalmsnippers of
achterham
½ eierdooier
2 lepels room
(1 lepel kleingesneden dille)

Aspergesoep *(van verse asperges)*

De asperges schillen, de kopjes op 3 cm afsnijden, 3 minuten in de kokende bouillon blancheren en als vulsel apart houden. De overige asperges in drieën snijden, in de bouillon gaarkoken (± 15 minuten) en pureren. Van de boter, de bloem en de dunne puree een gebonden soep maken (zie witte ragoutsoep, blz. 87). De aspergekopjes, de zalmsnippers of de in kleine reepjes gesneden ham als vulsel toevoegen en 2 minuten meewarmen. Vlak voor het opdoen de eierdooier met de room uitroeren en met enkele lepels hete soep vermengen. Dit mengsel goed roerend aan de hete soep toevoegen met desgewenst de dille.

Variatie

Bleekselderijsoep, venkelsoep (van verse groente)

De asperges vervangen door een kleine struik bleekselderij of venkelknollen (300 g). Het blad en de zachte binnenste delen wassen, kleinsnijden en als vulsel gebruiken.

30 g mager rookspek
25 g boter
ui, wortel, peterselie
35 g bloem
1 liter (bruine) bouillon
± ½ lepel tomatenpuree
Engelse saus
± 1 lepel madera of port
kleurmiddelen: bruin van jus, vleesextract, ketjap
Vulsel:
kleine balletjes van 50 g kalfsgehakt (blz. 93) of 100 g gekookte champignons (blz. 217)

Bruine ragoutsoep

Het kleingesneden spek met de boter laten uitbakken. Hierin de schoongemaakte en kleingesneden ui en de kruiden lichtbruin fruiten. De bloem toevoegen en de samenhangende massa al roerend pindakaaskleurig laten worden. De helft van de hete bouillon ineens toevoegen, stevig gladroeren en al roerend langzaam verdunnen met de rest van de bouillon. De soep 2 minuten doorkoken en zeven. Afmaken met de tomatenpuree, de Engelse saus, het vocht van de champignons, de madera of de port en zo nodig de kleurmiddelen. De afzonderlijk gaargekookte of in boter bruin gebakken balletjes gehakt en de champignons als vulsel aan de soep toevoegen.

600 g ossenstaart of karkas van wild
35 g boter
ui, wortel, peterselie
foelie, tijm, peperkorrels
laurierblad
1¼ liter water (bij gebruik hogedrukpan 1 liter water)
6 g zout
35 g bloem
kleurmiddelen: (bruin van jus, vleesextract, ketjap)
Engelse saus
1 lepel madera of rode wijn

Oxtailsoep, gebonden ossenstaartsoep, wildsoep

De ossenstaart of het wild in enige stukken laten hakken en in de boter met de kruiden bruinbakken. Het kokende water en het zout toevoegen. De stukken staart of wild hierin op een laag ingestelde warmtebron gaar laten worden (3 à 4 uur; hogedrukpan ± ¾ uur op druk houden). De bloem in een droge koekenpan roerend verhitten tot ze licht beige is, daarna laten afkoelen. De bouillon zeven en binden met de aangemengde afgekoelde bloem. De soep afmaken met de kleurmiddelen, Engelse saus en madera of de rode wijn. Enige mooie stukjes vlees van de ossenstaart of het wild nemen en als vulsel aan de soep toevoegen.

Maaltijdsoepen

Bouillabaisse *(Marseillaanse vissoep)*

± 2 kg verschillende soorten verse vis (bijvoorbeeld poon, schelvis, zeebaars, zeepaling)
2 liter water
12 g zout
tuinkruiden
6 peperkorrels, ½ laurierblad
½ sinaasappelschil (dun afgeschild)
(mespunt saffraan)
1 flinke prei
1 kleine winterpeen
2 grote uien, 4 tomaten
± 2 teentjes knoflook
± 4 lepels (olijf)olie

De vis schoonmaken, wassen en de koppen afsnijden. Voor de bouillon de koppen en eventuele graten met het water, het zout, de kruiden, de peperkorrels, het laurierblad, de sinaasappelschil en desgewenst de saffraan aan de kook laten komen en ½ uur laten trekken op een laag ingestelde warmtebron. De bouillon zeven. De groenten schoonmaken, wassen en kleinsnijden, de tomaten ontvellen en in dikke plakken snijden, het knoflook persen. Deze ingrediënten in de (olijf)olie ± 10 minuten fruiten. De vis in grove stukken snijden, met de gezeefde bouillon aan de gefruite ingrediënten toevoegen en ± 10 minuten laten meekoken. Stokbrood en (knoflook)boter apart bij de soep geven.

Variatie

500 g vis vervangen door ± 250 g gekookte mosselen (zonder schaal) of garnalen die op het laatst kort worden meegewarmd.

Minestronesoep, Italiaanse groentesoep

50 g mager rookspek
1 lepel (olijf)olie
250 g verse soepgroenten
125 g witte kool
1¾ liter bouillon
oregano, tijm, salie
50 g (elleboog)macaroni
180 g gare witte bonen (½ pot van 360 g)
100 g gaar poelet of 75 g schouderham in blokjes
2 grote (vlees)tomaten
½ bos peterselie
100 g geraspte oude kaas
(1 stokbrood)

Het spek in kleine blokjes snijden en in de olie langzaam uitbakken. De soepgroenten wassen en in niet te kleine stukken snijden, de kool in dunne repen snijden. De groenten aan het uitgebakken spek toevoegen en omscheppend 5 minuten meebakken. De bouillon en de kruiden toevoegen en aan de kook laten komen. De macaroni al roerend toevoegen en op een laag ingestelde warmtebron in ± 20 minuten gaar laten worden. De bonen, het poelet of de ham en de ontvelde en in stukken gesneden tomaten ± 3 minuten meewarmen. Vóór het opdoen de peterselie erdoor roeren. Geraspte kaas en desgewenst stokbrood bij de soep geven.

Variatie

De macaroni vervangen door 100 g gevulde tortellini; de bonen vervangen door 250 g in blokjes gesneden aardappels (kooktijd 20 minuten).

Aardappelsoep

1½ kg aardappels
2 uien
± 400 g prei
1 kleine winterwortel
100 g gerookt spek
2 lepels boter
1½ liter (groente)bouillon
2 dl (koffie)room
zout, peper
1 rookworst
2 lepels bieslook

De aardappels schillen, wassen en in dobbelstenen snijden. De groenten schoonmaken en kleinsnijden. In een pan met dikke bodem het spek in de boter zachtjes uitbakken. De uien en de wortel toevoegen en even meebakken. De bouillon en de aardappels toevoegen en ± 20 minuten zachtjes laten koken. De helft van de aardappels en de groenten pureren en deze puree weer terugdoen in de pan. De prei en de (in plakjes gesneden) rookworst ± 5 minuten meewarmen. De (koffie)room toevoegen en de soep op smaak afmaken met zout en peper. Op het laatst met kleingesneden bieslook bestrooien.

Variatie

500 g aardappels vervangen door 1 flinke, in reepjes gesneden

venkelknol, 500 g in reepjes gesneden bleekselderij of knolselderij, 2 kleingesneden (rode) paprika's of 500 g in stukken gesneden, ontvelde tomaten. Deze met de uien en de wortel meebakken.

400 g bruine bonen
1¾ liter water
10 g zout
30 g mager rookspek
500 g krabbetjes
laurierblad, peperkorrels
250 g uien
30 g boter
1 ui, 2 lepels boter
½ theelepel sambal oelek
1 theelepel kerrie
2 lepels tomatenpuree
250 g prei
1 bos selderij
(balletjes van 150 g gehakt (blz. 93)
bruin van jus, aroma, Engelse saus

Bruinebonensoep

De peulvruchten wassen en met het water en het zout ± 12 uur laten weken. Het weekvocht afschenken en hierin het spek en de krabbetjes met de kruiden 1 uur voorkoken. De uien schoonmaken, kleinsnijden, in de boter lichtbruin fruiten en met de peulvruchten bij het vlees voegen. Op een getemperde warmtebron gaarkoken (± 1 uur; bij gebruik van hogedrukpan deze 20 minuten op druk houden). Het spek, de krabbetjes en de kruiden uit de pan nemen; de soep pureren. De ui schoonmaken, snipperen en in de boter glazig bakken. De sambal, kerrie en de tomatenpuree toevoegen en even laten meebakken. De gepureerde soep toevoegen en de gewassen, kleingesneden prei en selderij en desgewenst de gehaktballetjes toevoegen. De soep onder nu en dan roeren ± 10 minuten laten doorkoken. Het vlees van de krabbetjes halen, met het spek kleinsnijden en in de soep doen. Op smaak afmaken met bruin van jus, aroma en/of Engelse saus.

Variaties

De bruine bonen vervangen door kapucijners, zwarte nierbonen of kidneybonen of adzukibonen.

Pittige bruinebonensoep

De helft van de bonen pureren. De sambal en de kerrie vervangen door twee teentjes knoflook, een kleingesneden groene en rode paprika en 1 theelepel paprikapoeder. De soep afmaken met ½-1 theelepel scherpe chilisaus.

Condésoep

2 dl water vervangen door 2 dl rode wijn. De sambal en de kerrie vervangen door ½ kleingesneden (rode) paprika en ½ lepel paprikapoeder.

400 g witte bonen
1¾ liter water
10 g zout
300 g varkenslappen of lamsbout
1 ui
2 kruidnagels
peper
½ laurierblad
1 flinke ui
2 rode paprika's
1 teentje knoflook
1 winterwortel
2 stengels bleekselderij
2 lepels boter of (olijf)olie
2 lepels tomatenpuree

Wittebonensoep

De bonen wassen en met het water en het zout ± 12 uur weken. De bonen met het vlees, de met kruidnagels bestoken ui, peper en laurierblad op een getemperde warmtebron gaar laten koken ± 1 uur (bij gebruik van hogedrukpan 20 minuten). Het vlees, de ui met de kruidnagels en het laurierblad uit de pan nemen en de bonen pureren. De ui, de paprika's, het knoflook, de winterwortel en de bleekselderij schoonmaken en kleinsnijden. In de boter of de olie met de tomatenpuree enkele minuten laten bakken. De gepureerde soep toevoegen en 10 minuten zachtjes laten koken. Het vlees kleinsnijden en in de soep doen. Op het laatst met de koriander of peterselie bestrooien.

Variaties

De witte bonen vervangen door kievietsbonen of kikkererwten. De helft van de bonen pureren en 2 dl water vervangen door 2 dl rode wijn.

2 lepels gehakte verse koriander of peterselie

Pittige wittebonensoep

Met de groenten 2 theelepels harissa (Noord-Afrikaanse peperpasta) meebakken.

400 g linzen (rode, bruine of groene)
1¾ liter water
10 g zout
500 g krabbetjes of 300 g lamsbout
1 ui
peper
3 tomaten
1 prei
bosje selderij
100 g gerookt spek
2 lepels boter
2 uien

Linzensoep

De linzen wassen en goed laten uitlekken. Het water met het zout, het vlees, de schoongemaakte en in stukken gesneden ui en de peper aan de kook laten komen en ± 1 uur (in hogedrukpan 20 minuten) zachtjes laten koken. Het vlees uit de pan nemen en de linzen in de bouillon gaarkoken (± 45 minuten voor bruine of groene linzen en ± 20 minuten voor rode linzen). De tomaten ontvellen en in stukken snijden, de prei wassen en in ringen snijden. De tomaten en de prei 10 minuten voor het einde van de kooktijd aan de linzen toevoegen. Het spek in de boter knapperig bakken en uit de pan nemen. In het achtergebleven vet de gesnipperde uien goudbruin laten worden. Het vlees van de botten halen, kleinsnijden en met de uien en de spekjes aan de soep toevoegen.

Variatie

Harira

300 g lamsvlees (van de bout) gebruiken en met de linzen ook enkele draadjes saffraan meekoken. Op het laatst 2 lepels tomatenpuree, 1-2 theelepels harissa (Noord-Afrikaanse peperpasta), 2 ontvelde en in blokjes gesneden tomaten, 2 lepels gehakte peterselie en 2 lepels gehakte korianderblaadjes toevoegen en enkele plakjes citroen op de soep leggen.

400 g groene erwten
1¾ liter water
10 g zout
1 mergpijp of 100 g (rook)spek
500 g knieschijf of krabbetjes
250 g prei
1 kleine selderijknol of 250 g bleekselderij
1 bos selderij
(200 g winterwortel)
peterselie

Erwtensoep

De erwten wassen en met het water en het zout ± 12 uur laten weken. De mergpijp of het spek en het vlees in het weekwater 1 uur voorkoken. De erwten toevoegen en op getemperde warmtebron gaarkoken (± 1 uur; in hogedrukpan ± 20 minuten op druk houden). De mergpijp of het spek en het vlees uit de pan nemen. De soep pureren. De schoongemaakte, gewassen en kleingesneden groenten toevoegen (de geelgroene preiringen apart houden), ± 20 minuten laten doorkoken; nu en dan roeren. Het merg uit het bot halen of het spek kleinsnijden, het vlees van bot ontdoen en kleinsnijden en met de kleingesneden peterselie en de preiringen aan de soep toevoegen. N.B. Bij de soep sneetjes roggebrood met (katen)spek geven.

Variaties

Rookspek vervangen door een rookworst, die de laatste 10 minuten wordt meegewarmd.

Erwtensoep (van spliterwten)

De mergpijp (of het spek) en het vlees 1 uur voorkoken, de ongeweekte spliterwten toevoegen en 1 uur meekoken (het pureren vervalt).

1 soepkip of 1 kg kippenpoten of -vleugels
(100 g pekelvlees)
1¾ liter kippenbouillon
300 g prei
2 uien
200 g (bleek)selderij
300 g pindakaas
± 1 lepel tomatenpuree
sambal, peper
(100 g maïs)

Surinaamse pinda-kippensoep

De gewassen kip en desgewenst het pekelvlees aan de kook laten komen met de bouillon, de schoongemaakte en gesneden prei, de sjalotjes en selderijstelen. Op een getemperde warmtebron zachtjes gaarkoken (± 1 uur; in hogedrukpan ± 20 minuten op druk houden). De kip uit de pan nemen, ontbenen en in stukjes snijden; de bouillon zeven. De pindakaas met een deel van de bouillon verdunnen en door de overige bouillon mengen. De soep 10 minuten op een laag ingestelde warmtebron verwarmen. Op smaak afmaken met de tomatenpuree, iets sambal en/of peper. Kleingesneden selderijblad en desgewenst de maïs in de soep meewarmen.

Variatie

De kip vervangen door 300 g kipfilet (kooktijd 15 minuten).

Goulashsoep ***(maaltijdsoep) (zie blz. 79)***

Borsjtsj ***(maaltijdsoep) (zie blz. 84)***

Garnituur

luchtig piedeeg van 100 g bloem (blz. 379) of 4 plakjes diepvries bladerdeeg
1 liter soep (ovenvaste koppen)
½ ei
1 lepel melk

Soep met deegdeksel ***(met croûte)***

De deegplakken zo uitrollen dat elke plak ± 1½ cm groter is dan de bovenkant van de soepkop en op maat uitsnijden. De kop met koude soep vullen, de rand van de kop vochtig maken. Het deeg over de kop heen leggen en tegen de buitenwand aandrukken. De bovenkant enige malen met een vork inprikken en met het met melk losgeklopte ei bestrijken. De deksels midden in een hete oven (220 °C) in 15 à 20 minuten gaar en bruin laten worden.

2 à 3 dunne sneetjes brood
25 g geraspte kaas
1 liter soep

Gegratineerde soep

De sneetjes brood licht roosteren, halveren en dik bestrooien met de kaas. De hete soep in vier of vijf koppen verdelen. Op elke kop soep een stukje brood laten drijven. De koppen ± 15 cm onder een roodgloeiende grill plaatsen en de kaas licht laten kleuren in ± 2 minuten. De soep meteen opdoen.

¾ dl slagroom
25 g geraspte kaas of 1 theelepel kerrie
1 liter soep

Gegratineerde soep ***(met slagroom)***

De slagroom stijfkloppen en samen met de kaas of de kerrie door elkaar scheppen. De hete soep in vier of vijf koppen verdelen. Een deel van de slagroom op elke kop soep leggen. De koppen ± 15 cm onder een roodgloeiende grill plaatsen en de slagroom lichtbruin laten worden in ± 2 minuten. De soep meteen opdoen.

½ snee oud brood of
½ beschuit of
1 lepel paneermeel
iets zout
peper, nootmuskaat
100 g gehakt
(iets melk)
1 dl water
1½ g zout

Gehaktballetjes ***(voor soepen, sauzen en ragouts)***

Het brood van korst ontdoen, in water of melk laten weken tot het geheel zacht is, goed uitdrukken en het overtollige vocht eraf gieten. Het geweekte brood, de fijngemaakte beschuit of het paneermeel met het zout en de kruiden bij het gehakt voegen en goed door elkaar mengen, tot een gelijkmatige massa verkregen is. Zo nodig nog iets melk toevoegen. Van het mengsel kleine stevige balletjes draaien en deze 5 minuten laten garen in het kokende water met zout of in een soep.

Variatie

Gebakken soepballetjes

De balletjes ± 10 minuten bakken in 1 lepel gebruinde boter; op keukenpapier laten uitlekken.

½ dl water
½ g selderijzout of
½ g zout en paprikapoeder
25 g boter
30 g bloem
1 ei

Minisoesjes ***(voor vulsel in soep)***

Het deeg bereiden als voor roomsoezen (zie blz. 402). Op een beboterde bakplaat het deeg als dikke druppels spuiten. De soesjes in een hete oven (220 °C) laten rijzen en gaar laten worden (± 5 minuten). Minisoesjes apart bij een soep geven of vlak voor het gebruik aan een soep toevoegen.

2 sneden oud brood
± 15 g boter

Broodcroutons

Het brood van korst ontdoen en in dobbelsteentjes snijden; deze in de licht gebruinde boter nu en dan omschuddend goudbruin bakken en apart bij een soep geven.

Gebakken blokjes tahoe of tempé ***(zie blz. 235)***

De blokjes apart bij een soep geven.

Vegetarische soepen, sauzen

Alle soepen en sauzen kunnen aangepast worden door te nemen:

- *als bouillon:* groente- of kruidenbouillon of groente- of peulvruchtenpuree;
- *als vulsel:* stukjes groente, maïs, doperwten, taugé, champignons, geroosterde amandelsnippers of gehakte noten, blokjes aardappel, gare peulvruchten, broodcroutons, reepjes flens, minisoesjes, blokjes (gebakken) tahoe, tempé of quornstukjes;
- *als afmaakmiddel:* kruidenextract, marmite, ketjap, wijn.

Koude hartige sauzen, slasaus (dressing), fondue-, cocktail-, dipsauzen

De basis van een koude hartige saus kan zijn:

- een vinaigrette: een mengsel van olie en azijn of citroensap met mosterd;
- een kant-en-klare slasaus;
- mayonaise: een mengsel (emulsie) van olie, azijn, en eierdooier;
- mayonaisemengsel: mayonaise voor een deel vervangen door: of een koude veloutésaus of stijfgeslagen slagroom of kwark of yoghurt;
- kwark of yoghurt of zure room of crème fraîche, of mengsel daarvan;
- groentepuree, vruchtenpuree, verdunde marmelade of chutney.

Dressings (slasauzen) voor salades of rauwkost zijn vrij dun, meestal op basis van vinaigrette of yoghurt. De soort azijn (bijvoorbeeld kruiden-, vruchten-, wijn-, balsamico-azijn) en/of de soort olie (bijvoorbeeld olijf-, noten-, sesam-, soja-, saffloerolie) die gebruikt worden, hebben veel invloed op de smaak van de saus. Men rekent: 1 lepel slasaus per eenpersoonsportie.

Vulsels voor koude sauzen:

- kleingesneden ham, ossentong, uitgebakken bacon of rookspek;
- kleingesneden gerookte zalmsnippers, garnalen of plakjes krabstick of surimi;
- gembersnippers, gewelde rozijnen, appelblokjes, prei of paprikareepjes;
- geroosterde amandelsnippers, hazelnoten, walnoten;
- gesneden mandarijn, plakjes banaan, kiwi of ananas (uit blik);
- gesneden zilveruitjes, augurkjes, kappertjes of groene peperkorrels.

Vinaigrettesaus, slasaus ***(basissaus, ± 1 dl)***

½ theelepel mosterd
1½ lepel (noten)azijn
4 lepels olie
zout, peper
(½ theelepel basterdsuiker)
1 lepel tuinkruiden

De mosterd verdunnen met de azijn. De olie in een dunne straal al kloppend toevoegen. De saus op smaak afmaken met zout, peper, desgewenst de suiker en de tuinkruiden.

Variatie

Kleingesneden ui of sjalotjes en/of augurkjes toevoegen.
Mosterd vervangen door 25 g fijngemaakte blauwe kaas.
Mosterd en zout vervangen door 1 theelepel ansjovispasta.

Mayonaise *(basissaus, ± 2½ dl)*

1 eierdooier
± 2 g zout
peper
mosterd of mosterdpoeder
1 à 2 lepels wijn- of kruidenazijn
2 à 3 dl olie (op kamertemperatuur)
(zure room)
pikante Engelse saus of suiker
(water of melk)

De dooier goed uitroeren met zout, peper en mosterd of mosterdpoeder. Al roerend langzaam 1 lepel azijn bij de dooier schenken. Daarna de olie eerst druppelsgewijs, later in een dun straaltje goed kloppend toevoegen, tot de saus dik gebonden is. Een volgende hoeveelheid olie pas toevoegen nadat de vorige goed is opgenomen. De mayonaise op smaak afmaken met de rest van de azijn, eventueel zure room, Engelse saus of suiker en zo nodig verdunnen met iets water of melk.

N.B. Voor mensen met minder weerstand (bijvoorbeeld jonge kinderen, zieken, ouderen) is rauwe eierdooier af te raden.

Boheemse saus *(basissaus, ± 2½ dl)*

7 g boter
7 g bloem
1 dl bouillon
1½ dl slasaus
kruidenazijn of citroensap
peper, zout

Van de boter, de bloem en de bouillon een gebonden saus maken (zie bij veloutésaus blz. 108). De saus al roerend laten afkoelen en daarna met de slasaus vermengen. De saus op smaak afmaken met enkele druppels azijn of citroensap, peper en zout.

Yoghurtmayonaise, kwarkmayonaise *(basissaus, ± 2½ dl)*

1½ dl yoghurt of 5 lepels kwark
1¼ dl mayonaise of slasaus
gemberpoeder, zout
(1 theelepel citroensap)
2 lepels tuinkruiden
(½ teentje knoflook)
(koffie)melk

De yoghurt of de kwark met de mayonaise of slasaus vermengen; met gemberpoeder, zout en zo nodig met citroensap op smaak afmaken. De kleingesneden tuinkruiden en desgewenst het geperste knoflook toevoegen. De saus zo nodig verdunnen met melk.

Roommayonaise *(basissaus, ± 2 dl)*

1 dl slagroom
1 dl mayonaise of slasaus
citroensap
zout
Engelse saus
(tomatenketchup)
(suiker)

De slagroom stijfkloppen en luchtig omscheppend de mayonaise of slasaus toevoegen. De saus op smaak afmaken met citroensap, zout, Engelse saus en desgewenst tomatenketchup en suiker.

Kwarksaus, yoghurtsaus *(basissaus, ± 2 dl)*

200 g (magere) kwark of 2 dl yoghurt
peper, zout
1 theelepel mosterd of 1 lepel tomatenketchup
(½ lepel geraspte ui)
(boter)
(koffie)melk
citroensap, Engelse saus
(madera)

De kwark of de yoghurt vermengen met peper, zout, de mosterd of de ketchup. De ui desgewenst in ½ lepel boter fruiten en laten afkoelen. De ui door de kwark mengen. De saus zo nodig verdunnen met melk. Op smaak afmaken met citroensap, Engelse saus en desgewenst madera.

± 4 lepels (koffie)room of crème fraîche
1½ dl slasaus
peper, zout
1 lepel sinaasappelsap
Engelse saus
(2 lepels tuinkruiden of ½ teentje knoflook)
(koffie)melk

Hartige roomsaus ***(basissaus, ± 2½ dl)***
De room vermengen met de slasaus, peper, zout, het sinaasappelsap en enkele druppels Engelse saus. Desgewenst de kleingesneden kruiden en/of het geperste knoflook toevoegen. De saus zo nodig verdunnen met melk.

Cocktail-, fondue-, dipsauzen

Cocktail-, fondue- en dipsauzen zijn vrij dik, meestal op basis van mayonaise, kwark of zure room.

Variaties

Deze zijn te maken door toevoegen aan een basissaus van bijvoorbeeld: room, citroensap, tomatenpuree (ketchup), sherry, cognac, witte wijn; verse tuinkruiden, geraspte ui, mierikswortel, knoflook; vispuree, vleespaté, fijngemaakt hard ei of blauwe kaas, geraspte kaas.

1¼ dl mayonaise
1¼ dl yoghurt,
zout, peper
of
150 g kwark
1 dl slasaus
zout, peper
of
100 g zure room
1½ dl yoghurt
zout, peper

Basissaus ***(± 2½ dl)***
De ingrediënten luchtig door elkaar mengen.

Variaties koude sauzen voor 2½ dl basissaus

Koude kerriesaus
Aan een basissaus toevoegen 1 à 2 theelepels kerrie, aangemengd met 1 lepel van de saus. Kleingesneden bieslook als vulsel in de saus geven.

Andalusische saus
Aan een basissaus toevoegen 1 lepel tomatenpuree of ½ lepel tomatenketchup, aangemengd met 1 lepel van de saus.

Ravigottesaus
Aan een basissaus toevoegen 2 lepels kleingesneden peterselie, 1 lepel dragon, 1 lepel kervel, 1 lepel bieslook.

Rettich-, mierikswortelsaus
Aan een basissaus toevoegen 1 lepel geraspte rettich of mierikswortel. Zo nodig met (koffie)room op de gewenste dikte brengen.

Remouladesaus
Aan een basissaus toevoegen ± 8 kleingesneden zilveruitjes, 4 augurkjes, ½ lepel kappertjes, 2 lepels zeer klein gesneden ui en 2 lepels peterselie.

Mon-Chousaus, (blauwe) kaasdipsaus
Aan een basissaus toevoegen 100 g fijngemaakte Mon Chou en 2 lepels gezeefde mangochutney of 75 g fijngemaakte blauwe kaas of 4 lepels geraspte oude kaas. Zo nodig op de gewenste dikte brengen met madera of sherry.

Hamsaus
Aan een basissaus toevoegen 75 g kleingesneden ham en ½ theelepel mosterd of een geperst teentje knoflook. Zo nodig op de gewenste dikte brengen met sherry.

Zalm-, tonijnsaus, visdipsaus
Aan een basissaus toevoegen een blikje zalm of tonijn van ± 250 g. De vis laten uitlekken, van graten en velletjes ontdoen en fijnmaken. Zo nodig op de gewenste dikte brengen met sherry.

Koude citroensaus
Aan een basissaus 2 lepels citroensap en wat extra peper toevoegen. Desgewenst wat geraspte citroenschil en kleingesneden peterselie erdoor mengen.

Koude mosterd-rozijnensaus
Aan een basissaus toevoegen 2 à 3 theelepels Franse mosterd, ± 4 lepels sherry, ± 50 g gewelde, goed uitgelekte en afgekoelde rozijnen.

Koude gembersaus
Aan een basissaus toevoegen ± 1½ lepel cognac, ½ theelepel kerrie, 1 lepel gefruite ui, ± 3 nootjes kleingesneden gember. Op smaak afmaken met enkele druppels citroensap en Engelse saus.

Koude knoflooksaus
Aan een basissaus toevoegen 1 à 2 lepels zeer fijn gesneden rauwe ui, ± 4 uitgeperste teentjes knoflook, desgewenst 2 lepels kleingesneden bieslook.

Koude paprikasaus
Aan een basissaus toevoegen 2 lepels tomatenketchup, 2 theelepels paprikapoeder edelsüß, 2 lepels sherry, ½ theelepel basterdsuiker en 1 kleingesneden rode paprika. Desgewenst 1 dl stijfgeslagen slagroom door de saus spatelen.

Pittige cocktailsaus
Aan een basissaus toevoegen 3 lepels tomatenketchup, 2 lepels sherry en 1 lepel cognac of 3 lepels witte wijn en enkele druppels Engelse saus. Desgewenst 1 dl stijfgeslagen slagroom door de saus spatelen.

Kwark-hamdip ***(zie blz. 129)***

Avocadodipsaus ***(guacamole)***

- 2 avocado's
- 1 lepel citroensap
- ½ ui
- 1 teentje knoflook
- 1 ontvelde tomaat
- 1 lepel kleingesneden korianderblaadjes
- ½ dl crème fraîche
- zout, peper
- enkele druppels tabasco
- (taco)chips, zoute koekjes, crudités

De avocado's halveren door middel van een draaibeweging en ze ontpitten. Het vruchtvlees uit de schil halen en pureren. Met het citroensap, de geraspte ui, uitgeperst knoflook, kleingesneden tomaat en korianderblaadjes, crème fraîche, zout, peper en tabasco vermengen. Met chips, zoute koekjes en/of crudités opdippen.

Kikkererwtendipsaus *(hummus)*

200 g gare kikkerwerwten (uit blik)
1 teentje knoflook
½ ui
2 eetlepels citroensap
zout, peper
cayennepeper
1 theelepel gemalen komijn (djintan)
1 dl olijfolie
2 lepels kleingesneden peterselie

De kikkererwten goed laten uitlekken en pureren. Het uitgeperste knoflook, het geraspte uitje, citroensap, zout, peper, cayennepeper, komijn, olijfolie en peterselie erdoor mengen. Met stukjes (Turks) brood, crostini of bruschetta opdippen.

Kruizemuntsaus, mintsauce *(± 2½ dl)*

2 dl water
2 lepels bruine basterd
mespunt zout
4 lepels verse kruizemunt of 1 lepel gedroogde
± 3 lepels citroensap

Het water met de basterdsuiker en het zout aan de kook laten komen; van de warmtebron nemen. De kleingesneden kruizemunt en het citroensap erdoor roeren. De saus af laten koelen en enkele uren laten doortrekken. Geven bij bijvoorbeeld lamsvlees en gegrilleerd vlees.

N.B. Desgewenst de saus warm serveren.

Salsa verde

2 sjalotjes
1 teentje knoflook
4 lepels peterselie
2 lepels kappertjes
2 ansjovisfilets
1 lepel citroensap
(2 lepels paneermeel)
1½ dl olijfolie
peper

De sjalotjes en knoflook schillen en evenals de peterselie zeer fijn snijden. De kappertjes en ansjovisfilets kleinmaken en met het citroensap en desgewenst het paneermeel vermengen. De olie in een klein straaltje onder krachtig roeren toevoegen. Peper naar smaak toevoegen. Geven bij bijvoorbeeld koud vlees, vis of eieren.

Tomatensalsa

1 ui
2 teentjes knoflook
½ rood Spaanse pepertje
4 tomaten
zout, peper
2 lepels basilicum
½ lepel citroensap
1 theelepel suiker

Ui, knoflook en Spaans pepertje (zonder zaad) schoonmaken en kleinsnijden. De tomaten ontvellen en in stukjes snijden. Alle ingrediënten vermengen. Geven bij bijvoorbeeld vis, schaal- en schelpdieren, lamsvlees of kip.

2 sjalotjes
1 dl sinaasappelsap
mespunt gemberpoeder
200 g bessengelei
1 dl rode port
1 theelepel Franse mosterd
citroensap
tabascosaus
(zout)
(1 theelepel gembersiroop
of bruine suiker)

Pittige bessengeleisaus, Cumberlandsaus
De sjalotjes schoonmaken en kleinsnijden. Het sap, de sjalotjes en het gemberpoeder aan de kook laten komen; 10 minuten laten trekken en zeven. De bessengelei, de port en de mosterd toevoegen en gladroeren. De saus op smaak afmaken met enkele druppels citroensap en tabascosaus, zo nodig met zout en gembersiroop of suiker. De saus koud of desgewenst warm geven bij wild en (rood) vlees of paté.
Variatie
Pittige rozenbottel-, cranberrysaus
De bessengelei vervangen door rozenbotteljam of cranberrycompote.

Hartige boters en crèmes

Hartige boters worden gegeven:
- in plaats van sauzen als plakjes of blokjes, bijvoorbeeld bij gepofte aardappels of gegrilleerd vlees;
- als smeersel op toast of op stokbrood;
- als garnering op warme schotels, gespoten in minisoesjes, op komkommerschijven, in gehalveerde kleine tomaatjes of citroenschillen.

Crèmes zijn iets minder vet, doordat de boter geheel of gedeeltelijk wordt vervangen door verse roomkaas, crème fraîche, zure room of een koude veloutésaus.

40 à 50 g gekoelde roomboter

Boterballetjes, boterkrullen ***(± 10 stuks)***
Voor balletjes: de harde boter met behulp van twee boterspaantjes, die met koud, zout water bevochtigd worden, tot 8 à 10 balletjes draaien of uitsteken met een af en toe in warm water gehouden meloenballetjeslepel.
Voor krullen: met behulp van een speciaal mesje, dat af en toe in heet water gehouden wordt, over de lengte van een heel pakje harde boter 8 à 10 krullen trekken. Zo nodig opdoen met ijsblokjes.

100 g boter
± ½ dl water
(fijn zout)

Hartige boter ***(gewelde boter) (gespoten of in plakken)***
De boter zacht en luchtig roeren en er druppelsgewijs zoveel water aan toevoegen als de boter kan vasthouden. Desgewenst met fijn zout op smaak afmaken. Hartige boter opspuiten (bijvoorbeeld in uitgeholde halve (kers)tomaatjes) of als een rol (in folie) koud en stijf laten worden en met een heet mes in plakken snijden.

Variaties

Beurre maître d'hôtel

1 à 2 lepels water vervangen door citroensap of witte wijn.

Roze of groene gewelde boter

Het water vervangen door 2 theelepels tomaten- of curryketchup en desgewenst 1 theelepel paprikapoeder of door 100 g geslonken en goed uitgelekte, gepureerde spinazie.

Knoflookboter, slakkenboter

Geperst knoflook van 1 à 2 teentjes, ½ zeer klein gesneden sjalotje, 2 lepels zeer fijn gesneden peterselie en peper toevoegen.

Verse mierikswortel-, peterselie- of kruidenboter

1 lepel zeer fijngeraspte mierikswortel of 2 lepels zeer fijngesneden peterselie of (een mengsel van bijvoorbeeld) selderij, bieslook, dille, koriander, kervel, venkelgroen, tijm, oregano, lavas toevoegen.

Kaasboter, roquefortboter

50 g geraspte (oude) kaas of 30 g gemalen Parmezaanse kaas of 50 g fijngemaakte roquefort of andere blauwe kaas door de boter roeren; zo nodig iets verdunnen met (koffie)room.

Zalmboter, sardineboter, ansjovisboter

50 g gepureerde gerookte zalmsnippers, ontgrate sardines of 3 à 4 ansjovisfilets door de boter roeren.

Eiboter

Zie bij gevulde eieren, blz. 27.

Mayonaisecrème

De boter en het water vervangen door mayonaise, de ingrediënten van een van bovenstaande variaties toevoegen.

Roomkaascrème met ui en paprika

1 kleine ui
1 kleine rode paprika
± 2 lepels olijfolie
200 g verse roomkaas
1 lepel kleingesneden bieslook
fijn zout, peper
(± 1 lepel (koffie)room

De ui en de paprika schoonmaken, kleinsnijden en in de hete olie licht fruiten (± 3 minuten). De roomkaas uitroeren; het afgekoelde uimengsel en het bieslook toevoegen. Op smaak afmaken met zout en peper, zo nodig verdunnen met de room en laten opstijven in de koelkast.

Variatie

Roomkaascrème met ananas of met gember

Het gefruite ui-paprikamengsel vervangen door ± 4 kleingesneden plakken ananas en 1 à 2 theelepels kerrie of door ± 5 kleingesneden bolletjes stemgember. Het bieslook vervangen door dille of peterselie.

Roquefortcrème, crème van blauwe kaas

100 g verse roomkaas
± 2 lepels(koffie)room
75 g roquefort of andere blauwe kaas

De roomkaas gladroeren met de room. De blauwe kaas verkruimelen en door de Mon Chou roeren, zodat een gladde crème ontstaat.

Marinades

Marinades zijn ongebonden, gekruide zurige sauzen, die worden gebruikt om groenten, vis, vlees of wild een pittig aroma te geven. Ook dienen ze om een gerecht malser te maken. De zure smaak is afkomstig van azijn, wijn of vruchtensap.
Een marinade kan ook gebruikt worden voor het afmaken van jus of saus. Hoe lang men levensmiddelen in de marinade laat staan, hangt af van de aard van het levensmiddel (groente of vlees), de sterkte van de marinade en of men door en door of slechts de buitenzijde wil kruiden. Zo worden barbecuesauzen vaak vlak voor en tijdens de bereiding op het vlees aangebracht, en laat men wild 8-12 uur in een marinade staan. Marinades kunnen een enigszins conserverende werking hebben. Een 'filmpje' olie op de marinade voorkomt uitdrogen en geurverlies.

Marinade voor groenten *(± 300 g)*

- 1½ dl kruidenazijn
- 1 dl kookvocht
- zout, peper
- (mespunt suiker)
- (gemberwortel)

De ingrediënten vermengen en over geblancheerde verse of uitgelekte blikgroenten schenken. De groenten ± 15 minuten in de marinade laten staan. Zo nodig keren; laten uitlekken.

Marinade voor vis *(± 500 g)*

- ½ ui
- peterselie
- 1 citroen
- ½ dl kruidenazijn
- 1½ dl kruidenbouillon
- ½ laurierblad en/of oregano
- (Spaanse peper)
- 2 lepels olie

De ui en peterselie schoonmaken, kleinsnijden en op een platte schaal leggen: vis erop leggen en bedekken met de in zeer dunne schijfjes gesneden citroen. Een mengsel van de azijn, de bouillon, laurierblad en/of oregano en desgewenst een schilletje van een Spaanse peper en de olie over de vis schenken. De vis ½ uur in de marinade laten staan onder af en toe keren. Vóór verdere bereiding laten uitlekken en droogdeppen.

Marinade voor schaal- of schelpdieren *(± 300 g)*

- 1 teentje knoflook
- ½ dl witte wijn of sap van 1 citroen
- 1 dl (olijf)olie
- peper

Het knoflook uitpersen, de overige ingrediënten toevoegen. De schaal- of schelpdieren door de marinade scheppen en ± 20 minuten laten intrekken, of ze voor de bereiding met de marinade bestrijken. Voor het gebruik laten uitlekken.

Wijnmarinade *(voor ± 2 kg groot vlees of wild)*

- 150 g prei of ui
- peterselie en/of selderij
- stukje winterwortel
- (1 teentje knoflook)
- 5 dl rode wijn en 2 dl water
- ½ dl kruidenazijn
- 3 lepels olie
- tijm en kruidnagel of basilicum en marjolein
- peperkorrels
- oregano of laurierblad
- (jeneverbes)

De prei of ui, peterselie en selderij, stukje wortel en desgewenst het knoflook schoonmaken en kleinsnijden. Vermengen met het vocht en de kruiden. Het vlees afhankelijk van dikte en gewicht 4-12 uur, wild 8-12 uur in de marinade laten staan; enige malen keren. Vóór verdere bereiding vlees of wild laten uitlekken en droogdeppen.

Variatie in bereiding

Gekookte marinade

De groenten in hete olie goudbruin bakken. De overige ingrediënten toevoegen en de marinade ½ uur op een zacht vuur laten trekken. Vóór het gebruik zeven en laten afkoelen.

½ winterwortel
1 ui
peterselie
gemberwortel (2 cm)
2 dl groente- of kruidenbouillon
(75 g gepelde pinda's)
½ dl sojasaus
1 dl droge sherry
½ lepel sojapasta
foelie, tijm, peperkorrels
1 teentje geperst knoflook

Chinese gekookte marinade ***(voor ± 500 g groenten of vlees)***

De groenten en de gemberwortel schoonmaken en in plakken snijden. De bouillon met alle ingrediënten aan de kook laten komen en ½ uur laten trekken. De marinade vóór het gebruik door een zeef wrijven en warm of koud gebruiken. Groenten ± 15 minuten, vlees ten minste 2 uur marineren. Zo nodig halverwege keren. Vóór verdere bereiding vlees laten uitlekken en desgewenst droogdeppen.

1 dl sojasaus
1 dl sherry of witte wijn
2 theelepels vijfkruidenpoeder
(1 teentje geperst knoflook)
(1 takje selderijblad)
(1 lepel bruine basterdsuiker of gembersiroop)

Saté-marinade ***(voor ± 500 g vlees)***

Alle ingrediënten vermengen; desgewenst op smaak afmaken met basterdsuiker. Het vlees door de saus scheppen en onder af en toe keren ten minste 2 uur laten intrekken. Vóór verdere bereiding het vlees laten uitlekken en zo nodig droogdeppen.

Variaties

Sinaasappelmarinade

De sherry vervangen door sinaasappelsap en 1 theelepel ketchup, het knoflook vervangen door 1 theelepel boemboe saté, de suiker door 1 lepel sinaasappelmarmelade.

Honingmarinade

De suiker vervangen door 2 lepels honing, het selderijblad door mint of peterselie.

Sojadipsaus

Deze marinade is ook als dipsaus geschikt, bijvoorbeeld bij tempura.

1 lepel curry- of tomatenketchup
½ lepel mosterd
2 lepels sojasaus
2 lepels sherry
enkele druppels tabascosaus
1 lepel sinaasappel- of abrikozenmarmelade of honing
¼ theelepel speculaaskruiden of kruidnagel-kaneelmengsel
(citroensap)
(zout)

Barbecue-marinade ***(om te bestrijken)***

Alle ingrediënten vermengen; zo nodig op smaak afmaken met citroensap en zout. Vóór en tijdens het roosteren het vlees ermee bestrijken.

Aspics

Aspic is een heldere, (zacht)zure gekruide gelei van bouillon.
Aspic wordt gebruikt om:

1 koude hartige gerechten te bereiden, bijvoorbeeld daubetjes of geleirand;
2 te garneren: hakaspic, eventueel van verschillende kleur, om koude gerechten heen gelegd;
3 te glanzen: een dun laagje aspic verhindert het uitdrogen van een gerecht, het blijft glanzen.

Lichte aspic *(geklaard)*

9 dl bouillon
ui, wortel, peterselie
foelie, tijm, peperkorrels
1 dl azijn
2 eiwitten (met schaal)
40 g gelatine

De bouillon opzetten met de kruiden, de azijn, de losgeklopte eiwitten, desgewenst de verkruimelde eierschalen en de gelatine en onder voortdurend kloppen langzaam aan de kook laten komen. De pan van de warmtebron nemen en 5 minuten laten staan. De vloeistof zeven door een natgemaakte flanellen doek. De aspic op smaak afmaken (de hete aspic behoort iets te zout en iets te zuur te smaken). De aspic iets laten afkoelen. Om te glanzen of om een garnering vast te zetten koude, nog vloeibare aspic gebruiken. Om een rand te vullen de aspic iets geleiachtig laten worden.
N.B. Hard geworden aspic zo nodig weer (dik)vloeibaar maken door deze roerend (kort) te verwarmen.

Variaties

Donkere aspic

De bouillon vervangen door 8 dl bruine bouillon en 1 dl bruin van jus. Of aan lichte aspic cichorei (Buisman) toevoegen. Donkere aspic op smaak afmaken met ketjap en/of Engelse saus.

Hakaspic

50 g gelatine gebruiken. Hakaspic vloeibaar uitgieten in een dunne laag op een diep bord of schaal. De hardgeworden aspic met een heet mes in kleine blokjes snijden of hakken. Te gebruiken als garnering rond koude gerechten.

Glansgelei *(voor hartige gerechten)*

15 g geleipoeder (1 zakje)
2½ dl bouillon

Het geleipoeder met een deel van de koude bouillon aanmengen. De overige bouillon aan de kook laten komen. Van de warmtebron af het mengsel roerend toevoegen; de gelei aan de kook laten komen, iets laten afkoelen en dun op het te glanzen gerecht aanbrengen.

Variatie

Glansgelei (voor zoete gerechten)

De bouillon vervangen door helder vruchtensap.

Warme hartige sauzen

Sauzen zijn door diverse beroemde koks rond de 18e eeuw als belangrijk onderdeel van de Franse keuken geïntroduceerd. Met behulp van een saus kan men de smaak en consistentie van vlees-, vis-, eier- en groentegerechten sterk variëren. Er wordt onderscheid gemaakt tussen lichte, blonde en bruine warme sauzen.

Hoeveelheid per persoon

Bij vlees-, vis-, eiergerechten ± ½ dl.
Bij gerechten die met gekookte aardappels, rijst of peulvruchten worden gegeten ± 1 dl.
Door groente, pasta, peulvruchten *(ombullende saus)* ± ¾ dl, over groente *(deksaus)* ± ½ dl.

Ingrediënten

I Vloeistof

De meest gebruikte vloeistoffen zijn:

- bouillon van vlees et cetera (zie bij soepen blz. 76-78), al of niet geconcentreerd;
- pocheervocht, al of niet ingekookt;
- kookvocht, al of niet verdund (met melk);
- verdunde groente- of vruchtenpuree;
- melk;
- een combinatie van genoemde vloeistoffen.

II Bindmiddel

a zetmeel

- Allesbinder: Goed roerend aan de kokende vloeistof toevoegen.
- Koud aangemengde maïzena of aardappelmeel: kooktijd enkele seconden.
- Koud aangemengde bloem (deze eerst met een gelijke hoeveelheid vocht gladroeren, dan verdunnen): kooktijd 3 minuten.
- Koud aangemengde gebruinde bloem: In een pan met dikke bodem de droge bloem onder regelmatig roeren lichtbeige laten worden. Laten afkoelen. Met een deel van het koude vocht aanmengen tot een dikke, gladde massa. Met koud vocht verder verdunnen tot een vloeibare massa; deze al roerend aan de rest van de kokende vloeistof toevoegen en ± 2 minuten laten doorkoken. Gebruinde bloem kan op een koele plaats, afgesloten bewaard worden.

b roux

1. *Lichte roux:* Gelijke gewichtshoeveelheden boter en bloem nemen. De boter smelten, alle bloem tegelijk toevoegen. Roeren tot een samenhangende massa (roux) ontstaat. Deze even doorwarmen, zonder dat de kleur verandert. ± ¼ van het koude vocht toevoegen en stevig roerend aan de kook laten komen. De gladde massa al roerend verdunnen met de rest van het verwarmde vocht en ± 2 minuten zacht laten doorkoken.

2 *Blonde roux:* De lichte roux (zie boven) al roerend lichtbeige laten worden, daarna vocht toevoegen.

3 *Bruine roux:* Gelijke gewichtshoeveelheden boter en bloem nemen. De boter lichtbruin laten worden. Desgewenst verse kruiden en mager rookspek erin fruiten, eruit nemen, de boter er goed uitdrukken. Alle bloem tegelijk toevoegen. De slappe massa al roerend pindakaaskleurig laten worden. ¼ van het koude vocht ineens toevoegen en stevig roerend aan de kook laten komen. De gladde massa al roerend verdunnen met de rest van het verwarmde vocht en ± 2 minuten zacht laten doorkoken.

c eierdooier

De dooiers goed loskloppen met iets vocht en zout. Deze na vermengen met de overige koude vloeistof op een laag ingestelde warmtebron of au bain-marie (zie blz. 12) roerend verwarmen, tot de saus glad gebonden is (geen aluminium materiaal gebruiken).

Hoeveelheid bindmiddel

De dikte van de saus hangt af van de functie van de saus:
- afzonderlijk opgediend bij een gerecht;
- samenhang gevend aan bijvoorbeeld groente of in een ragout (omhullend);
- bedekkend, over een gerecht.

Bindmiddel		hoeveelheid per dl (in grammen)		
		saus bij een gerecht	saus door een gerecht* (omhullend)	saus over een gerecht (deksaus)
zetmeelhoudend	maïzena, aangemengd	4	6	7
	bloem, aangemengd	5	7	8
	lichte roux	6	8	10
	bruine bloem, aangemengd	8	10	12
	blonde of bruine roux	8	10	12
	allesbinder	10	15	20
			*meer bij groente die veel vocht loslaat	
Eierdooier	de bindkracht komt overeen met ± 3 g maïzena of ± 4 g bloem			

III Toevoegsels

Voor geur, smaak, kleur en consistentie zie bij soepen (blz. 76); bovendien: mosterd en azijn. Bindende toevoegsels (zie overzicht) bij gedeelten toevoegen.

IV Vulsel

Het vulsel geeft vaak een typische naam aan een saus, evenals bepaalde smaaktoevoegingen. Veelgebruikte vulsels zijn: reepjes ham of tong, kleine balletjes gehakt, garnalen, zalmsnippers, plakjes krabstick, blokjes kaas, champignons, reepjes/blokjes groente, maïs, doperwtjes, gember(snippers), rozijnen, (tuin)kruiden.

Sauzen met aangemengd bindmiddel (zetmeel) bereid

16 g maïzena
4 dl melk
en 1 g zout
of 2½ dl melk en
1½ dl kookvocht

Melksaus

De maïzena met wat koude melk of bouillon glad aanmengen. Het overige vocht aan de kook laten komen en al roerende binden met de maïzena (kooktijd enkele seconden).

Variatie in bereiding

De maïzena vervangen door 20 g glad aangemengde bloem; kooktijd ± 2 minuten.

Variaties

Bloemkoolsaus, deksaus

Totaal slechts 2½ dl vocht gebruiken en dezelfde hoeveelheid maïzena als boven vermeld. Desgewenst kleingesneden ham en/of geraspte kaas toevoegen (totaal 40 g). Of ± 1 lepel tomatenpuree of ½ theelepel kerrie, met 1 lepel saus aangemengd, toevoegen.

Bouillonsaus

De melk en het kookvocht vervangen door 4 dl bouillon.

Zalm-, tonijnsaus

De zalm of tonijn (blik ± 250 g) laten uitlekken, van vel en graat ontdoen en fijnmaken. De vispuree door 2 dl melk- of bouillonsaus roeren. Op smaak afmaken met Engelse saus. Geven bij bijvoorbeeld (kalfs)vlees of salade tiède.

Chinese zoetzure saus

De melk vervangen door bouillon. De saus op smaak afmaken met 1 lepel tomatenpuree, 1 lepel tomatenketchup, 1 lepel ketjap asin, ± 1 lepel (bruine) suiker, enkele druppels citroensap en Engelse saus en zo nodig iets zout.

1 sjalotje of ½ ui
1 theelepel gemberpoeder
20 g boter
4 dl sinaasappelsap
schil van 1 sinaasappel
1 bouillontablet
± 2 lepels suiker of gembersiroop
16 g maïzena
± 1 theelepel tomatenketchup
Engelse saus
± 1 lepel sinaasappellikeur
(2 lepels (zure) room)
(zout)

Hartige sinaasappelsaus

De ui schoonmaken, snipperen en met het gemberpoeder in de boter ± 5 minuten laten smoren. Het sinaasappelsap, de (geraspte) schil, het bouillontablet en de suiker of de gembersiroop toevoegen; aan de kook laten komen en binden met de met koud water aangemengde maïzena. Op smaak afmaken met de tomatenketchup, enkele druppels Engelse saus, de likeur, desgewenst de room en zo nodig zout en suiker.
N.B. De saus desgewenst door de braadboter van vlees roeren.

Variaties

Hartige gembersaus

De sinaasappellikeur vervangen door ± 2 lepels kleingesneden gember en 1 theelepel Franse mosterd. Op smaak afmaken met enkele druppels tabascosaus.

Hartige abrikozen-, mango-, perzikensaus

Het gemberpoeder vervangen door ½ theelepel ketoembar (koriander), 2 dl sinaasappelsap vervangen door abrikozen-, mango- of perzikenpuree. Desgewenst ½ lepel kleingesneden muntblaadjes toevoegen.

2 dl appelsap
2 dl water
½ theelepel ketoembar (koriander)
1 bouillontablet
± 2 lepels honing
± 16 g maïzena
tabascosaus
mosterd

Hartige honingsaus

Het vocht door de ketoembar roeren en met het bouillontablet en de honing aan de kook laten komen. Binden met de met koud water aangemengde maïzena, op smaak afmaken met enkele druppels tabascosaus en met een mespunt mosterd.

N.B. De saus desgewenst door de braadboter van vlees roeren.

Variatie

Hartige honing-, tijmsaus

½ lepel tijmblaadjes 10 minuten in het vocht laten trekken; voor het binden zeven.

30 g bloem
4 dl bouillon
ketjap of Engelse saus

Bruine saus

De bloem in een droge koekenpan, onder regelmatig losroeren van de bodem, verwarmen tot ze beigekleurig is. De bloem goed laten afkoelen en met iets koude bouillon glad aanmengen; daarna verdunnen. De overige bouillon aan de kook laten komen, goed roerend het mengsel toevoegen en 3 minuten zacht laten doorkoken. De saus op smaak afmaken met ketjap of Engelse saus.

Variaties

Als vulsel een kleine gesnipperde gefruite ui of 50 g kleingesneden, gesmoorde champignons toevoegen.

Portsaus

2 dl bouillon vervangen door 2 dl rode port. De saus op smaak afmaken met 1 theelepel Franse mosterd en desgewenst met enkele druppels tabascosaus en iets (bruine) suiker.

Lichte sauzen met boter en bloem gebonden (lichte rouxsaus)

25 g boter, 25 g bloem
4 dl melk of
2½ dl melk en
1½ dl kookvocht
(zout)

Bechamelsaus, sauce béchamel

De boter smelten; alle bloem tegelijk toevoegen. Roeren tot een samenhangende massa (roux) is verkregen. De roux even doorwarmen zonder dat de kleur verandert. Krap de helft van de koude vloeistof toevoegen en onder stevig roeren aan de kook laten komen. De saus roerende verder verdunnen met de verwarmde vloeistof en 2 minuten zacht laten doorkoken. Zo nodig op smaak afmaken met zout.

Variaties

Hamsaus, kaassaus (mornaysaus)

100 g kleingesneden magere ham of 75 g geraspte, oude kaas door de saus roeren.

Ham-kaassaus

60 g ham en 40 g geraspte kaas door de saus roeren.

Notensaus

50 g kleingesneden (wal)noten door de saus roeren.

Bechamel-deksaus, bloemkoolsaus

Totaal slechts 2½ dl vocht gebruiken, dezelfde hoeveelheid boter en bloem. Desgewenst kleingesneden ham en/of geraspte kaas toevoegen (totaal 40 g). Of ± 1 lepel tomatenpuree of ½ theelepel kerrie, met 1 lepel saus aangemengd, toevoegen.

25 g boter, 25 g bloem
4 dl bouillon
2 lepels (koffie)melk of room
citroensap
(1 eierdooier)

Veloutésaus, sauce veloutée
De boter smelten; alle bloem tegelijk toevoegen. Roeren tot een samenhangende massa (roux) is verkregen. De roux even doorwarmen zonder dat de kleur verandert. Krap de helft van de koude vloeistof toevoegen en stevig roerend aan de kook laten komen. De saus roerende verder verdunnen en ± 2 minuten zacht laten doorkoken. De saus op smaak afmaken met de melk of room en enkele druppels citroensap. Desgewenst vlak voor het opdoen de met iets melk uitgeroerde eierdooier vermengen met 2 lepels van de hete saus. Deze weer roerende toevoegen aan de overige saus.

Variaties

Velouté-deksaus
Zie voor de bereiding bij bechamel-deksaus (blz. 107); als vocht bouillon gebruiken.

Lichte ragoutsaus
De saus afmaken met 1 lepel witte wijn. Als vulsel toevoegen 50 g in plakjes gesneden en vooraf in de bouillon gaar gekookte champignons (of 2 lepels blikchampignons) en balletjes van 25 g kalfsgehakt.

Champignonsaus (van verse champignons)
1 dl bouillon vervangen door smoorvocht van 150 g gesneden en gesmoorde champignons (blz. 217). De champignons als vulsel door de saus roeren.

Champignonsaus (van conserven)
1 dl bouillon vervangen door het vocht van een klein blikje (± 185 g) gesneden champignons, indien nodig aangevuld met water. De champignons als vulsel door de saus roeren.

Mosterdsaus
± 1 lepel (grove) mosterd met 1 lepel saus aanmengen en door de hete saus roeren.

Peterseliesaus, dillesaus, kervelsaus
3 lepels fijngesneden peterselie, dille of kervel toevoegen.

Mierikswortelsaus, rettichsaus
2 lepels zeer fijn geraspte mierikswortel of rettich toevoegen. Op smaak afmaken met citroensap, peper en suiker.

Groenepepertjessaus, kappertjessaus
1 lepel groene pepertjes of kappertjes en 1 lepel vocht door de saus roeren.

Garnalensaus
100 g (desgewenst kleiner gesneden) garnalen toevoegen.

25 g boter, 25 g bloem
3 dl bouillon
1 lepel witte wijn of
½ lepel sherry
(zout)
1 dl room of 3 lepels
crème fraîche

Roomsaus *(chantillysaus)*

Van de boter, de bloem en de bouillon een rouxsaus maken (zie veloutésaus hierboven). Op smaak afmaken met de wijn of de sherry, zo nodig zout. Kort voor gebruik de room toevoegen en even meewarmen zonder te laten koken.

Variaties

Garnalen-roomsaus

100 g gepelde garnalen en wat peterselie toevoegen.

Champignon-roomsaus

100 g in plakjes gesneden champignons, die vooraf in de bouillon zijn gaargekookt, toevoegen.

20 g boter, 20 g bloem
4 dl bouillon
100 g boter

Botersaus

Van de boter, de bloem en de bouillon een gebonden saus maken (zie veloutésaus blz. 108). De saus al roerend aan de kook laten komen en warm houden (zonder dat ze kookt). Kort voor het gebruik 100 g boter bij gedeelten en in kleine stukjes door de saus roeren en even meewarmen zonder te laten koken.

Variaties

Zure botersaus

De saus op smaak afmaken met 1½ à 2 lepels natuur- of kruidenazijn, of met het sap van ½ citroen.

Fijne zure botersaus

Vóór de boter door de saus geroerd wordt, 1 eierdooier losroeren, en al roerend vermengen met ± 2 lepels hete saus en goed roerend door de saus mengen. De saus warm houden (zonder dat ze kookt) en 75 g boter bij gedeelten en in kleine stukjes door de saus roeren. De saus op smaak afmaken met 1 lepel kappertjes of ½ lepel groene of rode peperkorrels uit een potje en enkele druppels citroensap of 1 lepel witte wijn.

25 g boter, 25 g bloem
2½ dl pocheervocht van vis
of
2½ dl bouillon
½ dl room
1 dl droge witte wijn
(100 g champignons)

Wittewijnsaus

Van de boter, de bloem, het pocheervocht of de bouillon een gebonden saus maken (zie veloutésaus blz. 108). De saus met de room en de wijn verdunnen en nog even verwarmen (niet koken). Eventueel 100 g gesneden, gekookte champignons als vulsel in de saus geven.

Variatie

De saus afmaken met 50 g boter (zie fijne zure botersaus hierboven).

½ ui
± 1 theelepel kerrie
25 g boter
25 g bloem
4 dl bouillon
1 lepel (koffie)melk

Kerriesaus

De ui schoonmaken, heel klein snijden en met de kerrie in de boter smoren (± 10 minuten). De bloem erdoor roeren en er met de bouillon een gebonden rouxsaus van maken (zie veloutésaus blz. 108). De saus afmaken met de melk en desgewenst zeven.

Variaties

Kerrie-deksaus

2 dl bouillon en ½ theelepel kerrie nemen bij dezelfde hoeveelheid boter en bloem.

Kerriesaus met vulsel
Gewelde rozijnen en geroosterde amandelsnippers of stukjes ananas en reepjes geblancheerde groene paprika of blokjes appel en gembersnippers of plakjes banaan meewarmen.

Paprikasaus

1 à 2 lepels (zoet) paprikapoeder
½ ui
1 lepel tomatenpuree
25 g boter, 25 g bloem
4 dl bouillon
1 lepel (koffie)melk

Het paprikapoeder en de kleingesneden ui met de tomatenpuree in de boter smoren. De bloem toevoegen en iets laten kleuren. Van de roux met de bouillon een gebonden saus maken (zie blonde rouxsaus blz. 111). De saus afmaken met de melk.

Variaties
Geblancheerde reepjes paprika als vulsel in de saus geven.

Paprika-roomsaus
1 dl bouillon vervangen door 1 dl room of 2 lepels crème fraîche; deze na het binden goed roerend meewarmen (niet meer doorkoken!).

Tomatensaus *(van tomatenpuree)*

1 ui
25 g boter
25 g bloem
± 2 lepels tomatenpuree
4 dl bouillon
zout, suiker
Engelse saus
(tomatenketchup)
2 lepels (koffie)melk
± 1 lepel kleingesneden basilicum, koriander of peterselie

De ui schoonmaken, kleinsnijden en in de boter licht fruiten (± 5 minuten). De bloem toevoegen; al roerend enkele minuten doorwarmen zonder dat de massa kleurt. Al roerend de tomatenpuree en ± ¼ van de koude bouillon toevoegen en stevig roerend aan de kook laten komen. De gladde massa al roerend verdunnen met de rest van de verwarmde bouillon en de saus 2 minuten zacht laten doorkoken. Op smaak afmaken met zout, ± 1 theelepel suiker, enkele druppels Engelse saus en desgewenst ± 1 theelepel tomatenketchup. Van de warmtebron af de melk en de kruiden toevoegen.

Variaties

Tomatendeksaus
Dezelfde hoeveelheid boter en bloem, maar de helft van de tomatenpuree en de bouillon nemen.

Pittige tomatensaus
In de boter 25 g kleine dobbelsteentjes mager rookspek uitbakken. Met de ui ± 1 lepel paprikapoeder en een kleingesneden vers rood pepertje (zonder zaad) meefruiten. Enkele druppels tabascosaus toevoegen en desgewenst kleine stukjes paprika als vulsel ± 5 minuten meewarmen.

Tomatensaus van verse tomaten
De bouillon en de tomatenpuree vervangen door 300 g verse (soep) tomaten. Deze wassen, in vieren snijden en met kruiden (ui, wortel, peterselie, foelie, tijm, peperkorrels en een stukje laurierblad) in 1 dl bouillon aan de kook laten komen en op een laag ingestelde warmtebron ± 15 minuten laten trekken. De massa pureren, zo nodig aanvullen tot 4 dl en hiervan de saus maken.

Pinda-gehaktsaus
De ui schoonmaken, snipperen en in de boter licht fruiten (± 5 minuten). Het gehakt en het gemberpoeder toevoegen en al roerend gaar laten worden (± 5 minuten). De pindakaas, de bouillon en de ketchup toevoegen, gladroeren en aan de kook laten komen.

Variatie

Tomaten-gehaktsaus
Gemberpoeder vervangen door paprikapoeder en ½ theelepel oregano, pindakaas vervangen door ± 1 lepel tomatenpuree. Desgewenst een schoongemaakte en in dunne repen gesneden paprika 5 minuten meewarmen. Zo nodig de saus bijbinden met allesbinder of met water aangemengde maïzena.

Bruine sauzen met boter en bloem gebonden (bruine rouxsaus)

30 g boter
30 g bloem
4 dl bouillon of kookvocht
sojasaus
Engelse saus

Blonde rouxsaus
De boter smelten, de bloem toevoegen en de massa roerend langzaam heel lichtbeige laten kleuren. De helft van het koude vocht toevoegen, stevig glad roeren en roerend verdunnen met de rest van het verwarmde vocht. De saus 2 minuten laten doorkoken. Op kleur en smaak afmaken met 1 lepel sojasaus en enkele druppels Engelse saus.

Variatie

Blonde deksaus
2½ dl vocht gebruiken en dezelfde hoeveelheid boter en bloem.

± 40 g braadboter (van vlees)
(1 ui)
15 g bloem
3 dl bouillon
zout, peper
ketjap of Engelse saus
(tomatenketchup)

Jussaus
De braadboter smelten en hierin desgewenst de schoongemaakte kleingesneden ui lichtbruin fruiten. De bloem toevoegen en al roerend lichtbruin laten kleuren. De bouillon bij gedeelten toevoegen en er goed roerend een gebonden saus van maken (zie veloutésaus blz. 108). De saus ± 2 minuten op getemperde warmtebron laten doorkoken. Op smaak afmaken met zout, peper, ketjap of Engelse saus en desgewenst tomatenketchup.

25 g mager rookspek
15 g boter
ui, wortel, peterselie
30 g bloem
4 dl bouillon
½ lepel tomatenpuree
kleurmiddelen: bruin van jus, aroma, ketjap
1 lepel madera of port
Vulsel:
balletjes van 25 g kalfsgehakt (blz. 93)
± 50 g verse champignons

Bruine ragoutsaus

Het spek kleinsnijden en in de boter laten uitbakken. Hierin de schoongemaakte en kleingesneden ui, wortel en peterselie lichtbruin fruiten. De bloem toevoegen en de samenhangende massa al roerend langzaam pindakaaskleurig laten worden. De helft van de koude bouillon ineens toevoegen, stevig gladroeren en al roerend langzaam verdunnen met de rest van de verwarmde bouillon; 2 minuten laten doorkoken en zeven. Afmaken met de tomatenpuree, de kleurmiddelen en de madera of de port. Als vulsel de in iets boter bruingebakken balletjes gehakt en de in plakjes gesneden en in 1 dl bouillon vooraf gaar gekookte champignons toevoegen.

Variaties

Spaanse saus, sauce espagnole

Met de kruiden ¼ schil van een Spaanse peper meefruiten. Afmaken met een paar druppels Engelse saus.

Stroganoffsaus

Met de tomatenpuree ook 1 lepel paprikapoeder, 1 theelepel Franse mosterd en 2 druppels tabascosaus toevoegen. De madera vervangen door 3 lepels wodka. De balletjes gehakt vervangen door ½ gesnipperde rode paprika, 2 lepels kleingesneden zilveruitjes en 1 lepel kappertjes of kleingesneden zoetzure augurkjes. De saus 5 minuten doorwarmen en afmaken met 2 lepels (zure) room.

Maderasaus

3 lepels madera toevoegen. De champignons desgewenst vervangen door 2 lepels gewelde rozijnen.

Maderasaus 'Zingara'

2 lepels madera nemen en de gehaktballetjes vervangen door 30 g aan fijne reepjes gesneden gerookte ossentong en desgewenst 20 g truffel.

Bordeauxsaus, Bourgognesaus, rodewijnsaus

1½ dl bouillon vervangen door 1½ dl ingekookt en gezeefd mengsel van 3 dl bordeauxwijn of bourgogne, tijm, peperkorrels, laurierblad en 1 lepel gesneden sjalotjes. Het vocht aan de overige bouillon toevoegen en hiermee de bruine ragoutsaus maken (zie boven).

125 g mager rookspek
1 ui
30 g bloem
4 dl bouillon
of 4 dl bonennat
peper, zout
Engelse saus

Speksaus

Het spek in dobbelsteentjes snijden en langzaam uitbakken. De ui schoonmaken, kleinsnijden en in het spekvet lichtbruin fruiten. De bloem toevoegen en al roerend pindakaaskleurig laten worden. De helft van het hete vocht ineens toevoegen, de massa roerend aan de kook laten komen. Al roerend langzaam verdunnen met de rest van het vocht; 2 minuten laten doorkoken. Op smaak afmaken met peper, zout en Engelse saus.

Variatie

Uiensaus (soubisesaus)

Het spek vervangen door 30 g boter. Hierin twee grote schoongemaakte en gesnipperde uien met ½ theelepel gemberpoeder langzaam lichtbruin fruiten.

Sauzen met eierdooier en boter gebonden

1½ dl water of pocheervocht
½ dl kruidenazijn
6 peperkorrels
stukje laurierblad
3 sjalotjes
4 eierdooiers
± 150 g zachte boter
zout
(citroensap)

Hollandse saus

Het water met de azijn, de gekneusde peperkorrels, het laurierblad en de kleingesneden sjalotjes inkoken tot de helft; zeven en laten afkoelen. De dooiers loskloppen met het ingekookte vocht en de massa roerend au bain-marie verwarmen tot ze gebonden is. Kort voor het gebruik de boter er bij kleine stukjes tegelijk doorroeren. De saus op smaak afmaken met zout en zo nodig citroensap.

Variaties

Sauce béarnaise

1 lepel kleingesneden dragon of kervel en 1 lepel kleingesneden peterselie door de saus mengen.

Mousselinesaus

2 dl slagroom bijna stijfslaan en vlak voor het gebruik luchtig door de saus scheppen.

Maltezersaus

De saus afmaken met 2 lepels sinaasappelsap en 1 theelepel geraspte sinaasappelschil.

Choronsaus

De saus afmaken met 1 lepel tomatenpuree.

Eier-wijnsaus

Het water en de azijn vervangen door droge witte wijn.

Sauzen zonder bindmiddel

1 kleine ui
(1 lepel boemboekruiden)
1 lepel slaolie
150 g pindakaas
1½ dl water of kokosmelk
1 lepel (gember)siroop
½ theelepel sambal oelek
2 lepels ketjap
zout, citroensap

Pindasaus, satésaus

De ui schoonmaken, zeer klein snijden en desgewenst met de gewelde boemboekruiden in de warme slaolie licht fruiten. De pindakaas, het vocht, de siroop, de sambal en de ketjap toevoegen. De massa weer aan de kook laten komen en ± 10 minuten op een laag ingestelde warmtebron laten inkoken tot deksausdikte. De saus op smaak afmaken met zout en citroensap; zo nodig verdunnen met water.

(1 teentje knoflook)
1 kleine ui
1 lepel slaolie of boter
1½ dl tomatenketchup
2 theelepels bruine basterdsuiker
1 theelepel mosterd
1 theelepel Engelse saus
1 g zout, 1 dl water

Warme barbecuesaus

Desgewenst de pan met een teentje knoflook inwrijven. De schoongemaakte ui kleinsnijden en in de olie of boter licht fruiten. Tomatenketchup, suiker, mosterdpoeder, Engelse saus, zout en water toevoegen en 10 minuten zachtjes laten trekken. De saus heet geven bij gegrilleerde vleesgerechten of bij het grilleren op het vlees smeren.

Eieren en eiergerechten

Kippeneieren bevatten in een klein volume een relatief hoge hoeveelheid eiwit, ijzer, vitaminen A, B en D en vet. Zacht gekookt zijn eieren licht verteerbaar, hardgekookt of gebakken zwaar verteerbaar. De smaak van eieren en de kleur van de dooier zijn afhankelijk van het voedsel van de kip.

Eieren kunnen gebruikt worden als:

1 Maaltijdonderdeel: koken, bakken, en pocheren zijn de meest voorkomende bereidingstechnieken.
2 Garneermiddel: hardgekookt: in plakjes of partjes of alleen het eiwit kleingesneden of alleen de dooier gezeefd.
3 Rijsmiddel: in bijvoorbeeld soufflés, beslag of deeg.
4 Luchtig makend middel: in schuimige puddingen en vla's.
5 Plakmiddel: een losgeklopt ei (met 1 lepel vocht) plakt paneermeel op vlees vast.
6 Glansmiddel: een losgeklopt ei (met 1 lepel melk) geeft gebak glans na het bakken.
7 Bindmiddel: in bijvoorbeeld saus, pudding: 1 ei bindt als 7 g maïzena, 10 g bloem: 1 dooier als 3 g maïzena, 5 g bloem.

Het gaar worden van ei berust op het coaguleren (samenvlokken) van het eiwit bij 70 °C. Tijdens het binden met ei kan onvoldoende roeren en/of te hoge temperatuur oorzaak zijn van 'schiften' van het eiwit (coaguleren in vrij grove stukjes). Daarom dient men bij het binden met ei het losgeklopte (verdunde) eimengsel eerst met iets hete vloeistof voor te warmen en goed te roeren.
Verpakte eieren hebben kwaliteitsaanduiding A. De grootte wordt aangegeven in letters: XL voor zeer groot (73 g of meer), L voor groot (63-73 g), M voor middelgroot (53-63 g) en S voor klein (minder dan 53 g). In de recepten wordt uitgegaan van M (middelgroot, ± 55 g).
Bewaren: hele eieren tot 6 weken na de legdatum op een koele droge plaats. Het regelmatig keren van de (doos) eieren voorkomt te sterk verplaatsen van de dooier naar één kant.
Ongeklopt eiwit, afgedekt, ± 2 dagen in de koelkast, bevroren eiwit enkele maanden.
Eierdooier, afgedekt (eventueel onder water) ± 2 dagen in de koelkast.
Eieren die in de koelkast bewaard zijn, bij voorkeur een halfuur voor de bereiding op kamertemperatuur laten komen. Bij koken zal de schaal dan minder snel barsten, bij luchtig en stijfkloppen verkrijgt men sneller resultaat. Een snufje zout versnelt het stijf worden. Een restje dooier of vettig materiaal gaat het stijf worden tegen.

Rauwe en halfgare eieren
Personen met minder weerstand (bijvoorbeeld kinderen, zieken, ouderen) kunnen ziek worden door een infectie met salmonellabacteriën bij het gebruik van niet door en door verhitte eieren en eierproducten. Daarom wordt het gebruik van bijvoorbeeld zelf bereide mayonaise en zachtgekookte en gepocheerde eieren voor deze groepen afgeraden. In de horeca en levensmiddelenindustrie worden gepasteuriseerde eierproducten (dooier, wit) gebruikt.

Geklutst ei ***(met een drank) (zie blz. 424)***

1 ei
1 lepel melk

Paneerei
De hagelsnoeren van het ei verwijderen. Het ei met de melk goed loskloppen.

Variatie

Paneereiwit
Een eiwit langzaam met een vork vermengen met 1 lepel koud water. De eiwitstrengen goed loshalen, zonder dat het mengsel gaat schuimen. Eventueel schuim uitzeven. (Paneereiwit 'plakt' beter, gebruiken als een goed gesloten korstje moet ontstaan, bijvoorbeeld bij kroketten en bitterballen.)

4 eieren (middelgroot)

Gekookte eieren
Zoveel water aan de kook brengen, dat de eieren onder kunnen staan. De eieren aan de bolle kant (luchtkamer) inprikken en voorzichtig in het kokende water leggen; het water weer vlug aan de kook brengen. De eieren de gewenste tijd in een gesloten pan laten koken; de tijd berekenen vanaf het moment dat de eieren in het water gaan.

Kooktijden:	Consistentie:
3 min.	de dooier vloeibaar, het wit begint vast te worden
4 min.	de dooier zacht, het wit vast
5 min.	de dooier begint vast te worden, het wit is hard
6 min.	de dooier vanbinnen zacht, aan de buitenkant vast
8 min.	de dooier geheel vast, te zacht om te snijden
10 min.	de dooier juist geschikt om gesneden te worden
15 min.	het ei begint groen te worden

De eieren meteen in koud water dompelen. Gekookte eieren maximaal 4 dagen in de koelkast bewaren; gepelde eieren bewaren onder koud water.

Variatie

Gekookte kwarteleieren
Kooktijd 5 minuten (hard), gebruikt als garnering.

Gevulde eieren ***(zie blz. 27-28)***

Eiersalade ***(zie blz. 39)***

Eierragout ***(zie blz. 57)***

Rijstrand of rijsttimbaaltjes met eieren en saus ***(zie blz. 249)***

4 eieren (middelgroot)
175 g gehakt
1 dun sneetje oud brood zonder korst
± 1 lepel melk
2 g zout
peper, nootmuskaat
(ei)
paneerei (1 ei losgeklopt met een lepel melk of 1 eiwit losgeklopt met een lepel water)
paneermeel
frituurolie
100 g sterkers of kropsla

Verborgen eieren *(verscholen eieren)*

De eieren 10 minuten laten koken (zie boven); afkoelen en pellen. Het gehakt vochtig aanmengen met het in de melk geweekte brood, het zout, peper en nootmuskaat en zo nodig iets ei en er vier dunne lapjes van maken. Ieder ei in een lapje gehakt wikkelen, door paneerei en daarna door paneermeel halen. De frituurolie heet laten worden (180 °C). Hierin het gehakt bruin en gaar bakken. De ballen in hun geheel geven of doorsnijden en opdoen op gewassen sterkers of sla.

Variatie

Vogelnestjes

Een dubbele hoeveelheid gehakt en brood gebruiken. De ballen gehakt met de eieren onder geregeld keren in 80 g boter braden (20 minuten). De jus afmaken met tomatenpuree of met 1 theelepel juspoeder. De ballen doorsnijden en met de platte kant boven opdoen.

4 eieren (middelgroot)
40 g boter of
± 2 lepels mayonaise
zout, peper
1 à 2 lepels koffiemelk
kerrie of Engelse saus
2 vleestomaten
peterselie of sterkers

Vliegenzwameieren

De eieren hard koken (10 minuten), afkoelen, pellen en doormidden snijden. De dooiers uit de halve eieren nemen en fijnmaken. De boter of de mayonaise uitroeren en vermengen met de dooiermassa, zout, peper, de melk en een mespunt kerrie of enkele druppels Engelse saus. De uitgeholde eieren ermee vullen. De eieren op een platte schaal plaatsen met de bolle kant naar boven. Voor de garnering van de hoed een plakje eiwit afsnijden. De tomaten ontvellen, halveren en iets uithollen. Inwrijven met een mengsel van peper en zout en als 'hoed' op de eieren plaatsen; een paar kleine stukjes eiwit erop plakken. Plukjes gesneden peterselie of sterkers tegen de voet van iedere 'vliegenzwam' leggen.

4 eieren (middelgroot) of gevulde eieren (blz. 27-28)
Voor de groentesalade:
50 g worteltjes
25 g sperziebonen of groene paprika
100 g champignons
zout
1 gare aardappel
4 augurkjes
1 blik zeer fijne doperwtjes van 200 g
1 lepel kappertjes
1½ lepel olie
± 2 lepels azijn
peper, zout
½ krop sla
± 2 dl mayonaise (blz. 95)

Russische eieren

De eieren hard koken (10 minuten), afkoelen, pellen en doormidden snijden. Of gevulde eieren maken (blz. 27-28). De eiboter glad afstrijken.
De verse groenten en de champignons schoonmaken, wassen en kleinsnijden, 2 minuten blancheren in kokend water met zout, laten uitlekken en afkoelen. De aardappel en de augurkjes in stukjes snijden. De doperwtjes laten uitlekken; ½ van de doperwtjes, de geblancheerde groenten, de aardappel, de augurkjes en de kappertjes vermengen met de olie en de azijn. De salade op smaak afmaken met peper en zout.
Een schaal met gewassen en uitgelekte slabladeren bedekken, hierop de groentesalade overdoen en gladstrijken. De eieren met de platte kant naar beneden op de groentesalade plaatsen en met de mayonaise bedekken. De ansjovisfilets kruiselings over de eieren leggen. Op ieder kruispunt een geopend kappertje leggen. Rondom garneren met garnalen, stukjes ontvelde en ontgrate paling en plakjes tomaat en met de overige doperwtjes.

Voor de garnering:
8 ansjovisfilets
4 kappertjes
50 g garnalen
± 125 g gerookte paling
4 kleine (kers)tomaatjes

Variatie
Voor de garnering de ansjovisfilets vervangen door reepjes ham, de garnalen door krab, de gerookte paling door gerookte zalm.

4 gevulde eieren (blz. 27-28)
½ liter lichte aspic (blz. 103)
Voor de saus:
4 dl veloutésaus (blz. 108)
Voor de garnering:
stukjes truffel of hardgekookt eiwit
wortel en reepjes paprika
peterselie
middelgrote groentegelei, of groentedaubetjes (blz. 31) of garnalendaubetjes (blz. 145)

Chaudfroid van eieren, gevulde eieren met aspic

De in de lengte doorgesneden, met eiboter gevulde eieren glad afstrijken. De aspic en de saus bereiden. Enige lepels aspic door de hete saus roeren. De saus goed roerend laten afkoelen, tot ze de dikte van een deksaus heeft. De eieren met de platte kant op een rooster leggen en enige malen overgieten met de saus. Op alle eieren eenzelfde garnering aanbrengen. • Hiervoor de stukjes van de garnering eerst in vloeibaar gemaakte aspic dompelen, zodat ze op de saus vastkleven. Zodra de garnering goed vastgehecht is, de eieren glanzen met vloeibaar gemaakte aspic; deze weer laten opstijven. De eieren op een schaal schikken, desgewenst om een groentegelei heen, afwisselend met garnalen- of groentedaubetjes. De tussenruimten opvullen met gehakte aspic. Desgewenst om de aspic heen een smal randje kleingesneden peterselie leggen.

per liter water:
10 g zout en 1 lepel azijn
4 zeer verse eieren (middelgroot)
4 sneetjes geroosterd brood
15 g boter peterselie

Gepocheerde eieren

In een ondiepe, wijde pan water met zout en azijn aan de kook laten komen en juist tegen de kook aan houden. De eieren een voor een vlak boven het water breken, 4 à 6 minuten stil in het water laten liggen en dan voorzichtig met een schuimspaan eruit nemen en laten uitlekken. Bijhangend eiwit zo nodig afknippen. De eieren op gesmeerde sneetjes geroosterd brood leggen en opdoen op een schaal met een servetje. De schaal garneren met peterselie.

Variaties

Gegrilleerde gepocheerde eieren
Elk gepocheerd ei in een ondiep deegbakje leggen en er 1 lepel geraspte kaas over strooien. Het gerecht 10 cm onder een roodgloeiende grill goudgeel laten kleuren (± 1 minuut).

Gepocheerde eieren met saus
De gepocheerde eieren naar keuze bedekken met een tomaten-, kerrie-, paprika-, garnalen- of ham-kaassaus (½ recept, blz. 107-110).

20 g boter
4 eieren

Gebakken eieren

De boter in een koekenpan lichtbruin laten worden. De eieren hierin breken, de dooiers naar verkiezing heel houden of stukmaken. De eieren zacht laten bakken tot het wit en de dooiers vast zijn geworden, desgewenst de eieren keren en aan de andere zijde eveneens bakken. De eieren opdoen op een verwarmd bord.

20 g boter
4 eieren

Spiegeleieren

De boter in een koekenpan licht laten kleuren. De eieren hierin voorzichtig breken, zodat de dooiers heel blijven. • De eieren zachtjes bakken. Tijdens het bakken in het begin nu en dan dicht bij de dooier in het eiwit snijden, waardoor het glibberige deel, dat zich om de dooier bevindt, kan uitlopen. Het wit juist vast laten worden (er mogen geen bruine randjes ontstaan). De eieren op een warm bord opdoen.

Variatie

Uitsmijter ham, rosbief, kaas

Per persoon 2 sneden brood dik beleggen met naar keuze ± 2 plakken achterham, rosbief of kaas. Hierop een gebakken spiegelei van 2 eieren leggen.

5 à 10 g boter
60 g dun gesneden (schouder)ham of ontbijt- of katenspek
4 eieren

Spiegeleieren met ham of spek

De boter in een koekenpan laten smelten. Hierin de plakken ham of spek gedeeltelijk laten uitbakken. De eieren voorzichtig hierop breken, zodat de dooiers heel blijven. Voor verdere bereiding zie vorig recept, vanaf •.

4 tomaten
zout, peper
30 g boter
4 eieren

Spiegeleieren met tomaten

De tomaten wassen en in dikke plakken snijden; deze bestrooien met een mengsel van zout en peper en in de licht gekleurde boter in een koekenpan leggen. De eieren voorzichtig op de tomaten breken, zodat de dooiers heel blijven. Verdere bereiding zie bij spiegeleieren (vanaf •).

4 eieren
4 lepels melk, bouillon of room
± 2 g zout
peper
(2 lepels kleingesneden tuinkruiden)
15 g boter

Roerei

De eieren loskloppen met het vocht, het zout en de peper. Desgewenst de tuinkruiden erdoor mengen. De boter in een kleine pan laten smelten en het eimengsel toevoegen. • Langzaam roerend het eimengsel verhitten; daarbij steeds het vastgeworden gedeelte van de bodem losmaken. De pan onmiddellijk van het vuur nemen als een deel van de massa nog geleiachtig is en de rest als glimmende stukjes vast geworden is. Het roerei vlak voor het gebruik bereiden, desgewenst opdoen op geroosterd brood of driehoekjes geroosterd brood eromheen leggen.

Variaties

Roerei met kaas

40 g (oude) geraspte kaas aan het eimengsel toevoegen.

Roerei met garnalen of gerookte zalm

100 g garnalen of gerookte zalmsnippers en een mespunt dille aan het eimengsel toevoegen.

Roerei met ham of spek

Het eimengsel vermengen met kleingesneden licht uitgebakken ham of spek (60 g).

Roerei met tomaat

Het vocht in het eimengsel vervangen door 2 à 3 gepelde en kleingesneden tomaten. Op smaak afmaken met basilicum en Engelse saus.

Roerei met champignons
Het vocht in het eimengsel vervangen door 150 g gewassen, gesneden en in 15 g boter gesmoorde champignons.
Roerei (koud) in tomaat
Het roerei afgekoeld opdoen in gehalveerde, uitgeholde tomaten, die eerst met peper en zout zijn bestrooid.

Roerei op toast ***(zie blz. 34)***

Gevulde broodjes met roerei ***(zie blz. 62)***

3 eieren
1 dl melk, bouillon of room
± 2 g zout
peper
(peterselie of dille)

Eiergelei, eiertimbaaltjes ***(au bain-marie)***
De eieren loskloppen met het vocht, zout, peper en desgewenst de kleingesneden kruiden. Het mengsel in 4 beboterde gladde vormpjes (bijvoorbeeld kopjes) overdoen, het schuim laten wegtrekken of afscheppen. De vormpjes afdekken met bijvoorbeeld aluminiumfolie en in een pan met kokend water plaatsen of in een braadslee met heet water in een matig warme oven (160 °C). Zorgen dat het water niet in de vormpjes kan komen. Het water gedurende ± 20 minuten tegen de kook aan houden, zodat de gelei vast wordt. (De gelei is goed, als een breinaald die erin gestoken wordt, er schoon uitkomt.) Vlak voor het gebruik de vormpjes keren op een verwarmde schaal. De eiergelei met een warme saus, bijvoorbeeld kerriesaus of tomatensaus, als voor- of lunchgerecht geven. Of in stukjes gesneden als vulsel in soep.
Variaties
Zalm-, (zalm)foreltimbaaltjes
Het vocht vervangen door ± 100 g gaar gemaakte en afgekoelde zalm- of zalmforelfilets (eventueel uit blik). Deze ontgraten, pureren en door het eimengsel roeren.
Paprika-, courgettetimbaaltjes
½ dl vocht en 1 ei vervangen door 50 g gladgeroerde Mon Chou en ± 100 g schoongemaakte kleingesneden paprika of grof geraspte courgette.

4-6 eieren
4-6 lepels melk
bouillon of room
± 2 g zout, peper
(marjoleinblad)
40 g boter
peterselie

Omelet, schepomelet ***(middellijn 18 cm) (2 stuks)***
De eieren loskloppen met het vocht, het zout, peper en desgewenst kleingesneden marjolein. De helft van de boter in een koekenpan heet, maar niet bruin laten worden. De helft van het eimengsel in de pan schenken; tijdens het vast worden met een (houten) spatel over de panbodem gaan en het juist gestolde ei losmaken van de bodem, zodat de nog vloeibare massa met de panbodem in aanraking komt. Het stolsel gelijkmatig over de panbodem verdelen. Ophouden als de massa grotendeels vast is geworden; de onderkant lichtbruin bakken, de bovenzijde moet nog iets glanzend zijn. De omelet dubbel of in drieën slaan en warm houden. De tweede omelet op dezelfde manier in de rest van de boter bakken. Garneren met peterselie.
N.B. Een omelet van één ei wordt te dun en dus te droog.

Variaties

Tuinkruidenomelet

Aan het eimengsel 2 lepels gesneden tuinkruiden toevoegen, bijvoorbeeld peterselie, bieslook, kervel, dragon, dille of een mengsel ervan.

Spinazieomelet

Het vocht in het eimengsel vervangen door 500 g gewassen, kleingesneden, geslonken en uitgelekte spinazie (of ± 225 g diepvriesspinazie). De omelet zo nodig op een deksel keren en de tweede kant even droog bakken.

Champignonomelet

Het vocht in het eimengsel vervangen door 125 g gewassen, gesneden en in 15 g boter gesmoorde champignons.

Paprika-tomatenomelet

Het vocht in het eimengsel vervangen door 2 ontvelde, in stukjes gesneden tomaten, ¼ paprika en ½ ui, die vooraf 5 minuten gesmoord zijn in 15 g boter.

Hamomelet, ham-kaasomelet

Aan het eimengsel 80 g kleingesneden ham of 40 g ham en 40 g (oude) geraspte kaas toevoegen.

Gegratineerde omelet

De gebakken en toegeslagen omelet met geraspte kaas bestrooien en ± 10 cm onder een roodgloeiende grill heel licht laten kleuren (± 1 minuut).

Garneeromelet

1 ei
zout, peper
1 lepel melk, bouillon of room
(1 lepel peterselie)
15 g boter

Het ei loskloppen met zout, peper en de melk of de bouillon of room. Desgewenst de zeer klein gesneden peterselie toevoegen. De boter in een koekenpan heet, maar niet bruin laten worden. Het eimengsel in de pan schenken en gelijkmatig over de hele bodem laten uitvloeien. De bovenkant vast laten worden en de onderkant licht laten kleuren. De omelet uit de pan nemen, in dunne reepjes snijden en deze als garnering gebruiken, bijvoorbeeld in soepen of bij nasi goreng.

Boerenomelet, omelette paysanne *(middellijn ± 24 cm)*

80 g doorregen rookspek
± 20 g boter
100 g gesnipperde ui
± 150 g aardappels
100 g gesneden soepgroenten
± 100 g gare doperwtjes
2 lepels zilveruitjes of 1 rode paprika
Voor het eiermengsel:
5 eieren
5 lepels melk of bouillon
peper, zout
(1 lepel kleingesneden peterselie of dille)

Het spek in kleine dobbelsteentjes snijden en op een getemperde warmtebron zachtjes laten uitbakken. De boter toevoegen, laten smelten en hierin de uiensnippers licht fruiten (± 5 minuten). De geschilde, in kleine blokjes gesneden aardappels toevoegen en onder nu en dan omscheppen in een gesloten pan gaar laten worden (± 15 minuten). De soepgroenten, de doperwtjes en de kleingesneden zilveruitjes of paprika toevoegen en 5 minuten meewarmen. De eieren loskloppen met het vocht, peper, zout en desgewenst de tuinkruiden. Over het groente-aardappelmengsel schenken en het er geheel tussen laten lopen door de pan heen en weer te bewegen. De omelet afgedekt, op een iets getemperde warmtebron vast en aan de onderkant lichtbruin laten worden. Desgewenst met behulp van een plat deksel keren en de andere kant vlug lichtbruin laten worden. De omelet op een verwarmde schaal opdoen.

Variaties

De rauwe aardappels vervangen door blokjes gare aardappel, de soepgroenten door in plakjes gesneden champignons.

Gevulde omelet

Van het eiermengsel 2 omeletten bakken (blz. 119). Het groente-aardappelmengsel naast het midden van elke omelet leggen, de helft van de omelet over het mengsel heen leggen (er mag nog iets van het mengsel zichtbaar zijn).

Griekse aardappelomelet

100 g aardappels extra nemen, de doperwten en de zilveruitjes vervangen door 150 g kleingesneden paprika. De tuinkruiden in het eiermengsel vervangen door een mespunt majoraan of oregano.

Spaanse aardappelomelet (Tortilla)

100 g aardappels extra nemen. De aardappels in dunne plakjes snijden, de ui in dunne ringen en in de boter gaar en lichtbruin laten worden. De doperwtjes vervangen door maïs, de zilveruitjes door ± 2 uitgeperste teentjes knoflook. 2 lepels vocht van het eiermengsel vervangen door sherry.

Frittata (Italiaanse omelet) met paprika en courgette

1 gesnipperde ui
2 lepels olijfolie
1 rode paprika in reepjes gesneden
400 g courgette in plakjes gesneden
1 teentje knoflook
5 eieren
5 lepels melk of bouillon
2 lepels kleingesneden basilicumblaadjes
45 g geraspte (Parmezaanse) kaas
zout, peper

De ui in de olie glazig bakken en de paprika en courgette enkele minuten meebakken. Het uitgeperste teentje knoflook toevoegen. De eieren met het vocht loskloppen en de basilicumblaadjes, de kaas, zout en peper toevoegen. Het eiermengsel in de pan schenken en op een getemperde warmtebron in ± 10 minuten afgedekt laten stollen. De frittata onder een voorverwarmde grill aan de bovenkant iets laten kleuren. Warm of koud in punten gesneden opdoen.

Variaties

Frittata met asperges en zalm

De paprika en de courgette vervangen door 400 g gare (groene) asperges en 100 g kleingesneden gerookte zalm of ham.

Frittata met prei

De paprika en de courgette vervangen door 600 g in niet te dunne ringen gesneden prei. Desgewenst 100 g kleingesneden ham, gerookte zalm of garnalen toevoegen en in plaats van de basilicumblaadjes gehakte peterselie.

Frittata met aardappels

De paprika, de courgette en de kaas vervangen door 400 g in blokjes gesneden juist gare aardappels. Deze met een kleingesneden ui, 1 teentje knoflook en 2 in ringen gesneden bosuien in 4 lepels (olijf) olie bakken. Met zout en peper bestrooien en er 150 g verkruimelde gorgonzola (of andere kaas) over strooien.

Vulling (250 g) naar keuze:
gebakken tomaat (blz. 214)
gesmoorde champignons (blz. 217)
ratatouille (blz. 218, ½ recept)
asperges (blik van ½ l)
een ragout (blz. 54-63, ½ recept)
Voor de omelet:
4-6 eieren
4-6 lepels melk of bouillon
2 g zout, peper
30 g boter
peterselie

Omelet met hartig vulsel *(doorsnee 18 cm) (2 stuks)*

Het gekozen vulsel bereiden. Van de eieren, het vocht, zout en peper twee omeletten bakken (blz. 119). Het vulsel in een reep naast het midden van de omelet leggen, deze dubbelslaan en op een verwarmde schaal opdoen. Garneren met peterselie.

Variatie

Omelet met zoet vulsel

Als vulsel gebruiken: 2 dl dik vruchtenmoes (desgewenst vermengd met gewelde rozijnen, gembersnippers of stukjes ananas).

Vulling:
1 dunne prei
100 g ham
100 g garnalen
30 g boter
Voor de omelet:
5 eieren
5 lepels melk of bouillon
2 g zout
Saus naar keuze:
Chinese zoetzure saus (blz. 106)
tomatensaus (blz. 110)

Chinese omelet, foe yong hay *(doorsnee 24 cm)*

De prei wassen en in dunne ringen snijden. De ham kleinsnijden en met de prei en de garnalen in de helft van de hete boter al omscheppend bakken (2 minuten). De eieren loskloppen met het vocht en het zout en er in de overige boter 2 omeletten van bakken (blz. 119). De vulling in een streep midden op de omeletten leggen, deze over het vulsel dichtslaan. Geven met een saus naar keuze.

Variatie

De garnalen vervangen door krab (blikje ± 200 g). Deze van harde delen ontdoen en in stukjes verdelen.

4 eieren
20 g suiker
1½ pakje vanillesuiker of geraspte citroenschil
40 g boter
poedersuiker of
2 lepels rum

Schuimomelet *(zoet)*

De eieren scheiden; de dooiers uitroeren met de suiker, de vanillesuiker of citroenrasp. Het eiwit stijfkloppen. De boter in een koekenpan heet, maar niet bruin laten worden. De uitgeroerde dooiers luchtig door het stijfgeklopte eiwit scheppen en het eimengsel meteen in de koekenpan overdoen. De pan even heet laten staan, daarna de warmtebron sterk temperen en een deksel op de pan leggen. De omelet stevig en heel lichtbruin laten worden (10 à 15 minuten). De omelet dubbelgeslagen op een verwarmde schaal opdoen. Poedersuiker door een zeef over de omelet strooien en desgewenst met een hete metalen breinaald ruitjes in de poedersuiker branden of de omelet met verwarmde rum overgieten, deze aansteken en brandend opdoen (afzuigkap vooraf uitschakelen).

Variatie

Gevulde schuimomelet

25 g (in rum) geweekte en goed uitgelekte rozijnen met de dooiermassa door het eiwit scheppen of de schuimomelet vullen met dik vruchtenmoes of uitgelekte (verse) vruchten.

4 eieren
40 g geraspte oude kaas, peper
fijngesneden peterselie
(40 g gesneden schouderham)
3 à 4 lepels melk
40 g boter
peterselie

Hartige schuimomelet

De eieren scheiden; de dooiers luchtig roeren. De geraspte kaas, de peper, de peterselie en desgewenst de ham met de melk toevoegen. De eiwitten stijfkloppen. De boter in een koekenpan heet, maar niet bruin laten worden. Het mengsel van dooiers, kaas, peterselie, (ham) en melk luchtig door het stijfgeklopte eiwit scheppen en het omeletmengsel meteen in de koekenpan overdoen. De pan even heet laten staan, daarna de warmtebron sterk temperen en een deksel op de pan leggen. De omelet stevig en heel lichtbruin laten worden (10 à 15 minuten). De omelet dubbelgeslagen op een verwarmde schaal opdoen. De schaal garneren met een toefje peterselie.

Variatie

De ham en de kaas vervangen door kleingesneden garnalen, krab, zalm.

Soufflés ***(zie blz. 51-52)***

Kaas, kaasgerechten, kwarkgerechten

Kaas kan als 'snack' gebruikt worden, bij de broodmaaltijden en bij de warme maaltijd (60 g kaas kan een portie vlees vervangen). Kaas is (samen met melk) de belangrijkste calciumbron in onze voeding. Behalve calcium (kalk) bevat kaas ook veel eiwit, fosfor en, afhankelijk van het vetgehalte, meer of minder vet en de vitaminen A en D.
Het vetgehalte wordt uitgedrukt in het percentage vet van de droge stof van de kaas (dus zonder het vocht), bijvoorbeeld 60+ voor roomkaas, 48+ voor volvette kaas (vv), 40+, 30+ en 20+ voor magere kaas. Het melkvet wordt soms vervangen door plantaardig vet. De naam kaas wordt dan vervangen door een fantasienaam.
Men onderscheidt:

- *Harde kaassoorten*: jonge, belegen, oude kaas (afhankelijk van de rijpingstijd ± 4 weken tot ± 12 maanden). Hoe langer gerijpt, des te meer vocht er verdampt is, waardoor de consistentie steviger en de smaak sterker wordt. Hoe jonger de kaas, des te meer kans op schimmelvorming vanwege het hoge vochtgehalte. Een koele, droge, donkere bewaarplaats gaat dit enigszins tegen.
- *Zachte kaassoorten*, al of niet 'uitlopend' (brie, mozzarella) bevatten minder stremsel dan de harde kaassoorten (niet te verwarren met smeerkaas, deze bevat meer vocht).
- *Matig zoute kaassoorten* zijn onder andere Maasdammer, Maaslander, Leerdammer.

Het *aroma* van de kaas komt het meest tot uiting op *kamertemperatuur*; het verdient daarom aanbeveling de kaas voor het gebruik tijdig uit de koelkast te halen.

Voor de *bereiding* van kaasgerechten kiest men:

1. Vette kaassoorten wanneer gewenst is dat de kaas snel smelt, zoals in fondue, ramequin en voor raclette.
2. Magere kaas (20+ of 40+) of smeltkaas (blokkaas) als men een plak wil bakken. De kaas mag dan nét niet uitlopen.
3. Oude of oudbelegen kaas als een pittige smaak gewenst is. Bovendien is oude kaas, doordat hij droger en harder is, goed te raspen. Geraspte kaas is gemakkelijk te mengen door bijvoorbeeld sauzen, soepen, boters, omeletmengsels of deeg. (Kaas toegevoegd aan gerechten die verwarmd worden heeft enige bindkracht; 25 g kaas vervangt dan 1 g bloem.)
4. Belegen kaas in plakken of geraspt voor het afdekken van grillgerechten (gratineren). Men dient kaasgerechten nooit te heet of te lang te verhitten. Als kaas bruin kleurt, krijgt hij een bittere smaak.
5. Verse kaas (Hüttenkäse, cottage cheese, fromage frais, mascarpone) evenals roomkaas, Mon Chou, Boursin als vulsel in voorgerechten of snacks.
6. Zeer kort gerijpte Griekse schapenkaas (feta) of geitenkaas door salades.

7 Witschimmelkaas (brie, mozzarella) kan onder andere gebruikt worden als deklaag op een warm gerecht of gebakken in punten (camembert).
8 Blauwschimmelkaas, iets brokkelig en vrij scherp van smaak (roquefort, gorgonzola, stilton) door sauzen en crèmes.
9 Roodbacteriekaas, zachte tot halfzachte geurige kaas (Kernhem en Port Salut).
10 *Kwark* is evenals kaas een gestremd melkproduct; het bevat meer vocht en smaakt enigszins zurig.

Kaasplank
Op de kaasplank worden diverse kaassoorten van verschillende smaak en hardheid als heel stuk opgedaan; ieder kan van verschillende soorten een kleiner of groter stuk naar eigen smaak afsnijden met een kaasmesje. Vóór het serveren de kaas op kamertemperatuur brengen.
Een kaasplank *als gang van een diner* wordt meestal gegeven aan het einde van het diner (eventueel met port) of vóór het fruit en soms (in Frankrijk) voor de pudding; dan kan men er een rode wijn bij serveren. Een kaasplank *geserveerd bij 'avond'wijn* dient aangepast te worden aan de te schenken wijnsoorten. Zeer sterk smakende kazen passen niet bij een lichte wijn.
Serveren met: stokbrood, toast, knäckebröd, roggebrood en desgewenst boter.

Voorbeelden van combinaties op een kaasplank:
I Roomkaas, Kernhem, boerenkaas, Leidse kaas of Friese kruidkaas, Bluefort.
II Boursin, Caprice des Dieux, cheddar of emmental, roquefort.
III Belegen Hollandse geitenkaas, camembert, Gouda, gorgonzola.
IV Chèvre, brie, chester of gruyère, stilton of bleu d'Auvergne.

Volgorde waarin de kaassoorten genuttigd worden:
Eerst de zacht smakende jonge soorten, daarna de sterker smakende en belegen of oude soorten en als laatste de schimmelkazen, bijvoorbeeld roquefort.

Koude kaasgerechten

Kaassalade met vruchten *(zie blz. 39)*

Gegarneerde kaasprikkers *(zie blz. 22)*

Zebra's, kaasballetjes *(zie blz. 21)*

Kaastoastjes *(zie blz. 24)*

Kaasboter *(zie blz. 100)*

Roquefortboter, crème van blauwe kaas *(zie blz. 100)*

Kaasboter, kaascrème in vruchten, in groenten *(zie blz. 23)*

Kaasboter, kaascrème in soesjes *(zie blz. 26)*

Kaasdipsaus *(zie blz. 96)*

Warme kaasgerechten

4 plakken 20+ of 40+ kaas van 1 cm dikte (à ± 60 g)
3 lepels bloem
± 2 lepels water
paneermeel
30 g boter of frituurolie

Gebakken, gefrituurde kaasplakken

De plakken kaas zo nodig van de korst ontdoen. De bloem met het water glad aanmengen, de plakken erdoor halen en laten uitlekken. De plakken door paneermeel wentelen, dit afschudden, in de gebruinde boter leggen en zonder schuiven aan beide kanten snel goudbruin bakken of in hete olie (180 °C) frituren. Meteen heet opdoen.

Variaties

Gebakken geitenkaas, camembert

De plakken kaas vervangen door een horizontaal gehalveerd geitenkaasje of door punten camembert. Desgewenst na het bakken met wat honing of sinaasappelmarmelade bestrijken.

Gegrilleerde kaas

Bij het grilleren de kaas niet paneren en vooraf met honing of marmelade bestrijken. 10 cm onder de grill de kaas enigszins laten uitlopen.

Tosti's *(zie blz. 68)*

Cheeseburgers *(zie blz. 68)*

Kaasstokbrood *(zie blz. 66)*

600 g raclettekaas, bijvoorbeeld Sbrinz (46% vet) of Goudse (48% vet) of gruyère (45% vet)
open vuur of racletteapparaat
(zwarte peper)

Raclette, gesmolten kaasgerecht

Het stuk kaas aan een vleesvork prikken en onder een raclettegrill of boven een gloeiend vuur (bijvoorbeeld open haard) houden, tot het snijvlak gaat smelten. De gesmolten kaas met een mes op een warm bord afschuiven, iedere portie desgewenst bestrooien met vers gemalen zwarte peper en meteen consumeren. Voor een volgende portie het snijvlak weer verwarmen et cetera. Raclette geven met in de schil gekookte aardappels, uitjes en augurkjes.

Variatie in bereiding

Semi-Raclette

4 plakken volvette kaas van ± 2 cm dikte op aluminiumfolieschaaltjes leggen en deze ± 10 cm onder een roodgloeiende grill plaatsen, tot de bovenzijde smelt en de randen iets kleuren. De gesmolten kaas afschuiven en de overige kaas weer onder de grill zetten.

400 g gruyèrekaas en
200 g emmentaler of
Vacherin
(knoflook)
± 3 dl droge witte wijn
peper, nootmuskaat
± 5 g maïzena of
aardappelmeel
1 à 2 eetlepels kirsch
1 à 2 stokbroden (bij
voorkeur 1 dag oud)
beetgare pastaschelpen

Kaasfondue

De kaas zeer klein snijden of grof raspen. Een fonduepan (caquelon) of een pan met dikke bodem desgewenst met knoflook inwrijven. Hierin de wijn juist aan de kook laten komen en de kaas onder goed roeren toevoegen. De massa goed roerend tegen de kook aan houden. Wanneer een gelijkmatige massa is verkregen, de peper en de nootmuskaat toevoegen. De maïzena of het aardappelmeel met de kirsch aanmengen; de juist kokende fondue hiermee goed roerend binden.

De fondue tijdens het gebruik op een komfoor juist aan de kook houden en geven met stukjes (stok)brood en eventueel nootjes gember, stukjes ananas, stukjes beetgare groenten en champignons of pasta (ravioli of tortellini). Warme thee of droge witte wijn erbij geven.

N.B. Indien de fondue te dik wordt, iets warm water of wijn toevoegen. Enkele druppels citroensap toevoegen als de fondue te 'draderig' wordt.

Variaties

De kaas vervangen door 400 g belegen Goudse kaas en 200 g Kernhem (of andere roodschimmelkaas) of door 150 g Castello bleu en 450 g gruyère. De fondue bestrooien met 2 lepels kleingesneden bieslook.

Kaasfondue met paddenstoelen

20 g gedroogde, kleingesneden en in witte wijn geweekte paddenstoelen toevoegen. De wijn waarin de paddenstoelen zijn geweekt, zeven en toevoegen. Deze hoeveelheid in mindering brengen op de totale hoeveelheid wijn.

Kaasfondue met tomaat

1 ontvelde en in stukjes gesneden tomaat toevoegen.

Bierfondue

Cheddar of chesterkaas en in plaats van wijn, licht bier gebruiken. In plaats van wit (stok)brood bruin brood en desgewenst bier bij deze fondue geven.

30 g boter
30 g bloem
2 dl bouillon
1½ dl melk
300 g geraspte belegen kaas
1 theelepel citroensap
peper, nootmuskaat
(knoflook of uienpoeder)
1 à 2 stokbroden of
1 bruinbrood (bij voorkeur
1 dag oud)

Alcoholvrije kaasfondue

Van de boter, de bloem, de bouillon en de melk een saus maken. De geraspte kaas erdoor mengen en op een getemperde warmtebron roerend laten smelten. De fonduesaus op smaak afmaken met het citroensap, peper of nootmuskaat en desgewenst met iets knoflook of uienpoeder. De fondue tijdens het gebruik op een komfoor juist aan de kook houden en geven met stokbrood of blokjes bruinbrood (zie vorig recept).

Kaasragout ***(zie blz. 57)***

Kaas(-ham)ragout ***(zie blz. 57)***

Kaasschelpen ***(zie blz. 51)***

Kaas(-ham)soufflé(s) ***(zie blz. 51)***

Kaaskroketten ***(zie blz. 63)***

Hartige schuimomelet ***(zie blz. 123)***

Ramequin, hartige broodschotel met kaas

2 eieren
3½ dl bouillon of melk
(zout)
peper, nootmuskaat
(2 eetlepels kirsch of witte wijn)
12 dunne sneetjes oud brood
100 g geraspte oude kaas
50 g ham

De eieren loskloppen met het koude vocht, het zout, de kruiden en desgewenst de kirsch of wijn. De sneetjes brood van korst ontdoen. Enkele sneetjes in punten snijden, zodat een aaneensluitende bovenlaag voor de vuurvaste schaal klaar ligt. Het overige brood ± 5 minuten in het mengsel van ei en vocht laten weken. Enkele lepels hiervan achterhouden. Het geweekte brood laag om laag met bijna alle kaas en de kleingesneden ham in de beboterde vuurvaste schaal leggen. De bovenste laag vormen van de klaargelegde stukjes brood. De rest van het mengsel erover schenken en de achtergehouden kaas hier overheen strooien. Het gerecht midden in een matig warme oven (± 160 °C) vast en lichtbruin laten worden (± ½ uur). Desgewenst geven met een rauwkostsalade.

Kaasflappen ***(8 stuks)***

Voor het piedeeg:
150 g bloem
90 g boter
1½ g zout
± ¾ liter water
Vulsel:
200 g (oud)belegen kaas in dunne plakken
½ ei
maanzaad of sesamzaad

Van de bloem, de boter, het zout en het water een piedeeg maken (zie piebakjes blz. 377). Het deeg uitrollen en verdelen in 8 vierkantjes van ± 10 × 10 cm. De kaasplakken 1 cm binnen de randen van de deegplakjes leggen. De randen van het deeg vochtig maken en de lapjes schuin dubbelklappen, zodat het driehoekjes worden. De randen van de flappen goed aandrukken en het deeg met losgeklopt ei bestrijken en desgewenst met maanzaad of sesamzaad bestrooien. De flappen midden in een hete oven (± 220 °C) in ½ uur gaar en lichtbruin laten worden.

Variatie in bereiding

Het piedeeg vervangen door 8 plakjes diepvriesbladerdeeg (meteen na het ontdooien verwerken; zie blz. 376).

Variaties

Ham/kaasflappen

Op het deeg eerst een plak ham met daarop de kaas leggen.

Hartige flappen (met Mon Chou of kwark)

De kaas vervangen door 50 g Mon Chou of kwark vermengd met 1 eierdooier, 75 g gehakte hazel- of walnoten, basilicum en desgewenst ± 50 g kleingesneden prei.

Quiche lorraine, kaastaart ***(zie blz. 72)***

Pizza ***(zie blz. 73)***

Calzone ***(zie blz. 73)***

Roerei met kaas *(zie blz. 118)*

Gevulde koolrolletjes met kaas *(zie blz. 206)*

Ham- en kaassoesjes *(zie blz. 50)*

Kaaskoekjes *(zie blz. 411 en 412)*

Hartige kwarktaart *(zie blz. 72)*

Kwarksaus *(zie blz. 95)*

Kwarkmayonaise *(zie blz. 95)*

Kwarkgerechten

Kwark-hamdip

125 g kwark (½ bakje)
½ theelepel Franse mosterd
50 g magere ham
peterselie
± 3 lepels melk
citroensap of
sherry, zout

De kwark vermengen met de mosterd, de kleingesneden ham, peterselie en de melk. Zo nodig op smaak afmaken met citroensap of sherry en zout. Als dip geven met bijvoorbeeld crackers, bloemkoolroosjes, plakjes komkommer, op roggebrood, grof bruin brood of in kleine tomaatjes.

Kruidenkwark

150 g (magere) kwark
± 4 zoetzure augurkjes
25 g gehakte walnoten
1 lepel groene kruiden
peper, zout
Engelse saus

De kwark losroeren en vermengen met de kleingesneden ingrediënten. Op smaak afmaken met peper, zout en Engelse saus. Opdoen op roggebrood, grof volkorenbrood, in uitgeholde tomaatjes of dikke plakken komkommer of kort voor het gebruik in snackcups.

Zoete kwarkgerechten

Zie yoghurt-, kwarkgerechten blz. 318-319.

Kwarkbavarois *(zie blz. 333)*

Kwarktaart *(zie blz. 374)*

Vis

Door overbevissing en maatregelen daartegen zijn sommige vanouds bekende vissoorten moeilijk te verkrijgen. Nieuwe soorten (vaak speciaal gekweekt) zijn bijvoorbeeld victoriabaars, meerval, tilapia en pangasius. Het bereiden van vis is aantrekkelijk geworden doordat er veel filets in de handel zijn, zowel vers als diepgevroren. Zeevis bevat minder graten dan zoetwatervis. In de warme maaltijd is vis als eiwitbron gelijkwaardig aan vlees. Het vetgehalte is lager dan dat van gemiddeld vlees. Doordat het bindweefsel tijdens de bereiding snel zacht wordt, is vis ook licht verteerbaar (mits niet gebakken).
Uit voedingskundig oogpunt is 75 g vis (schoon) per persoon voldoende. In het algemeen wordt gebruikt: filets 125 g per persoon, moten 150 g per persoon, hele vis ± 250 g per persoon.
Verse vis is veerkrachtig, glanzend en heeft een frisse geur. Verse vis zo snel mogelijk bereiden, zo nodig korte tijd koel en afgedekt bewaren. Diepvriesvis tot de bereiding in bevroren toestand bewaren. De bereidingstijd is daardoor langer dan van verse vis. Voorbewerkingen die meestal door de vishandelaar worden gedaan zijn: verwijderen van kop, ingewanden en schubben en soms stropen (tong). Vóór verdere bereiding de vis onder stromend koud water zeer goed wassen, uit de buikholte zo nodig resten ingewanden en zwart buikvlies verwijderen.

Opdoen van vis ***(zie bij vlees blz. 151)***

Bereiding

I Pocheren

Vooral toegepast op filets en moten, maar ook zeer geschikt voor een hele vis. De vis tegen de kook aan houden in gekruide bouillon, afgedekt met (aluminium)folie (tegen geurverlies). Bij magnetronbereiding afdekken met plasticfolie en ¾ van het vermogen gebruiken. Het visvlees blijft zacht. Het pocheervocht is (al of niet ingekookt) geschikt als basis voor een saus. Pocheertijd: afhankelijk van de dikte van de filets ± 6 minuten, moten ± 12 minuten.

II Stomen

Stomen van vis wordt vooral toegepast op moten, filets of hele vissen. De vis wordt gaargemaakt in een goed gesloten pan, op een rooster, zeef of in een (bamboe of metalen) stoommand boven kokend water of een geurige vloeistof (bouillon, wijn). Stoomtijd: een derde langer dan pocheren.

III Stoven

Vooral toegepast op moten, filets en hele vis. Met schijfjes citroen en/of iets vocht. Daar de vis niet onder het vocht ligt, deze bedekken met klontjes boter en zo nu en dan bedruipen. Het stoofvocht kan meteen als saus dienen. Men kan in een gesloten pan stoven op een matige warmtebron of in een (met aluminiumfolie) afgedekte ovenschaal midden in een vrij hete oven (200 °C). Stooftijd: zie pocheertijd.

IV Smoren

Vooral geschikt voor vette vis. De vis wordt gaar in eigen vocht onder toevoeging van iets boter en eventueel verse kruiden. De smaak blijft optimaal behouden.

a 'En papillote': met kruiden en desgewenst iets boter, verpakt in aluminiumfolie.
Smoortijd: ± 20 minuten of

b in aardewerken braadschotel (römertopf), deze vooraf ½ uur in water zetten.
Op een rooster midden in een voorverwarmde oven (200 °C) 20 à 30 minuten. De vis geven met kruidenboter of met een saus van het met aangemengde maïzena gebonden smoorvocht.

V Grilleren, roosteren/barbecuen

Toegepast op hele, vette vissen (bijvoorbeeld makreel) of op ingevette of gemarineerde moten. Bij voorkeur de vis klemmen tussen een ingevet dubbel visrooster, ± 12 cm onder een roodgloeiende grill of op de barbecue (de vis halverwege de tijd keren). Totale bereidingstijd: afhankelijk van de dikte 6-12 minuten. Het bruine korstje geeft een pittige smaak.

VI Bakken

Geeft vis een knapperig korstje. Gepaneerde vis houdt vrij veel vet vast.

a *In de koekenpan:*

Hierin zowel hele (plat)vissen als moten of filets bakken. Voor het bakken wordt hete olie of boter gebruikt. Om vastplakken aan de panbodem te voorkomen, kan men tevoren de vis:

- door bloem halen, zeer goed afschudden;
- door melk of paneerei (1 ei losgeklopt met 1 lepel water) halen en daarna door paneermeel of een mengsel van bloem en paneermeel; daarna zeer goed afschudden.

Baktijd: afhankelijk van de dikte ± 6-8 minuten.

b *In 'diep' vet (frituren):*

Meest toegepast op filets die voorzien zijn van een panade, bak- of beignetbeslag.
Soms wordt de vis eerst gemarineerd; laten uitlekken en goed droogdeppen.
De pan voor hoogstens de helft met frituurolie vullen, maximale baktemperatuur 180 °C.
(Olie die dampt gaat ontleden, dit kan schadelijk voor de gezondheid zijn.)
Baktijd (met panade of beslag): afhankelijk van de dikte ± 5 minuten.

c *Roerbakken (zie blz. 264-266)*

Pocheren

4 moten vis van 150 à 200 g of
8 filets à ± 80 g van
bijvoorbeeld tong, griet, heilbot,
schol, tarbot, zalm, zeewolf,
zeeduivel, tonijn, doornhaai,
kabeljauw, heek
zout, peper
Pocheervocht:
3 dl vis- of kruidenbouillon
1 dl (witte) wijn,
1 lepel citroensap
of

Gepocheerde vis *(moten of filets)*

De vis met koud water wassen en met zout en peper bestrooien. Lange dunne filets desgewenst oprollen (beginnen bij de punt, de kant die op de graat gelegen heeft buiten), knopen of in drieën vouwen; met een prikker of draadje vastzetten. • Vis in zoveel kokend pocheervocht leggen, dat hij juist onderstaat. De vis afdekken met beboterd aluminiumfolie. Het vocht verwarmen (maar niet aan de kook laten komen). De vis afhankelijk van de dikte (filets ± 6 minuten, moten ± 12 minuten) pocheren, laten uitlekken en meteen opdoen op een hete schaal; prikkers of draad verwijderen. Gepocheerde vis geven met een warme hartige saus van (ingekookt) pocheervocht, bijvoorbeeld een Hollandse saus (blz. 113).

2 dl ingekookte visbouillon
2 dl (witte) wijn
10 g boter
peterselie of dille

Variaties

Gepocheerde zalmforel (hele vis)

De vis zo nodig schoonmaken (schubben afschrappen, buikholte opensnijden, ingewanden en desgewenst de kop verwijderen). Goed wassen met koud water. Pocheertijd ± 12 minuten.

Gepocheerde diepvriesvis

De filets of moten in bevroren toestand in het pocheervocht leggen. Bereidingstijd ± 10 minuten langer dan verse vis.

Gevulde visfilets

De visfilets oprollen om een kern van opgerolde plakjes gerookte zalm, makreel of gerookte ham. Met een prikker vastzetten (± 12 minuten pocheren).

Gegratineerde vismoten, -filets

De gepocheerde vis bedekken met 3 plakken kaas of 25 g geraspte kaas of 2 dl kaassaus. Deze licht laten kleuren in een zeer hete oven (240 °C) met overwegend bovenwarmte in ± 8 minuten, of 12 cm onder een voorverwarmde roodgloeiende grill in ± 4 minuten.

Blauw gepocheerde forel

Blauw koken (van de slijmlaag op de schubben) lukt alleen bij zéér verse vis. Daartoe na het schoonmaken van de buikholte de vissen overgieten met kokend hete azijn. Verder bereiden vanaf •. Bereidingstijd: ± 10 minuten.

500 g ongeweekte zoute vis of
250 g ongeweekte stokvis of
750 g geweekte stokvis
8 g zout per liter water

Zoute vis, stokvis

Zo nodig de ongeweekte zoute vis 24 uur en de ongeweekte stokvis 2 × 24 uur in ruim koud water laten weken. Het water een- à tweemaal verversen. Eventueel vellen of graten verwijderen, de vis in porties verdelen. De vis tegen de kook aan houden in ruim kokend water met zout (20 à 30 minuten). De gare vis laten uitlekken. Traditioneel wordt stokvis gegeven met droge rijst, gebakken uien en mosterdsaus.

Panvis-stokvisovenschotel *(zie blz. 272)*

Portugese stokvisstoofschotel *(zie blz. 137)*

dikke aardappelpuree van
1½ kg aardappels (blz. 240)
8 gepocheerde (tong) filets (zie blz. 131)
4 dl (dikke) kappertjes-, garnalen- of wittewijnsaus blz. 108-109, maar 40 g boter en bloem gebruiken
Voor de garnering:
2 citroenen of 3 tomaten
peterselie

Warme schotel van tongfilets *(visfilets)*

Midden op een warme schaal een plat bergje (sokkel) vormen van ± ⅓ van de aardappelpuree. De hete opgerolde filets op de sokkel schikken en bedekken met een deel van de hete deksaus. De overige puree iets verdunnen en er torentjes van spuiten om de sokkel heen. De schotel garneren met (uitgetande) halve schijfjes citroen of tomatenpartjes en peterselie. De overige saus iets verdunnen en in een sauskom opdoen.

Variatie

Tongfilets met tomaten en druiven

De gespoten puree vervangen door gesmoorde kleine tomaatjes (blz. 214, ¼ recept) en ½ blik à 425 g verwarmde witte druiven; deze afwisselend in vakken om de vis heen leggen. De aardappelpuree er apart bij geven.

8 gepocheerde (tong)filets (blz. 131)
100 g ansjovis- of kruidenboter (blz. 100)
5 dl hakaspic van visbouillon (blz. 103)
Voor de saus:
½ liter pocheervocht
40 g boter, 40 g bloem
1 eierdooier
1 lepel koffiemelk
1 lepel witte wijn
Voor de garnering:
stukjes truffel, hardgekookt eiwit
reepjes wortel en paprika
peterselieblad
groentedaubetjes (blz. 31) of garnalendaubetjes (blz. 145)
(citroen, peterselie)

Chaudfroid van vis, koude schotel van visfilets met saus en aspic

De gepocheerde filets laten afkoelen en twee aan twee met de boter op elkaar plakken. In twee of drie gelijke stukken verdelen en op een rooster leggen. De aspic bereiden. Van het pocheervocht, de boter en de bloem een rouxsaus bereiden; de saus afmaken met de (met melk losgeroerde) eierdooier en met de wijn. Enige lepels iets afgekoelde aspic door de saus mengen. De saus roerend laten afkoelen, tot ze de dikte van een deksaus heeft. De vis enige malen overgieten met de saus. (Voor het aanbrengen van garnering, glanzen en opdoen, zie chaudfroid van eieren blz. 117 vanaf •.)

8 opgerolde gepocheerde tongfilets (blz. 131)
Voor de aspic:
¾ liter bouillon van de visgraten
¾ dl azijn
30 g gelatine
ui, wortel, peterselie
foelie, tijm, peperkorrels
2 eiwitten
Voor de garnering:
stukjes wortel, truffel, hardgekookt eiwit en peterselieblaadjes
2½ dl koude hartige saus (blz. 94-99)
1 krop sla

Tongfilets in geleirand ***(± 1 liter)***

De gepocheerde visfilets laten afkoelen (het pocheervocht beslist niet voor de aspic gebruiken). Van de bouillon, de azijn, de gelatine, de kruiden en de eiwitten aspic maken (blz. 103). De visfilets overgieten met iets aspic. Een laagje aspic in een wijde metalen rand stijf laten worden. Hierop een garnering aanbrengen. Hiervoor de stukjes van de garnering eerst in iets aspic dompelen en ze daarna met de mooie kant naar beneden op de aspic leggen. Er rekening mee houden dat er acht filets in de rand komen te liggen. Zodra de garnering goed vastgehecht is, hierop een tweede laagje aspic stijf laten worden, daarna de filets er in overeenstemming met de garnering op leggen. Zorgen dat ze de wand niet raken. De filets overgieten met vloeibare aspic. Zodra de vis goed vastgehecht is, de rand geheel vullen met aspic. De geleirand stijf laten worden.

• Vóór het opdoen de rand één tel onderdompelen in heet water en meteen daarna keren. De holte desgewenst gedeeltelijk vullen met koude hartige saus en de rand beleggen met goed uitgelekte slabladeren. De overige sla aanmaken en er afzonderlijk bij geven.

Stomen

1 kg verse vis:
platvis: bijvoorbeeld tarbot, griet, tong, tongschar, bot, schol
rondvis: bijvoorbeeld kabeljauw, schelvis, wijting, rode poon, roodbaars, forel, zalmforel
of 4 moten van 150 à 200 g
of 8 filets à ± 80 g
zout, peper
citroensap of witte wijn
(klontjes boter)

Gestoomde vis ***(in zijn geheel, moten of filets)***
De vis zo nodig schoonmaken (schubben afschrappen, buikholte opensnijden, ingewanden en desgewenst de kop verwijderen). Goed wassen met koud water. Bij grote, vrij dikke vissen het vel aan weerszijden inkerven. Vismoten en visfilets wassen en droogdeppen. De vis met zout en peper bestrooien en op het rooster van de vispan of in een stoommand (of vergiet) leggen. Met citroensap of wijn besprenkelen en desgewenst wat boter erop leggen. Water of een geurige vloeistof onder in de pan schenken en aan de kook laten komen. Het rooster of de mand in de pan zetten en deze sluiten. Stoomtijd: hele vissen en moten (afhankelijk van de dikte) 8-16 minuten, filets ± 8 minuten. De vis is gaar als het visvlees ondoorschijnend wit is. Geven met een warme hartige saus of een hartige boter.

Variaties

Gestoomde vis met pandanblad
Op het rooster of in de mand verse pandanbladeren (uit een goed gesorteerde toko) leggen, of de vis in pandanblad verpakken. De vis met ½ kleingesneden Spaans pepertje bestrooien en met wat rijstwijn of droge sherry besprenkelen. De stoomtijd wordt ± 2 minuten (op pandanblad) en ± 4 minuten (in pandanblad) langer.

Gestoomde vismoten met kruiden en citroen
De vismoten (bijvoorbeeld kabeljauw, zalm) wassen, droogdeppen en met zout, peper en een mengsel van 2 theelepels gedroogde tijm, gebroken rozemarijn en majoraan bestrooien. Op aluminiumfolie leggen en plakken citroen en klontjes boter erop leggen. Het folie aan de kanten iets omhoog vouwen.

Gestoomde pittige vismoten/visfilets
1 lepel slaolie, 2 uitgeknepen teentjes knoflook, 1 lepel geraspte gemberwortel, 3 lepels ketjap en 2 theelepels citroensap door elkaar kloppen en hiermee de vis bestrijken. Op een bord of op aluminiumfolie leggen en met 4 in ringen gesneden bosuien bestrooien.

Gestoomde, gemarineerde visfilets
De visfilets (bijvoorbeeld schelvis, tilapia, heilbot, zeewolf) marineren in een marinade voor vis (blz. 101). De kruidenazijn vervangen door witte wijn met desgewenst 1 lepel droge sherry. De uitgelekte vis op aluminiumfolie leggen en met 2 in ringen gesneden bosuien en 1 in dunne repen gesneden (rode) paprika erop leggen en met 2 lepels peterselie bestrooien. Het folie aan de kanten iets omhoog vouwen.

Stoven

750 g verse moten vis of 500 g verse vis filets, bijvoorbeeld kabeljauw, schelvis, koolvis, poon, zeeduivel, zeewolf, meerval, doornhaai (zeepaling), victoriabaars, tilapia, pangasius of 500 g diepvriesvis
± 1 dl visbouillon
1 ui, bieslook, tijm, dille of basilicum
sap van ½ citroen
± 75 g boter

Gestoofde vis (vers/diepvries) moten of filets
De verse vis wassen met koud water en laten uitlekken. Diepvriesvis tot de bereiding bevroren houden. De vis in een pan of een vuurvaste schaal leggen met de bouillon, de ui, de kruiden en het citroensap. Zorgen dat het water lager staat dan de vis. De boter in stukjes verdeeld op en om de vis leggen. De vis gaarstoven:

a *in een gesloten pan op* een matige warmtebron ± 10 à 15 minuten; doornhaai en diepvriesvis ± 25 minuten (afhankelijk van de dikte van de vis).
Dikke moten halverwege keren.

b *in de oven:* de schaal afdekken met aluminiumfolie en midden in een vrij hete oven (± 200 °C) plaatsen. De vis gaar laten worden (± 20 minuten, afhankelijk van de dikte); doornhaai en diepvriesvis ± 35 minuten (De vis is gaar als het visvlees ondoorschijnend wit is en los op de graat ligt.)

Variaties
De helft van de bouillon vervangen door (droge) witte wijn.

Gestoofde vis met groente
Schoongemaakte, kleingesneden bleekselderij (200 g) en (winter) wortel (200 g) en 2 bolletjes gesneden gember kort roerbakken in 25 g boter. Desgewenst 2 gepelde, kleingesneden tomaten toevoegen met wat (aroma)zout, op smaak afmaken met ketjap.
Het mengsel op en om de rauwe vis leggen.

Gestoofde vis met venkel en krielaardappels
1 in dunne repen gesneden venkelknol, 1 in dunne ringen gesneden prei en 1 uitgeknepen teentje knoflook met 400 g kleine, voorgekookte krielaardappels op en om de vis leggen. Met zout, peper en paprikapoeder bestrooien.

Gestoofde vis à la provençale
2 in ringen gesneden uien, 1 uitgeperst teentje knoflook, 1 in repen gesneden groene paprika, 2 in plakken gesneden ontvelde tomaten op en om de vis leggen. Met zout, peper, ¼ theelepel rozemarijn en tijm bestrooien en met 2 lepels olijfolie besprenkelen.

Gestoofde kerrievis
2 schoongemaakte, kleingesneden uien met 2 theelepels kerrie in de helft van de boter smoren en desgewenst met 1 lepel gembersnippers op en om de rauwe vis leggen.

Gestoofde pikante vis
2 in ringen gesneden uien, 200 g in plakken gesneden champignons, 1 lepel gewelde boemboekruiden en een mespunt sambal oelek in de helft van de boter fruiten. 1 theelepel suiker, 1½ lepel ketjap en 1 lepel tomatenketchup toevoegen. Het mengsel op en om de rauwe vis leggen.

Gestoofde vis met kaas
10 minuten vóór de gaartijd om is het folie verwijderen en vervangen door 4 dikke plakken kaas of 100 g in stukjes verdeelde camembert

of door 80 g verkruimelde blauwe kaas. De schaal nog 10 minuten (in de oven) verwarmen, de kaas laten smelten en kleuren.

Gestoofde vis met kaas en komkommer

De vis op een in plakken gesneden (½ cm dik) komkommer leggen. De vis bestrooien met 80 g verkruimelde blauwe kaas of 100 g in stukjes verdeelde camembert en er 1 dl room over schenken.

Gestoofde vis met mosterdroom

2 dl koksroom en 1 dl witte wijn met ± 1 lepel grove mosterd vermengen en over de vis schenken. Met 2 in ringen gesneden bosuien bestrooien.

Gestoofde vis in kokossaus

Door 2 dl kokosmelk 1 kleingesneden ui, 1 uitgeperst teentje knoflook, 1 theelepel sambal, 1 theelepel koenjit (geelwortel), 1 theelepel kerrie en zout kloppen. Over de vis schenken en bestrooien met 2 in ringen gesneden bosuien.

Gestoofde kabeljauwstaart

± 1 kg kabeljauwstaart
5 g zout
2 dl visbouillon
tijm of basilicum
1 citroen
paneermeel
60 g boter
2 vleestomaten
1 paprika

De vinnen wegknippen en de vis wassen met koud water. De staart zouten en in een vuurvaste schaal leggen met de bouillon, de kruiden en het sap van ½ citroen. Een dun laagje paneermeel over de vis strooien en de boter er in klontjes op leggen. De tomaten ontvellen. (Vier tellen in kokend water houden en meteen daarna in koud water leggen. Het vel inkruisen en eraf trekken.) De paprika wassen, de zaadlijst en het zaad verwijderen. Tomaten en paprika in stukken snijden en rond de staart leggen. De schaal op een rooster midden in een vrij hete oven (200 °C) plaatsen. De vis gaar en lichtbruin laten worden (30 à 40 minuten, afhankelijk van de dikte): de vis is gaar als het visvlees ondoorschijnend wit is. Garneren met dunne schijfjes citroen.

Variatie

Visbouillon en citroensap vervangen door 1 dl witte wijn.

Gestoofde paling

1 kg gestroopte paling
3 dl visbouillon of
1½ dl bouillon en
1½ dl witte wijn
2 takjes tijm of
mespunt gedroogde tijm
1 klein laurierblad,
sap van ½ citroen
5 g aardappelmeel
50 g boter
gesneden peterselie of kervel

De paling schoonmaken (de kop eraf snijden, de buikholte opensnijden en de ingewanden verwijderen). De paling in moten van ± 6 cm lengte snijden, daarna de dichte moten schoonmaken door met een breinaald langs de graat te prikken. De moten paling wassen, tegen de kook aan laten komen in de bouillon (met de wijn), de kruiden en het citroensap. Laten stoven tot de vis gaar is, ± 10 minuten. (De vis is gaar als het visvlees los op de graat ligt.) Het vocht binden met het aangemengde aardappelmeel. De boter in stukjes door de saus roeren. Peterselie of kervel toevoegen.

Variaties

Het aardappelmeel vervangen door een roux van 16 g boter en 16 g bloem. Desgewenst 2 lepels zilveruitjes toevoegen.

Paling in het groen

100 g zuring of postelein en 100 g spinazie, gewassen en kleingesneden met 1 blad salie en een takje dragon in 25 g boter 5 minuten fruiten en met de paling mee laten stoven. Het aardappelmeel ver-

vangen door 2 losgeklopte eierdooiers met 5 lepels stoofvocht, goed roerend toevoegen.

750 g geweekte stokvis of dikke visfilets
± 750 g aardappels
300 g uien
500 g (vlees)tomaten
½-1 rode peper
± 1 dl olijfolie
2 knoflookteentjes
¼ theelepel tijm en/of dille- of venkelzaad
½ bosje peterselie
2 dl witte wijn
± 6 g zout

Portugese (stok)visstoofschotel
De (stok)vis zo nodig van vel en graten ontdoen en in stukken snijden. De aardappels, de uien en de tomaten schillen of ontvellen en in plakken snijden. De peper (zonder zaad) kleinsnijden. In de hete olijfolie de uien, de peper en het geperste knoflook lichtbruin fruiten. De aardappelplakken toevoegen en al omscheppend kort meebakken (± 3 minuten). De tomatenplakken, de zo nodig kleingesneden kruiden, de wijn en zout naar smaak toevoegen en het gerecht in een gesloten pan gaar laten stoven (± 40 minuten).

Panvis-, zalm-, tonijnovenschotel *(zie blz. 272)*

Smoren

4 moten vis à ± 150 g of ± 500 g visfilets, bijvoorbeeld van: kabeljauw, schelvis, koolvis, poon, zeeduivel, zeewolf, meerval,victoriabaars, tilapia, pangasius, doornhaai (zeepaling), (zalm)forel, zalm
zout, peper
± 15 g boter
4 lepels tuinkruiden
± 1 citroen

Gesmoorde vismoten, visfilets 'en papillote' – in römertopf
De filets of de moten met koud water wassen en met zout en peper bestrooien. 'En papillote': 4 stukken aluminiumfolie van ± 30 × 30 cm aan de glimmende kant inboteren en beleggen met de kleingesneden tuinkruiden; hierop een filet of moot leggen en daarop dunne plakjes citroen. Het folie goed dichtvouwen, zodat er geen vocht uit kan lopen. In römertopf: alle filets of moten op de kruiden in een (tevoren ½ uur in water gezette) römertopf leggen, met citroenplakjes bedekken en met het deksel afsluiten. De foliepakjes of de schotel op een rooster midden in een vrij hete oven (200 °C) zetten. De vis in ± 25 minuten gaar smoren.
Variaties
Gesmoorde vismoten of -filets met kaas of bacon
De vis beleggen met plakken kaas of bacon.
Gesmoorde vismoten of visfilets met champignons
De vis beleggen met een mengsel van schoongemaakte kleingesneden ui, champignons en citroensap.
Gesmoorde zalmmoten
Elke moot zalm besprenkelen met citroensap of witte wijn en beleggen met 1 lepel kruidenboter en 1 lepel gesneden dille.
Gesmoorde vismoten in koolbladeren
Het aluminiumfolie vervangen door 4 koolbladeren die 2 minuten geblancheerd zijn.
N.B. Smoren is ook mogelijk in een aardewerken of glazen ovenschaal met deksel.

Zalm- of tonijnovenschotel ***(zie blz. 272)***

Pizza ***(recept blz. 73)***

Grilleren, roosteren/barbecuen

4 vissen zalmforel, poon, (verse) makreel
2 lepels citroensap of witte wijn
15 g olie of boter

Gegrilleerde zalmforel, poon, makreel

De vissen schoonmaken, wassen met koud water, het vel inkerven. De vis besprenkelen met het citroensap of de witte wijn, bestrijken met olie of boter en tussen een ingevet visrooster klemmen. De vis ± 12 cm onder een voorverwarmde roodgloeiende grill plaatsen (een braadslede eronder zetten voor het uitlekkend vocht). De vis afhankelijk van de dikte na ± 6 minuten keren en weer bestrijken. Totale grilleertijd ± 12 minuten. De vis opdoen met kruidenboter of met een koude hartige saus en een takje peterselie.

4 moten vis à ± 150 g, bijvoorbeeld kabeljauw, heilbot, zalm, heek
2 lepels citroensap of witte wijn
15 g olie of boter
(laurierblad)
(bacon of katenspek)

Gegrilleerde vismoten

De moten wassen met koud water, besprenkelen met het citroensap of de witte wijn en bestrijken met de olie of de boter. De moten tussen een ingevet visrooster klemmen, ± 12 cm onder een voorverwarmde roodgloeiende grill plaatsen (een braadslede eronder voor uitlekkend vocht). Afhankelijk van de dikte de moten keren na ± 6 minuten. Totale grilleertijd ± 12 minuten (heilbot ± 15 minuten). De vis opdoen met kruidenboter of met een koude hartige saus en een takje peterselie.

Variatie

De moten met een laurierblad en omwikkeld met een plakje bacon of katenspek tussen het rooster klemmen.

8 grote verse sardines
1 dl olijfolie
2 lepels citroensap
2 uitgeknepen teentjes knoflook
zout, peper
4 lepels gehakte peterselie
1 citroen

Geroosterde/gegrilleerde verse sardines

De sardines schoonmaken, goed wassen onder de koude kraan en droogdeppen. De olie, citroensap, knoflook, zout, peper en peterselie vermengen en hierin de sardines gedurende minstens 30 minuten marineren. De vissen in een grillpan, op de grillplaat of tussen een rooster op de barbecue of onder een voorverwarmde hete grill in 3 minuten aan iedere kant gaar roosteren of grilleren. Regelmatig met de marinade bestrijken. Opdoen met plakken of parten citroen.

Variatie

Geroosterde zeewolffilet

500 g zeewolffilet in 4 stukken verdelen en marineren. 4 minuten aan iedere kant roosteren of grilleren

Geroosterde tonijnfilet

500 g tonijnfilet in 4 stukken verdelen en desgewenst marineren. Beide kanten royaal met (knoflook)olie bestrijken en 2-3 minuten aan iedere kant roosteren of grilleren. Opdoen met Hollandse saus (blz. 113) of tapenade (blz. 26).

Geroosterde tonijnfilet met honingmarinade
500 g tonijnfilet in repen snijden. 2 lepels honing, 1 lepel citroensap of azijn, 1 theelepel geraspte gemberwortel en 4 lepels ketjap manis met vers gemalen peper vermengen en hiermee de vis bestrijken. 20 minuten laten intrekken. De vis 2-3 minuten aan iedere kant roosteren of grilleren, onder regelmatig bestrijken met de honingsaus.

Geroosterde/gegrilleerde visspiezen

500 g visfilet van stevige vis (bijvoorbeeld zalm, zeewolf)
75 g ontbijtspek in dunne plakjes
4 lepels gehakte peterselie
2 uitgeknepen teentjes knoflook
zout
peper
1 lepel citroensap
50 g gesmolten boter

De vis in stukken snijden van ± 3 cm. Het spek oprollen. De vis en het spek om en om aan spiezen steken. De peterselie, knoflook, zout, peper, citroensap en de gesmolten boter vermengen en hiermee de spiezen bestrijken. De vis in een grillpan, op de grillplaat, op de barbecue of onder een voorverwarmde hete grill in 3 minuten aan iedere kant gaar roosteren of grilleren.
Variaties
Visspiezen met groente
Het spek vervangen door dunne plakjes komkommer, kleine hele champignons en kleine cocktailtomaatjes.
Zoetzure visspiezen
De stukken vis om en om met stukjes ananas en stukjes (rode of gele) paprika aan spiezen steken en bestrijken met een sausje van 3 lepels ketjap, vermengd met 1 lepel bruine basterdsuiker, enkele druppels citroensap en peper.
Spiezen met opgerolde visfilets
De stukken vis vervangen door kleine en dunne opgerolde visfilets van bijvoorbeeld schol, tong, schartong, wijting of schelvis.

Gestoofde kabeljauwstaart ***(recept blz. 136)***

Bakken

Gebakken platvis: schol, bot, schar

4 platvissen (± 1 kg), bijvoorbeeld schol, bot, schar
zout
bloem of melk
olie

De vis zo nodig schoonmaken (buikholte opensnijden, ingewanden en kop verwijderen) en goed wassen met koud water. De vinnen eraf knippen. De vis inkerven en royaal zouten; het zout er 15 à 20 minuten (afhankelijk van de dikte van de vis) laten intrekken. Overtollig zout afspoelen. De vissen door bloem halen en goed afschudden, of vlak voor het bakken door melk halen en even laten uitlekken. Een ruime bodem olie in een koekenpan heet laten worden. De vissen eerst aan de lichte kant vlug goudbruin bakken, keren en aan de tweede kant bruin en gaar bakken. Totale baktijd 5 à 8 minuten, afhankelijk van de dikte. De vis dakpansgewijs opdoen, met de lichte zijde boven.

4 vissen (± 1 kg),
bijvoorbeeld wijting,
forel, pieterman,
rode poon
zout
± 1 dl (koffie)melk
± 2 lepels bloem
2 lepels paneermeel
olie
1 citroen
(50 g amandelsnippers)

Gebakken rondvis: wijting, forel, poon

De vissen zo nodig schoonmaken (buikholte opensnijden, ingewanden en kop verwijderen) en goed wassen met koud water. De vinnen eraf knippen. Het vel inkerven en royaal zouten; het zout er 15 à 20 minuten (afhankelijk van de dikte van de vis) laten intrekken. Overtollig zout afspoelen. De vissen door melk halen, laten uitlekken en door bloem of een mengsel van bloem en paneermeel halen. Daarna goed afschudden. Een ruime bodem olie in een koekenpan heet laten worden. De vissen op een getemperde warmtebron gaar en aan weerszijden goudbruin bakken; totale baktijd 10 à 15 minuten, afhankelijk van de dikte. Garneren met dunne schijfjes of partjes citroen of met, de laatste 3 minuten meegebakken, amandelsnippers.

4 gestroopte tongen of
8 slibtongen
(± 750 g)
± 6 g zout
paneerei (1 ei losgeklopt
met 1 lepel melk)
paneermeel
120 à 150 g boter
(± 50 g amandelsnippers)

Gebakken tong, slibtong *(gepaneerd)*

De tongen van kop ontdoen en goed wassen met koud water. De tongen zouten; het zout er 10 minuten laten intrekken. De vissen eerst door paneerei, daarna door paneermeel halen (overtollig paneermeel afschudden). De tongen in de gebruinde boter op een iets getemperde warmtebron, zonder verschuiven, gaar en aan weerszijden goudbruin bakken (totale baktijd 6 à 10 minuten, afhankelijk van de dikte). Desgewenst de amandelsnippers in de overige boter meebakken en over de vis strooien.

Variatie

Sole à la meunière

Aan de boter, die na het bakken in de pan overgebleven is, het sap van ½ citroen en fijngesneden peterselie toevoegen. De schuimende boter over de vis schenken. De schotel desgewenst garneren met halve schijfjes citroen en peterselie.

16 tongfilets van 4 tongen
± 6 g zout
paneerei (1 ei losgeklopt
met 1 lepel melk)
paneermeel
± 100 g boter
(peterselie)

Gebakken tongfilets *(gepaneerd)*

De filets wassen en zouten, het zout 4 à 5 minuten laten intrekken. De filets eerst door paneerei, daarna door paneermeel halen; overtollig paneermeel afschudden. In gebruinde boter op een iets getemperde warmtebron gaar en aan weerszijden goudbruin bakken. Totale baktijd 3 à 4 minuten. De filets dakpansgewijs op een verwarmde schaal opdoen. Desgewenst de kleingesneden peterselie over de vis strooien.

Variaties

Sole Picasso, gebakken tongfilets met vruchten

De gebakken filets dakpansgewijs of waaiervormig op een schaal leggen en warm houden. 2 schijven uitgelekte ananas door de bloem halen en goed afschudden; 2 bananen in schuine plakken snijden of in de lengte doorsnijden en elk stuk banaan in tweeën delen. De vruchten en desgewenst 2 in plakken gesneden tomaten in 25 g boter bakken. Desgewenst uitgelekte mandarijntjes (uit blik) en gembersnippers meebakken. De vruchten tussen of om de filets rangschikken. Desgewenst geroosterde amandelsnippers en peterselie over de vis strooien.

Schol Picasso, gebakken scholfilets met vruchten
De tongfilets vervangen door 16 scholfilets van 4 schollen.

600 g verse visfilets of diepvriesvis (bijvoorbeeld schol-, tong-, koolvis-, kabeljauwfilets)
± 4 g zout
± 2 lepels bloem
2 lepels paneermeel
olie of ± 75 g boter

Gebakken visfilets ***(vers of diepvries)***
De visfilets zouten, door bloem of een mengsel van bloem en paneermeel halen en goed afschudden. Een dun laagje olie in een koekenpan heet laten worden of de boter bruin laten worden.
De vis in de olie of de boter gaar en aan weerszijden bruinbakken (verse visfilets ± 5 minuten, diepvriesvisfilets ± 10 minuten).
Variaties
Gebakken visfilets met kruiden en kaas
De visfilets eerst door melk of paneerei en vervolgens door een mengsel van 4 lepels grof paneermeel, 4 lepels grof geraspte Parmezaanse kaas en 4 lepels kleingesneden kruiden (peterselie, dille) halen. Op een zacht vuur aan beide kanten bruinbakken.
Gebakken visfilets met knoflook en peterselie
De visfilets eerst door melk of paneerei halen en vervolgens door een mengsel van 4 lepels grof paneermeel, 2 zeer klein gesneden teentjes knoflook en 4 lepels kleingesneden peterselie halen.

4 tonijnsteaks à ± 125 g
zout, peper
3 lepels olie of 30 g boter

Gebakken tonijnsteaks
De vis met koud water wassen, droogdeppen en met zout en peper bestrooien. De olie of de boter verhitten en de steaks snel bruinbakken (± 3 minuten aan elke kant). De vis moet binnenin roze blijven.

8 bakbokkingen of panharingen
± 8 g zout
peper
bloem
olie

Bakbokking, panharing
De vissen zo nodig schoonmaken (kop eraf snijden van rugzijde naar buikzijde toe, de ingewanden meetrekken) en vlak langs de graat aan de rugzijde opensnijden. De graat eruit nemen, de vis goed wassen met koud water. De vis aan de binnenzijde inwrijven met zout en peper; deze ± 10 minuten laten intrekken. De vissen door bloem halen en goed afschudden. Een ruime bodem olie in een koekenpan heet laten worden. De vissen hierin aan weerskanten (eerst de velkant) vlug bruinbakken (totale baktijd ± 6 minuten). De vis opdoen op een verwarmde schaal.

750 g gestroopte dikke paling
± 8 g zout
paneerei (1 ei, losgeklopt met 1 lepel melk)
paneermeel
± 75 g boter

Gebakken paling
De paling in moten van ± 6 cm lengte snijden; dichte moten langs de graat doorprikken met een breinaald om ze schoon te maken.
De vis wassen, zouten; het zout ± 10 minuten laten intrekken. De moten paling eerst door paneerei, daarna door paneermeel halen en in bruine boter langzaam aan weerszijden bruin en gaar bakken (10 à 20 minuten, afhankelijk van de dikte).

Lekkerbekjes *(gebakken visfilets in bakbeslag)*

4 wijting- of schelvisfilets
± 4 g zout
Bakbeslag:
60 g bloem
1 g zout
1 ei
1 dl melk
frituurolie

De visfilets zouten; het zout 10 minuten laten intrekken. De bloem en het zout met het ei glad aanmengen, dit mengsel langzaam al roerend verdunnen met de melk tot een dun bakbeslag. De filets zo nodig doorsnijden, een voor een door het beslag halen, meteen in het hete frituurvet (± 180 °C) laten glijden en gaar en lichtbruin bakken (± 4 minuten). De filets goed laten uitlekken. De filets geven met bijvoorbeeld remouladesaus of pittige tomatensaus.

Visfrites, visbeignets

400 g visfilets naar keuze of
400 g diepvriesvis
2 g zout, peper
Voor het bakbeslag:
60 g bloem
1 g zout
peper, paprikapoeder
aroma
1 ei
1 dl water of melk
bloem
frituurolie

De visfilets of de half ontdooide diepvriesvis in repen snijden van 1½ cm dikte. De vis met zout en peper bestrooien. Daarna heel goed laten uitlekken. Van de bloem, het zout, de kruiden, het ei en het water of de melk een bakbeslag maken als voor lekkerbekjes.
De stukken vis door bloem wentelen en daarna een voor een door het beslag halen; meteen in de hete frituurolie (± 180 °C) laten glijden en vlug gaar en bruin bakken. De visfrites goed laten uitlekken en warm opdienen. Desgewenst geven met een dipsaus en schijven citroen.

Variaties

Gemarineerde visfrites
De filets ½ uur in marinade voor vis (½ recept) leggen (blz. 101).

Inktvisfrites
Inktvisringen bakken.

Mosselbeignets, mosselprikkers
De vis vervangen door 1 kg gekookte mosselen (blz. 146, ± 300 g zonder schelp); aan prikkers opdoen.

Gebakken spiering
De vis vervangen door 400 g spiering. De spiering wassen en droogdeppen en door een mengsel van bloem en maïsmeel met zout en peper wentelen. In porties bakken. Met gehakte peterselie bestrooien. Opdoen met plakken of parten citroen.

Tempura van vis

400 g visfilets naar keuze
zout
citroensap
± 3 lepels bloem
Voor het tempurabeslag:
tempurameel of
125 g rijstemeel en 1½ dl ijskoud water
(2 lepels kleingesneden tuinkruiden of ½ theelepel kerrie)
Voor de saus:
3 lepels rijstwijn of droge sherry
3 lepels sojasaus
½ theelepel geraspte gemberwortel of mespuntje gemberpoeder of 1 lepel geraspte mierikswortel of ramenas
frituurolie

De visfilets wassen, droogdeppen en in repen snijden. Met zout bestrooien en met citroensap besprenkelen en door bloem wentelen. Goed afschudden. Een beslag maken van het tempurameel (zie de aanwijzingen) of rijstemeel, water en desgewenst de kruiden of kerrie. Rijstwijn of sherry, sojasaus en geraspte gemberwortel of gemberpoeder of de geraspte mierikswortel vermengen. De visreepjes door het beslag halen en (aan tafel) frituren. Opdoen met de saus.

Variaties

Tempura met groenten

Groenten zoals champignons, bamboespruiten, sperziebonen, sugarsnaps of peultjes schoonmaken en kleinsnijden. Door het beslag halen en afwisselend met de vis frituren.

Tempura met schaal- en schelpdieren

Een deel van de vis vervangen door gekookte mosselen, gepelde garnalen en/of ringen inktvis.

Fritto misto di mare

De vis vervangen door 8 grote rauwe, gepelde garnalen, 150 g in ringen gesneden inktvis, 8 kleine schoongemaakte sardines en 200 g in dunne repen gesneden visfilet. Door beslag (zie lekkerbekjes) of tempurabeslag halen. Opdoen met plakken of parten citroen.

Vis in deegkorst

400 g visfilet (dik stuk)
± 4 g zout, peper
1 lepel citroensap of 2 lepels witte wijn
200 g (diepvries)bladerdeeg
Om te bestrijken:
½ ei
1 lepel melk

De vis wassen en droogdeppen. Met zout en peper bestrooien en met citroensap of witte wijn besprenkelen. Het deeg heel dun uitrollen en de vis erop leggen. Het deeg eromheen vouwen en de randen nat maken met water. De randen goed aandrukken en het pakket met de naad naar beneden op een beboterde bakplaat leggen. De bovenkant met het met melk losgeklopte ei bestrijken. Iets onder het midden in een voorverwarmde oven (± 220 °C) schuiven.
20 minuten bakken.

Variatie

Vis met ragout in deeg

De vis bedekken met een dikke garnalenragout van 1 dl bouillon en 12 g boter en bloem (blz. 56) of met een dikke champignon- of groenteragout (blz. 58).

Gebakken kuit, gebakken hom

500 g kuit of hom
bloem
50 g boter

De kuit of hom afspoelen in koud water, laten uitlekken. Door bloem wentelen, losse bloem eraf schudden. De boter lichtbruin laten worden, de hom of kuit hierin gaar bakken (7 minuten).

Schaal- en schelpdieren

Deze worden vaak als koud voorgerecht gegeven, soms als warm hoofdgerecht. Ze bevatten vrij veel eiwit en mineralen. Als men allergisch reageert op het eiwit van een van de soorten is gebruik van andere soorten ook af te raden.
Tot de *schaaldieren* behoren kreeften, krabben en garnalen. Schaaldieren worden vaak levend bewaard, tot ze gekookt worden. Daarbij veranderen ze meestal van kleur. Na schoonmaken houdt men 25 à 30% van het gewicht aan eetbaar product over. Zeekreeft (grote scharen) en langoest worden het meest verhandeld. Het spierweefsel zit voornamelijk in de scharen en in de staart. Minder mooi vlees leveren de poten en de romp. Rivierkreeften (klein) zijn hier weinig in de handel.
Krabben worden hier weinig in verse toestand verkocht; soms zijn ze gekookt verkrijgbaar. Krab- en kreeftvlees zijn in blik in de handel.
Garnalen verschillen in kleur en grootte. Hollandse garnalen zijn klein, stevig, geurig, de kleur is donkerroze. Noorse (steur)garnalen zijn iets groter en lichtroze. Grotere garnalen zoals shrimps of zeer grote (scampi's en gamba's) worden (meestal diepgevroren) geïmporteerd.
Tot de *schelpdieren* behoren oesters, sint-jakobsschelpen, kokkels, alikruiken en mosselen. Deze komen bij onze kust voor of worden speciaal gekweekt. Ze worden levend in de handel gebracht.
Na schoonmaken houdt men ± 20% aan eetbaar product over. Wijngaardslakken (escargots) zijn soms vers in de handel, vaker gesteriliseerd in blik. Ze worden meestal als warm voorgerecht gegeven met warme knoflook-kruidenboter. Inktvissen behoren tot de weekdieren. Ze zijn afkomstig uit de Middellandse Zee of uit het Verre Oosten. Het vlees van kleine soorten, met name van de pijlinktvis, wordt het meest gewaardeerd. Het wordt mals geklopt en gekookt; de tentakels worden soms gebakken. Zowel vers, diepgevroren als in blik verkrijgbaar.

2 à 4 levende zeekreeften of
16 rivierkreeften of
4 krabben
kruidenbouillon
(kropsla)

Gekookte kreeft, krab

In een grote pan de bouillon aan de kook laten komen. De kreeften of krabben geheel onderdompelen, de bouillon weer snel aan de kook laten komen (kooktijd kreeft 12 à 25 minuten, afhankelijk van de grootte, rivierkreeft ± 10 minuten, krab ± 25 minuten). Kreeft of krab opdoen op een geplooid servet of op slabladeren en geven met toast of stokbrood en mayonaise of kruidenboter, of met een wittewijnsaus.
N.B. Om het vlees te bereiken de poten uitdraaien, kraken en bij het gewricht doormidden breken. De scharen afbreken, het pantser kraken.

2 gekookte zeekreeften
1 casinobrood
2 dl hakaspic van vis bouillon (blz. 103)
2½ dl mayonaise (blz. 95)
gevulde eieren van 3 eieren (blz. 27)
1 krop sla

Koude schotel van kreeft

Het vlees van de kreeften voorzichtig uit de schaal nemen zonder de schaal te beschadigen. Het casinobrood van korsten ontdoen, op de zijkant leggen en van hoek tot hoek schuin doorsnijden. Eén helft met het snijvlak midden op een vleesschaal leggen. Deze sokkel geheel bedekken met gehakte aspic. Hierop de lege schaal van één kreeft plaatsen, met de kop op het hoogste gedeelte. Om dit middenstuk heen afwisselend vakjes van mooie rode kreeftstukjes en minder mooie stukjes kreeft leggen. Deze laatste met mayonaise bedekken. Aan de kopzijde van het middenstuk de gevulde eieren plaatsen. De schotel desgewenst garneren met mooie bladeren sla. De overige sla desgewenst aanmaken en afzonderlijk erbij geven.

2 à 3 blikjes kreeft of krab van ± 200 g
Afhankelijk van grootte van de rand:
± 1 liter lichte aspic van visbouillon (blz. 103)
Garnering:
stukjes truffel, hardgekookt eiwit of peterselieblaadjes
2½ dl koude hartige saus (blz. 94-99)
1 krop sla

Kreeft in geleirand (± 8 dl vorm), krab in geleirand

Het vlees in mooie stukken verdelen; harde stukjes verwijderen. De stukken overgieten met iets aspic. Een laagje aspic in een wijde metalen rand stijf laten worden. Hierop een garnering aanbrengen. Hiervoor de stukjes van de garnering eerst in iets aspic dompelen en ze daarna met de mooie kant naar beneden op de aspic leggen; rekening houden met het aantal stukken kreeft dat per laag in de rand komt te liggen. Zodra de garnering goed vastgehecht is, hierop een tweede laagje aspic stijf laten worden. Daarna de helft van de stukken kreeft in overeenstemming met de garnering erop leggen. Zorgen dat ze de wand niet raken. De stukken overgieten met vloeibare aspic. Zodra de kreeft goed vastgehecht is, zoveel aspic erbij schenken dat de stukken kreeft onderstaan. Als deze laag aspic stijf is, weer een laag kreeft erin leggen en vasthechten. De rand geheel vullen met aspic, deze stijf laten worden. Zie verder bij tongfilets in geleirand (blz. 133 vanaf •).

Variatie

Shrimps, garnalen in geleirand

In plaats van stukken kreeft 300 g gepelde shrimps of 400 g garnalen gebruiken.

Variatie in opdoen

Kreeft-, krab-, garnalendaubetjes

De helft van het recept nemen. De bestanddelen verdelen over 6 à 8 kleine vormpjes van ± 1 dl.

1 kg levende garnalen
15 g zout per liter water of visbouillon of ½ visbouillon en ½ witte wijn

Gekookte garnalen

De garnalen alle tegelijk overdoen in ruim kokend water met zout of visbouillon (en wijn). Het water of de bouillon (en de wijn) zo snel mogelijk weer aan de kook laten komen en laten koken tot de garnalen kromgetrokken en gaar zijn. Kooktijd ± 3 minuten. (De garnalen zijn gaar als ze gemakkelijk gepeld kunnen worden.) De garnalen overgieten met koud water en pellen. Hiervoor de garnalen rechtbuigen ('krak'), ze daarna vanuit het midden van elkaar trekken. Garnalen die niet zijn kromgetrokken, verwijderen.

Garnalen-, shrimpcocktail ***(zie blz. 30)***

Garnalensalade ***(zie blz. 41)***

300 g (diepvries) shrimps (10 à 15 grote garnalen)
2 g zout
1 theelepel Chinees kruidenpoeder of marinade voor schaal- en schelpdieren (blz. 101)
1 lepel maïzena
± 3 lepels slaolie
1 teentje knoflook
(¼ Spaanse peper)

Gebakken gekruide shrimps, gamba's
De garnalen wassen en laten uitlekken of ontdooien. Het zout met het kruidenpoeder vermengen en door de garnalen schudden of de garnalen bestrijken met de marinade; 15 minuten laten intrekken. De maïzena door de garnalen schudden. De olie verhitten, de garnalen hierin bakken (3 à 5 minuten). Het kleingehakte knoflook en desgewenst de Spaanse peper even meebakken. De garnalen laten uitlekken (op keukenpapier) en warm opdoen.

Bakbeslag:
60 g bloem
zout, peper
1 ei
1 dl melk
bloem
frituurolie
20 à 25 gepelde (diepvries)-shrimps of gamba's

Gefrituurde shrimps, gefrituurde gamba's
Van de bloem, zout, peper, het ei en de melk een glad beslag maken (zie lekkerbekjes blz. 142). De garnalen zo nodig ontdooien en droogdeppen, door bloem wentelen, een voor een door het bakbeslag halen, laten uitlekken en in de hete frituurolie (180 °C) goudbruin laten worden. Laten uitlekken (op keukenpapier), warm geven.

Variatie

Gefrituurde mosselen
De shrimps vervangen door gekookte mosselen uit de schelp.

Oesters ***(zie blz. 27)***

2 dozijn geopende oesters
± 1 lepel citroensap of 2 lepels witte wijn
2 dl (vis)bouillon
18 g boter
18 g bloem
2 lepels room

Gestoofde oesters
Zo nodig de baarden verwijderen. De oesters uit de schelpen nemen, besprenkelen met het citroensap en ± 15 minuten laten staan. Van de bouillon met boter en bloem een gebonden saus maken. Deze afmaken met de room en naar smaak met het vocht waarin de oesters gelegen hebben. De oesters 5 minuten in het sausje laten stoven.

2 dozijn geopende oesters
Bakbeslag:
60 g bloem
zout, peper
1 ei
1 dl melk
frituurolie
2 citroenen

Gefrituurde oesters
Zo nodig de baarden verwijderen. De oesters uit de schelpen nemen. Van de bloem, zout, peper, het ei en de melk een glad beslag maken (zie lekkerbekjes blz. 142). De oesters hier doorhalen en in de hete frituurolie (± 180 °C) goudbruin laten worden. De oesters drie aan drie op een schijf citroen leggen.

3 kg mosselen of kokkels
± 1½ dl (droge) witte wijn of water

Gekookte mosselen, kokkels, venusschelpen
Nakijken of de schelpen dicht zijn of dichtgaan bij aanraking, schelpen die openblijven verwijderen. De schelpen stuk voor stuk tussen duim

tijm, laurierblad,
peperkorrels
± ¼ bos selderij
200 g prei of ui
100 g winterwortel

en wijsvinger wrijven om te controleren of er slikmosselen of -kokkels bij zijn. (Bij deze laatste schuiven de schaalhelften van elkaar; ook zijn ze zwaarder.) De schelpen schoonborstelen en ± 1 uur laten staan in ruim water met zout. Daarna opzetten met de wijn of het water, de kruiden en de gewassen en kleingesneden groenten. Geregeld omschudden. Vanaf het moment dat de schelpen open zijn, afgieten (het vocht bewaren) en in de schelpen opdoen. Geven met (stok)brood en een mengsel van het gezeefde en ingekookte kookvocht, mosterd en azijn of met een koude kerrie-, gember-, peterselie- of mosterdsaus.

Variaties

Mosselen, kokkels, venusschelpen met kaassaus

De gekookte mosselen of de kokkels (zonder schelp ± 1 kg) vermengen met een kaassaus (blz. 107), vlug opwarmen of overdoen in een beboterde vuurvaste schaal en bestrooien met geraspte kaas. De schotel in een zeer hete oven (240 °C) warm en lichtbruin laten worden (± 10 minuten).

Gebakken mosselen, kokkels of venusschelpen

De gekookte mosselen, kokkels of venusschelpen laten uitlekken. Omschudden met ± 2 lepels bloem; door een zeef de overtollige bloem afschudden. In hete olie of boter vlug bruinbakken. Desgewenst citroensap erover druppelen.

Mosselprikkers, kokkelprikkers, venusschelpenprikkers

De gebakken mosselen, kokkels of venusschelpen aan prikkers rijgen. Desgewenst geven met satésaus, zoetzure uitjes of met een mengsel van 1 in (olijf)olie gesmoorde gesnipperde ui, 1 geperst teentje knoflook, ½ kleingesneden rood pepertje (zonder zaad), desgewenst een paar draadjes saffraan, op smaak gebracht met zout.

Mosselbeignets *(zie blz. 142)*

8 geopende sint-jakobsschelpen
1 dl kruidenbouillon
1 dl witte wijn
16 g boter
16 g bloem
(dille)

Sint-jakobsschelpen *(coquilles)*

Het witte vlees en de kuit 2-4 minuten pocheren in de kruidenbouillon en de wijn. Het vlees in plakken snijden en met de kuit verdelen over 4 ingeboterde schelpen of kleine vuurvaste schaaltjes. Van de boter, de bloem en het pocheervocht een veloutésaus maken. De saus over de schelpen verdelen. Desgewenst met dille bestrooien.

Wijngaardslakken *(escargots) (zie blz. 50)*

1 kg alikruiken (kreukels)
tijm, laurierblad
5 stengels selderij

Alikruiken, kreukels

De alikruiken schoonborstelen en ± 1 uur laten staan in ruim water met zout. Opzetten met de kruiden en met zoveel water dat ze juist onderstaan. Vlug aan de kook laten komen en gaar laten worden (± 10 minuten). Het water afgieten, de schelpen laten afkoelen tot ze in de hand te nemen zijn. Geven met bijvoorbeeld peterselieboter (zie blz. 100). De alikruik met een naald of dunne breipen uit de schelp wippen.

Vlees

Vlees is een belangrijke bron van eiwit, ijzer en vitamine B12. De porties vlees die gebruikt worden zijn meestal groter dan door voedingsdeskundigen wordt aangeraden (60 g). De energetische waarde van vlees hangt samen met het vetgehalte. 'Gemiddeld' varkensvlees bevat 18% vet, 'gemiddeld' rundvlees 10% vet. Bij inkoop let men op versheid (glanzend), hoeveelheid bindweefsel (zeen), en vet. De hoeveelheid bindweefsel heeft invloed op de prijs en de bereidingswijze en wordt bepaald door de leeftijd van het dier en de plaats van uitsnijden. Hoe jonger het dier, hoe verder naar achter (achtervoet) en hoe hoger aan het dier, des te malser het vlees (bijvoorbeeld biefstuk, entrecote, fricandeau) en des te korter de bereidingstijd kan zijn (grilleren, bakken). Hoe meer naar voren (voorvoet), des te meer en stugger bindweefsel het vlees bevat (bijvoorbeeld schouderkarbonade, borstlap, riblap, braadstuk) en des te langer de bereidingstijd moet zijn (braden, stoven), waardoor het bindweefsel de tijd krijgt om zacht te worden. Vooraf marineren of het toevoegen van wijn of azijn tijdens de bereiding versnelt dit proces. Staart en poten (bijvoorbeeld schenkelvlees) bevatten door het intensieve bewegen veel extractie(smaak)stoffen en zijn daardoor zeer geschikt om bouillon van te trekken. Bij verpakt vlees wijst veel vocht (uitgelopen vleessap) op te lang verpakt zijn. Rauw vlees kan een bron zijn van voedselinfectie, zeker in de zomer. Gehakt zo snel mogelijk na aankoop bereiden. Alle rauw vlees zo kort mogelijk tot aan de bereiding bewaren in de koelkast (afgedekt, maar ontdaan van eventuele verpakking). Grote stukken diepgevroren vlees eerst ontdooien in de koelkast (3 uur per cm dikte); dooiwater nooit gebruiken.
Rauw en bereid vlees en het gebruikte keukenmateriaal gescheiden houden, om een besmetting met bijvoorbeeld salmonellabacteriën te voorkomen. Bereid vlees onder vet (jus) bewaren in de koelkast.
De wijze waarop de slager vlees uitsnijdt, is zeer belangrijk. Elk mooi stuk vlees kan daarna door een verkeerde bereiding of door verkeerd aansnijden aan tafel bedorven worden; *altijd dwars op de richting van de spiervezels snijden.*

Hoeveelheid per persoon:

75 à 100 g.

Voorbereiden:

Zouten: Maximaal 1% van het gewicht van het vlees rekenen. Klein vlees 5 minuten, groot vlees 15 minuten van tevoren stevig met het zout inwrijven. Biefstuk en vlees dat gegrilleerd wordt, niet van tevoren zouten (zout met vleesvocht gaat bruin worden tegen).
Kruiden: Tegelijk met het zout in het vlees wrijven: kleine hoeveelheden aromatisch zout, peper, paprika, kerrie, gemengde braadkruiden, mosterd, tomatenketchup, ketjap. Men kan ook de pan inwrijven met een knoflookteentje.
Marineren: Zie blz. 101-102.
Paneren: Zie blz. 15. Als variatie kunnen grofgemalen peperkorrels, een droog kruidenmengsel, gehakte noten, sesamzaad of gemalen kokos als panade gebruikt worden.

Dichtschroeien: Het vlees rondwentelen in hete boter of vet. Er ontstaat een lichtgrijs korstje dat het uitlopen van vleesvocht tegengaat. Vlees met korte baktijd (bijvoorbeeld biefstuk) meteen aan elke kant afbakken.

Bereiding

Deze hangt af van de soort vlees, malsheid, gewicht en dikte van het stuk.

I Grilleren, roosteren/barbecuen

Het vlees rondom bruin en geheel of gedeeltelijk gaar maken door middel van stralende warmte, zonder toevoeging van zout, bestreken met olie of een barbecuesaus. Toegepast bij vrij dunne stukken mals vlees:

1 ***Grilleren***

- **a** op of tussen een rooster, onder een voorverwarmde roodgloeiende grill in een geopende oven. Hoe dunner het stuk vlees, hoe dichter bij de grill (7 cm). Dikkere stukken na dichtschroeien ± 15 cm van de grill af plaatsen;
- **b** aan pennen (bij voorkeur afgeplatte) of aan een draaispit, vooral geschikt voor dikkere stukken vlees/wild.

  Groot vlees na het grilleren ± 10 minuten laten staan, alvorens het in plakken te snijden; dit om uitlopen van het vleessap zoveel mogelijk te voorkomen.

2 ***Roosteren/barbecuen***

Op een rooster boven een rood gloeiend vuur zonder vlammen.

Voor een goed resultaat:

- **a** de barbecue pas gebruiken als deze gelijkmatig gloeit;
- **b** nooit spiritus of iets dergelijks gebruiken;
- **c** rauw en bereid vlees en gebruikt bestek en serviesgoed goed gescheiden houden, om kruisbesmetting te voorkomen;
- **d** vlees dat gaar gegeten moet worden (kip, varkensvlees) vooraf gaar maken, om de roostertijd te bekorten.

In grilleerpan of op -plaat

Alleen geschikt voor vlees dat snel bereid kan worden.

II Bakken, frituren

Het vlees bruin maken in gebruinde boter of hete olie in een open pan. In hoofdzaak toegepast op klein vlees en op ossenhaas en rosbief.

Het resultaat van bakken kan zijn:

- Bruine korst, binnenkant rode kern, vleesvocht rood: rauw (saignant, rare).
- Bruine korst, binnenkant roze, vleesvocht roze: bijna gaar (medium, rosé).
- Bruine korst, binnenkant grijs, vleesvocht grijs: gaar (bien cuit, well done).

Varkensvlees moet gaar gemaakt worden.

1 ***Vlug bakken***

- **a** mals, mager vlees, dat van binnen rood moet blijven (runderbiefstuk, baklap, biefstuk 'tartaar', chateaubriand en tournedos (respectievelijk grote en kleinere biefstuk van de haas)). Een niet te grote pan nemen waarin het vlees juist heen en weer geschoven kan worden, in verband met de kleur van de jus;
- **b** vlees dat al gaar of vlug gaar is (bloedworst).

2 ***Roerbakken (zie blz. 264)***

3 ***Frituren***
Snel bakken in diep vet van 185 °C. De pan mag maximaal voor de helft gevuld worden.

4 ***Langzaam bakken***
a mooi, mals, niet al te mager vlees, dat gaar gegeven wordt en niet gauw uitdroogt (kalfsbiefstuk, varkensbiefstuk, varkensoesters, rib-, lendekarbonaden, koteletten);
b organen, in plakken gesneden (lever, nier);
c spek.

5 ***Paneren en langzaam bakken***
Mals, mager, dun uitgesneden vlees, dat gaar gegeven wordt en kans op uitdrogen heeft (kalfsoesters, Wiener schnitzel, malse kalfslapjes, kalfskoteletten en -karbonaden, lamskoteletten).

6 ***Bakken en stoven***
Stoven: toevoegen van water en meestal een zuur (citroensap, tomaten, azijn, wijn) en eventueel kruiden, bijvoorbeeld gesnipperde ui, laurierblad, kruidnagel, salie, tijm, marjolein of rozemarijn, nadat het vlees op een hoog ingestelde warmtebron snel bruin gebakken is. Hierna op een laag ingestelde warmtebron *tegen* de kook aan houden, totdat het vlees zacht geworden is. Toegepast op vlees met (vrij) veel bindweefsel, waardoor het na *alleen* bakken nog taai is (kalfslappen, blinde vinken, lamslappen, runderlappen en -rolletjes).

7 ***Bakken in deegkorst (in de oven)***
Mals mager vlees (bijvoorbeeld ossenhaas, rosbief, varkenshaas of -filet), vooraf dichtgeschroeid, in dun uitgerold korstdeeg wikkelen en in een hete tot zeer hete oven bruin laten kleuren en het vlees rosé of gaar laten worden.
Rosé: zeer hete oven 240 °C, 15-20 minuten; *gaar:* hete oven 220 °C, 25-35 minuten, afhankelijk van de dikte van het vlees.

III Braden
Het vlees onder geregeld keren bruin en geheel of gedeeltelijk gaar maken in gebruinde boter en/of heet vet in een gesloten pan of in de oven. In een gesloten pan condenseert het (uit het vlees verdampte) vocht tegen het deksel en druipt terug in de pan, wat afkoeling geeft en zorgt dat de temperatuur van het vet niet te hoog wordt. Indien dit toch gebeurt, een lepel water of boter toevoegen. Toegepast op vlees met enig bindweefsel en vet én vlees dat (vrij) dik uitgesneden is.
Braden van *klein* vlees wordt vooral toegepast op varkens(schouder)lappen, varkensrolletjes, schouderkarbonaden, saucijsjes, gehakt en dergelijke.
Braden van *groot* vlees wordt toegepast op stukken van 500 g of meer, zowel in een braadpan als in de oven. Zie verder braden van groot vlees blz. 175-179.

IV Koken, pocheren, wellen
Gaar maken onder (gekruide) vloeistof die tegen de kook aan wordt gehouden. Toegepast op klapstuk, ham, poelet, worst en organen (lever, zwezerik en dergelijke).

V Smoren
Gaar maken en geur laten behouden door matig verwarmen in weinig boter of vet en iets vocht:

a 'en papillote', met kruiden en desgewenst iets boter verpakt in aluminiumfolie of
b in braadzak (zie blz. 175) of
c in römertopf.

De jus

a ***Afmaken van jus (deglaceren)***

Afhankelijk van de hoeveelheid aardappels, rijst en dergelijke rekent men ½ tot 1 dl jus per persoon. Na het bakken/braden van vlees desgewenst een deel van het vet afschenken. Zoveel water of ander vocht (bijvoorbeeld wijn) toevoegen en roerend aan de kook laten komen, tot al het bruine bezinksel (roostingsproducten) is opgelost.

Gewenst resultaat: ¾ opgelost bruin van jus en ¼ vet, desgewenst binden met aangemengde maïzena, allesbinder of juspoeder.

b ***Verbeteren van jus***

Te dunne jus heeft vetoogjes bij doorroeren. Verbeteren door te laten indampen of bijbinden en op smaak brengen met juspoeder, tomatenketchup of Engelse saus.

Te vette jus bevat onopgelost bezinksel. Verbeteren door vocht bij te schenken en al roerend weer aan de kook te laten komen.

Indien magere jus gewenst is, een deel van het vet afschenken vóór het vocht wordt toegevoegd, of van koude jus de vetlaag afscheppen.

c ***Variaties***

- Om de jus te verfijnen, zie het kruiden van vlees blz. 148. Daarnaast kan men: aan het einde van het bak- en braadproces kleingesneden of gepureerde ui, prei, knoflook, tomaat, paprika, basilicum, komijn of koriander even meefruiten.
- Als vocht toevoegen: bouillon of kookvocht van groente, ongezoet appel- of sinaasappelsap, marinade of wijn. Indien men te veel vocht heeft toegevoegd, dit weer inkoken tot de juiste verhoudingen zijn bereikt (zie boven).
- Op smaak afmaken met zout, citroensap, Engelse saus, ketjap, ketchup, madera, port, wijn of (mango)chutney.
- Licht binden door toevoeging van koffiemelk, (koks)room of crème fraîche, of op sausdikte brengen met allesbinder of met koud vocht aangemengde maïzena.

Opdoen van vlees

Klein vlees dakpansgewijs, gesneden groot vlees in het oorspronkelijke model op een verwarmde schaal leggen. Het vlees vlak voor het opdoen glanzen met jus en desgewenst serveren met een garnituur.

Een garnituur kan bestaan uit:

I Een enkelvoudig gerecht, bijvoorbeeld

a (gehalveerde) plakjes citroen, sinaasappel of tomaat, peterselie, sterrenkers of waterkers;
b croutons, mergbroodjes, fleurons;
c gespoten aardappelpuree, eventueel gebruineerd;
d een gebakken aardappelgerecht, bijvoorbeeld pommes frites, pommes feuilles, pommes pailles, aardappelkroketjes;
e kastanjes en/of
f gesmoorde tomaatjes, gesmoorde champignons, bleekselderij.

II Mengsel van bijvoorbeeld

a gebakken aardappelblokjes met gebakken ui en gebakken blokjes spek;
b pasta met ham, peterselie of truffel, of met ham en kaas;
c rijst met kruiden, champignons en/of noten of pijnboompitten;
d gesmoorde champignons met ham en truffel;
e verschillende groenten of vruchten van contrasterende kleur eventueel in vakken gelegd:
- doperwtjes of haricots verts en worteltjes of maïs;
- bloemkool of bleekselderij en doperwtjes of broccoli;
- verschillende gesmoorde groenten (ratatouille blz. 218);
- gebakken plakken tomaat, aubergine of knolselderij;
- perziken of mandarijntjes en kiwi's (gebakken);
- plakken ananas en abrikozen of kersen, gebakken banaan, gember en/of ananas.

III Samengestelde gerechtjes, bijvoorbeeld

a deeg(pie)bakjes met spinazie of met cranberry's;
b rijsttimbaaltjes met tomaten- of kerriesaus;
c gevulde tomaatjes (met doperwtjes, met roerei) gevulde komkommerstukken (met risotto);
d plakken eiergelei met plakken truffel erop;
e perziken en appels of peren, gevuld met bessengelei.

IV Verschillende gerechten die in vakken neergelegd worden, bijvoorbeeld

a gespoten knolselderijpuree of aardappelpuree, doperwtjes en gesmoorde tomaatjes;
b gebakken aardappelgerecht en één of meer groenten;
c pasta, gesmoorde tomaatjes en roerei;
d verschillende groenten of vruchten in afstekende kleur.

Grilleren, roosteren/barbecuen (zie ook blz. 149)

600 g ossenhaas of
600 g rosbief
(olijfolie)

Gegrilleerde ossenhaas, rosbief

Het vlees dun met olie bestrijken, aan een draaispit steken en ± 15 cm onder een voorverwarmde roodgloeiende grill plaatsen. Onder het vlees een braadslede plaatsen. Totale grilleertijd afhankelijk van de dikte van het vlees en de gewenste gaarte (ossenhaas 12-15 minuten, rosbief 15-20 minuten; het vlees moet vanbinnen rood of rozerood blijven). Het vlees uit de oven nemen en ± 10 minuten laten staan, alvorens het dwars op de richting van het spierweefsel in dikke plakken te snijden. Roerend zoveel water of wijn in de braadslede schenken, dat de bruine bestanddelen juist oplossen. Het vlees geven met een garnituur voor vleesschotels (blz. 151). Aan tafel zout over het vlees strooien.

Variaties

Gegrilleerde ossenhaas, rosbief met pittige korst

Grof gemalen peper, gemalen komijn (djintan), chilipoeder, paprikapoeder en mosterd (1 theelepel van elk) en ½ theelepel gemalen koriander (ketoembar) en 1 uitgeknepen teentje knoflook vermengen met 2 lepels (olijf)olie. Hiermee het vlees aan alle kanten bestrijken en ten minste 2 uur, afgedekt, in de koelkast laten rusten.

Gegrilleerde runderfiletrollade

Grilleertijd ± 30 minuten, afstand tot de grill ± 20 cm (het vlees moet binnenin rozerood blijven).

Gegrilleerde varkensfiletrollade

Grilleertijd ± 40 minuten, afstand tot de grill ± 20 cm (het vlees moet binnenin rozig-grijs zijn en juist gaar).

500 g biefstuk (van de kogel), ± 2 cm dik
of 4 biefstukjes à ± 125 g,
of 2 lendebiefstukken of ribeye (entrecote/contrefilet) à 250 g
(olijf)olie

Gegrilleerde biefstuk, entrecote, ribeye

De biefstuk dun met olie bestrijken en op een rooster leggen, 10 cm onder een voorverwarmde roodgloeiende grill of op de barbecue. Een braadslede onder het rooster plaatsen. Totale bereidingstijd 6 à 8 minuten (afhankelijk van de gewenste gaarte: rood of roze). Halverwege keren. Elke biefstuk desgewenst met een plakje kruidenboter geven.

Variaties

Gegratineerde biefstuk

Aan het einde van de grilleertijd het vlees bedekken met uitgelekte perziken uit blik en een dikke plak kaas. Deze snel licht laten kleuren.

Porterhouse-steak (lende/haassteak)

Grilleertijd maximaal 8 minuten.

Barbecue-steaks

De steaks met barbecuesaus of -marinade (blz. 113, 102) bestrijken en boven gloeiend barbecuevuur grilleren.

4 kalfsbiefstukken à 125 g
of 4 rib-, haas/lendekarbonaden à ± 150 g
(olijf)olie

Gegrilleerde kalfsbiefstuk, varkenskarbonaden

Het vlees dun met olie bestrijken en op een rooster leggen, 15 cm onder een voorverwarmde roodgloeiende grill of op de barbecue. Een braadslede onder het rooster plaatsen. Totale bereidingstijd 15-20 minuten, afhankelijk van de dikte van het vlees; het vlees moet binnenin gaar (grijs) zijn. Halverwege de tijd keren. Geven met bijvoorbeeld paprikaroomsaus of met een kruidenboter.

Variaties

Gegrilleerde lamskoteletten

De kalfsbiefstukken vervangen door 8 lamskoteletten die na het grilleren onder een voorverwarmde roodgloeiende grill, op de barbecue of in een grilleerpan of op de grilleerplaat van binnen nog roze moeten zijn (6-8 minuten grilleren).

Gegrilleerde varkenskarbonaden, lamskoteletten met knoflook

Door 2 lepels (olijf)olie 2 uitgeknepen teentjes knoflook en 2 theelepels grof gemalen peper roeren. Het vlees hiermee bestrijken en ten minste 2 uur afgedekt in de koelkast laten rusten.

4 plakken gekookte ham
of casselerrib van
± 1 cm dikte à ± 100 g
± ½ lepel Franse mosterd of
barbecuemarinade (blz. 113)
of
10 g bruine basterdsuiker
een mespunt
kruidnagelpoeder
2 à 3 lepels sherry

Gegrilleerde plakken ham, casselerrib

De plakken ham of casselerrib bestrijken met de mosterd of met de marinade of met een mengsel van de suiker, het kruidnagelpoeder en de sherry. De plakken op een rooster ± 10 cm onder een voorverwarmde, roodgloeiende grill plaatsen; een braadslede eronder schuiven. De plakken in ± 7 minuten aan beide kanten goudbruin laten kleuren. Of een grilleerpan of -plaat gebruiken (± 4 minuten). Gegrilleerde plakken ham of casselerrib desgewenst geven met gebakken ananas (blz. 284) of met een compote, bijvoorbeeld van cranberry's (blz. 288).

4 ronde broodjes
1 kleine ui
300 g rundertartaar
peper, zout
olie
tomatenketchup

Gegrilleerde hamburgers

De broodjes opensnijden, de ui schoonmaken en raspen. Het vlees vermengen met peper, zout en de ui en in 4 dunne plakken verdelen. Deze met olie bestrijken en 10 cm onder een voorverwarmde grill aan weerszijden goudbruin laten worden (± 6 minuten). De laatste 2 minuten de broodjes, met de opengesneden kant boven, meegrilleren. De hamburgers (desgewenst met apart gebakken uiringen) tussen de broodjes leggen. Geven met tomatenketchup.

Variaties

Cheeseburgers

Op elke hamburger een plak kaas leggen en onder de grill laten smelten.

Gebakken hamburgers

De hamburgers in 30 g licht gebruinde boter aan beide kanten goudbruin bakken (± 10 minuten).

± 500 g malse
hamlappen, mals
lamsvlees van de bout
of kipfilet
saté-marinade (blz. 102)
satépennen

Saté *(voor barbecue of grill)*

Het vlees in stukken van ± 3 cm snijden. De stukken vlees door de saté-marinade mengen; de marinade ten minste 2 uur laten intrekken, onder nu en dan omscheppen. Het vlees aan satépennen rijgen en boven een gloeiend barbecuevuur roosteren of de pennen dwars op een rooster, ongeveer 10 cm onder een voorverwarmde, roodgloeiende grill schuiven. Een braadslee onder het rooster plaatsen. Na 5 minuten het vlees nog eens bestrijken met de rest van de marinade en de pennen keren. Totale roostertijd 12 à 15 minuten (afhankelijk van de grootte en de onderlinge afstand van de stukken vlees; het vlees moet binnenin grijs (gaar) zijn). De saté desgewenst geven met pindasaus.

N.B. Houten satépennen 30 minuten van tevoren in water leggen, om verbranden te voorkomen.

Variatie

Lamsspiezen (shaslik, kebab)

De varkenslappen vervangen door lamslappen. De stukken vlees marineren en aan pennen rijgen, afwisselend met bijvoorbeeld stukjes rookspek, borrelworstjes, champignons, uitjes, stukjes paprika, komkommer of tomaat, stukjes banaan of ananas. Desgewenst het vlees tijdens het roosteren bestrijken met warme barbecuesaus (blz. 113). Roostertijd ± 10 minuten, 10 cm onder de grill; het vlees mag binnenin nog roze zijn.

Variatie in bereiding

Bij een kleine hoeveelheid het vlees in blokjes bakken in de koekenpan.

Mixed grill, vleesspiezen

2 varkensniertjes of
150 g varkenslever
± 100 g gesneden bacon
4 biefstukjes à 50 g
(olijf)olie
rozemarijn
2 dikke plakken ham
4 knakworstjes
250 g champignons
sap van ½ citroen
1 groene paprika
1 ui
1 handappel of
½ blik stukjes ananas
van ¼ liter
30 g boter
zout, peper

De niertjes blancheren (blz. 162). De nieren of de lever in repen snijden (bindweefsel verwijderen). Elke reep met een plakje bacon omwikkelen. De nieren of de lever, de met olie bestreken en met rozemarijn bestrooide biefstukjes, de gehalveerde plakken ham en de knakworstjes, eventueel aan pennen geregen, op een rooster leggen. De schoongemaakte champignons met het citroensap besprenkelen; de gewassen paprika van zaad ontdoen en in stukken snijden. Champignons en paprika met de gesneden ui, de schoongemaakte en in plakken gesneden appel of de uitgelekte ananas in een braadslee leggen, waarin de boter lichtbruin is gemaakt. Het rooster op ± 15 cm onder een roodgloeiende grill plaatsen; de braadslee eronder schuiven. Totale grilleertijd ± 10 minuten; halverwege de tijd het vlees keren. Het vlees, eventueel aan de pennen, op een verwarmde vleesschaal leggen en bestrooien met zout en peper. Het champignon/vruchtenmengsel als garnituur bij het vlees geven.

Variatie in bereiding

Vlees, groenten en vruchten om en om aan pennen rijgen en onder de voorverwarmde grill, op de barbecue of in een grilleerpan of op de grilleerplaat grilleren of roosteren.

Gegrilleerde repen varkensvlees

500 g dikke, doorregen
varkenslappen
saté-marinade (blz. 102)

De lappen in repen snijden en deze ten minste 2 uur marineren; af en toe keren. De repen droogdeppen en desgewenst aan satépennen rijgen (op en neer steken). De repen of de pennen op een rooster (waaronder een braadslee) ± 20 cm onder een voorverwarmde roodgloeiende grill leggen en onder af en toe keren met de rest van de marinade bestrijken en bruin en gaar laten worden (± 25 minuten). Het vlees geven met bijvoorbeeld gember- of pindasaus en/of met zoetzuur.

Spareribs, geroosterde vleeskrabbetjes

1½ kg vleeskrabbetjes
saté-marinade (blz. 102)

De krabbetjes ten minste 2 uur marineren. Het vlees droogdeppen en op een rooster (waaronder een braadslee) ± 20 cm onder een voorverwarmde roodgloeiende grill of ± 10 cm boven een gloeiend barbecuevuur leggen. Het vlees onder af en toe keren met de rest van de marinade bestrijken en gaar en bruin laten worden (± 35 minuten).

4 bieflappen à 200 g
(2 à 3 cm dik) of
8 lamskoteletten of
4 varkensribkarbonaden à
250 g (2 à 3 cm dik)
barbecuemarinade (blz. 102)

Barbecuevlees

Het vlees ten minste 2 uur marineren in de marinade, droogdeppen en op het rooster ± 10 cm boven een gloeiend barbecuevuur leggen. Het vlees onder af en toe keren met de marinade bestrijken en bruin en bijna gaar laten worden (bieflappen en koteletten 6-8 minuten). Karbonaden gaar laten worden (15- 20 minuten, afhankelijk van de dikte).

Vlug bakken

400 g kogelbiefstuk of
4 biefstukjes à ± 100 g
(peper)
± 100 g boter
(4 g zout)
(koffie)melk

Runderbiefstuk (van de kogel), Hollandse biefstuk

De biefstuk desgewenst inwrijven met peper. • De helft van de boter bruin laten worden. De biefstuk hierin eerst aan de ingekerfde ruitjeskant, daarna aan de andere zijde vlug vrij donkerbruin bakken, onder voortdurend stevig heen en weer schuiven over de bodem van de pan. Totale baktijd: grote biefstuk ± 8 minuten, kleine 4-6 minuten, afhankelijk van de dikte van het vlees en de gewenste gaarheid rood (rare) of roze (medium).

Wanneer de boter te bruin wordt, enkele stukjes boter toevoegen. De biefstuk uit de pan nemen en desgewenst met tafelzout bestrooien. De rest van de boter toevoegen en bruin laten worden, desgewenst enige malen een klein scheutje melk bij de jus schenken en dit roerend mee laten bruinen. Zoveel water toevoegen en roerend aan de kook laten komen, dat al het bezinksel juist oplost. Desgewenst een lepel van de jus over de biefstuk scheppen om te glanzen, de rest afzonderlijk erbij geven.

Variatie in jus

Zie blz. 151.

Variaties

Ribeye, entrecote

Bereiden als runderbiefstuk, baktijd 6-8 minuten, afhankelijk van de dikte van het vlees en de gewenste gaarheid (rood of roze).

Paardenbiefstuk

Bereiden als runderbiefstuk.

Bieflap, baklap

Bereiden als runderbiefstuk, baktijd 8-10 minuten, afhankelijk van de dikte van het vlees en de gewenste gaarheid (rood of roze).

4 tartaartjes à 75 g
peper, 3 g zout
± 100 g boter
(koffie)melk

Biefstuk 'tartaar'

De biefstukjes met peper en zout bestrooien. De helft van de boter bruin laten worden. De biefstukjes hierin eerst aan de ene, daarna aan de andere kant vlug bruinbakken (± 4 minuten). (De biefstukjes moeten binnenin rood of rozerood blijven.) Voor verdere bereiding zie bij runderbiefstuk (boven, vanaf •). Desgewenst de biefstukjes bedekken met zeer fijn gesnipperde rauwe ui, of in boter bruin gebakken uiringen.

Duitse biefstuk, gemalen biefstuk

- 350 g gemalen baklap of biefstuk
- 4 g zout
- peper, nootmuskaat
- 1 ui
- ± 100 g boter

Het vlees vermengen met het zout, de peper, de nootmuskaat en desgewenst 1 lepel fijngesnipperde ui. Hiervan 4 biefstukjes vormen. Voor verdere bereiding zie runderbiefstuk (blz. 156 vanaf •). De rest van de ui in dunne ringen snijden, bruinbakken en op de biefstukjes leggen.

Tournedos, chateaubriands *(biefstuk van de haas)*

- 4 (opgebonden) tournedos van ± 120 g of 4 chateaubriands à 200 g
- (peper)
- ± 100 g boter
- (4 g zout)
- (koffie)melk

Bereiding als runderbiefstuk (blz. 156). Van tournedos na het bakken zo nodig de touwtjes verwijderen.

Variaties

Tournedos met eiergelei, tournedos à la royale

Elke tournedos beleggen met een plakje eiergelei (blz. 119) en een plakje truffel op, of een plakje tomaat onder de eiergelei.

Tournedos Rossini

Elke tournedos beleggen met een plakje paté à 30 g en desgewenst een plakje truffel. Maderasaus (blz. 112) erbij geven.

Tournedos Stroganoff

Een stroganoffsaus (blz. 112) maken van de gebruinde boter.

Filet mignon

Tournedos voorzien van een randje spek; dit meebakken.

Gebakken plakken ham, casselerrib

- 4 plakken gekookte ham of casselerrib van 1 cm dikte à ± 100 g
- 30 g boter
- 4 schijven ananas

De plakken ham of casselerrib vlug aan weerszijden bruinbakken in de gebruinde boter. De plakken uit de pan nemen en warm houden. Desgewenst de uitgelekte schijven ananas in dezelfde pan vlug aan weerszijden bruinbakken en op de ham leggen. Geven met een zoetzure saus, bijvoorbeeld sinaasappel- of gembersaus (blz. 106), mosterdsaus (blz. 108) of maderasaus (blz. 112).

Variatie

De plakken bestrijken met mosterd of een mengsel van 2 lepels abrikozenjam en ½ theelepel gemberpoeder of 1 mespunt cajunkruiden.

Bloedworst, boterhamworst, rolpens met gebakken appel

- 4 plakken bakbloedworst of boterhamworst of rolpens à ± 80 g
- bloem
- 30 g boter
- 1 grote appel

Het vel verwijderen, de plakken door bloem wentelen en goed afschudden. De boter bruin laten worden, hierin de plakken aan weerskanten vlug bruinbakken. De appel boren en in 4 schijven snijden. De schijven appel in dezelfde boter vlug bruinbakken. Op iedere plak een schijf appel leggen. Bij dit gerecht aardappelpuree of stamppot geven, daar men er geen lekkere jus van krijgt.

Gebakken ossenhaas *(8 personen)*

- ± 1½ kg ossenhaas
- (peper)
- ± 150 g boter
- ± 10 g zout
- (koffie)melk of (zure) room
- (rode wijn)

De ossenhaas voor het bakken desgewenst inwrijven met peper. De helft van de boter bruin laten worden. Hierin de ossenhaas dichtschroeien en aan alle kanten vrij vlug bruinbakken (15 à 20 minuten); de ossenhaas moet binnenin rood of rozerood blijven. Het vlees uit de pan nemen, met tafelzout bestrooien en in vrij dikke plakken snijden. De plakken in het model van de ossenhaas leggen en warm houden op een verwarmde schaal. De rest van de boter in de pan doen en bruin laten worden; enige malen een klein scheutje melk of room bij de jus schenken en deze roerend mee laten bruinen. Zoveel water of rode wijn toevoegen en roerend aan de kook laten komen, dat al het bezinksel juist oplost. Wordt de ossenhaas met een bruine saus gegeven (blz. 107, 108), dan 75 g boter voor het bakken gebruiken en daarna geen boter meer toevoegen.

Variaties

Ossenhaas à la jardinière, warme ossenhaasschotel met diverse groenten

Op een grote verwarmde schaal de gesneden ossenhaas warm houden. Deze omringen met vakken van diverse gare groenten, verschillend van kleur (elk ¼ recept), zoals: snijbonen of peultjes, bloemkool of aspergepunten (uit blik), worteltjes of tomaatjes, gefrituurde aubergineplakken of gebakken appelplakken. Een gebakken aardappelgerecht erbij geven (tweemaal recept). Garneren met kleingesneden peterselie.

Koude ossenhaasschotel

De ossenhaas koud laten worden en in dunne plakken snijden. Deze in het model van de ossenhaas op een grote schaal leggen. Het vlees enige malen met vloeibare donkere hakaspic (blz. 103) glanzen, zodat er een dikke laag op ligt. De ossenhaas omringen met diverse gemarineerde groenten van verschillende kleur (blz. 38).
De overige aspic stijf laten worden, hakken en om het vlees en tussen de vakken groente leggen. Met een koude saus, bijvoorbeeld ravigottesaus (blz. 96) geven.

Boeuf Stroganoff

(reepjes vlees in bruine champignonsaus, geflambeerd)

500 g rosbief, contrefilet of bieflap
150 g uien
250 g champignons
½ paprika
(knoflook)
± 80 g boter
± 4 g zout
2 lepels paprikapoeder
Voor de saus:
± 30 g bloem
3 dl bouillon
2 lepels tomatenpuree
1½ dl zure room
± 2 lepels wodka of cognac
Voor het flamberen:
± 1 dl wodka of cognac

Het vlees in repen snijden. De uien en de champignons schoonmaken en kleinsnijden, de paprika in dunne repen snijden. Een panbodem desgewenst met een teentje knoflook inwrijven. De boter goudbruin laten worden en hierin het vlees vlug bruinbakken, uit de pan nemen, bestrooien met zout en paprikapoeder en warm houden. Daarna in de bruine boter de ui, de champignons en de paprika lichtbruin bakken en uit de pan nemen. Aan de overgebleven boter de bloem toevoegen en hiervan met de bouillon een bruine saus maken. De tomatenpuree, de zure room en de wodka of de cognac aan de saus toevoegen. Het vlees met de champignons en het uitgelopen vocht in de hete saus overdoen. Boeuf Stroganoff desgewenst geven met rijst. Indien men het gerecht wil flamberen, dan vlees en saus heet op een warme platte metalen schaal opdoen. Vlak voor het serveren de voorverwarmde wodka of cognac over het gerecht schenken en meteen aansteken (afzuigkap uitschakelen) en opdoen.

Variatie

De zure room en de tomatenpuree vervangen door 1½ dl bouillon en 3 lepels kappertjes of kleingesneden augurk. De saus op smaak afmaken met soja en/of pikante saus.

Roergebakken vleesreepjes, satévlees *(zie blz. 266)*

Roergebakken shoarmavleesreepjes, lamsvleesreepjes *(zie blz. 266)*

Frituren

4 frikadellen
frituurolie
(1 gesnipperde ui)
(hot) ketchup

Frikadellen

De frikadellen ± 4 minuten in hete frituurolie bakken. Na het frituren de frikadellen desgewenst opensnijden en vullen met de gesnipperde ui en (hot) ketchup.

± 750 g mals vlees, bijvoorbeeld
200 g contrefilet of rosbief
200 g kip- of varkensfilet, kalfsfricandeau en/of lamsvlees van de bout
200 g tartaar of runder- of lamsgehakt of kleine hamburgertjes en/of slavinken
150 g kalfslever
(kerrie)
25 g boter
100 g ontbijtspek
frituurolie
(stokbrood)

Vleesfondue, fondue bourguignonne *(aan tafel te bakken)*

Het vlees in blokjes snijden. Van de tartaar of het gehakt balletjes maken (blz. 93); deze desgewenst extra kruiden met kerrie. De lever in reepjes snijden; deze 5 minuten smoren in de boter, laten uitlekken en omwinden met plakjes ontbijtspek. De olie verhitten tot ± 180 °C; desgewenst daarna overdoen in een metalen fonduepan. Deze voor maximaal de helft vullen en op een tafelkomfoor op temperatuur houden. Iedere tafelgenoot steekt een stukje vlees aan een fonduevork of een lange prikker en laat dit in de hete olie bruinbakken. Verschillende fonduesauzen (zie blz. 96-99), een salade, tafelzuur of zoetzuur, chutney en eventueel stokbrood, in de schil gekookte aardappels of een aardappelsalade erbij geven.

Variaties

Vlees-groentefondue

Een derde van het vlees vervangen door schoongemaakte roosjes bloemkool, champignons, ringen prei, paprika en stukken bleekselderij, kleine roosjes broccoli en stukjes venkel.

Gourmet

In plaats van in olie worden de ingrediënten aan tafel op een gourmetstel in boter of olie gebakken. De ingrediënten zijn gelijk aan die van vlees- en groentefondue. Desgewenst ook een omeletmengsel, pannenkoekbeslag, (geraspte) kaas, gesnipperde ui, schijven ananas of appel en kleingesneden tuinkruiden erbij geven.

1 magere varkenslap à 200 g
150 g kippenlevers
balletjes van 150 g gehakt (blz. 93)
(kerrie)
50 g boter
150 g gekookte shrimps
1 aubergine
± 2 g zout

Fritto misto, gemengde frituur van vlees, groente en garnalen *(desgewenst aan tafel te bakken)*

De varkenslap in blokjes snijden, de kippenlevers wassen, en droogdeppen. Het vlees, de levers en de gehaktballetjes, die desgewenst met de kerrie gekruid zijn, in de boter gaar smoren (± 5 minuten), uit de pan nemen en evenals de shrimps laten uitlekken.
De aubergine wassen, in plakken snijden, deze met zout bestrooien en in blokjes verdelen. De aspergepunten laten uitlekken en zo nodig halveren. Bakbeslag bereiden (zie lekkerbekjes blz. 142). Zowel het beslag als de andere ingrediënten in eenpersoonsporties verdelen,

1 blikje aspergepunten van ± 250 g
Bakbeslag:
120 g bloem
2 g zout
2 eieren
2 dl water of melk
frituurolie

zodat elke persoon aan tafel een kommetje beslag en een schotel met vlees en groente krijgt. De olie verhitten tot 180 °C, desgewenst daarna overdoen in een metalen fonduepan. Deze voor maximaal de helft vullen en op een tafelkomfoor op temperatuur houden. Elke tafelgenoot met bijvoorbeeld een fonduevork of lange prikker zelf de ingrediënten in het beslag laten dompelen en in de hete olie laten bakken.

Langzaam bakken

4 kalfsbiefstukjes of 4 kalfs- of varkensoesters à 90 g
3 g zout
100 g boter
(rode wijn)

Kalfsbiefstuk; kalfs-, varkensoesters

Het vlees zouten, 5 minuten laten intrekken, zo nodig droogdeppen. De boter lichtbruin laten worden. Hierin het vlees onder nu en dan keren op een getemperde warmtebron lichtbruin bakken (kalfsvlees ± 8 minuten, varkensvlees ± 10 minuten). Het vlees uit de pan nemen en zoveel water of wijn toevoegen en roerend aan de kook laten komen, dat al het bezinksel juist oplost. Desgewenst ± 1 lepel jus over het vlees scheppen om te glanzen. De overige jus er apart bij geven.

Variatie

Kalfskoteletten

Baktijd ± 18 minuten, afhankelijk van de dikte van het vlees.

1 kalfshaas van ± 600 g of 2 varkenshaasjes van ± 275 g
4 g zout
100 g boter
(100 g champignons)
water
(witte wijn)
(2 lepels room)
(2 lepels amandelsnippers)

Kalfshaas, varkenshaas

Het vlees zouten, 10 minuten laten intrekken, zo nodig droogdeppen. Het dunne uiteinde van een varkenshaas dubbelslaan en vaststeken. Het vlees in de licht gebruinde boter dichtschroeien en rondom onder nu en dan keren op een getemperde warmtebron lichtbruin bakken (kalfshaas ± ½ uur, varkenshaas ± 12 minuten). Desgewenst de schoongemaakte en in plakjes gesneden champignons de laatste 5 minuten meebakken. Het vlees uit de pan nemen, zoveel water of wijn toevoegen en roerend aan de kook laten komen, dat al het bezinksel juist oplost. De jus desgewenst afmaken met de room en geroosterde amandelsnippers.

Variaties

Pittige varkenshaas

De champignons vervangen door 100 g gesneden bacon, 1 geperst knoflookteentje en marjolein.

Varkenshaas à l'orange

Het water in de jus vervangen door sinaasappelsap. Geraspte sinaasappelschil en 20 g rozijnen toevoegen; 5 minuten doorwarmen.

Gemarineerde varkenshaas

De varkenshaas vóór het bakken ½ uur marineren (zie marinades blz. 101-102).

Geflambeerde kalfs-, varkenshaas

Het vlees vlak voor het opdoen flamberen met verwarmde cognac of whisky (afzuigkap uitschakelen).

100 g gedroogde pruimen
½ appel
500 g varkenshaas (2 stuks) of
500 g varkensfilet
(ingesneden bestellen)
prikkers
100 g boter

Gevulde varkenshaas, gevulde varkensfilet

De pruimen 12 uur in ruim water laten weken. De geschilde appel kleinsnijden en vermengen met de (ontpitte) uitgelekte en kleingesneden pruimen. Het als een zakje ingesneden vlees met het mengsel vullen en met prikkers dichtsteken. Het vlees in de licht gebruinde boter onder nu en dan keren langzaam lichtbruin en gaar bakken in ± 17-25 minuten (afhankelijk van de dikte van het vlees). De jus desgewenst afmaken met het weekvocht.

Variatie

Gevulde varkensfilet met tomaat en kaas

De vruchten vervangen door 75 g kleingesneden gedroogde tomaten op olie, 75 g kleingesneden mozzarella, 1 uitgeperst teentje knoflook en 2 lepels peterselie.

Varkenshaas in deegkorst ***(en croûte) (zie blz. 171)***

Roergebakken varkensvleesreepjes, satévlees ***(zie blz. 266)***

4 varkensschnitzels of
dunne varkensfilets à 90 g
2 g zout
± 75 g boter
(wijn)
(koffie)room
(allesbinder)

Varkensschnitzels, varkensfiletlapjes

Het vlees zouten, 5 minuten laten intrekken, zo nodig droogdeppen. De boter lichtbruin laten worden, hierin het vlees dichtschroeien en onder nu en dan keren op een getemperde warmtebron gaar en lichtbruin bakken (± 5 minuten). Het vlees uit de pan nemen, zoveel water of wijn toevoegen en roerend aan de kook laten komen, dat al het bezinksel juist oplost. Desgewenst 1 lepel room toevoegen en de jus licht bijbinden met bijvoorbeeld allesbinder. Het vlees desgewenst bedekken met 1 lepel jus om te glanzen. De overige jus er apart bij geven.

Variaties

Varkensschnitzels, varkensfiletlapjes Picasso

Het vlees opdoen met (gebakken) vruchten (zie tongfilets Picasso blz. 140).

Paprikaschnitzels

Het vlees inwrijven met zout en ½ lepel paprikapoeder. Door 1 lepel bloem halen en bruin en gaar bakken. Uit de pan nemen en 1 kleingesneden ui en paprika in de boter fruiten. De jus afmaken met ± 1 dl water, 2 lepels room of koffiemelk en 1 lepel tomatenketchup. Het vlees met de saus bedekken.

400 g hamlappen van de
fricandeau
3 g zout
± 75 g boter

Hamlappen

Het vlees zouten, 5 minuten laten intrekken. De boter lichtbruin laten worden. Hierin het vlees dichtschroeien en aan weerskanten op een getemperde warmtebron lichtbruin bakken (10-15 minuten). Het gare vlees uit de pan nemen, zoveel water toevoegen en roerend aan de kook laten komen, dat al het bezinksel juist oplost.

N.B. Voor varkens(ham)lappen van de schouder zie varkenslappen blz. 165.

4 varkenskarbonaden (haas-/lende- of rib- à ± 150 g) of 8 lamskoteletten
3 g zout
± 75 g boter

Varkenskarbonaden *(haas-/lende-, ribkarbonaden)*, lamskoteletten

Bereiding als hamlappen (zie hiervoor), baktijd haas-/lendekarbonaden 6-8 minuten, lamskoteletten ± 5 minuten, ribkarbonaden 6-8 minuten, afhankelijk van de dikte.
N.B. Indien karbonaden niet te vet zijn, kan men ze paneren (zie kalfsoesters blz. 163).

Schouderkarbonaden *(zie blz. 172)*

4 plakken varkens-, kalfs- of lamslever à 100 g
3 g zout, peper
bloem
(8 plakjes ontbijtspek)
(2 uien)
± 75 g boter
(1 theelepel juspoeder)

Gebakken lever

De lever tot aan de bereiding in koud water of in een plastic zak in de koelkast bewaren. De plakken laten uitlekken en afdrogen, inwrijven met zout en peper, door bloem wentelen en de overtollige bloem afschudden. Desgewenst het spek en de gesnipperde uien in weinig boter lichtbruin bakken, uit de pan nemen en warm houden. De overige boter toevoegen en lichtbruin laten worden. Hierin de plakken lever op een getemperde warmtebron gaar en aan weerskanten lichtbruin bakken (10 à 15 minuten, afhankelijk van de dikte). De lever uit de pan nemen en warm houden. Zoveel water toevoegen en roerend aan de kook laten komen, dat al het bezinksel juist oplost. Ter verbetering van de kleur en smaak zo nodig het juspoeder toevoegen. Het gebakken spek en de gebakken uienringen op en om de lever leggen.

Variaties

Gepaneerde lever
De lever in plaats van door bloem eerst door paneerei en daarna door paneermeel halen. De lever zonder te verschuiven bakken.

Lever à la milanaise, lever met pasta en saus
200 g spaghetti of macaroni gaarkoken en afgieten, vermengen met 150 g kleingesneden tong of ham en desgewenst 100 g geraspte kaas of 1 blikje champignons. 8 plakken ontbijtspek vlug bakken. De gebakken lever midden op een grote vleesschaal leggen, op elke plak 2 plakjes gebakken spek leggen. De pasta eromheen schikken. Kleingesneden peterselie erover strooien. Een pittige tomatensaus (blz. 110) erbij geven.

4 varkens- of lamsnieren of 1 kalfsnier
4 g zout, peper
bloem
± 75 g boter

Gebakken nier

De nieren in koud water bewaren tot aan de bereiding. De nieren blancheren: met zoveel koud water, dat ze juist onderstaan, aan de kook laten komen, afgieten en afspoelen. De nieren in 2 à 3 dikke plakken snijden; het bindweefsel wegknippen. De plakken nier inwrijven met zout en peper, door bloem wentelen en goed afschudden. De boter lichtbruin laten worden, hierin de plakken nier op een getemperde warmtebron gaar en aan weerskanten lichtbruin bakken (8 à 10 minuten). Gebakken nier bij voorkeur met een (bruine) saus geven, daar men er geen lekkere jus van krijgt.

Variatie

Geflambeerde nier

Vlak voor het opdoen voorverwarmde cognac over de plakken nier schenken en deze meteen aansteken (afzuigkap uitschakelen).

Gestoofde nier ***(zie blz. 168)***

500 g vet met bindweefsel

Vet smelten

Vet in kleine stukjes snijden of grof malen en in een gesloten braadpan op een getemperde warmtebron langzaam laten uitsmelten. Het vet zeven, de stukjes bindweefsel (kaantjes) goed uitdrukken. Het gesmolten vet afgedekt op een koele, donkere plaats wegzetten, zodat het zo nodig geruime tijd bewaard kan worden.

Variatie

Kaantjes met stroop

De warme kaantjes desgewenst licht zouten en/of met enkele lepels stroop vermengen en als broodbeleg geven.

± 400 g doorregen
(rook)spek

Uitgebakken spek

Het spek zo nodig van zwoerd ontdoen en in plakjes of dobbelsteentjes snijden. In een koekenpan langzaam laten uitsmelten en lichtbruin laten worden.

Paneren; langzaam bakken

4 kalfs- of
varkensoesters à 75 g
2 g zout
(rozemarijn)
paneerei (1 ei losgeklopt
met 1 lepel (koffie)melk)
paneermeel
± 100 g boter
1 theelepel citroensap of
Engelse saus

Kalfsoesters, varkensoesters ***(gepaneerd)***

Het vlees zouten, desgewenst met rozemarijn bestrooien, even laten intrekken. De lapjes eerst door paneerei, daarna door paneermeel halen; overtollig paneermeel goed afschudden. De boter lichtbruin laten worden; hierin de oesters op een getemperde warmtebron, zonder verschuiven, eerst aan de ene zijde, daarna aan de andere zijde juist gaar en lichtbruin bakken (totaal ± 8 minuten). De eerste zijde nog even nabakken, zonder verschuiven. Het vlees uit de pan nemen. Zoveel water toevoegen en roerend aan de kook laten komen, dat al het bezinksel juist oplost. De jus op smaak afmaken met citroensap of enkele druppels Engelse saus, zeven en afzonderlijk opdoen. De kalfsoesters dakpansgewijs op een verwarmde schaal leggen en bijvoorbeeld geven met een garnituur voor vleesschotels (blz. 151-152).
N.B. Het vlees paneren met een mengsel van fijngemaakte gedroogde kruiden of (gemengde, gezouten) noten.

Variaties

Kalfsoesters rosé, gepaneerd

De oesters totaal maximaal 6 minuten laten bakken. De binnenkant mag nog iets roze zijn.

Kalfsschnitzel, (wienerschnitzel), varkensschnitzel, gepaneerd

De oesters vervangen door 4 platgeslagen, dunne kalfs- of varkenslapjes à ± 90 g (baktijd 6-8 minuten). Iedere schnitzel na de bereiding garneren met een gehalveerd, uitgetand schijfje citroen, waarop desgewenst een opgerolde ansjovisfilet met een kappertje gelegd wordt.

Gepaneerde kalfslappen

De oesters vervangen door 4 malse dunne kalfslappen à ± 100 g (baktijd 5-8 minuten). Garneren met een gehalveerd, uitgetand schijfje citroen.

Gepaneerde kalfskoteletten

De oesters vervangen door 4 kalfskoteletten à ± 125 g (baktijd ± 10 minuten).

4 kalfsoesters à 60 g
2 g zout
Voor de farce:
100 g kalfsgehakt
1 dun sneetje oud brood zonder korst
1½ g zout
peper, nootmuskaat
1 ei, ½ lepel melk
(stukjes truffel of champignons)
(± 1 lepel madera)
paneermeel
± 100 g boter
1 theelepel citroensap
Engelse saus

Gefarceerde kalfsoesters

De lapjes zouten, het gehakt vrij vochtig aanmengen met geweekt brood, zout, peper, nootmuskaat, ± 1 lepel met de melk losgeklopt ei, desgewenst stukjes truffel of champignons en de madera. Iedere oester met ei bestrijken, daarna ¼ van het gehakt stevig erop aandrukken. De oesters door de rest van het ei halen en vervolgens door paneermeel; overtollig paneermeel goed afschudden. De boter lichtbruin laten worden, hierin de oesters op een getemperde warmtebron, zonder verschuiven, eerst aan de vleeskant, daarna aan de gehaktzijde en dan nog even de vleeskant gaar en lichtbruin bakken (10-15 minuten). Het vlees uit de pan nemen en dakpansgewijs op een verwarmde schaal leggen. Zoveel water toevoegen en roerend aan de kook laten komen, dat al het bezinksel juist oplost. De jus op smaak afmaken met citroensap en enkele druppels Engelse saus, zeven en afzonderlijk opdoen. Als dinerschotel de oesters geven met verschillende groenten en aardappelpuree of een gebakken aardappelgerecht.

4 dikke varkensfilets (opengesneden tot op 1 cm van de kant)
paneerei (1 ei losgeklopt met 1 lepel (koffie)melk)
± 50 g ham (4 plakjes)
± 60 g kaas (4 plakjes)
4 g zout
paneermeel
± 100 g boter
(Engelse saus)

Cordon bleu *(varkensfilets met ham en kaas, gepaneerd)*

Het vlees vanbinnen bestrijken met losgeklopt ei en vullen met een plakje ham en een plakje kaas. De kaas zoveel mogelijk in de ham vouwen. Het vlees zo nodig met een prikker dichtsteken, zouten, en even laten intrekken. Het vlees eerst door het paneerei, daarna door paneermeel halen; overtollig paneermeel goed afschudden. De boter lichtbruin laten worden en hierin het vlees op een getemperde warmtebron, zonder verschuiven, aan beide kanten gaar en lichtbruin bakken (baktijd 16 à 20 minuten, afhankelijk van de dikte van het vlees). Het vlees uit de pan nemen en dakpansgewijs op een verwarmde schaal leggen. Zoveel water toevoegen en al roerend aan de kook laten komen, dat al het bezinksel juist oplost. De jus op smaak afmaken, desgewenst met enkele druppels Engelse saus. De jus zeven en afzonderlijk opdoen.

Variaties

Varkensfilets met ananas of banaan

De ham of kaas vervangen door 4 halve schijven ananas of 4 plakken banaan. Het vlees desgewenst garneren met plakken gebakken ananas of banaan.

Varkensfilets met pruimen of abrikozen of gedroogde tomaten
De plakken kaas vervangen door verkruimelde geitenkaas en 4 geweekte, gehalveerde pruimen of abrikozen of kleingesneden gedroogde tomaten op olie.

Gepaneerde zwezerik ***(zie blz. 181)***

Bakken en stoven (zie ook blz. 150)

2 kalfslappen à ± 200 g
of 400 g varkenslappen
van de schouder
± 3 g zout
± 75 g boter
citroensap of witte wijn
(rozemarijn)
(1 lepel room of koffiemelk)
(allesbinder of maïzena)

Kalfslappen, varkenslappen, gestoofd

De lappen zouten, ± 10 minuten laten intrekken, droogdeppen. De boter bruin laten worden; hierin de lappen dichtschroeien en aan weerskanten snel bruinbakken. Iets citroensap of 1 lepel wijn, desgewenst rozemarijn en zoveel water toevoegen en roerend aan de kook laten komen, dat al het bezinksel juist oplost. Het vlees hierin op een getemperde warmtebron laten stoven onder nu en dan keren, tot het zacht is geworden (kalfslappen ± 75 minuten, varkenslappen ± 40 minuten). Zo nodig iets water en desgewenst de room of de koffiemelk bij de jus schenken en de jus weer aan de kook laten komen. Desgewenst de jus binden met allesbinder of aangemengde maïzena.

Variatie

Kalfslappen, varkenslappen met champignons
100 g schoongemaakte, gesneden verse champignons de laatste 10 minuten mee laten stoven.

4 magere langgerekte
kalfslapjes à 75 g
3 g zout
Vulsel:
100 g kalfsgehakt
1 snee oud brood zonder
korst
2 g zout
peper, nootmuskaat
(2 kleingesneden (zwarte)
olijven)
± 75 g boter
citroensap
± 1 dl water
(allesbinder of maïzena)

Blinde vinken

De lapjes zouten, het gehakt aanmengen met geweekt brood, zout, peper en nootmuskaat, en desgewenst de olijven. Het gehakt uitstrijken over de lapjes, deze oprollen en met een draadje vastbinden. De boter bruin laten worden, hierin de rolletjes dichtschroeien en rondom goudbruin bakken. Iets citroensap en zoveel water toevoegen en roerend aan de kook laten komen, dat al het bezinksel juist oplost. Het vlees hierin op een getemperde warmtebron laten stoven, onder nu en dan keren, tot het gaar is (± 20 minuten). De rolletjes uit de pan nemen, draadjes eraf halen. Zo nodig iets water bij de jus schenken en de jus weer aan de kook laten komen. Desgewenst de jus binden met allesbinder of aangemengde maïzena.

Variatie

Gevulde kalfsrolletjes
Het gehaktmengsel vervangen door:
100 g kleingesneden ham en 25 g geraspte oude kaas of 50 g kleingesneden katenspek, 75 g kleingesneden prei en tuinkruiden of 100 g gehakte walnoten, 2 lepels geraspte kaas en enkele lepels crème fraîche.

400 g varkenslappen
(van de schouder)
2 g zout
paprikapoeder
± 50 g boter
(knoflook)
2 uien
2 paprika's
± 2 dl bouillon
± 3 lepels tomatenketchup
(allesbinder of maïzena)
peterselie

Varkenslappen met paprika's ***(ovenschotel)***

Het vlees in reepjes of stukjes snijden, bestrooien met zout en paprikapoeder en 10 minuten laten intrekken. Het vlees in de gebruinde boter nu en dan omscheppend vlug bruin laten bakken. Een ovenschaal desgewenst met knoflook inwrijven en beboteren. Het vlees in de schaal leggen. De uien snipperen, de paprika's in dunne repen snijden en in de bakboter van het vlees licht fruiten. De bouillon en de tomatenketchup toevoegen en de massa over het vlees schenken. De schaal afdekken (bijvoorbeeld met aluminiumfolie) en het vlees midden in een vrij hete oven (± 200 °C) gaar laten worden (± 30 minuten). Desgewenst het vocht binden met allesbinder of aangemengde maïzena. Bestrooien met kleingesneden peterselie.

Variaties

Nasivlees, shoarmavlees, kipfilet met paprika's (oven)

De varkenslappen vervangen door 400 g nasi- of shoarmavlees of kipfilet. De tomatenketchup vervangen door 1 lepel sojasaus en 2 lepels sherry of (witte) wijn.

Varkenslappen met abrikozen, met ananas, met appel

Het paprikapoeder vervangen door vijfkruidenpoeder. De paprika's vervangen door 250 g gedroogde abrikozen (die een nacht in ruim water geweekt zijn), of door stukjes ananas (blikje van ± 225 g) of door 3 geschilde en in schijfjes gesneden handappels. De uitgelekte abrikozen, de ananas of de schijfjes appel over het vlees verdelen en bedekken met het uienmengsel.

Varkenslappen met gember

Het paprikapoeder vervangen door gemberpoeder. 1 ui vervangen door 1 dunne prei, 1 paprika door 1 zure appel, de tomatenketchup door 1 lepel gembersiroop en 2 lepels sojasaus. 5 kleingesneden nootjes gember toevoegen.

Ovenschotel van vlees met deegdeksel

De schaal afdekken met een plak piedeeg (zie appelpie blz. 378), daarvoor uitgaan van 100 g bloem of 3 plakjes diepvriesbladerdeeg. Het deegdeksel met losgeklopt ei bestrijken en op enkele plaatsen inprikken. Oventemperatuur instellen op 220 °C, na 15 minuten temperen tot 200 °C.

4 schijven kalfsschenkel à 200 g
± 2 lepels bloem
± 40 g boter
1 ui, 1 wortel
5 takjes selderij
marjolein, salie
1½ dl bouillon
1½ dl (droge) witte wijn
1 lepel tomatenpuree
geraspte citroenschil
(1 teentje knoflook)
allesbinder of maïzena
peterselie

Osso buco, kalfsschenkel

De schijven schenkel door de bloem halen, goed afschudden en in de gebruinde boter snel aan weerszijden bruinbakken. De kleingesneden ui, wortel en de kruiden toevoegen en even meebakken. Bouillon, wijn, tomatenpuree, geraspte citroenschil en desgewenst het uitgeperste knoflook toevoegen. Het gerecht aan de kook laten komen en gaar laten stoven (± 1½-2 uur). De saus binden met allesbinder of aangemengde maïzena. De schenkel op een warme schaal opdoen; de saus erover schenken, bestrooien met kleingesneden peterselie. Desgewenst het merg uit het bot scheppen en op roggebrood opdoen.

400 g runderlappen van rib-, lende- of sukadestuk
± 3 g zout
peper
± 50 g boter
½ laurierblad
2 kruidnagels
1 lepel azijn
(1 tomaat of 1 lepel tomatenpuree)
(allesbinder of maïzena)

Runderlappen *(rib-, lende-, sukadelappen)*, gestoofd

De lappen inwrijven met zout en peper; 10 minuten laten intrekken. De boter bruin laten worden, hierin de lappen dichtschroeien en aan weerskanten vlug bruinbakken. De kruiden, de azijn en desgewenst de kleingesneden tomaat of de tomatenpuree en zoveel water toevoegen en roerend aan de kook laten komen, dat het bezinksel oplost (voor hogedrukpan 2 dl water toevoegen). Het vlees op een getemperde warmtebron laten stoven onder af en toe keren tot het zacht is geworden (± 2 uur; in hogedrukpan 40 minuten, sukadelappen 2½-3 uur, in hogedrukpan 50-60 minuten). Zo nodig iets water bij de jus schenken, de jus weer aan de kook laten komen en zo nodig zeven. Desgewenst binden met allesbinder of aangemengde maïzena.
N.B. Desgewenst een deel van het water vervangen door (rode) wijn.

Variaties

Runderlappen, borstlappen, gestoofd
Bereiding als boven, maar 2½ à 3 uur laten stoven.

Gemarineerde runderlappen, gestoofd
De lappen voor het bakken ½ uur marineren (marinades blz. 101-102), laten uitlekken en droogdeppen. Desgewenst (een deel van) de marinade tijdens het stoven toevoegen.

Vlaamse runderlappen, gestoofd
Het vlees met mosterd bestrijken. Na het bakken van het vlees een grote gesnipperde ui en 1 à 2 in blokjes gesneden appels goudbruin bakken. Het water vervangen door bier (± 2 dl).

4 magere langgerekte runderlapjes à 75 g
peper, 3 g zout
100 g gekruid gehakt
½ snee oud brood
± 50 g boter
½ lepel azijn
(allesbinder of maïzena)

Runderrolletjes, gestoofd

De lapjes met peper en zout inwrijven; 10 minuten laten intrekken. Het gehakt aanmaken met het geweekte brood en uitstrijken over de lapjes; deze oprollen. De rolletjes met een draadje vastbinden. De boter bruin laten worden, hierin de rolletjes dichtschroeien en rondom bruinbakken. De azijn en zoveel water toevoegen en roerend aan de kook laten komen, dat al het bezinksel juist oplost. Het vlees op een getemperde warmtebron zachtjes laten stoven onder nu en dan keren, tot het zacht is geworden (± ¾ uur; in hogedrukpan 15 minuten). De rolletjes uit de pan nemen, de draadjes verwijderen. Zo nodig iets water bij de jus schenken, aan de kook laten komen en desgewenst binden met allesbinder of aangemengde maïzena.

Variatie

Het gehakt naar keuze vervangen door reepjes prei of 4 augurkjes, die in plakjes ontbijtspek zijn gerold.

400 g lamslappen (van de borst of schouder)
peper, ± 3 g zout
± 50 g boter
1 ui
1 tomaat of ½ lepel tomatenpuree
½ theelepel salieblaadjes of oregano
(maïzena of allesbinder)

Lamslappen, gestoofd

De lappen met peper en zout inwrijven; 10 minuten laten intrekken. De boter bruin laten worden; de lappen dichtschroeien en aan weerskanten vlug bruinbakken. Kleingesneden ui op het laatst meebakken. De gesneden tomaat of de tomatenpuree, de salie of de oregano en zoveel water toevoegen en roerend aan de kook laten komen, dat al het bezinksel juist oplost. Het vlees op een getemperde warmtebron laten stoven onder nu en dan keren, tot het zacht geworden is (± 1½ uur). Zo nodig iets water bij de jus schenken, aan de kook laten komen en desgewenst binden met de aangemengde maïzena of allesbinder.

Variaties

Lamscurry

De lamslappen in stukken snijden. De boter door olie vervangen. 2 uien, 1 uitgeperst teentje knoflook, 1 theelepel gemberpoeder en gemalen komijn (djintan), ½ theelepel gemalen koriander (ketoembar), een snufje cayennepeper en 2 lepels tomatenpuree meebakken. 2 dl bouillon erbij schenken en het vlees gaar stoven (± 1 uur). Op het laatst 1 dl dikke yoghurt erdoor roeren.

Gemarineerde lamslappen, gestoofd

Bereiden als gemarineerde runderlappen (blz. 167).

4 varkens- of lamsnieren of 1 kalfsnier
zout, peper
80 g boter
3 grote uien
1½ dl rode wijn of 1 dl rode port
¼ laurierblad
2 kruidnagelen
(1 lepel paprikapoeder)
± 5 g maïzena
koffiemelk of room

Nier, gestoofd

De nieren tot aan de bereiding in koud water bewaren. De nieren blancheren, dat wil zeggen opzetten met zoveel koud water dat ze onderstaan; aan de kook laten komen, afgieten en afspoelen. De nieren overlangs halveren, bindweefsel en vet verwijderen, met zout en peper bestrooien en in reepjes snijden. De reepjes nier in de gebruinde boter snel lichtbruin bakken. De schoongemaakte en gesnipperde uien toevoegen en ± 10 minuten meesmoren. De wijn of de port, de kruiden en desgewenst het paprikapoeder toevoegen. Het gerecht ± 30 minuten zachtjes laten stoven. De kruiden verwijderen, het vocht binden met de aangemengde maïzena. Op het laatst de koffiemelk of room toevoegen.

Hachee van vers vlees

400 g hacheevlees of runderstooflappen
5 g zout, peper
± 50 g boter
400 g uien
½ liter water
laurierblad, kruidnagel (-poeder)
± 2 lepels azijn
± 30 g (gebruinde) bloem of
± 15 g maïzena
(bouillonpoeder of zout)

Het vlees zo nodig in stukken van ± 2 cm snijden; met zout en peper bestrooien. De boter bruin laten worden. Het vlees aan alle kanten bruinbakken. De schoongemaakte en in grove snippers gesneden uien toevoegen en onder nu en dan omscheppen mee bruinbakken. Het water, de kruiden en de azijn toevoegen. De massa aan de kook laten komen en laten stoven tot het vlees zacht is (± 2 uur). Het laurierblad en de kruidnagel verwijderen. Het vocht binden met de glad aangemengde bloem of maïzena. Zo nodig op smaak afmaken met bouillonpoeder of zout. Geven met bijvoorbeeld droge rijst of aardappelpuree, rode kool of rauwkost.
N.B. Voor gebruinde bloem zie blz. 75.

Hachee van gaar vlees *(restverwerking)*

250 g gaar vlees
400 g uien
± 50 g vet van jus of boter
30 g bloem
laurierblad, kruidnagel(poeder)
5 dl verdund bruin van jus of 5 dl bouillon
± 2 lepels azijn (zout)

Het vlees zo nodig in stukken van ± 2 cm snijden. De uien schoonmaken en in grove snippers snijden. Het vet of de boter bruin laten worden. De uien toevoegen en onder nu en dan omscheppen bruinbakken. De bloem toevoegen en roerend 5 minuten meebakken. Het vlees, de kruiden, het vocht (de bouillon) en de azijn toevoegen. De massa aan de kook laten komen en ± 20 minuten laten stoven. Het laurierblad en de kruidnagel verwijderen.

Boeuf à la bourguignonne

500 g runderstoofvlees (sucadelappen)
wijnmarinade (½ recept, blz. 101)
60 g doorregen rookspek
2 lepels boter
1 ui
1 teentje knoflook
100 g kleine uitjes of sjalotjes
150 g champignons
2 lepels boter
(beurre manié, aangemengde gebruinde bloem of maïzena)

Het vlees in stukken snijden van ± 4 cm groot en ten minste 3 uur in de marinade marineren. Het vlees uit de marinade halen en goed droogdeppen. De marinade zeven. Het vlees en het spek in de boter bruinbakken. De ui en knoflook schoonmaken, kleinsnijden en even meebakken. De marinade erbij schenken. Het vlees 1½-2 uur (snelkookpan 30-40 minuten onder druk houden) zachtjes stoven. De uitjes en de champignons schoonmaken en grote doormidden snijden. De uitjes 10 minuten bakken in de boter. Na 5 minuten de champignons meebakken. De ui en de champignons bij het vlees doen. Desgewenst iets bijbinden met beurre manié, koud aangemengde gebruinde bloem of maïzena.

Indonesische rendang

500 g runderstoofvlees (sukadelappen)
2 lepels olie
1 ui
1 teentje knoflook
4 dl kokosmelk (santen)
½ theelepel serehpoeder
mespunt gemalen kruidnagel
1 theelepel gemalen koriander (ketoembar, gemalen komijn (djintan))
bruine basterdsuiker
zout
1 kleine rode Spaanse peper of 1 theelepel sambal oelek

Het vlees in stukken van 3 cm snijden en in de hete olie dichtschroeien. De kleingesneden ui en het knoflook toevoegen en enkele minuten meebakken. De kokosmelk, de kruiden, de suiker en zout naar smaak toevoegen. Het pepertje schoonmaken, in de lengte doormidden snijden, de zaadjes verwijderen en het vruchtvlees kleinsnijden. Toevoegen en het vlees ± 2 uur, onder af en toe roeren om aanzetten te voorkomen, stoven.

Goulash

400 g runderstoofvlees of hacheevlees
4 g zout, peper
125 g uien
125 g rode paprika
(knoflook)
± 50 g reuzel of boter
25 g rookspek
± 1 lepel paprikapoeder
1 theelepel oregano
3 lepels tomatenpuree
3 dl bouillon
zout
± 1 lepel tomatenketchup
(maïzena)
¾ dl zure room of yoghurt

Het vlees zo nodig in stukken van ± 2 cm snijden, met zout en peper bestrooien. De uien en de paprika schoonmaken en in grove snippers snijden. De panbodem desgewenst met knoflook inwrijven. Het vet en het kleingesneden spek lichtbruin laten worden en het vlees hierin aan alle kanten bruinbakken. De uien toevoegen en onder nu en dan omscheppen lichtbruin bakken. De paprika, het paprikapoeder, de oregano, de tomatenpuree en de bouillon toevoegen. De massa ± 2 uur laten stoven. Op smaak afmaken met zout en tomatenketchup. Desgewenst binden met aangemengde maïzena. Van de warmtebron af de zure room of de yoghurt erdoor roeren.
Het gerecht desgewenst geven met droge rijst en doperwtjes.

Variaties

Kip-, varkens-, lamsgoulash

Het vlees vervangen door 400 g kipfilet (10 minuten stoven), door 400 g varkensschoudervlees (30 minuten stoven) of door 400 g lamslappen (1 uur stoven).

Goulash (vegetarisch)

Het vlees en het spek vervangen door 300 g in blokjes gesneden tahoe of tempé en 200 g schoongemaakte, in plakken gesneden, champignons; de reuzel vervangen door olie en een kruidenbouillontablet nemen. Stooftijd ± 15 minuten.

Goulash-ovenschotel

Aan het goulashmengsel vóór het stoven 1 dl water extra en 200 g geschilde en in blokjes gesneden aardappels toevoegen. Het gerecht overdoen in een beboterde ovenschaal en afgedekt in een vrij hete oven (± 200 °C) in 2 uur gaar laten worden.

Bakken en papillote, in deegkorst (in de oven) (zie ook blz. 150, 151)

200 g champignons
1 lepel citroensap
rozemarijn of tijm, peterselie
1 ui
4 varkensoesters à 80 g
4 g zout

Varkensoesters met champignons in folie
(en papillote)
De champignons schoonmaken, in plakken snijden en met het citroensap en de gewassen en kleingesneden kruiden vermengen. De gesnipperde ui toevoegen. De helft van het groentemengsel verdelen over de glimmende kant van 4 stukken aluminiumfolie van ± 20 × 20 cm. Hierop het gezouten vlees leggen en dit weer bedekken met het overige mengsel. De pakjes dichtvouwen en op een rooster leggen. Iets onder het midden in een voorverwarmde hete oven (± 220 °C) in ± 10 minuten gaar laten worden. De oesters in folie opdoen.

4 varkenshaasjes à ± 150 g
4 g zout
peper
4 lapjes diepvriesbladerdeeg
gember- of paprikapoeder
Om te bestrijken:
½ ei, 1 lepel melk
of ± 3 lepels melk

Varkenshaas in deegkorst *(en croûte)*
Het vlees met het zout en peper inwrijven; 10 minuten laten intrekken. Het bladerdeeg laten ontdooien, elk lapje dun uitrollen en bestrooien met gember- of paprikapoeder. Op elk lapje een vooraf dichtgeschroeid varkenshaasje leggen, een eventueel dun uiteinde van het vlees dubbelvouwen. De lange kanten van de deeglap over het vlees leggen, de naden met water vochtig maken en over elkaar plakken. De uiteinden vochtig maken, dubbelslaan en aandrukken. De deegpakjes dun met losgeklopt ei of melk bestrijken en op een beboterde bakplaat leggen. Iets onder het midden in een voorverwarmde hete oven (± 220 °C) in ± 25 minuten goudbruin laten kleuren en het vlees gaar laten worden.

Variaties

Gevulde varkenshaas in deegkorst
Zie voor het vulsel bij gevulde varkenshaas (blz. 161).

Ossenhaas, rosbief in deegkorst
De varkenshaasjes vervangen door 600 g ossenhaas of rosbief. De lapjes bladerdeeg met de vochtig gemaakte randen tegen elkaar plakken en op de maat van het vlees uitrollen. Bakken in een voorverwarmde zeer hete oven (± 240 °C), 15-20 minuten (afhankelijk van de dikte van het vlees). Het vlees moet binnenin rood of rosé blijven.

Braden van klein vlees (zie ook blz. 150)

400 g doorregen varkenslappen of speklapjes
± 4 g zout
gember- of paprikapoeder
± 2 dl water
± 1 lepel tomatenketchup
± 1 lepel sojasaus
(Engelse saus)
(allesbinder of maïzena)

Doorregen varkenslapjes, speklapjes

Het vlees inwrijven met zout en gember- of paprikapoeder; laten intrekken (5 minuten). De lapjes naast elkaar in een (koeken)pan leggen en met een deksel op de pan op een iets getemperde warmtebron langzaam lichtbruin laten kleuren (en het vet laten uitsmelten) in ± 30 minuten). Halverwege de bereidingstijd het vlees keren. Het vlees uit de pan nemen en warm houden. Het vet grotendeels uit de pan schenken, het water, de tomatenketchup, de sojasaus en desgewenst enkele druppels Engelse saus toevoegen, al roerend aan de kook laten komen en het bezinksel laten oplossen. Desgewenst binden met allesbinder of aangemengde maïzena.

Variatie

Gemarineerde doorregen lapjes, speklapjes

De lapjes 1-3 uur marineren (marinades blz. 101-102), laten uitlekken, droogdeppen en bereiden als boven.

400 g varkensschouderlappen
peper
± 4 g zout
± 50 g boter
(1 lepel tomatenketchup)
(1 lepel sojasaus)
(Engelse saus)
(allesbinder of maïzena)

Varkensschouderlappen

De lappen inwrijven met peper en zout; 10 minuten laten intrekken. De boter lichtbruin laten worden, de lappen hierin dichtschroeien. Het vlees in een gesloten pan en onder nu en dan keren bruin en gaar laten worden op een getemperde warmtebron (± 40 minuten). • Het vlees uit de pan nemen, desgewenst een deel van het vet afschenken. Zoveel water toevoegen en roerend aan de kook laten komen, dat al het bezinksel juist oplost. Desgewenst afmaken met tomatenketchup, sojasaus, of enkele druppels Engelse saus en binden met allesbinder of aangemengde maïzena.

Variaties

Pittige varkenslappen

Peper en zout vervangen door mosterd/shoarmakruiden.

Varkenslappen met taugé

Peper vervangen door gemberpoeder. 1 gesnipperde ui, 100 g gewassen en uitgelekte taugé en desgewenst een lepel gembersnippers toevoegen en 5 minuten meewarmen.

Gegratineerde varkenslappen (ovenschotel)

De gaargebraden lappen in een beboterde ovenschaal leggen en bedekken met 2 dl ham/kaassaus (blz. 107). Het gerecht 10 cm onder een roodgloeiende grill in ± 5 minuten licht laten kleuren.

4 schouderkarbonaden
à ± 125 g
4 g zout
± 75 g boter

Schouder-, hals-, harstkarbonaden

Bereiden als varkenslappen (zie boven). Indien het vlees bol gaat staan, de rand insnijden en het vlees plat drukken.

1½ kg vleeskrabbetjes
peper, zout of
vleeskruiden of
marinade (zie blz. 101)
100 g boter of olie

Spareribs, vleeskrabbetjes ***(gebraden)***

De krabbetjes zo nodig in stukken verdelen. Inwrijven met kruiden en zout; 10 minuten laten intrekken. Of ten minste 2 uur in de marinade leggen. De boter bruin of de olie heet laten worden, de stukken na elkaar aan weerszijden vlug bruinbakken en uit de pan nemen. Alle krabbetjes in een gesloten pan op een getemperde warmtebron, onder nu en dan omleggen, gaar laten worden (± 50 minuten). Zie verder bij varkensschouder, vanaf •.

4 magere langgerekte
varkenslapjes à 75 g
3 g zout
100 g gekruid gehakt
(blz. 174, ¼ recept)
± 50 g boter
(allesbinder of
maïzena)

Varkensrolletjes

De lapjes zouten. Het gekruide gehakt dun uitstrijken over de lapjes, deze oprollen en met een draadje vastbinden. De boter bruin laten worden, hierin de rolletjes dichtschroeien en rondom onder nu en dan keren op een iets getemperde warmtebron in een gesloten pan gaar en lichtbruin braden (totaal ± 25 minuten). Zo nodig tijdens het braden iets water toevoegen. De gare rolletjes uit de pan nemen, de draadjes verwijderen. Zoveel water toevoegen en roerend aan de kook laten komen, dat al het bezinksel juist oplost. Desgewenst binden met allesbinder of aangemengde maïzena.

Variaties

Zie bij gevulde kalfsrolletjes (blz. 165) en bij runderrolletjes (blz. 167).

± 40 g boter
4 slavinken à 100 g
(1 lepel tomatenpuree of
1 theelepel juspoeder)
(allesbinder of maïzena)

Slavinken

De boter bruin laten worden, de slavinken erin leggen en onder nu en dan keren op een getemperde warmtebron in een gesloten pan gaar en lichtbruin braden (15-20 minuten). Zo nodig tijdens het braden iets water toevoegen. Het vlees uit de pan nemen, zoveel water toevoegen en roerend aan de kook laten komen, dat al het bezinksel juist oplost. Zo nodig ter verbetering van kleur en smaak de tomatenpuree of het juspoeder toevoegen. Desgewenst binden met allesbinder of aangemengde maïzena.

400 g saucijsjes of verse worst
(bloem)
± 40 g boter
(1 lepel tomatenpuree of
1 theelepel juspoeder)

Saucijsjes, verse worst

De saucijsjes of de worst desgewenst door bloem halen en goed afschudden. De boter bruin laten worden, van de warmtebron af nemen en iets laten afkoelen (om het openbarsten* van de worst te voorkomen). De saucijsjes of de worst in de afgekoelde, gebruinde boter leggen en langzaam onder nu en dan keren aan alle kanten gaar en lichtbruin braden in een gesloten pan (± 20 minuten). Zo nodig tijdens het braden iets water toevoegen. Het vlees uit de pan nemen, zoveel water bij de jus voegen en roerend aan de kook laten komen, dat al het bezinksel juist oplost. Zo nodig ter verbetering van kleur en smaak de tomatenpuree of het juspoeder toevoegen.

** Het openbarsten kan ook voorkomen worden door de worst vóór de bereiding op enkele plaatsen in te prikken (kans op uitdrogen) of door de worst op een laag ingestelde warmtebron gaar te laten worden en daarna in open pan snel bruin te bakken.*

2-3 sneden oud brood zonder korst of 3 beschuiten
3 g zout
peper, nootmuskaat
½ ei
400 g gemengd gehakt of 400 g kalfsgehakt
(paneermeel)
100 g boter
(1 theelepel juspoeder of 1 lepel tomatenpuree)

Gehakt

Het brood laten weken in ± 4 lepels water, tot het geheel zacht is; overtollig water eruit drukken, of de beschuiten fijnmaken. Het brood- of beschuitkruim vermengen met het zout, peper, nootmuskaat en het ei. Het gehakt hiermee goed doormengen, tot een gelijkmatige massa is verkregen. Indien te droog iets melk toevoegen. Eén grote of 4 kleinere ballen vormen; daarbij zorgen dat het oppervlak geen barsten vertoont. De bal(len) desgewenst door paneermeel rollen. De boter lichtbruin laten worden, het gehakt hierin leggen en door middel van bedruipen dichtschroeien. Het gehakt pas voorzichtig keren als er een korstje is gevormd. De bal of ballen op een iets getemperde warmtebron onder nu en dan keren gaar en lichtbruin braden in een gesloten pan (voor kleine ballen 20 minuten, voor een grote bal ¾ uur). Zo nodig tijdens het braden iets water toevoegen. Het gehakt uit de pan nemen, zoveel water bij de jus voegen en roerend aan de kook laten komen, dat al het bezinksel juist oplost. Zo nodig ter verbetering van de kleur en smaak het juspoeder of de tomatenpuree toevoegen.

Variaties

Gehakt met saus

± 10 balletjes vormen, deze na bereiding opdienen in een warme hartige saus (blz. 104-113).

Gekruid gehakt

Het gehakt bovendien vermengen met naar keuze:

a 2 gesnipperde uien en 1½ theelepel kerrie;
b ± 1 lepel geweekte boemboe nasi goreng of nasikruiden;
c kleingesneden peterselie en ketjap;
d 1 lepel paprikapoeder of ½ kleingesneden paprika en 1 lepel kleingesneden bieslook.

Gevulde gehaktballen

Door het gehakt extra 2 lepels kleingesneden groene kruiden mengen. Er 4 platte koeken van vormen. Klein bolletje mozzarella, stukje feta, stukje roomkaas desgewenst in ham gerold of een lepel kleingesneden gedroogde tomaat op olie of een gedroogde pruim of abrikoos of een in plakjes gesneden en 2 minuten gekookte champignon of wat gedroogde en geweekte paddenstoelen in het midden erop leggen en het gehakt eromheen kneden.

Gekruide gehaktballen

Het gehakt vervangen door lamsgehakt, de nootmuskaat door een teentje knoflook, 1 geraspte ui, ½ theelepel gemalen koriander (ketoembar), mespunt cayennepeper en 2 lepels peterselie.

Gehaktbrood

Door het gehakt 2 uien en 150 g champignons, kleingesneden en even gebakken, en 2 lepels peterselie of groene tuinkruiden mengen. Er een rol of brood van vormen.

Roergebakken gehakt
Het gehakt al roerend in ± 20 g boter gaar bakken (de kleur verandert in grijs, ± 8 minuten); de kruiden toevoegen. Desgewenst vooraf een gesnipperde ui in de boter fruiten.

Gehaktballetjes voor soepen en sauzen ***(zie blz. 93)***

Braden van groot vlees (stukken vanaf 500 g)

I In een braadpan

Het vlees 10 minuten voor de bereiding met zout (krap 1% van het gewicht van het vlees) en desgewenst peper inwrijven en (afgedekt) laten intrekken. Boter of het vet of een mengsel van beide in een braadpan onder nu en dan roeren heet en/of bruin laten worden. Het (zo nodig drooggedepte) vlees in bruine boter en/of vet op een hoog ingestelde warmtebron rondom dichtschroeien. De warmtebron iets temperen, de pan sluiten en het vlees onder nu en dan keren (niet diep in het vlees prikken) bruin en, afhankelijk van de vleessoort, geheel of gedeeltelijk gaar laten worden (zie schema hieronder). Bij het keren nagaan of het vet niet te heet is; in dat geval verder temperen. Zo nodig met 1 lepel water afkoelen. Nagaan of de 'gaarte' goed is, door er met een vleesvork diep in te prikken. Het uitlopende vleesvocht op een lepel opvangen:

- *grijs vocht:* doorbakken, gaar vlees (bien cuit, well done);
- *roze vocht:* halfgaar tot bijna gaar vlees (rosé, medium); bijvoorbeeld bij contrefilet/entrecote;
- *rood vocht:* rauw vanbinnen (saignant, rare); alleen bij ossenhaas en rosbief.

Indien nodig het braadproces verlengen. De jus afmaken (zie blz. 151).

Het vlees pas aansnijden ± 20 minuten na het braden, in verband met extra verlies van vleesvocht (in aluminiumfolie gewikkeld warm houden).

II In de oven

a In een braadslee, waar het gezouten stuk vlees juist in past, dichtschroeien in hete boter (in een grote braadslede wordt de jus snel te donker). Naar keuze het vlees bij hoge of lage temperatuur braden:
- braden op 220 °C (hoge temperatuur) geschikt voor vlees dat vanbinnen rood moet blijven. Na 10 minuten minderen naar 180 °C;
- braden op 160 °C (lage temperatuur); het vlees verliest dan veel minder vocht.

  De vel- of vetkant van het vlees altijd naar boven keren. Het vlees regelmatig met vet of boter bedruipen. Indien de jus te donker wordt, iets koude boter of water toevoegen.
  Het vlees gedeeltelijk of helemaal gaar maken volgens aanwijzingen.

b *In een braadzak.* Het gezouten vlees met eventuele kruiden in een braadzak overdoen; goed dichtbinden. De zak in een braadslee midden in een warme oven leggen (± 180 °C), aan de bovenkant de zak enkele malen inprikken (voor het ontsnappen van de stoom). Braadtijd ± 1½ × de aangegeven tijd (zie schema). Voordelen: het vlees blijft sappig, de saus is niet vet, de oven blijft schoon.

Gemiddelde braadtijden groot vlees in de braadpan of in de oven bij lage braadtemperatuur (± 160 °C)				
per 500 g*				
gewenst resultaat van het vleesvocht	**soort vlees (± 4 cm dik)**	**lang plat stuk (± 8 cm dik)**	**dik stuk of rollade**	**temperatuur kern****
rauw: rood rare	zeer mals rundvlees	max. 15 min.	min. 25 min.	55-60 °C
halfgaar: rozerood medium	vrij mals rundvlees	± 25 min.	± 30 min.	65-70 °C
juist gaar: rozig-grijs medium +	weinig mals rundvlees vrij mals varkensvlees kalfsvlees-lamsvlees	± 30 min.	± 35 min.	75-80 °C
gaar: grijs well done	varkensvlees, lamsvlees tam konijn	± 35 min. ± 40 min.	± 40 min. *** ± 45 min.	80-85 °C

** Voor stukken boven 1 kg de totale braadtijd iets bekorten; ± 100 g boter per 500 g vlees rekenen. Bij een ovenbereidingstijd langer dan 30 minuten het vlees gedurende de eerste helft van de bereidingstijd afdekken met aluminiumfolie.*

*** Te bepalen door een vleesthermometer in het dikste deel van het vlees te steken.*

**** Schoudervlees 10 min. langer.*

Braden van groot vlees

600 g rund- of kalfsvlees (een van de genoemde stukken)
5 g zout
± 100 g boter

Runderlenderollade, ezeltje, ribstuk

Het vlees zouten (rollade is meestal al gezouten); 10 minuten (afgedekt) laten intrekken. De boter bruin laten worden, het vlees dichtschroeien en onder nu en dan keren in een gesloten pan op een iets getemperde warmtebron bijna gaar braden. Het vlees mag vanbinnen nog roze zien: braadtijd 25 à 30 minuten (afhankelijk van de dikte van het vlees). Rollade van netje of touw ontdoen vóór het snijden.

N.B. Stukken vlees van 1 kg of meer kunnen ook in de oven (in de braadslee of in een braadzak) gebraden worden (zie uitgebreide beschrijving op blz. 175). Voor het afmaken van de jus zie blz. 151.

Variaties

Doorregen runderrollade, doorregen ribstuk

Braadtijd: 2-2½ uur. Zo nodig enkele lepels water toevoegen.

Gemarineerde runderrollade

Het vlees ± 4 uur marineren (zie wijnmarinade blz. 101). Daarna het vlees droogdeppen en braden. De jus met de ingekookte marinade afmaken.

Rosbief, spierstuk, contrefilet, entrecote
Dit vlees mag vanbinnen nog rood zijn. Een stuk van 600 g ± 15 minuten braden op een vrij hoog ingestelde warmtebron.
N.B. Rosbief kan gesneden worden van contrefilet, dikke lende of bloemstuk.

Kalfsfricandeau, kalfsrollade
Braadtijd voor een stuk van 600 g ± 30 minuten; stukken van 1 kg of meer: zie braden in de oven blz. 175 (in een braadslee of braadzak).

Doorregen kalfsrollade
Braadtijd: ± 1½ uur. Zo nodig enkele lepels water toevoegen.

600 g varkensvlees (een van de genoemde stukken)
5 g zout
± 100 g boter

Varkensfricandeau, varkensfilet, varkensrollade, varkensribstuk, varkensschouderstuk *(procureur)*
Het vlees zouten (rollade is meestal gezouten), 20 minuten (afgedekt) laten intrekken. De boter bruin laten worden, het vlees dichtschroeien en onder nu en dan keren in een gesloten pan op een getemperde warmtebron gaar braden. Het vlees moet vanbinnen grijs van kleur zien. Braadtijd ± 45 minuten (afhankelijk van de dikte van het vlees, voor rollade en schouderstuk ± 20 minuten extra rekenen).
N.B. Stukken van ± 1 kg of meer kunnen ook in de oven gebraden worden (in de braadslee of in een braadzak); zie uitgebreide beschrijving op blz. 175. Voor afmaken van de jus zie blz. 151.

Variaties

Gevulde varkensfricandeau, varkensribstuk, varkensschouderstuk
(zie gevulde varkensfilet met tomaat en kaas blz. 161)

Varkensfricandeau, varkensfilet, varkensribstuk, varkensschouderstuk met pittige korst
2 lepels tomatenketchup en 2 lepels hoisinsaus, 1 lepel citroensap of (rijstwijn)azijn en sojasaus, 2 theelepels geraspte sinaasappelschil, 1 theelepel kerrie,1 theelepel sesamolie en mespunt cayennepeper door elkaar mengen. Het vlees erdoor wentelen en 3 uur afgedekt laten rusten. Het vlees onder regelmatig bedruipen gaar braden.

Geglaceerde varkensfricandeau et cetera
3 lepels honing, 1 theelepel gemalen koriander (ketoembar), zout, peper, 1 uitgeknepen teentje knoflook en 1 eetlepel sherry of rijstwijn vermengen en het vlees ermee bestrijken. Het vlees onder regelmatig bedruipen gaar braden.

'Gepikeerde' varkensfricandeau et cetera
In de inkepingen knoflook en een naaldje rozemarijn steken (zie lamsbout, lamsschouder blz. 178).

Gevulde kalfsborst *(8 personen)*

1½ kg kalfsborst
(ingesneden bestellen)
10 g zout
1 ei
Vulsel:
500 g kalfsgehakt
3 sneden oud brood
4 g zout
peper, nootmuskaat
½ theelepel rozemarijn of tijmblad
(truffel of champignons)
(2 lepels madera)
± 200 g boter
(rode wijn)

De kalfsborst zouten en vanbinnen bestrijken met het losgeklopte ei. Het gehakt aanmaken met het overige ei, het geweekte brood, zout en kruiden. Desgewenst gesneden truffel of champignons en madera toevoegen. Het vulsel moet smeuïg zijn; zo nodig wat melk of room toevoegen. De kalfsborst vullen met het gehaktmengsel en dichtnaaien. In de gebruinde boter in een braadpan of oven gaar braden als varkensfricandeau (blz. 177), braadtijd ± 1¾ uur. Het vlees in aluminiumfolie warm houden (± 20 minuten). De jus desgewenst afmaken met rode wijn (zie blz. 151). Alvorens het vlees in plakken te snijden, de naaidraad verwijderen.

Variatie

Het gehaktmengsel vervangen door risotto met champignons en ham (blz. 251, ½ recept), vermengd met een losgeklopt ei of door: 250 g gesmoorde champignons, 150 g kleingesneden gerookte ossentong en 50 g geweekte en goed uitgelekte rozijnen of kleingesneden abrikozen vermengd met een losgeklopt ei.

Variatie in opdoen

Kalfsborst à la jardinière (zie bij ossenhaas blz. 158).

Lamsbout, lamsschouder *(± 8 personen)*

teentjes knoflook
1½ kg opgebonden lamsbout of 2 kg lamsbout of lamsschouder met been
rozemarijnnaaldjes
10 g zout, peper
± 200 g boter

Het knoflook schillen en in staafjes snijden. In het vlees inkepingen maken en in iedere inkeping knoflook en een naaldje rozemarijn steken. Zout en peper toevoegen. In de gebruinde boter in een braadpan of oven gaar braden (blz. 175), braadtijd 1 uur (rosé) of 1½ uur (gaar). Het vlees in aluminiumfolie warm houden. Voor het afmaken van de jus zie blz. 151.

Variaties

Gemarineerde lamsbout, lamsschouder

Het vlees (desgewenst met teentjes knoflook in de inkepingen) ten minste 2 uur marineren in een wijnmarinade (blz. 101). De jus afmaken met de marinade en desgewenst 4 lepels crème fraîche of room.

Lamsrug, lamszadel (8 à 10 personen)

Voor een stuk van 2 kg is de braadtijd ± 40 min (rosé). Vóór het opdoen het vlees aan weerskanten van de wervelkolom lossnijden van het bot, het dunne gedeelte van deze stukken vlees afsnijden en in plakken gesneden op een warme vleesschaal leggen. De haasjes aan de onderkant van het bot wegnemen, het bot op het gesneden vlees leggen, zodat het stevig ligt. Het dikke gedeelte van het vlees in plakken snijden, deze op het bot weer in het model van de rug terugleggen. De gesneden haasjes aan weerskanten van de rug leggen of achterhouden, om de schotel later mee aan te vullen.

2 lamscarrés met
4-6 koteletjes elk
4 teentjes knoflook
1 lepel gebroken rozemarijnnaaldjes
zout, peper
½ theelepel cayennepeper
1 dl olijfolie
2 lepels olijfolie

Lamscarré, lamskroon, lamsrack

De ribbetjes schoonschrappen. Het uitgeperste knoflook, de rozemarijn, zout, peper en cayennepeper door de olie mengen. Het vlees hiermee bestrijken, in aluminiumfolie verpakken en ten minste 2 uur in de koelkast laten intrekken. Het vlees in 2 lepels olijfolie dichtschroeien en snel bruinbakken, de in het folie afgelopen olie erbij doen en in ± 15 minuten (afhankelijk van de dikte) in de braadpan of in de oven (blz. 175) onder regelmatig bestrijken met het braadvet braden. Het vlees moet binnenin rosé blijven. Het vlees uit de pan nemen en in aluminiumfolie warm houden. De jus afmaken (zie blz. 151). De lamscarré met de ribbetjes naar boven opdoen en aan tafel tussen de ribbetjes in koteletten snijden.

1 beenham, ± 500 g (verpakt, gekruid of gemarineerd)
40 g boter
1 dl water of wijn
(1 lepel honing)
(1 lepel curryketchup of pesto)
allesbinder

Beenham, gebraden

De beenham uit de verpakking nemen (de marinade bewaren). De boter bruin laten worden. Het vlees dichtschroeien en onder nu en dan keren in een gesloten pan op een getemperde warmtebron rondom bruin en gaar braden (± 40 minuten). Het vlees uit de pan nemen. De eventuele marinade of de honing, ketchup of pesto toevoegen met het water of de wijn en al roerend aan de kook laten komen, zodat alle bezinksel oplost. Desgewenst binden met allesbinder.

Koken, pocheren, wellen van vlees en organen (zie ook blz. 150)

1 rundertong, ossentong
6 g zout per liter water
ui, wortel, peterselie
foelie, tijm, peperkorrels
½ laurierblad

Rundertong, ossentong ***(± 8 personen)***

De tong schoonwrijven met zout, afspoelen. Opzetten met zoveel kokend water, dat ze juist onderstaat; zout en kruiden toevoegen. Aan de kook laten komen en zachtjes laten koken tot ze gaar is (2½ à 3 uur, in hogedrukpan ± 1 uur). De tong is gaar als het vel gemakkelijk loslaat. De tong pellen en nog enige tijd in het kooknat leggen om het zout goed te laten intrekken. De tong uit de pan nemen, ontdoen van het keelstuk en in dunne plakken snijden. Hiervoor de tong op haar onderzijde neerleggen en haar al snijdend steeds zo laten liggen. Aan de keelzijde beginnen te snijden, eerst in bijna horizontale richting, geleidelijk aan meer in verticale richting. De gesneden tong in de oorspronkelijke vorm op een verwarmde vleesschaal leggen. De tong geven met een Hollandse saus (blz. 113) of een veloutésaus (blz. 108). De bouillon zo nodig verdunnen tot ze niet meer te zout is en gebruiken voor saus of soep.

Variaties

Kalfstong (3 à 4 personen)

Kooktijd 1½ à 2 uur (in hogedrukpan 30-40 minuten). Kalfstong wordt traditioneel gegeven met flageolets of witte bonen en Hollandse saus of met lichte ragoutsaus en fleurons.

Varkenstong, lamstong
2 varkenstongen of 4 lamstongetjes nemen. Kooktijd 1 à 1½ uur, in hogedrukpan 20 à 30 minuten.

1 gekookte kalfstong (blz. 179)
100 g fijne paté
½ liter lichtbruine hakaspic (blz. 103)
Voor de saus:
½ liter kookvocht
40 g boter
40 g bloem
1 eierdooier
1 lepel witte wijn
Voor de garnering:
stukjes truffel of hardgekookt eiwit
reepjes wortel of paprika
peterselieblad
groentedaubetjes (blz. 31) of groentemousse (blz. 33)

Chaudfroid van kalfstong, koude schotel van kalfstong met saus en aspic
De gepelde tong laten afkoelen en schuin in gelijkmatige, vrij dikke plakken snijden. Grote plakken halveren. De plakken aan één kant bestrijken met de paté en op een rooster leggen. De aspic bereiden. Van ½ liter kookvocht met de boter en de bloem een rouxsaus maken. De saus afmaken met de (met melk losgeroerde) eierdooier en de wijn. Enige lepels iets afgekoelde aspic door de saus mengen.
De stukken tong enige malen overgieten met de saus. Voor het aanbrengen van de garnering en opdoen: zie chaudfroid van eieren, blz. 117 vanaf •.
Variatie
Chaudfroid van kip, kalkoen
De kalfstong vervangen door 500 g kip- of kalkoenfilets, die in ½ liter bouillon gepocheerd worden (15 minuten).

± 400 g rookworst

Rookworst
De worst opzetten met ruim koud water, verhitten tot het water bijna kookt; het water ± 15 minuten tegen de kook aan houden (wellen). De worst uit de pan nemen, desgewenst het kooknat in soep gebruiken.
Voor de bereiding van rookworst in vacuümverpakking zie de gebruiksaanwijzing.

400 g kalfs-, varkens- of lamslever
8 g zout per liter water

Gepocheerde kalfs-, varkens-/lamslever
De lever op een koele plaats in koud water of in een gesloten plastic zak bewaren tot ze bereid wordt. De lever opzetten onder ruim kokend water en zout. Gedurende ½ uur tegen de kook aan houden. De lever in het kooknat laten afkoelen en hierin bewaren.

2 kalfs- of 3 à 4 varkens- of lamsnieren
8 g zout per liter water
ui, wortel, peterselie
(laurierblad)

Gepocheerde kalfs-, varkens-/lamsnieren
De nieren tot aan de bereiding op een koele plaats onder koud water bewaren. De nieren blancheren, dat wil zeggen opzetten met zoveel koud water dat ze onderstaan; aan de kook laten komen, afgieten en afspoelen. Daarna de nieren juist onder water met het zout en de kruiden tegen de kook aan houden (20 à 30 minuten). De nieren in plakken snijden, bindweefsel en vet verwijderen. Geven met bijvoorbeeld een bruine ragoutsaus (blz. 112).

Gepocheerde zwezerik

2 hartzwezeriken
8 g zout per liter water
ui, wortel, peterselie
foelie, tijm, peperkorrels

De zwezeriken op een koele plaats in koud water bewaren tot aan de bereiding. De zwezeriken blancheren (zie blz. 180 bij gepocheerde nieren). Daarna de zwezeriken juist onder water met het zout en de kruiden tegen de kook aan houden (25 minuten). De zwezeriken uit de pan nemen en tussen 2 plankjes persen; op het bovenste plankje iets zwaars zetten. Vet en vellen zoveel mogelijk verwijderen. De zwezeriken weer opwarmen in de bouillon en in plakken snijden. Zwezerik geven met een lichte saus (blz. 107-111).

Variatie

Gepaneerde zwezerik

De gepocheerde zwezerik laten afkoelen en in zijn geheel of in plakken gesneden paneren en bakken (zie gepaneerde kalfsoesters blz. 163).

Chinese fondue, fondue chinoise *(bouillonfondue)*

600 g vlees, bijvoorbeeld 150 g kippen- of kalkoenfilet,
150 g varkens- of kalfslever,
150 g varkenshaas,
150 g kalfsbiefstuk, mager lamsvlees van de bout en/of
150 g kabeljauw-, tilapia- of pangasiusfilet
1½ liter kruiden- of bruine bouillon (blz. 77)

Het vlees in zeer dunne plakjes of de vis in blokjes snijden. De bouillon aan de kook laten komen en overdoen in een fonduepan. Deze op een tafelkomfoor juist aan de kook houden. Het vlees of de vis in eenpersoons porties opdoen. Ieder laat een stukje vlees of vis, aan een fonduevork of lange prikker gestoken, gaarkoken in de bouillon. De fondue geven met fonduesauzen of chutney of op Chinese wijze ieder een rauwe eierdooier met ketjap laten mengen als dipsaus. Droge rijst en een groentesalade bij de fondue serveren. Desgewenst na afloop van de fondue de bouillon met madera afmaken en als drank geven.

N.B. Voor bouillonfondue zijn speciale ringvormige pannen in de handel.

Variatie

Chinese groentefondue

Het vlees vervangen door roosjes bloemkool of broccoli, champignons, reepjes paprika, reepjes bleekselderij, ringen prei, stukjes venkel en kerstomaatjes.

Wild en gevogelte

Haarwild en vederwild zijn afkomstig van de jacht (najaar). Soms betreft het speciaal gefokte dieren. Vaak is wild in de handel in ingevroren toestand.
Vlees van in het wild levende dieren is pittiger van smaak dan dat van tamme dieren. De smaak van tamme dieren hangt samen met het genoten voedsel en met het feit of de dieren al of niet vrij hebben rondgelopen.
Voorbereiding: besterven, schoonmaken, opbinden of in stukken verdelen (wordt door de poelier gedaan). Diepvrieswild in de koelkast laten ontdooien, dooivocht niet gebruiken. Men kan het wild vooraf marineren (zie marinades blz. 101). De meest toegepaste bereiding is gaar braden. Oude exemplaren worden gebakken en gestoofd.
Rauw en bereid vlees en het gebruikte keukenmateriaal gescheiden houden om een besmetting met bijvoorbeeld salmonellabacteriën te voorkomen. Vooral bij ongaar gevogeltevlees vindt veel besmetting plaats.

Bereidingswijzen, -tijden:

a *In een pan op een iets getemperde warmtebron of in een braadslee in de oven* (160 °C-180 °C, afhankelijk van de braadtijd):

soort	aantal personen	hoeveelheid boter in g	bereidingswijze	tijd	bijzonderheden
haas (± 2½ kg)	8 à 10	300	braden	2½ uur	desgewenst larderen
wild konijn	3	100	braden	1 à 1½ uur	
tam konijn	5 à 6	150	braden of bakken en stoven	± 1½ uur	
reerug (2 à 3 kg)	10 à 12	300	braden	± 2½ uur	desgewenst marineren in een wijnmarinade
reebout (± 2 kg)	8 à 10	250	braden	1½ à 2 uur	
wildzwijnszadel (± 3½ kg)	12	300	braden	± 1 uur	desgewenst marineren in een wijnmarinade
wildzwijnsbout (± 2 kg)	8 à 10	300	braden	± 1 uur	desgewenst marineren in een wijnmarinade

soort	aantal personen	hoeveelheid boter in g	bereidingswijze	tijd	bijzonderheden
watersnip*	1	25	braden	± ½ uur	
houtsnip* (± 325g)	2	50	braden	½ à ¾ uur	barderen
patrijs (± 400 g)	1 à 2	50	braden of bakken en stoven	¾ à 1 uur	
kwartel	1 à 2	25	braden	± 20 min.	barderen
duif	2	50	braden	¾ uur	vullen
taling* (± 400 g)	1	25	braden	¾ à 1 uur	
wilde eend (± 1¼kg)	3 à 4	100	braden	± 1 uur	vullen
tamme eend	4 à 5	120	bakken en stoven	± 1 uur	
eendenbout	1	25	bakken en stoven	± 1 uur	
eendenborst	1	25	bakken	8 à 12 min.	
parelhoen	2 à 3	75	braden	± 50 min.	
fazant (± 1½kg)	4 à 5	120	braden	1 à 1½ uur	barderen
piepkuiken	2	50	braden	¾ uur	
jong haantje	1	25	braden	½ uur	
kip	4	100	braden	¾ à 1 uur	
poularde	5 à 6	150	braden	1 à 1½ uur	
gans	8 à 12	200-300	braden	3 à 4 uur	vullen
kalkoen	10 à 16	250-400	braden	2½ à 5 uur	vullen

**In Nederland beschermd.*

b ***In een braadzak***
Het gezouten wild of gevogelte met eventueel kruiden in een braadzak overdoen; goed dichtbinden. De zak plat op een rooster midden in een warme (180 °C) oven leggen. Aan de bovenkant de zak enkele malen inprikken (ontwijken van de stoom). Braadtijd ± 1 uur per kg. Voordelen: het vlees blijft sappig, de saus is niet vet, de oven blijft schoon.

c ***Grilleren***
Het vlees aan een draaispit rondom bruin en geheel gaar maken door middel van stralende warmte (voornamelijk bij kip).

d ***Trancheren van gevogelte (voorsnijden)***
Hiervoor de poten eraf snijden; deze desgewenst in tweeën snijden, de vleugels eraf nemen met een stukje borstvlees eraan; het borstvlees in twee stukken eraf nemen. De stukken op een warme vleesschaal leggen, iets jus erover schenken (om te glanzen). Het gevogelte bijvoorbeeld geven met perzikencompote of gebakken fruit (ananas- of appelplakken).

1 haas van ± 2½ kg, gepikeerd en panklaar
± 10 g zout
± 200 g boter
1 grote ui
(1 teentje knoflook)
½ winterwortel
± 1 dl rode wijn
± 3 lepels room
(± 1 dl hazenbloed)

Haas *(± 8 personen)*

De haas zouten, 15 minuten laten intrekken en droogdeppen. De boter in een (wild)pan bruin laten worden, de haas hierin dichtschroeien en braden; of de haas in een warme oven (± 180 °C) gaar en bruin braden onder dikwijls bedruipen (± 2½ uur). Zo nodig de haas het laatste uur bedekken met beboterd papier (om uitdrogen en te donker worden te voorkomen). Iets water bij de jus schenken als deze te donker dreigt te worden. De haas is gaar als het vlees langs de wervelkolom gemakkelijk loslaat. De haas uit de pan nemen en voorsnijden. Hiervoor de poten eraf snijden, de achterpoten nog eens doorsnijden, het vlees van de rug lossnijden langs de wervelkolom en losmaken van de ribben en de werveluitsteeksels. Het rugvlees in enige stukken snijden, terwijl het op de rug blijft liggen. De gesneden haas in de oorspronkelijke vorm op een verwarmde schaal leggen en warm houden. Voor de saus de schoongemaakte, kleingesneden ui en de wortel (het geperste knoflook) ± 5 minuten in de braadboter fruiten. Daarna zoveel wijn toevoegen en roerend aan de kook laten komen, dat het bezinksel juist oplost. De jus afmaken met de room. Desgewenst het hazenbloed met wat jus voorverwarmen en onder goed roeren toevoegen; de jus zeven. De haas geven met bijvoorbeeld cranberrycompote (blz. 288).

Variaties

Wild konijn (5 à 6 personen)

2 konijnen braden (± 1½ uur).

Gemarineerde haas, gemarineerd konijn

Het wild vóór het braden marineren (zie wijnmarinade blz. 101). De gezeefde marinade gebruiken bij het afmaken van de jus.

2 hazenruggen
6 g zout
± 100 g boter
100 g kruidenboter (blz. 100)

Hazenrug

De hazenruggen zouten; 10 minuten laten intrekken en droogdeppen. De boter bruin laten worden en hierin de ruggen dichtschroeien en bruinbakken. De kruidenboter over het vlees strijken en dit midden in een hete oven (200 °C) of in een pan op een getemperde warmtebron bijna gaar braden (± 20 minuten; het vlees mag binnenin nog lichtroze zijn).

Variatie

De ruggen vóór het braden marineren (blz. 101); desgewenst de kruidenboter vervangen door plakjes ontbijtspek die op de rug gelegd worden.

4 filets van de haas
4 g zout
peper
± 100 g boter rode wijn

Hazenfilets

De filets zouten en met peper bestrooien; 5 minuten laten intrekken en droogdeppen. Het dunne uiteinde omvouwen en met een prikker op het dikkere deel vastzetten. De boter bruin laten worden en de filets in een open pan snel aan beide kanten bruinbakken (± 10 minuten, afhankelijk van de dikte en de gewenste gaarte; het vlees mag binnenin nog lichtroze zijn). Het vlees uit de pan nemen. Zoveel wijn bij de boter schenken en roerend aan de kook laten komen, dat al het bezinksel juist oplost. Het vlees bij het opdoen bedekken met iets jus (om te glanzen). Variatie jus zie blz. 151.

1½ kg haas (in stukken)
wijnmarinade (blz. 101)
± 7 g zout
peper
100 g boter
100 g mager rookspek
± 5 sjalotjes of
2 uien
± 70 g bloem
kleurmiddelen (aroma, vleesextract, ketjap)
1 lepel tomatenpuree
2 lepels room
± 10 zilveruitjes
(2 lepels cognac)
(2 lepels Grand Marnier)

Hazenpeper ***(van rauwe haas) (6 à 8 personen)***

De stukken haas 6-8 uur in de wijnmarinade laten liggen. Het vlees uit de marinade nemen, laten uitlekken, droogdeppen en met zout en peper bestrooien. De boter bruin laten worden, de stukken haas hierin dichtschroeien en vlug aan alle kanten bruinbakken en uit de pan nemen. Het rookspek in blokjes snijden, de sjalotjes of uien schoonmaken en snipperen, beide aan de bakboter toevoegen en ± 5 minuten fruiten. De stukken haas en de gezeefde marinade toevoegen en ± 2½ uur (hogedrukpan ± 50 minuten) zachtjes laten stoven. Intussen de bloem in een pan met dikke bodem goed roerend licht beige laten worden, laten afkoelen en met koud water glad aanroeren en verdunnen tot een vloeibare massa. De haas uit de pan nemen en het vlees in grote stukken van het bot nemen. Het kokende vocht met de aangemengde bloem tot sausdikte binden. Op kleur en smaak afmaken met de kleurmiddelen, de tomatenpuree, de room, de kleingesneden zilveruitjes en desgewenst de cognac of de likeur. Hazenpeper bijvoorbeeld geven met aardappelpuree en rode kool of spruitjes.

stukken gebraden haas (± 1 kg)
5 dl (wild)bouillon (van het karkas)
1 laurierblad
peperkorrels
1½ g zout
1 à 2 uien
40 g boter of
vet van hazenjus
40 g bloem
± ½ dl bruin van (hazen)jus
2 lepels azijn of
½ dl rode wijn
peper

Hazenpeper ***(restverwerking)***

De stukken haas in de bouillon en de kruiden 15 minuten tegen de kook aan houden. Uit de pan nemen, iets laten afkoelen en het vlees in grote stukken van het bot nemen. De bouillon zeven. De uien schoonmaken, in ringen snijden en in de boter of het vet lichtbruin bakken. De uien met een schuimspaan uit de pan nemen (de boter er goed uit drukken) en bij het vlees leggen. De bloem aan de bakboter toevoegen en al roerend lichtbruin (pindakaaskleurig) laten worden. Een deel van de bouillon toevoegen, stevig glad roeren en aan de kook laten komen. Al roerend verdunnen met de overige bouillon. Op smaak en kleur afmaken met het bruin van de jus, de azijn of de wijn en de peper. Het vlees en de uien toevoegen en ± 20 minuten laten stoven.

Variatie

100 g rookspek in blokjes en 200 g champignons in plakjes met de uien bakken.

Gestoofd konijn, gestoofde haas ***(5 à 6 personen)***

1½ kg konijn of haas in stukken
± 10 g zout
peper
(mosterd)
300 g boter
1 à 2 uien
laurierblad
1 mespuntje tijm of kummel
2 lepels tomatenpuree
± 2½ dl water of rode wijn
(100 g crème fraîche)
(20 g bloem)
(100 g champignons)

Het wild inwrijven met zout en peper of dik met mosterd bestrijken. De boter bruin laten worden, de stukken wild hierin dichtschroeien en aan alle kanten bruinbakken; op het laatst de kleingesneden ui meebakken. Laurierblad, tijm of kummel, de tomatenpuree en zoveel water of rode wijn toevoegen en roerend aan de kook laten komen, dat al het bezinksel juist oplost. De stukken wild op een getemperde warmtebron laten stoven, onder af en toe keren, tot ze gaar zijn (± 1½ uur, haas ± 2½ uur). Konijn (of haas) is gaar als het vlees goed van het bot is af te nemen. De stukken wild op een verwarmde vleesschaal leggen. De jus zeven, desgewenst met 100 g crème fraîche afmaken of binden met gebruinde bloem (zie bij hazenpeper van rauwe haas blz. 185). Desgewenst gesmoorde champignons als vulsel toevoegen.

Variaties

De tomatenpuree vervangen door 1 lepel sinaasappel- of abrikozenmarmelade en 1 lepel ketjap manis.

Vlaams konijn

De wijn vervangen door donker bier.

Reerug ***(10 à 12 personen)***

1 reerug (2 à 3 kg) (gepikeerd)
wijnmarinade (blz. 101)
± 20 g zout
300 g boter
(350 g witte druiven)
± 12 g maïzena

De reerug op een koele plaats 6-8 uur marineren in de wijnmarinade; nu en dan keren. De reerug laten uitlekken, droogdeppen, zouten en in de bruine boter onder regelmatig bedruipen gaar en bruin braden in de oven (zie groot vlees braden blz. 175-179). Braadtijd ± 2½ uur, temperatuur 160 °C. (De reerug is gaar, als het vlees gemakkelijk van het bot loslaat.) De jus afmaken met ± 3 dl gezeefde marinade. Desgewenst de druiven meewarmen en binden met de aangemengde maïzena.

Reerug voorsnijden door het vlees aan weerskanten van de wervelkolom los te snijden van het bot, het dunne gedeelte van deze stukken vlees afsnijden en in plakken gesneden op een warme vleesschaal leggen. De haasjes aan de onderkant van het bot wegnemen, het bot op het gesneden vlees leggen, zodat het stevig ligt. Het dikke gedeelte van het vlees in plakken snijden, deze op het bot weer in het model van de rug terugleggen. De gesneden haasjes aan weerskanten van de rug leggen of achterhouden om de schotel voor de tweede maal mee aan te vullen. Iets jus over het vlees schenken (om te glanzen), de overige jus afzonderlijk erbij geven. Serveren met bijvoorbeeld veenbessencompote.

Variaties

Reebout (8 à 10 personen)

Een gepikeerde reebout (± 2 kg) 6-8 uur marineren in wijnmarinade (blz. 101). Braadtijd afhankelijk van de dikte van de bout 1½-2 uur.

Wildzwijnszadel (± 12 personen), wildzwijnsbout (± 8 à 10 personen)

Een wildzwijnszadel (à ± 3½ kg) of -bout (à ± 2 kg) 6-8 uur marineren in wijnmarinade (blz. 101). Braadtijd ± 1 uur.

Reepeper, wildzwijnspeper (zie hazenpeper blz. 185)

4 (gepikeerde) ree-, herten- of wildzwijnsbiefstukjes à 100 g
peper
± 50 g boter
(± 2 dl bouillon)
(allesbinder of maïzena)

Reebiefstuk, hertenbiefstuk, wildzwijnsbiefstuk

Het vlees inwrijven met peper, 5 minuten laten intrekken en droogdeppen. De biefstukjes aan beide kanten in de gebruinde boter bruinbakken (totale baktijd 4 à 6 minuten, afhankelijk van de dikte). Het vlees opdoen met de eventueel gepikeerde zijde boven.
De jus afmaken met water of bouillon. Desgewenst binden met allesbinder of aangemengde maïzena.

Variatie

Reekoteletten, wildzwijnskoteletten

Baktijd ± 20 minuten.

4 struisvogelbiefstukjes à 100 g,
peper
± 100 g boter
(4 g zout)
(koffie)melk

Struisvogelbiefstuk

Bereiding: zie runderbiefstuk (blz. 156).

4 talingen* of
4 watersnippen* of
2 houtsnippen* of
3 patrijzen (panklaar)
6 g zout
2-4 dunne lapjes rookspek
100 g boter
(tijm)
(± 1½ dl witte wijn)
± 4 sneetjes brood
(allesbinder of maïzena)

Taling, watersnip, houtsnip, patrijs

Het gevogelte zouten en bij iedere vogel een lapje spek over de borst binden (barderen). De boter bruin laten worden; hierin de vogels dichtschroeien en in een gesloten pan aan alle kanten goudbruin en gaar braden (desgewenst een mespunt tijm toevoegen). Braadtijd snippen ± ½ à ¾ uur, patrijzen en taling ¾ à 1 uur. Het gevogelte is gaar als het vlees bij de poten gemakkelijk van het bot loslaat. Het gevogelte uit de pan nemen en zoveel water of witte wijn bij het braadvet schenken en al roerend aan de kook laten komen, dat al het bezinksel juist oplost. Desgewenst de jus binden met allesbinder of aangemengde maïzena. De talingen en de watersnippen in hun geheel, de houtsnippen en de patrijzen in de lengte gehalveerd opdoen op een sneetje in boter bruin gebakken brood. Opdoen op een warme vleesschaal, iets jus erover schenken. Of de helften twee aan twee tegen elkaar op een gebakken sneetje brood zetten; deze op een verwarmde schaal rangschikken met toefjes peterselie ertussen.

2 jonge eenden (panklaar)
6 g zout
100 g boter
1 dl rode wijn
2 lepels crème fraîche
allesbinder of maïzena

Wilde eend ***(3 à 4 personen)***

De eenden zouten; 15 minuten laten intrekken. De boter bruin laten worden, hierin de eenden dichtschroeien en aan alle kanten bruin en gaar braden in een gesloten pan (± 1 uur). De eend voorsnijden, hiervoor de poten eraf snijden en de vleugels eraf nemen met een stukje borstvlees eraan. Daarna het borstvlees van het karkas afnemen en in enige schuine stukken snijden. De stukken eend rangschikken op een verwarmde vleesschaal. De jus afmaken met de wijn en de crème fraîche; binden met de aangemengde maïzena. Enkele lepels jus over het vlees schenken (om te glanzen).

** In Nederland beschermd.*

Variaties

Wilde eend rosé

Jonge eend slechts 35 minuten braden; het vlees mag nog roze zijn. De poten afsnijden en deze nog 10 minuten nabraden.

Canard à l'orange, wilde eend met sinaasappel

Door (een deel van) de braadboter 1½ dl sinaasappelsap, 2 lepels sinaasappellikeur, 1-2 lepels tomatenketchup, een paar druppels Engelse saus en tabascosaus en zo nodig 1 theelepel (bruine) basterdsuiker roeren en het bezinksel laten oplossen. Binden met ± 8 g aangemengde maïzena. Een deel van de saus over de voorgesneden eend schenken, het overige deel desgewenst iets verdunnen en er apart bij geven. De eend garneren met dikke plakken geschilde sinaasappel (desgewenst besprenkeld met sinaasappellikeur).

Eendenbout met zuurkool

4 eendenbouten in 10 minuten bruinbakken en uit de pan halen. Het grootste gedeelte van het vet afschenken en 2 kleingesneden uien en 1 teentje knoflook in de rest van het vet fruiten. 500 g zuurkool toevoegen en enkele minuten laten meebakken. De bouten en 4 gekneusde jeneverbessen tussen de zuurkool leggen en er 2 dl droge witte wijn bij schenken.

Eendenborstfilets (met vel)

Desgewenst het vel van 4 eendenborstfilets inkepingen geven. Eerst de velkant op matig vuur 8 minuten bakken, de filets keren en de andere kant op hoog vuur in 2 minuten bruinbakken. Op een wat lager vuur nog 2 minuten nabakken. Filets zonder vel 3-4 minuten aan iedere kant bakken. Geven met bijvoorbeeld sinaasappelsaus (blz. 106).

Gestoofde eend

1 eend (± 2 kg, panklaar)
6 g zout
Vulsel:
500 g moesappels
(1 theelepel salieblaadjes)
100 g boter
(suiker)

De eend zouten; 15 minuten laten intrekken. De appels schillen, in vieren snijden en van de klokhuizen ontdoen; desgewenst de kleingesneden salieblaadjes erdoor mengen. De lichaamsholte van de eend hiermee vullen, de holte dichtbinden. De eend bakken en stoven als gestoofd konijn, ± 1 uur (blz. 186) of in een braadzak (blz. 183). Het vulsel eruit nemen. De eend voorsnijden en opdoen als wilde eend (zie boven).

N.B. Het vulsel kan, indien het niet tranig smaakt, gebruikt worden. In dit geval de appelmoes zo nodig op smaak afmaken met suiker.

Gestoofde patrijs met zuurkool

± 2 patrijzen (panklaar)
6 g zout
2 dunne lapjes rookspek
± 100 g boter
750 g zuurkool
1 dl water
½ dl witte wijn
1 zure appel

De patrijzen zouten en bij iedere patrijs een lapje spek over de borst binden (barderen). De boter bruin laten worden; hierin de patrijzen dichtschroeien en bruinbakken. De zuurkool vlug aan de kook laten komen met het kokende water, de wijn en de in blokjes gesneden, geschilde appel. De patrijzen op de zuurkool leggen. Zoveel water bij de bakboter schenken en al roerend aan de kook laten komen, dat al het bezinksel juist oplost. Een gedeelte van de jus over de zuurkool schenken. De patrijzen met de zuurkool laten stoven tot ze gaar zijn (¾ à 1 uur; de patrijzen zijn gaar als het vlees bij de poten gemak-

aardappelpuree van 1¼ kg aardappels
(allesbinder of maïzena)

kelijk van het bot loslaat). De zuurkool midden op een warme vleesschaal leggen, de patrijzen in de lengte halveren en op de zuurkool rangschikken. Rondom een rand van aardappelpuree spuiten. De overgehouden jus opwarmen, desgewenst binden met allesbinder of aangemengde maïzena en afzonderlijk erbij geven.

Kwartels in spek

zout, peper
2 teentjes knoflook
2 lepels gehakte peterselie
mespunt gedroogde tijm
8 kwartels
16 plakken ontbijtspek
± 100 g boter
(2 dl droge witte wijn)
(1 dl crème fraîche)

Zout, peper, de kleingehakte teentjes knoflook, de peterselie en tijm vermengen en er de binnenkant van de kwartels mee bestrooien. De kwartels in het spek verpakken en in de boter aan alle kanten snel bruinbakken. In 20 minuten gaar braden en uit de pan nemen; de jus afmaken. Desgewenst de witte wijn en de crème fraîche door (een deel van het) braadvet roeren. Het spek wegnemen en de kwartels op een ovenschaal leggen. Desgewenst de bovenkant onder een voorverwarmde hete grill snel bruin laten worden.

Gevulde duif

2 duiven (panklaar, borstbeen eruit genomen)
5 g zout
Vulsel:
150 g kalfsgehakt
1 snee oud brood
iets melk
2 g zout
peper, nootmuskaat
(stukjes truffel, madera)
100 g boter
(50 g geweekte rozijnen)
(allesbinder of maïzena)

De duiven zouten en 10 minuten laten intrekken. Het gehakt vrij vochtig aanmaken met het in iets melk geweekte brood, het zout en de kruiden; desgewenst truffel en madera toevoegen. De lichaamsholten vullen met het gehakt; het loshangende vel vastprikken. De boter bruin laten worden, de duiven hierin dichtschroeien en in een gesloten pan aan alle kanten goudbruin en gaar braden. Braadtijd ± ¾ uur. (De duiven zijn gaar als het vlees bij de poten gemakkelijk van het bot loslaat.) De duiven uit de pan nemen en zoveel water bij de braadboter schenken en al roerend aan de kook laten komen, dat al het bezinksel juist oplost. Desgewenst de geweekte rozijnen toevoegen. De duiven in de lengte halveren, opdoen op een warme vleesschaal; iets met allesbinder of aangemengde maïzena gebonden jus erover schenken (om te glanzen).

Fazant, parelhoen

1 gebardeerde fazant of
2 jonge parelhoenders (panklaar)
6 g zout
120 g boter
2 lepels madera of
3 lepels ananassap
(2 lepels crème fraîche)

Het gevogelte zouten en 15 minuten laten intrekken. De boter bruin laten worden, de fazant of de parelhoenders hierin dichtschroeien en in een gesloten pan onder af en toe keren aan alle kanten goudbruin en gaar braden. Braadtijd fazantenhaan ± 1½ uur, fazantenhen ± 1 uur, parelhoen ± 50 minuten. Het gevogelte uit de pan nemen, de madera of het ananassap en zoveel water bij de braadboter schenken en roerend aan de kook laten komen, dat het bezinksel juist oplost. Desgewenst de crème fraîche toevoegen. Het gevogelte voorsnijden (zie trancheren van gevogelte blz. 183).

Variaties

Gestoofde fazant met zuurkool
(zie gestoofde patrijs met zuurkool blz. 188)

In een braadzak (zie blz. 183)

1 gans (± 6 kg, panklaar)
zout, ½% van het gewicht
peper
Vulsel:
1 kg appels
± 5 cm gemberwortel of
1 theelepel gemberpoeder
1 theelepel salieblaadjes
(1 lepel gehakte walnoten)
droge witte wijn
(maïzena)
suiker
(citroensap)

Gans ***(per persoon ± 400 g rekenen)***
De gans wassen, het vel hier en daar inprikken, zo nodig de traanklier bij de staart wegsnijden. De buiten- en binnenkant met zout en peper inwrijven en laten intrekken (± 30 minuten). De appels schillen, in vieren delen, klokhuizen wegsnijden en vermengen met de zo nodig kleingesneden kruiden en desgewenst de noten. De lichaamsholte met het appelmengsel vullen en dichtnaaien. De gans in een braadslee leggen met een bodem kokend water en in het midden van een voorverwarmde oven plaatsen (160 °C). Onder regelmatig bedruipen met het braadvocht en zo nu en dan inprikken de gans in ± 3 uur gaar laten worden (± 20 minuten per 500 g; de gans is gaar als het vlees bij de poten gemakkelijk van het bot loslaat). Een deel van het uitgedropen vet afscheppen. Zoveel wijn bijschenken dat het bezinksel juist oplost; desgewenst binden met aangemengde maïzena (voor variatie/verfijnen van de jus zie blz. 151). Het vulsel uit de gans nemen en deze voorsnijden als fazant (blz. 189), maar de gans in meer stukken verdelen. Het vulsel op smaak afmaken met suiker en/of citroensap en om de gans heen leggen. Iets jus over de gans schenken (om te glanzen).

Variatie
200 g appels vervangen door 200 g gaargekookte kastanjes of door 200 g gedroogde, 12 uur geweekte en daarna ontpitte pruimen of door 200 g rozijnen geweekt in 2 dl port. De wijn vervangen door het weekwater van de pruimen of door de port.

1 kalkoen (3-9 kg, panklaar)
zout, ½ % van het gewicht
Vulsel:
± 250 g kastanjes of
1 kg zure handappels
1 theelepel salieblaadjes
300-750 g boter
(suiker)

Kalkoen ***(per persoon ± 400 g rekenen)***
De kalkoen zouten en 30 minuten laten intrekken. De kastanjes inkruisen, 10 minuten koken in ruim water, afgieten en pellen of de appels schillen, in vieren snijden en van de klokhuizen ontdoen. De lichaamsholte van de kalkoen vullen met de kastanjes of de appels en de kleingesneden salieblaadjes en daarna dichtnaaien. De kalkoen in de gebruinde boter onder regelmatig bedruipen goudbruin en gaar braden (bij voorkeur in een warme oven van ± 160 °C). Zo nodig tijdens de braadtijd de kalkoen bedekken met aluminiumfolie (om uitdrogen te voorkomen). Braadtijden: ± 25 minuten per 500 g; 2-3 kg: ± 2½ uur; 5-6 kg: ± 4½ uur; ± 8 kg: ± 5½ uur. De kalkoen is gaar als het vlees bij de poten gemakkelijk van het bot loslaat. Bij de jus zoveel water schenken en roerend aan de kook laten komen, dat het bezinksel juist oplost (voor variatie/verfijnen van de jus zie blz. 151). De kastanjes of de appels uit de kalkoen nemen en deze voorsnijden als fazant (blz. 189), maar de kalkoen in meer stukken verdelen en het borstvlees in plakken snijden. De kastanjes of de appels, die zo nodig op smaak afgemaakt zijn met suiker, om de kalkoen heen leggen.
N.B. Een (kleine) kalkoen kan in een braadzak bereid worden (zie blz. 183, temperatuur en braadtijd als boven).

Variaties

Het vulsel vervangen door een van de volgende mengsels die na de bereiding in de kalkoen blijven:

- een mengsel van 400 g vrij vochtig aangemengd (varkens) gehakt (blz. 174), 1 grote gesnipperde (gefruite) ui, 1 theelepel rozemarijn- of tijmblaadjes, 2 lepels madera;
- een mengsel van 250 g gekookte rijst (80 g rauw), 100 g gewelde, in vieren verdeelde, abrikozen, 200 g kleingesneden (wal)noten, 1 lepel kleingesneden bieslook of selderijblad;
- een mengsel van 200 g broodkruim (geweekt in 2 met melk losgeklopte eieren) of aangemengd gehakt, 100 g kleingesneden rookspek, 200 g stukjes zachte bleekselderijstengels, 1 gesnipperde, zure appel en 1 gesnipperde ui.

Diepvrieskalkoen

De kalkoen afgedekt ontdooien, bij voorkeur in de koelkast (10 uur) of versneld in de magnetron (zie gebruiksaanwijzing).

Kalkoenpoten, -bouten (zie blz. 193)

Kalkoenschnitzels, kalkoenfilets (blz. 193)

1 braadkip (± 1 kg) of
1 poularde (± 1½ kg)
± 6 g zout
± 100 g boter
(2 manchetjes)
(1 dl rode wijn)

Kip *(± 4 personen)*, poularde *(5 à 6 personen)*

De kip zouten en 15 minuten laten intrekken. De boter bruin laten worden, de kip hierin dichtschroeien en in een gesloten pan of in een kleine braadslee in een oven (± 180 °C) onder nu en dan bedruipen aan alle kanten goudbruin en volkomen gaar braden. Braadtijd: kip ¾ à 1 uur, poularde 1 à 1½ uur. (De kip of de poularde is gaar als het vlees aan de poten gemakkelijk van het bot loslaat.) De kip uit de pan nemen en op een verwarmde schaal leggen. Zoveel water of wijn bij de jus schenken en roerend aan de kook laten komen, dat al het bezinksel juist oplost. De poten desgewenst voorzien van manchetjes.

Desgewenst de kip voorsnijden:

a als fazant (blz. 189);

b in vieren delen. Eerst de kip over de hele lengte doorsnijden, daarna elke helft overdwars halveren zodat poten en vleugelgedeelte ongeveer even groot zijn.

Variaties

Piepkuiken, jong haantje

De kip vervangen door 2 piepkuikens of 4 jonge haantjes. Braadtijd ½ à ¾ uur.

Diepvrieskip

Deze vooraf afgedekt ontdooien in de koelkast (± 12 uur), (dooiwater niet gebruiken). Versneld ontdooien in een magnetron, zie gebruiksaanwijzing.

Gevulde kip, poularde

De lichaamsholte van het gezouten gevogelte vullen met een mengsel van kleingesneden gesmoorde ui, champignons en paprika en een wit kaasje (bijvoorbeeld Gervais) van ± 125 g. De holte met prikkers dichtsteken.

Kip à l'orange, kip met sinaasappel
(zie canard à l'orange blz. 188)

Kip met perziken
In de jus de wijn vervangen door 1 dl port; 1 lepel crème fraîche toevoegen. De gare kip in vieren delen. Op elk stuk kip een of twee uitgelekte halve perziken uit blik leggen. Het gerecht nog 10 minuten doorwarmen.

Kip Suisse
De warme kip in vieren delen, elk stuk bedekken met ¼ van een mengsel van 100 g kleingesneden ham en 1 à 2 kleingesneden tomaten met daarop een plak kaas. De kip boven in een hete oven (200 °C) of 12 cm onder een roodgloeiende grill plaatsen en gratineren.

Gegrilleerde kip (zie blz. 194)

Kipschnitzels, kipfilets (blz. 193)

Kip in braadzak, kip in römertopf (blz. 195)

500 g kippen- of kalkoenrollade
100 g boter
(200 g champignons)

Kiprollade, kalkoenrollade
De rollade in de gebruinde boter dichtschroeien en in een gesloten pan rondom goudbruin en volkomen gaar braden (± 35 minuten). Desgewenst de gewassen champignons de laatste 10 minuten meesmoren. De rollade uit de pan nemen en zoveel water bij de jus schenken en al roerend aan de kook laten komen, dat al het bezinksel juist oplost. (Jus verfijnen, zie blz. 151). Voor het snijden zo nodig het netje verwijderen.

Variaties

Rollade in braadzak
(Zie kip in braadzak (blz. 195).

Kip-, kalkoenrollade met ananas, met appel
De rollade in plakken snijden, de uitgelekte plakken ananas of schijven gebakken appel (blz. 285) om en om met de plakken vlees op een warme schaal opdoen.

4 kippenpoten of
4 kippenkarbonaden
of 8 drumsticks
peper, zout
Voor de marinade:
4 lepels ketjap
sap van 1 citroen
(mespunt gemberpoeder of djinten)
100 g boter

Kippenpoten, kipkarbonaden, drumsticks
(gemarineerd)
De poten of de drumsticks zo nodig ontdooien, met zout en peper bestrooien en desgewenst ten minste 1 uur in het mengsel van de ketjap, eventueel het citroensap en de kruiden leggen. Zo nodig af en toe keren. Het vlees laten uitlekken, droogdeppen en in de gebruinde boter volkomen gaar en bruin braden (kippenpoten ± 45 minuten, kippenkarbonaden ± 30 minuten, drumsticks ± 35 minuten), uit de pan nemen en op een warme schaal leggen. Zoveel water en desgewenst iets marineervocht bij de jus schenken en al roerend aan de kook laten komen, dat al het bezinksel juist oplost.
N.B. Om het vet te beperken vóór het bereiden vet en vel verwijderen.

Variaties

Kip tandoori
2 uitgeperste knoflooktenen, 2 theelepels geraspte gemberwortel en gemalen koriander (ketoembar), 1 theelepel gemalen komijn (djin-

ten), kurkuma en chilipoeder, 2 lepels citroensap en desgewenst 2 druppels rode voedselkleurstof door 1½ dl yoghurt mengen.
Het vel van de kipdelen nemen en het vlees inkepingen geven. Ten minste 3 uur marineren. Droogdeppen, gaar bakken onder af en toe bestrijken met de marinade. Desgewenst halfgaar bakken en verder gaar roosteren op de grillplaat of op de barbecue.

Drumsticks met tandooripasta
Het vel van de drumsticks naar beneden halen, de drumsticks bestrijken met tandooripasta (uit een potje). Het vel weer om de pootjes vouwen.

Kalkoenpoten, -bouten (1 poot of bout per 2 personen)
Bereiden als kippenpoten (40 minuten braden).

4 'enkele' kip- of kalkoenschnitzels of -filets à ± 100 g
± 4 g zout
peper of gemberpoeder
(paneerei (1 ei losgeklopt met 1 lepel melk), paneermeel)
± 125 g boter
(Engelse saus, sherry)
(allesbinder of maïzena)

Kip-, kalkoenschnitzels, kip-, kalkoenfilets

De schnitzels of filets zouten en met peper of gemberpoeder bestrooien; 10 minuten laten intrekken. Desgewenst het vlees eerst door paneerei en daarna door paneermeel halen. De boter lichtbruin laten worden en hierin de schnitzels of filets langzaam aan weerszijden volkomen gaar en lichtbruin bakken (± 15 minuten). Het vlees uit de pan nemen, zoveel water bij de jus schenken en al roerend aan de kook laten komen, dat het bezinksel juist oplost. De jus desgewenst op smaak afmaken met Engelse saus en sherry, zeven, desgewenst binden met allesbinder of aangemengde maïzena en afzonderlijk opdoen.

Variaties

Paneermeel vervangen door sesamzaadjes of gemalen kokos.

Gegratineerde kip-, kalkoenschnitzels/-filets
Het vlees ongepaneerd lichtbruin en bijna gaar smoren in een gesloten pan. De laatste 5 minuten elk lapje bedekken met een plakje (blauwschimmel)kaas en dit met het deksel op de pan laten smelten.

Kipfilets cordon bleu
4 half ingesneden kipfilets bereiden als cordon bleu (zie blz. 164). Bereidingstijd: ± 20 minuten.

Parelhoenfilets
Bereidingstijd: ± 10 minuten.

Kip-, kalkoenfiletreepjes (roergebakken)
400 g kip- of kalkoenfilets in dunne reepjes (laten) snijden. Bereiding: zie bij varkensvleesreepjes blz. 267. Bereidingstijd: ± 8 minuten.

Kalkoenfilets met (katen)spek
De filets insnijden en vullen met een plakje (katen)spek (het vlees wordt hierdoor minder droog).

Kipspiezen (zie saté blz. 154).

4 'enkele' kip- of kalkoenschnitzels of -filets
4 g zout
gemberpoeder, peper
30 g boter
paneerei (1 ei losgeklopt met 1 lepel melk)
paneermeel of sesamzaad
frituurolie

Kipfritures, kalkoenfritures

Het vlees zouten en met gemberpoeder of peper bestrooien; 10 minuten laten intrekken. Het vlees in de gebruinde boter aan weerszijden in een gesloten pan bijna gaar smoren (± 10 minuten). Laten uitlekken, afkoelen. De kip- of kalkoendelen eerst door paneerei, daarna door paneermeel of sesamzaad halen, goed afschudden. In de hete frituurolie (180 °C, de pan maximaal voor de helft gevuld) gaar en bruinbakken (3 minuten).

Variatie

Kipfritures, kalkoenfritures (met bakbeslag)

Paneerei en paneermeel vervangen door een bakbeslag (zie lekkerbekjes blz. 142).

1 malse braadkip of 2 jonge haantjes
paprikapoeder
3 g zout
peper
(marjolein)
verse tuinkruiden
± 25 g boter of olie
(2 of 4 manchetjes)

Gegrilleerde kip, gegrilleerde haantjes
(aan spit of op rooster)

Het gevogelte droogdeppen, van buiten bestrooien met paprikapoeder en van binnen met zout, peper en desgewenst marjolein of een bosje verse tuinkruiden in de lichaamsholte steken. De kip of de haantjes bij voorkeur aan een draaispit steken (de klemmen goed aandrukken) of het gevogelte in de lengte halveren en met de open zijde boven, op een ingevet rooster leggen. Een braadslede onder het gevogelte plaatsen. Het gevogelte met boter of olie bestrijken, dit gedurende het grilleren regelmatig herhalen. Het spit of het rooster ± 15 cm onder een voorverwarmde roodgloeiende grill plaatsen. De kip- of haanhelften die op een rooster worden gegrilleerd, halverwege de tijd keren. Totale grilleertijd ± 1 uur, voor de helften ± 25 minuten. Het gevogelte op gaarte controleren (de kip of de haantjes zijn gaar als het vlees van de poten gemakkelijk loslaat) en uit de oven nemen. De poten desgewenst voorzien van manchetjes. Desgewenst jus maken door zoveel water al roerend in de braadslede te schenken, dat de bruine bestanddelen juist oplossen, of de kip geven met kruidenboter.

Variaties in bereiding

Geroosterde kip, haantjes (op de barbecue)

Kipdelen (bijvoorbeeld drumsticks, poten, schnitzels/filets, helften) of halve haantjes vooraf juist gaar smoren in licht gebruinde boter in een gesloten pan (± 15-20 minuten). Laten uitlekken en afkoelen. Desgewenst bestrijken met barbecuemarinade (blz. 102). Op een rooster boven een gloeiend vuur zonder vlammen het vlees onder regelmatig keren met saus bestrijken en laten kleuren.

Kippenvleugels, kipkluifjes

2 kg kippenvleugels of kipkluifjes in barbecuemarinade of satémarinade (blz. 102) ten minste 2 uur marineren; in ± 20 minuten juist gaar smoren en laten afkoelen. Met de marinade bestrijken en gaar grilleren of roosteren op de plaat, pan of op de barbecue. Desgewenst met 3 lepels geroosterde sesamzaadjes bestrooien.

200 g kippenlevers
peper, zout
(200 g champignons)
± 30 g boter

Kippenlevers

De kippenlevers wassen, laten uitlekken en bestrooien met peper en zout. Desgewenst de champignons schoonvegen en in plakjes snijden. De levers en eventueel de champignons in licht gebruinde boter gaar en lichtbruin bakken (± 6 minuten). Kippenlevers geven op toast of met rijst of spaghetti en een saus.

1 braadkip (± 1 kg)
of 1 diepvrieskip
of 1 kg kipdelen
6 g zout
50 g boter
50 g ontbijtspek
200 g champignons
1 paprika, 1 kleine prei en/of
1 ui
(100 g worteltjes,
1 aubergine of 1-2
venkelknollen)
(knoflook)
(maïzena)

Kip in römertopf

De braadschotel ± 20 minuten onder water zetten. De gezouten (ontdooide) kip met de boter en bedekt met de plakjes ontbijtspek in de uitgelekte braadschotel overdoen. De schoongemaakte en gesneden champignons, paprika, prei, ui en desgewenst worteltjes, aubergine of venkelknollen en knoflook om de kip heen leggen. De braadschotel op een rooster, midden in een voorverwarmde oven (± 180 °C) plaatsen en de kip in ± 1½ uur gaar smoren. De groenten om de kip heen opdoen, het smoorvocht binden met aangemengde maïzena en als saus erbij geven.

Variatie

Kip in braadzak

De gezouten kip en de overige ingrediënten overdoen in een braadzak; deze goed dichtbinden. De zak plat op een rooster midden in een voorverwarmde oven (± 180 °C) leggen, aan de bovenzijde de zak enkele malen inprikken (ontsnappen van stoom). Gaartijd ± 1 uur.

2 uien
2 teentjes knoflook
4 lepels olie
½ theelepel ketoembar
½ theelepel djinten
½ laurierblad
een stukje citroen- of
sinaasappelschil
1 stukje sereh
zout
4 dl kokosmelk
1 braadkip in stukken
± 10 g maïzena

Witte kip, ajam opor *(kip in kokosmelk)*

De uien zeer fijn snijden, het knoflook persen en in de olie lichtbruin fruiten; de ketoembar en de djinten kort meefruiten. Het uimengsel met de overige kruiden en de kokosmelk aan de kook laten komen, de kip toevoegen en in ± 40 minuten gaar laten stoven. Kruiden en citroen- of sinaasappelschil verwijderen. Het vocht binden met de aangemengde maïzena.

Variaties

Ikan opor (vis in kokosmelk)

600 g in moten gesneden verse makreel of 500 g in stukken gesneden kabeljauwfilet in de kokosmelk in 10-15 minuten gaar laten stoven.

Daging opor *(vlees in kokosmelk)*

500 g lams-, varkens- of rundvlees in de saus laten stoven tot het vlees zacht is, ± 45 minuten tot 2 uur (rundvlees).

Kipcurry

1 braadkip
2 lepels olie
2-4 teentjes knoflook
2 theelepels geraspte gemberwortel
2 stengels citroengras of 1 theelepel serehpoeder
½ theelepel cayennepeper
2 lepels (milde) kerrie
2 uien
2 theelepels bruine basterdsuiker
1 theelepel zout
4 dl kokosmelk

De kip in stukken verdelen of kipdelen nemen. In de olie het gesnipperde knoflook, de gemberwortel, het in stukken gehakte citroengras, cayennepeper en kerrie enkele minuten fruiten. De kip en de kleingesneden uien toevoegen en enkele minuten meebakken. Suiker en zout toevoegen en de kokosmelk erbij schenken. 50-60 minuten op een zacht vuur laten stoven.

Variatie

Viscurry

500 g in stukken gesneden visfilet van stevige vis (zeewolf, zeebaars, tilapia bijvoorbeeld) in de saus gaar laten worden (± 10 minuten).

Kip in tomatensaus

1 kg kippenbouten
± 4 g zout
paprikapoeder
± 50 g boter
1 ui
(teentje knoflook)
50 g rookspekblokjes
4 dl (kippen)bouillon
± 2 lepels tomatenpuree
200 g champignons
± 7 g maïzena
1 lepel tomatenketchup
1 lepel sojasaus
Engelse saus

De kippenbouten inwrijven met zout en paprikapoeder, laten intrekken. De boter bruin laten worden en de kippenbouten hierin aan alle kanten vlug bruinbakken. De schoongemaakte, kleingesneden ui (desgewenst het geperste knoflook) en het rookspek 5 minuten meebakken. De bouillon en de tomatenpuree toevoegen. De stukken kip hierin laten stoven tot ze gaar zijn (± 45 minuten). De schoongemaakte, kleingesneden champignons de laatste 5-10 minuten mee laten stoven. Het vocht binden met de aangemengde maïzena, op smaak afmaken met de tomatenketchup, de sojasaus en enkele druppels Engelse saus.

Variaties

Kipfiletreepjes in saus

De stukken kip vervangen door ± 400 g kipfilet, deze in reepjes snijden (stooftijd 10 minuten).

Kip in kerrie-roomsaus

Het paprikapoeder vervangen door kerrie. Met de ui ± 2 theelepels kerrie meebakken (geen tomatenpuree en -ketchup toevoegen). De champignons vervangen door 1 kleine in plakjes gesneden banaan en/of 100 g gewassen en uitgelekte taugé of bamboescheuten die na het binden even worden meegewarmd. De gebonden saus afmaken met ½ dl room of crème fraîche.

Kip met ananas, abrikozen of gember

Het paprikapoeder vervangen door gemberpoeder. De tomatenpuree en de helft van het water vervangen door ananas- of abrikozensap of door 1 dl gembersiroop en 1 dl sherry; salie of selderij meestoven. De champignons vervangen door in stukken gesneden ananas of abrikozen (blik ± 225 g) of ± 6 kleingesneden nootjes gember (salie of selderij verwijderen). De tomatenketchup vervangen door (mango) chutney.

Kip in wijnsaus (coq au vin)

De ui vervangen door het in ringen gesneden wit van een dunne prei, ½ laurierblad en een takje tijm. De tomatenpuree en de helft van het water vervangen door rode wijn.

Chaudfroid van kip, van kalkoen *(zie blz. 180)*

Kippenragout *(zie blz. 54)*

Groenten

Groenten kunnen veel variatie in de warme maaltijd brengen, zowel wat betreft de voedingswaarde (mineralen, vitaminen, vezelstoffen), de smaak als de bereidingswijze. Ook kunnen groenten gebruikt worden bij lunch- en borrelhapjes. De voedingswaarde komt het meest tot haar recht als men groentesoorten afwisselt, zo kort mogelijk bereidt en geregeld rauwkost op tafel brengt. Daar bladgroenten soms een vrij hoog nitraatgehalte hebben, deze afwisselen met niet-slinkende groenten. Door opwarmen worden meer nitraatverbindingen gevormd en gaat het vitamine-C-gehalte sterk achteruit. *Verse groenten* koel bewaren in papieren of geperforeerde plastic zak. Gesneden verse groenten zijn, in plastic verpakt, ± 2 dagen houdbaar. Het vitamine-C-gehalte gaat snel achteruit. *Diepvriesgroente* heeft vrijwel dezelfde voedingswaarde als verse groente. Deze groente in bevroren toestand laten tot aan de bereiding. *Groenten in blik of fles* boeten altijd meer aan smaak in dan verse groenten. Snel opwarmen voorkomt vitamine-C-verlies. De hoeveelheid die wordt gegeven, hangt samen met de uitgebreidheid van de maaltijd, de individuele behoefte en de smaakvoorkeur.

Gemiddelde hoeveelheid per persoon bij inkoop

Indien verschillende soorten groenten tegelijk worden gegeven, dan van elk een evenredig deel nemen.

rauwkost	75 à 100 g
slinkgroente	350 g (roerbakken ± 200 g)
niet-slinkende groente	200 g
diepvriesgroente	150 g
groente in blik of glas	150 g

Voorbewerkingen

1 uitzoeken van groenten die onkruid of ongedierte kunnen bevatten;
2 verwijderen van aangetaste of gele bladeren, stugge uiteinden of stronken;
3 wassen; kroppen of struiken eerst in hun geheel wassen;
4 eventueel snijden of schaven (zo laat mogelijk toepassen om vitamine-C-verlies te beperken);
5 zo nodig nogmaals wassen (bijvoorbeeld prei, andijvie in verband met zand).

Bereidingswijzen

Door de grote variatiemogelijkheden in bereiding kan men zonder eentonigheid (goedkope) seizoengroenten vaker per week in de maaltijd verwerken. Men kan dezelfde groenten koken, stomen, smoren, roerbakken, in de oven gratineren, grilleren, roosteren/barbecuen, frituren en als salade bereiden.

I Koken

Deze bereidingswijze kan op alle groenten worden toegepast.

1 Bladgroente: met aanhangend water opzetten; na het slinken zout toevoegen.

2 De meeste groenten: met een bodem kokend water (± 2 cm) en zout (± 3 g per kg) opzetten:

- **a** weinig water: de in water oplosbare stoffen blijven behouden; er gaan minder voedingsstoffen met het kookwater verloren;
- **b** kokend water: de groente is snel aan de kook, waardoor vitamine C beter behouden blijft.

Groente altijd kort voor de maaltijd opzetten, snel aan de kook brengen en zo kort mogelijk koken in gesloten pan, om het vitamine-C-verlies te beperken. De groente mag nog knapperig zijn. Zure toevoegingen (bijvoorbeeld appels) pas de laatste minuten laten meekoken, daar deze het gaar worden van de groenten tegengaan.

Kooktijden

slinkgroenten:	2 à 5 minuten
de meeste niet-slinkende groenten:	10 à 20 minuten

Groenten uit blik of glas snel in het vocht opwarmen.
Diepvriesgroenten in bevroren toestand laten tot aan de bereiding. Kooktijd: 2/3 van die van verse groenten.

Afwerken van gekookte groenten

Het afwerken moet altijd snel gedaan worden om het vitamine-C-verlies zoveel mogelijk te beperken. Afhankelijk van de soort groente kiest men methode A of B.

A Afgieten of laten uitlekken in vergiet of zeef (kookvocht bewaren voor saus of soep), zo nodig kleinsnijden, terugdoen in de pan en een van de volgende bewerkingen toepassen:

1. vermengen met naar keuze: nootmuskaat, kleingesneden tuinkruiden, geraspte kaas, kleingesneden ham, reepjes uitgebakken bacon of rookspek of boter;
2. vermengen met een vocht opnemende stof, bijvoorbeeld broodkruim, beschuit, paneermeel (en boter); toepassen bij sterk vochtloslatende groente;
3. nog loslatend vocht binden met aangemengd aardappelmeel, aangemengde maïzena of allesbinder, desgewenst boter toevoegen;
4. vermengen met een saus van melk, groentekookvocht of een mengsel van beide (omhullende saus, zie blz. 106) ¼ à ½ dl per persoon;
5. bedekken met een deksaus van melk of melk met groentekookvocht ± ½ dl.

B Stoven in een mengsel van vocht, boter en kruiden om de groente op smaak te brengen. Toepassen bij in de schil gaargekookte of harde groente, bijvoorbeeld bietjes. Na het stoven het vocht iets binden met aangemengde maïzena, aardappelmeel of met allesbinder.

II Stomen

Deze bereidingswijze kan op alle groenten worden toegepast. De schoongemaakte en gesneden groenten overdoen in een metalen of bamboestoommand. Een laag water of geurige (gekruide) vloeistof in een onderpan aan de kook laten komen. De stoommand zo nodig op een rooster in de onderpan zetten of hangen, zodat deze juist boven het vocht blijft. De pan sluiten. De bereidingstijd is ± ⅓ langer dan bij koken. Zo nodig het vocht in de onderpan bijvullen. De groenten afwerken als bij gekookte groenten.

III Smoren

Voor deze bereidingswijze wordt harde groente van tevoren in repen gesneden. De groente wordt op een getemperde warmtebron, in een gesloten pan onder nu en dan omschudden gaar gemaakt in gesmolten boter of vet (± 40 g per kg groente). Desgewenst kruiden, specerijen of aromatische producten toevoegen (bijvoorbeeld ui, paprikapoeder, kerrie). Het vetlaagje met de geurige stoffen omhult het gerecht. Zo nodig overgebleven vocht binden. De bereidingstijd is ± 5 minuten langer dan de kooktijd.

IV Roerbakken *(sauteren)*

Zie blz. 265.

V Gratineren

Deze bereidingswijze wordt toegepast op bijna gare groenten, met het doel ze een goudbruin korstje te geven. De groenten laten uitlekken en met een bodempje kookvocht in een ovenschaal leggen. De groenten bedekken met een (kaas)saus, (geraspte) kaas of met een dun laagje paneermeel en klontjes boter. Boven in een zeer hete oven (240 °C, ± 15 minuten) of ± 15 cm onder een roodgloeiende grill (± 3 minuten) een korstje op het gerecht laten komen (kaas niet te donker laten kleuren, daar de smaak dan bitter wordt).

VI Grilleren, roosteren/barbecuen

Deze bereidingswijze is vooral geschikt voor harde groentesoorten, bijvoorbeeld aubergine, courgette, paprika, grote paddenstoelen. De groenten in plakken snijden, met een dun laagje (geurige) olie bestrijken en onder de grill, op de grillplaat of op de barbecue snel aan beide kanten bruin grilleren of roosteren. Een mooi ruitjespatroon ontstaat door de plakken halverwege de bereidingstijd een kwartslag te draaien.

VII Frituren

Deze bereidingswijze wordt meestal toegepast op groenten die als (borrel)hapje ('prikker') of als garnituur (bijvoorbeeld bij vlees) worden gegeven. Schoongemaakte plakken of repen groente (zo nodig bijna gaar gekookt) goed laten uitlekken en door losgeklopt ei, bakbeslag (zie blz. 142, visbeignets) of tempurabeslag (zie blz. 143, tempura van vis) halen. In hete frituurolie (± 180 °C) een goudbruin korstje laten krijgen.

1½ kg jonge raapstelen
1 dl kookvocht en/of melk
10 g boter
± 4 g zout
15 g allesbinder of
10 g maïzena
nootmuskaat

Raapstelen

De raapstelen van worteltjes en harde punten ontdoen, enige malen wassen, snijden en opzetten met het aanhangende water. Vlug laten slinken, eenmaal omleggen en net gaar laten worden (± 2 minuten). Zo nodig een deel van het vocht afgieten, de melk, de boter en het zout toevoegen en het vocht binden met de allesbinder of de aangemengde maïzena. Desgewenst nootmuskaat erover strooien.

± 1½ kg spinazie
2 beschuiten
10 g boter
± 4 g zout
citroensap
Garnering:
1 ei
of ± 20 g boter
2 sneetjes brood

Spinazie

De spinazie van onkruid ontdoen en enige malen wassen. Zo nodig scherpe zaadhuisjes verwijderen. De spinazie opzetten met het aanhangende water. Vlug laten slinken; eenmaal omleggen en net gaar laten worden (± 2 minuten). De spinazie laten uitlekken, desgewenst snijden en vlug doorwarmen met het beschuitkruim, de boter, het zout en enkele druppels citroensap. De spinazie desgewenst garneren met partjes of plakjes hardgekookt ei of met soldaatjes (reepjes brood, die in boter goudbruin gebakken zijn en rechtop in de groente worden gestoken).

Variaties

Gebakken spinazie met feta

1 kleingesneden ui of sjalot in 2 lepels olijfolie glazig bakken, 1 uitgeperst teentje knoflook toevoegen en de gare en uitgelekte spinazie toevoegen. De beschuiten en de boter vervangen door 75 g in blokjes gesneden feta en peper.

Spinazie met champignons

De beschuit en de boter vervangen door 150 g in plakjes gesneden gebakken champignons.

± 1 kg postelein
± 10 g boter
± 4 g zout
12 g allesbinder of
8 g maïzena

Postelein

De postelein van onkruid ontdoen, enkele keren doorsnijden en enige malen wassen. De postelein opzetten met het aanhangende water. Vlug laten slinken, eenmaal omleggen en net gaar laten worden (± 2 minuten). Een deel van het vocht afschenken; de boter en het zout toevoegen en de rest van het vocht binden met de allesbinder of de aangemengde maïzena.

± 1 kg andijvie
12 g boter
± 4 g zout
2 beschuiten of
± 8 g maïzena

Andijvie

De andijviestruiken van lelijke bladeren en harde groene punten ontdoen. In ruim water enige malen wassen en in grove repen snijden, de stronk verwijderen, zo nodig nog eenmaal wassen. De andijvie opzetten met het aanhangende water, vlug laten slinken, eenmaal omleggen en net gaar laten worden (± 4 minuten). De andijvie laten uitlekken, de boter en het zout toevoegen en nog uitlopend vocht binden met het beschuitkruim of de aangemengde maïzena.

Variaties

Andijvie met saus

De goed uitgelekte andijvie vermengen met 1 dl bechamelsaus van 1 dl melk, 12 g boter, 12 g bloem en desgewenst 25 g geraspte kaas.

Andijviebundeltjes in spek

500 g andijviebladeren laten slinken. De goed uitgelekte bladeren stevig opvouwen en oprollen tot bundeltjes. Deze in boterham- of katenspek wikkelen (150 g). De plakjes naast elkaar in een vuurvaste schaal midden in een zeer hete oven (240 °C) knapperig laten worden (10 minuten).

Roergebakken andijvie, amsoi, paksoi, Chinese kool, spitskool, witte kool, witlof, prei ***(zie blz. 268)***

1 kg witlof
± 4 g zout
(10 g boter)
allesbinder of maïzena

Witlof *(gesneden)*
De stronkjes lof zo nodig van lelijke bladpunten ontdoen. Aan de onderkant de (bittere) kern puntig wegsnijden. De struikjes wassen; zeer dikke struikjes in de lengte halveren. Het witlof in stukken van ± 3 cm snijden. Opzetten met het aanhangende water en het zout. Vlug aan de kook laten komen en onder nu en dan omschudden in ± 7 minuten gaar laten worden. Het witlof goed laten uitlekken, desgewenst de boter toevoegen en eventueel vocht binden met allesbinder of aangemengde maïzena.

Variaties

Roergebakken witlof
700 g witlof (zie Roergebakken andijvie blz. 268).

Witlof met kaas en/of ham
Boter en bindmiddel vervangen door ± 50 g kaas of 50 g kleingesneden (schouder)ham.

Witlof met bechamelsaus, kaas/hamsaus, garnalensaus, tomatensaus
Boter en bindmiddel vervangen door een omhullende rouxsaus van 12 g boter, 12 g bloem, 1 dl melk en 1 g zout of door een melksaus van 1 dl melk, 8 g maïzena en 1 g zout. Desgewenst hierdoor 50 g geraspte kaas of 50 g kleingesneden (schouder)ham of 50 g kleine garnalen of 1 lepel tomatenpuree roeren.

± 750 g witlof (8 struikjes)
2 dl water
± 4 g zout
(50 g geraspte kaas)

Witlof *(in struikjes, en branches)*
De struikjes witlof zo nodig van lelijke bladpunten ontdoen. Aan de onderkant de (bittere) kern puntig wegsnijden. De struikjes wassen, zeer dikke struikjes in de lengte halveren. Opzetten met het kokende water en het zout en in ± 12 minuten gaar laten worden. Halverwege de kooktijd eenmaal omleggen. Het witlof goed laten uitlekken, opdoen in een (verwarmde) schaal en desgewenst bestrooien met de geraspte kaas.

Variaties

Witlof met ham en eieren
Gare witlofstruikjes op een verwarmde platte schaal leggen, bedekken met geraspte kaas en rondom garneren met 4 gehalveerde hardgekookte eieren, 8 opgerolde plakken (achter)ham (± 150 g) en 8 kerstomaatjes of partjes tomaat. (Bij deze schotel is geen vleesgerecht nodig.)

Witlof met bechamelsaus, kaas/hamsaus, garnalensaus, tomatensaus
De geraspte kaas vervangen door een bechameldeksaus (blz. 107) van 25 g boter, 25 g bloem, ± 1 g zout en 2½ dl melk. Desgewenst 50 g geraspte kaas of 50 g kleingesneden (schouder)ham of 50 g kleine garnalen of 1 lepel tomatenpuree aan de saus toevoegen. De struikjes bedekken met de hete saus.

± 750 g witlof (8 struikjes)
2 dl water
± 4 g zout
8 plakken (achter)
ham (± 150 g)
150 g belegen kaas
(in plakken of geraspt)

Witlof 'au gratin' ***(ovenschotel)***

De struikjes witlof zo nodig van lelijke bladpunten ontdoen. Aan de onderkant de (bittere) kern puntig wegsnijden. De struikjes wassen, zeer dikke struikjes in de lengte halveren. Opzetten met het kokende water en het zout en in ± 10 minuten bijna gaar laten worden. Het witlof goed laten uitlekken. Elk struikje in een halve plak ham wikkelen, in een beboterde ovenschaal leggen en bedekken met de kaas. In een voorverwarmde oven de kaas laten kleuren.
Warme inhoud: boven in een voorverwarmde, zeer hete oven (240 °C) ± 12 minuten, of ± 15 cm onder een roodgloeiende grill ± 3 minuten.
Koude inhoud: midden in een vrij warme oven (± 200 °C) ± 30 minuten.
N.B. Bij deze schotel is geen vleesgerecht meer nodig.

Variaties

Witlof met banaan en kaassaus (vegetarische ovenschotel)

De ham vervangen door reepjes banaan (± 2 bananen) die om en om met de struikjes witlof in de schaal gelegd worden. Bedekken met een bechameldeksaus (blz. 107) van 25 g boter, 25 g bloem, 2½ dl melk, 1 g zout; hierdoor de geraspte kaas roeren.

Witlof met gehakt en aardappelpuree (ovenschotel)

De ham en kaas vervangen door 300 g roergehakt (blz. 175); hiermee het witlof bedekken. Afdekken met aardappelpuree van ± 1 kg aardappels (blz. 240). Bestrooien met een dun laagje geraspte kaas (± 25 g).

600 g zeekraal, lamsoor
(zeeaster)
(15 g boter)

Zeekraal, lamsoor ***(zeeaster)***

De groente zo nodig van worteltjes ontdoen en wassen. In ruim kokend water (maximaal) 1 minuut koken en afgieten. Desgewenst de boter erdoor schudden.

1 à 2 (groene) bloemkolen
± 4 dl water
± 3 g zout
10 g boter
(nootmuskaat)
(± 25 g geraspte kaas)

Bloemkool, groene bloemkool

De bloemkool ontdoen van bladeren, de stronk diep wegsnijden. De bloemkool heel laten of in ± 8 stukken verdelen en met de stronk naar boven enige tijd in zout water laten staan (waardoor eventueel ongedierte naar buiten komt). De bloemkool met de stronk naar beneden vlug aan de kook laten komen in het water met het zout en gaar laten worden in ± 15 minuten (stukken 8 minuten). De bloemkool laten uitlekken, in een warme schaal leggen en er gesmolten boter over schenken. Desgewenst nootmuskaat of geraspte kaas over de kool strooien. Het bloemkoolwater desgewenst voor soep bewaren.

Variaties

Bloemkool met deksaus

De gesmolten boter vervangen door 2 dl bloemkoolsaus (blz. 106, 107), ham-kaassaus (blz. 107), kerriesaus (blz. 109) of tomatensaus (blz. 110).

Bloemkool 'au gratin'
De uitgelekte, gekookte (10 minuten) nog knapperige bloemkool in een beboterde ovenschaal leggen en bedekken met ± 4 plakken kaas of met 2 dl kaassaus (blz. 107). De schotel in een voorverwarmde hete oven (240 °C, ± 10 minuten) of 15 cm onder een roodgloeiende grill plaatsen (± 3 minuten).

Bloemkool met kerrie (gesmoord)
De bloemkool in roosjes verdelen. 1 ui schoonmaken, snipperen en met ± ½ lepel kerrie in 25 g boter licht fruiten. De bloemkoolroosjes en desgewenst het zout toevoegen en onder regelmatig omscheppen op een getemperde warmtebron in een gesloten pan juist gaar smoren (± 15 minuten). Zo nodig tijdens het smoren enkele lepels water toevoegen.

Bloemkool, gefrituurde
De bloemkool in niet te kleine roosjes verdelen en 3 minuten blancheren. Goed laten uitlekken. Bakbeslag (blz. 142, lekkerbekjes) of tempurabeslag (blz. 143, tempura van vis) vermengen met 2 theelepels gemalen komijn (djinten), 1 theelepel kurkuma en gemalen koriander (ketoembar) en een mespunt cayennepeper. De roosjes een voor een door het beslag halen. In frituurolie (180 °C) in 3-4 minuten bruinbakken.

600 g broccoli
2 dl water
± 3 g zout
(10 g boter)

Broccoli
Zo nodig de buitenbladeren van de broccoli verwijderen en 2 cm van de onderkant van de stronk afsnijden. De groente wassen, de stengels en de bloemdelen scheiden. De stengels in de lengte halveren, in stukken van 4 cm snijden en 5 minuten voorkoken in het kokende water met het zout. Daarna de bloemdelen (in roosjes verdeeld) nog 3 minuten meekoken. De groente laten uitlekken; desgewenst de boter erdoor schudden.

Variatie

Broccoli/bloemkool met gorgonzola of verse roomkaas
De boter vervangen door 100 g gorgonzola of verse roomkaas, deze even mee verwarmen.

600 g spruitjes
6 g zout per liter water
10 g boter
(nootmuskaat)

Spruitjes
De spruitjes schoonmaken door een dun plakje van de stronk te snijden en lelijke blaadjes te verwijderen. Van grote spruiten het stronkje kruiselings insnijden. Wassen en vlug aan de kook brengen in zoveel kokend water en met zout, dat ze juist onderstaan. De spruitjes gaar laten worden (± 10 minuten). Het vocht afgieten, de boter door de spruitjes schudden. Desgewenst nootmuskaat erover strooien.

Variaties

Spruitjes met (rook)spek, met kaas
De boter vervangen door 100 g uitgebakken blokjes rook- of katenspek en/of ± 50 g blauwe kaas of komijnekaas.

Spruitjes met kastanjes
Gare spruitjes (½ recept) vermengen met gare kastanjes (½ recept, zie blz. 289).

Gesmoorde spruitjes met champignons
Van 500 g kleine spruitjes de stronkjes inkruisen, 200 g champignons schoonmaken en in plakjes snijden; 30 g boter licht laten kleuren. De champignons, 1 kleingesneden ui en desgewenst 50 g katenspek hierin licht fruiten. De spruitjes toevoegen en omschudden. Op een getemperde warmtebron onder nu en dan omschudden in een gesloten pan gaar smoren (± 15 minuten). Zo nodig tijdens het smoren enkele lepels water toevoegen.

1 kool of
750 g gesneden kool
2 dl water
± 3 g zout
(marjolein)
10 g boter
nootmuskaat

Witte kool, groene kool, savooienkool
De kool van lelijke buitenste bladeren en stronk ontdoen; in dunne reepjes snijden. Vlug aan de kook brengen met water, het zout en desgewenst marjolein. Laten koken tot ze gaar is (± 10 minuten) en zo nodig afgieten. De boter en de nootmuskaat toevoegen.

Variaties

Kool met melksaus
De boter vervangen door ± ¾ dl melk en deze bijbinden met ± 9 g allesbinder of ± 6 g aangemengde maïzena.

Kool met seroendeng
De marjolein vervangen door 2 lepels seroendeng (blz. 289).

Kool met rouxsaus
De boter vervangen door 1 dl kerriesaus (blz. 109), tomatensaus (blz. 110), ham-kaassaus (blz. 107) of pindasaus (blz. 113).

Roergebakken kool met kerrie of karwijzaad
Roergebakken kool met kokos en /of noten
In een wok/wadjan of hapjespan 5 lepels olie heet laten worden. Hierin een gesnipperde ui met ± 2 theelepels kerrie of karwijzaad en desgewenst 50 g kleingesneden rookspek (of 3 lepels geraspte kokos en/of 1 lepel pijnboompitten of (cashew)noten) laten kleuren. De kool (± 500 g) en het zout toevoegen en omscheppend ± 5 minuten op een hoog ingestelde warmtebron bakken. Zo nodig de kool in een gesloten pan op een getemperde warmtebron ± 5 minuten laten nagaren.

1 kg Chinese kool of spitskool
± 4 g zout
10 g boter
(40 g geraspte oude kaas of kleingesneden ham)
12 g allesbinder of
8 g maïzena
(2 lepels ketjap)

Chinese kool, spitskool
De kool wassen, in grove repen snijden en laten uitlekken. Opzetten met het aanhangende water, vlug laten slinken en met het zout gaar laten worden (± 7 minuten); de groente mag nog knapperig zijn. Een deel van het vocht afschenken, de boter en desgewenst de kaas of de ham toevoegen en de rest van het vocht binden met de allesbinder of de aangemengde maïzena. Desgewenst de ketjap toevoegen.

Variaties

Gesmoorde Chinese kool, spitskool

1 grote gesnipperde ui en ± 75 g kleingesneden katenspek of ham in ± 30 g hete boter licht fruiten. De repen kool toevoegen en deze nu en dan omscheppend in ± 10 minuten gaar smoren in een gesloten pan. Desgewenst op smaak afmaken met 1 lepel ketjap.

Gesmoorde Chinese kool, spitskool met piccalilly

De kaas of ham vervangen door een in reepjes gesneden rode paprika en 2 lepels piccalilly.

Roergebakken Chinese kool, spitskool (zie roergebakken kool blz. 205)

8 à 12 gare koolbladeren
½ liter water
± 3 g zout
300 g gemengd gehakt
2 sneden oud brood
4 g zout
peper, nootmuskaat
40 g boter
paneermeel

Gevulde koolrolletjes ***(met gehakt)***

De gewassen bladeren opzetten met het kokende water en het zout; 3 minuten laten blancheren en laten uitlekken. Het gehakt aanmaken met het brood, het zout, peper en nootmuskaat (zie gehakt blz. 174) en over de bladeren uitstrijken. De bladeren oprollen en in een vuurvaste schaal leggen waarin de helft van de boter gesmolten is. De koolrolletjes bedekken met een dun laagje paneermeel en de overige gesmolten boter. De schotel op een rooster midden in een vrij hete (± 200 °C) oven plaatsen. Het gerecht onder nu en dan bedruipen gaar en bruin laten worden (20 à 30 minuten).

Variaties

Gevulde koolrolletjes (met kaas)

In plaats van de koolbladeren met gehakt te bestrijken, 200 g kaas in 8 reepjes snijden en elk reepje in een koolblad rollen.

Gevulde koolrolletjes met tomatensaus

De gesmolten boter en paneermeel vervangen door 2 dl tomatensaus (½ recept, zie blz. 110), maar 16 g boter en 16 g bloem gebruiken.

750 g rodekool of
500 g gesneden kool
± 2 dl water
± 3 g zout
mespunt gemalen kruidnagelen
± 20 g suiker
(½ theelepel kaneel)
(laurierblad)
(jeneverbes)
2 appels
± 2 lepels azijn
10 g boter
allesbinder of aardappelmeel

Rodekool

De rodekool in vieren snijden, de grove stronk verwijderen. De kool kleinsnijden of schaven en vlug aan de kook laten komen met het kokende water, het zout, de kruidnagelen, de suiker en desgewenst kaneel, laurierblad en jeneverbes. De kool laten koken tot ze bijna gaar is (± 10 minuten). De geschilde en kleingesneden appels toevoegen en nog 5 minuten laten meekoken. De kool op smaak afmaken met de azijn. De boter erdoor schudden, eventueel binden met allesbinder of aangemengd aardappelmeel; zo nodig laurierblad en jeneverbes verwijderen.

Variaties

Rode kool met rode wijn

Het water vervangen door 1 dl bouillon en 1 dl rode wijn.

Rode kool met wijn en bessengelei

Het water vervangen door 1 dl bouillon en 1 dl rode wijn. Op het laatst 3 lepels rode bessengelei door de kool roeren.

Rode kool met pruimen

De appels vervangen door 100 g in appelsap of ½ water ½ rode wijn gaargekookte gedroogde pruimen zonder pit.

1¼ kg prei
± 1 dl water
± 4 g zout
(peper)
10 g boter of 4 lepels crème fraîche
allesbinder of maïzena

Prei

De prei schoonmaken door de wortels en de donkergroene bladeren te verwijderen. Het witte en geelgroene deel van de prei in stukken van ± 4 cm snijden. Het zand er heel goed uitwassen. Vlug aan de kook laten komen met het water, het zout (en iets peper) en in ± 10 minuten gaar laten koken. De prei goed laten uitlekken, de boter of de crème fraîche toevoegen en eventueel vocht binden met allesbinder of aangemengde maïzena.

Variaties

Roergebakken prei (zie roergebakken andijvie blz. 268)

Prei met bechamelsaus, kaas/hamsaus, garnalensaus, tomatensaus

Boter en bindmiddel vervangen door een rouxsaus van 12 g boter, 12 g bloem, 1 dl melk en 1 g zout of door een melksaus van 1 dl melk, 8 g maïzena en 1 g zout. Desgewenst hierdoor 50 g geraspte kaas of 50 g kleingesneden (schouder)ham (of van beide de helft) of 50 g kleine garnalen of 1 lepel tomatenpuree roeren.

Prei 'au gratin' (ovenschotel)

De prei in stukken van ± 8 cm snijden en bijna gaarkoken (± 7 minuten). Na het uitlekken elk stuk in een halve plak ham wikkelen (± 150 g) en in een beboterde ovenschaal leggen. Bedekken met 150 g belegen kaas (in plakken of geraspt). Boven in een zeer hete oven (240 °C) in ± 10 minuten de kaas laten kleuren of in ± 3 minuten onder een roodgloeiende grill. (Hierbij is geen vleesgerecht nodig.)

Prei met banaan en kaassaus (vegetarisch)

Zie hierboven bij prei 'au gratin'. De ham vervangen door reepjes banaan (± 2 stuks) die om en om met de prei gelegd worden. De kaas vervangen door een bechamelsaus van 25 g boter, 25 g bloem, 2½ dl melk, 1 g zout; hierdoor de geraspte kaas roeren.

Prei met gehakt en aardappelpuree (ovenschotel)

Zie hierboven bij prei 'au gratin'. De ham en kaas vervangen door 300 g roergehakt (blz. 175); hiermee de prei bedekken. Afdekken met aardappelpuree van ± 1 kg aardappels (blz. 240). Bestrooien met een dun laagje geraspte kaas (± 25 g).

750 g uien
20 g boter
1½ dl sinaasappelsap
5 nootjes gember of 25 g rozijnen
mespunt oregano
peper
1 lepel ketchup
1 lepel gembersiroop
allesbinder of maïzena

Gestoofde uien met gember of rozijnen

De uien schillen, in partjes snijden en in de boter roerbakken (5 minuten). Het sinaasappelsap, de kleingesneden gember of de rozijnen en de oregano toevoegen. De uien, nu en dan omscheppend, gaar laten stoven (± 15 minuten). Op smaak afmaken met peper, de ketchup en de gembersiroop. Het vocht binden met allesbinder of aangemengde maïzena.

Variatie

Uiencompote

Rode uien in dunne ringen snijden. Het sinaasappelsap vervangen door rode, zoete wijn of port; ketchup vervangen door enkele druppels tabascosaus of een mespunt sambal oelek.

Gebakken uien

750 g uien
± 40 g boter
(zout, peper)

De uien schillen, in grove snippers snijden en in de lichtbruine boter onder nu en dan omleggen gaar en bruin bakken (± 15 minuten); desgewenst met zout en peper bestrooien.

Bleekselderij

750 g bleekselderij
± 3 dl water
± 3 g zout
10 g boter

De bleekselderij ontdoen van de bladeren en dunne stelen (bijvoorbeeld voor soep gebruiken); de stronk afsnijden. De stelen van elkaar halen, zo nodig de dikke nerven van de buitenste stelen trekken. De stelen wassen en in stukken van ± 2 cm snijden. Vlug aan de kook laten komen met het water en het zout en in ± 10 minuten gaar laten worden. De selderij afgieten (het kookvocht bijvoorbeeld tot soep verwerken), de boter en desgewenst kleingesneden selderijblad erdoor schudden.

Variaties

Bleekselderij met kaas en/of ham, met uitgebakken spek
De boter vervangen door 50 g geraspte kaas of 50 g kleingesneden (schouder)ham, (of de helft van beide) of 50 g verkruimelde uitgebakken ontbijtspek of blokjes rookspek.

Bleekselderij met bechamelsaus, kaas/hamsaus, garnalensaus, tomatensaus
De boter vervangen door een rouxsaus van 12 g boter, 12 g bloem, 1 dl melk en 1 g zout of door een melksaus van 1 dl melk, 8 g maïzena en 1 g zout. Desgewenst hierdoor 50 g geraspte kaas of 50 g kleingesneden (schouder)ham of 50 g kleine garnalen of 1 lepel tomatenpuree roeren.

Céleri à la Moëlle, bleekselderij met mergbroodjes en blonde rouxsaus
De uitgelekte selderij op een platte, warme schaal opstapelen en met 2½ dl blonde deksaus (blz. 111) bedekken. Garneren met zeer klein gesneden peterselie die als dunne banden over de selderij gelegd wordt. Om de groente heen mergbroodjes (blz. 48) leggen.

Gefrituurde bleekselderij (zie blz. 47)

Asperges

1¾ kg asperges
5 g zout per liter water
(1 theelepel suiker)
peterselie, dille of nootmuskaat
(4 eieren)
(± 100 g ham of gerookte zalm)
(± 40 g boter)

Asperges tot aan de bereiding bewaren op een donkere, koele plaats in een vochtige doek en/of plastic zak. De asperges ontdoen van de harde ondereinden (± 3 cm) en liggend dun afschillen vanaf de kopjes naar het einde iets dikker. De asperges (zo nodig naar dikte) in bosjes samenbinden. De groente in zoveel kokend water met zout (en desgewenst suiker) dat ze juist onderstaan, aan de kook laten komen (eventueel een bosje dunne asperges ± 5 minuten later toevoegen); kooktijd 8 à 12 minuten (afhankelijk van de dikte).
De gare asperges uit het kookvocht nemen (dit desgewenst bewaren voor soep), laten uitlekken en in bosjes opstapelen op een verwarmde (asperge)schaal; de draadjes verwijderen. Fijngesneden peterselie, dille of nootmuskaat in banden over de groente leggen. Asperges desgewenst geven met hardgekookte (gehalveerde) eieren

en/of opgerolde plakken ham of gerookte zalm en gesmolten boter of Hollandse saus (zie blz. 113) of kleine uitgeholde tomaatjes gevuld met gewelde boter.

N.B. De (gewassen) aspergeschillen in ruim water 15 minuten laten koken. Het vocht zeven, zout toevoegen en hierin de asperges koken.

Variaties

Groene asperges

Deze niet schillen (1 à 1¼ kg rekenen), kooktijd ± 10 minuten; desgewenst geraspte kaas erover strooien.

Asperges met bechamelsaus

Dikke asperges in stukken van ± 5 cm snijden. De stukken met de kopjes apart houden en de laatste 5 minuten meekoken. Van 1½ dl kookvocht en melk, 12 g boter en 12 g bloem een bechamelsaus maken (zie blz. 107). De saus door de uitgelekte groente mengen, desgewenst kleingesneden dille of peterselie toevoegen.

± 800 g venkel
2 dl water
± 3 g zout
12 g boter
Voor de saus:
12 g bloem
1½ dl vocht (kookwater en melk)
(venkelblad)

Venkel

De venkelknollen zo nodig van de buitenste rok en van stengels en blaadjes ontdoen, wassen en in plakken of in vieren snijden. De venkel vlug aan de kook laten komen met het kokende water en het zout en gaar laten worden (± 15 minuten). Kookvocht afgieten maar bewaren. De groente vermengen met de boter, of met een saus, gemaakt van de boter, de bloem en het vocht. Desgewenst kleingesneden venkelblaadjes door de saus mengen.

Variatie

Venkel met ham-en-kaassaus

50 g kleingesneden ham en 50 g (oude geraspte) kaas door de saus mengen.

4 grote venkelknollen (± 800 g)
4 dl water
± 5 g zout
50 g ham
50 g belegen kaas
25 g geraspte oude kaas
venkelblaadjes

Gevulde venkel *(ovenschotel)*

De venkel schoonmaken (zie vorig recept). De twee buitenste rokken van elke knol lossnijden, deze in het kokende water met het zout bijna gaarkoken (± 10 minuten) en laten uitlekken. De overgebleven venkel kleiner snijden en in hetzelfde kookwater gaar laten worden (± 10 minuten), laten uitlekken en vermengen met de in reepjes gesneden ham, in blokjes gesneden kaas en de kleingesneden venkelblaadjes. De uitgelekte rokken met dit mengsel vullen. De gevulde venkelrokken naast elkaar in een beboterde ovenschaal zetten, bestrooien met de geraspte kaas, de bodem bedekken met kookvocht. Het gerecht op een rooster midden in een vrij hete oven (200 °C) warm laten worden en licht laten kleuren (± 25 minuten).

± 800 g venkel
± 4 g zout
30 g boter
(30 g geraspte kaas)
(50 g ontbijtspek of bacon)

Gesmoorde venkel

De venkel schoonmaken (zie hiervoor bij venkel). Elke venkelknol in ± 8 stukken snijden en met het zout onder nu en dan omschudden in de boter gaar smoren (± ½ uur). Zo nodig tijdens het smoren enkele lepels heet water toevoegen. Desgewenst de kaas of kleingesneden uitgebakken ontbijtspek of bacon op het laatst door de groente mengen.

1½ kg selderijknollen
± 2 lepels citroensap
2½ dl water
± 4 g zout
12 g boter
(12 g bloem)
1½ dl vocht (kookwater en melk)
selderijblad

Knolselderij

De selderijknollen ontdoen van aarde, halveren en in plakken van ± 1½ cm dikte snijden. Deze dik schillen, goed wassen, in blokjes of reepjes snijden en meteen vermengen met het citroensap, om verkleuren te voorkomen. Vlug aan de kook laten komen met het kokende water en het zout en gaar laten worden (± 15 minuten). Kookvocht afgieten en de groente vermengen met de boter en de kleingesneden selderijblaadjes, of met een bechamelsaus gemaakt van de boter, de bloem, het kookvocht en de melk.

Variatie

Gesmoorde knolselderij

De gewassen blokjes knolselderij onder nu en dan omschudden met 1 lepel citroensap en 30 g boter gaar smoren (± 25 minuten). Zo nodig tijdens het smoren enkele lepels water toevoegen. Desgewenst op het laatst ± 50 g geraspte oude kaas of 50 g kleingesneden ham erdoor schudden.

500 g selderijknol
150 g aardappels
± 2 dl water
± 2 g zout
± 3 lepels crème fraîche
15 g boter
(selderijblaadjes)

Knolselderijpuree ***(als garnituur)***

De knolselderij schoonmaken en snijden (zie vorig recept), de aardappels schillen, wassen, in blokjes snijden. Selderij en aardappels met het kokende water en het zout in ± 20 minuten gaar laten worden. Afgieten, droogstomen en pureren. De puree verdunnen met crème fraîche en op dikte en smaak afmaken met de boter, zout en desgewenst kleingesneden selderijblaadjes.

Variatie

Wortelpuree, venkelpuree

De knolselderij vervangen door wortel of venkel. Aan wortelpuree desgewenst 1 lepel gemberstroop toevoegen.

Gefrituurde knolselderij ***(zie blz. 47)***

± 1 kg knolraap
2 dl water
± 2 g zout
(5 g suiker)
10 g boter
12 g allesbinder of
± 8 g maïzena
(± 30 g geraspte kaas)
(nootmuskaat)

Knolraap, koolraap, meiraapjes

De knolraap halveren, in plakken snijden van ± 1 cm dikte; deze dik schillen, wassen en in reepjes van ± 5 cm lengte snijden. Vlug aan de kook laten komen met het kokende water, het zout en desgewenst de suiker en laten koken tot ze gaar zijn (± 15 minuten). De boter toevoegen en het vocht binden met de allesbinder of aangemengde maïzena, óf de knolraap afgieten en vermengen met de boter en desgewenst de kaas. Desgewenst nootmuskaat over de knolraap strooien.

Variatie

Gesmoorde knolraap, koolraap, meiraapjes

De knolraap in blokjes snijden, met 30 g boter en het zout onder nu en dan omschudden gaar smoren (± 30 minuten). Zo nodig enkele lepels water toevoegen. Desgewenst 50 g reepjes ham of kleingesneden bacon meesmoren.

Koolrabi

± 800 g koolrabi
± 2 dl water
± 4 g zout
12 g boter
(dille of 1½ dl bechamelsaus, blz. 107)

De stelen en bladeren verwijderen, de knolletjes in plakken snijden, desgewenst dun schillen, wassen en in reepjes of blokjes snijden. De groente aan de kook laten komen met het kokende water en het zout en laten koken tot ze gaar is (± 10 minuten). Het kookvocht afgieten, de groente omschudden met de boter en desgewenst kleingesneden dille of peterselie of vermengen met een bechamelsaus.

Variatie

Gesmoorde koolrabi

De koolrabi met het zout en desgewenst 50 g kleingesneden ham in ± 30 g boter gaar smoren (± 20 minuten). Zo nodig tijdens het smoren enkele lepels water toevoegen. Desgewenst 30 g geraspte kaas erdoor mengen.

Schorseneren

1 kg schorseneren
6 g zout per liter water
± 2 lepels citroensap
12 g boter
(50 g geraspte kaas)
(12 g bloem)
(½ dl melk + 1 dl kookvocht)
(nootmuskaat)
(peterselie)

De schorseneren (met een dunschiller) schillen en meteen in koud water leggen. De schorseneren wassen, in stukken van ± 5 cm snijden en vlug aan de kook laten komen met zoveel koud water en zout dat ze juist onderstaan. Het citroensap toevoegen. De schorseneren laten koken tot ze gaar zijn (± 15 minuten); afgieten, het kookvocht bewaren, de groente vermengen met de boter en desgewenst met de geraspte kaas of met een saus gemaakt van de boter, de bloem en het vocht. Naar smaak vermengen met nootmuskaat of peterselie.

Worteltjes, waspeen

2 bossen jonge worteltjes of ± 750 g waspeen
± 2 dl water
± 2 g zout
(± 5 g suiker)
10 g boter
peterselie

De worteltjes zo nodig ontdoen van loof en schrappen, schoonboenen of met de dunschiller schillen. De groene kopjes eraf snijden. Dikke wortels in de lengte halveren. De worteltjes vlug aan de kook laten komen met het kokende water, het zout en desgewenst de suiker en laten koken tot ze gaar zijn (10 à 15 minuten, afhankelijk van de dikte). Zo nodig kookvocht afgieten. De boter en de kleingesneden peterselie door de worteltjes schudden.

Variaties

Worteltjes met kruiden

De peterselie vervangen door dille, munt of verse koriander.

Geglaceerde worteltjes met honing

1 kleingesneden ui en teentje knoflook bakken in 2 lepels olijfolie. 1 lepel honing en ¼ theelepel gemberpoeder toevoegen. De warme worteltjes erdoor scheppen en met peper en peterselie bestrooien.

Winterwortels, zandpeen

750 g winterwortels of zandpeen
2½ dl water
5 g zout
(5 à 10 g suiker)
10 g boter
kleingesneden peterselie

De wortels schillen, wassen en in plakken snijden (dikke wortels eerst in de lengte halveren of in vieren snijden). De wortels aan de kook laten komen met het kokende water, het zout (en de suiker) en laten koken tot ze gaar zijn (± 15 minuten). Het vocht afgieten en de boter en de peterselie door de wortels schudden.

Variatie

Gesmoorde winterwortels

De dunne plakken wortel met 1 kleingesneden dunne prei, 50 g rozijnen of kleingesneden gember en desgewenst 50 g gehakte hazelnoten, met 30 g boter en 4 lepels crème fraîche onder nu en dan omschudden gaar smoren (± 25 minuten).

Bieten, kroten

1 kg rauwe bieten of 750 g gare bieten
1 dl water
± 2 lepels azijn
± 3 g zout, peper
± 10 g suiker
15 g boter
1 ui
(1 appel)
(allesbinder of aardappelmeel of maïzena)

De rauwe bieten wassen en gaarkoken in ruim kokend water zonder zout (1-1¼ uur, afhankelijk van de grootte, 20-25 minuten in hogedrukpan). Het kookvocht afgieten en de bieten met koud water afspoelen. De gare bieten afstropen, in dunne plakjes snijden, schaven of grof raspen en opzetten met een bodem kokend water, de azijn, het zout, de peper, de suiker, de boter, de fijngesnipperde ui en desgewenst de geschilde en grof geraspte appel. De bieten ± 15 minuten laten stoven; zo nodig het vocht binden met allesbinder, aangemengd aardappelmeel of maïzena.

Variatie

Gemalen kruidnagel en laurierblad meestoven. Na het stoven het vocht afgieten, 1¼ dl zure room toevoegen en roerend meewarmen.

Artisjokken

4 middelgrote artisjokken
6 g zout per liter water
1 lepel citroensap

De artisjokken ontdoen van de steel en de harde onderste bladeren; lelijke punten van de bovenste bladeren afknippen. De artisjokken wassen, vlug aan de kook laten komen met zoveel kokend water dat ze bijna onderstaan, het zout en het citroensap toevoegen. Laten koken tot de blaadjes gemakkelijk loslaten (½ à ¾ uur, afhankelijk van de grootte). De artisjokken uit het water nemen, omgekeerd laten uitlekken. De artisjokken heet of koud opdoen op een vleesschaal met servet. Een vinaigrettesaus, Hollandse saus of een zure dipsaus erbij geven (blz. 94, 113, 96-99).

N.B. Bij het eten worden de bladeren van de artisjok een voor een afgetrokken, in de saus gedoopt en uitgezogen. Hierna is het zogenoemde 'hooi' eenvoudig te verwijderen en is de zeer smakelijke bodem bereikbaar (zie blz. 29).

2 grote komkommers of
± 750 g courgettes
1 ui
40 g boter
4 g zout of ½ bouillontablet
(2 tomaten)
allesbinder of
aardappelmeel
50 g geraspte kaas of
peterselie,
rozemarijn of
tijm

Gesmoorde komkommers, courgettes
De vruchten desgewenst schillen en overlangs doorsnijden. Elke helft in 2 à 3 repen snijden en deze in stukken van ± 5 cm verdelen. De schoongemaakte ui kleinsnijden. De stukken met de hete boter, het zout of het ½ bouillontablet en de ui onder nu en dan omscheppen gaar smoren (± 10 minuten). Desgewenst de tomaten ontvellen, in stukken snijden en ± 2 minuten meewarmen. Zo nodig het vocht binden met allesbinder of aangemengd aardappelmeel. De kaas of de kleingesneden tuinkruiden door de groente mengen.

Variaties

Gesmoorde pompoen
1 kg oranje winterpompoen in vieren snijden, zaad verwijderen, schillen en in blokjes snijden. De tomaten vervangen door ketchup, de rozemarijn door dille.

Roergebakken komkommers, courgettes
1 ui en desgewenst 1 teentje knoflook snipperen en met 50 g blokjes rookspek in ± 10 g boter licht fruiten. De in blokjes gesneden groente toevoegen en onder nu en dan omscheppen op een hete warmtebron lichtbruin en gaar laten worden (± 3 minuten). Desgewenst kleingesneden tuinkruiden of 50 g ongezouten cashewnoten of geroosterde pijnboompitten erdoor mengen.

Roergebakken komkommers, courgettes met wortels
350 g komkommers of courgettes in 1 cm dikke plakken en 350 g (winter)wortels in dunne plakken snijden. De groente onder nu en dan omscheppen op een hoog ingestelde warmtebron lichtbruin en gaar laten worden. Desgewenst dille erdoor mengen.

Courgettegratin ***(zie blz. 243)***

750 g aubergines of patisson
of paprika's
40 g boter
2 g zout
(25 g mager rookspek)
(1 ui)
(4 tomaten)
peper, nootmuskaat
(allesbinder of maïzena)
peterselie

Gesmoorde aubergines, paprika's, patisson
De vruchtgroenten wassen, halveren, (van zaad ontdoen) en in repen snijden. De vruchten opzetten met de hete boter, het zout en desgewenst het kleingesneden rookspek en de kleingesneden ui en onder nu en dan omscheppen gaar smoren (± 7 minuten). Desgewenst de ontvelde in vieren gesneden tomaten toevoegen en nog 5 minuten laten smoren. De groente op smaak afmaken met peper en nootmuskaat, het vocht zo nodig binden met allesbinder of aangemengde maïzena. Kleingesneden peterselie erdoor mengen.

Gevulde aubergines ***(zie blz. 65)***

Gevulde paprika's ***(zie blz. 65)***

± 500 g (± 2) aubergines
of courgettes
zout
(paprikapoeder)
1 ei
2 lepels melk
paneermeel of
(maïs)griesmeel
olie (frituurolie)
(± 40 g geraspte
kaas)
(marjoleinblaadjes)

Gebakken, gepaneerde of gefrituurde aubergines, courgettes

De aubergines of courgettes wassen en in plakken van ± 1 cm dik snijden. De plakken bestrooien met zout en desgewenst paprikapoeder. Enige minuten laten intrekken. Het ei met de melk loskloppen. De plakken een voor een door het eimengsel halen, laten uitlekken, daarna door het paneermeel wentelen. De plakken in een koekenpan in een dun laagje hete olie aan weerszijden goudbruin en gaar bakken (± 10 minuten) of de plakken in frituurolie (175 °C) bakken (± 5 minuten). De plakken op een verwarmde schaal opdoen, desgewenst bestrooien met de geraspte kaas en/of de kleingesneden marjoleinblaadjes.

Variatie

Gegrilleerde of geroosterde aubergines, courgettes

De plakken aubergines of courgettes aan beide kanten met (olijf)olie bestrijken. Onder een voorverwarmde grill, in de grillpan of op de grillplaat of op het rooster van de barbecue aan beide kanten goudbruin laten worden. Met zout, peper en tuinkruiden bestrooien.

Schotel van aubergines en gehakt, moussaka
(zie blz. 274)

± 750 g kleine,
stevige tomaten
zout
peper
40 g boter of 2 lepels olijfolie
(knoflook, 50 g geraspte kaas)
peterselie, tijm of
marjolein

Gesmoorde tomaten, gestoofde tomaten

De tomaten (enige minuten) onderdompelen in kokend water en meteen in koud water leggen. Pellen en bestrooien met zout en peper. De tomaten in een ovenschaal plaatsen, de gesmolten boter of olijfolie en desgewenst uitgeperst knoflook en/of geraspte kaas erover verdelen. De schotel op een rooster midden in een hete oven (± 220 °C) plaatsen of de tomaten afgedekt op een getemperde warmtebron gaar stoven (6 à 10 minuten, afhankelijk van de grootte). Tuinkruiden over de tomaten strooien.

± 750 g vleestomaten
zout
peper
50 g boter
(peterselie,
tijm of marjolein)

Gebakken tomaten

De tomaten (enige tellen) onderdompelen in kokend water en meteen in koud water leggen. Pellen en in dikke plakken snijden. De plakken tomaat bestrooien met zout en peper en in de gebruinde boter juist gaar bakken (± 3 minuten). Desgewenst tuinkruiden over de gebakken tomaten strooien.

Variatie

Provençaalse tomaten

4 grote en stevige vleestomaten in de breedte doormidden snijden. Het vocht en de pitjes verwijderen. De snijvlakken met zout en peper bestrooien en 2 minuten in 2 lepels olijfolie bakken, keren en nog 2 minuten bakken. De tomaten met de doorgesneden kant naar boven in een lage ovenschaal leggen. 6 lepels paneermeel, 6 lepels kleingesneden peterselie en 2 gehakte teentjes knoflook vermengen en over de tomaten strooien en met 4 lepels olijfolie besprenkelen. In de oven (220 °C) in ± 10 minuten een korstje laten krijgen.

Gevulde tomaten *(zie blz. 22, 29, 53)*

± 800 g (± 4) jonge suikermaïskolven
5 g zout per liter water
5 g suiker
40 g boter
(50 g ham)

Maïskolven *(suikermaïs)*

De kolven ontdoen van de bladeren en vlug aan de kook laten komen met zoveel kokend water dat ze juist onderstaan; het zout en de suiker toevoegen. De kolven laten koken tot de korrels zacht zijn en gemakkelijk loslaten (10 à 30 minuten, afhankelijk van de rijpheid). De kolven laten uitlekken en in hun geheel opdoen of de korrels met een vork van de spil halen en desgewenst de kleingesneden ham en de boter erdoor mengen.

Variatie

Maïs met doperwten

Maïskorrels vermengen met gare doperwten (van beide ½ recept nemen).

± 800 g (± 4) jonge maïskolven
40 g boter of olie
aluminiumfolie

Gepofte maïskolven

De kolven ontdoen van de bladeren, met boter of olie bestrijken en elke kolf in aluminiumfolie wikkelen. De maïs ± 15 cm onder een roodgloeiende grill of op de barbecue onder nu en dan keren in ± 35 minuten gaar laten worden en in het folie opdoen.

500 g kleine okra's
1 gesnipperde ui
(1 teentje knoflook)
(100 g kleingesneden bacon)
± 3 lepels (olijf)olie
2 ontvelde (vlees)tomaten
1 takje tijm of mespunt gedroogde tijm
± 2 cm kleingesneden gemberwortel of ½ theelepel gemberpoeder
(2 lepels water of witte wijn)
zout, citroensap

Okra's, okers

De groente schoonmaken door het kapje puntig bij te snijden (als potlood slijpen, niet verwijderen, de groente wordt dan snel pappig). De ui, desgewenst het uitgeperste knoflook en de bacon in de hete olie 3 minuten licht fruiten. De gewassen okra's, de kleingesneden tomaten en de kruiden toevoegen en onder regelmatig omscheppen in een gesloten pan gaar laten worden (± 15 minuten). De groente moet stevig blijven. Zo nodig tijdens de bereiding 2 lepels water of witte wijn toevoegen. De groente op smaak afmaken met zout en zo nodig citroensap.

Variatie

Roergebakken okra's

Hiervoor zijn ook grote okra's geschikt. De groente in kleine plakjes snijden. In de hete olie op een hoog ingestelde warmtebron met de andere ingrediënten al omscheppend ± 5 minuten bakken.

± 750 g snijbonen of pronkbonen
± 2 dl water
± 4 g zout
(± 5 g suiker)
10 g boter

Snijbonen, pronkbonen

De bonen afhalen, wassen, in lange dunne snippers of in schuine stukjes van ± 2 cm breedte snijden. Vlug aan de kook laten komen met het kokende water, het zout en desgewenst de suiker, en laten koken tot ze gaar zijn (10 à 15 minuten). Zo nodig kookwater afgieten. De boter door de groente schudden.

Variaties

Snijbonen, pronkbonen met maïs

Snijbonen, pronkbonen met gebakken champignons

½ recept gare bonen vermengen met ½-literblik verwarmde maïskorrels of met ½ recept gebakken champignons (blz. 217).

± 750 g sperziebonen
of kousenband
± 2 dl water
± 5 g zout
10 g boter
(nootmuskaat)

Sperziebonen, prinsessenbonen, kousenband

De bonen afhalen en wassen. Sperziebonen desgewenst doorbreken, kousenband in stukjes van 1 à 2 cm snijden. Vlug aan de kook laten komen met het kokende water en het zout en laten koken tot ze gaar zijn (± 15 minuten). Zo nodig kookwater afgieten; de boter (en de nootmuskaat) door de bonen schudden.

Variaties

Sperziebonen, kousenband met crème fraîche

Een gesnipperde ui in 30 g boter licht fruiten. 3 ontvelde en in stukken gesneden tomaten en de bijna gaar gekookte bonen (± 15 minuten) toevoegen, omscheppen en nog ± 5 minuten meesmoren. Vlak voor het opdoen een bekertje crème fraîche door de groente mengen.

Sperziebonen, kousenband met kaas en/of pindasaus

De gare bonen vermengen met ± 50 g in blokjes gesneden belegen kaas en/of pindasaus (½ recept, blz. 113).

Sperziebonen, haricots verts in bundeltjes

200 g dunne sperziebonen of haricots verts 5 à 10 minuten voorkoken (afhankelijk van de dikte). De uitgelekte bonen in bundeltjes in plakjes boterham- of katenspek wikkelen (150 g). De pakjes naast elkaar in een vuurvaste schaal midden in een hete oven (220 °C) knapperig laten worden (10 minuten).

Roergebakken sperziebonen of kousenband
(zie blz. 268, 269)

± 750 g jonge peultjes
2 dl water
± 5 g zout
(± 5 g suiker)
10 g (kruiden)boter

Peultjes, sugarsnaps

De peultjes of sugarsnaps afhalen, wassen, vlug aan de kook laten komen met het kokende water en het zout en desgewenst de suiker. Laten koken tot ze gaar zijn (± 7 minuten; ze moeten nog knapperig zijn). Zo nodig kookwater afgieten; de boter door de groente schudden.

Variatie

Roergebakken peultjes, sugarsnaps

± 4 minuten roerbakken in ± 3 lepels olie.

± 400 g jonge peultjes
1 bos zeer jonge
worteltjes
2 dl water
± 5 g zout
(± 5 g suiker)
10 g boter

Peultjes met worteltjes

De peultjes en de worteltjes schoonmaken (zie vorig recept en blz. 211). De worteltjes vlug aan de kook laten komen met het kokende water, het zout, desgewenst de suiker, en laten koken tot ze halfgaar zijn (± 8 minuten), daarna de peultjes toevoegen en nog 7 minuten koken. Zo nodig kookwater afgieten; de boter door de groente schudden.

2 kg verse doperwten of kapucijners of 2½ kg tuinbonen
2 dl water
5 g zout
(5 g suiker)
10 g boter
peterselie of oregano of bonenkruid

Doperwten, verse kapucijners, tuinbonen *(grote bonen)*
De groenten doppen (de peulen knakken op de plaatsen waar de erwten of bonen liggen, hierdoor springen ze eruit). De groente wassen, vlug aan de kook laten komen met het kokende water en het zout (doperwten ook met de suiker). Laten koken tot ze gaar zijn (10 minuten voor kleine erwten en bonen, 15 minuten voor grotere). Het kookvocht afgieten, de boter en kleingesneden peterselie, oregano of bonenkruid door de groente mengen.

Variaties

Doperwten, verse kapucijners, tuinbonen met roomsaus
De boter vervangen door roomsaus (blz. 109, ½ recept).

Doperwten, verse kapucijners, tuinbonen tyrolienne
Een gesnipperde ui, 100 g in plakjes gesneden champignons en 50 g blokjes mager rookspek of ham in 15 g boter lichtbruin fruiten. Een in stukjes gesneden rode paprika en/of een ontvelde en in stukken gesneden vleestomaat ± 3 minuten meebakken. De groente toevoegen en doorwarmen.

750 g (grot-, kastanje-) champignons of andere paddenstoelen (cantharellen, shii-takes, portobello's, eekhoorntjesbrood)
1 dl bouillon (zie blz. 76)
1 lepel citroensap
10 g boter
peterselie of bieslook

Gekookte champignons, paddenstoelen
De paddenstoelen zo nodig (met keukenpapier of een zacht borsteltje) schoonvegen, zo nodig in de lengte halveren, in parten of in plakjes snijden (bijvoorbeeld met een eiersnijder), portobello's in blokjes snijden. Vlug aan de kook laten komen met het vocht en het citroensap en in ± 4 minuten gaar laten worden. Laten uitlekken en vermengen met de boter en de kleingesneden tuinkruiden.

Variaties

Gekookte champignons, paddenstoelen met roomsaus
Van 1 dl kookvocht, 8 g boter en 8 g bloem een rouxsaus maken. Op het laatst ¼ dl room en desgewenst 1 lepel witte wijn toevoegen. De uitgelekte paddenstoelen meewarmen. Kleingesneden tuinkruiden toevoegen.

Gesmoorde champignons, paddenstoelen
De paddenstoelen opzetten met 20 g hete boter, zout en enkele druppels citroensap en onder nu en dan omscheppen gaar smoren (± 7 minuten). De paddenstoelen laten uitlekken, het vocht binden met allesbinder of aangemengde maïzena. Desgewenst 2 lepels room en 1 lepel wijn toevoegen. De uitgelekte paddenstoelen in de saus doorwarmen.

Gedroogde paddenstoelen
De paddenstoelen wassen en laten weken in ruim warm water (± 2 uur). Laten uitlekken en smoren (zie boven) of bakken (zie hieronder). Het weekvocht bewaren voor jus, saus of soep.

(Roer)gebakken champignons, paddenstoelen
De paddenstoelen bestrooien met iets zout. 3 lepels olie verhitten of ± 20 g boter smelten en desgewenst 50 g kleingesneden ontbijtspek en 1 gesnipperde ui hierin licht fruiten. De paddenstoelen toevoegen en onder voortdurend omscheppen lichtbruin bakken (± 3 minuten).

Provençaalse portobello's, paddenstoelen
De paddenstoelen in plakken snijden, 2 in ringen gesneden uien in 4 lepels olijfolie goudbruin bakken. De paddenstoelen en 2 kleingesneden teentjes knoflook meebakken. Met zout, peper en peterselie bestrooien.

Gegrilleerde of geroosterde portobello's, paddenstoelen
De paddenstoelen in plakken snijden, met olijfolie bestrijken en aan beide kanten onder een voorverwarmde grill, in een grillpan of op de grillplaat of op de barbecue goudbruin grilleren of roosteren. Met citroensap besprenkelen en met zout, peper en desgewenst peterselie bestrooien.

Gevulde champignons *(zie blz. 53)*

Gefrituurde champignons *(zie blz. 47)*

Paddenstoelensalade *(zie blz. 43)*

Ratatouille ***(mengsel van gesmoorde groenten)***

1 ui, 1 kleine prei of
2 stengels bleekselderij
2 paprika's of 1 aubergine
200 g champignons
2 g zout
2 theelepels Provençaalse kruiden
2 lepels olijfolie
4 tomaten
200 g courgettes of venkel
aroma of
Engelse saus
(2 lepels room of koffiemelk)
allesbinder of maïzena

De schoongemaakte ui, prei of bleekselderij kleinsnijden, de paprika's of de aubergine wassen (van zaad ontdoen) en in repen snijden. De champignons schoonvegen of wassen en halveren. Deze groenten met het zout, de kruiden en de olie smoren (± 10 minuten) onder nu en dan omscheppen. De ontvelde tomaten en courgettes of venkel in stukken snijden en 5 minuten meesmoren. Het groentemengsel op smaak afmaken met aroma of Engelse saus. Desgewenst room of koffiemelk toevoegen en zo nodig het vocht bijbinden met allesbinder of aangemengde maïzena. Het groentemengsel desgewenst geven als garnituur bij vlees, vis, wild of gevogelte.

Variaties

Roergebakken ratatouille
De olie in een wok/wadjan of hapjespan heet laten worden.
De groenten omscheppend ± 4 minuten bakken. De tomaten nog 3 minuten meebakken. De Engelse saus vervangen door sojasaus.

Groentemengsel 'en papilotte'
De hoeveelheid halveren. De schoongemaakte, kleingemaakte groenten en kruiden verdelen over 8 stukken aluminiumfolie (aan de glimmende kant ingeboterd). Het folie goed dichtvouwen, zodat er geen vocht uit kan lopen. De pakjes aan de bovenkant inprikken en op een rooster midden in een vrij hete oven (200 °C) leggen. De groenten in 15 minuten gaar laten worden en in de pakjes serveren.

Roergebakken groentemengsel *(zie blz. 269)*

Gado-gado, gemengde groenten met pindasaus

200 g savooien- of Chinese kool
200 g snijbonen of peultjes
¼ kleine bloemkool of komkommer
200 g taugé
± 2½ dl pindasaus (zie blz. 113)

De groenten schoonmaken zoals bij de diverse recepten staat beschreven; snijbonen in stukken van 2 cm breedte snijden, de bloemkool in kleine roosjes verdelen. De groenten na elkaar ± 3 minuten blancheren en laten uitlekken (de groenten moeten nog knapperig zijn). Komkommer en taugé in een zeef met het kookvocht overgieten. De uitgelekte groentesoorten naast elkaar op een verwarmde schaal leggen. De hete pindasaus over de groente schenken of erbij geven. Bij voorkeur geven met rijst.

Variatie in bereiding

Gemengde gesmoorde groenten (sajoer lodeh)

De groenten met gesneden ui en/of knoflook roerbakken (zie Roergebakken andijvie blz. 268) in 4 lepels hete olie en daarna in 1 dl kokosmelk op een lage warmtebron gaar smoren (10 minuten). Opdoen met het smoorvocht. Desgewenst geven met gebakken tahoe en rijst.

Tjap tjoi *(gemengde groenten met vlees)*

200 g kippen- of varkensfilet
3 dl water
1 theelepel gemberpoeder
½ theelepel Chinees poeder
± 3 g zout
200 g dunne prei
200 g dunne winterwortel
150 g champignons of shii-takes
1 kleine komkommer
(blikje bamboescheuten 225 g)
allesbinder of ± 7 g aardappelmeel
± 2 lepels ketjap asin
zout

Het vlees in kleine stukken (± 3 cm) snijden. Zo nodig velletjes verwijderen. De kruiden met wat koud water aanmengen en met het overige water en het zout aan de kook laten komen. Het vlees toevoegen en (tegen de kook aan) bijna gaar laten worden (± 12 minuten). De schoongemaakte, in plakjes verdeelde groenten toevoegen en zachtjes meekoken (± 5 minuten, de groenten moeten nog knapperig zijn). Desgewenst de uitgelekte bamboescheuten toevoegen, het vocht binden met de allesbinder of het aangemengde aardappelmeel. Op smaak afmaken met de ketjap en zo nodig zout. Desgewenst geven met rijst of mihoen.

Variaties

Tjap tjoi met garnalen

Het vlees vervangen door ± 150 g garnalen. Het water door bouillon. Eerst de groenten halfgaar koken (± 5 minuten). De garnalen na het binden toevoegen en ± 2 minuten meewarmen.

Vegetarische tjap tjoi

Het vlees vervangen door blokjes belegen kaas (± 200 g), 2 hardgekookte eieren of dobbelsteentjes gebakken tahoe. Het water vervangen door kruidenbouillon. Eerst de groenten halfgaar koken. De kaas of tahoe na het binden toevoegen, 2 minuten meewarmen en de tjap tjoi meteen opdoen.

Garnituur bij vleesschotels *(zie blz. 151-152)*

Zuurkool

± 750 g zuurkool
± 1¼ dl zuurkoolvocht met water of witte wijn
(200 g vers spek)
(20 g boter)
(allesbinder of maïzena)

De zuurkool vlug aan de kook laten komen met het vocht en desgewenst het in 4 plakken gesneden zuurkoolspek en ± 20 minuten zachtjes laten koken. Het spek uit de pan nemen. Indien zonder spek gekookt, op het laatst de boter erdoor mengen. Eventueel kookvocht binden met allesbinder of aangemengde maïzena.

25 g boter
(200 g magere speklapjes)
(2 uien)
30 g boter
± 600 g zuurkool
1¼ dl water of witte wijn
1 theelepel karwijzaad
(4 dunne plakken
(bak)bacon, ± ¼ cm)
(4 knakworstjes)
(± 3 g maïzena of
1 dl crème fraîche)

Zuurkool ***(op Elzasser wijze)***

De boter lichtbruin laten worden. Desgewenst de in dobbelsteentjes gesneden speklapjes en de gesnipperde uien in de boter lichtbruin bakken (± 10 minuten). De zuurkool, het vocht en het karwijzaad toevoegen en ± 15 minuten laten koken. Desgewenst de laatste 5 minuten de plakken bacon en/of de knakworstjes op de zuurkool leggen en mee laten koken. De zuurkool geven met aardappelpuree waarop de zuurkool en de uitgebakken bacon en/of de worstjes gerangschikt worden. Het kookvocht desgewenst binden met de aangemengde maïzena of er de crème fraîche door roeren. De saus over de zuurkool schenken of er apart bij geven.

Variaties

Zuurkool met appel/ananas (gesmoord)

De zuurkool met 2 kleingesneden appels of 4 kleingesneden schijven ananas in 40 g gesmolten boter gaar smoren (± 20 minuten). Desgewenst 60 g rozijnen of kleingesneden dadels, vijgen of gember meesmoren.

Zuurkool in hamrolletjes (ovenschotel)

De uitgelekte zuurkool over 10 à 12 plakken gekookte ham verdelen, deze oprollen en in een ingevette vuurvaste schaal leggen, desgewenst op een laag aardappelpuree (van 1 kg aardappels). Bedekken met ± 40 g geraspte kaas of met ± 1¼ dl zure room, losgeroerd met gesneden bieslook. De schotel op een rooster midden in een hete oven (± 220 °C) warm laten worden en licht laten kleuren (± 30 minuten).

Zuurkool-ovenschotel ***(zie blz. 272)***

Groentesalades, maaltijdsalades

Onder een salade (sla) verstaat men in het algemeen een mengsel van een of meer groente(n) (rauw, geblancheerd, soms gaar), die met een saus (dressing) worden gegeven, apart of gemengd opgedaan en vlak voor het opdoen met de saus gemengd.

Een *enkelvoudige* salade bestaat uit één soort groente.
Een *samengestelde* of *gemengde* salade bestaat uit verschillende soorten groenten, al of niet gecombineerd met vruchten, vis, vlees, kaas, ei of vlak voor het gebruik toegevoegde geroosterde of gebakken noten, zaden of broodcroutons. Bij een samengestelde sla wordt soms het vlees-/visonderdeel op een apart deel van de schaal of het bord opgedaan, overgoten met een warme saus (zogenoemde salade tiède).
Een *maaltijdsalade,* die voedzaam moet zijn, bevat bovendien een zetmeelrijk bestanddeel, zoals: gare aardappels, rijst, spaghetti/macaroni of peulvruchten. Bij een samengestelde salade moet men bij het combineren letten op smaak, kleur en consistentie-combinatie van de ingrediënten.

Men kan een salade (sla) of koude groente geven als:

- *Enige groente* bij een maaltijd. Men rekent per persoon bij de inkoop op:
  ± 75 g groente(n) indien rauw verwerkt (rauwkost)
  ± 100 g groente(n) indien geblancheerd verwerkt
  ± ¼ van een blik (± 800 g, dit is ± 500 g uitlekgewicht)
  ] bij een combinatie een gemiddelde hiervan nemen.
- *Tweede groente* bij een maaltijd. Hierbij neemt men per persoon: ± ⅓ tot ½ van de bovenstaande hoeveelheid.
- *Voorgerecht* bij een maaltijd. Hierbij rekent men per persoon: ± ¼ van bovenstaande hoeveelheid.
- *Onderdeel van een buffetmaaltijd.* De hoeveelheid is hierbij sterk afhankelijk van het aantal gerechten.
- *Beleg of vulling voor harde broodjes, pitabroodjes, stokbrood, taco's of wraps.*

Voorbereiding

In verband met de voedingswaarde, de smaak en het uiterlijk is het belangrijk dat:

- de groente vers is;
- de groente kort voor het gebruik klaargemaakt wordt;
- de groente zoveel mogelijk 'aan de struik' gewassen wordt (zonder het blad te kneuzen) en na het snijden zeker nog één keer (afhankelijk van de hoeveelheid zand die zich nog in het waswater bevindt);
- de groente niet in het water blijft staan (tenzij de groente wat slap geworden is).

Bereiding

Afhankelijk van de hardheid van de groente deze verkleinen door plukken, snijden, schaven of raspen. Harde groente, bijvoorbeeld knolselderij, bloemkool, ui 1-3 minuten in kokend water met zout blancheren, snel afkoelen onder stromend koud water en laten uitlekken.
Slasaus (dressing) apart erbij geven of door de groente mengen:

- bij bladgroente: kort voor het gebruik;
- bij harde groente: ± 1 uur tevoren laten intrekken.

Opdoen

Een salade (sla) opdoen in een slabak of op een platte schaal, desgewenst uitgelekte slabladeren eromheen leggen en garneren met: partjes of plakjes hardgekookt ei of tomaat, radijsjes, uitjes, augurkjes, paprika (zoetzuur), plakjes komkommer, of achtergehouden ingrediënten uit een samengestelde salade (bijvoorbeeld stukjes groenten of vruchten in contrasterende kleur).

Bewaren

Een aangemengde sla, vooral van bladgroente, kan niet bewaard worden. Een niet met een slasaus (dressing) vermengde sla kan afgedekt in de koelkast 1-3 dagen bewaard worden. Het vitamine-C-gehalte gaat dan wel achteruit.

De volgende koude groentegerechten worden meestal als voor- of lunchgerecht (zie blz. 37, 38, 43, 44) gegeven, desgewenst als tweede groente bij de maaltijd. Als enige groente in de maaltijd ± 2 × het recept nemen.

bleekselderijsalade
bloemkoolsalade
gemarineerde groenten
knolselderijsalade
komkommer (atjar)
paddenstoelensalade
paprikasalade
rammenas
rettich
sterkers
taugésalade
venkelsalade
waterkers
wortel (geraspt)
zuurkoolsalade

± 400 g sla
± 4 lepels slasaus
(zie blz. 94)
(½ ui of bieslook)
(tuinkruiden)
(1 ei, 1 tomaat)

Kropsla, rode sla, eikenbladsla
De sla zo nodig ontdoen van lelijke en hardgroene bladranden. Het stronkje eraf draaien, de bladeren uit elkaar halen, in ruim water wassen, in kleine stukken verdelen en zo nodig nog eens wassen zonder ze te kneuzen. De bladeren goed laten uitlekken, uitslaan of droogdeppen. Desgewenst fijngesneden ui of bieslook en andere tuinkruiden door de slasaus mengen. Vlak voor het opdoen de sla en de saus vermengen door omscheppen of de slasaus er apart bijgeven. Desgewenst de sla garneren met hardgekookt ei en/of tomaat.

Variaties

Veldsla, dunsel, rucola, molsla, waterkers
De sla zo nodig van lelijke bladeren en worteldelen ontdoen. In ruim water wassen.

IJsbergsla, (krul)andijvie, lollo rosso, paksoi, spits- of Chinese kool
De groente zo nodig van buitenste bladeren ontdoen en/of wassen. Halveren, zo nodig harde delen wegsnijden en in smalle reepjes snijden. De sla kort voor het opdoen vermengen met een slasaus en desgewenst kleingesneden tuinkruiden, of de slasaus er apart bij geven.

Salade met winterwortel en appel
Aan 250 g sla, 150 g geraspte winterwortel of 100 g gewassen, uitgelekte taugé en 2 lepels gembersnippers en 1 grote appel grof geraspt toevoegen.

Salade met noten, kaas of fruit
Noten, knapperig gebakken pijnboompitten of croutons, of blokjes of verkruimelde (geiten)kaas of feta over de sla strooien. Kleingesneden plakjes sinaasappel, grapefruit, ananas, banaan of maïskorrels (uit blik) door de sla mengen.

250 g witlof
1 appel
± 100 g winterwortel
± 4 lepels slasaus
(zie blz. 94)
(dragon of marjolein)
(1 kiwi)

Witlofsalade

Het lof zo nodig van lelijke bladpunten ontdoen en de kern puntig wegsnijden. De struiken wassen en vlak voor het gebruik in zeer fijne reepjes snijden. De appel en de wortel schillen, grof raspen en met het lof en desgewenst de kleingesneden kruiden door de saus mengen of de slasaus er apart bij geven. De salade desgewenst garneren met plakjes kiwi.

Variaties

Witlofsalade met noten en ananas/rozijnen
De wortel vervangen door 20 g gehakte noten en twee in stukjes gesneden schijven ananas of 25 g gewelde rozijnen.

Witlofsalade met citrusvruchten en banaan
De wortel vervangen door een in plakken en daarna in stukjes gesneden sinaasappel (of ½ grapefruit of 2 lepels kleingesneden mandarijntjes) en een in stukjes gesneden banaan.

½ theelepel mosterd
½ lepel slasaus
2 lepels olie
2 lepels azijn
½ uitje
dille of kummel
200 g witte of savooienkool en
100 g wortel
of 200 g rodekool en
1 appel

Koolsalade

De mosterd aanmengen met de slasaus, de olie en de azijn en vermengen met de schoongemaakte kleingesneden ui en de kruiden. De kool zeer fijn schaven, de wortel of de appel schillen en raspen. De slasaus toevoegen en ½ uur laten doortrekken.

Variatie

De mosterd vervangen door 1 mespunt kerriepoeder, de wortel door 2 plakken kleingesneden ananas. Knapperig gebakken bacon (± 100 g) kort voor het opdoen verkruimeld door de sla mengen of erover strooien.

Tomatensalade

4 à 5 (vlees)tomaten (± 400 g)
3 g zout, peper
Voor de saus:
2 lepels olie
1½ lepel azijn
of
3 lepels slasaus
½ lepel azijn
basilicum en/of peterselie
bieslook of 1 ui

De tomaten desgewenst ontvellen door ze enige tellen in kokend water te houden en daarna meteen in koud water te leggen. De tomaten pellen, in plakken of parten snijden, bestrooien met het zout en de peper en vermengen met de saus en de kleingesneden kruiden.

Variatie

Tomatensalade met maïs

2 tomaten vervangen door 1 blikje uitgelekte maïskorrels (± 225 g).

Komkommersalade, courgettesalade

1 grote komkommer of
1 à 2 courgettes (± 400 g)
1½ g zout
peper
Voor de dressing:
2 lepels olie
1 lepel azijn
of
2 lepels slasaus
½ lepel azijn
dille, peterselie of bieslook

De groenten wassen, desgewenst schillen en in (dunne) plakjes snijden of schaven, of in reepjes of blokjes snijden of grof raspen. Kort voor het gebruik vermengen met het zout, peper, de dressing en de kleingesneden tuinkruiden.

Variaties

Komkommer-/courgettesalade met tomaten

De helft van de groente vervangen door 200 g (± 3) in plakken gesneden tomaten. De dressing geheel of gedeeltelijk vervangen door cottage cheese.

Komkommer-/courgettesalade met rettich

Een deel van de groente vervangen door 100-200 g geschilde, in zeer dunne plakjes of reepjes gesneden of grof geraspte rettich.

Gemengde salade van rauwe groenten

een combinatie van groenten, bijvoorbeeld
1 paprika of 100 g winterwortel
100 g knol- of bleekselderij
100 g bloemkoolroosjes
of
Chinese kool
of
100 g rettich of radijs
100 g venkel of prei
100 g peultjes
1 rode paprika
± 4 lepels slasaus (zie blz. 94)
peterselie, bieslook, dille en/of venkelblad

De groenten schoonmaken, wassen, laten uitlekken en in reepjes of blokjes snijden, schaven of grof raspen. De groenten vermengen met de saus en de kleingesneden tuinkruiden.

Variaties

Gemengde salade van geblancheerde groenten

De harde groenten (behalve de rettich of de radijs) vóór het mengen 1 minuut blancheren in ruim kokend water en zout, laten uitlekken en snel laten afkoelen (onder stromend koud water).

Groente/maaltijdsalade

250 g blokjes kaas, ham, gerookte kipfilet, stukjes tonijn of zalm, gemarineerde en gebakken tahoe of tempé, plakjes ei en/of noten aan de salade toevoegen. De salade geven met stokbrood.

Salade van geroosterde groenten

1 rode of gele paprika
1 courgette
1 ui
1 portobello
olijfolie, 1 teentje knoflook
zout, peper
enkele blaadjes sla (eikenbladsla, lollo rosso, frisée)
vinaigrettesaus (zie blz. 94)
(1 ansjovisfilet uit olie)
2 lepels in reepjes gesneden basilicum of gehakte peterselie

De paprika wassen, halveren, van zaad ontdoen en in repen snijden. De courgette wassen, de punten verwijderen en in plakken van ½ cm dikte snijden. De ui schoonmaken en in plakken snijden. De portobello schoonwrijven en in plakken snijden. Olie, uitgeperst knoflook, zout en peper vermengen. Een grillplaat of grillpan met deze olie bestrijken en de repen paprika roosteren tot ze de juiste kleur aannemen. De plakken courgette, ringen ui en de plakken portobello op dezelfde manier roosteren. De sla wassen, droogdeppen en op een schaal leggen. De geroosterde groenten erop leggen. Desgewenst door de vinaigrettesaus een zeer klein gesneden ansjovisfilet mengen en over de salade verdelen. De salade met basilicum of peterselie bestrooien.

Salade niçoise, gemengde Franse salade

2 eieren
± 6 sardines of ansjovisfilets
2 (vlees)tomaten
½ komkommer of ½ courgette
1 paprika
1 bosje radijs of ± 125 g rettich
1 ui of dunne prei
basilicum of verse tijm
olijven
± 4 lepels slasaus of 1 potje Hüttenkäse
(± ½ krop sla)

De eieren hard koken, laten afkoelen, pellen en in 8 partjes verdelen. De visjes halveren en de graten verwijderen. De tomaten even in kokend water onderdompelen, daarna in koud water leggen, ontvellen en in kleine partjes verdelen. De groenten schoonmaken, wassen en in blokjes, reepjes of schijfjes snijden. De tuinkruiden kleinsnijden, de olijven halveren en ontpitten. Alle ingrediënten vermengen met de slasaus of de losgeklopte Hüttenkäse, of de ingrediënten rangschikken en de saus er apart bij geven. Opdoen op een schaal die desgewenst met slabladeren is belegd.

Variatie

De sardines vervangen door 1 blikje (± 185 g) uitgelekte en kleingesneden tonijn.

Italiaanse groentesalade

Voor de salade:
100 g knolselderij
75 g worteltjes
50 g sperziebonen
(¼ paprika)
100 g bloemkool
zout
3 lepels doperwtjes
4 augurkjes
75 g magere ham of belegen kaas
(1 rode appel)

Voor de dressing:
1 lepel mayonaise of slasaus
1 lepel olie
2 lepels azijn
peper, zout

Voor de garnering:
(± ½ krop sla)
(25 g ham of (gevulde) olijven)

De groenten schoonmaken, wassen en in smalle reepjes ter grootte van lucifers snijden; de bloemkool in kleine rozetjes verdelen. De groenten ± 2 minuten blancheren in kokend water met zout, laten uitlekken en afkoelen. De doperwtjes laten uitlekken. De augurkjes, de ham of de kaas en desgewenst de appel met schil in smalle reepjes snijden. Alle ingrediënten omscheppen met de dressing of de dressing er apart bij geven. De sla opdoen op een schaal die desgewenst met slabladeren is belegd. Desgewenst de sla garneren met de kleingesneden ham of olijven.

Variatie

De knolselderij vervangen door bleekselderij, de worteltjes door winterpeen, de sperziebonen door snijbonen, de bloemkool door broccoli, de doperwtjes door maïs.

200 g gekookte bieten
± 3 uitjes en augurkjes uit het zuur
1 gare aardappel
2 lepels olie
1½ lepel azijn
zout, peper, mosterd
(50 g veldsla)
(1 appel)
(½ ui)

Bietensalade

De gestroopte bieten, de uitjes, de augurkjes en de aardappel in blokjes snijden en aanmaken met de olie, de azijn, zout, peper en mosterd. Desgewenst de gewassen en kleingesneden veldsla en de gesnipperde appel en ui kort voor het gebruik erdoor scheppen.

400 g gare sperziebonen
1 grote ui
1½ lepel azijn
1 theelepel mosterd
peper, zout
3 lepels slaolie

Sperziebonensalade

De sperziebonen in stukken snijden, de ui schoonmaken en zeer klein snijden. De azijn met de mosterd, peper en zout vermengen en roerend of kloppend de slaolie erbij schenken. De bonen en de ui door de saus scheppen en ± ½ uur laten doortrekken.

Variatie

Sperziebonensalade met tomaat of rode paprika

± 100-200 g sperziebonen vervangen door 1-2 ontvelde en in stukken gesneden tomaten of rode paprika.

± 500 g verse asperges of 1 blik (850 g)
± 5 dl water
3 g zout
± 3 dl hartige saus (zie blz. 94-99)
(3 eieren)
(6 plakken ham of casselerrib)
peterselie

Koude schotel van asperges met hartige saus

De verse groente schoonmaken en wassen zoals in het recept beschreven is (zie blz. 208), in een bosje bij elkaar binden en in het kokende water met zout in ± 7 minuten 'beetgaar' koken. De groente laten uitlekken, afkoelen en op een platte schaal leggen in één richting. De groente bedekken met de hartige saus en langs de rand desgewenst garneren met de gehalveerde hardgekookte eieren en/of de opgerolde plakken ham of casselerrib. Over de groente zeer klein gesneden peterselie als 1 of 2 dunne banden leggen.

Variatie

Koude schotel van bleekselderij of prei met hartige saus

De asperges vervangen door zo nodig gehalveerde, beetgaar gekookte bleekselderijstengels of het witte deel van prei.

Koude gemengde groenteschotel met warme pindasaus ***(zie blz. 219)***

Schotel van rauwe groenten ***(crudités) (zie blz. 22)***

Schotel van artisjokbodems met groentesla ***(zie blz. 29)***

Schotel van gevulde tomaten met groentesla ***(zie blz. 29)***

Waldorfsalade ***(zie blz. 41)***

Huzarensalade ***(zie blz. 42)***

Salade tiède ***(zie blz. 42)***

Maaltijdsalades

750 g aardappels of krielaardappeltjes
± 5 g zout
± 1½ dl (magere) yoghurt
1 lepel tomatenketchup
peper, zout
1 theelepel basterdsuiker
2 lepels zilveruitjes
5 augurken
200 g prei
2 paprika's of
2 vleestomaten
100 g jonge kaas
100 g schouderham
1 bosje peterselie of koriander
zout, peper

Aardappelsalade

De aardappels schillen of schrappen, pitten, zo nodig kleiner snijden, wassen en opzetten met een bodem water en zout, aan de kook laten komen en met het zout juist gaarkoken (± 15 minuten), afgieten. De yoghurt vermengen met de ketchup, peper, zout en basterdsuiker tot een gladde saus. De zilveruitjes en de augurken kleinsnijden en toevoegen. De aardappels nog warm in plakjes of blokjes snijden, door de saus mengen en zo mogelijk enige uren laten intrekken. De prei en de paprika's schoonmaken en wassen (desgewenst 2 minuten blancheren), of de tomaten ontvellen. De ham en de kaas in blokjes verdelen en met de prei, paprika of tomaten en de kleingesneden kruiden door de salade scheppen. Op smaak afmaken met zout en peper. Aardappelmaaltijdsalade bijvoorbeeld geven bij een barbecuemaaltijd.

Variatie

Aardappelsalade met ei

De ham vervangen door 2 hardgekookte in stukken gesneden eieren (blz. 115). De yoghurtsaus vervangen door remoulade- of ravigottesaus. De salade desgewenst op smaak afmaken met 1 theelepel kerrie.

Aardappelsalade met vis

De kaas en de ham vervangen door 4 ontgrate haringen, 1 gestoomde makreel of 200 g zalmsnippers. Desgewenst de kruiden vervangen door 2 lepels kleingesneden dille.

200 g (witte) bonen of flageolets of 1 blik van ± 850 g
Voor de saus:
4 lepels olie
2 lepels azijn
1 lepel (Franse) mosterd
peper, zout
basilicum
Voor de sla:
1 kleine struik bleekselderij met blad
2 grote vleestomaten of
1 grote rode paprika
150 g jong belegen kaas
paprikapoeder

(Witte)bonensalade, flageoletsalade

De bonen zo nodig bereiden zoals bij peulvruchten koken (blz. 230) is aangegeven; laten uitlekken. De ingrediënten voor de saus vermengen, de bonen toevoegen en ± 1 uur laten intrekken.
De bleekselderij schoonmaken en in dunne reepjes snijden. De tomaten ontvellen of de paprika schoonmaken en in kleine stukjes snijden. De kaas in kleine blokjes snijden, het selderijblad kleinsnijden. Alle ingrediënten bij de bonen voegen, omscheppen en op smaak afmaken met peper, zout en paprikapoeder. De sla geven met (stok) brood.

Variaties

Bonensalade met roquefort en gember

De kaas vervangen door 100 g verkruimelde blauwe kaas (roquefort) en ± 5 kleingesneden nootjes gember.

Bonensalade met ham

De kaas vervangen door 150 g kleingesneden schouderham.

Bonensalade met tonijn of zalm

De kaas vervangen door 1 blik uitgelekte en kleingemaakte tonijn of zalm (blik à ± 480 g) en desgewenst 12 ontpitte olijven.

Rijstsalade met kaas/met ham/met tonijn ***(zie blz. 253)***

250 g pasta, bijvoorbeeld spaghetti of macaroni
1 liter water
2 bouillontabletten
250 g sperziebonen of broccoli
1 paprika of courgette
200 g tomaten
200 g (schouder)ham of rookworst
± 5 lepels (yoghurt) slasaus (blz. 94)
2 lepels peterselie of bieslook
zout, peper, citroensap

Pastasalade met groenten en ham/worst

De pasta juist gaarkoken in de bouillon (blz. 258); laten afkoelen en zo nodig kleiner snijden. De groenten schoonmaken, kleinsnijden en 3 minuten blancheren in ruim kokend water met zout; laten uitlekken en afkoelen. De tomaten ontvellen en kleinsnijden. De ham of de rookworst kleinsnijden. Alle ingrediënten met de slasaus omscheppen. Op smaak afmaken met zout, peper en citroensap.

Variaties

Pastasalade met vruchten en kaas

De groenten vervangen door 200 g prei of bleekselderij. De tomaten vervangen door 3 kleingesneden schijven ananas, een geschilde, in plakken en in stukjes gesneden sinaasappel en een geschilde en in kleine blokjes gesneden appel. De ham vervangen door 150 g verkruimelde gorgonzola of kleine blokjes mozzarella, Goudse kaas of gruyère.

Pastasalade met groenten en tonijn

De ham vervangen door tonijn (blik 225 g) of door 200 g garnalen en 75 g (geroosterde) cashewnoten.

Groente/maaltijdsalade ***(zie blz. 224)***

Salade niçoise ***(zie blz. 225)***

4 eieren gebruiken en geven met (stok)brood.

Tahoe-, tempésalade met bleekselderij ***(zie blz. 236)***

Gedroogde peulvruchten

Voedingswaarde

Door hun hoge voedingswaarde, veel plantaardig eiwit, koolhydraten, mineralen (onder andere ijzer), vitaminen (onder andere B-complex) en de aanwezigheid van vezelstoffen, kunnen peulvruchten zowel aardappels als vlees vervangen. Door de afwezigheid van vitamine C kunnen gedroogde peulvruchten nooit groenten vervangen. Het is aan te bevelen bij elke peulvruchtenmaaltijd een rauwkostgerecht of fruit te gebruiken. Om de eiwitwaarde optimaal te benutten, is een combinatie met een gerecht van melk, graanproducten of een eiergerecht wenselijk.

Hoeveelheid

Afhankelijk van de persoonlijke energiebehoefte en het al of niet gebruiken van aardappels of graanproducten (rijst, brood) in dezelfde maaltijd, rekent men per persoon: 50-100 g gedroogde peulvruchten of 150-300 g gare peulvruchten. (Blik van ± 850 g levert 580 g aan uitlekgewicht). Het volume van bereide peulvruchten is driemaal zo groot als dat van rauwe peulvruchten.

Gebruik

Peulvruchten van de laatste oogst geven het beste kookresultaat. Overjarige peulvruchten moeten zeer lang weken en koken en blijven dan nog vaak stug. Het beste kan men deze als puree verwerken, bijvoorbeeld als variatie op aardappelpuree of in soep of kroketten. Heel oude peulvruchten zijn te gebruiken als steunvulsel bij gebak (zie piebakjes blz. 377). Gedroogde peulvruchten moeten (liefst niet langer dan één jaar) droog, koel en donker bewaard worden. Om muf ruiken en schimmelen te voorkomen niet luchtdicht afsluiten.

Soort peulvruchten	Inweektijd*	Kooktijd**
spliterwten, bruine, gele en groene linzen	-	½-¾ uur
rode linzen	-	15-25 min.
witte, bruine, rode, zwarte, kidney- en kievitsbonen, kapucijners, groene en grauwe erwten, schokkers	8-12 uur	1-1½ uur
flageolets, citroenbonen, kikker(keker)erwten, adzukibonen	8-12 uur	1-2 uur
sojabonen	minimaal 24 uur	2-3 uur

** Een kortere inweektijd verlengt de kooktijd.*

*** De kooktijd kan met ⅔ bekort worden door gebruik van een hogedrukpan. Voor overjarige peulvruchten is de kooktijd 1½ à 2 × zo lang. Het volume van bereide peulvruchten is ± 3 × zo groot als dat van rauwe peulvruchten.*

± 300 g peulvruchten
± 1 liter water
± 6 g zout of
± 1 liter bouillon
laurierblad
tijm, foelie, peperkorrels
ui, wortel, rozemarijn
(bonenkruid, dille, bieslook,
peterselie of selderijblad)

Peulvruchten koken *(algemeen recept)*

De peulvruchten wassen en ruim onder het water of de bouillon in de week zetten. De peulvruchten in het weekvocht, met zo nodig het zout en de kruiden, gaarkoken, zorgen dat ze onder het vocht blijven. Kooktijd: zie schema hieronder.

De peulvruchten afgieten (kookvocht desgewenst bewaren voor soep of saus), geven met een peterselie-, kerrie-, tomaten-, mosterdsaus of een andere warme saus (blz. 104-113) of de kleingesneden tuinkruiden erdoor schudden.

300 g rode linzen
4 dl bouillon
2 dl rode wijn
laurierblad, tijm
250 g rookspek
200 g champignons
200 g prei
200 g winterwortel
peper en zout
250 g vleestomaten
(maïzena)
peterselie of dille

Stoofschotel van linzen* en groenten

De linzen in de bouillon en de wijn met de kruiden 10 minuten voorkoken. Het rookspek in dobbelsteentjes snijden en op een getemperde warmtebron zachtjes uitbakken en uit de pan nemen. De champignons wassen, in plakjes snijden en in het spekvet goudbruin bakken; uit de pan nemen. De prei schoonmaken, wassen en in ringen snijden; de winterwortel schillen, wassen en in dunne reepjes snijden. De groenten even in het spekvet bakken met de warmtebron op de hoogste stand. Het groentemengsel, de champignons en het spek aan de linzen toevoegen. Op smaak afmaken met peper en zout, het laurierblad verwijderen. Het geheel nog ± 10 minuten laten koken, tot de wortel zacht is. De ontvelde en in stukken gesneden tomaten toevoegen en omscheppen. Het vocht zo nodig binden met aangemengde maïzena. Op het laatst kleingesneden peterselie of dille door de linzen mengen of over het gerecht strooien. Geven met (stok) brood.

± 300 g linzen of ± 600 g
(uitlekgewicht)
uit blik
tijm, rozemarijn
2 uien
2 theelepels kerrie
25 g boter
zout (ketjap)

Kerrie-linzen*

De linzen zo nodig bereiden (zie bij peulvruchten koken, boven); de linzen laten uitlekken. De uien schoonmaken, snipperen en met de kerrie in de boter licht fruiten. De linzen toevoegen en onder nu en dan omscheppen ± 10 minuten laten smoren. Op smaak afmaken met zout en desgewenst ketjap. De linzen geven met een rauwkostgerecht, met rijst of met gierst, desgewenst met een (spek)saus.

** Linzen kunnen vervangen worden door een andere soort peulvruchten (zie blz. 229)*

Linzenpaté*

250 g linzen
1½ dl water
6 g zout
tijm of rozemarijn
1 ui
1 teentje knoflook
25 g boter
2 eieren
2 lepels tomatenpuree
100 g bruinbrood
150 g geraspte oude kaas
2 lepels fijngesneden peterselie
kerrie of paprikapoeder

De linzen met het weekwater, het zout en de kruiden gaarkoken (zie peulvruchten koken, blz. 230). De ui schoonmaken en kleinsnijden, het knoflook persen en beide in gebruinde boter fruiten. De eieren loskloppen; de tomatenpuree erdoor mengen. Het brood kruimelen en met de geraspte kaas, de peterselie, de gefruite ui en de uitgelekte gekookte linzen aan het eimengsel toevoegen en vermengen. Het patémengsel op smaak afmaken met de kerrie of paprikapoeder. Het mengsel overdoen in een beboterde vuurvaste vorm. De paté op een rooster in een schaal warm water midden in een matig warme oven (160 °C) gedurende ± 1½ uur laten drogen. De paté laten afkoelen en nog een dag laten staan voor het gebruik.

(Witte) bonen met groenten en kaas/tahoe

± 300 g (witte) bonen
of 1½-literblik à 850 g
2 grote uien
1 rode paprika
25 g boter
± 250 g gesneden soepgroenten
± 200 g belegen kaas
of 200 g tahoe
en 25 g boter

De (witte) bonen zo nodig bereiden (zie bij peulvruchten koken blz. 230); de bonen laten uitlekken. De uien en de paprika schoonmaken, in dunne reepjes snijden en in de boter licht fruiten (10 minuten). De gewassen en goed uitgelekte soepgroenten toevoegen en ± 3 minuten al omscheppend meefruiten. De uitgelekte bonen toevoegen en goed doorwarmen. Op het laatst de in kleine blokjes gesneden kaas of de gemarineerde en gebakken tahoe (blz. 235) toevoegen.

Variatie

(Witte) bonen met groenten en vlees • met rookworst

De kaas vervangen door 300 g reepjes of blokjes shoarmavlees, nasivlees of rookworst. Het vlees in de gebruinde boter 10 minuten roerbakken, uit de pan nemen en daarna de uien et cetera bakken. Rookworst en desgewenst een in blokjes gesneden appel tegelijk met de soepgroenten toevoegen.

(Witte) bonenfilosoof ***(zie blz. 271)***

Stoofschotel met (bruine) bonen *(vijfschaft)*

200 g (bruine) bonen
± ¾ liter water
3 g zout
100 g rookspek
200 g winterwortels
200 g uien
400 g aardappels
1 rookworst
2 goudrenetten
(± 15 g maïzena)

De bonen wassen, 8-12 uur weken. De bonen in het weekvocht met het zout en het spek aan de kook laten komen en ½ uur (voor)koken. De groenten en aardappels schoonmaken, wassen, in plakken of repen snijden en aan de half gare bonen toevoegen. Vlug weer aan de kook laten komen en laten koken tot alles gaar is (± 20 minuten). De laatste 10 minuten de rookworst en de geschilde en in blokjes gesneden appels op een getemperde warmtebron mee laten koken. Het spek en de worst uit de pan nemen, in stukjes en plakken snijden en door de stoofschotel mengen. Het vocht zo nodig binden met de aangemengde maïzena.
N.B. Bij gebruik van peulvruchten in blik of glas, deze tegelijk met de worst toevoegen.

* *Linzen kunnen vervangen worden door een andere soort peulvruchten (zie blz. 229)*

Variatie

Vegetarische vijfschaft

Het spek en de worst vervangen door 200 g tahoe of tempé, in blokjes gesneden, gemarineerd en gebakken (blz. 235). De tahoe of tempé op het laatst toevoegen.

Boston baked beans *(ovenschotel van (bruine) bonen)*

± 300 g (bruine) bonen of 1½ blik à 850 g
200 g ontbijtspek
2 grote uien
1½ lepel mosterd
1 mespunt gemberpoeder
5 lepels stroop

De bonen zo nodig bereiden (zie bij peulvruchten koken blz. 230). De bonen laten uitlekken en overdoen in een beboterde ovenschaal. Het vocht bewaren. Het spek zachtjes uitbakken en knapperig laten worden. Het spek op de bonen leggen. De schoongemaakte, fijngesneden uien in het spekvet fruiten en de mosterd, het gemberpoeder, de stroop en een deel van het bonenvocht eraan toevoegen. Dit mengsel over de bonen en het spek schenken. De schaal afgedekt op een rooster midden in een hete oven (± 220 °C) zetten en goed laten doorwarmen (± 25 minuten). Het gerecht geven met een rauwkostgerecht en bruinbrood.

Chili con carne

± 300 g bruine bonen of 1½ blik à 850 g
2 grote uien
1 grote paprika
(1 teentje knoflook)
30 g boter of olie
400 g gehakt
2 theelepels chilipoeder
mespunt oregano of karwij
1 klein blikje tomatenpuree
½ lepel tomatenketchup
enkele druppels tabasco of Engelse saus

De bruine bonen zo nodig bereiden (peulvruchten koken blz. 230). Het vocht afgieten maar bewaren. De uien, de paprika en desgewenst het knoflook schoonmaken, kleinsnijden en in de hete boter of olie goudbruin bakken. Het gehakt en het chilipoeder toevoegen en al roerend gaar (grijs) laten worden. De overige ingrediënten meewarmen; zoveel bonenvocht toevoegen dat het gerecht zonder saus gegeten kan worden. Op smaak afmaken met tabasco of Engelse saus en geven met een rauwkostgerecht.

Variaties

Chili con carne met ananas/banaan

Op het laatst 3 schijven ananas of 1 banaan of 2 schijven ananas en ½ banaan in stukjes gesneden meewarmen.

Chili con tahoe (sojakaas)

Het gehakt vervangen door 200 g tahoe (in blokjes gesneden, gemarineerd en gebakken, zie blz. 235). Dit op het laatst toevoegen.

Bonen 'goreng'

± 300 g (witte) bonen of 1½ blik à 850 g
50 g nasigroenten
200 g rookspek (dobbelsteentjes)
2 uien
(1 teentje knoflook)
(± 2 lepels slaolie)
gemberpoeder
sambal oelek, ketjap

De bonen zo nodig bereiden (zie bij peulvruchten koken blz. 230), laten uitlekken. De nasigroenten volgens de gebruiksaanwijzing wellen. De dobbelsteentjes spek zachtjes uitbakken (± 10 minuten). De uien schoonmaken en snipperen, het knoflook uitpersen en zo nodig met wat olie aan het spek toevoegen en licht fruiten (± 5 minuten). De nasigroenten en de bonen toevoegen en doorwarmen. Op smaak afmaken met gemberpoeder, sambal oelek en ketjap. De bonen goreng geven met een rauwkostgerecht.

Variatie

Vegetarische bonen goreng

Het rookspek vervangen door 200 g gemarineerde en gebakken dobbelsteentjes tahoe (blz. 235).

± 150 g bruine bonen of
1 blik à 850 g
2 uien
1 verse Spaanse peper
200 g pekelvlees
± 4 lepels slaolie
2 vleestomaten
peper, zout
allesbinder of
± 7 g maïzena
selderijblad
Voor de rijst:
150 g rijst
water en zout
of bouillon

Bruine bonen met rijst ***(Surinaamse BB met R)***
De bruine bonen zo nodig bereiden (zie bij peulvruchten koken blz. 230); in het kookvocht bewaren. De uien schoonmaken en snipperen. De peper van zaad ontdoen en zeer klein snijden. Het pekelvlees in blokjes snijden. De olie verwarmen, hierin de uien, de peper en het pekelvlees licht bakken (± 10 minuten). De tomaten ontvellen, in stukjes snijden en met de bonen en een deel van het kookvocht toevoegen; ± 30 minuten laten stoven. De rijst met water en zout of bouillon gaarkoken (zie rijst koken blz. 248). De bonen op smaak afmaken met peper en zout. Het bonenvocht zo nodig bijbinden met de aangemengde maïzena. Op het laatst het kleingesneden selderijblad erdoor mengen. De rijst (en een rauwkostgerecht) er apart bij geven.
Variatie
Het pekelvlees vervangen door chorizo of rookworst.

± 300 g kapucijners of
1½ blik kapucijners à 850 g
250 g mager (rook)spek
dille, bonenkruid of
rozemarijn

Kapucijners (raasdonders), (bruine) bonen met spek
De kapucijners of (bruine) bonen zo nodig gaar laten worden (zie bij peulvruchten koken blz. 230). De kapucijners uit blik in het vocht opwarmen.
Het spek in dobbelsteentjes snijden en op een getemperde warmtebron langzaam uitbakken. Het spek en (zo nodig een deel van) het spekvet door de warme, uitgelekte kapucijners mengen. Desgewenst de kleingesneden tuinkruiden toevoegen. Bij voorkeur geven met bruinbrood en een rauwkostgerecht.
Variatie
Kapucijners met ui, paprika en chorizo of rookworst
2 schoongemaakte in ringen gesneden uien in 20 g boter of olie lichtbruin bakken. 2 paprika's in dunne repen, 1 in plakken gesneden (rook)worst en de kapucijners toevoegen en ± 10 minuten doorwarmen.

± 300 g kapucijners of
1½ blik kapucijners à 850 g
250 g speklapjes
peper, zout
25 g bloem
± 2 lepels (Franse) mosterd
peper, zout

Kapiteinskost ***(kapucijners)***
De kapucijners zo nodig gaar laten worden (zie bij peulvruchten koken blz. 230), en laten uitlekken. Het vocht zo nodig aanvullen tot 3 dl. De speklapjes met zout en peper bestrooien, 10 minuten laten intrekken en de lapjes in dobbelsteentjes snijden. Het vlees op een getemperde warmtebron langzaam bakken; nu en dan keren (± 20 minuten). Het gare vlees uit de pan nemen, de bloem aan het vet toevoegen en al roerend pindakaaskleurig laten worden. Al roerend het kookvocht toevoegen, tot een gladde saus ontstaat; deze 3 minuten doorkoken. De mosterd en naar smaak peper en zout door de saus roeren. De kapucijners en het vlees toevoegen en goed doorwarmen. Geven met bruinbrood, stokbrood of apart gaargekookte rijst en rauwkost.

Stoofschotel met erwten en pompoen/koolraap ***(vegetarisch)***

± 300 g kikkererwten
1 liter (kruiden)bouillon
1 grote ui
1 paprika
(knoflook)
± 25 g boter
500 g pompoen of koolraap
2 vleestomaten
peper, zout
Engelse saus
peterselie

De erwten in de bouillon weken en gaar laten worden (zie peulvruchten koken blz. 230). De ui en de paprika schoonmaken, kleinsnijden en desgewenst met het geperste knoflook in boter smoren (± 5 minuten). De pompoen van zaad en schil ontdoen of de koolraap in plakken snijden en schillen. Pompoen of koolraap in blokjes of reepjes snijden. De tomaten ontvellen en kleinsnijden. Pompoen of koolraap, tomaten en de gesmoorde ui en paprika aan de erwten toevoegen. Op smaak afmaken met peper, zout, Engelse saus en peterselie. Het gerecht op een getemperde warmtebron ± 20 minuten laten koken, tot de pompoen of koolraap zacht is.

Variatie

Ovenschotel met erwten en pompoen/koolraap

Het mengsel overdoen in een ingevette ovenschaal, desgewenst met geraspte kaas bestrooien en deze op een rooster boven in een voorverwarmde hete oven (260 °C) zetten (± 10 minuten). Vóór het opdoen kleingesneden peterselie over het gerecht strooien.

Sojabonen met maïs en ananas ***(vegetarisch)***

200 g sojabonen
± 1 liter kruidenbouillon
1 literblik maïs à 450 g
¼ blik ananasschijven
1 banaan
± 2 lepels slaolie
peterselie
(5 nootjes kleingesneden gember of 50 g gemalen kokos)

De sojabonen in de kruidenbouillon weken en gaar laten worden (zie peulvruchten koken blz. 230) en laten uitlekken. De maïs in het vocht verwarmen; laten uitlekken. De schijven ananas laten uitlekken, de banaan in de lengte in 3 repen snijden. De olie heet laten worden. De ananas en de banaan na elkaar vlug goudbruin bakken, in stukken snijden en met de warme maïs en de kleingesneden peterselie en desgewenst de gember of het kokos door de warme sojabonen mengen. Geven met taugé en pindasaus (blz. 113) en met een rauwkostgerecht.

(Witte)bonensalade, flageoletsalade ***(maaltijdsalade)*** ***(zie blz. 227)***

Bruinebonensoep ***(zie blz. 90)***

Wittebonensoep ***(zie blz. 90)***

Linzensoep ***(zie blz. 91)***

Erwtensoep ***(zie blz. 91)***

Tahoe (tofu), tempē, quorn

Door hun hoge (plantaardige) eiwitwaarde zijn deze producten een uitstekende vleesvervanging, waarvan men in de vegetarische keuken graag gebruikmaakt. Ze missen echter ijzer (Fe) en vitamine B12.
Tahoe (tofu) is een als witte kaas uitziend product, bereid uit vocht van gemalen sojabonen dat met een zuur gestremd is. Het is neutraal van smaak en neemt gemakkelijk smaak aan van kruiden, specerijen en aromatische producten.
Tempé wordt gemaakt van tot plakken geperste, met een schimmelcultuur behandelde sojabonen. Het is wat minder neutraal van smaak dan tahoe; de consistentie is wat steviger door de duidelijk zichtbare boontjes.
Beide producten worden verkocht in blokken van ± 500 g en kunnen verpakt in huishoudfolie of onder water in de koelkast ± één week bewaard worden.
Quorn wordt gemaakt van een zeer klein paddenstoelachtig organisme dat door een fermentatieproces tot een vast product wordt gevormd. Hieraan worden plantaardige aroma's en een kleine hoeveelheid eiwit van kippeneieren toegevoegd. Het komt naturel in de handel als stukjes en fijngehakt; deze nemen goed en snel de smaak van kruiden en dergelijke over. Ook is het gemarineerd te verkrijgen als een vlug-klaarproduct. In de koelkast zijn deze producten ± 1 week te bewaren.

± 500 g tahoe of tempé
zout, peper, paprikapoeder of
Voor de marinade:
3 lepels ketjap
3 lepels water
zout
(1 theelepel vijfkruidenpoeder)
4 lepels bloem
± 4 lepels olie

Gebakken tahoe, tempé *(in plakken)*

De tahoe of de tempé in 4 à 5 plakken snijden. Deze bestrooien met het zout en de kruiden, of door de marinade halen en deze ± 1 uur laten intrekken. De plakken door de bloem wentelen en in de hete olie aan weerszijden bruin en knapperig bakken.

Variatie

Roergebakken tahoe, tempé (in blokjes)

De plakken in blokjes snijden, deze marineren, laten uitlekken, door bloem wentelen en goed afschudden. De blokjes in hete olie rondom vlug goudbruin en knapperig bakken. Blokjes gebakken tahoe of tempé op het laatst aan gemengde gerechten of soep toevoegen.

Voor de saus:
3 lepels yoghurt of kwark
1 lepel citroensap of azijn
1 lepel tomatenketchup
2 lepels koffiemelk
zout, peper
1 lepel gesneden tuinkruiden
Voor de salade:
1 blok (500 g) tahoe of tempé
½ kleine struik bleekselderij met blad
± 3 mandarijntjes of 1 sinaasappel

Tahoe-, tempésalade met bleekselderij ***(maaltijdsalade)***
De ingrediënten voor de saus vermengen. De tahoe in kleine blokjes snijden en deze ± 1 uur in de saus marineren. De bleekselderij schoonmaken, wassen en in dunne repen snijden. De mandarijntjes of sinaasappel schoonmaken, in partjes verdelen en deze in stukjes snijden. De bleekselderij en de mandarijntjes of sinaasappel door de salade mengen. Op het laatst het kleingesneden selderijblad toevoegen. De salade geven met (stok)brood.

Variatie

Tahoe-, tempésalade met venkel en appel
De bleekselderij vervangen door 1 kleingesneden venkelknol en 2 (rode) appels; deze met schil in blokjes snijden. De mandarijntjes of sinaasappel desgewenst vervangen door 3 schijven ananas. Het kleingesneden venkelblad er op het laatst door mengen.

Aardappels en aardappelgerechten

Aardappels horen traditioneel bij de Nederlandse warme maaltijd, hoewel ze de laatste jaren steeds vaker afgewisseld worden met graanproducten of pasta's.

Voedingswaarde

Door hun hoge voedingswaarde, hoogwaardig plantaardig eiwit, mineralen (ijzer), vitamines (vooral B en C) en de aanwezigheid van vezelstoffen, kunnen aardappels goed bijdragen aan een evenwichtige voeding.
Oude aardappels bevatten minder vitamine C dan aardappels van de nieuwe oogst, vers gekookte aardappels veel meer dan gebakken aardappels of aardappelpuree. Behalve als hoofdgerecht kunnen aardappels ook toegepast worden in salades, als bindmiddel of vulsel in soepen. De neutrale smaak en de samenstelling maken een grote variatie in bereidingswijzen mogelijk.

Hoeveelheid per persoon

De hoeveelheid kan variëren van 100 tot 500 g per persoon, afhankelijk van:
- de uitgebreidheid van de maaltijd;
- de persoonlijke energiebehoefte;
- de voedingsgewoonte;
- de manier van verwerken.

De hoeveelheid afval (schillen en dergelijke) bedraagt 20-30%, afhankelijk van de tijd van het jaar. Aardappels worden steeds meer verpakt verkocht (vaak voorbewerkt) en voorzien van productinformatie.

Soorten

Tot voor kort waren de rassen Eigenheimers en Bintjes de meest bekende en verkochte soorten in ons land. Deze rassen bleken kwetsbaar te zijn voor ziekten en gebreken. Daarom gebruikte men bij de verbouw steeds meer bestrijdingsmiddelen. Deze zijn echter milieu- en gezondheidonvriendelijk door een hoog nitraatgehalte en de aanwezigheid van cadmium.
Door genetische modificatie zijn bestaande en nieuwe rassen meer resistent tegen ziekten en gebreken. Deze kunnen met minder of natuurlijke bestrijdingsmiddelen geteeld worden. De verpakking is meestal voorzien van het EKO-keurmerk.

Het aardappelras én de weersomstandigheden tijdens de groei bepalen of aardappels vast of bloemig (kruimig) koken of dat het afkokers zijn (hierbij laat de buitenste laag van de aardappel los voordat deze binnenin gaar is). Zoete aardappels (sweet potatoes) behoren niet tot de plantenfamilie van onze aardappels, maar ze zijn wel op dezelfde wijze te bereiden.

Kooktype*	Kookeigenschap	Geschikt voor
vastkokend bijv. Accent, Nicola	blijft heel bij het koken	koken, bakken, magnetron, ovenschotels en salades
vrij vastkokend bijv. Berber, Bildtstar, Eersteling, Redstar	blijft heel bij het koken, maar wordt aan de buitenkant ietwat zacht	koken, bakken, magnetron, ovenschotels, salades en frites
kruimig bijv. Bintje, Frieslander, Gloria, Maritiema, Santé, Turbo	valt uiteen bij het koken	koken, bakken, ovenschotels, frites, poffen, stamppot, puree
zeer kruimig (bloemig of afkokers) bijv. Doré, Eigenheimer, Irene	valt gemakkelijk uiteen bij koken	stamppot, puree, soufflé, soep

** Bron: NIVAA, Den Haag*

Bewaren

Koel en donker bewaren voorkomt slap en rimpelig worden; af en toe omleggen gaat het vormen van spruiten tegen. Te koud bewaren, tussen 0-4 °C, maakt de aardappels zoetig. Deze zijn nog te verwerken in bijvoorbeeld stamppotten. Bevroren aardappels gaan na het ontdooien rotten.

Bereidingswijzen

- *Koken of stomen*: al of niet in de schil.
  Aardappels van gelijke grootte koken gelijkmatig gaar. Kleine of kleiner verdeelde aardappels hebben een kortere kooktijd dan grote aardappels.
- *Bakken*: rauwe of halfgaar voorgekookte aardappels in plakken, stukjes of uitgestoken balletjes, in boter of olie in de koekenpan of in diep vet (frituurolie).

Verwerken van *gare* aardappels:
- *Stampen*: voor stamppot bij voorkeur een grove (spiraalvormige) stamper gebruiken.
- *Pureren*: hiervoor een stamper met fijne gaatjes gebruiken, een (roer)zeef of een pureeknijper. Luchtig roeren, eventueel kort met een handmixer.
- *Snijden*: in blokjes: verwerken in salades, al of niet gemarineerd:
  dunne plakken: stoven in een saus of
  dikke plakken: bakken in de koekenpan in boter.

1 kg aardappels (van ongeveer gelijke grootte)
3 g zout

Gekookte aardappels

De aardappels schillen, pitten, wassen en zo nodig kleiner snijden (en eventueel onder koud water bewaren). Opzetten met een bodem water en het zout. De aardappels vlug aan de kook laten komen en op een getemperde warmtebron laten koken tot ze gaar zijn (± 20-25 minuten, afhankelijk van de grootte; in hogedrukpan ± 6 à 8 minuten). Het vocht afgieten en de aardappels zonder deksel droog en eventueel 'bloemig' stomen onder af en toe omschudden.

N.B. Bij 'afkokers' kort voordat ze gaar zijn het vocht bijna geheel afgieten en de aardappels daarna op een sterk getemperde warmtebron gaar stomen.

Variaties

Gekookte nieuwe aardappels

De aardappels onder water schrappen, daarna in schoon water wassen. Kooktijd zie boven, kleine aardappels ± 15 minuten. Desgewenst kleingesneden bieslook, dille of peterselie door de afgegoten aardappels schudden.

Gekookte krielaardappeltjes

De krieltjes zo nodig schrappen, wassen en in ± 15 minuten gaarkoken. Desgewenst boter en/of kleingesneden groene kruiden door de afgegoten aardappeltjes schudden.

1 kg aardappels (van ongeveer gelijke grootte, niet te groot)
tafelzout
(peterselie, dille of bieslook)

Gekookte aardappels in schil

('en robe des champs' of 'en robe de chambre')

De aardappels schoonboenen, zo nodig lelijke plekken en uitlopers verwijderen. Opzetten met zoveel water dat ze half onderstaan. De aardappels snel aan de kook laten komen en op een getemperde warmtebron laten koken tot ze gaar zijn (± 25 minuten; kleine aardappels ± 15 minuten). Het vocht afgieten en de aardappels in de schil opdoen, of de aardappels pellen en tafelzout en desgewenst kleingesneden tuinkruiden erover strooien.

1 kg aardappels (van ongeveer gelijke grootte)
4 g zout

Gestoomde aardappels

De aardappels schillen, pitten, zo nodig halveren, wassen en meteen onder water zetten. De aardappels bestrooid met het zout in een stoompan gaar stomen (½ à ¾ uur). De gare aardappels laten uitdampen in het onderste gedeelte van de stoompan, nadat het water eruit gegoten is.

Gepofte aardappels *(in de oven)*

4 à 5 middelgrote aardappels (zeer kruimig)
Bereiding:
aluminiumfolie
(karwijzaad, grofgemalen peper of rozemarijn)
boter of olie
Opdoen:
(kruiden)boter of crème fraîche of roomkaas of zure room
bieslook, dille

De aardappels schoonboenen, pitten en 15 minuten in de schil koken. Elke aardappel in een ingeboterd en desgewenst met kruiden bestrooid stukje aluminiumfolie wikkelen. De ingepakte aardappels op een rooster midden in een hete oven (± 220 °C) gaar laten worden (25 à 30 minuten, afhankelijk van de grootte). Het folie van de gare aardappels aan één zijde openmaken. Kruiselings in de schil een diepe insnijding maken en de vier punten van de schil terugdrukken, zodat het kruim iets loskomt. De aardappels in het folie opdoen. Elke aardappel geven met naar keuze een klontje (kruiden) boter, 1 lepel crème fraîche of zachte roomkaas, of een mengsel van zure room en kleingesneden bieslook.

Variaties

Gepofte aardappels (op houtskool)

De aardappels in een dubbel stukje aluminiumfolie pakken, op de gloeiende houtskool leggen en halverwege de gaartijd keren.

Gepofte aardappels in de magnetron

De schil op enkele plaatsen inprikken. De aardappels in een cirkel op een bord leggen en ± 4 minuten *per aardappel* op vol vermogen bijna gaar laten worden; halverwege keren. Uit de magnetron nemen en de aardappels in aluminiumfolie verpakt ± 10 minuten laten nagaren.

Barbecue-worstaardappels *(zie blz. 64)*

Gevulde aardappels met ei *(zie blz. 64)*

Aardappelpuree

1¼ kg aardappels (kruimig of zeer kruimig)
4 g zout
3-4 dl hete melk
20 g boter
(1 ei)
nootmuskaat, zout

De aardappels schillen, pitten, wassen en zo nodig kleiner snijden. Opzetten met een bodem water en het zout. De aardappels snel aan de kook laten komen op een getemperde warmtebron en laten koken tot ze gaar zijn (± 25 minuten, afhankelijk van de grootte). De aardappels afgieten, droog stomen en meteen pureren. Op de warmtebron vermengen met de hete melk, de boter en desgewenst het losgeklopte ei (bij bruineren noodzakelijk). Op smaak afmaken met nootmuskaat en zo nodig zout. De puree zo nodig met wat melk verdunnen en stevig roeren tot ze heet, glad, luchtig en blank van kleur is.

Variaties

Aardappelpuree met kaas en/of ham

De hete puree vermengen met 150 g geraspte kaas of 150 g kleingesneden ham of met de helft van beide.

Aardappelpuree met bacon of rookspek

De hete puree vermengen met 150 g uitgebakken blokjes bacon of rookspek.

Aardappelpuree met ui en kerrie

De hete puree vermengen met 1 grote gesnipperde ui die in 25 g boter met ± 2 theelepels kerrie licht gefruit is.

Aardappelpuree met tuinkruiden
De hete puree vlak voor het opdoen vermengen met ± 3 lepels kleingesneden peterselie, selderij, bieslook of dille.
Aardappelpuree met tomaten-, spinazie-, knolselderijpuree
De hete, dikke puree vermengen met ± 2 lepels tomatenpuree of met ± 5 lepels goed uitgelekte, gepureerde (diepvries)spinazie of knolselderij.
Aardappelpuree in ovenschaal, in schelpen (gebruineerd)
De puree overdoen in een beboterde ovenschaal (deze maximaal tot 2 cm onder de rand vullen) of de schelpen voor ruim de helft vullen. De bovenkant gladstrijken, bedekken met een zeer dun laagje paneermeel. Kleine stukjes boter op regelmatige afstand over het paneermeel verdelen. De schaal of de schelpen op een rooster in een voorverwarmde oven plaatsen en er een lichtbruin korstje op laten komen:

- *warme puree* boven in een zeer hete oven (260 °C) ± 15 minuten of ± 10 cm onder een roodgloeiende grill ± 5 minuten;
- *koude puree* midden in een hete oven (220 °C) (¾ van de tijd afgedekt) ± 20-40 minuten, afhankelijk van de hoogte van de pureelaag.

Torentjes gebruineerde aardappelpuree (duchesse)
De aardappelpuree (vermengd met losgeklopt ei) op een beboterde bakplaat (desgewenst bedekt met bakpapier) in niet te kleine torentjes spuiten. De torentjes puree iets boven het midden in een zeer hete oven (240 °C) lichtbruin laten kleuren (± 6 minuten) en met een pannenkoekmes overplaatsen op een warme schaal (als onderdeel of als garnering van een warme schotel).
Rand van aardappelpureetorentjes (gebruineerd)
De aardappelpuree (vermengd met losgeklopt ei) op een beboterde ovenschaal in een aaneengesloten kring spuiten. Laten bruineren (zie bij Torentjes gebruineerde aardappelpuree). Opdoen met bijvoorbeeld een ragout in het middendeel.

Aardappelkroketjes ***(± 20 stuks)***

500 g gare droge aardappels
30 g boter
1 ei en 1 eierdooier
zout
nootmuskaat
paneerei
(1 eiwit, losgeklopt met 1 lepel water)
paneermeel
frituurolie

Precies 500 g gare aardappels zéér fijn maken en vermengen met de gesmolten boter, het losgeklopte ei, de eierdooier, het zout en de nootmuskaat. Van de massa kleine balletjes of kroketjes vormen, deze eerst door het paneerei, daarna door paneermeel halen. De kroketjes in een pan half gevuld met heet frituurvet (± 180 °C) vlug bruinbakken.
Variatie
Aardappelkroketjes met vulsel
Zie onder aardappelpuree blz. 240. De helft van de aangegeven hoeveelheid vulsel zeer klein gesneden toevoegen.

1 dl water
50 g boter
35 g bloem
2 eieren
250 g gare droge aardappels
zout
nootmuskaat
frituurolie

Aardappelsoesjes, pommes dauphine ***(± 30 stuks)***

Het water met de boter aan de kook laten komen, de bloem erin strooien, roeren tot een soepele bal ontstaan is, die van de pan loslaat. De pan van het vuur nemen. De eieren een voor een door de massa mengen. ± 5 minuten blijven roeren. Precies 250 g gare aardappels zéér fijn maken en door het deeg mengen; de massa vrij hartig op smaak afmaken met zout en nootmuskaat. Met twee theelepeltjes van het deeg balletjes vormen of op repen vetvrij papier torentjes ervan spuiten. De balletjes of de torentjes (op de repen papier) in een pan half gevuld met matig heet frituurvet (± 160 °C) laten uitrijzen (± 4 minuten); uit het vet halen. De temperatuur opvoeren en in heet frituurvet (± 180 °C) de gerezen soesjes vlug bruinbakken. Geven als garnering van schotels of als bijgerecht.

Variatie

Aardappelsoesjes met vulsel

Zie onder aardappelpuree (variaties). Een derde van de aangegeven hoeveelheid vulsel zeer klein gesneden aan het deeg toevoegen.

± 750 g gare aardappels
± 2½ dl melk
± 20 g boter
zout
nootmuskaat

Aardappelpuree ***(restverwerking)***

De aardappels vlug aan de kook laten komen met de melk, de boter, zout en nootmuskaat en door en door warm laten worden (± 10 minuten). De melk afschenken, maar bewaren. De aardappels fijnmaken, de melk al roerend toevoegen. De puree op smaak afmaken met zout, daarna op de warmtebron luchtig roeren tot ze heet is.

± 500 g gare aardappels
± ¾ dl melk
zout
nootmuskaat
(¼ ui, ¼ paprika)
(mespunt kerrie)
(10 g boter)
(peterselie)
paneermeel
± 30 g boter

Aardappelkoekjes ***(restverwerking)***

Zeer stevige puree maken van de aardappels met de melk, het zout en de nootmuskaat (zie boven). Desgewenst de kleingesneden ui en de kleingesneden paprika (met de kerrie) in de boter fruiten en met de kleingesneden peterselie door de puree mengen. De puree iets laten afkoelen en tot een bal vormen. Deze op een plank, bestrooid met paneermeel, uitrollen tot een gelijkmatige rol. De rol in dikke plakken snijden. Deze in de bruine boter vlug aan weerskanten bruinbakken.

± 750 g gare aardappels
ham/kaassaus (1½ recept, zie blz. 107)
(rest(en) gare groenten)

Gestoofde aardappels in ham/kaassaus ***(restverwerking)***

De aardappels in plakken snijden en in een beboterde ovenschaal leggen, desgewenst laag om laag met resten groenten. De hete saus erover schenken. Midden in een hete oven (± 220 °C) op een rooster de aardappels in ± 25 minuten warm laten worden en de bovenkant licht laten kleuren.

750 g-1 kg geschrapte (voorgekookte) krieltjes
hartige saus (zie blz. 104 t/m 113), bijvoorbeeld champignon-, mosterd-, peterselie-, groene-pepertjes-, garnalen-, kerrie-, paprika-, tomatensaus

Gestoofde krieltjes

Zo nodig de krieltjes 10 minuten voorkoken in water. In de saus 10 minuten stoven.

Variaties

Gestoofde krieltjes met knoflook en bouillon

1 kleingesneden ui in 2 lepels (olijf)olie bakken, 1 uitgeperst teentje knoflook en de krieltjes 1 minuut meebakken en 2½ dl bouillon toevoegen.

Gestoofde krieltjes met 'fruits de mer'

1 kleingesneden ui in 2 lepels (olijf)olie bakken, 1 uitgeperst teentje knoflook en de krieltjes 1 minuut meebakken, 1 dl visbouillon, 1 dl droge witte wijn, 1 dl crème fraîche en enkele draadjes saffraan toevoegen; 10 minuten laten stoven. De laatste 4 minuten ± 400 g 'fruits de mer' toevoegen en gaar en warm laten worden. In plaats van 'fruits de mer' ringen inktvis, grote (rauwe en gepelde) garnalen en/of kleine stukjes stevige vis gebruiken.

750 g aardappels (vastkokend)
1 ei
2 dl melk
4 g zout
peper
50 g geraspte kaas

Gratin dauphinois, aardappelgratin

De aardappels schillen, wassen en 10 minuten laten koken. Afgieten en iets laten afkoelen. In dunne plakken snijden en deze in een beboterde ovenschaal leggen. Het ei met de melk, het zout en de peper loskloppen en over de aardappelplakjes schenken; bestrooien met de geraspte kaas. Het gerecht op een rooster midden in een hete oven (220 °C) gaar laten worden en licht laten kleuren (± 30 minuten).

Variaties

Het ei kan vervangen worden door 50 g verse roomkaas (met kruiden), de melk door room of bouillon.

Gratin dauphinois met vulsel

De aardappelplakjes laag om laag met dunne plakken ui of prei en paprika en/of kleingesneden ham of uitgebakken rookspek in de schaal leggen.

Courgettegratin

De aardappelplakken vervangen door rauwe courgetteplakken van ½ cm dikte, het ei door 50 g verse roomkaas (met kruiden).

Rösti (ovenschotel)

De aardappels vervangen door ± 600 g (diepvries)rösti.

± 750 g aardappels (vastkokend)
2 dl water
± 4 lepels olie
3 g zout
peper of kerrie

Rösti, aardappelpannenkoek

De schoongeboende aardappels met schil in het kokende water ± 10 minuten halfgaar koken. De aardappels afgieten, snel laten afkoelen, pellen en grof raspen. De olie in een koekenpan heet laten worden, de geraspte aardappelmassa met zout en peper of kerrie vermengen en enkele malen omscheppen in de hete olie; daarna in de koekenpan aandrukken. De koek in ± 4 minuten goudbruin bakken, (op een deksel) keren, de tweede kant bakken en heet opdoen.

Variaties

Rösti met vulsel

Gesnipperde ui vooraf in de hete olie licht fruiten en/of 200 g zeer klein gesneden ham of cervelaatworst en een kleingesneden prei door de rösti mengen. Desgewenst na het aandrukken 1 ei, losgeklopt met 1 lepel ketjap, over de rösti schenken.

Röstitaart(jes) (bijgerecht)

Door ± 225 g rösti (met vulsel) 1 ei, losgeklopt met ± 2 lepels (koffie) melk mengen. In 4 beboterde kleine (Ø ± 8 cm) of 1 grote (Ø ± 20 cm) vruchtentaartvorm(pjes) het röstimengsel stevig aandrukken. In ± 20 à 25 minuten in een hete (220 °C) voorverwarmde oven gaar en lichtbruin laten worden. De grote taart in punten geven.

Krokante aardappelpannenkoekjes

De geraspte aardappels vermengen met 2 geraspte uien, 1 ei, ± ½ dl melk en ± 2 lepels maïzena. Met een lepel bergjes van het mengsel in de koekenpan scheppen, deze zo dun mogelijk uitstrijken en aan beide kanten vlug bruin en knapperig bakken.

Aardappelquiche, aardappeltaart ***(zie blz. 72)***

Gebakken aardappels *(restverwerking)*

± 1 kg gare vastkokende aardappels
± 60 g boter of
1 dl olie
zout

De koude aardappels in vrij dikke plakken snijden. In een grote koekenpan de helft van de boter lichtbruin laten worden of de helft van de olie verhitten. De aardappels onder af en toe omleggen goudbruin bakken; zo nodig de rest van de boter of de olie toevoegen. Opdoen in een voorverwarmde open schaal.

Variatie

Zie rauw gebakken aardappels.

Gebakken (kriel)aardappels

1¼ kg aardappels (vastkokend of krieltjes)
zout (± 20 g per liter water)
± 20 g boter of
± ¾ dl olie

De aardappels schillen of schrappen, pitten en wassen. Zo nodig in plakken of blokjes snijden en nogmaals wassen. In ruim kokend water met zout 3 minuten voorkoken en daarna goed laten uitlekken en snel afkoelen. In een grote koekenpan een deel van de boter of de olie heet laten worden. De aardappels onder nu en dan omleggen op een getemperde warmtebron bruin en gaar bakken; zo nodig de rest van de boter of de olie toevoegen. Opdoen in een voorverwarmde open schaal.

Variaties

Zie rauw gebakken aardappels.

Gefrituurde (kriel)aardappels

De voorgekookte en snel afgekoelde aardappels bij kleine gedeelten tegelijk in een pan voor de helft gevuld met hete frituurolie (± 180 °C) goudbruin bakken. Daarna laten uitlekken en opdoen in een voorverwarmde open schaal.

1½ kg aardappels (vastkokend)
± ¾ dl olie
zout

Rauw gebakken aardappels

De aardappels schillen, wassen, in dunne plakken of partjes snijden, nogmaals wassen en afdrogen. In een grote koekenpan de olie verhitten. Hierin de aardappels eerst met deksel onder nu en dan omscheppen langzaam bijna gaar maken (± 15 minuten), daarna zonder deksel vlug bruinbakken onder nu en dan omscheppen. Desgewenst zout over de aardappels strooien. Opdoen in een voorverwarmde open schaal.

Variatie

Door de gebakken aardappels blokjes kaas (100 g) of uitgebakken blokjes spek of ham (75 g) mengen en even meewarmen of op het laatst kleingesneden ui, bleekselderij, knoflook, ringen bosui of kruiden, bijvoorbeeld gebroken rozemarijn, oregano meebakken.

2 kg grote aardappels (vastkokend)
zout (± 20 g per liter)
± 40 g boter
(peterselie)

Pommes parisiennes *(Parijse aardappeltjes)*, pommes noisettes

De aardappels schillen en wassen. Met een aardappelboortje kleine ronde aardappels eruit halen en deze onder water bewaren (de 'skeletten' koken en verwerken). De aardappeltjes in ruim kokend water met het zout 5 minuten voorkoken, afgieten, goed laten uitlekken en snel afkoelen. In een koekenpan de boter bruin laten worden, hierin de aardappeltjes vlug bruinbakken onder af en toe omschudden. Desgewenst fijngesneden peterselie erover strooien. De aardappeltjes opdoen in een voorverwarmde open schaal.

1½ kg grote aardappels (vrij vastkokend) of
1 kg diepvriesfrites
frituurolie*
(fijn zout)

Pommes frites, patates frites

De aardappels schillen en wassen. De aardappels in dikke plakken en deze in reepjes snijden. De gesneden aardappels nogmaals wassen, goed laten uitlekken en afdrogen. De aardappels bij kleine gedeelten tegelijk in een pan voor de helft gevuld met matig heet frituurvet (± 160 °C) voorbakken tot ze gaar zijn (afhankelijk van de dikte ± 4-6 minuten). Vlak voor het gebruik in heet frituurvet (± 180 °C) vlug goudbruin bakken en laten uitlekken. Desgewenst zout erover strooien. Meteen opdoen in een voorverwarmde open schaal.

N.B. Diepvriesfrites voor het bakken zo nodig van ijskristallen ontdoen.

750 g aardappels (vrij vastkokend)
frituurolie*
zout

Pommes feuilles, chips, aardappelblaadjes

De aardappels schillen, wassen en in zeer dunne schijfjes snijden, die iets doorschijnend zijn (bijvoorbeeld met een komkommerschaaf). De schijfjes aardappel onder water bewaren, nogmaals wassen, laten uitlekken en afdrogen. De aardappelblaadjes met duim en wijsvinger in heet frituurvet (± 180 °C) schuiven en hierin onder voortdurend roeren gaar bakken, tot ze goudgeel beginnen te worden. Daarna laten uitlekken, fijn zout erover strooien en meteen opdoen in een voorverwarmde open schaal.

** De pan met frituurolie voor de helft vullen, om overbruisen te voorkomen.*

750 g aardappels
(vrij vastkokend)
frituurolie*
zout

Pommes pailles, stroaardappeltjes

De aardappels schillen, wassen en in zeer dunne, iets doorschijnende schijfjes snijden (bijvoorbeeld met een komkommerschaaf); deze in smalle reepjes snijden. De reepjes aardappel onder water bewaren, nogmaals wassen, laten uitlekken en afdrogen. De stroaardappeltjes onder voortdurend roeren in heet frituurvet (± 180 °C) gaar bakken, tot ze goudgeel beginnen te worden. Daarna laten uitlekken, fijn zout erover strooien en meteen opdoen in een voorverwarmde open schaal.

Aardappelsalade ***(maaltijdsalade)*** ***(zie blz. 227)***

** De pan met frituurolie voor de helft vullen, om overbruisen te voorkomen.*

Granen en graanproducten

Het gebruik van granen en graanproducten ter afwisseling van aardappels is onder invloed van gewijzigde voedingsgewoonten toegenomen. Deze producten bevatten hoofdzakelijk koolhydraten en een kleine hoeveelheid eiwit. Volkorenproducten bevatten ook mineralen (voornamelijk ijzer), vitamine-B-complex en vezelstoffen. Daar de producten in tegenstelling tot aardappels geen vitamine C leveren, verdient het aanbeveling de maaltijd aan te vullen met (rauwe) groenten of fruit.

Granen

Rijst

Droogkokende rijstsoorten hebben een lange korrel; deze neemt tijdens het koken (± 25 minuten) tweemaal het gewicht aan water op. Te lang gekookte rijst gaat plakken. Wordt de rijst na het koken nog verder verwerkt (bijvoorbeeld gebakken), dan de kooktijd ± 5 minuten korter nemen. Deze rijst moet vóór het koken zeer goed worden gewassen om het polijstpoeder te verwijderen, zodat kleven wordt voorkomen. Na het wassen goed laten uitlekken. Eenpersoonsporties kan men het beste au bain-marie koken.

Langgraanrijst of langkorrelrijst heeft een lange en slanke korrel en is droogkokend. Tot deze rijstsoort behoren onder andere pandanrijst, basmatirijst en Surinaamse rijst.

Rondkorrelrijst heeft een ovale en dikke korrel. Deze rijst neemt tijdens het koken veel vocht op en blijft vochtig. Deze rijstsoort wordt vooral gebruikt voor pilaf, risotto en desserts zoals pap. Ze wordt daarom ook wel dessertrijst of paprijst genoemd.

Arboriorijst is een Italiaanse rijstsoort die gemakkelijk en veel vocht kan opnemen en toch stevig blijft, waardoor hij zeer geschikt is voor het maken van risotto. Deze rijst heeft een middellange korrel.

Japanse rijst of kleefrijst heeft een middellange korrel die na het koken plakkerig is en aan elkaar blijft kleven. Deze rijst wordt vooral gebruikt voor het maken van bijvoorbeeld sushi en is gemakkelijk met stokjes te eten.

Gebroken rijst heeft een gebroken korrel, waardoor deze rijst soms minder mooi droog kookt dan rijst met een hele korrel.

Wilde rijst is geen rijst maar het zaad van een grassoort. Wilde rijst heeft een lange zwarte korrel met een nootachtige smaak. Wordt vaak gemengd met witte rijst.

Rijst kan vele behandelingen ondergaan, zoals slijpen, polijsten en bewerkingen die het kookgedrag beïnvloeden.

Witte rijst is geslepen rijst waarbij het vlies is weggeslepen.

Zilvervliesrijst is niet geslepen en heeft daardoor een hogere voedings- en verzadigingswaarde. De kooktijd is bijna tweemaal zo lang. In verband hiermee neemt men 2½ × de hoeveelheid rijst aan water.

Snelkokende rijst is in de fabriek voorbewerkt om de kooktijd te bekorten. Om een goed resultaat te krijgen de bereidingswijze op de verpakking nauwkeurig opvolgen.
Parboiled rijst is rijst die voor het pellen een behandeling heeft gekregen waardoor de voedingsstoffen uit het vlies en het kaf in de korrel zouden zijn geperst.

Boekweit, gierst en gerst *(gort)*

Door de toenemende belangstelling voor de vegetarische voeding en het advies om meer volkorenproducten in de voeding te gebruiken, kunnen ter afwisseling van zilvervliesrijst ook boekweit, gierst en gerst bij de (warme) maaltijd gegeven worden. Gerst (gort) moet vóór het koken geweekt worden.

Graanproducten

Polenta is grofgemalen maïs (Italiaanse keuken).
Couscous is grofgemalen gierst of tarwe (Noord-Afrikaanse keuken).
Bulghur is grofgemalen tarwe (Turkse keuken).
Deze producten zijn na het gaarkoken op dezelfde manier te verwerken in gerechten als rijst. Apart opdoen en geven met een pittige saus.

Hoeveelheid

Hoofdmaaltijd: afhankelijk van de uitgebreidheid van de maaltijd en de persoonlijke energiebehoefte rekent men per persoon 75 g; voor een lunchgerecht 30 g.

Bewaren

Op een koele, droge plaats ± 1 jaar. Volkorenproducten maximaal enkele maanden gekoeld bewaren, daar deze snel ranzig worden.

300 g droogkokende rijst
5 dl water
4 g zout

Rijst *(drooggekookt)*

De rijst gaar laten worden volgens de bereidingswijze op de verpakking. De soort die niet is voorbewerkt, op de volgende wijze koken. De rijst in ruim koud water goed wassen en laten uitlekken. Het water met het zout aan de kook laten komen. De rijst al roerende toevoegen, aan de kook laten komen en losroeren van de bodem. De rijst zonder roeren, in een gesloten pan, op een sterk getemperde warmtebron in 25 minuten gaar en droog laten worden. De rijst zonder deksel ± 2 minuten laten droogstomen; de korrels met een vork losroeren.

Variaties

Het zout vervangen door een bouillontablet.

Zilvervliesrijst

Deze rijst met ½ dl water extra koken, kooktijd ± 45 minuten. Desgewenst de korrels in ± 3 lepels hete olie al roerend even aanbakken, daarna het kokende water toevoegen.

Snelkokende rijst, snelkookrijst

De bereidingswijze op de verpakking nauwkeurig opvolgen.

Saffraanrijst, gele rijst

Een mespunt saffraan of kurkumapoeder meekoken.

Roze rijst, groene rijst
± 2 lepels tomatenpuree of ± 5 lepels goed uitgelekte gepureerde diepvriesspinazie met de rijst meekoken.

Rijst opwarmen
De rijst overdoen in een zeef. Deze op een pan met een laag kokend water hangen, afdekken met een deksel. Onder nu en dan omschudden de rijst in de stoom door en door warm laten worden. Of de rijst in een schaal in de magnetron op vol vermogen ± 5 minuten verwarmen (tussendoor eenmaal omscheppen).

Rijst *(drooggekookt) (au bain-marie)*

300 g droogkokende rijst
5 dl water
4 g zout

De rijst in ruim koud water goed wassen en laten uitlekken. Met het water en het zout in een kom doen. De kom in een pan met kokend water zetten, zó dat het water 2 cm onder de rand van de kom blijft. Zowel de kom als de pan met een deksel afsluiten. Het water in de pan aan de kook houden tot de rijst gaar is (± 45 minuten).
De korrels met een vork losroeren.
N.B. Voor het koken van kleine porties (bijvoorbeeld 50 g) is deze methode zeer geschikt.

Rijst *(drooggekookt) (in kranten of hooikist)*

5 dl water
300 g droogkokende rijst
4 g zout
10 dubbele krantenbladen

In een pan van ten hoogste 1½ liter inhoud het water aan de kook brengen. De rijst in ruim koud water goed wassen, laten uitlekken en met het zout aan het water toevoegen. De massa aan de kook laten komen en 5 minuten zachtjes laten doorkoken. De pan in een hooikist plaatsen, deze sluiten of 8 krantenbladen uitvouwen en schuin over elkaar leggen; van de andere twee proppen maken. De ene prop in het midden van het stapeltje kranten leggen, de pan met rijst hierop zetten en deze bedekken met de tweede prop. De punten van de acht kranten een voor een om de pan slaan. Over het geheel een grote pan of een mandje leggen, zodat de kranten niet terug kunnen springen. De rijst in de kranten of hooikist laten staan, tot hij gaar is (ruim 1 uur). De korrels met een vork losroeren.

Rijstrand, rijsttimbaaltjes met eieren en kerriesaus

Voor de rijst:
300 g droogkokende rijst
water
zout
(tuinkruiden)
Voor de saus:
¼ ui
35 g boter
± 1 theelepel kerrie
35 g bloem
6 dl bouillon
Vulling:
4 à 5 eieren
4 à 5 plakken ham

De rijst koken volgens de bereidingswijze op de verpakking of zoals rijst (drooggekookt) (zie blz. 248). Losroeren, desgewenst vermengen met kleingesneden tuinkruiden en in de met koud water omgespoelde rijstrand of timbaaltjes (kopjes) stevig aandrukken. Storten op een warme schaal zodra de saus gereed is.
De ui in de boter met de kerrie ± 10 minuten smoren. De bloem toevoegen en er met de bouillon een gebonden saus van maken.
De eieren 10 minuten koken, koud afspoelen, pellen en halveren. De eieren op de opgevouwen plakken ham in de holte van de rand of tussen de timbaaltjes leggen. De eihelften overgieten met een deel van de hete saus. De overige saus zo nodig met hete bouillon verdunnen en er apart bijgeven. De schaal garneren met peterselie.

Variatie

Rijstrand met tomaten/paprikasaus

De kerriesaus vervangen door tomaten- of paprikasaus (blz. 110) of een andere saus.

Rijstrand/rijsttimbaaltjes met ragout ***(zie blz. 59)***

Hartige rijst ***(met noten en tuinkruiden)***

Voor de rijst:
- 300 g droogkokende rijst
- bouillon
- 1 kleine ui
- (1 teentje knoflook)

Vulsel:
- 40 g geroosterde amandelsnippers (blz. 414)
- of
- 3 lepels walnoten of cashewnoten
- en/of 4 lepels tuinkruiden

De rijst in de bouillon met de geschilde ui en desgewenst de tuinkruiden volgens de bereidingswijze op de verpakking gaarkoken. Of de in ruim koud water goed gewassen en uitgelekte rijst in de kokende bouillon met de geschilde ui en desgewenst het knoflook gaar en droog laten worden (blz. 248). Vóór het droogstomen de ui en het knoflook uit de rijst nemen. De kleingesneden noten en/of de tuinkruiden erdoor mengen. De rijst geven bij vlees- of visgerechten of bij groenten.

Variaties

Rijst met champignons

De noten vervangen door 200 g schoongemaakte, gesmoorde champignons en 100 g kleingesneden ham.

Rijst met doperwten en paprika

De noten vervangen door 4 lepels gewarmde doperwtjes en 1 gesmoorde paprika.

Rijst met garnalen, shrimps

De noten vervangen door 200 g garnalen en desgewenst 3 nootjes gesneden gember. Soja en sherry naar smaak toevoegen. De rijst geven bij visgerechten.

Risotto

Voor de rijst:
- 300 g rijst (rondkorrel- of dessertrijst)
- 50 g boter of olie
- 1 ui
- 7 dl bouillon
- 1 klein laurierblad
- (een mespunt saffraan of kurkuma)
- 4 lepels tomatenpuree
- peper, nootmuskaat
- 100 g geraspte parmezaanse kaas

De rijst (ongewassen of goed gedroogd) bakken in de hete boter of olie; zodra ze doorzichtig en iets geel is de schoongemaakte, kleingesneden ui meefruiten. De hete bouillon, het laurierblad en desgewenst de saffraan of de kurkuma toevoegen. De rijst op een getemperde warmtebron gaar laten worden (25 minuten); de massa mag iets smeuïg zijn, het laurierblad verwijderen. Risotto op smaak afmaken met de tomatenpuree, peper en nootmuskaat. De helft van de geraspte kaas erdoor roeren of alle kaas apart bij de risotto geven.

Variaties

1 dl bouillon vervangen door 1 dl witte wijn, de tomatenpuree vervangen door 2 lepels uitgelekte gedroogde tomaten (in olie) of door ± 3 ontvelde, kleingesneden (vlees)tomaten die de laatste 10 minuten met de rijst worden meegekookt.

Rodewijnrisotto

Met de ui een teentje knoflook meefruiten. 3 dl bouillon vervangen door rode wijn en het laurierblad door een mespunt tijm.

Risotto met asperges
200 g in stukjes gesneden gare groene of witte asperges door de risotto roeren en de tomatenpuree vervangen door 4 lepels (koffie) room.

Risotto met 'fruits de mer'
Visbouillon gebruiken en 200 g gare 'fruits de mer' door de risotto mengen en meewarmen.

Risotto met champignons en ham
150 g gesmoorde champignons (blz. 217) of uitgelekte champignons uit blik en 60 g kleingesneden ham door de risotto mengen.

Risotto met rookspek en doperwtjes of maïs
Met de rijst 100 g blokjes rookspek of bacon en desgewenst 1 geperst teentje knoflook meebakken. Uitgelekte doperwtjes of maïs (1 blikje ± 300 g) de laatste 5 minuten met de rijst laten meekoken.

Pilaf
Droogkokende rijst gebruiken; 250 g in stukken gesneden (lams) vlees, een mespunt tijm en een laurierblad ± 7 minuten in de hete olie bakken; daarna de rijst en de ui meebakken. De tomatenpuree, de specerijen en de kaas vervangen door 100 g geroosterde amandelsnippers of gehakte (wal)noten.

Kerrierijst, kerrie-ovenschotel

- 150 g uien of prei
- ± 1 lepel kerrie
- 50 g boter of vet (van jus)
- 300 g rijst
- 6 dl verdund bruin van jus of 6 dl bouillon
- 300 g gaar varkens-, rund- of kippenvlees
- peper, zout
- (paneermeel)
- (20 g boter)

De schoongemaakte, gewassen en kleingesneden uien of prei met de kerrie in de boter of het vet lichtbruin fruiten. De (gewassen en uitgelekte) rijst, het vocht en het gesneden vlees toevoegen, aan de kook laten komen en zonder roeren op een getemperde warmtebron gaar laten worden in 10-25 minuten (of zie verpakking). De massa doorroeren, zo nodig iets vocht toevoegen, op smaak afmaken met peper en zout. Opdoen in een dekschaal of overdoen in een beboterde ovenschaal. In het laatste geval de bovenkant bedekken met een dun laagje paneermeel en kleine stukjes boter. De schaal op een rooster in een voorverwarmde oven plaatsen.

Warme inhoud: boven in een zeer hete oven (240 °C) ± 15 minuten of 10 cm onder een roodgloeiende grill ± 5 minuten.

Koude inhoud: midden in een hete oven (200 °C) ± 40 minuten (¾ van de tijd afgedekt).

N.B. In dit gerecht kan ook overgebleven gare rijst verwerkt worden. De rijst, het vlees en ± 1 dl verdund bruin van jus of bouillon worden dan bij de gefruite ui gevoegd, doorgewarmd en door elkaar geroerd.

Variaties

Kerrierijst met gember en doperwtjes
8 kleingesneden nootjes gember en 4 lepels warme, uitgelekte doperwtjes door de gare rijst mengen.

Kerrierijst met tomaten en walnoten
De uien vervangen door een mespunt marjolein en 400 g ontvelde en in grove stukken gesneden tomaten; 1 dl vocht minder nemen. 100 g gehakte noten op het laatst meewarmen.

Kerrierijst met ham en ananas
De helft van het vlees vervangen door 150 g gesneden ham en 4 kleingesneden plakken ananas.

75 g kleingesneden rookspek
2 eetlepels (olijf)olie
1 ui, 1 teentje knoflook
2 groene paprika's
300 g langgraanrijst
zout, peper
mespunt tijm
½ kleingesneden rode Spaanse peper (zonder zaadjes)
2 theelepels citroensap
100 g gekookte ham
½ liter bouillon
3 vleestomaten

Jambalaya, jambalaya-ovenschotel
Het rookspek in de olie langzaam uitbakken. De ui, het knoflook en de paprika's schoonmaken, kleinsnijden en enkele minuten meebakken. De rijst toevoegen en zolang bakken tot de korrels glazig zijn geworden. Zout, peper, tijm, het Spaanse pepertje, het citroensap en de kleingesneden ham toevoegen. De bouillon toevoegen en de rijst al roerende aan de kook laten komen. Met een deksel op de pan 10 minuten laten koken op een laag vuur. De tomaten ontvellen, in stukjes snijden, door de rijst scheppen en in een ovenschaal overdoen. De schaal afdekken en de rijst in ± 20 minuten op een rooster midden in een voorverwarmde oven van 180 °C gaar laten worden.
Variaties
Jambalaya met kip, varkensvlees
200 g kleingesneden kipfilet of varkensvlees meebakken. De bouillon vervangen door kippenbouillon.
Jambalaya met grote garnalen
200 g gepelde grote rauwe garnalen door de rijst in de ovenschaal scheppen. De bouillon vervangen door 3 dl visbouillon en 2 dl droge witte wijn.
Jambalaya met worst
4 kleine saucijsjes bruinbakken en door de rijst in de ovenschaal scheppen. Of 150 g droge worst (chorizo bijvoorbeeld) in plakjes snijden en door de rijst in de ovenschaal scheppen.

4 drumsticks
zout, peper
2 lepels olijfolie
1 ui, 1 teentje knoflook
2 rode paprika's
300 g (rondkorrel)rijst
½ theelepel paprikapoeder
6 dl kippenbouillon
enkele saffraandraadjes
2 (vlees)tomaten
150 g inktvis in ringen of stevige visfilets
100 g gekookte mosselen
100 g (grote) gepelde garnalen
50 g gare doperwtjes
(gare mosselen in de schelp)
(parten citroen)

Paella
De drumsticks met zout en peper bestrooien en in de olie in 10 minuten goudbruin bakken. De schoongemaakte ui en het knoflook kleinsnijden en de paprika's in dunne reepjes snijden. De drumsticks uit de pan nemen en de ui, knoflook en paprika's op een zacht vuur in het achtergebleven vet ± 5 minuten bakken. De rijst erbij doen en even meebakken. Het paprikapoeder, de bouillon, de saffraan en de drumsticks toevoegen. Een deksel op de pan leggen en de rijst op een zacht vuur in ± 25 minuten gaar laten worden. De tomaten ontvellen en in stukjes snijden. De tomaten, de inktvisringen, de mosselen, de garnalen en de doperwtjes door de rijst scheppen en warm laten worden. De paella desgewenst met gekookte mosselen in de schelp en parten citroen garneren.

Nasi goreng

300 g droogkokende rijst
water
zout
± 500 g uien of prei
¾ zakje nasikruiden
± ½ dl slaolie
(knoflook)
150 g gaar varkensvlees of gaar kippenvlees
100 g ham
± 2 lepels ketjap

Garneeromelet:
2 eieren
2 lepels melk
1 g zout (aroma)
20 g boter

De rijst koken volgens de bereidingswijze op de verpakking of de gewassen, uitgelekte rijst bijna gaar en heel droog koken (blz. 248) en goed laten uitdampen en afkoelen (bij voorkeur ruim van tevoren). De uien of de prei schoonmaken, zeer klein snijden en met de geweekte nasikruiden in een grote (braad)pan in de hete olie langzaam goudbruin fruiten. Desgewenst het geperste knoflook meefruiten. Het kleingesneden vlees en de kleingesneden ham toevoegen en 5 minuten meebakken. De droge rijst (die niet meer dampt) bij gedeelten toevoegen en onder voortdurend omscheppen (niet roeren!) meebakken tot hij warm is; ketjap toevoegen. De eieren loskloppen met de melk en het zout. In een koekenpan de boter laten smelten, het eimengsel hierin vast en heel lichtbruin laten worden. De omelet oprollen en in smalle reepjes snijden.

De nasi goreng overdoen in een schaal. De bovenkant garneren met de reepjes omelet. De nasi goreng bijvoorbeeld geven met komkommer- of tomatensla, kroepoek, zoetzuur en seroendeng.

Variatie

De nasikruiden vervangen door 1 theelepel sambal oelek, ¾ theelepel ketoembar (koriander), ½ theelepel djinten (komijn) en een stukje trassi. Deze met de ui of de prei meefruiten. Desgewenst 100 g garnalen door de nasi mengen.

Rijstsalade met kaas, rijstsalade met ham
(maaltijdsalade)

200 g droogkokende rijst
bouillon
1 rode paprika
250 g gesneden soepgroenten
4 lepels gare doperwtjes
200 g belegen kaas of 200 g schouderham (± 3 dikke plakken)

Voor de saus:
1 bekertje zure room of ± ½ dl yoghurt
1 lepel citroensap of azijn
peper, zout
mespunt suiker
2 lepels kleingesneden bieslook of peterselie

De rijst volgens de bereidingswijze op de verpakking in bouillon gaar laten worden of de gewassen en goed uitgelekte rijst in 25 minuten in bouillon gaarkoken (blz. 248). De droge rijst met een vork losroeren en laten afkoelen. De paprika schoonmaken, kleinsnijden en met de soepgroenten in ruim kokend water met zout 2 minuten blancheren; laten uitlekken en afkoelen. De doperwtjes laten uitlekken; de kaas of de ham in kleine blokjes snijden. De ingrediënten voor de saus door elkaar roeren. De groenten en de saus met de rijst vermengen (met een vork).

Variatie

Rijstsalade met tonijn, rijstsalade met zalm

De soepgroenten vervangen door selderijknol of bleekselderij, de doperwtjes door maïs en de kaas of de ham door tonijn (blik ± 480 g) of gerookte zalmsnippers en 1 lepel kappertjes.

Rijstsalade met kaas en gember
(zie kaassalade met rijst blz. 39)

(250 g uien)
4 lepels olie
200 g boekweit of
200 g gierst
4 dl bouillon
(4 lepels tuinkruiden)
(50 g geraspte oude kaas)

Boekweit, gierst

Desgewenst de schoongemaakte en kleingesneden uien in de hete olie licht fruiten (5 minuten). De boekweit of gierst toevoegen en even meebakken. De bouillon erbij schenken, aan de kook laten komen, losroeren van de bodem en op een getemperde warmtebron gaar laten worden (25 minuten). Desgewenst kleingesneden tuinkruiden of geraspte kaas erdoor scheppen en/of geven met bijvoorbeeld uiensaus, pittige tomatensaus, Spaanse saus (blz. 110, 112).
N.B. Boekweit of gierst kan in plaats van rijst verwerkt worden (zie bij rijstrecepten blz. 249-253).

200 g gerst (ongepelde gort) of gort
7½ dl water en
3 g zout of
bouillon

Gerst, gort

De gerst of de gort 12 uur in het water met het zout of in de bouillon laten weken. In het weekwater aan de kook laten komen, losroeren van de bodem en zonder roeren op een getemperde warmtebron gaar laten worden (1 uur; 20 minuten in de hogedrukpan). Geven met een saus of ragout of verwerken als rijst (zie bij rijstgerechten blz. 249-253).

Graanproducten

1½ liter bouillon
250 g polenta of
grove maïsgries
40 g boter
50 g geraspte oude kaas
zout, peper

Polenta

De bouillon aan de kook laten komen. De polenta goed roerend toevoegen en onder nu en dan roeren op een lage warmtebron gaar laten worden (20 minuten). De boter en de kaas erdoor mengen en op smaak afmaken met zout en peper. Geven met een pittige tomatensaus (blz. 110).

Variaties

Gebakken polentapunten

De helft van de kaas door de polenta mengen. De polenta uitstrijken op twee met water omgespoelde diepe borden. De afgekoelde plakken in punten snijden, door bloem wentelen en goed afschudden. Aan beide zijden in ± 3 lepels hete olie vlug bruinbakken. De overige kaas erover strooien. Geven met een pittige tomatensaus.

Polenta-ovenschotel met tomaten en kip

De polenta zonder kaas bereiden. Laten afkoelen op twee met water omgespoelde diepe borden. De afgekoelde plakken in repen snijden. Deze laag om laag met gefruite uiringen (3 uien), ontvelde plakken tomaat (3 vleestomaten), 200 g in dunne reepjes gesneden en gaar gebakken kipfilet en desgewenst geperst knoflook in een beboterde vuurvaste schaal leggen. Het gerecht midden in een hete oven (± 220 °C) in ± 40 minuten warm laten worden (¾ van de tijd afgedekt). De laatste 10 minuten geraspte kaas erover strooien en licht laten kleuren.

300 g couscous (gierst of tarwegries)
bouillon

Couscous *(koeskoes)*

De couscous gaar laten worden volgens de bereidingswijze op de verpakking. De gare couscous opdoen op een platte schaal met in het midden een kuiltje. Daarin desgewenst de groenten en/of de kip of het vlees met de saus scheppen.

Variaties

Gekruide couscous

60 g boter of 4 lepels olijfolie met zout, peper en 4 lepels groene kruiden (bijvoorbeeld peterselie, koriander, bieslook) en/of klein gesneden gebakken ui en knoflook door de couscous mengen.

Couscous met groenten

2 kleingesneden uien in 4 lepels olijfolie bakken en 1 uitgeperst teentje knoflook, zout, peper, ½ theelepel paprikapoeder, kardemompoeder, kurkuma (koenjit), gemalen komijn (djinten) en mespunt kaneel even meebakken. 500 g in stukken gesneden groenten (aubergine, courgette, bleekselderij, sperziebonen, pompoen en/of wortel, roosjes broccoli of bloemkool) erdoor scheppen. 2 dl groentebouillon en enkele draadjes saffraan toevoegen. Op een zacht vuur 10 minuten laten stoven. 2 ontvelde in stukken gesneden tomaten en 150 g uitgelekte kikkererwten uit blik en desgewenst 2 theelepels harissa erdoor scheppen en 5 minuten laten meewarmen. Met 2 lepels kleingesneden peterselie of verse koriander bestrooien.

Couscous met kip, kalkoen

In 2 lepels boter en 1 lepel olijfolie 2 kleingesneden uien goudbruin bakken. 300 g kleingesneden kip- of kalkoenfilet, 1 uitgeperst teentje knoflook, 2 theelepels gemalen komijn (djinten), 1 theelepel paprikapoeder en kurkuma (koenjit), mespunt kaneel en 1 kleingesneden rode paprika toevoegen en enkele minuten meebakken. 4 dl kippenbouillon en 4 lepels gewassen rozijnen toevoegen en 10 minuten op een zacht vuur laten stoven. Desgewenst bestrooien met 2 lepels geroosterde pijnboompitten.

Couscous met lamsvlees

In 2 lepels olijfolie 1 kleingesneden ui, 300 g in blokjes gesneden lamsvlees en 1 uitgeperst teentje knoflook goudbruin bakken. 1 kleingesneden groene paprika en 500 g kleingesneden groenten (zie couscous met groenten) en/of okra, 1 theelepel gemalen komijn (djinten) en gemberpoeder 2 minuten meebakken. 4 dl bouillon, 2 theelepels harissa, enkele draadjes saffraan, zout en peper toevoegen. Op een zacht vuur 30-35 minuten laten stoven. 100 g uitgelekte kikkererwten uit blik toevoegen en warm laten worden.

¾ dl olie
ui, (knoflook)
300 g bulghur (grove tarwegries)
¾ liter bouillon

Bulghur *(bulgur)*

In een pan met dikke bodem de olie heet laten worden. De schoongemaakte gesnipperde ui en desgewenst het knoflook toevoegen en geel laten kleuren. De bulghur toevoegen en 5 minuten meebakken. De bouillon erdoor roeren. De massa op een getemperde warmtebron juist aan de kook houden onder af en toe roeren, tot al het vocht is opgenomen (± 10 minuten). De pan afdekken met een doek en een deksel. De bulghur van de warmtebron af zo nodig ± 15 minuten laten nagaren.

Bulghur warm geven met bijvoorbeeld een pittige ragout en een salade.

N.B. Voorbewerkte bulghur bereiden volgens de gebruiksaanwijzing op de verpakking.

Variaties

Bulghurpilaf

Zie Pilaf van rijst (blz. 251). De bulghur op bovenstaande wijze bereiden.

Bulghursalade

De bulghur koud laten worden en het sap van 1 citroen, 2 lepels peterselie, 2 lepels gehakte munt, 2 in ringen gesneden bosuien, 4 lepels olijfolie, ½ in stukjes gesneden komkommer, 2 ontvelde in stukken gesneden tomaten, zout en peper erdoor mengen.

Zie ook de variaties onder couscous, blz. 255.

Pasta's, noedels, deegwaren

In Italië spreekt men van pasta's als het spaghetti, een of andere soort macaroni of vermicelli betreft. In het Duits spreekt men van Nudeln.
Het deeg is gemaakt van bloem van harde tarwe en water waaraan soms olie, ei en kleurstof zijn toegevoegd. Soms is volkorenmeel gebruikt. Het deeg wordt gevormd in verschillende modellen en daarna gedroogd. Men kan pastadeeg ook zelf bereiden; er zijn voor het vormen speciale apparaten in de handel.
Verkrijgbaar zijn onder andere:
elleboogjes, vlinders, schelpen, spiralen, linten (tagliatelle), bladen (lasagne), dikke pijpen (cannelloni), gevulde kussentjes (ravioli en tortellini). In Italië wordt pasta vóór de vlees(groente)gang geserveerd. Mie (voor het gerecht bami) wordt gemaakt van tarwebloem. Mihoen of rijstvermicelli van rijstebloem. Udon en somen (Japanse keuken) worden gemaakt van tarwebloem. Udon lijkt het meest op de Italiaanse pasta zoals spaghetti en somen op vermicelli. Soba wordt gemaakt van een mengsel van tarwebloem en boekweitmeel. De smaak en de wat groene kleur krijgt deze pasta door toevoeging van groene thee in plaats van water. Deegwaren moeten 'al dente' (beetgaar) gekookt worden. Te lang gekookte deegwaren worden pappig en plakken aan elkaar. Volkorenproducten hebben een *langere kooktijd*.
Door in de fabriek een voorbewerking te geven, kan de kooktijd bekort worden. Een klontje boter of een lepel olie meekoken, voorkomt overkoken, evenals het koken zonder deksel.

Hoeveelheid en bereidingstijd

Voor de *hoofdmaaltijd* rekent men afhankelijk van de uitgebreidheid van de maaltijd en de persoonlijke energiebehoefte per persoon gemiddeld 75 g (koken in ruim zout water of bouillon).
Voor een lunch rekent men ongeveer 40 g per persoon.
De kooktijd hangt af van de soort pasta en eventuele voorbewerking (2-20 minuten).

Bewaren

Op een koele droge plaats blijft pasta zeker een jaar goed. Volkorenproducten maximaal drie maanden bewaren, om ranzigheid te voorkomen.

1¼ liter water en 8 g zout
of bouillon
(ui, wortel)
(foelie, tijm)
(peterselie)
300 g (volkoren)
pasta, bijvoorbeeld
spaghetti of
macaroni
± 7 g boter of
1 lepel olie

Pasta *(spaghetti, macaroni)*

Het water met het zout of de bouillon en desgewenst de kruiden aan de kook laten komen. Hele stangen spaghetti rechtop in de kokende vloeistof houden, tot de onderkant zacht wordt. Vervolgens steeds een volgend deel zacht laten worden, tot alle stangen in het kookvocht liggen; met een vork uit elkaar halen. Of de gebroken spaghetti of macaroni in de kokende vloeistof strooien en doorroeren. Een klontje boter of een lepel olie toevoegen, om het overkoken tegen te gaan. De pasta juist gaarkoken (al dente): zie de bereidingstijd op de verpakking; laten uitlekken. De spaghetti of de macaroni geven met bijvoorbeeld geraspte kaas en/of kleingesneden tuinkruiden en een tomaten- of kerriesaus (blz. 109 en 110).

Variaties

Pasta met knoflook en olijfolie, met kippenlevers

In 2 lepels olijfolie 1 flinke gesnipperde ui, 2-4 uitgeperste teentjes knoflook en desgewenst 1 kleingesneden rode peper (zonder zaad) 5 minuten licht fruiten. De warme uitgelekte pasta erdoor scheppen en naar smaak vermengen met enkele lepels extra vergine (vièrge) olijfolie. Desgewenst 200 g gebakken kippenlevers (blz. 195) toevoegen.

Pasta met kruiden

4 lepels in repen gesneden basilicum, 2 lepels kleingesneden bieslook en 1 lepel verse oregano of 1 theelepel gedroogde oregano met 2 lepels olie of boter door de warme pasta mengen.

Pasta met pesto, tapenade

4 lepels groene of rode pesto of tapenade (zie blz. 26) door de warme pasta mengen.

Pasta met kaas en noten

150 g in stukjes verdeelde blauwe kaas, 4 lepels (koffie)room, grof gemalen peper en 75 g gehakte (geroosterde) hazelnoten of walnoten door de warme pasta scheppen. Desgewenst met peterselie bestrooien.

Pasta met rucola, spinazie

200 g rucola of bladspinazie grof hakken en met 2 lepels olie of boter door de warme pasta mengen. 2 in stukken gesneden ontvelde tomaten en peper toevoegen. Desgewenst met geraspte Parmezaanse kaas opdoen.

Pasta primavera

500 g gedopte tuinbonen, doperwtjes, sugarsnaps, peulen en/of kleingesneden (groene) asperges 2 minuten blancheren. In 2 dl (koffie)room 4 minuten koken en door de warme pasta mengen. Met zout en peper op smaak afmaken en desgewenst met geraspte Parmezaanse kaas en peterselie bestrooien.

Pasta carbonara

75 g blokjes doorregen spek of ham uitbakken. 3 losgeklopte eieren, 2 dl (koffie)room en 40 g geraspte Parmezaanse kaas met het uitgebakken spek of de ham mengen en al omscheppende op een zacht vuur door de warme pasta scheppen, tot het ei is gestold. Desgewenst gemalen peper toevoegen.

Pasta met kappertjes, olijven en ansjovis
1 kleingesneden ui en 1 teentje knoflook in 2 lepels olijfolie bakken. 2 ontvelde in stukken gesneden tomaten, 2 lepels kappertjes,125 g ontpitte en in plakjes gesneden groene en/of zwarte olijven, 4 in kleine stukjes gesneden ansjovisfilets en desgewenst gemalen peper door de warme pasta scheppen en doorwarmen. Met 2 lepels peterselie en/of basilicum bestrooien.

Pasta met ham en kaas, met worst en kaas
Door de warme uitgelekte pasta 100 g geraspte oude kaas en 150 g kleingesneden (schouder)ham of (cervelaat)worst mengen en doorwarmen. Zo nodig wat (kook)vocht toevoegen; het mengsel moet smeuïg zijn.

Pasta opwarmen
Zie rijst opwarmen, zie blz. 249. Of de pasta al omscheppende opbakken in 2 lepels olijfolie. Desgewenst een kleingesneden ui, kruiden en specerijen, knoflook, noten (zie variaties hierboven) toevoegen.

300 g pasta, bijvoorbeeld spaghetti of macaroni
1¼ liter water en 8 g zout of bouillon
1 grote ui
1 paprika
25 g boter of olie
300 g gemengd gehakt
½ theelepel oregano
1 lepel paprikapoeder
(1 teentje knoflook)
250 g tomaten of ± 2 lepels tomatenpuree
zout, peper, tomatenketchup

Pasta met gehakt en tomatenpuree

De pasta in het kokende water met het zout of de bouillon gaarkoken (zie vorig recept), laten uitlekken en zo nodig afspoelen. De ui en de paprika schoonmaken, kleinsnijden en in de boter of de olie licht fruiten (± 5 minuten). Het gehakt, de kruiden en desgewenst het geperste knoflook toevoegen en al roerend gaar bakken (± 10 minuten). De ontvelde en in stukken gesneden tomaten of de tomatenpuree meewarmen; zo nodig wat (kook)vocht toevoegen. Op smaak afmaken met zout, peper en tomatenketchup. De uitgelekte pasta toevoegen en al omscheppend goed doorwarmen.

Variaties

Pasta met gehaktballetjes
Het roergebakken gehakt vervangen door gekruide gehaktballetjes. Het gehakt aanmaken met 1 ei, kleingesneden uitje, uitgeperst teentje knoflook, 3-4 lepels gehakte peterselie en/of basilicum, 4 beschuiten, zout en peper. De balletjes met de uien en de paprika in ± 5 minuten gaar bakken.

Pasta met kip, kalkoen
De pasta koken in kippenbouillon. Het gehakt vervangen door in reepjes gesneden kip of kalkoen. Aan de saus 1 dl koksroom en 1 dl witte wijn toevoegen.

Pasta met (rook)worst en soepgroenten
De paprika en de tomaten vervangen door 350 g gesneden soepgroenten, die na de ui ± 4 minuten meegefruit worden. Het gehakt vervangen door plakjes gewelde rookworst of droge worst (salami, chorizo bijvoorbeeld), die met de kruiden worden toegevoegd.

Pasta met champignons en tonijn
De tomaten vervangen door 250 g in plakjes gesneden champignons, die met de ui en de paprika worden meegefruit. Het gehakt vervangen door 2 blikken (à 185 g) uitgelekte stukjes tonijn.

Pasta marinara
De pasta koken in visbouillon. Het gehakt vervangen door 300 g 'fruits de mer': grote gepelde garnalen, stukjes krab of surimi, stukjes (gare) stevige vis en/of gekookte mosselen. Gare 'fruits de mer', garnalen et cetera kort meewarmen, niet gare ± 2-4 minuten stoven. Met 2 lepels peterselie en/of basilicum bestrooien.

Pasta met tahoe/tempé
Het gehakt vervangen door 200 g in blokjes gesneden, gemarineerde tahoe of tempé; de blokjes apart in hete olie bruinbakken (blz. 235) en op het laatst door het gerecht scheppen. Op smaak afmaken met ± 1 lepel ketjap.

Pasta-ovenschotel
Het warme pastagerecht overdoen in een beboterde ovenschaal. De bovenkant gladstrijken en bedekken met een dun laagje paneermeel en kleine klontjes boter. De schaal op een rooster in een voorverwarmde oven plaatsen.
Warme pasta boven in een zeer hete oven (240 °C) ± 15 minuten of ± 10 cm onder een roodgloeiende grill (5 minuten).
Koude pasta midden in een vrij hete oven (200 °C), 20-40 minuten, afhankelijk van de hoogte van de pastalaag (¾ van de tijd afdekken).

Pasta-ovenschotel met aubergines
Twee aubergines in plakken gesneden en gebakken (zie blz. 214) als middenlaag tussen de pasta leggen.

Pastasalade met groenten en ham/worst
(maaltijdsalade) (zie blz. 228)

Cannelloni met spinazie en kaas *(ovenschotel)*

250 g cannelloni (16 stuks)
1 liter bouillon
Vulling:
300 g diepvriesspinazie
100 g Hüttenkäse of gorgonzola
zout, peper, citroensap
(1 à 2 beschuiten)
3 dl tomaten- of kerriesaus (blz. 109, 110)
50 g geraspte oude kaas

De cannelloni in de bouillon in ± 5 minuten halfgaar laten worden (zie bereidingswijze op de verpakking), afgieten en laten afkoelen. De spinazie ontdooien, heel goed laten uitlekken, zo nodig kleinsnijden en vermengen met de kaas. Op smaak afmaken met zout, peper en citroensap. Als de massa te slap is, fijngemaakte beschuiten toevoegen. De cannelloni met dit mengsel vullen (met een spuitzak), in een beboterde vuurvaste schaal leggen en bedekken met de warme saus. De bovenkant bestrooien met de geraspte kaas. De schaal op een rooster in een voorverwarmde oven zetten.
Warme inhoud: boven in een zeer hete oven (240 °C) ± 15 minuten of 10 cm onder roodgloeiende grill ± 3 minuten.
Koude inhoud: midden in een vrij hete oven (200 °C) ± 40 minuten (¾ van de tijd afgedekt, daarna bestrooien met de kaas).

Variatie

Gevulde cannelloni met gehaktmengsel

Het spinaziemengsel vervangen door een gehaktmengsel: 400 g gehakt met 1 kleingesneden ui en 1 theelepel kerrie of goulashkruiden in 25 g boter roerbakken tot het grijs ziet (± 6 minuten).
2 dl bouillon toevoegen, aan de kook laten komen en binden met ± 15 g aangemengde maïzena.

1 ui
25 g boter
300 g gehakt
zout, peper
± 1 theelepel oregano
9-12 lasagnebladen
(1 liter bouillon)
(100 g champignons)
2 ontvelde vleestomaten
8 dl kaassaus (blz. 107)
25 g geraspte kaas

Lasagne met gehakt en tomaten *(ovenschotel)*

De ui schoonmaken en in de boter licht fruiten. Het gehakt toevoegen en roerend gaar bakken (± 6 minuten), op smaak afmaken met zout, peper en de oregano. De lasagne desgewenst in de kokende bouillon halfgaar laten worden (5 minuten); de bladen naast elkaar op een doek laten uitlekken (zie de bereidingswijze op de verpakking). Desgewenst de champignons schoonvegen en in plakjes snijden. De tomaten in plakken verdelen. Een rechthoekige ovenschaal beboteren en hierin enkele malen laag om laag de kaassaus, de lasagne, het gehaktmengsel, (de champignons) en de tomatenplakken overdoen. Van lasagnebladeren en de rest van de saus de bovenlaag vormen; deze bestrooien met de kaas. De schotel op een rooster in een voorverwarmde oven zetten.
Warme inhoud: boven in een hete oven (220 °C) 20 minuten.
Koude inhoud: midden in een vrij hete oven (200 °C) 40 minuten (¾ van de tijd afgedekt, daarna bestrooien met de kaas).

Variaties

Lasagne met spinazie, kaas en eieren

De lasagne laag om laag leggen met een spinazie-kaasmengsel (zie gevulde cannelloni blz. 261, 2 × het recept), 4 in plakken gesneden hardgekookte eieren en paprikasaus met maïs.

Lasagne met kip, doperwtjes en paprika

De lasagne laag om laag leggen met kerriesaus, 300 g gare kipfilet of kippenlevers, doperwtjes (blik 225 g) en 1 in reepjes gesneden paprika.

Lasagne met tonijn en soepgroente

De lasagne laag om laag leggen met tomatensaus, ontgrate en ontvelde tonijn (blik ± 480 g) en 250 g schoongemaakte, kleingesneden soepgroenten of preiringen.
N.B. In plaats van de lasagne kan men ook 250 g pasta gaarkoken en laag om laag met het mengsel en de saus in de schaal leggen.

1½ liter water
8 g zout
300 g mihoen of mie
± ¼ dl olie
250 g nasivlees of kipblokjes
zout, peper
¼ dl olie
250 g gesneden soepgroenten
½ theelepel gemberpoeder
2 lepels ketjap
(garneeromelet van 2 eieren blz. 120)

Mihoen, mie met groenten en vlees

Het water met het zout aan de kook laten komen. De mihoen toevoegen, uit elkaar halen en van de warmtebron af ± 5 minuten in het water laten staan en laten uitlekken (zie de bereidingswijze op de verpakking). Het vlees met zout en peper bestrooien en in dobbelsteentjes snijden. De olie in een braadpan verwarmen; het vlees hierin zachtjes bakken (± 10-20 minuten). De groenten en het gemberpoeder toevoegen en 3 minuten meebakken. De uitgelekte mihoen of mie en de ketjap toevoegen en al omscheppend goed doorwarmen. Desgewenst garneren met reepjes omelet.

Variatie

Mihoen, mie met groenten en tahoe

Het vlees vervangen door 200 g in blokjes gesneden, gemarineerde en gebakken tahoe (blz. 235). Deze vlak voor het opdoen door het mihoenmengsel scheppen. De helft van de soepgroenten vervangen door 125 g schoongemaakte, kleingesneden bleekselderij.

Voor het deeg:
300 g bloem
3 eieren
4 g zout
3 lepels (olijf)olie
Vulsel:
2 sneden oud brood
1 lepel melk
½ ei
300 g gemengd gehakt
± 2 g zout
peper, nootmuskaat
1 theelepel kerrie of paprikapoeder
(1 ui)
1 liter bouillon
4 dl pittige tomatensaus (blz. 110)
50 g geraspte oude kaas

Ravioli

De ingrediënten voor het deeg stevig door elkaar kneden tot een soepel, niet plakkend, glad deeg. Het deeg tot een bal vormen en in folie verpakt ± 1 uur op kamertemperatuur laten rusten. Het brood zonder korst weken in het met de melk losgeklopte ei, daarna fijnmaken. Het broodmengsel, het gehakt, het zout, de kruiden en desgewenst de gesnipperde ui tot een samenhangende massa kneden. Hiervan kleine balletjes vormen van ± 1½ cm.

De deegbal in dikke plakken snijden en deze uitrollen tot dunne lappen van ± 25 × 30 cm. Op de helft van de deeglappen de gehaktballetjes ± 2 cm uit elkaar leggen. De overige deeglappen met water bestrijken en vanuit één kant met de vochtige kant over de gehaktballetjes leggen. Met de zijkant van de hand het deeg tussen de gehaktballetjes stevig op elkaar drukken. Met een deegradertje midden tussen de 'heuveltjes' vierkantjes uitraderen. De deegkussentjes ± 30 minuten laten drogen. De ravioli bij gedeelten in de kokende bouillon gaar laten worden (± 15 minuten) en afgieten. Ravioli geven met een pittige tomatensaus en geraspte kaas.

Variatie

Ravioli met spinazie/kaasmengsel

Het gehaktmengsel vervangen door 400 g ontdooide, uitgelekte en kleingesneden diepvriesbladspinazie. Deze tot een stevige massa vermengen met 75 g geraspte oude kaas of verkruimelde gorgonzola, ± 1 lepel ei, een fijngemaakte beschuit, peper en zout naar smaak. Hiervan kleine bergjes vormen op de deeglap of met een grove, gladde spuitmond spuiten.

Bami

300 g mie
1½ liter water en 6 g zout of bouillon
250 g nasivlees
zout, peper
½ theelepel gemberpoeder
± 5 lepels olie
1 grote ui
(2 teentjes knoflook)
200 g kool (bijvoorbeeld Chinese kool of witte kool)
200 g prei
100 g sperziebonen
1 bosje selderij
100 g taugé
100 g schouderham
± ½ lepel citroensap
± 2 lepels ketjap
garneeromelet van 2 eieren (blz. 120)

De mie in het kokende water met het zout of de bouillon juist gaar laten worden (± 3 minuten, zie bereidingswijze op de verpakking) en laten uitlekken. Het vlees kleinsnijden, met het zout, de peper en het gemberpoeder bestrooien en in de warme olie lichtbruin en gaar bakken (± 20 minuten). De schoongemaakte, gesnipperde ui en desgewenst het geperst knoflook toevoegen en 5 minuten meebakken. De kool, de prei en de sperziebonen schoonmaken. De kool in repen, de prei in ringen snijden, de sperziebonen snipperen en 5 minuten meebakken. De selderij wassen en kleinsnijden, de taugé wassen, met de mie en de kleingesneden ham toevoegen en al omscheppend goed doorwarmen. Op smaak afmaken met het citroensap en de ketjap. De bami garneren met reepjes omelet.

Variatie

Het nasivlees vervangen door kipfilet, de sperziebonen vervangen door peultjes, de schouderham door garnalen.

Javaanse bami

300 g eiermie of Chinese mie
(kippen)bouillon
2 uien
2 teentjes knoflook
200 g champignons
200 g prei
2 stengels bleekselderij
200 g kipstukjes
3 lepels olie
zout en peper
1-2 theelepels sambal oelek of sambal badjak
100 g gepelde garnalen
2 bosuitjes
garneeromelet van 2 eieren (blz. 120)

De mie gaarmaken (zie de bereidingswijze op de verpakking) en laten uitlekken. De uien en knoflook kleinsnijden, de champignons in plakken, de prei in ringen en de bleekselderij in stukjes snijden. De kipstukjes in de olie goudbruin bakken, de groenten toevoegen en al omscheppend 3-4 minuten meebakken. Desgewenst zout en peper toevoegen. De mie, de sambal en de garnalen erdoor scheppen en warm laten worden. De mie met de in ringen gesneden bosuitjes en de garneeromelet garneren.

Roerbakgerechten, wokgerechten

Roerbakgerechten hebben het voordeel van een snelle bereiding, samengaand met een zo groot mogelijk behoud van voedingswaarde, smaak en kleur van de voedingsmiddelen. De producenten spelen hierop in door *voorbewerkte producten* met een daardoor *korte bereidingstijd* te ontwikkelen. Men kan een volledige maaltijd (vlees/vis, groenten, zetmeelproduct) roerbakken (als *eenpansgerecht*) of alleen het vlees en groentedeel waarbij (stok)brood of een apart bereid zetmeelgerecht (aardappels, pasta, rijst) wordt gegeven. Er kan bijna onbeperkt gevarieerd worden met 'wat er in huis is'.
De bereidingswijze is eenvoudig:

a Olie *vooraf* verhitten in een wok/wadjan of wijde (hapjes)pan. Daarna de klein verdeelde ingrediënten toevoegen en onder voortdurend omscheppen op een hoog ingestelde warmtebron bakken, tot het vocht verdampt is en/of ze kleuren.

b De volgorde van toevoegen van de ingrediënten is afhankelijk van de bereidingstijd:
- gerechten met een korte bereidingstijd die knapperig moeten blijven (bijvoorbeeld biefstuk- en rosbiefreepjes, paddenstoelen) na het bakken uit de pan nemen en op het laatst nog even kort meewarmen;
- gerechten die een langere bereidingstijd behoeven (bijvoorbeeld harde groenten) na het vlug bakken, met het deksel op de pan de rest van de tijd nagaren. Op het laatst de overige ingrediënten toevoegen en even meewarmen;
- bladgroenten apart roerbakken en op het laatst aan de andere ingrediënten toevoegen.

Enkele mogelijkheden met de bereidingstijd

Vlees/vis: 100-125 g per persoon
- kip/kalkoen: filet in reepjes of stukjes, kippenlevertjes: ± 6 minuten;
- lamsvlees: reepjes naturel of gemarineerd mals vlees ± 5 minuten, gehakt: ± 5-8 minuten;
- rundvlees: reepjes biefstuk, rosbief: ± 3 minuten bakken, gehakt: ± 5-8 minuten;
- varkensvlees: stukjes haas/satévlees: ± 5 minuten bakken en uit de pan nemen, reepjes naturel of gekruid (shoarma, cajun): ± 8 minuten;
- vleeswaar: rookspek, katenspek, (schouder)ham, casselerrib, chorizo, rookworst: ± 3 minuten;
- visfilet: in stukjes, voorbakken en uit de pan nemen: vers: ± 4 minuten, diepvries: ± 8 minuten;
- rauwe schaal- en schelpdieren: ± 2-3 minuten;
- visconserven: gerookte zalm(snippers), forel, makreel: ± 2 minuten.

Vegetarische of vervangende vleesproducten: 100 g per persoon
- tahoe, tempé, quorn: in stukjes (gemarineerd of gekruid) bakken: ± 5 minuten;
- kaas, ei: aan het einde van de bereiding toevoegen kaas, geraspt of in blokjes, verkruimelde geiten- of blauwschimmelkaas, stukjes hardgekookt ei.

Groenten: ± 175 à 200 g per persoon (per soort of gemengd)
- harde groenten: wortels, bloemkool, broccoli, witte kool, meiraapjes, koolraap (in plakjes, reepjes, grof geraspt of roosjes): ± 5 minuten; bonen (plakjes), kleine spruitjes (heel laten), doperwtjes, kort bakken en nagaren: ± 5 minuten in totaal;
- zachte groenten: Chinese kool, spitskool, paksoi, amsoi, witlof, prei (in grove repen): ± 5 minuten, peultjes (geheel): ± 4 minuten;
- bladgroenten: raapstelen, spinazie, andijvie; apart roerbakken tot ze geslonken zijn en op het laatst aan het gerecht toevoegen;
- vruchtgroenten: courgette, komkommer, paprika, pompoen, paddenstoelen, ontvelde (vlees)tomaten: ± 3 minuten;
- diepvriesgroenten: bijvoorbeeld doperwtjes, bonen, maïs: ± 8 minuten;
- conserven: uit glas of blik (goed uitgelekt): ± 3 minuten.

Zetmeelproducten: aardappels ± 200 g per persoon, rijst en pasta 75 g per persoon
- aardappelproducten: zoals rösti, voorbewerkte plakjes, blokjes: ± 5 minuten;
- aardappels: krieltjes of in stukjes kort voorgekookte aardappels: ± 5 minuten;
- pasta, rijst: apart 'beetgaar' gekookt op het laatst: ± 3 minuten meebakken.

Smaak verhogen: Meebakken van snippers of ringen ui, stukjes gedroogde tomaat (uit olie), geperst knoflook, gehakte noten, pijnboompitten, kruiden en specerijen (blz. 9-11).

Roergebakken visblokjes

500 g visfilets van stevige vis, bijvoorbeeld zeewolf, tilapia, pangasius, zeebaars
zout
citroensap
4 bosuien
4 lepels olie
1 lepel geraspte gemberwortel
(peper)
(mespunt sambal)
2 lepels ketjap manis

De visfilets wassen, met zout bestrooien en met citroensap besprenkelen. De bosuien schoonmaken en in ringen snijden. De vis droogdeppen en in blokjes snijden. De olie in een wok/wadjan of hapjespan verhitten en de vis in gedeelten 2 minuten roerbakken. De vis terugdoen in de pan en de gemberwortel, desgewenst peper en sambal en de bosuien toevoegen en 2 minuten meebakken. De ketjap erdoor scheppen en even laten doorwarmen.

Variaties

Roergebakken garnalen
De visfilets vervangen door rauwe gepelde grote garnalen of scampi's. Gare garnalen met de bosuien 1 minuut roerbakken.

Roergebakken vis en garnalen, mosselen
300 g visfilets in blokjes en 200 g gare en gepelde garnalen en/of gare mosselen zonder schelp nemen. De garnalen en de mosselen op het laatst meewarmen.

500 g visfilets van stevige vis, bijvoorbeeld zeewolf, tilapia, zeebaars, pangasius, schelvis
zout
citroensap
1 ui
1 kleine wortel
2 stengels bleekselderij en
1 (gele) paprika of
300 g peultjes of sugarsnaps
1 teentje knoflook
4 lepels olie
1½ dl visbouillon
3 lepels gembersiroop
1 lepel citroensap
2 lepels ketjap manis
(sambal oelek)
(maïzena)

Roergebakken zoetzure vis met groenten

De vis wassen, met zout bestrooien en met citroensap besprenkelen. De groenten schoonmaken en kleinsnijden. De vis droogdeppen en in stukken snijden. Het teentje knoflook schillen en in de hete olie 1 minuut in de wok/wadjan bakken; uit de pan nemen en de vis in gedeelten 2 minuten roerbakken. De groenten 2 minuten roerbakken. De vis door de groenten scheppen, de bouillon, gembersiroop, citroensap, ketjap en desgewenst de sambal toevoegen. Op een zacht vuur 2 minuten laten stoven. Het vocht desgewenst met de met koud water (of sherry) aangemengde maïzena binden. Geven met een groene salade.

Variatie

Zoetzure vis met vruchten

De groenten vervangen door blokjes vruchtvlees van mango, papaja, abrikozen of pompoen (± 400 g). Op het laatst 4 in ringen gesneden bosuien toevoegen.

± 400 g vleesreepjes of satévlees
2 cm gemberwortel of een mespunt gemberpoeder
± 4 lepels (olijf)olie
75 g champignons (in plakjes)
75 g preiringen
(25 g pijnboompitten of sesamzaad)

Roergebakken vleesreepjes, satévlees

Het vlees en de gemberwortel in dunne plakjes of reepjes snijden. De olie in een wok/wadjan of hapjespan verhitten. Het vlees en de gember toevoegen en al omscheppend op een hoog afgestelde warmtebron lichtbruin bakken (± 5 minuten); uit de pan nemen. De champignons, de preiringen en desgewenst de pijnboompitten of sesamzaad ± 2 minuten in dezelfde olie bakken, het vlees toevoegen en even meewarmen. Opdoen als vlugklaar vleesgerecht of als vulsel in schelp of broodje.

Variaties

De champignons vervangen door peultjes, de preiringen door taugé (deze alleen met het vlees meewarmen).

Shoarmavleesreepjes, lamsvleesreepjes (roergebakken)

Roerbaktijd: ± 8 minuten, lamsvleesreepjes ± 5 minuten.

Tacoschelpen, wraps

Gemberwortel of -poeder vervangen door tacokruiden; het vlees opdoen tussen voorverwarmde tacoschelpen of in wraps.

Roergebakken rundvleesreepjes met groene asperges en paddenstoelen

2 lepels ketjap manis
1 theelepel sesamolie
1 lepel rijstwijn of sherry
1 teentje knoflook
2 theelepels geraspte verse gemberwortel
500 g (lende)biefstuk of bieflappen in repen
300 g groene asperges
200 g shii-takes of kastanjechampignons
(½ rood Spaans pepertje)
4 lepels olie
4 lepels bouillon
zout
peper

Ketjap, sesamolie, rijstwijn of sherry, het uitgeperste knoflook en de gemberwortel vermengen en het vlees hierin 20 minuten marineren. De asperges schoonmaken en schuin in stukken snijden. De paddenstoelen schoonmaken en in plakken snijden. Desgewenst het pepertje (zonder zaad) kleinsnijden. De asperges in de hete olie in een wok/wadjan of hapjespan 2 minuten roerbakken en uit de pan nemen. De paddenstoelen met desgewenst het pepertje 2 minuten roerbakken en uit de pan nemen. Het vlees laten uitlekken (marinade bewaren) en droogdeppen. De achtergebleven olie (desgewenst nog wat olie toevoegen) in de pan heet laten worden en het vlees in gedeelten 2 minuten roerbakken. Het vlees, de asperges en de paddenstoelen met de marinade, de bouillon, zout en peper ± 2 minuten doorwarmen.

Variatie

Roergebakken rundvlees met peultjes, kousenband, rode paprika, bamboescheuten

De asperges vervangen door peultjes, kleingesneden kousenband of sperziebonen, rode paprika en/of bamboescheuten. De bamboescheuten op het laatst toevoegen en doorwarmen.

Roergebakken lamsvlees met prei

2 lepels ketjap
1 lepel olie
1 theelepel citroensap
½ theelepel bruine basterdsuiker
1 theelepel geraspte gemberwortel
1 theelepel sesamolie
1 teentje knoflook
zout
500 g lamsvleesreepjes
4 dunne preien
4 lepels olie
(2 lepels gehakte koriander of peterselie)

Ketjap, olie, citroensap, basterdsuiker, gemberwortel, sesamolie, uitgeperst knoflook en zout vermengen en het vlees hierin 30-60 minuten laten marineren. De preien schoonmaken, in de lengte halveren en schuin in stukken snijden. In de helft van de hete olie de prei 2 minuten in een wok/wadjan of hapjespan roerbakken en uit de pan nemen. Het vlees laten uitlekken (de marinade bewaren) en droogdeppen. De rest van de olie in de wok/wadjan verhitten en het vlees in gedeelten 2 minuten roerbakken. Het vlees en de prei met de marinade ± 2 minuten doorwarmen. Desgewenst met koriander of peterselie bestrooien.

Variaties

De prei vervangen door paksoi, amsoi, repen oesterzwammen en/of bosui.

Roergebakken varkensvleesreepjes

De lamsvleesreepjes vervangen door varkensvleesreepjes (roerbaktijd ± 8 minuten).

Marinade:
2 lepels olie
1 theelepel citroensap
½ theelepel sereh,
½ theelepel gemberpoeder
1 theelepel gemalen koriander (ketoembar)
2 teentjes knoflook
½ theelepel sambal
zout
500 g kipreepjes of -blokjes
4 lepels olie
100 g ongezouten cashewnoten
2 bosuien in ringen
2 theelepel bruine basterdsuiker of goela djawa

Roergebakken gemarineerde kip met cashewnoten

Olie, citroensap, sereh, gemberpoeder, gemalen koriander, uitgeperst knoflook, sambal en zout vermengen en de kipreepjes of -blokjes hierin ten minste 20 minuten laten marineren. De olie in een wok/wadjan verhitten en hierin kort de cashewnoten roerbakken, tot ze goudbruin zijn. Uit de pan nemen en op keukenpapier laten uitlekken. De kip laten uitlekken en droogdeppen; in de achtergebleven olie in gedeelten 4 minuten roerbakken. De ringen bosui en de suiker of goela djawa erdoor scheppen en 2 minuten doorwarmen. Het gerecht met de noten bestrooien.

Roergebakken gehakt *(zie blz. 175)*

Roergebakken kip-, kalkoenfiletreepjes *(zie blz. 193)*

750 g andijvie, amsoi paksoi, Chinese kool, spitskool, witlof, prei
± 5 lepels olie
(50 g blokjes rookspek)
(1 ui)
(½ teentje knoflook)
zout
(gemberpoeder)

Roergebakken andijvie, amsoi, paksoi, Chinese kool, spitskool, witlof, prei

De groente van lelijke bladeren ontdoen, enige malen wassen en laten uitlekken. De groente in repen van ± 1½ cm snijden; de stronken niet gebruiken. In een wok/wadjan of hapjespan de olie heet laten worden. Desgewenst het rookspek, de schoongemaakte, gesnipperde ui en het uitgeperste knoflook laten kleuren. Op een hoge warmtebron de groente bij gedeelten toevoegen en al omscheppend het vocht laten verdampen (± 4 minuten). De groente moet knapperig blijven. Zout of gemberpoeder naar smaak toevoegen; de groente meteen opdoen.

750 g sperziebonen of kousenband
± 5 lepels olie
3 g zout
peper
nootmuskaat

Roergebakken sperziebonen of kousenband

De bonen afhalen, wassen en in stukjes van 1 à 2 cm snijden. De olie in een wok/wadjan of hapjespan heet laten worden. De bonen en het zout toevoegen en omscheppend ± 5 minuten bakken. Op een getemperde warmtebron in een gesloten pan de bonen in ± 5 minuten gaar smoren. Op smaak afmaken met peper en nootmuskaat.

Variaties

Roergebakken sperziebonen of kousenband met kokosmelk

Na het roerbakken 1½ dl kokosmelk en een mespunt gemberpoeder toevoegen. De groente smoren (5 minuten). Het kookvocht binden met allesbinder of aangemengde maïzena.

Roergebakken sperziebonen of kousenband met champignons en paprika

De helft van de sperziebonen of kousenband vervangen door 250 g schoongemaakte, zo nodig gehalveerde champignons, een in repen gesneden (rode) paprika en desgewenst 100 g kleingesneden rookspek of ham.

Roergebakken groentemengsel

250 g sperziebonen
250 g bloemkool
250 g champignons
5 lepels olie
(1 theelepel kerrie)
(1 lepel pijnboompitten)
sojasaus, Chinese wijn of sherry

De groenten schoonmaken, wassen, goed laten uitlekken en verdelen in kleinere stukken of roosjes. In een wok/wadjan of hapjespan de olie heet laten worden. De groenten en desgewenst de kerrie en de pijnboompitten bij gedeelten toevoegen en al omscheppend bakken (5 minuten). Desgewenst de groenten in een gesloten pan op een getemperde warmtebron 5 minuten laten smoren. De groenten moeten knapperig blijven. Op smaak afmaken met sojasaus, Chinese wijn of droge sherry. De groenten meteen opdoen.

Variatie

Het groentemengsel kan ook bestaan uit: broccoli, maïs, wortels, paprika, rozemarijn of aubergines, courgettes, prei, tomaten, oregano, pecannoten of shii-take, peultjes, paprika, geraspte gember of gemberpoeder, gemalen kokos.

Roergebakken kool met kerrie, karwijzaad, kokos en/of noten ***(zie blz. 205)***

Roergebakken komkommers, courgettes ***(zie blz. 212, 213)***

Roergebakken okra's ***(zie blz. 215)***

Roergebakken peultjes, sugarsnaps ***(zie blz. 216)***

Roergebakken champignons, paddenstoelen ***(zie blz. 217)***

Roergebakken ratatouille ***(zie blz. 218)***

Roergebakken tahoe, tempé ***(zie blz. 235)***

Ovenschotels (hartige)

In ovenschotels worden de bestanddelen in lagen gelegd of luchtig vermengd. Ze worden in een beboterde ovenschaal in de oven gewarmd en/of voorzien van een knapperig, bruin korstje (gebruineerd/gegratineerd). De schaal dient zo groot te zijn, dat het gerecht de schaal bijna geheel vult. De bovenkant van het gerecht gladstrijken om een gelijkmatige kleuring te krijgen. Het korstje en de kleur kunnen worden verkregen door de bovenkant te bedekken met:

a een dun laagje paneermeel met op regelmatige afstand kleine klontjes boter of vet van jus;
b een mengsel van geraspte kaas en paneermeel;
c een dun laagje geraspte kaas*;
d een kaassaus;
e een eimengsel of (zure) room.

Voordat de schotel in de oven wordt gezet de rand schoonmaken om inbranden te voorkomen.

– *Vooraf bereide schotels* afgedekt (met (aluminium)folie) in de koelkast of in de diepvries bewaren. Ze zijn gemakkelijk voor dagen waarop weinig tijd beschikbaar is om een maaltijd te bereiden. De schotel op de dag van gebruik afgedekt opwarmen; de laatste 15 minuten niet afgedekt laten kleuren en knapperig laten worden. Het vitamine-C-gehalte loopt bij het bewaren en opwarmen sterk terug; een rauwkostgerecht of fruit bij de maaltijd is aan te bevelen.
– *Juist bereide, warme schotels* behoeven slechts kort gebruineerd of gegratineerd te worden in een zeer hete oven of ± 15 cm onder een roodgloeiende grill.

Opwarmtijden

Temperatuur gerecht	oven-temperatuur	tijd (afhankelijk van de hoogte van het gerecht)
koud gaar gerecht (opwarmen) (midden in oven)	± 200 °C	± 40-60 min. (¾ van de tijd afgedekt, daarna afwerken om te bruineren/gratineren)
koud gaar gerecht opwarmen		magnetron** zie gebruiksaanwijzing
warm gerecht (bruineren) (bovenin)	± 240 °C	± 15 min.
warm gerecht (gratineren met ei/kaas*) (midden in oven)	± 220 °C	± 10 min. of onder de grill ± 2-3 min.

* *Wordt vrij snel te donker en smaakt dan bitter.*

** *Het gerecht in een dunne, gelijkmatige laag (maximaal 4 cm) in de schaal leggen. Bij een dikkere laag het gerecht halverwege de bereidingstijd omscheppen. Alleen in een combimagnetron is ook laten kleuren en krokant maken mogelijk.*

Voor de puree:
± 1¼ kg (zeer) kruimige aardappels
3-4 dl melk
30 g boter
zout, peper
nootmuskaat
Voor het vleesmengsel:
350 g uien
± 50 g boter of vet van jus
± 300 g resten gaar vlees of wild (zonder bot)
3 dl verdund bruin van jus of 3 dl bouillon
gemalen kruidnagel
peper
2 goudrenetten
(maïzena)
Bruineren:
paneermeel
20 g boter

Jachtschotel

De aardappels gaarkoken en er met de melk, de boter, het zout en de kruiden een luchtige puree van maken (blz. 240). De uien schoonmaken, kleinsnijden en in de boter of het vet lichtbruin fruiten. Het kleingesneden vlees, het vocht, de kruiden en de geschilde en in blokjes gesneden appel toevoegen. De massa ± 15 minuten zachtjes laten stoven; zo nodig bijbinden met maïzena. Het vleesmengsel en de aardappelpuree laag om laag in een beboterde ovenschaal doen; zorgen dat de bovenste laag uit puree bestaat. • De bovenkant gladstrijken, bedekken met een dun laagje paneermeel en kleine stukjes boter. De schotel op een rooster in een voorverwarmde oven zetten. Warme inhoud: boven in een zeer hete oven (240 °C) ± 12 minuten of ± 10 cm onder een roodgloeiende grill (± 5 minuten). Koude inhoud: midden in een vrij hete oven (200 °C) ± 40 minuten (¾ van de tijd afgedekt). Geven met een rauwkostsalade.

Variaties

De helft van de uien vervangen door 2 paprika's of venkelknollen, het vlees door gare kipfilet en de appels door 3 tomaten en 50 g rozijnen.

Filosoof

Voor filosoof de appels laten vervallen.

Voor de puree:
± 1¼ kg (zeer) kruimige aardappels
3-4 dl melk
30 g boter
zout, peper, nootmuskaat
Groentemengsel:
750 g schoongemaakte groenten, bijvoorbeeld
300 g soepgroenten
200 g winterwortel
200 g knolraap
± 50 g boter
Bruineren:
paneermeel
20 g boter

Groentefilosoof *(vegetarisch)*

De aardappels gaarkoken en er met de melk, de boter, het zout en de kruiden een luchtige puree van maken (blz. 240).
De groenten wassen, kleinsnijden en de harde groenten gaar smoren (15 minuten). De soepgroenten nog 5 minuten meesmoren. De groenten in een ingevette ovenschaal overdoen. De aardappelpuree als bovenste laag toevoegen en gladstrijken. De schotel afwerken als jachtschotel (zie vorig recept vanaf •). De schotel geven met gebakken plakken kaas of tahoe.

Variaties

Het groentemengsel vervangen door 200 g ontvelde en in plakken gesneden vleestomaten, 200 g preiringen en 200 g in plakjes gesneden champignons (5 minuten smoren).

(Witte) bonen-/linzenfilosoof

De puree vervangen door 600 g gare bonen of linzen, desgewenst 200 g kaas (mozzarella) door de bonen mengen.

Rijst-/pastafilosoof

De puree vervangen door 300 g rijst of pasta, apart gaargekookt.

Zuurkoolovenschotel met gehakt en puree

Voor de puree:
± 1¼ kg (zeer) kruimige aardappels
3-4 dl melk
30 g boter
zout, (peper)
nootmuskaat
Voor de zuurkool:
500 g zuurkool
± 1 dl water
(60 g rozijnen)
(4 schijven ananas)
Voor het gehakt:
400 g gehakt
± 4 g zout
peper, nootmuskaat
3 sneden brood
Bruineren:
paneermeel
20 g boter

De aardappels gaarkoken en met de melk, de boter, het zout en de kruiden een luchtige puree maken (blz. 240). De zuurkool met het water en desgewenst de rozijnen ± 5 minuten voorkoken. Het gehakt in de gebruinde boter al roerende gaar bakken; zout, kruiden en het met iets water geweekte brood (zonder korst) erdoor roeren. Een beboterde ovenschaal vullen met de zuurkool, desgewenst de schijven ananas, het gehakt en de puree. De schotel afwerken als bij jachtschotel (blz. 271 vanaf •).

Variaties

Zuurkoolschotel met ham/kaassaus en banaan
Het gehakt vervangen door een laag overlangs doorgesneden bananen (± 4 stuks) en ham/kaassaus van 25 g boter en 25 g bloem, 4 dl melk, 100 g geraspte kaas en 150 g kleingesneden schouderham.

Zuurkoolschotel met reepjes vlees
Het gehakt vervangen door reepjes kippen- of varkensvlees, gaargebakken (± 5-12 minuten) in 40 g boter of olie met 2 kleingesneden uien en 1 lepel goulashkruiden.

Ovenschotel van zuurkool in hamrolletjes *(zie blz. 220)*

Spinazie-ovenschotel met ragout en aardappelplakjes

1 pak diepvriesspinazie van 450 g
25 g boter
± 1 beschuit
zout, citroensap
± 750 g gekookte aardappels
3 dl vlees-, kippen- of visragout (blz. 54, 56)
100 g ham of garnalen
paneermeel
20 g boter

De spinazie met de boter op een getemperde warmtebron laten ontdooien. De spinazie vermengen met de fijngemaakte beschuit, zout en citroensap naar smaak. De aardappels in plakjes snijden. De ragout met de kleingesneden ham of de garnalen vermengen. In een beboterde ovenschaal laag om laag de spinazie, de aardappelplakjes en de ragout overdoen. De schotel afwerken als jachtschotel (blz. 271 vanaf •).

Variaties

Zalm- of tonijnovenschotel met groenten en rijst
De spinazie vervangen door een andere (diepvries)groente, bijvoorbeeld prei, sperziebonen, bleekselderij, wortel. Desgewenst de aardappelplakjes vervangen door apart gaargekookte rijst (± 300 g).
De ragout maken met zalm of tonijn (blik à ± 480 g) als vulsel.

Panvis-stokvisovenschotel
De spinazie vervangen door 750 g in ringen gesneden en gebakken uien.
De aardappels vervangen door apart gaargekookte rijst (± 300 g).
De ragout vervangen door ± 500 g gekookte stokvis of visfilets en 4 dl mosterdsaus. Desgewenst parten ontvelde tomaten (± 3) toevoegen.

Champignonovenschotel met gehakt en tomaten

Puree:
± 1¼ kg (zeer) kruimige aardappels
3-4 dl melk
30 g boter
zout, peper, nootmuskaat
Champignonmengsel:
300 g champignons
200 g tomaten
40 g boter
zout, peper
Gehaktmengsel:
400 g gemengd gehakt
peper, zout, nootmuskaat
3 sneden brood zonder korst
Bruineren:
Paneermeel
20 g boter

De aardappels gaarkoken en er met de melk, de boter, het zout en de kruiden een luchtige puree van maken (blz. 240). De champignons schoonvegen en halveren en met de gepelde en gehalveerde tomaten met zout en peper smoren in de boter (± 5 minuten); laten uitlekken en overdoen in een beboterde ovenschaal. Het gehakt in het smoorvocht al roerende gaar laten worden; peper, zout, nootmuskaat en het met iets water geweekte brood toevoegen. Het gehaktmengsel op de champignon/tomatenlaag uitspreiden, bedekken met de puree en afwerken als jachtschotel (zie blz. 271 vanaf •).

Witlofovenschotel *(zie blz. 203)*

Preiovenschotel met ham, kaas en puree

1¼ kg prei
1 dl water
4 g zout
150 g belegen kaas
150 g ham
aardappelpuree van 1 kg aardappels (blz. 240)
paneermeel
20 g boter

De prei schoonmaken, goed wassen en in stukken van ± 7 cm snijden, nogmaals wassen. In het kokende water met het zout bijna gaar laten koken (7 minuten); goed laten uitlekken. De kaas in repen van ± 7 cm snijden. Elk stuk prei met een reep kaas in een plak ham wikkelen. De groente in een beboterde ovenschaal leggen en bedekken met de aardappelpuree. De schotel afwerken als jachtschotel (zie blz. 271 vanaf •).

Variaties

Preiovenschotel met banaan, kaas en puree
De kaasrepen vervangen door repen banaan; de groente bestrooien met geraspte kaas.

Preiovenschotel met gehakt en puree
Ham en kaas vervangen door 300 g roergebakken gehakt (blz. 175).

Gevulde venkel *(ovenschotel) (zie blz. 209)*

Moussaka, Griekse (lams)vleesovenschotel

Voor de rijst:
± 250 g rijst
water
zout
Voor de groenten:
2 aubergines
2 (vlees)tomaten
zout
± 6 lepels olie
2 uien
(2 teentjes knoflook)
Gehaktmengsel:
400 g (lams)gehakt
peper, zout, nootmuskaat
1 theelepel oregano
2 lepels gesneden peterselie
Eimengsel:
2 eieren, ½ dl melk
zout, peper, tijm

De rijst gaar en droog koken (blz. 248). De aubergines wassen, de tomaten ontvellen; beide groenten in plakken snijden, met zout bestrooien en 10 minuten laten intrekken. De olie verhitten en de plakken aubergine en tomaat na elkaar bruinbakken; uit de pan nemen. De schoongemaakte en gesnipperde uien en desgewenst het geperste knoflook licht fruiten; zo nodig nog wat olie toevoegen. Het gehakt, zout en kruiden erbij doen en al roerend gaar bakken. In een wijde, beboterde ovenschaal of braadslee laag om laag de plakken aubergine, tomaat, het gehakt en de rijst leggen (de bovenste laag aubergines). Het losgeklopte eimengsel erover schenken en de schotel op een rooster midden in een hete oven (± 220 °C) laten kleuren (± 20 minuten).

Variatie

De rijst vervangen door ± 750 g gekookte, in plakken gesneden aardappels. Het gehakt vervangen door gaar vlees.

Bobotie, Afrikaanse ovenschotel

Voor de rijst:
250 g rijst
water
zout
Gehaktmengsel:
1 grote ui
30 g boter
½ lepel kerrie
400 g gehakt
6 g suiker
mespunt saffraan of kurkuma
1 lepel citroensap of azijn
50 g amandelsnippers
70 g rozijnen
1 lepel chutney of ketchup
2 dl bouillon
12 g maïzena
zout en peper
Eimengsel:
2 eieren
± 3 lepels melk
geraspte citroenschil

De rijst gaar en droog koken (blz. 248). De ui schoonmaken, snipperen en in de boter met de kerrie licht fruiten. Het gehakt toevoegen en al roerende gaar bakken. De overige ingrediënten aan het gehaktmengsel toevoegen, aan de kook laten komen en met de met koud water aangemengde maïzena binden. Op smaak afmaken met zout en peper. Het gehaktmengsel en de rijst laag om laag in een beboterde ovenschaal leggen; zorgen dat de bovenste laag uit gehaktmengsel bestaat. Het losgeklopte eimengsel erover schenken. De schotel ± 10 minuten midden in een hete oven (± 220 °C) laten kleuren.

N.B. Een koude schotel eerst zonder eimengsel ± 20 minuten afgedekt verwarmen in een vrij hete oven (± 200 °C), daarna het eimengsel erover schenken en nog ± 20 minuten laten kleuren (220 °C). De gehaktschotel bij voorkeur geven met worteltjes, banaan en gebakken kokos (blz. 289) en/of met een rauwkostgerecht.

Kerrierijst-ovenschotel *(zie blz. 251)*

Jambalaya *(zie blz. 252)*

Polenta-ovenschotel *(zie blz. 254)*

Pasta-ovenschotel met ham en kaas *(zie blz. 260)*

Pasta-ovenschotel met aubergines *(zie blz. 260)*

Cannelloni-ovenschotel *(zie blz. 260)*

Lasagne-ovenschotel *(zie blz. 261)*

Ovenschotel met erwten en pompoen/koolraap *(zie blz. 234)*

Hartige pie *(zie blz. 61)*

Pizza *(zie blz. 73)*

Hartige taarten *(zie blz. 70-72)*

Ramequin, hartige broodschotel met kaas *(zie blz. 128)*

Stamppotten en stoofschotels

Stamppotten zijn typisch Hollandse gerechten die men in het buitenland niet vaak zal aantreffen. De bereiding van deze eenpansgerechten is eenvoudig. Door de aardappels klein te snijden, kan de kooktijd worden bekort. Met een grove stamper voorkomt men dat de stamppot te pureeachtig wordt. De juiste dikte/consistentie is bereikt als men de stamppot zonder jus of saus kan nuttigen. Indien er wel jus wordt gebruikt, dan minder vocht door de stamppot mengen.
Men onderscheidt:

- Stamppotten waarin groente en vlees worden meegekookt. Vaak moet het vlees enige tijd worden 'voorgekookt' door de langere bereidingsduur.
- Stamppotten waarin de vrij klein gesneden rauwe groente en apart bereid vlees (meestal worst of spek) aan de tot een zeer dikke puree verwerkte aardappels worden toegevoegd.

Stamppotten van rauwe groente bevatten meer vitamine C. Doordat men in verhouding minder groente nodig heeft dan voor een gekookte groente, vormen ze vooral in de winter en het voorjaar een voordelig alternatief. Om te voorkomen dat de stamppot door het slinken van de groente te dun wordt, uitgaan van een zéér dikke puree en de stamppot na het doorwarmen meteen opdoen.

Stoofschotels zijn ook eenpansgerechten, maar in plaats van te stampen, worden de bestanddelen aan het einde van de kooktijd luchtig door elkaar gemengd, bijvoorbeeld Irish stew. Zo nodig wordt het kookvocht iets bijgebonden.

Hoeveelheden per persoon

1 Aardappels:	Bij het gebruik van stamppot eet men in het algemeen iets meer aardappels dan wanneer aardappels en groenten apart worden opgediend, namelijk gemiddeld ± 300 g. Bij gebruik van peulvruchten per 50 g peulvruchten 100 g aardappels minder rekenen.
2 Groenten:	Gemiddeld rekent men (inclusief afval) ± 250 g per persoon indien meegekookt (voor een stoofschotel meestal 100 g meer); ± 100 g per persoon indien rauw toegevoegd.
3 Vlees:	75 à 100 g; erin meekoken of afzonderlijk erbij geven (te vervangen door ± 50 g kaas of 75 g gebakken (blokjes) tahoe of tempé).
4 Vet:	± 10 g boter, afhankelijk van de vetheid van het vlees (minder, indien er jus bij gegeven wordt). Desgewenst vervangen door 25 g uitgebakken spekblokjes.
5 Melk:	desgewenst ± ¼ dl melk erin verwerken.
6 Zout:	± 1½ g; afhankelijk van het zoutgehalte van worst, spek of kaas.

± 1 kg boerenkool (± 500 g gesneden of 450 g diepvriesboerenkool)
± 2 dl water
± 6 g zout
± 1¼ kg (zeer) kruimige aardappels
± 300 g rookworst
40 g boter
(± ¾ dl melk)

Stamppot van boerenkool met worst

De boerenkool zo nodig stropen, wassen en kleinsnijden. Vlug aan de kook laten komen met het kokende water en het zout. De aardappels schillen, kleinsnijden en onder de kool leggen zodra deze geslonken is. De massa weer vlug aan de kook laten komen en laten koken tot kool en aardappels gaar zijn (± 20 minuten); de laatste 10 minuten de worst erop leggen en meewarmen ('rauwe' rookworst vanaf het begin meekoken). De worst uit de pan nemen en warm houden. Het kookvocht afschenken, maar bewaren. De massa stampen en door elkaar mengen. Een deel van het kookvocht, de boter en desgewenst de hete melk door de stamppot roeren, tot een smeuïge massa ontstaat. De stamppot meteen opdoen; de worst erbij geven.
N.B. Om openbarsten van de worst te voorkomen deze vooraf 10 minuten in heet water leggen.

1¼ kg (zeer) kruimige aardappels
750 g witte of savooienkool of 500 g gesneden kool
± 3 dl water
± 6 g zout
40 g boter
(± ¾ dl melk)
(± 150 g kaas, geraspt of in blokjes)
(peper)

Stamppot van witte kool, savooienkool

De aardappels schillen, kleinsnijden en onder water leggen. De kool van lelijke buitenste bladeren ontdoen, in vieren snijden, daarna in repen (de stronk niet). Aardappels en kool vlug aan de kook laten komen met het kokende water en het zout. Laten koken tot beide gaar zijn (± 20 minuten). Het kookvocht afschenken, maar bewaren. De massa stampen en door elkaar mengen. Een deel van het kookvocht, de boter, desgewenst de hete melk en de kaas door de stamppot roeren tot een smeuïge massa ontstaat. Eventueel op smaak brengen met peper.

Variatie

Pittige koolstamppot

De kaas vervangen door 300 g (kippen)vleesreepjes, roergebakken in ± 4 lepels hete olie met 1 kleingesneden ui en 1 theelepel gemberpoeder of cajunkruiden. De stamppot op smaak afmaken met sojasaus en/of sambal oelek.

1¼ kg (zeer) kruimige aardappels
800 g winterpeen
400 g uien
± 3 dl water
6 g zout
40 g boter

Stamppot van peen en uien

De aardappels schillen, kleinsnijden en onder water bewaren. De peen en de uien schillen en in dunne plakken snijden. Aardappels en peen en uien vlug aan de kook laten komen in het kokende water met het zout en laten koken tot ze gaar zijn (± 25 minuten). Het kookvocht afschenken, maar bewaren. De massa stampen en door elkaar mengen. De boter en zoveel kookvocht toevoegen, tot een smeuïge massa ontstaat.

Variatie

Hutspot met klapstuk

400 g klapstuk voorkoken in 4 dl water met 6 g zout (2 uur, in snelkookpan 40 minuten). Daarna aardappels, peen en uien toevoegen en gaar laten koken. Het klapstuk in plakken gesneden apart geven of in stukjes gesneden door de stamppot mengen.

1¼ kg (zeer) kruimige aardappels
± 3 dl water
4 g zout
500 g zuurkool
± 1½ dl melk

Stamppot van zuurkool

De geschilde, gewassen en kleingesneden aardappels opzetten met het water en het zout. Vlug aan de kook laten komen en in ± 15 minuten bijna gaar laten worden. De zuurkool toevoegen, ± 7 minuten laten meekoken, tot de aardappels gaar zijn. Het kookvocht afschenken, maar bewaren. De massa stampen en door elkaar mengen. De melk en zo nodig een deel van het kookvocht door de stamppot roeren, tot een smeuïge massa ontstaat. De stamppot meteen opdoen; geven met bijvoorbeeld een slavink of speklapje.

Variatie

Stamppot van zuurkool met spek en worst

300 g mager zuurkoolspek in het water 15 minuten laten voorkoken en 200 g rookworst 10 minuten in heet water leggen en de laatste 10 minuten op de zuurkool laten meekoken ('rauwe' rookworst vanaf het begin meekoken).

1¼ kg (zeer) kruimige aardappels
750 g zoete appels
en/of stevige peren
250 g zure appels
± 3 dl water
± 6 g zout
40 g boter

Stamppot van appels, hete bliksem

De aardappels schillen, wassen, kleinsnijden en onder water leggen. De appels en/of peren schillen, in vieren snijden, de klokhuizen verwijderen. De aardappels, de appels en/of peren opzetten met het kokende water en het zout. Vlug aan de kook laten komen en laten koken tot alles gaar is (± 20 minuten) Het kookvocht afgieten, maar bewaren. De massa stampen en door elkaar mengen. De boter door de stamppot roeren.

1¼ kg (zeer) kruimige aardappels
± 3 dl water
6 g zout
± 300 g mager rookspek
400 g andijvie
± 1 dl melk
nootmuskaat

Stamppot rauwe andijvie met spek, stimpstamp

De aardappels schillen, wassen, kleinsnijden en vlug aan de kook laten komen met het kokende water en het zout. In ± 20 minuten gaar laten worden. Het spek in dobbelsteentjes snijden en op een getemperde warmtebron in een koekenpan langzaam uitbakken (± 15 minuten). De andijviestruik van lelijke bladeren en/of punten ontdoen, zeer goed wassen, in dunne repen snijden en laten uitlekken. De aardappels afgieten, droogstomen, stampen en er met de melk en het spekvet een zéér dikke puree van maken. De andijvie bij gedeelten erdoor mengen en al roerend vlug doorwarmen, zodat de groente knapperig blijft en niet te veel slinkt (waardoor de stamppot te dun wordt). De stamppot op smaak afmaken met zout en nootmuskaat. De spekblokjes er op het laatst doorroeren.

Variaties

Stamppot rauwe andijvie met kaas/tahoe

Het spek vervangen door 200 g (komijne)kaas (geraspt of in kleine blokjes), 150 g verkruimelde blauwe kaas of 300 g (gemarineerde) gebakken blokjes tahoe, zalmsnippers of ham.

Stamppot rauwe groente

De andijvie vervangen door 400 g kleingesneden groente, bijvoorbeeld spinazie, raapstelen, ijsbergsla, witlof, spitskool, Chinese kool, paksoi of amsoi, prei.

Stamppot rauwe zuurkool

De andijvie vervangen door 400 g kleingesneden zuurkool. De puree wat dunner maken (± 2 dl melk en 40 g boter gebruiken). De stamppot bijvoorbeeld geven met verse worst. Bij gebruik van jus minder boter in de stamppot verwerken.

Irish stew *(stoofschotel met lamsvlees)*

400 g magere lamslappen
½ liter water
± 6 g zout
1¼ kg aardappels
500 g winterwortels
500 g savooienkool
200 g uien
40 g boter

Het vlees in grove stukken snijden, opzetten met het kokende water en het zout en ± 1¼ uur voorkoken. De aardappels schillen, wassen en in vieren snijden, de wortels schillen en in dunne plakken snijden. De kool en de uien schoonmaken en in repen snijden. De groenten en de aardappels aan het vlees toevoegen. Vlug aan de kook laten komen en laten koken tot alles gaar is (± 20 minuten). De boter toevoegen en het vlees met het kooknat opdoen in een wijde, diepe schaal; groenten en aardappels eromheen leggen.
N.B. Bij gebruik van hogedrukpan het vlees 25 minuten voorkoken en na het toevoegen van aardappels en groenten nog 8 minuten laten koken.

Variatie

De kool vervangen door venkelknollen.

Stoofschotel met bruine bonen *(zie blz. 231)*

Stoofschotel met erwten en pompoen *(zie blz. 234)*

Stoofschotel van linzen *(zie blz. 230)*

Runderstoofschotel, Vlaamse stoofschotel

400 g runderstooflappen (borst-, rib- of sukade-)
30 g boter
150 g uien
½ liter bier
± 6 g zout
1 lepel (bruine) suiker
mespunt tijm
½ laurierblad
3 kruidnagels
1 lepel (kruiden)azijn
1¼ kg aardappels
600 g winterwortels
250 g bleekselderij
(maïzena)

Het vlees in dobbelstenen snijden en in de boter vlug bruinbakken. De geschilde en grof gesnipperde uien toevoegen en 5 minuten meebakken. Het bier, het zout, de suiker, de tijm, het laurierblad met daarin de kruidnagels gestoken en de azijn toevoegen. Het vlees op een getemperde warmtebron 2 uur laten stoven. De aardappels schillen en in vieren snijden. De wortels schillen en in dunne plakken snijden. De bleekselderij schoonmaken en in stukken van 2 cm snijden. De aardappels, de groenten en zo nodig water aan het vlees toevoegen. Vlug aan de kook laten komen en in ± 20 minuten gaar laten worden. Het laurierblad met de kruidnagels eruit halen. Het vocht desgewenst binden met de met koud water aangemengde maïzena.

Variatie

Het bier vervangen door rode wijn, de bleekselderij door venkelknollen.

600 g aardappels
200 g (winter)peen
100 g uien
4 lepels olie
400 g kipfilet
2 theelepels kerrie
1 Spaans pepertje(zonder zaad)
½ liter (kippen) bouillon
200 g courgette
2 appels
2 vleestomaten
100 g rozijnen
1 blik maïs (450 g)
kruidnagelpoeder
paprikapoeder
zout, peper
(maïzena)

Mexicaanse stoofschotel

De aardappels schillen, wassen en in vieren snijden. De peen schoonmaken en in stukjes snijden, de uien schoonmaken en grof snipperen. De olie heet laten worden en het vlees in stukken gesneden bruinbakken; de uien met de kerrie 5 minuten meebakken. Het schoongemaakte pepertje, de bouillon, de aardappels en de peen toevoegen, aan de kook laten komen en 10 minuten laten koken. De courgette schoonmaken en in plakken snijden; de appels schillen en kleinsnijden. Courgette, appel, de in stukken gesneden ontvelde vleestomaten, gewassen rozijnen en de uitgelekte maïs aan de massa toevoegen en 5 minuten meekoken. Het gerecht op smaak afmaken met kruidnagel- en paprikapoeder en zo nodig zout en peper. Het vocht desgewenst binden met de met koud water aangemengde maïzena.

Vruchten en vruchtengerechten

Vruchten moeten bij voorkeur rauw gegeten of verwerkt worden, smaak en aroma komen zo het beste tot hun recht. Vruchten zijn rijk aan mineralen, vitaminen A, B en vooral C. Vitamine C gaat bij bereiding grotendeels verloren. Vooral de schil bevat veel vezelstoffen; de energetische waarde verschilt per soort vrucht.

Aangesneden vruchten verkleuren snel; besprenkelen met citroensap of met likeur kan dit enigszins tegengaan.

Vruchten zijn zeer veelzijdig in het gebruik. Ze kunnen bijvoorbeeld worden opgedaan als of verwerkt worden tot:

- tafelfruit, in een vruchtentestje (zacht fruit) of in een fruitschaal (met wingerdbladeren) (hard fruit);
- een voorgerecht (bijvoorbeeld grapefruit), een salade of cocktail;
- een compote of moes als bijgerecht;
- een nagerecht, koud of warm (bijvoorbeeld zoete ovenschotel);
- een onderdeel van een garnituur (bijvoorbeeld 'Picasso');
- saus of drank;
- conserve (bijvoorbeeld jam, chutney);
- garnering voor vla, gebak, pudding.

Bereiding

De meest toegepaste bereidingswijzen zijn:

blancheren:	aan de kook laten komen in ruim kokend water met suiker en citroensap, uit het vocht nemen en snel laten afkoelen. Dit voorkomt verkleuren;
pocheren (wellen):	tegen de kook aan houden in een suikeroplossing om de vruchten gaar te maken (compote). De vruchten mogen niet kapotgaan;
stoven:	langzaam gaar en zo mogelijk (afhankelijk van de soort) rood laten kleuren, zonder dat de vruchten kapotgaan (bijvoorbeeld stoofperen met wijn of port en kaneel en suiker);
koken:	in weinig vocht gaarkoken, desgewenst daarna pureren;
braden:	langzaam gaar maken en laten kleuren in suikersiroop en boter;
bakken:	in plakken, al of niet door bloem of een bakbeslag gewenteld, aan beide kanten snel bruin en knapperig laten worden in boter in een koekenpan of in frituurolie;
grilleren:	de vruchten gehalveerd of in plakken onder een roodgloeiende grill of op een contactgrill snel knapperig bruin laten worden;
pureren:	fijnmaken van verse vruchten of conserven. De moes als zodanig gebruiken of verdunnen tot een 'coulis' (saus) (zie blz. 341-343).

Inkoop en bewaren

Verse vruchten:	**a** harde vruchten kunnen enige tijd ongewassen op een koele plaats bewaard worden, los naast elkaar; **b** zachte vruchten schimmelen, gisten of rotten snel. Voorkom dat ze kneuzen door voorzichtig vervoer, schoonmaken en wassen. Kort en koel bewaren tussen keukenpapier. N.B. Harde kiwi's of papaja's met een banaan laten narijpen in een gesloten plastic zak. Bananen niet in de koelkast bewaren; ze worden dan bruin. Sterk ruikende vruchten, bijvoorbeeld meloen, goed afgesloten in de koelkast bewaren.
Vruchten in glas/blik:	op sap, lichte of zware siroop (afhankelijk van de hoeveelheid toegevoegde suiker). Niet langer dan een jaar bewaren; ze worden zacht en kunnen in blik een bijsmaak krijgen doordat de vruchtenzuren het blik aantasten (chemische bombage: het deksel gaat bol staan).
Diepvriesvruchten:	bewaartijd: zie de verpakking. De vruchten langzaam laten ontdooien bij kamertemperatuur, zonder de verpakking. Ontdooide vruchten niet opnieuw invriezen.
Gedroogde vruchten:	deze vruchten bevatten geen vitamine C. Op een droge, koele plaats bewaren. Vóór het gebruik weken of wellen.
Gekonfijte vruchten:	meestal gebruikt als garnering (Franse vruchtjes, gekonfijte en gekleurde kersen) of door gerechten, zoals gember, oranjesnippers, sukade en dadels. Op een koele, droge plaats bewaren.

Aardbeien met slagroom

400 g aardbeien
2 dl slagroom
30 g suiker
1 lepel marasquin of kirsch of 1 theelepel vanillesuiker
(4 mintblaadjes)

De aardbeien schoonmaken en desgewenst halveren. De slagroom met de suiker en de likeur of de vanillesuiker stijfkloppen. De aardbeien overdoen in coupes en garneren met de slagroom en enkele achtergehouden aardbeien en desgewenst de mint.

Variatie

Vruchten met slagroom

De aardbeien vervangen door 400 g schoongemaakte en kleingesneden verse vruchten of 1 blik (± 800 g) uitgelekte vruchten. De likeur desgewenst vervangen door citroen-, sinaasappel- of cassissapsiroop of -likeur.

Aardbeien/vruchten met vanillevla ***(zie blz. 312)***

Compote van gedroogde abrikozen, pruimen, appeltjes, tuttifrutti

300 g gedroogde vruchten
¾ liter water of thee
± 50 g suiker
(citroenschil)
(aardappelmeel of allesbinder)
(citroensap)

De vruchten wassen en in het vocht ± 12 uur laten weken. Opzetten met het weekwater, de suiker en desgewenst een stukje citroenschil. De vruchten op een getemperde warmtebron tegen de kook aan houden (wellen) tot ze zacht zijn (± 15 minuten). Het vocht binden tot sausdikte met het aangemengde aardappelmeel of de allesbinder. Zo nodig op smaak afmaken met citroensap. Het gerecht koud of warm opdoen.

Variatie

Abrikozen, pruimen, tuttifrutti in wijn of port

Het weekwater na het weken afgieten. De vruchten wellen in ± 2 dl zoete wijn of port. De vruchten warm of koud geven bij bijvoorbeeld ijs of vla.

Compote van gedroogde abrikozen met vla ***(zie blz. 282)***

300 g gedroogde abrikozen
4 dl water
± 75 g suiker
citroensap
(basterdsuiker)

Abrikozenmoes *(van gedroogde abrikozen)*

De gewassen abrikozen ± 12 uur laten weken. Met het weekwater en de suiker laten koken tot ze zacht zijn (± 10 minuten). De abrikozen door een zeef wrijven. De moes op smaak afmaken met citroensap en zo nodig basterdsuiker. Zo nodig verdunnen met water.

Variaties

Dik abrikozenmoes

2 dl water nemen in plaats van 4 dl.

Abrikozenmoes (van conserven op sap)

De abrikozen (blik ± 800 g) laten uitlekken. Zie verder hierboven.

Broodschotel met abrikozenmoes ***(zie blz. 304)***

Gevulde abrikozen ***(zie blz. 23)***

1 verse ananas
(1 dl slagroom)
(15 g suiker)

Verse ananas

De kroon en de onderzijde van de ananas afsnijden. De ananas in plakken van ± 1½ cm snijden; deze dik schillen. Zo nodig achtergebleven ‘ogen’ wegsnijden; de harde middenstam (met een appelboor) uitsteken. De plakken eventueel in kleine stukken verdelen. Desgewenst de ananas geven met stijfgeslagen slagroom en/of ijs.

Variaties

De ananas met de kroon in 4 à 6 parten snijden. De middenstam wegsnijden. Het vruchtvlees lossnijden van de schil en dwars in repen snijden. Deze om en om naar buiten schuiven.

Ananascompote

Het ananassap zo nodig aanvullen met water of witte wijn tot 2 dl. Aan de kook laten komen en binden met allesbinder of aangemengd aardappelmeel. De stukjes ananas toevoegen en laten afkoelen. Op smaak afmaken met citroensap en/of kleingesneden mintblaadjes.

Ananasbeignets ***(zie blz. 348)***

Ananasprikkers ***(zie blz. 22)***

Hartige ananassalade ***(zie blz. 45)***

Gevulde ananas

1 grote ananas
2 rijpe bananen
(1 à 2 lepels rum)
1 dl slagroom
(slagroomversteviger)
20 g suiker
of
een vruchtensla
(½ recept, blz. 293)

De bovenkant van de ananas afsnijden; de bladeren eraan laten. De ananas uithollen: daartoe met een smal kartelmes of appelboor de middenstam uit de ananas lossnijden en verwijderen. Daarna het vruchtvlees ± 1 cm van de buitenkant lossnijden. Van het midden uit insnijdingen maken in het vruchtvlees en dit er deel voor deel uithalen. Het uitgeschepte vruchtvlees kleinsnijden en met de geschilde en fijngemaakte bananen en desgewenst de rum door de met suiker en desgewenst slagroomversteviger stijfgeklopte slagroom scheppen. Dit slagroommengsel koelen. De ananas vullen met dit mengsel of met een vruchtensla, waaraan de ananasstukjes zijn toegevoegd. De ananas bedekken met de afgesneden bovenkant en opdoen op een schaal, die bedekt is met een taartrand of met wingerdbladeren.

Variatie

De ananas verticaal halveren, uithollen en beide helften vullen.

Gebakken ananas, banaan

ananasschijven in blik
(± 850 g)
of 4 bananen
± 25 g boter
(geroosterde
amandelsnippers)

De ananas laten uitlekken en droogdeppen; de bananen schillen en in schuine plakken snijden. De vruchten in de bruine boter snel aan beide kanten bruinbakken en warm opdoen. Desgewenst bestrooien met geroosterde amandelsnippers.

N.B. Gebakken ananas en gebakken banaan kunnen ook als vlees- of visgarnituur worden gegeven.

Variaties

Gegrilleerde ananas, banaan

De ananas of banaan met bruine basterdsuiker bestrooien, met rum besprenkelen en ± 10 cm onder een voorverwarmde grill goudbruin grilleren.

Bakbananen

De bananen in dunne repen snijden en langzaam aan beide kanten lichtbruin en gaar bakken. Desgewenst bestrooien met geraspte kokos of met kerriepoeder.

Gebraden appels

4 appels
½ dl water
50 g suiker
40 g rozijnen
kaneel
30 g boter
(rum)

De appels wassen, de klokhuizen uitboren, desgewenst schillen en met het water in een ovenschaal plaatsen. De openingen in de appels vullen met een mengsel van suiker, rozijnen en kaneel. Klontjes boter op en om de appels leggen. De schotel midden in een vrij hete oven (± 200 °C) plaatsen. De appels hierin onder nu en dan bedruipen zacht laten worden (± 20 minuten). Bij het opdoen desgewenst flamberen met 4 lepels verwarmde rum of geven met vanillesaus.

Variaties

De holten in de appels vullen met (gember)jam, amandelspijs of een mengsel van gehakte noten en bruine basterdsuiker (± 50 g). De appels besprenkelen met ± 2 lepels sinaasappelsap, cointreau of rum.

Brusselse appels
De appels bedekken met soezendeeg (blz. 401) waaraan 50 g suiker wordt toegevoegd. In ± 20 minuten de appels zacht laten worden en het deeg laten uitrijzen en lichtbruin laten kleuren.

Gevulde appels *(en papillote) (zie blz. 290)*

Gebakken appelschijven

2 handappels
25 g boter

De appels uitboren, schillen en in 4 plakken snijden. In licht gebruinde boter bakken. Serveren als vleesgarnituur of broodbeleg.

Appelclafoutis

Vulsel:
4 handappels
30 g boter
gemberpoeder of kaneel
3 lepels rum
Eierbeslag:
3 eieren
50 g suiker
1 zakje vanillesuiker
2 g zout
60 g bloem
2 dl melk

De appels schillen, klokhuizen verwijderen en de appels in dunne schijven snijden. De boter licht laten kleuren, de schijven appel toevoegen, met gemberpoeder of kaneel bestrooien en al omscheppend lichtbruin bakken (5 minuten). De rum toevoegen, de massa omscheppen en de warmtebron uitschakelen.
De eieren scheiden, de dooiers met de suiker, de vanillesuiker en het zout schuimig roeren. De bloem en bij gedeelten de melk toevoegen en tot een glad beslag roeren. De eiwitten stijfkloppen en luchtig door het beslag spatelen. De helft overdoen in een beboterde ovenschaal, het appelmengsel hierover verdelen en afdekken met de rest van het beslag. De schaal op een rooster midden in een voorverwarmde (175 °C) oven plaatsen en in ± 35 minuten gaar en lichtbruin laten worden.

Variaties

Kersenclafoutis, perenclafoutis
De appels vervangen door ± 300 g uitgelekte kersen zonder pit, of door 4 in schijven gesneden peren, desgewenst vermengd met 1 lepel kleingesneden gember (het bakken van de vruchten vervalt hierbij).

Appelcrumble
Het eierbeslag vervangen door een verkruimelde massa van 75 g bloem, 75 g bruine basterdsuiker en 50 g gesmolten boter; hiermee de vruchten bedekken.

Tarte tatin *(omgekeerde appeltaart, middellijn ± 20 cm)*

boter om te bestrijken
120 g suiker
4 handappels
± 1 theelepel kaneel of
2 lepels rum
80 g boter (in blokjes)
4-6 plakjes bladerdeeg

Een boterkoekvorm dik met boter bestrijken en ruim de helft van de suiker over de bodem verdelen. De appels schillen, halveren en de klokhuizen eruit snijden (of vooraf uitboren). De appelhelften met de bolle kant in de suiker zetten, de rest van de suiker, de kaneel of de rum en de boter erover verdelen. De plakjes bladerdeeg met iets water aan elkaar plakken en de appels hiermee bedekken; uitstekende punten onder de appels naar binnen vouwen. De taart op een (liefst donkere) bakplaat midden in een voorverwarmde hete oven (220 °C) in ± 30 minuten goudbruin bakken. Na het bakken meteen op een schaal keren en warm in punten serveren, desgewenst met een bolletje ijs.

Appelcompote

2 dl water en ½ citroen of
2 dl witte landwijn
100 g suiker
6 kleine handappels
6 (gekonfijte) kersjes
of ± 100 g bessengelei
± 5 g aardappelmeel
(mintblaadjes)

Het water met de citroenschil en het citroensap of de wijn met de suiker aan de kook laten komen. Telkens van 2 appels de klokhuizen uitboren, schillen, halveren; de appels meteen in de hete suikerstroop leggen en op een getemperde warmtebron pocheren, tot ze glazig zijn. Iedere appelhelft, zodra ze glazig is, uit het vocht nemen en met de bolle kant boven in een glazen schaal leggen. In iedere holte een half kersje of een theelepel bessengelei leggen. Het vocht iets laten inkoken en binden met het aangemengde aardappelmeel; laten afkoelen en over de appels schenken. Desgewenst garneren met kleingesneden mintblaadjes.

Variatie

Perzikencompote

De appels vervangen door 6 geschilde en gehalveerde, ontpitte perziken; deze ± 2 minuten pocheren.

Gedroogde appeltjes *(zie blz. 282)*

Appelmoes *(met stukjes appel)*

± 1 kg moesappels
± 1 dl water
± 75 g suiker
(citroensap of kaneel)

De appels schillen, in vieren snijden, ontdoen van klokhuizen, opzetten met het water en op een getemperde warmtebron laten koken tot ze zacht zijn (± 10 minuten). De moes op smaak afmaken met de suiker. Desgewenst iets citroensap of kaneel toevoegen. Koud of warm opdoen.

Variaties

Appelmoes (gezeefd)

De appels wassen, kleinsnijden, opzetten met het kokende water en zonder roeren zachtjes laten koken tot ze zacht zijn (± 15 minuten). De massa door een zeef wrijven, op smaak afmaken met de suiker, zo nodig opwarmen en desgewenst iets citroensap of kaneel toevoegen.

Gevulde appelmoes

1 fijngemaakte banaan of 100 g gewelde rozijnen of uitgelekte mandarijn of ananas (blik ± 225 g) door de moes roeren.

Zweedse appelmoesschotel

De appelmoes in een beboterde ovenschaal bedekken met een mengsel van 4 fijngemaakte beschuiten, 2 lepels suiker, een mespunt kaneel en kleine klontjes boter (± 25 g). Op een rooster boven in een voorverwarmde hete oven (220 °C) een korstje laten krijgen (± 10 minuten).

Appelmoessoufflé

Twee eieren scheiden. De dooiers met 1 lepel suiker uitroeren en goed roerend door de hete, dikke appelmoes (½ recept) mengen. De eiwitten stijfkloppen en luchtig door de hete appelmoes scheppen. De massa overdoen in een hoge beboterde ovenschaal (maximaal voor ⅔ vullen). De soufflé meteen op een rooster iets onder het midden in een voorverwarmde hete oven (220 °C) laten uitrijzen en kleuren (± 15 minuten). De soufflé met een warm deksel afdekken en meteen opdoen.

Appelmoes met schuimkop

Twee eiwitten zeer stijfkloppen, 100 g suiker er bij gedeelten al kloppend aan toevoegen; een volgende hoeveelheid pas toevoegen nadat het eiwit weer geheel stijfgeklopt is. De moes in een beboterde ovenschaal overdoen en met het eiwitschuim bedekken. De schaal meteen op een rooster midden in een voorverwarmde hete oven (220 °C) plaatsen en het schuim licht laten kleuren (± 15 minuten).

Broodschotel met appelmoes ***(zie blz. 303)***

Appelpie ***(zie blz. 378)***

Zoete appels

1 kg zoete appels
3 dl water
stukje pijpkaneel of citroenschil
½ dl bessensap of sap van ½ citroen
± 50 g suiker
± 10 g aardappelmeel

De appels schillen, in vieren snijden, ontdoen van klokhuizen, opzetten met het kokende water, de pijpkaneel of de citroenschil, het bessensap of het citroensap en de suiker en laten koken totdat de appelstukjes zacht en glazig zijn (± 20-30 minuten). Het vocht binden met het aangemengde aardappelmeel; zorg dat de appeltjes heel blijven. Pijpkaneel of citroenschil verwijderen.

Hete bliksem, stamppot zoete appels ***(zie blz. 278)***

Avocadocrème *(zoet)*

3 rijpe avocado's
2 lepels citroensap
± 40 g basterdsuiker
(1 lepel sherry of cognac)
(½ dl slagroom)
8 g suiker

De avocado's in de lengte insnijden tot aan de pit. De helften draaiend van elkaar nemen, de pit verwijderen. Het vruchtvlees met een lepel uit de schil nemen en door een (kunststof) zeef pureren. De puree meteen vermengen met het citroensap, de suiker en desgewenst de sherry of cognac. De crème opdoen in coupes, desgewenst garneren met een toef stijfgeslagen slagroom.

Gevulde avocado's ***(zie blz. 30)***

Banaan met gember

9 nootjes gember
2 grote rijpe bananen
4 lepels gembernat
1 dl slagroom

8 nootjes gember kleinsnijden; de schoongemaakte bananen in plakjes snijden en deze meteen met het gembernat vermengen. De gember en de half stijfgeslagen room door de bananen scheppen. Het gerecht opdoen in coupes en garneren met ¼ nootje van de achtergehouden gember of het gerecht geven bij (room)ijs.

Variatie

De slagroom vervangen door zure room, crème fraîche, of kwark.

Pittige bananensalade ***(zie blz. 45)***

Bananenbeignets ***(zie blz. 348)***

Banaanprikkers ***(zie blz. 22)***

Gebakken banaan ***(zie blz. 284)***

Gegratineerde bananen ***(ovenschotel)***

4 bananen
citroensap
1¼ dl zure room of crème fraîche
2 eieren
mespunt kaneel of
1 lepel cointreau
(8 nootjes gember of dadels)

De bananen pellen, in de lengte halveren, met citroensap besprenkelen en in een beboterde ovenschaal leggen. De room of de crème fraîche vermengen met de losgeklopte eieren, de kaneel of de cointreau en desgewenst met de kleingesneden gember of dadels. Het mengsel over de bananen schenken en in ± 10 minuten de bananen zacht laten worden en het mengsel laten kleuren in een zeer hete oven (± 240 °C).

Variatie

Gegratineerde perziken, peren, mango's

De bananen vervangen door 4 gehalveerde perziken, peren of mango's.

Cranberrycompote, compote van veenbessen

450 g cranberry's (veenbessen)
± 1 dl water
± 100 g suiker
(250 g moesappels)
(sap van 1 sinaasappel)
(mespunt kruidnagelpoeder)
(mespunt kaneel)
(mespunt gemberpoeder)

De bessen wassen, opzetten met het water, de suiker en desgewenst de schoongemaakte en kleingesneden appels, het sinaasappelsap en de kruiden. Laten koken tot de bessen openknappen (± 10 minuten). De massa desgewenst met een stamper fijnmaken of door een zeef wrijven; laten afkoelen.

Gevulde dadels ***(zie blz. 23)***

Dadelcake ***(zie blz. 389)***

Grapefruit, pomelo ***(in de schil opgedaan)***

2 grapefruits of
2 pomelo's
(2 lepels kirsch, sherry, port of madera)
rode Franse vruchtjes of rodebessengelei

De vruchten doormidden snijden, zodat men dwars door de partjes heen gaat. Het vruchtvlees van elk partje met een grapefruitmesje lossnijden van de vliezen en van de schil. • De helften desgewenst besprenkelen met kirsch, sherry, port of madera. In het midden van iedere halve vrucht een half Frans vruchtje leggen.

Variatie

Grapefruit, pomelo (in coupes opgedaan)

De vruchten dik schillen en met een scherp mes het vruchtvlees tussen de vliezen uit snijden. Desgewenst de partjes halveren en in coupes leggen. Zie verder boven vanaf •. De rand van de coupes garneren met een dun, tot de helft ingesneden plakje sinaasappel.

Hartige grapefruitsalade ***(zie blz. 45)***

Gekookte kastanjes

1 kg tamme kastanjes
40 g boter

De kastanjes in lauw water weken (± 1 uur); de drijvende verwijderen. De kastanjes pellen door er in de lengte een diepe inkerving in te geven en de schil af te breken; ook de bruine vliezen verwijderen. De kastanjes opzetten met zoveel kokend water tot ze juist onderstaan en in ± ½ uur gaar laten worden. Of in een snelkookpan (zonder vooraf weken) in een inzetbakje met onder het rooster een bodem water (25 minuten). De kastanjes afgieten; de boter erdoor schudden.

Variaties

Gepofte kastanjes (in de oven)

De gewassen en ingekruiste kastanjes op een bakplaat in een hete oven (± 220 °C) in ± ½ uur gaar poffen. Opdoen als gekookte kastanjes (zie boven).

Gepofte kastanjes (in hete as of op hete plaat)

De kastanjes niet inkruisen en in hete as of op een hete plaat leggen tot ze openbarsten. Opdoen als gekookte kastanjes (zie boven).

Hartige kastanjepuree

1 kg kastanjes
± 2 dl bouillon
40 g boter
peper, zout

De gepelde kastanjes (zie boven) in ruim kokend water in 15 minuten halfgaar koken. De kastanjes afgieten en in de kokende bouillon verder gaar laten worden (± 15 minuten). De kastanjes afgieten (de bouillon bewaren) en fijnmalen of door een zeef pureren. De boter erdoor roeren, op smaak afmaken met peper en zout en zo nodig verdunnen met de hete bouillon. Kastanjepuree geven bijvoorbeeld bij spruitjes of bij vlees, wild of gevogelte.

Variaties

Kastanjepuree (⅓) vermengen met aardappelpuree (⅔).

Zoete kastanjepuree (nagerecht, ½ recept)

De bouillon vervangen door melk; de boter, peper en zout vervangen door ⅛ liter slagroom, half stijfgeklopt met 20 g suiker, 1 theelepel rum of ½ theelepel vanillesuiker. De koude puree luchtig door de slagroom scheppen; desgewenst garneren met chocoladevlokken.

Gebakken kokos, seroendeng

½ ui of 2 sjalotjes
mespunt djinten
mespunt ketoembar
mespunt laos
1 lepel rietsuiker
± 2 lepels olie
(1 teentje knoflook)
200 g gemalen kokos
1 lepel azijn

De ui of de sjalotjes schoonmaken, zeer klein snijden en met de kruiden en de suiker in de hete olie langzaam goudbruin fruiten. Desgewenst het geperste of gesnipperde knoflook meefruiten. Het kokos en de azijn toevoegen en onder regelmatig omscheppen lichtbruin bakken.

Variatie

Rietsuiker vervangen door bruine basterdsuiker, azijn door asem. Desgewenst 100 g gepelde pinda's toevoegen en meebakken.

2 grote mango's
(1¼ dl slagroom en 20 g suiker en/of ijs)
(± 4 aardbeien)

Mango in coupes

De mango's schillen, langs de pit in plakken snijden en deze in blokjes verdelen. Overdoen in coupes. Desgewenst garneren met slagroom en/of bolletjes ijs en kleine aardbeien.

Variaties

Gegratineerde mango's

Zie variatie gegratineerde bananen (blz. 288).

Mangosaus, mangocoulis

Het vruchtvlees pureren, met het sap van 1 citroen en water of witte wijn verdunnen tot sausdikte; basterdsuiker naar smaak toevoegen.

1 meloen
een vruchtensalade (½ recept, blz. 293)

Gevulde meloen

De meloen dwars op de helft kartelvormig insnijden tot aan het midden. De helften van elkaar nemen. De zaden verwijderen. Het vruchtvlees rondom van de schil lossnijden en in stukjes door de vruchtensalade mengen. De helften hiermee vullen.

Variatie

Gevulde papaja

Het vruchtvlees uit de gehalveerde papajahelften lepelen en in blokjes gesneden door de vruchtensalade scheppen.

1 meloen of
1 à 2 rijpe papaja's
(2 lepels port of 1 lepel citroensap)

Meloen, papaja *(in parten)*

De vrucht in vieren snijden, zaden verwijderen. Het vruchtvlees lossnijden van de schil, in reepjes snijden en deze om en om naar buiten schuiven. Desgewenst de parten besprenkelen met port of citroensap.

Variatie

Meloen in coupes

Balletjes uit het vruchtvlees steken; met 200 g kleine aardbeien vermengen. Desgewenst ijs of stijfgeslagen slagroom erbij geven.

Hamrolletjes met meloen *(zie blz. 24)*

Meloenballetjes, -cocktail, -prikkers *(zie blz. 21, 31)*

4 rijpe handperen
2 lange vingers
2 à 3 lepels advocaat
1 lepel gewelde rozijnen

Warme gevulde peren *(en papillote, in aluminiumfolie)*

De peren met de appelboor van klokhuis ontdoen en schillen. Een mengsel maken van de verkruimelde lange vingers, de advocaat en de rozijnen. Elke peer met het mengsel vullen en op een beboterd stuk aluminiumfolie leggen (de glimmende kant binnen). Het folie om de peren dichtvouwen en de aldus verpakte peren op een rooster midden in een hete oven (± 220 °C) zacht en warm laten worden (± 25 minuten). De pakjes gesloten serveren.

Variatie

Warme gevulde appels (en papillote)

De geboorde, geschilde appels vullen met een mengsel van 6 verkruimelde bitterkoekjes, 1 lepel oranjemarmelade en 2 à 3 lepels rum.

Peren met chocoladevla *(zie blz. 309)*

Peren met vanillevla *(zie blz. 312)*

1 à 1¼ kg stoofperen
± 3 dl water of glühwein
± 5 cm pijpkaneel of citroenschil
citroensap
(4 kruidnagels)
± 50 g suiker
allesbinder of aardappelmeel

Stoofperen

De peren schillen; kleine peren heel laten, grote in tweeën of vieren snijden en van klokhuizen ontdoen. De peren opzetten met het kokende water, de pijpkaneel of citroenschil, iets citroensap (desgewenst de kruidnagels) en de suiker en laten koken tot ze zacht zijn (± ½-¾ uur) of desgewenst tot ze rood zijn (± 2 uur). Het vocht binden met allesbinder of het aangemengde aardappelmeel. Pijpkaneel of citroenschil (en kruidnagels) verwijderen. De stoofperen warm of koud als tweede 'groente' geven of met chocoladesaus of vanille-ijs als nagerecht.

Variatie

Stoofperen in rodewijnsaus of portsaus

Het water vervangen door rode wijn of port, de steeltjes aan de peren laten, de peren ± ½-¾ uur zachtjes laten koken.

N.B. Stoofperen: Giezer Wildeman, Saint Remy, Brederode.

4 perziken
1½ dl frambozensap, port of cassislikeur
20 g boter
± 3 lepels rum

Geflambeerde perziken, warme perzikschotel

De perziken ontvellen, halveren, de pitten verwijderen en in een beboterde ovenschaal leggen. Het frambozensap, de port of de likeur over de perziken schenken. De boter in klontjes over de perziken verdelen en het gerecht boven in een hete oven (± 220 °C) of ± 5 minuten onder de grill goudgeel laten kleuren. Vlak voor het opdoen de verwarmde rum over de perziken schenken en aansteken.

Variatie

Geflambeerde peren, mango's, kersen

De perziken vervangen door 4 rijpe handperen, mango's of 400 g ontpitte kersen.

N.B. Het gerecht kan ook boven op de warmtebron in een pan bereid worden.

Gegratineerde perziken *(ovenschotel) (zie blz. 288)*

Perzikencompote *(zie blz. 286)*

Pêche melba *(zie blz. 358)*

Hartige perzikensalade *(zie blz. 45)*

Gevulde perziken *(zie blz. 23)*

1 kg pruimen
± 1 dl water
± 60 g suiker
(allesbinder of aardappelmeel)

Pruimenmoes

De pruimen wassen, halveren en met de pitten en een bodem water laten koken, tot ze zacht zijn (± 10 minuten). De pruimen door een zeef pureren, de suiker naar smaak toevoegen. Zo nodig bijbinden met allesbinder of het aangemengde aardappelmeel.

1½ kg rabarber
1 dl water
(allesbinder of aardappelmeel)
± 100 g suiker

Rabarbermoes

De rabarberstelen wassen, desgewenst schillen en in stukken snijden. Vlug aan de kook laten komen met het water en zachtjes laten koken tot ze gaar zijn (± 10 minuten). Indien er te veel kookvocht is, dit afgieten. De rabarber gladroeren, zo nodig binden met allesbinder of het aangemengde aardappelmeel en op smaak afmaken met de suiker.

Voor de suikerstroop:
2 dl water
± 150 g suiker
1 kg dunne rabarber
allesbinder of 5 g aardappelmeel

Rabarbercompote

Het water met de suiker aan de kook laten komen. De rabarberstelen wassen, desgewenst schillen en in stukjes van ± 3 cm lengte snijden. De rabarberstukjes in gedeelten zacht en glazig laten worden in de hete suikerstroop, die tegen de kook aan gehouden wordt. De zachte stukjes uit het vocht nemen en in een schaal leggen. Het vocht binden met allesbinder of het aangemengde aardappelmeel, laten afkoelen en over de rabarberstukjes schenken.

Variatie

± 200 g schoongemaakte aardbeien of ± 40 g kleingesneden stemgember door de half afgekoelde compote scheppen.

6 sinaasappels
1 citroen
± 40 g suiker
(4 lepels sinaasappellikeur)
allesbinder of aardappelmeel

Sinaasappelcompote

4 sinaasappels schillen; de witte velletjes geheel verwijderen. De sinaasappels overdwars in ½ cm dikke plakken snijden en de pitten verwijderen. De plakken in een schaal leggen. De overige sinaasappels en de citroen uitpersen. De suiker en desgewenst de likeur toevoegen. Het sap aan de kook laten komen en binden met allesbinder of het aangemengde aardappelmeel. De hete saus over de plakken schenken en laten afkoelen.

Variatie

Sinaasappelcompote met bitterkoekjes

10 bitterkoekjes ± 5 minuten in het hete sap laten weken, fijnmaken en na het binden door de saus roeren.

Vla met sinaasappel *(crème napolitaine)* *(zie blz. 312)*

Gevulde sinaasappels met gelei *(zie blz. 326)*

Gevulde sinaasappels met bavarois *(zie blz. 332)*

Vruchtensalade

1 appel
1 peer
1 banaan
1 kiwi
1 sinaasappel
100 g blauwe druiven
citroensap
basterdsuiker
Garnering:
(ijs en/of 1 dl slagroom en 15 g suiker)

De vruchten schoonmaken en kleinsnijden; de sinaasappel overdwars in plakken snijden en deze in stukken verdelen, de druiven halveren en ontpitten. Meteen vermengen met het citroensap en naar smaak met basterdsuiker. De salade in coupes opdoen, desgewenst garneren met bolletjes ijs en/of de met suiker stijfgeklopte slagroom.

Variatie

De vruchten vervangen of aanvullen door vruchten van het seizoen, bijvoorbeeld 1 perzik of nectarine, 2 abrikozen, 100 g aardbeien, 100 g kersen, 100 g aalbessen, 2 pruimen of 100 g bramen.

Vruchtensalade met gepocheerde harde vruchten

Suikersiroop:
1 dl water
50 g suiker
sap van 1 citroen
Salade:
1 appel
1 sinaasappel
1 banaan
150 g aardbeien
Garnering:
(ijs en/of 1¼ dl slagroom en 20 g suiker
1 theelepel likeur, bijvoorbeeld marasquin, kirsch

Het water met de suiker en het citroensap aan de kook laten komen. De appel schoonmaken, in blokjes snijden en 1 minuut in de suikersiroop pocheren. De siroop met de appel laten afkoelen. De overige vruchten schoonmaken, kleinsnijden en aan de suikersiroop toevoegen. De vruchten omscheppen, in coupes overdoen en desgewenst met bolletjes ijs en/of de met de suiker en de likeur stijfgeslagen slagroom garneren.

Variaties

De appel vervangen door 1 peer of 1 perzik; deze in de suikersiroop pocheren.
De sinaasappel vervangen door 1 mandarijn of 1 kleine rode grapefruit.
De banaan vervangen door ¼ meloen of ½ papaja.
De aardbeien vervangen door rode bessen, frambozen, bramen, kersen, blauwe pruimen of druiven.

Aan de suikersiroop desgewenst 1 lepel likeur, bijvoorbeeld benedictine of kirsch, toevoegen.

Vruchtencocktail

Na het blancheren de suikersiroop vervangen door een mengsel van 3 lepels zure room of crème fraîche en 2 lepels cognac. De vruchten hierin omscheppen en ± ½ uur laten intrekken.

Exotische vruchtensalade

1 mango
2 kiwi's
1 sharonfruit of kaki
1 passievrucht
sap van 1 citroen
(30 g basterdsuiker)
(50 g gemalen kokos)
Garnering:
(ijs en/of 1¼ dl slagroom en 20 g suiker)
1 theelepel marasquin
vruchten

De mango schillen, langs de pit in plakken snijden en deze in blokjes verdelen. De kiwi's en de kaki dun schillen, eerst in plakken en daarna in blokjes snijden. De passievrucht halveren, het vruchtvlees met de pitjes eruit nemen en kleinsnijden. De vruchten vermengen met het citroensap, desgewenst met de suiker en het gemalen kokos. De vruchten omscheppen, in coupes overdoen en desgewenst garneren met bolletjes ijs en/of de met de suiker en de likeur stijfgeslagen slagroom en een plakje fruit.

Variaties

De mango vervangen door 1 papaja of 1 avocado. De vruchten overlangs doorsnijden, de pitten verwijderen, het vruchtvlees in stukjes snijden.

De kiwi's vervangen door 3 schijven ananas of 2 lychees. De ananas in stukjes snijden, de lychees pellen, de pit verwijderen, het vruchtvlees in blokjes snijden.

De kaki vervangen door 150 g verse dadels of vijgen. De dadels desgewenst vanuit één kant uit de schil drukken, halveren, ontpitten en kleinsnijden. De vijgen kleinsnijden en met kirsch besprenkelen.

De passievrucht vervangen door 1 granaatappel of 1 mandarijn. De granaatappel doorsnijden en het vruchtvlees en de pitten tussen de vliezen uit nemen en zo nodig kleinsnijden. De mandarijn schillen, overlangs in plakken snijden en deze in stukken verdelen; pitten verwijderen.

Het kokos vervangen door 100 g kleingemaakte noten.

Exotische vruchtencocktail

De vruchten omscheppen met een mengsel van 3 lepels (zure) room of crème fraîche en 2 lepels cognac; ± ½ uur laten intrekken.

Vruchten met slagroom ***(zie blz. 282)***

Vruchtengarnituur bij vlees ***(zie blz. 151-152)***

Vruchtensauzen ***(zie blz. 341-343)***

Vruchtensapvla's ***(zie blz. 314-316)***

Vruchtengeleipuddingen ***(zie blz. 326-328)***

Vruchtenbavaroises ***(zie blz. 331-335)***

Nagerechten

Een nagerecht (toetje) als slot van de maaltijd kan de afwisseling in het menu vergroten en de voedingswaarde verhogen. In Nederland zijn het bekendst de nagerechten bereid van melk of melkproducten. Deze gerechten bevatten onder andere eiwit, kalk, vitamine-B-complex en, indien bereid van magere melk(producten), weinig vet.
Ook gebak (blz. 361-416) en kaas(plank) (blz. 125) kunnen als nagerecht dienen.
In dit hoofdstuk komen de volgende soorten nagerechten, per onderdeel uitgesplitst, aan de orde:

- nagerechten zonder melk;
- pappen;
- zoete ovenschotels;
- warme puddingen;
- vla's;
- yoghurt-/kwarkgerechten;
- koude puddingen;
- zoete sauzen;
- gebakken nagerechten.

Een Grand dessert wordt samengesteld uit kleine porties van diverse onderdelen zoals ijs, vruchtensla, gebak, pudding, vla.

Waar in zoete gerechten *suiker* staat aangegeven, kan deze vervangen worden door zoetstof. Deze niet meekoken, dus zo laat mogelijk tijdens de bereiding toevoegen.

Nagerechten zonder melk

Indien melk als grondstof niet is toegestaan of minder gewenst is, of ter afwisseling, kunnen de volgende gerechten gekozen worden:

a *In water drooggekookte, zetmeelhoudende producten*, zoals rijst, gort, gierst, macaroni. Men rekent hiervan ± 30 g per persoon, afhankelijk van eventueel toegevoegd vulsel (krenten, rozijnen, pruimen en dergelijke). De smaak kan verhoogd worden door het meekoken van citroenschil, kaneelstokje en/of door na het koken suiker, vruchtensap en dergelijke toe te voegen. (Zie ook de inleiding bij granen en graanproducten op blz. 247.)

b *Zoete (Deense) soepen en gruwels.* Rijst en gort kunnen ook in meer vocht worden gaargekookt, ongeveer gelijk van dikte als (hartige) soep. Men spreekt van Deense soep indien het gerecht met rijst is bereid, van gruwel indien het met gort is bereid.

c *Gerechten met beschuiten, beschuitbollen en brood.*

d *Gerechten met ei.*

e *Gerechten met vruchten,* zowel rauw als bereid (zie blz. 281-294).

150 g droogkokende rijst
3 dl water
1½ g zout

Rijst ***(drooggekookt nagerecht)***

De rijst gaar laten worden volgens de bereidingswijze op de verpakking. De soort die niet is voorbewerkt op de volgende wijze koken. De rijst met ruim koud water goed wassen en laten uitlekken. Het water met het zout aan de kook laten komen. De rijst al roerend toevoegen, aan de kook laten komen en losroeren van de bodem. De rijst zonder roeren in een gesloten pan, op een sterk getemperde warmtebron in 25 minuten gaar en droog laten worden. De rijst zonder deksel even laten droogstomen; de korrels met een vork losroeren. De rijst geven met boter en suiker en desgewenst kaneel.

Variaties

Rijst met bessensapsaus

De rijst geven met bessensapsaus (blz. 342).

Rijst met krenten/rozijnen, appels, rabarber

75 g gewassen krenten of rozijnen of 250 g kleingesneden appels of rabarber en ± 5 cm citroenschil met 120 g rijst aan 3 dl water toevoegen en meekoken. Desgewenst het gerecht overdoen in een beboterde ovenschaal. Bestrooien met een mengsel van ± 25 g suiker en een mespunt kaneel. Bedekken met kleine klontjes boter. In een zeer hete oven (± 240 °C) in ± 15 minuten lichtbruin laten kleuren.

Rijstrand met compote van gedroogde vruchten

120 g rijst in 3 dl water en 1 g zout gaar en droog koken. De warme rijst stevig aandrukken in een met heet water omgespoelde rijstrand of tulbandvorm van ± ½ liter inhoud en de rand keren op een warme schaal. De holte vullen met een compote van gedroogde abrikozen, pruimen of tuttifrutti (blz. 282, ½ recept). De rest van de compote er apart bij geven.

Gierst/boekweit met appels/rabarber

De rijst vervangen door 80 g gierst of boekweit; deze goed roerend aan het kokende water toevoegen en in ± 20 minuten gaar laten koken.

Rijst (drooggekookt) au bain-marie, in kranten of hooikist ***(zie blz. 248 en blz. 249, ½ recept)***

3 citroenen
8 dl water
120 g dessertrijst
100 g suiker

Citroenrijst

Eén citroen afborstelen en zéér dun afschillen. Het water met de citroenschil aan de kook laten komen. De rijst roerend aan het water toevoegen. De massa aan de kook laten komen en nu en dan roerend op een sterk getemperde warmtebron laten doorkoken tot de rijst gaar en zacht is (zie bereidingswijze op de verpakking). Citroenschil verwijderen, de suiker en daarna het sap van de uitgeperste citroenen door de rijst mengen. De citroenrijst laten afkoelen. Desgewenst geven met vanillevla (van beide ½ recept).

40 g (parel)gort
5 dl water
± 5 cm citroenschil of pijpkaneel
60 g krenten
60 g rozijnen
80 à 100 g suiker
2 dl bessensap of ander vruchtensap

Watergruwel

De gort wassen en ± 12 uur in het water laten weken. De citroenschil of pijpkaneel en de gewassen krenten en rozijnen toevoegen. De gort onder nu en dan roeren aan de kook laten komen en gaar laten worden (± 1 uur, in hogedrukpan 20 minuten). De suiker en het vruchtensap toevoegen en citroenschil of pijpkaneel verwijderen.
Het gerecht warm of koud geven.
N.B. Vlugkokende gort niet weken.
Kooktijd: zie de gebruiksaanwijzing op de verpakking.

Variatie

Deense rijstsoep

De gort vervangen door rijst. Deze met de krenten en de rozijnen in ± ½ uur gaarkoken.

2 citroenen
30 g (parel)gort of dessertrijst
8 dl water
150 g gedroogde vruchten
± 80 g suiker

Vruchtengruwel, vruchtensoep met gedroogde vruchten

Een citroen afborstelen en zéér dun afschillen. De gort en de gedroogde vruchten 12 uur in het water laten weken. De gort of de rijst opzetten met het (week)water, de geweekte vruchten en de citroenschil. De massa onder nu en dan roeren aan de kook laten komen en gaar laten worden (gort ± 1 uur, rijst ± ½ uur). De suiker en het sap van de uitgeperste citroenen toevoegen, citroenschil verwijderen en het gerecht laten afkoelen.
N.B. Vlugkokende gort niet weken.
Kooktijd: zie de gebruiksaanwijzing op de verpakking.

Variatie

Vruchtengruwel, vruchtensoep met verse vruchten

De gort of de rijst gaarkoken in 6 dl water. De gedroogde vruchten vervangen door ± 400 g schoongemaakte en zo nodig kleingesneden verse vruchten. Harde vruchten de laatste 5 minuten meekoken, zachte vruchten met de suiker en het citroensap toevoegen.

120 g gort
5 dl water
1 g zout
75 g rozijnen

Gort met rozijnen

De gort wassen en ± 12 uur in het water met het zout laten weken. De rozijnen wassen, aan de gort toevoegen en deze onder nu en dan roeren aan de kook laten komen. De massa zonder roeren op een sterk getemperde warmtebron laten doorkoken, tot de gort gaar en droog is (± 1 uur, in hogedrukpan 20 minuten). Warm opdoen met boter en suiker.
N.B. Vlugkokende gort niet weken.
Kooktijd: zie de gebruiksaanwijzing op de verpakking.

moes van 500 g appels of rabarber (blz. 286, 292)
4 beschuiten
(1 dl slagroom)
(15 g suiker)

Beschuiten met vruchtenmoes

De moes laten afkoelen. De beschuiten elk op een bordje leggen en ruim met de moes bedekken. Desgewenst garneren met de met de suiker stijfgeklopte slagroom.

Variatie

Beschuiten met yoghurt

De beschuiten dik besmeren met (± 50 g) jam of marmelade en bedekken met (gezoete) yoghurt (½ liter).

Beschuitbollen met appelmoes

4 beschuitbollen
± 20 g boter
dik appelmoes (blz. 286, ½ recept)
poedersuiker
(rode) jam

De beschuitbollen zo doorsnijden dat er een deksel (⅓ deel) en een onderkant (⅔ deel) ontstaat. De buitenkanten in de lichtgebruinde boter knapperig bakken. De bollen laten afkoelen en uithollen door er voorzichtig wat kruim uit te halen. Kort voor het opdoen de bollen vullen met de appelmoes. De deksels erop leggen, bestrooien met gezeefde poedersuiker en garneren met een theelepel jam.

Variaties

Beschuitbollen met rabarbermoes, abrikozenmoes

De appelmoes vervangen door dik rabarbermoes of dik abrikozenmoes (blz. 292 of 283, ½ recept).

Beschuitbollen met vruchtensalade

De appelmoes vervangen door een vruchtensalade (blz. 293, ½ recept). Desgewenst de vruchtensalade vermengen met 2 lepels geklopte slagroom en de bollen garneren met stijfgeklopte slagroom en enkele vruchten.

Broodschotel met appelmoes ***(zie blz. 303)***

Broodschotel met rabarbermoes ***(zie blz. 304)***

Zweedse appelmoesschotel ***(met beschuit)*** ***(zie blz. 286)***

Haagse bluf

2 eiwitten
2 dl bessensap
70 g suiker

Alle bestanddelen in een schaal doen en vlak voor het gebruik stijfkloppen. Het gerecht geven met vanille- of custardvla of met lange vingers.

N.B. Eierdooier of vet materiaal gaat het stijf worden van het eiwit tegen.

Omelet met zoet vulsel ***(zie blz. 122)***

Schuimomelet ***(zie blz. 122)***

Chocoladefondue

4 dikke plakken cake
of 8 lange vingers
of bitterkoekjes
4 schijven ananas
2 handperen
of 2 bananen
(100 g gemalen hazelnoten)
Fonduesaus:
± 250 g naturel chocolade
(couverture of repen)
1 dl koffieroom
(½ g koffie-extractpoeder)
(± 2 lepels rum of cognac)
(± 1 lepel fijngesneden
oranjesnippers)

De cake of koekjes in blokjes snijden. De uitgelekte ananas en de schoongemaakte peren of bananen in stukjes verdelen en desgewenst in het hazelnootgruis dopen. Voor elke persoon een schaaltje met deze ingrediënten klaar zetten. De chocolade klein hakken, de koffieroom tegen de kook aan laten komen. De chocolade en desgewenst het koffie-extractpoeder toevoegen en de massa op een getemperde warmtebron nu en dan roerend zacht laten worden. Desgewenst op het laatst de rum of de cognac of de oranjesnippers toevoegen. De chocoladefondue op een zacht brandend tafelkomfoor warm houden. Ieder doopt de ingrediënten van het schaaltje, aan een vork geprikt, een voor een in de vloeibare chocoladesaus.

Vruchtengerechten ***(zie blz. 281-294)***

Müsli

40 g havervlokken
2 dl water
2 citroenen
¾ dl room
2 lepels honing
500 g handappels
50 g gepelde en gemalen
hazelnoten of walnoten

De havervlokken 12 uur in het water laten weken. De geweekte havermout vermengen met het citroensap, de room en de honing. De appels wassen, vlak voor het opdoen grof raspen en in gedeelten door de havermout mengen. De noten over de müsli strooien.
N.B. Müsli is oorspronkelijk een ontbijtgerecht dat op de nuchtere maag gegeten wordt.

Variaties

Havervlokken vervangen door tarwe-, gerst- of boekweitvlokken.

± 300 g appels vervangen door ander schoongemaakt vers fruit of zeer kleingesneden gedroogde vruchten.

Pappen

Pap is een dik vloeibaar, gebonden melkgerecht dat meestal warm wordt gegeten. Pap kan dienen als nagerecht of als ontbijtgerecht. Aan tafel wordt suiker naar smaak toegevoegd.

Hoeveelheid per persoon

Als nagerecht	± 2 dl
Als ontbijtgerecht	± 2½ dl

Vloeistof

Melk of karnemelk.

Bindmiddel

Verschillende zetmeelhoudende bindmiddelen van zowel fijne als grove structuur, waarbij als vuistregel geldt:

- hoe fijner het bindmiddel is, hoe groter de bindkracht (in verhouding minder van nodig) en hoe korter de kooktijd;

- bindmiddelen met een fijne, bloemachtige structuur moeten vooraf met koude vloeistof worden aangemengd;
- de overige bindmiddelen kunnen al roerend in de kokende vloeistof gestrooid worden.

Hoeveelheid per dl melk*					
maïzena, custard	5,5	g	beschuit		10 g = 1 beschuit
bloem, meel	6	g	rijst	(pap)	10 g
griesmeel	6,5	g		(brij)	15 g
boekweitgrutjes	8	g	brood		20 g = 1 snee zonder korst
havermout	8	g			

** Voor karnemelk 15% meer bindmiddel nemen (zuur gaat de bindkracht tegen; het duurt ook wat langer voordat het bindmiddel in karnemelk gaar is).*

De suiker in de recepten kan door *zoetstof* vervangen worden. Deze echter pas van de warmtebron af toevoegen, daar de smaak tijdens koken verandert.

Maïzenapap, custardpap

55 g maïzena of custardpoeder
(1 g zout)
1 liter melk
± 60 g suiker
(1 pakje vanillesuiker)

De maïzena of het custardpoeder (en het zout) glad aanmengen met wat koude melk. De rest van de melk aan de kook laten komen. Goed roerend het mengsel toevoegen. Al roerend de massa aan de kook laten komen en enkele seconden laten doorkoken. De suiker en desgewenst de vanillesuiker toevoegen.

Variatie

Lammetjespap

De maïzena of de custard vervangen door 60 g bloem; kooktijd 4 minuten.

Griesmeelpap

1 liter melk
(citroenschil)
65 g griesmeel
± 60 g suiker

De melk desgewenst met citroenschil aan de kook laten komen en 10 minuten laten trekken. Het griesmeel met de suiker vermengen en al roerend in de kokende melk strooien. Al roerend de massa aan de kook laten komen en onder nu en dan roeren op een getemperde warmtebron gaar en dik laten worden (± 10 minuten). Citroenschil verwijderen.

Variatie

Griesmeelpap met rozijnen

± 65 g gewassen, uitgelekte rozijnen aan de kokende melk toevoegen.

Karnemelksepap

70 g bloem of meel
(1 g zout)
1 liter karnemelk

De bloem of het meel (en het zout) in een pan met dikke bodem glad aanmengen met ¾ dl koude karnemelk en daarna roerend verdunnen met de rest van de karnemelk. Al roerend de massa aan de kook laten komen en op een getemperde warmtebron gaar laten worden (± 7 minuten). De pap geven met stroop of suiker.

Variatie

Grutjespap

De bloem vervangen door 90 g boekweitgrutjes; kooktijd ± 20 minuten.

1 liter melk
80 g havermout
(1 g zout)

Havermoutpap

De melk aan de kook laten komen; de havermout en desgewenst het zout erin strooien. De massa roerend aan de kook laten komen en nu en dan roerend op een getemperde warmtebron gaar en gebonden laten worden (± 10 minuten). De pap geven met suiker.

1 liter melk
(½ vanillestokje)
voor pap: 100 g (dessert)rijst
voor brij: 150 g (dessert)rijst
(1 g zout)

Rijstepap, rijstebrij

De melk aan de kook laten komen in een pan met dikke bodem, desgewenst met het opengesneden vanillestokje. De gewassen en uitgelekte rijst en het zout toevoegen. Al roerend de massa aan de kook laten komen en nu en dan roerend op een getemperde warmtebron zachtjes laten doorkoken in een gesloten pan, tot de rijst gaar is (± 50 minuten). (Het vanillestokje verwijderen.) De rijstepap of de rijstebrij geven met bruine suiker of met suiker en kaneel.

Variaties

Rijstepap met rozijnen, noten en/of gember

De laatste 10 minuten 75 g gewassen en uitgelekte rozijnen meekoken of aan het einde van de bereiding 75 g gemalen noten en/of 75 g gembersnippers toevoegen.

Abrikozenrijst

Afgekoelde rijstepap (½ recept) laag om laag met afgekoelde abrikozencompote (½ recept, blz. 282) of andere vruchtencompote in een glazen schaal leggen. Garneren met enkele achtergehouden vruchten.

200 g oud brood
1 liter melk

Broodpap

Het brood kleinsnijden en aan de kokende melk toevoegen. Op een getemperde warmtebron, zo nu en dan roerend, laten binden (± 10 minuten). De broodpap geven met suiker en desgewenst kaneel.

Variatie

Broodpap met rozijnen

Met het brood 75 g gewassen en uitgelekte rozijnen aan de melk toevoegen.

1 liter melk
10 beschuiten

Beschuitpap

De melk aan de kook laten komen en de beschuiten in de melk laten weken (± 5 minuten). De pap glad roeren, opwarmen en geven met suiker en desgewenst kaneel.

Zoete ovenschotels, soufflés

Een zoete ovenschotel kan bereid worden:

a *als een soufflé:* een dikke pap (± 1 dl per persoon) met eierdooiers, luchtig gemaakt met stijfgeslagen eiwit. De oven moet heet zijn (± 220 °C). Het gerecht iets onder het midden op een rooster zetten;

b *in verschillende lagen:*

- een laag beschuitkruim of dunne sneden brood (1 à 2 per persoon) geweekt in een mengsel van melk, ei en suiker, om en om gelegd met:
- een laag dik vruchtenmoes of geweekte gedroogde vruchten (abrikozen, pruimen, rozijnen) of verkruimelde bitterkoekjes.

De bovenkant wordt bestrooid met een mengsel van suiker en kaneel waarop kleine klontjes boter gelegd worden. De oven moet heet zijn (± 220 °C). Het gerecht iets boven het midden op een rooster zetten.

½ liter melk
citroenschil
50 g griesmeel
± 50 g suiker
(1 g zout)
2 eieren
(50 g geroosterde amandelsnippers)

Griesmeelsoufflé

Van de melk, de citroenschil, het griesmeel, de suiker en desgewenst het zout dikke griesmeelpap koken (blz. 300). De eieren scheiden, de eiwitten stijfkloppen. De dooiers uitroeren en desgewenst met de gehakte amandelsnippers door de pap roeren. De pap luchtig door het eiwit scheppen en de massa meteen overdoen in een hoge beboterde ovenschaal, die ten hoogste voor ⅔ gevuld mag worden. De schaal meteen op een rooster iets onder het midden in een voorverwarmde, hete oven (± 220 °C) plaatsen. Het gerecht hierin laten rijzen en lichtbruin laten worden (± 15 minuten). De schotel meteen afgedekt opdoen.

Variatie

Griesmeelsoufflé met abrikozen

De helft van de luchtige pap in de schotel scheppen; deze bedekken met 100 g geweekte gedroogde abrikozen. De overige pap toevoegen.

½ liter melk
75 g (dessert)rijst
1 g zout
2 eieren
± 50 g suiker
(2 lepels rum)
150 g bitterkoekjes

Deense rijstsoufflé

Van de melk, de rijst en het zout rijstebrij koken (blz. 301). De eieren scheiden, de eiwitten stijfkloppen. De dooiers met iets suiker uitroeren en met de overige suiker door de rijstebrij roeren. De pap luchtig door het eiwit scheppen en meteen laag om laag met de in melk of de rum geweekte bitterkoekjes in een hoge beboterde ovenschaal leggen, zo, dat de bovenste laag uit rijstebrij bestaat en de schaal ten hoogste voor ⅔ gevuld is. De schaal meteen op een rooster iets onder het midden in een voorverwarmde, hete oven (± 220 °C) plaatsen. Het gerecht hierin laten rijzen en lichtbruin laten worden (± 15 minuten). De schotel afgedekt opdoen.

Geflambeerde peren ***(recept blz. 291)***

½ liter melk
35 g krenten
35 g rozijnen
135 g oud brood (desgewenst zonder korst, ± 7 sneden)
2 eieren
± 35 g suiker

Broodsoufflé met krenten en rozijnen

Van de melk, de krenten en de rozijnen en het brood zeer dikke pap koken (blz. 300). De eieren scheiden, de eiwitten stijfkloppen. De dooiers met iets suiker uitroeren en met de overige suiker door de pap roeren. De pap luchtig door het eiwit scheppen. De massa overdoen in een hoge beboterde ovenschaal, die slechts voor ⅔ gevuld mag worden. De schaal meteen op een rooster iets onder het midden in een voorverwarmde, hete oven (± 220 °C) plaatsen en hierin laten rijzen en lichtbruin laten worden (± 15 minuten). De schotel meteen afgedekt opdoen.

Variatie

Broodsoufflé met gember

De krenten en de rozijnen vervangen door ± 6 kleingesneden bolletjes gember. De suiker vervangen door ± 4 lepels gembersiroop.

8 dunne sneetjes brood (zonder korst)
2 eieren
30 g suiker
2½ dl melk of 2 dl melk en ½ dl rum
70 g geroosterde amandelsnippers
70 g rozijnen of ± 5 bolletjes gember
± 20 g suiker
½ theelepel kaneel
20 g boter

Broodschotel met amandelen en rozijnen of gember

Enkele sneetjes brood in punten snijden, zodat een aaneensluitende bovenlaag voor een ovenschaal klaarligt. De eieren met de suiker loskloppen en vermengen met de koude melk. Het overige brood ± 5 minuten in dit eimengsel weken; enkele lepels van het eimengsel achterhouden. Het geweekte brood laag om laag met de amandelsnippers, de gewelde rozijnen of de gesneden gember in de beboterde ovenschaal leggen. Afdekken met de punten brood voor de bovenlaag. Het achtergehouden mengsel over de bovenste aaneengesloten laag brood schenken en deze bestrooien met een mengsel van de suiker en de kaneel. Hierop op regelmatige afstand kleine stukjes boter leggen. De schotel op een rooster midden in een voorverwarmde oven (± 175 °C) vast en bruin laten worden
(± ½ uur).

Variaties

Broodschotel met appels en rozijnen

De amandelsnippers vervangen door 300 g in schijfjes gesneden schoongemaakte appels.

Broodschotel met abrikozen

De amandelen, rozijnen, kaneel en suiker vervangen door 100 g geweekte, gekookte abrikozen (blz. 282); het vocht niet gebruiken.

Heldere geleipudding met vruchten ***(recept blz. 328)***

± 8 dunne sneetjes oud brood (zonder korst)
appelmoes van 750 g moesappels (blz. 286)
± 20 g suiker
½ theelepel kaneel
± 20 g boter

Broodschotel met appelmoes

Enkele sneetjes brood in punten snijden, zodat een aaneengesloten bovenlaag voor een ovenschaal klaarligt. Het overige brood laag om laag met de hete moes in de beboterde ovenschaal leggen, zodat een laag moes bovenop komt. De moes afdekken met het klaargelegde brood en deze laag bestrooien met een mengsel van de suiker en de kaneel en bedekken met kleine stukjes boter. De schotel op een rooster iets boven het midden in een voorverwarmde, hete oven (± 220 °C) lichtbruin laten worden (± 15 minuten).

Variaties

Broodschotel met rabarbermoes

De appelmoes vervangen door rabarbermoes van 750 g rabarber (blz. 292).

Broodschotel met pruimenmoes, abrikozenmoes

De appelmoes vervangen door pruimenmoes (blz. 292) of abrikozenmoes (blz. 283, ½ recept).

Zweedse appelmoesschotel ***(zie blz. 286)***

Appelcrumble ***(zie blz. 285)***

Clafoutis ***(zie blz. 285)***

Appelmoes met schuimkop ***(zie blz. 287)***

Ovenschotel van rijst met appels/rabarber ***(zie blz. 296)***

Gegratineerde bananen, perziken of mango's ***(zie blz. 288)***

Warme puddingen

Warme puddingen zijn vooral bekend uit de Engelse keuken (plumpudding) en de Oudhollandse keuken (trommelkoek). Voor de bereiding is een goed sluitende, metalen vorm (trommel/blik) nodig, die au bain-marie verwarmd wordt tot de pudding gebonden is en een vaste consistentie heeft. Door de lange kooktijd moet het water geregeld aangevuld worden tot ± 2 cm onder de rand van de vorm. (Voor magnetronbereiding zie onder plumpudding vanaf •.)

Warme puddingen bij voorkeur geven met een warme, zoete saus. Een warme pudding kan bereid worden op basis van een:

- *gladde pudding:* brood of koekjes doordrenkt met een mengsel van ei en melk of een beslag;
- *luchtige pudding:* een zeer dikke, zeer zoete pap met veel eierdooiers gebonden en luchtig gemaakt met stijfgeklopt eiwit.

Plumpudding, Engelse kerstpudding *(10 personen)*

- 200 g bloem
- 150 g uitgesmolten kalfsniervet of bakboter
- 100 g oud brood (zonder korst, ± 5 sneden)
- 3 zure appels
- 200 g rozijnen
- 100 g sukade
- 100 g amandelen
- 50 g oranjesnippers
- geraspte citroenschil
- 2 theelepels speculaaskruiden
- 2 g zout
- 4 eieren
- 150 g bruine basterdsuiker
- 1 dl melk
- 1 dl rum

Voor het flamberen:

- 1 dl rum

De pudding liefst enige weken voor Kerstmis maken. De bloem met het kalfsniervet of de bakboter hakken, het brood kruimelen, de schoongemaakte appels snipperen, de rozijnen zo nodig ontpitten, de sukade snipperen en de amandelen pellen (zie bij zoute amandelen blz. 21) en fijnhakken. Alle droge bestanddelen vermengen en zo lang roeren, tot een samenhangende massa is verkregen. De eieren met de suiker, de melk en de rum loskloppen en door de deegmassa roeren. Een warmepuddingvorm beboteren en voor ⅔ met de puddingmassa vullen. De vorm sluiten en in een pan met kokend water plaatsen; zorg dat het water 2 cm onder de rand van de vorm blijft. Het water in de gesloten pan tegen de kook aan houden, tot de pudding gaar en vast geworden is (± 3½ uur). Zorg dat er steeds voldoende water in de pan blijft. De pudding kort voor het gebruik opwarmen en keren op een warme schaal. De pudding desgewenst flamberen: 1 dl voorverwarmde rum erom en erover schenken, deze aansteken en de pudding brandend opdoen. Desgewenst geven met een zoete saus (blz. 338-343).

N.B. Bij flamberen altijd zorgen dat de afzuigkap uitgeschakeld is.

Magnetronbereiding: 1½ dl melk en ½ dl rum gebruiken. • Een glazen tulbandvorm voor ¾ vullen, afdekken met magnetronfolie. Op ¾ vermogen in ± 20 minuten gaar en vast laten worden. Vóór het gebruik ± 5 minuten opwarmen.

Trommelkoek *(met gist)*

- 50 g krenten
- 50 g rozijnen
- 200 g bloem
- 4 g zout
- 1 ei
- 10 g gist of 5 g gedroogde gist
- 1½ dl melk
- 20 g boter
- 20 g suiker
- geraspte citroenschil
- paneermeel

De krenten en de rozijnen wassen, wellen en goed laten uitlekken. De bloem en het zout vermengen. Een kuiltje in de bloem maken, hierin het ei breken. De gist aanmengen met iets lauwe melk en met de rest van de lauwe melk in het kuiltje schenken. Van het midden uit roerend een glad beslag maken en dit enige minuten beslaan. De droge krenten en rozijnen, de gesmolten boter, de suiker en de citroenschil erdoor roeren. Een warme puddingvorm beboteren, dun met paneermeel bestrooien, voor de helft met het beslag vullen en afsluiten. De vorm in een pan met lauwwarm water plaatsen (zorg dat het water 2 cm onder de rand van de vorm blijft) en op een warme plaats laten rijzen (¾ uur). Daarna het water aan de kook laten komen en zachtjes laten koken tot de trommelkoek gaar is (1 à 1½ uur). Zorg dat er tijdens het koken voldoende water in de pan blijft. De trommelkoek keren en geven met boter en suiker of stroop of stroopsaus (zie blz. 343).

Variatie

Trommelkoek (met zelfrijzend bakmeel)

De bloem en de gist vervangen door 200 g zelfrijzend bakmeel (of 200 g bloem en 6 g bakpoeder). Het rijzen vervalt hierbij. Het beslag met koude melk bereiden.

Warme kabinetpudding ***(± 6 personen)***

50 g krenten
50 g rozijnen
± 250 g lange vingers
75 g bitterkoekjes
½ dl rum
20 g oranjesnippers
20 g sukade
4 eieren
2½ dl melk
50 g suiker
geraspte citroenschil

De krenten en de rozijnen wassen, wellen en goed laten uitlekken. Een warme puddingvorm beboteren. De wand en de bodem voeren met de lange vingers, die daartoe zo nodig bijgesneden moeten worden; de gesuikerde kant tegen de vorm aan. De bitterkoekjes met de rum overgieten. De krenten en de rozijnen vermengen met de oranjesnippers en de gesnipperde sukade. Dit mengsel, de bitterkoekjes en de restjes lange vingers laag om laag zo in de vorm leggen, dat de bovenste laag uit bitterkoekjes bestaat. De eieren met de koude melk, de suiker en de geraspte citroenschil loskloppen en dit eimengsel in gedeelten in de vorm schenken, zodat de inhoud doordrenkt wordt en geheel onderstaat. • De vorm sluiten en in een pan met kokend water plaatsen; zorg dat het water 2 cm onder de rand van de vorm blijft. Het water in de gesloten pan tegen de kook aan houden, tot de pudding vast geworden is (± 1½ uur). Zorg dat er steeds voldoende water in de pan blijft. De pudding daarna even laten uitdampen en op een warme schaal storten. Desgewenst geven met een warme, zoete saus.

Warme broodpudding ***(± 6 personen)***

paneermeel
½ liter melk
citroenschil
300 g oud brood, zonder korst (± 15 sneden)
3 eieren
40 g boter
100 g gember of
100 g gewelde rozijnen
± 90 g suiker

Een warme puddingvorm en deksel beboteren en dun met paneermeel bestrooien. Van de melk, de citroenschil en het brood een zéér dikke broodpap koken (blz. 301). De citroenschil verwijderen. De eieren scheiden, het eiwit stijfkloppen. De boter, de kleingesneden gember of de gewelde rozijnen, de dooiers en de suiker door de pap roeren en deze vermengen met de stijfgeklopte eiwitten; daartoe eerst wat eiwit door de puddingmassa roeren en daarna de puddingmassa door de rest van het eiwit scheppen. Meteen de warme puddingvorm voor ⅔ met de puddingmassa vullen. Verdere bereiding: zie warme kabinetpudding hierboven, vanaf •.

Variatie

Broodtaart

De massa overdoen in een beboterde en met paneermeel bestrooide springvorm (± 20 cm Ø). Midden in een vrij hete oven (± 200 °C) de taart op een rooster gaar en lichtbruin bakken (± 45 minuten).

Vla's

Een vla is een gebonden nagerecht van melk, melk en room of vruchtensap, dat na afkoeling nog juist glad vloeit. Het wordt koud gegeven, al of niet gecombineerd met geweekte biscuits of koekjes, verse vruchten, vruchtenmoes of -compote of een andere vla van contrasterende kleur.
Vla kan gegarneerd worden met stijfgeklopte slagroom of eiwit, vruchten, schuimpjes en biscuits, chocoladevlokken of noten.
Aangezuurde melkgerechten zoals yoghurt, kwark en umer kunnen zonder bindmiddel op dezelfde wijze als vla worden gebruikt.

Gladde vla's *(zonder of met ei)*
Hoeveelheid per persoon: ± 2 dl, afhankelijk van de uitgebreidheid van de maaltijd en eventuele combinatie met andere bestanddelen (zie boven).
Vloeistof: melk of ¾ deel melk en ¼ deel (koffie)room.
Bindmiddel: maïzena of custardpoeder; 4½ g per dl.
Warme vla wordt dikker bij het afkoelen.
Smaakgevend bestanddeel: per dl 7 g suiker en desgewenst 1 g vanillesuiker of 1 cm vanillestokje; *uitgezonderd:*

- koffievla: per dl 10 g suiker en ½ g koffie-extractpoeder;
- chocoladevla: per dl ± 12 g suiker en ± 4 g cacao;
- karamelvla: per dl 15 g suiker (de suiker 'branden' tot karamel).

De suiker, die in de recepten staat aangegeven, kan door zoetstof worden vervangen (uitgezonderd bij karamelvla). Deze na het koken toevoegen om een eventuele bijsmaak te voorkomen. Voor hoeveelheid zie gebruiksaanwijzing.
Voor *vla's met ei* (bijvoorbeeld vanillevla) rekening houden met het volgende:

- De bindkracht van 1 middelgroot ei (M) wordt berekend als 7 g maïzena.
- De bindkracht van 1 eierdooier (M) wordt berekend als 3 g maïzena.
- Per 4 à 5 dl vla wordt 1 ei of 1 eierdooier genomen.
- Indien men onvoldoende roert en te hoog en/of te lang verhit, vergroot dit de kans op schiften van het eiwit (in de vorm van kleine witte klontjes).

Verbeteren van vla's:

- een *te dikke vla* verdunnen met koude melk;
- een *te dunne vla* opnieuw aan de kook laten komen en zeer goed roerend bijbinden met (afhankelijk van de mate van te dun zijn) 1 à 2 lepels met koude melk aangemengde maïzena. De vla enige seconden laten doorkoken en laten afkoelen;
- een *vla met klontjes* zo nodig eerst verdunnen en daarna zeven.

Er moet rekening mee gehouden worden dat alléén klontjes veroorzaakt door stukjes vel door zeven volkomen glad te krijgen zijn. Door andere oorzaken ontstane klontjes worden door het zeven alleen verkleind.

Mogelijke oorzaken van een mislukte vla:

- een *te dikke vla* kan ontstaan door te weinig vloeistof of te veel bindmiddel te nemen;
- een *te dunne vla* kan ontstaan door:
  a de vla na het toevoegen van het bindmiddel niet enkele seconden te laten doorkoken;
  b te weinig bindmiddel of te veel vloeistof nemen;
  c na het proeven de lepel opnieuw in de vla te zetten (speekselamylase breekt het zetmeel

uit het bindmiddel af);
d veel klontjes waarin het bindmiddel sterk geconcentreerd voorkomt en waardoor de overige vloeistof onvoldoende gebonden wordt.

Een *vla met klontjes* kan ontstaan door:
a het bindmiddel zo in de kokende melk te strooien (het moet vooraf met koude melk *glad* worden aangemengd en goed vloeibaar zijn);
b het bindmiddel aan te mengen met warme melk in plaats van met koude melk;
c het bindmiddel na het aanmengen met koude melk niet volkomen glad te roeren;
d het aangemengde bindmiddel te lang te laten staan. Het bindmiddel zakt dan naar beneden en vormt een klont. (Vlak voor het toevoegen aan de hete melk het mengsel nogmaals goed doorroeren.);
e het gladde mengsel te snel of te langzaam roerend bij de hete melk te schenken. (Het verdient aanbeveling het mengsel van de warmtebron af aan de melk toe te voegen.);
f tijdens het doorkoken (enige seconden) niet voldoende te roeren;
g het schiften van het ei (vooral het eiwit) bij vla met ei. (Het glad aangemengde ei/ bindmiddelmengsel eerst 'voorwarmen' met wat kokende melk; daarna dit warme mengsel van de warmtebron af aan de overige melk toevoegen en stevig roerend net tegen de kook aan laten komen. Van de warmtebron af even doorgaan met roeren.);
h door stukjes vel die tijdens het afkoelen kapotgeroerd worden.

Schuimige melkvla's
Binden met eierdooiers en maïzena, desgewenst met gelatine (zie inleiding koude puddingen blz. 320). De kokende vla luchtig (met een garde) door de stijfgeklopte eiwitten roeren. De vla op een iets getemperde warmtebron luchtig roerend verwarmen tot het eiwit gaar is (± 5 minuten). Of de vla in een open schaal in de magnetron op het hoogste vermogen omhoog laten komen; daarna met een garde doorroeren.

Luchtige vruchtensapvla's
Per persoon ± 1 dl vruchtensap binden met griesmeel en daarna luchtig en koud kloppen.

Schuimige vruchtensapvla's
Binden met gelatine (zie inleiding koude puddingen blz. 320) en desgewenst eierdooiers (deze geven soms een minder gewenste smaakverandering). De afgekoelde en iets geleiachtig geworden vla luchtig door de stijfgeklopte eiwitten scheppen.
N.B. Het volume wordt bij schuimige en luchtige vla's ± 1½ × zo groot. Om ongewenste smaakveranderingen bij vruchtensapvla's te voorkomen geen materiaal van metaal gebruiken (uitgezonderd roestvrij staal).

Gladde vla's zonder ei

36 g custardpoeder
55 g suiker
8 dl melk
(± 30 g chocoladevlokken)

Custardvla, gele vla
Het custardpoeder en de suiker glad aanmengen met wat koude melk. De rest van de melk aan de kook laten komen en goed roerend het mengsel toevoegen. Al roerend de massa opnieuw aan de kook laten komen en enkele seconden laten doorkoken. De vla onder nu en dan roeren laten afkoelen tot ze niet meer dampt; controleren op

de juiste dikte en zo nodig verbeteren (blz. 307). De vla opdoen in een schaal of in coupes en desgewenst garneren met de chocoladevlokken.

Variaties

Maïzenavla

Het custardpoeder vervangen door maïzena.

Blanke vla

30 g custardpoeder vervangen door maïzena; deze samen met de 6 g custardpoeder aanmengen.

Custardvla met geraspte appel

± 4 schoongemaakte handappels grof raspen en meteen door de hete vla mengen.

Custardvla met sinaasappel en banaan

Schoongemaakte, in plakken en daarna in stukjes gesneden sinaasappels en bananen (van elk ± 2) door de iets afgekoelde vla mengen.

Custardvla met gestoofde appels

Van 4 kleine handappels de klokhuizen uitboren, schillen, de holten vullen met rozijnen en bestrooien met een mengsel van kaneel en suiker. Opzetten met een bodem water met citroensap en desgewenst 1 lepel suiker en ± 10 minuten tegen de kook aan houden in een gesloten pan, tot de appels glazig zijn. De appels laten afkoelen en op een schaal bedekken met de zo nodig iets verdunde vla (½ recept).

Chocoladevla

30 g cacao
36 g maïzena
100 g suiker
8 dl melk
(± 20 g schuimpjes)

De cacao, de maïzena en de suiker goed vermengen en glad aanmengen met wat koude melk. De rest van de melk aan de kook laten komen en goed roerend aan het mengsel toevoegen. Al roerend de massa opnieuw aan de kook laten komen en enkele seconden laten doorkoken. De vla onder nu en dan roeren laten afkoelen tot ze niet meer dampt, controleren op de juiste dikte en zo nodig verbeteren (blz. 307). De vla opdoen in een schaal of coupes en desgewenst garneren met de schuimpjes.

Variaties

Chocolade-roomvla

2 dl melk vervangen door 2 dl (koffie)room; deze door de afgekoelde vla roeren.

Chocoladevla met peren

4 rijpe handperen of ½-literblik uitgelekte peren kleinsnijden. Op enkele stukjes na in coupes overdoen en bedekken met chocoladevla (½ recept). Garneren met achtergehouden stukjes peer en bestrooien met gehakte noten.

Chocoladevla met advocaat-walnotencrème

50 g gepelde walnoten kleinmaken en op enkele noten na vermengen met 2 dl advocaat. Dit mengsel in coupes overdoen en bedekken met chocoladevla (½ recept); garneren met een halve walnoot.

36 g maïzena
80 g suiker
7½ dl melk
± 6 g oploskoffie
½ dl heet water
(vanille-essence)
(± 40 g biscuits)

Mokkavla, koffievla

De maïzena en de suiker aanmengen met wat koude melk. De rest van de melk aan de kook laten komen en goed roerend het mengsel toevoegen. Al roerend de massa opnieuw aan de kook laten komen en enkele seconden laten doorkoken. De met het hete water aangemengde oploskoffie erdoor mengen. De vla onder nu en dan roeren laten afkoelen, tot ze niet meer dampt. Controleren op de juiste dikte en zo nodig verbeteren (blz. 307). De vla desgewenst op smaak afmaken met vanille-essence, opdoen in een schaal of in coupes en desgewenst garneren met de biscuits.

Variaties

Mokkaroomvla

2 dl melk vervangen door 2 dl (koffie)room; deze door de afgekoelde vla roeren.

Mokkavla met kokos

25 g gemalen kokos door de afgekoelde vla roeren.

Mokkavla met banaan

2 schoongemaakte en kleingesneden bananen door de afgekoelde vla roeren of plakjes banaan met de vla bedekken.

36 g maïzena
8 dl melk
120 g suiker
(20 g schuimpjes of 30 g biscuits)
(1 dl slagroom)
(15 g suiker)

Karamelvla

De maïzena aanmengen met wat koude melk. De suiker in een pan met dikke bodem eerst gelijkmatig laten smelten en daarna langzaam bruin laten kleuren, tot ruim de helft van het oppervlak schuimt. Ineens alle overige koude melk erbij schenken en roeren tot de karamel (klont) is opgelost. De karamelmelk aan de kook laten komen, goed roerend de opnieuw gladgeroerde aangemengde maïzena toevoegen. Al roerend de massa aan de kook laten komen en enkele seconden laten doorkoken. De vla onder nu en dan roeren laten afkoelen, tot ze niet meer dampt. Controleren op de juiste dikte en zo nodig verbeteren (blz. 307). De vla opdoen in een schaal of in coupes en desgewenst garneren met de met suiker stijfgeslagen slagroom of met de schuimpjes of biscuits.

N.B. Wanneer de melk niet heel vers is, kan men, om schiften te voorkomen, eerst 3 lepels koud water en daarna de koude melk aan de gebrande suiker toevoegen.

Variaties

Karamelroomvla

2 dl melk vervangen door 2 dl (koffie)room; deze door de afgekoelde vla roeren.

Hopjesvla/hopjesroomvla

1 dl melk vervangen door 1 dl sterke koffie-extract of door 2 g koffie-extractpoeder, opgelost in 1 dl heet water. Het koffie-extract door de hete vla roeren. Voor hopjesroomvla 2 dl melk vervangen door 2 dl (koffie)room die door de afgekoelde vla wordt geroerd.

4 dl lichte vla, bijvoorbeeld custard-, maïzena-, blanke of vanillevla
4 dl donkere vla, bijvoorbeeld chocolade-, karamel- of hopjesvla

Vla in twee kleuren, crème panachée

De afgekoelde vla's zo nodig op gelijke dikte brengen. Beide vla's gelijktijdig en even snel recht tegenover elkaar in een glazen schaal uitschenken, zo, dat de schaal overdwars, half met een lichte vla en half met een donkere vla gevuld wordt.

Gladde vla's met ei

2 eieren
55 g suiker
22 g maïzena
8 dl melk
½ vanillestokje
Garnering:
(1 dl slagroom)
(15 g suiker)

Vanillevla

De eieren met de suiker goed losroeren (hagelsnoer vooraf verwijderen). De maïzena met wat koude melk glad aanmengen en door de eiermassa roeren. De overige melk met het opengesneden vanillestokje aan de kook laten komen en op een getemperde warmtebron ± 15 minuten in een gesloten pan laten trekken. Het vanillestokje verwijderen. Al roerende een deel van de hete melk bij het nogmaals doorgeroerde eiermengsel schenken. Daarna goed roerend het warme eiermengsel aan de rest van de melk toevoegen. Nog steeds roerend de massa juist aan de kook laten komen, van de warmtebron nemen en nog even doorgaan met roeren. De vla onder nu en dan roeren laten afkoelen, tot er geen damp meer afkomt. Controleren of de vla de juiste dikte heeft, zo nodig verbeteren (blz. 307). De vla opdoen in een schaal of in coupes, desgewenst garneren met de met suiker stijfgeklopte slagroom.

Variaties

Het vanillestokje vervangen door 2 zakjes vanillesuiker; na het koken toevoegen.

Vanilleroomvla

2 dl melk vervangen door 2 dl (koffie)room.

Vanillevla met gember, gembervla

½ dl melk vervangen door ½ dl gembersiroop. Deze met ± 8 kleingesneden nootjes gember door de afgekoelde vla roeren. Vanwege de zoete gembersiroop ± 45 g suiker nemen.

vanillevla (½ recept, boven)
of custardvla (½ recept, blz. 308)
citroenrijst (½ recept, blz. 296)
Garnering:
(4 Franse vruchtjes)
(1 dl slagroom)
(15 g suiker)

Vanillevla met citroenrijst, vanillevla met onderlaag

Beide gerechten bereiden en laten afkoelen. De vla zo nodig verdunnen. Onder in een schaal een laag citroenrijst leggen. Over de bolle kant van een lepel de vla over de onderlaag schenken; eerst de buitenrand bedekken, daarna het middendeel. Desgewenst op dezelfde manier verdergaan; zorg dat de bovenste laag uit vla bestaat. Desgewenst garneren met smalle reepjes Franse vruchtjes en/of met de met suiker stijfgeklopte slagroom.

Variaties

Vanillevla met biscuits en jam

100 g lange vingers twee aan twee met jam op elkaar plakken en in 1 dl warme melk en desgewenst ¼ dl marasquin laten weken. Bedekken met afgekoelde vanillevla.

Vanillevla met bitterkoekjes

100 g bitterkoekjes doorsnijden en op enkele na in ½ dl warme melk en desgewenst ¼ dl rum of cointreau laten weken. Bedekken met afgekoelde vanillevla en garneren met de achtergehouden stukjes bitterkoekjes.

Vanillevla met verse vruchten

400 g aardbeien, frambozen, bessen of bramen of 2 sharonfruits, sinaasappels of bananen of 1 kaki of mango, schoongemaakt en zo nodig kleingesneden, in een schaal of coupes leggen. Met basterdsuiker en/of likeur laten intrekken en bedekken met de koude vla (½ recept).

Trifle, vanillevla met cake en vruchten

4 plakken cake tremperen met 8 lepels sherry of likeur. De cake bedekken met 400 g kleingesneden verse vruchten of met compote (½ recept). Deze bedekken met vanillevla (½ recept). De trifle desgewenst garneren met stijfgeklopte slagroom.

Vanillevla met vruchtenmoes

Dik vruchtenmoes van appels, abrikozen, pruimen, rabarber (½ recept) in een schaal of coupes leggen, laten afkoelen en bedekken met koude vla (½ recept).

Vanillevla met abrikozen/pruimencompote

Van gedroogde abrikozen of pruimencompote bereiden (½ recept). Deze op vladikte binden, laten afkoelen, in schaal of coupes leggen en bedekken met de koude vla (½ recept).

Vanillevla met peren (en likeur)

4 rijpe handperen of ½-literblik uitgelekte peren kleinsnijden, in een schaal of coupes leggen, besprenkelen met 1 dl Grand Marnier of Chartreuse en bedekken met de koude vla (½ recept).

Vanillevla met Deense vla

100 g gewassen rozijnen 10 minuten wellen in 1 dl water; 55 g suiker en 2 dl bessensap toevoegen, aan de kook laten komen en op vladikte binden met ± 15 g maïzena. Laten afkoelen, in een schaal of coupes opdoen en bedekken met de koude vanillevla (½ recept).

4 kleine sinaasappels
100 g lange vingers
Vla:
13 g maïzena
28 g suiker
1 ei
4 dl melk

Crème Napolitaine ***(vanillevla met sinaasappels en biscuits)***

Twee sinaasappels afborstelen en zeer dun afschillen, uitpersen en het sap over de lange vingers schenken. De beide andere sinaasappels schillen, van de witte velletjes ontdoen en overdwars in vrij dunne plakken snijden; deze in vieren snijden en ontpitten. De mooiste sinaasappelplakjes achterhouden voor de garnering. Van de maïzena, de suiker, het ei, de melk en de sinaasappelschil vanillevla koken (blz. 311, daarbij het vanillestokje vervangen door de sinaasappelschil). De afgekoelde vla laag om laag met de geweekte lange vingers en de stukjes sinaasappel in een glazen schaal overdoen, zodanig dat de bovenste laag uit vla bestaat. De vla garneren met achtergehouden stukjes sinaasappel en desgewenst lange vingers.

Vanillevla met luchtige citroenvla *(zie blz. 314)*

Vanillevla met rödgrödvla *(zie blz. 315)*

Schuimige melkvla's

2 eieren
60 g suiker
21 g maïzena
6 dl melk
½ vanillestokje
Garnering:
(1 dl slagroom)
(15 g suiker)
(enkele druppels marasquin)

Schuimige vanillevla

De eieren scheiden, de dooiers met iets suiker uitroeren. De maïzena met wat koude melk glad aanmengen en door de eiermassa roeren. De rest van de melk met het opengesneden vanillestokje aan de kook laten komen en ± 20 minuten in een gesloten pan zachtjes laten trekken. Al roerend aan het nogmaals doorgeroerde eimengsel een deel van de hete melk toevoegen. Daarna in de rest van de melk het warme eimengsel roerend erbij schenken. Nog steeds roerend, de massa aan de kook laten komen en van de warmtebron nemen als ze juist kookt; nog even doorgaan met roeren. Het vanillestokje verwijderen. De eiwitten stijfkloppen. De kokende vla luchtig roerend met een garde bij het stijfgeklopte eiwit schenken en op een iets getemperde warmtebron luchtig roerend verwarmen tot het eiwit gaar is (± 5 minuten). Of de vla in een open schaal in de magnetron op het hoogste vermogen omhoog laten komen; daarna met een garde doorroeren. De vla opdoen in een glazen schaal en desgewenst garneren met de slagroom, die is stijfgeklopt met de suiker en desgewenst de marasquin.

Variaties

Schuimige vanilleroomvla
1½ dl melk vervangen door 1½ dl (koffie)room.

Russische bergen (schuimige vanillevla met biscuits)
150 g lange vingers twee aan twee met jam op elkaar plakken en kort weken in ± 1 dl koude melk, desgewenst met ¼ dl marasquin of rum. Op een langwerpige schaal of op aparte schaaltjes 4 bergjes vormen, door de lange vingers twee aan twee dwars over de andere heen te leggen. De schuimige vanillevla (½ recept) over de 'bergen' heen schenken, laten afkoelen en garneren met 1½ dl slagroom (stijfgeklopt met 20 g suiker), zodat het geheel een indruk maakt van besneeuwde bergen en dalen. Het gerecht desgewenst garneren met Franse vruchtjes.

2 eieren
90 g suiker
21 g maïzena
6 dl melk
(marasquin)
Garnering:
(1 dl slagroom)
(15 g suiker)

Schuimige karamelvla

De eieren scheiden; de dooiers met 1 lepel suiker uitroeren. De maïzena met wat koude melk glad aanmengen en door de eiermassa roeren. De overige suiker in een pan met dikke bodem gelijkmatig laten smelten en langzaam bruin laten kleuren, tot de helft van het oppervlak schuimt. Ineens alle overige koude melk erbij schenken en roeren tot de karamel(klont) is opgelost. Al roerend aan het nogmaals doorgeroerde eimengsel een deel van de hete karamel-

melk toevoegen. Daarna in de rest van de karamelmelk roerend het warme eimengsel erbij schenken. Nog steeds roerend de massa aan de kook laten komen en van de warmtebron nemen als ze juist kookt; nog even doorgaan met roeren. De eiwitten stijfkloppen. De kokende vla luchtig roerend met een garde bij het stijfgeklopte eiwit schenken en op een iets getemperde warmtebron luchtig roerend verwarmen tot het eiwit gaar is (± 5 minuten). Of de vla in een open schaal in de magnetron op het hoogste vermogen omhoog laten komen; daarna met een garde doorroeren. De vla desgewenst op smaak afmaken met iets marasquin en laten afkoelen. De vla overdoen in een schaal of in coupes en desgewenst garneren met de slagroom, die met de suiker stijfgeklopt is.
N.B. Wanneer de melk niet heel vers is, kan men, om schiften te voorkomen, eerst 3 lepels koud water en daarna de koude melk aan de gebrande suiker toevoegen.

Variaties

Schuimige karamelroomvla

1½ dl melk vervangen door 1½ dl (koffie)room.

Schuimige hopjesvla

1 dl melk vervangen door sterk koffie-extract, of ± 2 g oploskoffie oplossen in 1 dl heet water. Het koffie-extract na het doorkoken door de vla roeren.

Luchtige vruchtensapvla's

3 citroenen
4 dl water
40 g griesmeel
± 140 g suiker

Luchtige citroenvla

Een citroen afborstelen en zeer dun afschillen. Het water met de citroenschil aan de kook laten komen en 10 minuten laten trekken; de citroenschil verwijderen. Het griesmeel met de suiker vermengen en goed roerend het mengsel in het kokende water strooien. Al roerend de massa aan de kook laten komen en zo nu en dan roerend op een getemperde warmtebron gaar laten worden (± 10 minuten). De citroenen uitpersen en het sap aan het griesmeel toevoegen.
De vla in een kom luchtig kloppen en overdoen in een schaal.

Variatie

Luchtige citroenvla met vanillevla

Citroenvla (½ recept) laag om laag met vanillevla (½ recept) in een schaal of coupes opdoen.

2½ dl water
citroenschil
2½ dl bessensap
40 g griesmeel
± 125 g suiker

Rödgrödvla, luchtige bessensapvla

Het water met de citroenschil aan de kook laten komen en 10 minuten laten trekken. De citroenschil verwijderen en het bessensap toevoegen. Het griesmeel met de suiker vermengen en goed roerend het mengsel in het kokende vocht strooien. Al roerend de massa aan de kook laten komen en zo nu en dan roerend op een getemperde warmtebron gaar laten worden (± 10 minuten). De vla in een kom doen, luchtig kloppen en overdoen in een schaal.

Variatie

Rödgrödvla met vanillevla

Rödgrödvla (½ recept) laag om laag met vanillevla (½ recept) in een schaal of coupes opdoen.

Schuimige vruchtensapvla's, schuimige wijnvla's, mousses

4 dl water
± 2 citroenen
2 eieren
± 75 g suiker
20 g maïzena
Garnering:
(1 dl slagroom)
(15 g suiker)
(enkele druppels marasquin)
(4 ijswafels of lange vingers)

Schuimige citroenvla

Het water met de zeer dun afgeschilde citroenschil aan de kook laten komen en 10 minuten laten trekken. De schillen verwijderen. De citroenen uitpersen, het sap zo nodig met water aanvullen tot 1 dl. De eieren scheiden; hagelsnoeren verwijderen. De dooiers met iets suiker schuimig roeren. De maïzena met het citroensap glad aanmengen en met de overige suiker bij de dooiers voegen. Goed roerend het hete (citroen)water toevoegen. De massa goed roerend aan de kook laten komen en van de warmtebron nemen zodra het kookt. De eiwitten stijfkloppen en de kokende vla er roerend met een garde aan toevoegen. De vla op een iets getemperde warmtebron luchtig roerend verwarmen tot het eiwit gaar is (± 5 minuten). Of de vla in een open schaal in de magnetron op het hoogste vermogen omhoog laten komen, daarna met een garde doorroeren en laten afkoelen. De vla opdoen in een glazen schaal of in coupes. Desgewenst garneren met de slagroom, die met de suiker en eventueel de marasquin is stijfgeklopt en met de ijswafels of de lange vingers.

N.B. Géén aluminium materiaal gebruiken.

Variaties

Romige citroenvla

De afgekoelde vla door 1 dl met 15 g suiker stijfgeklopte slagroom spatelen.

Schuimige sinaasappelvla

De citroenschil vervangen door sinaasappelschil, het sap door sinaasappelsap (± 2 sinaasappels), het sap van ½ citroen en 2 lepels sinaasappellikeur (totaal 1 dl).

Schuimige abrikozenvla

Het water en het citroensap vervangen door gepureerde abrikozen (blik ± 450 g), aangevuld met 2 lepels sinaasappellikeur of citroensap en zo nodig met water tot 4 dl.

6 mandarijnen
Vla:
½ dl water
schil van 1 sinaasappel
6 g bladgelatine*
(waarvan desgewenst
1 g rode gelatine)
± 80 g basterdsuiker
1½ dl sinaasappelsap
(van ± 2 sinaasappels)
sap van ½ citroen
2 dl slagroom
Garnering:
1 dl slagroom
± 15 g suiker
2 groene Franse vruchtjes

Gevulde mandarijnen

(met schuimige mandarijnenroomvla)

De mandarijnenschillen door rollen losmaken van het vruchtvlees. De mandarijnen neerzetten en aan de bovenkant een 'dekseltje' uit de schil snijden. Door deze opening het vruchtvlees voorzichtig uit de schil halen. De mandarijnenpartjes kleinsnijden en (door een kunststof zeef) pureren. Het water met de sinaasappelschil aan de kook laten komen en 10 minuten afgedekt laten trekken; de schil verwijderen. De gelatine (die vooraf 10 minuten in koud water geweekt is) goed uitknijpen en in het hete water laten oplossen; daarna de suiker erdoor roeren. Het gelatinemengsel met het sinaasappel- en citroensap aan de mandarijnenpuree toevoegen en nu en dan roerend laten afkoelen. De slagroom bijna stijfkloppen (mengdikte). De vruchtenvla, zodra deze geleiachtig begint te worden, luchtig omscheppend door de slagroom mengen. De schuimige vla in de mandarijnen scheppen. De overgebleven vla in een glazen schaaltje overdoen. De mandarijnen om het glazen schaaltje heen op een puddingschaal (met taartrand) plaatsen. De slagroom met de suiker stijfkloppen. Langs de randjes van de mandarijnen slagroom spuiten, daarna de 'dekseltjes' erop zetten. Als 'steeltje' een stukje van een groen Frans vruchtje in het 'dekseltje' steken. De vla in het schaaltje met de stijfgeslagen slagroom garneren.

Variatie

De mandarijnen vullen met een sinaasappelbavarois (blz. 332, ½ recept), maar 6 g gelatine gebruiken.

4 eierdooiers
60 g suiker
sap van ½ citroen
2 dl witte wijn (Marsala)
of sherry, port of champagne
(marasquin, kirsch of rum)

Sabayon, zabaglione, schuimige wijnvla

De eierdooiers met de suiker in een kom schuimig roeren, citroensap en wijn toevoegen. De kom au bain-marie verwarmen (in of op een pan met kokend water). Het mengsel al kloppend dikker en schuimig laten worden. Desgewenst 1 lepel likeur toevoegen. De sabayon meteen opdoen in coupes. Desgewenst als saus over ijs of gekoelde vruchten(salade) geven.

N.B. Géén aluminium materiaal gebruiken.

Variaties

Sabayon, zabaglione glacé

2 bladen gelatine 10 minuten in koud water weken, in 2 lepels kokend water oplossen en vóór het kloppen aan het mengsel toevoegen. Laten afkoelen en in een gesloten bakje ± 2 uur in een vriesvak plaatsen. Na 1 uur luchtig omscheppen. In coupes opdoen en bijvoorbeeld geven met biscuits.

Romige sabayon, zabaglione

De ijskoude sabayon glacé vlak voor het opdoen vermengen met 1 dl stijfgeklopte slagroom.

Luchtige sabayon, zabaglione

Het eiwit van de eieren óók meekloppen.

** Poedergelatine zie blz. 321.*

500 g aardbeien
± 3 lepels water
8 g bladgelatine*
± 100 g suiker
sap van 1 citroen
2 dl slagroom

Aardbeienmousse

De aardbeien wassen, schoonmaken en op enkele na pureren. Het water aan de kook laten komen, de pan van de warmtebron nemen. De 10 minuten met koud water geweekte en goed uitgeknepen gelatine en daarna de suiker erin oplossen en met het citroensap aan de aardbeienpuree toevoegen. De massa nu en dan roerend laten afkoelen. Zodra deze geleiachtig begint te worden, luchtig door de (op mengdikte) bijna stijfgeklopte slagroom scheppen. De mousse in een schaal of in coupes overdoen en garneren met de achtergehouden aardbeien.

N.B. Géén aluminium materiaal gebruiken.

Variaties

Frambozenmousse

De aardbeien vervangen door 400 g frambozen.

Aardbeienmousseglacé

200 g suiker gebruiken. De mousse in een gesloten bakje ± 2 uur in het vriesvak van de koelkast laten opvriezen. Na 1 uur luchtig omscheppen. In coupes opdoen en bijvoorbeeld geven met biscuits.

8 g bladgelatine*
± 2 lepels water
2 dl sinaasappelsap
(diepvries of sap van
± 3 sinaasappels)
2 dl slagroom
± 40 g suiker
2 dl advocaat
Garnering:
(1 dl slagroom)
(15 g suiker)

Sinaasappel-advocaatmousse

De in koud water geweekte (en goed uitgeknepen) gelatine in het hete water oplossen. Het sinaasappelsap toevoegen en laten afkoelen. De slagroom met de suiker bijna stijfkloppen (mengdikte). Het sap zodra het geleiachtig begint te worden met de advocaat op de slagroom leggen en luchtig omscheppen tot een gelijkmatige massa is verkregen. De mousse opdoen in coupes en desgewenst garneren met de slagroom, die met de suiker stijfgeklopt is.

± 100 g bittere
chocolade
3 eieren
± 30 g suiker
(2 lepels Grand Marnier)
(walnoten of
1 sinaasappel)

Chocolademousse

De chocolade(repen) in stukjes breken. De eieren scheiden, de eierdooiers met een deel van de suiker uitroeren, desgewenst de Grand Marnier toevoegen. De chocolade al roerend laten smelten op een getemperde warmtebron. Goed roerend de dooiers aan de gesmolten chocolade toevoegen en al roerend verwarmen. Zodra het mengsel heet en glad is, van de warmtebron nemen. De eiwitten stijfkloppen, daarna de rest van de suiker erdoor kloppen. De hete chocolademassa luchtig door het eiwit scheppen, waardoor dit gaar kan worden. De mousse gekoeld in coupes opdoen. Desgewenst garneren met walnoten of dunne plakken sinaasappel.

Variatie

Wittechocolademousse

De chocolade vervangen door witte chocolade. Geen suiker toevoegen.

* *Poedergelatine zie blz. 321.*

Yoghurt-, kwarkgerechten

Hangop van karnemelk, hangop van yoghurt

3 liter karnemelk of
2 liter (magere) yoghurt

De hangop op een van de volgende manieren bereiden:

1 Een natgemaakte dichtgeweven doek in een vergiet leggen en het vergiet in een grote kom of pan zetten. De karnemelk of de yoghurt in gedeelten op de doek gieten en enige uren laten staan. Tussendoor het dikke gedeelte, dat op de doek achterblijft, nu en dan eraf scheppen, glad kloppen en gekoeld bewaren. N.B. Géén aluminium materiaal gebruiken.
2 De karnemelk of de yoghurt in een natgemaakt sloop gieten, het sloop ophangen en de karnemelk ± 12 uur laten uitlekken. Het sloop leegscheppen.

De hangop glad roeren, overdoen in een schaal en geven met beschuit en suiker of met vruchtencompote.

Notenyoghurt, vruchtenyoghurt

8 dl yoghurt
± 75 g basterdsuiker
sap van 1 citroen
75 g gehakte noten of
± 200 g vruchten

De yoghurt vermengen met de suiker, het citroensap en de gehakte noten of kleingesneden vruchten. De yoghurt desgewenst garneren met enkele noten of vruchten.

Variaties

De yoghurt vervangen door magere kwark of Hüttenkäse.

Yoghurtvla

4 dl yoghurt
± 30 g basterdsuiker
4 dl custardvla of vanillevla
(blz. 308 of 311)

De yoghurt vermengen met de basterdsuiker en met de afgekoelde vla. Desgewenst geven met kaneelbeschuitjes.

Variatie

Yoghurtvla met banaan en/of gember

2 fijngemaakte bananen of 2 lepels kleingesneden gember door de vla roeren.

Vlaflip

3 dl yoghurt
1½ dl limonadesiroop
3 dl custardvla of
vanillevla (blz. 308 of 311)

De yoghurt verdelen over 4 glazen. Hierop over de bolle kant van een lepel de limonadesiroop schenken, zodat deze zoveel mogelijk op de yoghurt blijft liggen. De glazen op dezelfde manier bijvullen met de vla en garneren met een theelepel limonadesiroop.

Variatie

Vlaflip met rozijnen, mandarijntjes

De limonadesiroop vervangen door 100 g gewelde rozijnen of een klein blikje mandarijntjes.

Vlaflip met advocaat

3 dl chocoladevla (blz. 309)
1 banaan
2 dl advocaat
2½ dl Bulgaarse yoghurt
15 g basterdsuiker

De chocoladevla over 4 glazen verdelen. Hierop de geschilde en in stukjes gesneden banaan leggen (4 plakjes bewaren). Met de advocaat bedekken en de glazen bijvullen met de yoghurt, die met de suiker is vermengd. Elk glas garneren met een plakje banaan.

12 lange vingers
1¾ dl sinaasappelsap
(2 lepels sinaasappellikeur)
200 g verse roomkaas
200 g magere yoghurt
± 40 g basterdsuiker
1 sinaasappel

Sinaasappel-roomyoghurt
De helft van de lange vingers in een schaal leggen en de helft van het sinaasappelsap (vermengd met de likeur) erover schenken. De roomkaas gladroeren met de yoghurt en de suiker en met de helft hiervan de lange vingers bedekken. Hierop de rest van de lange vingers, het overige sinaasappelsap en de roomyoghurt leggen.
De bovenkant garneren met de in dunne plakken gesneden, schoongemaakte sinaasappel.

Variatie

Tiramisu
Desgewenst de lange vingers vervangen door 4 plakken (kruid)cake. Het sinaasappelsap vervangen door sterk koffie-extract en 2 lepels cognac of Tia Maria; de roomkaas vervangen door mascarpone. Garneren met gezeefd cacaopoeder of met een mengsel van cacaopoeder en kaneel.

100 g bitterkoekjes
½ dl rum
250 g (magere) kwark
± 30 g suiker
± ½ dl melk
(1 dl slagroom)
(15 g suiker)
abrikozen (blik van ± 225 g)

Bitterkoekjeskwark*
De bitterkoekjes met de rum weken en daarna fijnmaken. De kwark met de suiker en zoveel melk vermengen, tot een dikke vla is verkregen. De bitterkoekjes en desgewenst de met de suiker stijfgeklopte slagroom erdoor scheppen. De vla garneren met uitgelekte abrikozen.

1 banaan
3 nootjes gember
± 2 lepels gemberstroop
± 30 g basterdsuiker
250 g (magere)kwark

Banaan-gemberkwark*
De banaan fijnmaken, de gember (op enige plakjes na) kleinsnijden en beide met de gemberstroop en de suiker door de kwark mengen.
De kwark garneren met de achtergehouden gember.

Variatie

Appelkwark
De gemberstroop vervangen door sinaasappelsap, de banaan en gember door 2 kleine grofgeraspte appels.

250 g aardbeien
250 g (magere) kwark
± 60 g basterdsuiker
± ½ lepel citroensap

Aardbeienkwark*
De aardbeien wassen, schoonmaken en op enkele na pureren.
De kwark en de suiker erdoor roeren en op smaak afmaken met het citroensap. Garneren met de achtergehouden aardbeien.

Variaties

Bessenkwark, cranberrykwark
De aardbeien vervangen door ½ pot bessengelei of ⅓ recept van cranberrycompote (blz. 288).

Aardbeienkwark met slagroom
½ recept aardbeienkwark luchtig omscheppen met ⅛ liter stijfgeklopte slagroom; zo nodig wat extra suiker toevoegen.

Aardbeienkwark met vanillevla
½ recept aardbeienkwark bedekken met 2½ dl vanillevla.

* *Yoghurt en kwark kunnen elkaar vervangen.*

Koude puddingen

Een koude pudding is een gebonden nagerecht van melk, melk en room of vruchtensap, dat in een vorm wordt afgekoeld en na het keren (lossen) het model behoudt. Een koude pudding wordt gegeven in combinatie met een koude zoete saus, vruchten, compote of stijfgeklopte slagroom. Deze kunnen tevens als garnering dienen. Men onderscheidt:

- Gladde puddingen: gebonden met zetmeel en desgewenst eieren, met eieren en gelatine, of met alleen gelatine.
- Bavaroises: gebonden met eierdooiers en gelatine en schuimig gemaakt met stijfgeklopte slagroom.

N.B. Om de pudding minder machtig te maken, kan een bavarois schuimig gemaakt worden met apart stijfgeklopt gepasteuriseerd eiwit en stijfgeklopte slagroom (van elk evenveel). Rauw eiwit wordt afgeraden in verband met eventuele besmetting met salmonellabacteriën.

Hoeveelheid per persoon
1½ à 2 dl pudding met ¾ dl saus of ¼ dl stijfgeklopte slagroom.

Vloeistof
Melk of ¾ deel melk en ¼ deel room of vruchtensap, al of niet in combinatie met wijn.

Bindmiddel
a Zetmeelhoudend bindmiddel, al of niet in combinatie met ei(erdooier).
b Gelatine, soms in combinatie met een zetmeelhoudend bindmiddel en/of ei(erdooier).
c Agar-agar.

a *Zetmeelhoudende bindmiddelen per dl vloeistof*

maïzena, custardpoeder	8 g	indien 1 dag tevoren bereid, dan 10% minder rekenen.
griesmeel	10 g	
rijst	20 g	

Voor pudding met ei rekening houden met het volgende:

- De bindkracht van een middelgroot ei wordt berekend als 7 g maïzena of 8 g griesmeel; alleen de dooier als 3 g maïzena en 4 g griesmeel.
- Per 4 dl gladde pudding wordt één ei of eierdooier genomen.
- Indien men onvoldoende roert en te hoog of te lang verhit, geeft vooral het eiwit grote kans op schiften (te zien als kleine, witte klontjes).

N.B. Ei maakt de consistentie van de pudding zachter en geeft een vollere smaak.

b *Gelatine*
Gelatine is een helder bindend product van *dierlijke* oorsprong. Het wordt in bladvorm à ± 2 g (wit en rood) en in poedervorm verkocht. Het bindt pas als de vloeistof waarin het opgelost is, volkomen koud is en smelt weer bij ± 25 °C. Gelatine niet gebruiken in combinatie met verse tropische vruchten, bijvoorbeeld ananas, mango en dergelijke, daar een enzym uit deze vruchten het binden (stijf worden) tegengaat.
Bladgelatine weken in ruim, koud water (10 minuten, niet langer, het neemt dan te veel water op); daarna goed uitknijpen (het weekwater wordt niet gebruikt).

Poedergelatine weken met zesmaal het gewicht aan koud water; het water wordt geheel door de gelatine opgenomen.
Geweekte en zo nodig uitgeknepen gelatine oplossen in hete vloeistof (van de warmtebron af) en goed roeren; er mogen geen klontjes achterblijven. De massa zo nu en dan roerend laten afkoelen (zo mogelijk in ijswater) totdat ze enigszins geleiachtig (vladikte) wordt. Indien de massa te dik of klonterig is geworden, opnieuw kort verwarmen en goed roeren tot ze weer glad is; zo nodig opnieuw koelen.
De geleiachtige massa (zonder klonten) in de vorm doen of door bijna stijfgeklopte slagroom (mengdikte) scheppen (bij bavarois).

Hoeveelheid gelatine per dl vloeistof

melk, water, koffie	2½ g	vruchtenmoes of -puree	2½ g
room	2 g	vruchtensap	3 g
room (stijfgeklopt), vla	1½ g	wijn	3½ g
		likeur, rum	4 g

N.B. 1 De hoeveelheid gelatine is afhankelijk van onder andere de dikte, de zuurgraad en het alcoholpercentage van de te binden vloeistof.
N.B. 2 Indien de pudding een dag van tevoren wordt gemaakt 10% minder gelatine nemen.
N.B. 3 1 eierdooier bindt als 1½ g gelatine.
N.B. 4 Om 1 eiwit (± ¼ dl) stijfgeklopt te binden, is 1½ g gelatine nodig.

c *Agar-agar*
Agar-agar bindt ook helder, maar is in tegenstelling tot gelatine een *plantaardig* product.
Het smelt pas bij 40 °C.
Per dl vloeistof is ± 1½ g agar-agar nodig.
Voor gebruik zie recept chocoladepudding met agar-agar blz. 329.

Smaakgevend bestanddeel
Per dl 8 g suiker en desgewenst 1 cm vanillestokje (vooraf laten trekken) of 1 g vanillesuiker (na het koken toevoegen) of likeur of rum (na het koken toevoegen).
(Voor karamel-, chocolade- en koffiepudding zie de recepten.)
De suiker die in de recepten staat aangegeven, kan door zoetstof worden vervangen (uitgezonderd bij karamelvla). Deze na het koken toevoegen om een eventuele bijsmaak te voorkomen. Voor hoeveelheid zie gebruiksaanwijzing.

Vulsel
Als vulsel kunnen naar keuze gebruikt worden: (geweekte) biscuits, stukjes vrucht, geschaafde of gehakte (geroosterde) noten, rozijnen, Franse vruchtjes, gesneden gember.

Puddingvorm
In plaats van een speciale puddingvorm kan ook een schaal(tje), een gebakvorm, een kopje of iets dergelijks worden genomen.
N.B. Bij een vruchtensappudding geen metalen vorm (uitgezonderd een van roestvrij staal) gebruiken, in verband met ongewenste smaakveranderingen.
De maat van de vorm zodanig kiezen dat deze met de puddingmassa wordt gevuld.
Naar keuze één grote vorm voor meer personen of een klein vormpje per persoon nemen.
Om de pudding na het afkoelen gemakkelijk uit de vorm te kunnen laten komen, de vorm vóór het vullen omspoelen met koud water (bij zetmeelpuddingen die heet in de vorm gaan of bij gladde gela-

tinepuddingen die koud in de vorm gaan), of de vorm bestrijken met boter of slaolie (bij bavaroises).

Keren (lossen) en garneren
De door en door afgekoelde pudding aan de bovenkant met de vingers van de wand losmaken, daarna de vorm schuin houden en langzaam ronddraaiend de pudding tot onder aan de vorm van de zijkant los laten komen. Een bavarois vooraf ± 3 tellen tot aan de rand in warm water houden.
De pudding aan de bovenzijde met water vochtig maken.
Een platte schaal of bord omgekeerd midden op de vorm plaatsen; beide tegelijk omkeren, heen en weer schudden tot de pudding loslaat, de vorm van de pudding nemen. Indien de pudding niet in het midden van de schaal ligt, voorzichtig schuddend aan de schaal de pudding proberen te verplaatsen. Rond de pudding een klein deel van de saus schenken (de overige saus in een sauskom erbij geven) of de pudding garneren met vruchten, dunne chocolaatjes, noten et cetera en stijfgeklopte slagroom.

Zetmeelpuddingen

64 g maïzena
60 g suiker
8 dl melk
1 zakje vanillesuiker of
1 theelepel citroenrasp
Garnering:
2 dl saus (blz. 339-343)

Maïzenapudding
De maïzena met de suiker en wat koude melk glad aanmengen, daarna iets verdunnen. De rest van de melk aan de kook laten komen en goed roerend het nogmaals doorgeroerde mengsel toevoegen. Al roerend enige seconden laten doorkoken. De massa moet zo dik zijn dat een streep die erin getrokken wordt, even zichtbaar blijft. Van de warmtebron af de vanillesuiker of de citroenrasp erdoor roeren. De hete puddingmassa meteen overdoen in een met koud water omgespoelde puddingvorm. De pudding volkomen koud en stijf laten worden, daarna keren en geven met chocolade-, karamel- of vruchtensapsaus of met vruchtencompote.
Variaties
Maïzenapudding met ei
Zie vanillepudding blz. 323.
Sinaasappelpudding
Vanillesuiker of citroenrasp desgewenst vervangen door sinaasappelrasp of 1 lepel sinaasappellikeur. De pudding laag om laag in een vorm doen met 3 in plakken en daarna in stukjes gesneden sinaasappels. De pudding na het keren garneren met achtergehouden stukjes sinaasappel.
Koffiepudding
± 15 g suiker extra nemen. 6 g oploskoffie oplossen in ± 2 lepels kokend water. Van de warmtebron af door de pudding roeren.
Blanke pudding
Een deel van de maïzena (± 14 g) vervangen door custardpoeder.
Custardpudding, gele pudding
Alle maïzena en de vanillesuiker of citroenrasp vervangen door custardpoeder.

Chocoladepudding *(met maïzena)*

64 g maïzena
± 40 g cacao
± 100 g suiker
8 dl melk
Garnering:
2 dl saus (blz. 339-343) of
1 dl slagroom
15 g suiker

De maïzena, de cacao en de suiker droog vermengen en daarna glad aanmengen met wat koude melk en iets verdunnen. De rest van de melk aan de kook laten komen en goed roerend het nogmaals gladgeroerde mengsel toevoegen. Al roerend enige seconden laten doorkoken. De massa moet zo dik zijn dat een streep die erin getrokken wordt, even zichtbaar blijft. De hete puddingmassa meteen overdoen in een met koud water omgespoelde of met olie bestreken puddingvorm. De pudding volkomen koud en stijf laten worden, daarna keren en geven met vanillesaus of sinaasappelsaus of garneren met de slagroom, die met de suiker is stijfgeklopt.

Variatie

Chocoladeroompudding

2 dl melk vervangen door (koffie)room.

Vanillepudding

2 eieren
60 g suiker
50 g maïzena
8 dl melk
½ vanillestokje
Garnering:
2 dl saus (blz. 339-343)

De eieren met de suiker goed losroeren (de hagelsnoeren vooraf verwijderen). De maïzena met wat koude melk glad aanmengen en door de eiermassa roeren. De overige melk met het opengesneden vanillestokje aan de kook laten komen en op een getemperde warmtebron ± 15 minuten in een gesloten pan laten trekken. Het vanillestokje verwijderen. Al roerend de helft van de hete melk bij het eiermengsel schenken. Daarna goed roerend het warme eiermengsel aan de rest van de melk toevoegen, aan de kook laten komen en nog steeds roerend enige seconden laten doorkoken op een getemperde warmtebron. De massa moet zo dik zijn dat een streep die erin getrokken wordt, even zichtbaar blijft. De hete puddingmassa meteen overdoen in een met koud water omgespoelde puddingvorm. De pudding volkomen koud en stijf laten worden, daarna keren en geven met chocolade-, karamel- of vruchtensapsaus of met vruchtencompote (blz. 282-292).

Variaties

Vanilleroompudding

2 dl melk vervangen door (koffie)room.

Crème caramel

Vooraf 150 g suiker in een pan met dikke bodem laten smelten en lichtbruin laten worden. Deze karamel in een droge, gladde puddingvorm schenken. De vorm (of vormpjes) ronddraaien, zodat deze geheel met de karamel gevoerd wordt. De hete pudding in de vorm of vormpjes schenken. De pudding volkomen koud en stijf laten worden. De vorm of vormpjes enkele tellen in heet water houden, daarna keren, waarbij de vloeibaar geworden karamel de saus vormt.

½ vanillestokje
6 eieren
60 g basterdsuiker
½ liter melk
150 g suiker

Oeufs au caramel, eiergelei met karamel

Het vanillestokje in de lengte opensnijden en het merg eruit schrapen. De eieren loskloppen (de hagelsnoeren verwijderen) met de basterdsuiker en het merg uit het vanillestokje. De koude melk erdoor roeren. Het schuim laten wegtrekken. De suiker in een pan met dikke bodem laten smelten en lichtbruin laten worden. Deze karamel in een grote of 4 kleine, droge, gladde metalen puddingvormen schenken. De vorm (of vormpjes) ronddraaien, zodat deze geheel met de karamel gevoerd zijn. Het eimengsel door een zeef in de vorm(en) schenken. Het schuim opnieuw laten wegtrekken, daarna de vorm(en) afsluiten met aluminiumfolie en in een pan of diepe ovenschaal met kokend water plaatsen. Zorgen dat het water niet in de vorm(en) kan komen. De gelei vast laten worden door het water gedurende 1 à 1½ uur in een gesloten pan of schaal op een rooster midden in een warme oven (175 °C) tegen de kook aan te houden. (De gelei is goed als een mes, dat erin gestoken wordt, er schoon uitkomt.) De pudding laten afkoelen en keren, waarbij de vloeibaar geworden karamel de saus vormt.

8 dl melk
± 5 cm citroenschil
90 g griesmeel
65 g suiker
Garnering:
2 dl saus (blz. 339-343)

Griesmeelpudding

De melk met de zeer dun afgeschilde citroenschil aan de kook laten komen en ± 10 minuten op een getemperde warmtebron laten trekken; de schil verwijderen. Het griesmeel met de suiker vermengen en goed roerend aan de kokende melk toevoegen. De massa roerend aan de kook laten komen en op een getemperde warmtebron, zo nu en dan roerend, gaar en dik laten worden (± 15 minuten, de massa moet zo dik zijn dat een streep die erin getrokken wordt even zichtbaar blijft).

De hete puddingmassa meteen overdoen in een met koud water omgespoelde puddingvorm. De pudding koud en stijf laten worden, daarna keren en geven met bessensapsaus of een andere vruchtensaus of vruchtencompote (blz. 282-292).

Variaties

Griesmeelpudding met rozijnen

± 75 g gewassen en goed uitgelekte rozijnen met de citroenschil aan de melk toevoegen.

Griesmeelrand met compote

De pudding laten afkoelen in een rand of tulbandvorm. De holte na het keren vullen met een deel van een compote (blz. 282-292); de overige compote er apart bij geven.

Griesmeelpudding met ei

8 g griesmeel vervangen door 1 ei. Het ei losroeren met 1 lepel suiker en met een paar lepels hete, gebonden puddingmassa voorwarmen. Het eiermengsel roerend bij de overige puddingmassa voegen en al roerend even doorwarmen en laten binden.

Sneeuwpudding (luchtige griesmeelpudding met ei)

Van ½ liter melk, citroenschil, 50 g griesmeel en 50 g suiker pudding koken. 1 ei scheiden, de dooier aan de gebonden puddingmassa toevoegen (zie boven). Het eiwit stijf kloppen, daarna 10 g suiker al kloppend toevoegen. De hete, gebonden puddingmassa luchtig door het eiwit scheppen en meteen overdoen in een met koud water omgespoelde vorm.

8 dl melk
65 g griesmeel
65 g suiker
Garnering:
1 dl slagroom
15 g suiker
8 abrikozen of perziken
(1 blik van ± 225 g)
1 dl vruchtennat
± 3 g aardappelmeel
of allesbinder

Namaakspiegeleieren

Van de melk, het griesmeel en de suiker dikke griesmeelpap koken (blz. 300). De pap op een grote vleesschaal uitschenken en laten afkoelen. De slagroom met de suiker stijfkloppen en dun uitstrijken over de puddinglaag. Hierop de abrikozen of perziken leggen, zodat het geheel de indruk maakt van spiegeleieren. Het vruchtennat met het aangemengde aardappelmeel of met allesbinder binden, laten afkoelen en over elke abrikoos of perzik iets saus scheppen, zo, dat er een klein randje om de vruchten heen ligt.

4 dl water
± 5 cm citroenschil
4 dl bessensap
100 g griesmeel
± 120 g suiker
Garnering:
2 dl vanillesaus (blz. 339)

Rödgrödpudding, griesmeel/bessensappudding

Het water met de citroenschil aan de kook laten komen en ± 10 minuten laten trekken. De citroenschil verwijderen, het bessensap toevoegen en aan de kook laten komen. Het griesmeel met de suiker vermengen en goed roerend aan de kokende vloeistof toevoegen. De massa roerend opnieuw aan de kook laten komen en op een getemperde warmtebron, zo nu en dan roerend, gaar en dik laten worden (± 10 minuten, de massa moet zo dik zijn dat een streep die erin getrokken wordt even zichtbaar blijft). De hete puddingmassa meteen overdoen in een met koud water omgespoelde puddingvorm. De pudding koud en stijf laten worden, daarna keren en geven met vanillesaus.
N.B. Geen aluminium materiaal gebruiken.

7 dl melk
120 g dessertrijst
2 eieren
1 dl melk
60 g suiker
1 zakje vanillesuiker
Garnering:
2 dl vruchtensaus
(blz. 341-343)

Rijstpudding

De melk aan de kook laten komen in een pan met dikke bodem. De rijst erin strooien en roerend opnieuw aan de kook laten komen. De warmtebron temperen en de rijst in een gesloten pan nu en dan roerend gaar en dik gebonden (± 50 minuten) laten worden. De eieren splitsen. De eierdooiers met 2 lepels suiker en 1 dl koude melk uitroeren en door de dikke, gare massa roeren. De eiwitten stijfkloppen en de rest van de suiker en de vanillesuiker al kloppend toevoegen. De hete, gebonden puddingmassa luchtig door het eiwit scheppen en meteen overdoen in een met koud water omgespoelde puddingvorm. De pudding koud en stijf laten worden, daarna keren en geven met een vruchtensaus of een vruchtencompote (blz. 282-292).

Citroenrijstpudding, riz glacé

7 dl water
schil van 2 citroenen
200 g dessertrijst
1 g zout
± 150 g suiker
sap van 4 citroenen
Garnering:
2 dl vanillesaus (blz. 339)

Het water met de citroenschil aan de kook laten komen (in een pan met dikke bodem). De rijst en het zout erin strooien, de massa aan de kook laten komen en op een getemperde warmtebron nu en dan roerend laten doorkoken, tot ze gaar en dik gebonden is (± 50 minuten). De citroenschil verwijderen, de suiker en daarna het citroensap door de rijst mengen. De puddingmassa meteen overdoen in een met koud water omgespoelde puddingvorm. De pudding koud en stijf laten worden, daarna keren en geven met vanillesaus.

Gladde gelatinepuddingen

Gevulde sinaasappels met gelei *(8 stuks)*

10 g bladgelatine*, waarvan desgewenst een stukje rode gelatine
6 sinaasappels
± 3 lepels water
± 80 g suiker
sap van 2 citroenen
Garnering:
1 dl slagroom
± 15 g suiker

De gelatine 10 minuten weken (in ruim koud water, daarna goed uitknijpen). De sinaasappels doormidden snijden en uitpersen. 8 schillen (van de uitgeperste sinaasappels) ontdoen van de witte velletjes zonder ze te beschadigen. Het water aan de kook laten komen en van de warmtebron af de gelatine en daarna de suiker hierin oplossen. Het gezeefde sinaasappel- en citroensap zo nodig aanvullen met water tot 4 dl en bij de gelatineoplossing schenken. De massa onder nu en dan roeren laten afkoelen en, zodra ze geleiachtig begint te worden, in de sinaasappelschillen overdoen. De gelei koud en stijf laten worden; zo nodig de randen van de schillen bijsnijden. De slagroom met de suiker stijfkloppen en hiermee de sinaasappels opspuiten.

Variatie

Sinaasappel-garneerpuntjes

Voor 12 puntjes (3 gevulde sinaasappelschillen) ½ recept nemen, maar 7 g gelatine gebruiken.

De met gelei gevulde schillen met een nat, warm mes doormidden snijden en elke helft overdwars nogmaals. De puntjes als garnering rondom bijvoorbeeld een pudding gebruiken.

Gevulde sinaasappels met bavarois *(zie blz. 332)*

Appelpudding

± 500 g handappels
½ liter water
± 5 cm citroenschil
150 g suiker
16 g bladgelatine*, waarvan 2 blaadjes rode gelatine
sap van 3 citroenen
Garnering:
2 dl vanillesaus (blz. 339)

De appels schillen en in kleine dobbelsteentjes snijden. Het water met de citroenschil aan de kook laten komen. De suiker hierin oplossen en in gedeelten de stukjes appel een paar minuten zachtjes laten meekoken, zodat ze glazig worden, zonder uiteen te vallen. De stukjes appel telkens met een schuimspaan uit het vocht nemen. Het vocht zeven door een natte doek, zo nodig aanvullen tot ½ liter. Van de warmtebron af de 10 minuten in koud water geweekte (en goed uitgeknepen) gelatine hierin oplossen; het gezeefde citroensap toevoegen. De massa onder nu en dan roeren laten afkoelen en zodra ze geleiachtig begint te worden, de stukjes appel erdoor mengen. De massa overdoen in een met koud water omgespoelde puddingvorm.

De pudding koud en stijf laten worden. Zo nodig de vorm drie tellen in warm water houden, daarna keren en geven met vanillesaus.

Variatie

Appelpudding met witte wijn

Het sap van 3 citroenen vervangen door 1 dl (rijn)wijn en sap van ½ citroen.

een blik frambozen of mandarijntjes (± 425 g)
13 g bladgelatine*
± 40 g suiker
2½ dl wijn
Garnering:
1 dl slagroom
± 15 g suiker

Vruchtengeleitjes *(± 6 stuks)*

De vruchten laten uitlekken. Het sap opvangen en zo nodig met water aanvullen tot 1½ dl en verhitten. De in koud water geweekte (en goed uitgeknepen) gelatine en daarna de suiker van de warmtebron af erin oplossen en de wijn toevoegen. In 6 met koud water omgespoelde kopjes of vormpjes een laagje vloeistof schenken en dit stijf laten worden. De vruchten overgieten met iets van de vloeistof en in de vormpjes schikken zonder de wand te raken. Zodra ze vastgehecht zijn, de overige vloeistof erover schenken. De geleitjes koud en stijf laten worden. Vóór het opdoen de vormpjes twee tellen in warm water houden en meteen keren. De geleitjes garneren met de slagroom, die met de suiker is stijfgeklopt.

1 blik ananasschijven (± 425 g)
± 5 dl rijnwijn
24 g bladgelatine*
± 50 g suiker
± 3 lepels heet water
Garnering:
± 30 g suiker
2 dl slagroom
(½ lepel marasquin)

Bordure Richelieu, ananas in wijngeleirand
(1 liter, ± 6 personen)

De ananas in gelijke stukjes snijden, zo breed dat ze in een wijde metalen rand juist passen zonder de wand te raken. Het ananassap zeven door een natgemaakte doek en aanvullen met rijnwijn tot 7 dl. De in koud water geweekte (en goed uitgeknepen) gelatine en de suiker van de warmtebron af in het hete water oplossen en erbij schenken. De massa op smaak afmaken met suiker. Een laagje van het vocht in een rand van ± 1 liter inhoud stijf laten worden. Hierop stukjes ananas, die in de vloeibare gelei gedompeld zijn, zeer regelmatig en dicht naast elkaar neerleggen, zonder dat de stukjes de wand of elkaar raken. Zodra de stukjes ananas goed vastgehecht zijn, hierop een tweede laag vloeibare gelei schenken en stijf laten worden en weer een laag ananas aanbrengen; zorg dat de stukjes ananas juist boven de openingen van de eerste laag ananas komen. Hierna weer gelei en een derde laag ananas neerleggen. Ten slotte de rest van de vloeibare gelei erbij schenken; zorg dat er geen stukjes ananas boven de gelei uitsteken. De gelei op een koele plaats stijf laten worden. Vóór het opdoen de rand drie tellen in warm water houden en meteen daarna keren. De met suiker en desgewenst de marasquin stijfgeklopte slagroom spuiten in de holte van de rand.
N.B. Stijf geworden gelei heel even verwarmen en daarna goed doorroeren, tot de gelei weer glad is.

** Poedergelatine zie blz. 321. Indien de pudding 1 dag van tevoren gemaakt wordt, 10% minder gelatine gebruiken.*

Variatie

Heldere geleipudding met vruchten

De ananas vervangen door verschillende blikvruchten, de rijnwijn door 1 dl kirsch. Het vruchtensap en de kirsch aanvullen met het sap van 1 citroen en water tot 7 dl (het sap van rode vruchten niet gebruiken). Een gladde puddingvorm of kom van 1 liter laag om laag met de gelei en de zo nodig bijgesneden vruchten vullen.

Karnemelkpudding

1 dl water
± 5 cm citroenschil
18 g bladgelatine* (waarvan eventueel $^1/_{10}$ blad rood)
± 130 g suiker
sap van 2 citroenen
5 dl karnemelk
Garnering:
2 dl vanillesaus (blz. 339) of blik vruchten (± 225 g)

Het water met de citroenschil aan de kook laten komen en 10 minuten laten trekken; de citroenschil verwijderen. De gelatine 10 minuten in ruim koud water weken en goed uitknijpen. Van de warmtebron af de bladgelatine en daarna de suiker in het hete water oplossen en het gezeefde citroensap toevoegen. Goed roerend de karnemelk bij het afgekoelde mengsel gieten. De massa nu en dan doorroeren tot ze geleiachtig (vladikte) begint te worden. Overdoen in een met koud water omgespoelde puddingvorm. De pudding stijf laten worden, daarna keren en geven met vanillesaus of vruchten.
N.B. Deze pudding bereiden op de dag dat ze gegeten wordt; géén aluminium materiaal gebruiken.

Variatie

Yoghurtpudding

De karnemelk vervangen door yoghurt; 3 g gelatine minder nemen. Desgewenst ± 30 g gewelde en uitgelekte rozijnen toevoegen.

Chocoladepudding ***(met gelatine en maïzena)***

40 g cacao
40 g maïzena
± 120 g suiker
8 dl melk
8 g bladgelatine*
Garnering:
2 dl vanillesaus (blz. 339) of
(1 dl slagroom
15 g suiker)

De cacao, de maïzena en de suiker goed vermengen en glad aanmengen met wat koude melk; daarna iets verdunnen. De rest van de melk aan de kook laten komen en al roerend het cacaomengsel toevoegen. De massa aan de kook laten komen en al roerend enkele seconden laten doorkoken. De pan van de warmtebron nemen en de in koud water geweekte (en goed uitgeknepen) gelatine in de chocoladevla oplossen. De massa onder nu en dan roeren laten afkoelen en zodra ze geleiachtig (vladikte) begint te worden, in een met koud water omgespoelde puddingvorm overdoen. De pudding stijf laten worden, daarna keren en geven met vanillesaus of garneren met de slagroom die met de suiker is stijfgeklopt.

Variatie

Chocoladeroompudding (met gelatine en maïzena)

2 dl melk vervangen door (koffie)room, die na de gelatine toegevoegd wordt.

** Poedergelatine zie blz. 321. Indien de pudding 1 dag van tevoren gemaakt wordt, 10% minder gelatine gebruiken.*

10 g agar-agar
2 dl water
40 g cacao
± 110 g suiker
6 dl melk
Garnering:
2 dl vanillesaus (blz. 339) of
1 dl slagroom,
15 g suiker

Chocoladepudding *(met agar-agar)*

De agar-agar in stukjes knippen, met het water opzetten en afgedekt 15 minuten juist aan de kook houden. De cacao en de suiker door elkaar roeren en met wat koude melk glad aanmengen; daarna verdunnen. De rest van de melk aan de kook laten komen, het cacaomengsel erdoor roeren en de massa weer aan de kook laten komen. De agar-oplossing door een natgemaakte doek zeven, door de chocolademelk roeren en de massa in een met koud water omgespoelde puddingvorm overdoen. De pudding koud en stijf laten worden, keren en geven met vanillesaus of garneren met de slagroom die met de suiker is stijfgeklopt.

Variatie

Chocoladeroompudding (met agar-agar)

2 dl melk vervangen door (koffie)room die na de agar-oplossing toegevoegd wordt.

± 5 g oploskoffie
1 dl water
5 dl melk
20 g bladgelatine*
± 90 g suiker
2 dl (koffie)room
Garnering:
1 dl slagroom,
15 g suiker
of 2 dl vanillesaus (blz. 339)

Mokkapudding *(met gelatine)*

De oploskoffie in het kokende water oplossen. De melk aan de kook laten komen. Van de warmtebron af de in koud water geweekte (goed uitgeknepen) gelatine erin oplossen. De koffie, de suiker en de (koffie)room toevoegen en nu en dan roerend laten afkoelen. Zodra de massa geleiachtig (vladikte) begint te worden, deze in een met koud water omgespoelde puddingvorm overdoen. De pudding koud en stijf laten worden, daarna keren en garneren met de met de suiker stijfgeklopte slagroom of geven met vanillesaus.

Variatie

De oploskoffie en het water vervangen door sterk koffie-extract.

150 g suiker
6 dl melk
20 g bladgelatine*
2 dl (koffie)room
Garnering:
1 dl slagroom,
15 g suiker
(8 gehalveerde walnoten)
of 2 dl vanillesaus (blz. 339)

Karamelpudding *(met gelatine)*

De suiker in een pan met dikke bodem gelijkmatig laten smelten op een getemperde warmtebron. Daarna langzaam bruin laten kleuren tot de helft van het oppervlak schuimt. In één keer 3 lepels koud water en meteen daarna de melk erbij schenken. Nu en dan roerend op een getemperde warmtebron de karamel(klont) laten oplossen. Van de warmtebron af de in koud water geweekte (en goed uitgeknepen) gelatine in de vloeistof oplossen. De koffieroom toevoegen en nu en dan roerend laten afkoelen. Zodra de massa geleiachtig (vladikte) begint te worden, deze in een met koud water omgespoelde puddingvorm overdoen. De pudding koud en stijf laten worden, keren en garneren met de met de suiker stijfgeklopte slagroom en desgewenst gehalveerde walnoten of geven met vanillesaus.

Variaties

Karamelpudding (met maïzena)

Gelatine en koffieroom vervangen door 64 g maïzena en 2 dl koude melk. Hiervan een glad mengsel maken en dit goed roerend aan de kokende karamelmassa toevoegen. Roerend aan de kook laten komen, enkele seconden laten doorkoken; de massa moet zo dik zijn, dat een streep die erin getrokken wordt, even zichtbaar blijft. Meteen

** Poedergelatine zie blz. 321. Indien de pudding 1 dag van tevoren gemaakt wordt, 10% minder gelatine gebruiken.*

in een met koud water omgespoelde puddingvorm overdoen en koud en stijf laten worden.

Hopjespudding

1 dl melk vervangen door 1 dl sterke koffie (of 2½ g oploskoffie opgelost in 1 dl kokend water).

6 dl melk
½ vanillestokje
100 g bitterkoekjes
19 g bladgelatine*
75 g suiker
2 dl room
Garnering:
50 g nat gekonfijte oranjesnippers

Blanc-manger, gladde roompudding

De melk aan de kook laten komen met het vanillestokje en de bitterkoekjes, die in een dun doekje zijn gebonden, en ± 30 minuten laten trekken. Het vanillestokje en de bitterkoekjes uit de melk nemen. De melk zo nodig aanvullen tot 6 dl en weer aan de kook laten komen. De pan van de warmtebron nemen en de in koud water geweekte (en goed uitgeknepen) gelatine en daarna de suiker in de melk oplossen en de (ongeklopte) room toevoegen. De massa nu en dan roerend laten afkoelen en zodra ze geleiachtig begint te worden, in een met koud water omgespoelde puddingvorm overdoen. De pudding koud en stijf laten worden, keren en garneren met de oranjesnippers.

Bavaroises (schuimige puddingen met geklopte slagroom)

boter of olie
2 eieren
± 100 g suiker
3 dl melk
½ vanillestokje
10 g bladgelatine*
marasquin
2 dl slagroom
Garnering:
1 dl slagroom
± 15 g suiker
of 2 dl saus (blz. 339-343)

Vanillebavarois, schuimige vanillepudding

Een puddingvorm dun met boter of olie bestrijken. De eieren met 1 lepel suiker goed uitroeren (de hagelsnoeren vooraf verwijderen) en met wat koude melk verdunnen. De overige melk met het opengesneden vanillestokje aan de kook laten komen, 20 minuten laten trekken in een gesloten pan, daarna het vanillestokje verwijderen. Al roerend in het eimengsel, een gedeelte van de hete melk toevoegen; daarna, in de rest van de melk roerend, het warme eimengsel erbij schenken. Nog steeds roerend de massa verwarmen tot ze dun gebonden is. De pan van de warmtebron nemen en de in koud water geweekte (en goed uitgeknepen) gelatine en de overige suiker in de massa oplossen. De massa nu en dan roerend laten afkoelen en op smaak afmaken met iets marasquin.• De slagroom bijna stijf kloppen (mengdikte). De massa, zodra deze geleiachtig (vladikte) begint te worden, luchtig omscheppend erbij schenken. Zodra de puddingmassa niet meer uitzakt, deze in de puddingvorm overdoen. De pudding koud en stijf laten worden, keren (vooraf de vorm ± 2 tellen tot aan de rand in warm water houden) en garneren met de slagroom die met de suiker is stijfgeklopt.

Variaties

Het vanillestokje vervangen door 2 zakjes vanillesuiker; deze met de suiker toevoegen. Het trekken vervalt.

Gemberbavarois, schuimige gemberpudding

Voor de vla 2½ dl melk gebruiken en deze, na het afkoelen, vermengen met ½ dl gembersiroop en 100 g kleingesneden gember. De pudding garneren met plakjes gember en slagroom.

** Poedergelatine zie blz. 321. Indien de pudding 1 dag van tevoren gemaakt wordt, 10% minder gelatine gebruiken.*

Chipolatabavarois, schuimige chipolatapudding
Als vulsel 40 g in 3 lepels marasquin en iets melk geweekte lange vingers, 20 g gewelde rozijnen, 30 g kleingesneden Franse vruchtjes en 25 g kleingesneden gekonfijte oranjesnippers laag om laag met de pudding in de vorm doen (zonder dat de vulling tegen de vorm komt). Of de vulling door de puddingmassa mengen. Garneren met Franse vruchtjes.

Chocoladebavarois, schuimige chocoladepudding
Het vanillestokje vervangen door 40 g cacao en ± 120 g suiker nemen. Van de cacao, ¾ van de suiker en de melk chocolademelk maken; hiervan de pudding verder bereiden.

Mokkabavarois, schuimige mokkapudding
Het vanillestokje en 1 dl melk vervangen door 1 dl sterke koffie (of ± 6 g oploskoffie, opgelost in 1 dl heet water); deze na de gelatine bij de massa schenken, zo nodig wat extra suiker toevoegen.

Karamelbavarois, schuimige karamelpudding, hopjesbavarois
Ter vervanging van de aangegeven hoeveelheid suiker en het vanillestokje 150 g suiker in een pan met een dikke bodem gelijkmatig laten smelten en langzaam bruin laten kleuren tot de helft van het oppervlak schuimt en er met de melk karamelmelk van maken; hiervan de pudding verder bereiden. Voor hopjesbavarois 1 dl melk minder aan de karamel toevoegen en daarvoor in de plaats 1 dl sterke koffie na de gelatine aan de massa toevoegen.

Variatie in bereiding

Vanillebavarois met eiwit en slagroom
Extra 2 gepasteuriseerde eiwitten gebruiken. De eiwitten stijfkloppen en op de geklopte slagroom leggen. De geleiachtige massa luchtig omscheppend erbij schenken.

500 g aardbeien
sap van 1 citroen
½ dl kokend water
12 g bladgelatine*
± 125 g basterdsuiker
boter of olie
2 dl slagroom
Garnering:
1 dl slagroom
± 15 g suiker
of 2 dl vanillesaus (blz. 339)

Aardbeienbavarois, schuimige aardbeienpudding
De aardbeien wassen, schoonmaken. Enkele mooie vruchten achterhouden voor de garnering, de overige vruchten pureren. Het citroensap toevoegen en zo nodig de puree met water aanvullen tot 3 dl. De in koud water geweekte (en goed uitgeknepen) gelatine en daarna de suiker in het kokende water oplossen (van de warmtebron af). Dit mengsel bij de aardbeienpuree voegen en nu en dan roerend laten afkoelen. Een puddingvorm dun met boter of olie bestrijken. Voor verdere bereiding zie vanillebavarois vanaf •. De pudding garneren met de achtergehouden aardbeien en met de slagroom, die met de suiker is stijfgeklopt, of geven met een vanillesaus.

Variaties

Frambozen-, bramenbavarois
De aardbeien vervangen door frambozen of bramen.

Aardbeienbavarois met eiwit en slagroom
Zie variatie in bereiding onder vanillebavarois.

** Poedergelatine zie blz. 321. Indien de pudding 1 dag van tevoren gemaakt wordt, 10% minder gelatine gebruiken.*

schil van 1 sinaasappel
½ dl water
14 g bladgelatine*
± 125 g basterdsuiker
sap van 1 citroen
3 dl sinaasappelsap (van ± 6 sinaasappels) of 3 dl diepvriessinaasappelsap
boter of olie
2 dl slagroom
Garnering:
1 dl slagroom
15 g suiker
4 plakken sinaasappel of 2 dl chocoladesaus (blz. 340)

Sinaasappelbavarois, schuimige sinaasappelpudding

De sinaasappel afborstelen en zeer dun afschillen. Het water met de sinaasappelschil aan de kook laten komen en 10 minuten laten trekken. De schil verwijderen en de in koud water geweekte (en goed uitgeknepen) gelatine en daarna de suiker in de massa oplossen. Het gezeefde citroen- en sinaasappelsap toevoegen en nu en dan roerend laten afkoelen. Een puddingvorm dun met boter of olie bestrijken. Voor verdere bereiding zie vanillebavarois vanaf •. De pudding garneren met de slagroom, die met de suiker is stijfgeklopt, en de gehalveerde plakken sinaasappel, of geven met een chocoladesaus.

Variaties

Gevulde sinaasappels met bavarois
Deze pudding gebruiken als vulling voor gevulde sinaasappels (zie blz. 326). Voor 8 stuks (4 sinaasappels) het halve recept klaarmaken, maar 6 g gelatine gebruiken.

Citroenbavarois, schuimige citroenpudding
De sinaasappelschil en het -sap vervangen door citroenschil en het sap van 4 citroenen, aangevuld met water en desgewenst ½ dl rijnwijn tot 3 dl; ± 150 g suiker gebruiken. Garneren met bijvoorbeeld plakken kiwi.

Sinaasappelbavarois met eiwit en slagroom
Zie variatie in bereiding onder vanillebavarois.

1 blik ananas van ± 425 g
sap van 1 citroen
12 g bladgelatine*
± 60 g suiker
(citroensap)
boter of olie
2 dl slagroom
Garnering:
1 dl slagroom
15 g suiker
of 2 dl vanillesaus

Ananasbavarois, schuimige ananaspudding

De ananas laten uitlekken (het sap opvangen), de schijven in kleine stukjes snijden, ¼ deel (desgewenst wat grotere stukken) apart houden voor de garnering. Het ananassap met het citroensap zo nodig met water aanvullen tot 3 dl. De helft hiervan aan de kook laten komen. Van de warmtebron af de in koud water geweekte (en goed uitgeknepen) gelatine en daarna de suiker erin oplossen. De rest van het vocht en naar smaak wat citroensap en/of suiker toevoegen en de massa nu en dan roerend laten afkoelen. Een puddingvorm dun met boter of olie bestrijken. Voor verdere bereiding zie vanillebavarois vanaf •. De pudding garneren met de achtergehouden ananas en de slagroom, die met de suiker is stijfgeklopt, of geven met een vanillesaus.

N.B. De pudding *niet* bereiden met verse ananas of andere tropische vruchten, daar de gelatine dan niet stijf wordt.

Variaties

Vruchtenbavarois, schuimige vruchtenpudding
De ananas vervangen door vruchten naar keuze.

Ananasbavarois met eiwit en slagroom
Zie variatie in bereiding onder vanillebavarois.

** Poedergelatine zie blz. 321. Indien de pudding 1 dag van tevoren gemaakt wordt, 10% minder gelatine gebruiken.*

1 blik vruchten van ± 425 g
11 g bladgelatine*
300 g magere kwark
± 100 g basterdsuiker
1 zakje vanillesuiker
rasp van ½ citroen
sap van 1 citroen
boter of olie
2 dl slagroom
Garnering:
1 dl slagroom
± 15 g suiker

Kwarkbavarois, schuimige kwarkroompudding

De vruchten laten uitlekken (het sap opvangen) en zo nodig kleinsnijden. 1 dl vruchtensap aan de kook laten komen. Van de warmtebron af de in koud water geweekte (en goed uitgeknepen) gelatine erin oplossen, laten afkoelen. De kwark vermengen met de (gezeefde) basterdsuiker, de vanillesuiker, de citroenrasp en het citroensap. Het afgekoelde maar nog vloeibare gelatinemengsel en desgewenst een deel van de vruchten erdoor mengen. De massa nu en dan roerend geleiachtig laten worden. Een puddingvorm dun met boter of olie bestrijken. Voor verdere bereiding zie vanillebavarois vanaf •. De pudding garneren met de achtergehouden vruchten en de slagroom die met de suiker is stijfgeklopt.

Variatie

Kwarkbavarois met eiwit en slagroom

Zie variatie in bereiding onder vanillebavarois.

± 100 g lange vingers
boter of olie
2 eieren
± 80 g suiker
2 dl melk
9 g bladgelatine*
1 dl marasquin
1 zakje vanillesuiker
2 dl slagroom
Garnering:
± 60 cm lint
Franse vruchtjes of paarse suikerviooltjes
zilverpilletjes
(1 dl slagroom)
(± 15 g suiker)

Charlotte Russe, schuimige marasquinpudding met wand van biscuits

Een rechte, gladde vorm gebruiken. De lange vingers rechtop, tegen elkaar aan, langs de wand zetten, de gesuikerde kant tegen de vorm aan. Om ze goed te laten aansluiten, zo nodig de zijkanten bijsnijden. De bodem van de vorm met boter of olie bestrijken, eventuele kruimeltjes met een kwastje van de bodem weghalen. De eieren met 1 lepel suiker goed uitroeren (de hagelsnoeren vooraf verwijderen) en met wat koude melk verdunnen. De overige melk aan de kook laten komen. Al roerend in het eimengsel een gedeelte van de hete melk toevoegen; daarna in de rest van de melk roerend, het warme eimengsel erbij schenken. Nog steeds roerend de massa verwarmen, tot ze dun gebonden is. De pan van de warmtebron nemen. De vooraf in koud water geweekte (en goed uitgeknepen) gelatine en daarna de overige suiker in de massa oplossen. De marasquin en de vanillesuiker toevoegen en het mengsel nu en dan roerend laten afkoelen. De slagroom bijna stijfkloppen (mengdikte). De puddingmassa, zodra deze geleiachtig (vladikte) begint te worden, luchtig omscheppend erdoor mengen. Zodra de puddingmassa niet meer uitzakt, deze in de gevoerde vorm overdoen. Als de puddingmassa volkomen stijf is, de lange vingers zo nodig langs de bovenrand van de pudding bijsnijden en de pudding keren (ten hoogste na 2 uur; als de pudding te lang in de vorm blijft, worden de lange vingers te zacht). Het lint om de pudding strikken en de bovenkant van de pudding garneren met Franse vruchtjes of paarse suikerviooltjes en zilverpilletjes en desgewenst met de slagroom die met de suiker is stijfgeklopt.

Variaties

De puddingmassa in een met boter of olie bestreken gladde puddingvorm laten opstijven. Na het keren de lange vingers tegen de pudding drukken. De pudding garneren en meteen opdoen.

** Poedergelatine zie blz. 321. Indien de pudding 1 dag van tevoren gemaakt wordt, 10% minder gelatine gebruiken.*

Charlotte Russe met eiwit en slagroom
Zie variatie in bereiding onder vanillebavarois.

boter of olie
20 g krenten
20 g rozijnen
40 g lange vingers
± 3 lepels rum
3 dl melk
2 eieren
75 g suiker
10 g bladgelatine*
½ zakje vanillesuiker
2 dl slagroom
Garnering:
1 dl slagroom
15 g suiker

Kabinetbavarois, schuimige kabinetpudding

Een puddingvorm dun met boter of olie bestrijken. De krenten en rozijnen wassen, wellen en laten uitlekken. De lange vingers in stukjes snijden en weken met de rum, die met iets melk is verdund. De eieren met 1 lepel suiker goed uitroeren (de hagelsnoeren vooraf verwijderen) en verdunnen met wat koude melk. De rest van de melk aan de kook laten komen. Al roerend aan het eiermengsel een gedeelte van de hete melk toevoegen; daarna, in de rest van de melk roerend, het warme eiermengsel erbij schenken. Nog steeds roerend de massa verwarmen, tot ze dun gebonden is. De pan van de warmtebron nemen en de in koud water geweekte (en goed uitgeknepen) gelatine en daarna de overige suiker in de vla oplossen; de vanillesuiker toevoegen. De massa nu en dan roerend laten afkoelen •. De slagroom bijna stijfkloppen (mengdikte). Zodra de puddingmassa geleiachtig (vladikte) begint te worden, het vulsel op de slagroom leggen en luchtig omscheppend de vla erdoor mengen. Zodra het vulsel niet meer zakt, de puddingmassa in de vorm overdoen. De pudding koud en stijf laten worden, keren (vooraf de vorm ± 2 tellen tot aan de rand in warm water houden) en garneren met de slagroom die met de suiker is stijfgeklopt.

Variatie

Kabinetbavarois met eiwit en slagroom
Zie variatie in bereiding onder vanillebavarois.

boter of olie
40 g rozijnen
25 g geroosterde amandelsnippers (blz. 414)
2 eieren
110 g suiker
3 dl melk
10 g bladgelatine*
½ dl marasquin
25 g gesnipperde sukade
2 dl slagroom
Garnering:
1 dl slagroom
15 g suiker

Nesselrodebavarois, schuimige Nesselrodepudding

Een puddingvorm dun met boter of olie bestrijken. De rozijnen wassen, wellen en laten uitlekken. De amandelsnippers hakken. De eieren met 1 lepel suiker goed uitroeren (de hagelsnoeren vooraf verwijderen) en verdunnen met iets koude melk. De overige suiker in een pan met dikke bodem gelijkmatig laten smelten en langzaam bruin laten kleuren, tot de helft van het oppervlak schuimt. Ineens alle overige koude melk bij de gebrande suiker schenken en roeren tot de karamel(klont) opgelost is. Al roerend aan het eiermengsel, een gedeelte van de hete karamelmelk toevoegen; daarna, in de rest van de karamelmelk roerend, het warme eiermengsel erbij schenken. Nog steeds roerend de massa op een getemperde warmtebron verwarmen tot ze gebonden is. De pan van de warmtebron nemen en de in koud water geweekte (en goed uitgeknepen) gelatine in de vla oplossen. De massa nu en dan roerend laten afkoelen en de marasquin toevoegen. Voor verdere bereiding zie kabinetbavarois vanaf •.

Variatie

Nesselrodebavarois met eiwit en slagroom
Zie variatie in bereiding onder vanillebavarois.

** Poedergelatine zie blz. 321. Indien de pudding 1 dag van tevoren gemaakt wordt, 10% minder gelatine gebruiken.*

200 g gedroogde abrikozen
4 dl water
50 g suiker
3½ dl melk
½ vanillestokje
30 g dessertrijst
9 g bladgelatine*
100 g suiker
¼ à ½ dl marasquin
boter of olie
2 dl slagroom
Garnering:
1 dl slagroom
± 15 g suiker

Riz à la Condé, schuimige rijstpudding met abrikozen

De gedroogde abrikozen wassen, 12 uur in het water met de suiker laten weken en op een getemperde warmtebron laten koken tot ze zacht zijn (± 20 minuten); laten uitlekken. Van de melk, het vanillestokje en de rijst, rijstepap koken (blz. 301). De rijstkorrels heel zacht laten worden. De pan van de warmtebron nemen en de in koud water geweekte (en goed uitgeknepen) gelatine en daarna de suiker in de rijstepap oplossen. Het vanillestokje verwijderen, de marasquin toevoegen. De massa nu en dan roerend laten afkoelen. Een puddingvorm dun met boter of olie bestrijken. De slagroom bijna stijfkloppen (mengdikte). De massa, zodra deze geleiachtig (vladikte) begint te worden, luchtig omscheppend door de slagroom mengen. De puddingmassa, zodra ze niet meer uitzakt, laag om laag met een deel van de abrikozen in de puddingvorm leggen, zo, dat de abrikozen niet tegen de wand aan komen. De pudding koud en stijf laten worden, keren (vooraf de vorm ± 2 tellen tot aan de rand in warm water houden) en garneren met de rest van de abrikozen en opspuiten met de slagroom, die met de suiker is stijfgeklopt.

Variaties

De gedroogde abrikozen vervangen door abrikozen uit blik (± 450 g). De melk, vanillestokje, rijst en suiker vervangen door 3½ dl kant-en-klare rijstepap. Een deel hiervan verwarmen en er de gelatine en een zakje vanillesuiker in oplossen.

Riz à la Condé met eiwit en slagroom

Zie variatie in bereiding onder vanillebavarois.

½ dl water
6 g bladgelatine*
± 20 g suiker
1½ dl rijnwijn, rode wijn of vruchtensap
boter of olie
een schuimige pudding of bavarois (zie blz. 330-337)
Garnering:
1 dl slagroom
± 15 g suiker

Bavarois met bovenlaag van gelei

Het water aan de kook laten komen, de pan van de warmtebron nemen. De in koud water geweekte (en goed uitgeknepen) gelatine en daarna de suiker in het water oplossen. De wijn of het gezeefde vruchtensap toevoegen. De massa nu en dan roerend laten afkoelen en zodra ze geleiachtig (vladikte) begint te worden, overdoen in een puddingvorm. De gelei bijna stijf laten worden. De puddingvorm verder dun met boter of olie bestrijken en bijvullen met de schuimige puddingmassa. De pudding stijf laten worden. De puddingvorm tot aan de rand ± 2 tellen in warm water houden, daarna keren en garneren met de slagroom, die met de suiker is stijfgeklopt.

** Poedergelatine zie blz. 321. Indien de pudding 1 dag van tevoren gemaakt wordt, 10% minder gelatine gebruiken.*

Voor de wand:
1 dl water
16 g rode bladgelatine*
60 g suiker
3 dl bessensap
Voor de binnenpudding:
2 eieren
± 100 g suiker
3 dl melk
½ vanillestokje
10 g bladgelatine*
marasquin
2 dl slagroom
Garnering:
1½ dl slagroom
20 g suiker

Vanillebavarois met wand van bessengelei ***(8 personen)***
Voor deze pudding een speciale, dubbele timbaalvorm gebruiken. Het water aan de kook laten komen, de pan van de warmtebron nemen. De in koud water geweekte (en goed uitgeknepen) gelatine en daarna de suiker in het water oplossen. Het bessensap toevoegen. De massa nu en dan roerend laten afkoelen en zodra ze enigszins geleiachtig (vladikte) begint te worden in de buitenvorm, die volkomen droog moet zijn, schenken. De binnenvorm met koud water en stukjes ijs vullen en in de buitenvorm plaatsen. De hele puddingvorm in koud water met ijs zetten, de puddingwand stijf laten worden. Daarna van de melk, het vanillestokje, de eieren, de suiker, de gelatine en de slagroom de massa voor de 'binnenpudding' klaarmaken (zie vanillebavarois blz. 330). Zodra deze niet meer uitzakt, de binnenste vorm bijna leeggieten, •• daarna snel geheel bijvullen met warm water en na één tel leeggieten; de binnenvorm voorzichtig uit de buitenvorm tillen. De vorm vullen met de schuimige puddingmassa en deze stijf laten worden. De vorm twee tellen in warm water onderdompelen en de pudding keren. De pudding garneren met de slagroom, die met de suiker is stijfgeklopt.

Voor de wand:
25 g cacao
75 g suiker
2 dl melk
9 g bladgelatine*
2 dl (garde)room
Voor de binnenpudding:
schil van 1 sinaasappel
½ dl water
14 g bladgelatine*
± 125 g basterdsuiker
sap van 1 citroen
3 dl sinaasappelsap (van ± 6 sinaasappels)
of 3 dl diepvriessinaasappelsap
boter of olie
2 dl slagroom
Garnering:
1½ dl slagroom
20 g suiker

Sinaasappelbavarois met wand van chocoladepudding ***(8 personen)***
Voor deze pudding een speciale, dubbele timbaalvorm gebruiken. Van de cacao, de suiker en de melk chocolademelk koken (blz. 427). De in koud water geweekte (en goed uitgeknepen) gelatine hierin van de warmtebron af oplossen. De room toevoegen. De massa nu en dan roerend laten afkoelen en zodra ze enigszins geleiachtig (vladikte) begint te worden, in de grote vorm, die volkomen droog moet zijn, schenken. De binnenvorm met koud water en stukjes ijs vullen en in de buitenvorm plaatsen. De hele vorm in koud water met ijs zetten; de wand stijf laten worden. Daarna de 'binnenpudding' klaarmaken (zie sinaasappelbavarois blz. 332, tot aan •). De binnenste vorm bijna leeggieten. Voor verdere bereiding zie vanillebavarois met wand van bessengelei (hierboven vanaf ••).

** Poedergelatine zie blz. 321. Indien de pudding 1 dag van tevoren gemaakt wordt, 10% minder gelatine gebruiken.*

Paaspuddingen

I Eenvoudige paaspudding ***(± 6 personen)***
Griesmeelpudding met eieren of sneeuwpudding maken (blz. 324, maar 1½ de aangegeven hoeveelheden nemen). De puddingmassa verdelen over zes omgespoelde eierdoppen en een met koud water omgespoelde kom. Bij het keren de 'eieren' om de grote pudding heen plaatsen. Uitgelekte en in partjes gesneden abrikozen uit blik om de pudding en de puddinkjes heen leggen.

II Paasrand ***(± 6 personen)***
Blanc-manger maken (blz. 330, maar 1½ de aangegeven hoeveelheden nemen). Een met koud water omgespoelde rand met ongeveer twee derde van de puddingmassa vullen. De overige puddingmassa in enige porties verdelen. Iedere portie een andere kleur geven, met iets kleurstof, cacao en/of koffie-extractpoeder. (In beide laatste gevallen extra suiker toevoegen.) Met deze verschillende puddingmassa's met koud water omgespoelde eierdopjes vullen. Na het keren de 'gekleurde eieren' in de holte van de rand plaatsen.

III Paasbloem ***(± 6 personen)***
Sneeuwpudding (blz. 324) of vanillebavarois (blz. 330) maken. De puddingmassa in een rand overdoen, die dun met boter of olie is bestreken. Sinaasappelgelei maken (zie gevulde sinaasappels met gelei, blz. 326, ½ recept, maar 7 g witte gelatine gebruiken). Drie halve sinaasappelschillen met een gedeelte van deze gelei vullen, de overige gelei op een met koud water omgespoeld diep bord schenken. De gelei koud en stijf laten worden. De geleitjes met een nat, warm mes doormidden snijden en elke helft overdwars nog eens doorsnijden, zodat in het geheel 12 puntjes ontstaan.
Na het keren van de rand de overgehouden gelei fijnsnijden; de holte van de rand ermee vullen.
De puntjes om de rand heen plaatsen.

IV Zonnebloempudding ***(± 6 personen)***
Blanc-manger (blz. 330) of vanillebavarois (blz. 330) maken. Als puddingvorm een ronde schaal of springvorm gebruiken. De pudding na het keren als zonnebloem garneren met uitgelekte schijven perzik uit blik. Het middendeel (als hart van de bloem) dun met chocoladehagelslag opvullen. De pudding garneren met slagroom, die met suiker is stijfgeklopt.

V Fijne paaspudding ***(± 6 personen)***
Mokkabavarois maken (blz. 331). De rand van een springvorm, die dun met boter of olie is bestreken, op een glazen puddingschaal plaatsen en hierin de puddingmassa overdoen. Als de pudding koud en stijf geworden is, de springvormrand verwijderen. De pudding garneren met slagroom, die met suiker is stijfgeklopt. Door de wijze van spuiten en met behulp van sukadesnippers en kleine chocolade-eitjes proberen een 'tak-en-nest'-effect te verkrijgen.

** Poedergelatine zie blz. 321. Indien de pudding 1 dag van tevoren gemaakt wordt, 10% minder gelatine gebruiken.*

Kerstpuddingen

I Gevulde mandarijnen ***(zie blz. 316)***

II Gegarneerde appelpudding
Appelpudding (blz. 326, met rode gelatine) maken. De pudding garneren met plakjes kiwi en slagroom, die met suiker is stijfgeklopt.

III Sterpudding ***(± 6 personen)***
Blanc-manger (blz. 330) of vanillebavarois (blz. 330) maken. De puddingmassa overdoen in een met koud water omgespoelde ronde rijstrand.

Rode sinaasappelgelei maken (zie gevulde sinaasappels met gelei, blz. 326, ½ recept, maar 7 g rode gelatine gebruiken). Drie halve sinaasappelschillen met een gedeelte van deze gelei vullen, de overige gelei op een met koud water omgespoeld diep bord schenken. De gelei koud en stijf laten worden. De geleitjes met een nat, warm mes doormidden snijden en elke helft overdwars nog eens doorsnijden, zodat in het geheel 12 puntjes ontstaan. Na het keren van de rand de overgehouden gelei fijnsnijden; de holte van de rand ermee vullen. De puntjes om de rand heen plaatsen.

IV Charlotte Noël
Charlotte Russe (blz. 333) maken. Een rood lint om de pudding strikken en de bovenkant van de pudding garneren met rode en/of groene Franse vruchtjes, plakjes kiwi, zilverpilletjes en desgewenst stijfgeklopte slagroom.

V Kerstbavarois ***(± 6 personen)***
Vanillebavarois (blz. 330) maken met bovenlaag van rode gelei (zie bavarois met bovenlaag van gelei blz. 335). Voor de gelei rode wijn of bessensap en rode gelatine gebruiken.

VI Timbale Noël ***(8 personen)***
Vanillebavarois met wand van bessengelei (blz. 336) maken.

VII Plumpudding ***(blz. 305)***
Overgieten met verwarmde rum, deze meteen aansteken en de pudding brandend op tafel brengen.

Zoete sauzen

Zoete sauzen worden gegeven bij bijvoorbeeld puddingen, ijsgerechten en vruchten. Ze kunnen bereid worden van melk, vruchten of vruchtensap.
Gladde sauzen kunnen warm of koud gegeven worden. Koude sauzen hebben wat minder bindmiddel nodig (bij het afkoelen stijft het bindmiddel nog wat na).
Schuimige sauzen worden bereid met schuimig geklopte eieren en worden warm gegeven.
Een *sabayon* is dikker dan een schuimige saus; ze kan echter als (warme) saus gegeven worden bij bijvoorbeeld ijs of vruchten.
De suiker die in de recepten staat aangegeven, kan door zoetstof worden vervangen. Deze echter niet meekoken, dus zo laat mogelijk tijdens de bereiding toevoegen. Voor de hoeveelheid zie de gebruiksaanwijzing.

Melksauzen (koude en warme)

10 g custardpoeder
30 g suiker
4 dl melk

Custardsaus

Het custardpoeder en de suiker met wat koude melk aanmengen. De rest van de melk aan de kook laten komen en goed roerend het mengsel toevoegen. Al roerend de massa opnieuw aan de kook laten komen en enkele seconden laten doorkoken. De saus nu en dan roerend laten afkoelen en koud geven bij bijvoorbeeld chocoladepudding.

Variatie

Warme custardsaus

Deze bereiden met 12 g custardpoeder.

1 eierdooier
30 g suiker
4 dl melk
of 2 dl melk en
2 dl (koffie)room
7 g maïzena
¼ vanillestokje

Vanillesaus

De dooier met iets suiker uitroeren, met wat koude melk verdunnen. De maïzena apart met wat melk aanmengen en met de overige suiker toevoegen aan de dooier; goed glad roeren. De rest van de melk (en de room) met het opengesneden vanillestokje aan de kook laten komen en ± 15 minuten op een getemperde warmtebron laten trekken. Het vanillestokje verwijderen. Al roerend in het eimengsel een gedeelte van de hete melk toevoegen, daarna, in de rest van de melk roerend, het verwarmde eimengsel erbij schenken. Nog steeds roerend de massa aan de kook laten komen en van de warmtebron nemen als ze juist kookt; nog even doorgaan met roeren. De saus nu en dan roerend laten afkoelen en geven bij bijvoorbeeld karamel-, chocolade- of koffiepudding.

Variaties

Het vanillestokje vervangen door 1 zakje vanillesuiker; na het koken toevoegen.

Marasquinsaus, rumsaus

Het vanillestokje vervangen door 3 lepels marasquin of rum; deze na het koken toevoegen.

Warme vanille-, marasquin- of rumsaus

De saus bereiden met 9 g maïzena.

Kaneelsaus

1 lepel kaneel met de maïzena uitroeren.

20 g cacao
10 g maïzena
40 g suiker
4 dl mel

Chocoladesaus

De cacao, de maïzena en de suiker droog door elkaar roeren en met wat koude melk tot een dikke, gladde massa aanmengen en iets verdunnen. De rest van de melk aan de kook laten komen en goed roerend aan het mengsel toevoegen. Al roerend de massa opnieuw aan de kook laten komen en enkele seconden laten doorkoken. De saus nu en dan roerend laten afkoelen en geven bij bijvoorbeeld vanillepudding.

Variaties

Warme chocoladesaus

De saus bereiden met 40 g cacao, 60 g suiker en 12 g maïzena. Desgewenst vlak voor het opdoen 1 reep chocolade (puur) of couverture in kleine stukjes verdeeld door de saus kloppen (dit geeft een 'vollere' smaak).

Warme romige chocoladecouverturesaus

120 g bittere chocolade (repen of couverture)
1 dl koffieroom
1 lepel kirsch

De chocolade in stukjes breken. De room erdoor roeren en op een laag ingestelde warmtebron roerend zacht laten worden. Als alle chocolade gesmolten is, de kirsch toevoegen. De saus meteen opdoen; bijvoorbeeld bij ijs of als chocoladefonduesaus gebruiken.

Mokkasaus

3 g oploskoffie
11 g maïzena
± 45 g suiker
4 dl melk

De oploskoffie in enkele lepels kokend water oplossen. De maïzena en de suiker met wat koude melk glad aanmengen. De rest van de melk aan de kook laten komen en goed roerend het gladgeroerde mengsel toevoegen. Al roerend de massa opnieuw aan de kook laten komen en enkele seconden laten doorkoken. Van de warmtebron af de koffie toevoegen. De saus nu en dan roerend laten afkoelen en koud geven bij bijvoorbeeld vanillepudding of ijs.

Variatie

Mokkasaus met gember

1 dl melk en ± 10 g suiker vervangen door 1 dl gembersiroop. Deze met ± 6 kleingesneden nootjes gember aan de afgekoelde saus toevoegen.

Karamelsaus

11 g maïzena
4 dl melk
60 g suiker

De maïzena glad aanmengen met wat koude melk. De suiker in een pan met een dikke bodem eerst gelijkmatig laten smelten en daarna langzaam bruin laten kleuren, tot ruim de helft van het oppervlak schuimt. Ineens ¼ dl koud water en meteen daarna de overige melk erbij schenken en roeren tot de karamel(klont) is opgelost. De karamelmelk aan de kook laten komen en goed roerend het gladgeroerde maïzenamengsel toevoegen. Al roerend de massa opnieuw aan de kook laten komen; enkele seconden laten doorkoken. De saus nu en dan roerend laten afkoelen en bijvoorbeeld geven bij vanillepudding of -ijs.

Vruchtensauzen (koude en warme)

250 g rijpe aardbeien
sap van 1 citroen
(basterdsuiker)
(± 1 lepel likeur, bijvoorbeeld kirsch, calvados)

Aardbeiensaus, aardbeiencoulis

De vruchten wassen en schoonmaken door de kroontjes te verwijderen. De vruchten overgieten met het citroensap, pureren en desgewenst naar smaak vermengen met de suiker en/of likeur. De saus geven bij yoghurt-, kwark- of ijsgerechten of bij puddingen.

Variaties

Bramen-, frambozen-, kiwi-, mangosaus

De aardbeien vervangen door 250 g bramen of frambozen, 5 rijpe geschilde kiwi's of 2 rijpe geschilde en ontpitte mango's. Desgewenst 3 lepels halfstijfgeklopte slagroom door de saus scheppen.

Avocadosaus

De aardbeien vervangen door het vruchtvlees van 2 rijpe avocado's. Op smaak en dikte afmaken met suiker, citroensap, 1 lepel sherry of cognac en (koffie)room.

250 g goudrenetten
± 1 dl water
± ½ dl sinaasappelsap of calvados
± 25 g suiker
(citroensap)
(mespunt kaneel)

Appelsaus

De appels schillen, ontdoen van klokhuizen en in kleine stukken snijden. Opzetten met het kokende water en zonder roeren op een getemperde warmtebron laten koken tot de appels zacht zijn (± 10 minuten). De massa pureren en op dikte en smaak afmaken met het sinaasappelsap of de likeur, de suiker en desgewenst citroensap of kaneel.

Variaties

Pruimensaus

De appels vervangen door 250 g gewassen pruimen met pit; het sinaasappelsap desgewenst vervangen door port. De massa zeven.

Pittige appel-, pruimen-, mierikswortelsaus

De saus zonder suiker bereiden. Op smaak afmaken met zout, peper, Engelse saus, 1 lepel sherry of cognac en (koffie)room. Desgewenst een lepel zeer fijn geraspte mierikswortel door de saus roeren. Geven bij vleesgerechten.

schil van 1 sinaasappel
1½ dl water
2½ dl sinaasappelsap (van 3 à 4 sinaasappels of 2½ dl diepvriessinaasappelsap)
sap van 1 citroen
8 g aardappelmeel
± 60 g suiker
(1 lepel sinaasappellikeur)

Sinaasappelsaus

De sinaasappel afborstelen en zeer dun afschillen. Het water aan de kook laten komen met de sinaasappelschil en 10 minuten laten trekken. Het gezeefde vruchtensap toevoegen. Het vocht opnieuw aan de kook laten komen en binden met het aangemengde aardappelmeel. De sinaasappelschil verwijderen, de suiker en desgewenst de likeur toevoegen. De saus nu en dan roerend laten afkoelen.

Variatie

Warme sinaasappelsaus

De saus binden met 10 g aardappelmeel.

Hartige sinaasappelsaus *(zie blz. 106)*

100 g gedroogde abrikozen
3 dl water
± 50 g suiker
(citroensap)
(apricot brandy)

Abrikozensaus, abrikozencoulis *(koud, warm)*

De gewassen abrikozen 12 uur in het water laten weken. Met het weekwater en de suiker laten koken tot ze zacht zijn (± ½ uur) en pureren. Desgewenst op smaak afmaken met citroensap en/of apricot brandy. De saus warm of koud geven bij bijvoorbeeld warme of koude puddingen.

Variatie

Zo nodig warme saus bijbinden met aangemengd aardappelmeel.

Abrikozensaus, perzikensaus (van conserven)

Abrikozen of perziken uit blik (± 425 g) laten uitlekken; het vocht opvangen. De vruchten pureren en op sausdikte verdunnen. Desgewenst met citroensap op smaak afmaken.

1½ dl water
± 5 cm pijpkaneel of citroenschil
± 60 g suiker
2½ dl bessensap of frambozensap
8 g aardappelmeel

Bessensapsaus, frambozensaus

Het water met de kaneel of de citroenschil aan de kook laten komen en 10 minuten laten trekken. De suiker en het bessensap toevoegen, het vocht aan de kook laten komen en binden met het aangemengde aardappelmeel. Het stukje pijpkaneel of de citroenschil verwijderen. De saus nu en dan roerend laten afkoelen en geven bij bijvoorbeeld puddingen.

Pittige bessengeleisaus, cumberlandsaus *(zie blz. 99)*

150 g cranberry's
2 dl water
± 35 g suiker
(mespunt kaneel)
(mespunt kruidnagelpoeder)
(mespunt gemberpoeder)
(sap van 1 sinaasappel)

Cranberrysaus, veenbessensaus

De bessen wassen, opzetten met het kokende water, de suiker en desgewenst de kruiden. Laten koken tot de bessen openknappen (± 10 minuten). De massa pureren en desgewenst verdunnen met het sinaasappelsap.

1 pot kersen op sap van ½ liter
± 10 g aardappelmeel
± ½ dl kersen- of bessenbrandewijn

Warme kersensaus

De kersen laten uitlekken. Het sap (± 3½ dl) aan de kook laten komen en binden met het aangemengde aardappelmeel. De brandewijn en de kersen toevoegen en meewarmen. De saus zo nodig met suiker op smaak afmaken. De saus warm geven bij bijvoorbeeld ijs.

Warme gekruide rodewijnsaus

1 dl water
± 5 cm pijpkaneel
3 kruidnagels
foelie
citroenschil
± 40 g suiker
3 dl rode wijn
10 g aardappelmeel

Het water met de kaneel, de kruidnagels, de foelie en de citroenschil aan de kook laten komen; 20 minuten laten trekken en zeven. De suiker en de wijn toevoegen. Het vocht opnieuw aan de kook laten komen en binden met het aangemengde aardappelmeel.
De saus warm geven.

Warme schuimige citroensaus

3 citroenen
2 dl water
3 eieren
± 70 g basterdsuiker

Eén citroen afborstelen en zeer dun afschillen. Het water met de citroenschil aan de kook laten komen en 10 minuten laten trekken; de citroenschil verwijderen. Het gezeefde citroensap toevoegen en zo nodig met water aanvullen tot 3 dl. De eieren met de suiker schuimig kloppen. Onder voortdurend kloppen het vocht toevoegen en de massa kloppend au bain-marie of op stoom verwarmen, tot ze gebonden is. De saus warm geven.

Variaties

Warme schuimige bessensapsaus
Het water en het citroensap vervangen door 1½ dl water en 1½ dl bessensap.

Warme schuimige wijnsaus (sabayonsaus)
Het water en het citroensap vervangen door 3 dl witte of rode wijn.

Warme teetotallersaus, schuimige kruidensaus

1½ dl water
± 5 cm pijpkaneel
4 kruidnagels
2 sinaasappels
2 citroenen
3 eieren
± 80 g basterdsuiker

Het water aan de kook laten komen met de kaneel, de kruidnagels, de sinaasappelschil en de citroenschil; 20 minuten laten trekken en vervolgens zeven. Het gezeefde vruchtensap toevoegen. Het vocht zo nodig met water aanvullen tot 3 dl. De eieren met de suiker schuimig kloppen. Onder voortdurend kloppen het vocht toevoegen en de massa kloppend au bain-marie of op stoom verwarmen tot ze gebonden is. De saus warm geven.

Stroopsaus

15 g boter
15 g bloem
3 dl melk
100 g stroop

De boter smelten, de bloem erdoor roeren tot een glad mengsel (een roux) is verkregen. Deze roux even doorwarmen en 1 dl melk ineens toevoegen. De massa aan de kook laten komen, gladroeren en al roerend in gedeelten verdunnen met de rest van de melk. De saus roerend opnieuw aan de kook laten komen en de stroop erdoor roeren. De saus warm geven bijvoorbeeld bij gebakken grutjes (blz. 344) of trommelkoek (blz. 305).

Gebakken nagerechten

Gebakken nagerechten worden gegeven als laatste gang van een lichte maaltijd of als eenvoudige warme maaltijd (bijvoorbeeld pannenkoeken), bij voorkeur met fruit als toespijs.
Men onderscheidt gebakken nagerechten:
I van gare bestanddelen gemaakt;
II van een beslag gemaakt.

I Gebakken gerechten gemaakt van gare bestanddelen:

a Brood of beschuit, geweekt in een mengsel van ei en melk;
b Zeer dikke koude pap (soms in punten gesneden).

25 g suiker
½ theelepel kaneel of geraspte citroenschil
1 ei
2½ dl melk
8 sneetjes oud brood
50 g boter

Wentelteefjes

De suiker met de kaneel of de citroenrasp vermengen, het ei toevoegen en los kloppen. Het mengsel met de koude melk verdunnen. De sneetjes brood desgewenst van de korst ontdoen, eventueel (schuin) doorsnijden en een voor een door het eimengsel halen. Daarna de sneetjes op elkaar stapelen en zo nodig met het eimengsel bedruipen, tot het brood geheel doorweekt is, ± 5 minuten (afhankelijk van de droogte van het brood). De geweekte sneetjes brood voorzichtig in de licht gebruinde boter in een koekenpan vrij snel aan beide kanten goudbruin bakken. De wentelteefjes dakpansgewijs op een verwarmde schaal leggen en geven met suiker, jam, vruchtencompote, verse vruchten of op elk wentelteefje een plak gebakken appel leggen; deze met poedersuiker bestrooien.

Variatie

Beschuitkoekjes

De sneetjes brood vervangen door beschuiten; ½ dl melk vervangen door ½ dl Grand Marnier of citroenlikeur. De beschuiten meteen bakken nadat ze door het eimengsel gehaald zijn.

120 g boekweitgrutjes
8 dl karnemelk
1 g zout
40 g suiker
15 g bloem
60 g boter of olie

Gebakken grutjes

Van de grutjes, de karnemelk, het zout en de suiker zeer dikke grutjespap koken (20 minuten, blz. 301). Deze meteen uitgieten op twee met water omgespoelde diepe borden; de bovenkant gladstrijken. De pap koud en stijf laten worden. Iedere plak in acht punten snijden en deze aan alle kanten met bloem bestrooien en afschudden. In een koekenpan in de lichtgebruinde boter of in de hete olie vrij snel aan alle kanten goudbruin bakken. De grutjes warm geven met suiker, stroop, stroopsaus of abrikozenmoes.

Variatie

Gebakken griesmeelpunten

De karnemelk vervangen door melk; de grutjes door 100 g griesmeel. Kooktijd pap ± 10 minuten.

1 ei
25 g suiker
mespunt kaneel of citroenrasp
200 g drooggekookte rijst (van 65 g rauwe rijst)
35 g bloem
± ¼ dl melk
25 g boter

Rijstkoekjes ***(van drooggekookte rijst; ± 8 stuks)***
Het ei met de suiker en de kaneel of de citroenrasp goed uitroeren. Eerst de in korrels verdeelde rijst en daarna de bloem erdoor roeren. Zo nodig iets melk toevoegen. Van deze massa in een koekenpan in de lichtgebruinde boter koekjes bakken. Deze langzaam gaar en aan weerskanten goudbruin laten worden (pas keren als de bovenkant droog is). De koekjes warm geven met suiker.

II Gebakken nagerechten gemaakt van een beslag

Om een beslag van bloem en melk luchtig te maken, gebruikt men gist, bakpoeder en/of eieren.

Gist bestaat uit plantaardige cellen. Verse gist afgedekt in de koelkast bewaren; gedroogde gistkorrels koel bewaren, zie gebruiksaanwijzing. De gistcellen komen in lauwwarme (36 °C) en vochtige omgeving tot een intensieve stofwisseling. Men rekent 4 à 5% van de hoeveelheid bloem aan verse gist. Van gedroogde gist neemt men ± de helft van de aangegeven hoeveelheid verse gist.

Tarwebloem bevat gluteneiwit, in tegenstelling tot veel andere graansoorten. De enzymen uit de tarwebloem en de gist werken samen; het gluteneiwit wordt mede door het kneden en het vocht elastisch. Koolzuurgas afkomstig van de stofwisseling van de gistcellen duwt het taaie beslag uit elkaar. Het deeg rijst na ½ uur al enigszins; maximale rijstijd 1½ uur. Na het rijzen zo min mogelijk in het deeg roeren, het kan neerslaan.

Bakpoeder bestaat meestal uit dubbelkoolzure soda (en wijnsteenzuur). Deze stof ontleedt zodra ze vochtig en warm wordt: er komt koolzuurgas vrij. Een beslag met bakpoeder moet meteen gebakken worden, daar het bakpoeder snel is uitgewerkt. Men rekent 3% van de bloem aan bakpoeder. Zelfrijzend bakmeel bestaat uit tarwebloem en 3% bakpoeder. In pannenkoekenmeel zit soms nog een extra smaak-/kleurtoevoeging.

Beslagen kan men van *verschillende dikte* maken.
Oliebollen evenveel melk als bloem: verhouding 1:1.
Drie in de pan 1¼ × zoveel melk als bloem: verhouding 1¼:1.
Appelkoekjes/-beignets 1½ × zoveel melk als bloem: verhouding 1½:1.
Poffertjes 1¾ zoveel melk als bloem: verhouding 1¾:1
Pannenkoeken 2 × zoveel melk als bloem: verhouding 2:1.

Eierbeslagen (flensjes) kunnen heel dun gebakken worden, doordat de eierbestanddelen tijdens het bakken vast worden (coaguleren). Bij flensjesbeslag wordt een deel van de bloem uit een pannenkoekenbeslag vervangen door ei (1 ei vervangt ± 50 g bloem). Het beslag wordt daardoor dunner dan pannenkoekbeslag. Het is op het oog niet meer op dikte te beoordelen. Fijne flensjes kunnen aan één kant gebakken worden; ze zijn dan minder droog.
Voor eierpannenkoeken: 4½ dl melk, 200 g bloem, 2 eieren.
Voor flensjes: 4½ dl melk, 150 g bloem, 2 eieren.
Voor fijne flensjes: 4½ dl melk, 120 g bloem, 3 eieren.
Glad beslag wordt verkregen door eerst evenveel vocht als bloem volkomen glad te roeren en zo nodig pas daarna het beslag te verdunnen.

Bakken kan men nagerechten:

a in de koekenpan: in (licht)bruine boter of hete olie (voor maaltijdpannenkoeken een pan van ± 24 cm Ø gebruiken, voor nagerechten een pan van 20 cm Ø). Gerechten niet keren voor de bovenkant droog is;

b in een frituurpan: in hete olie (175 °C). De olie na elk gebruik (door filterpapier) zeven en na 4 à 6 × gebruik verversen. Langzaam bakken voor dik beslag, sneller voor dun beslag.

N.B. Altijd een deksel bij de hand houden voor het geval dat de olie in de pan vlam zou vatten. In dat geval het deksel meteen op de pan leggen. Hierdoor zal de vlam bij gebrek aan zuurstof doven.

50 g krenten
50 g rozijnen
2½ dl melk
13 g verse gist
of 6 g gedroogde gist
250 g bloem of meel
5 g zout
(½ ei)
(25 g gesnipperde sukade of 2 bolletjes gesneden gember)
(½ à 1 gesnipperde appel)
olie

Oliebollen ***(12 à 15 stuks)***

De krenten en rozijnen wassen en goed laten uitlekken. De melk lauwwarm laten worden, de verse gist met de helft van de lauwe melk aanmengen. De bloem met het zout vermengen, een kuiltje in de bloem maken. De rest van de melk, de aangemengde gist en desgewenst het ei in het kuiltje schenken. Van het midden uit roerend een glad beslag maken en dit enige minuten beslaan. Het beslag op dikte beoordelen: het moet in stukken van de lepel vallen. De droge krenten en rozijnen, desgewenst de sukade of de gember en/of de appel erdoor roeren. Het beslag afgedekt op een tamelijk warme plaats ± 1 uur laten rijzen. Een frituurpan voor de helft met olie vullen en verhitten tot ± 175 °C. Met behulp van twee in de olie vetgemaakte lepels bollen vormen, deze meteen in de hete olie laten glijden. Na ± 3 minuten de bollen keren (wanneer ze dit niet uit zichzelf gedaan hebben), ze daarna verder gaar en goudbruin bakken (± 2 minuten). De oliebollen zijn gaar, als een breinaald die erin gestoken wordt, er droog uitkomt. De oliebollen goed laten uitlekken en warm geven met poedersuiker of een mengsel van suiker en kaneel.

Variatie

Hartige oliebollen, hartige bolletjes

De krenten en rozijnen vervangen door 50 g kleingesneden ui, 50 g kleingesneden paprika en 50 g geraspte kaas. Ballen vormen met 2 lepels of kleine balletjes met 2 koffielepels. Deze meteen na het bakken met prikkers serveren.

Sneeuwballen ***(luchtige oliebollen van soezendeeg)*** ***(zie blz. 403)***

60 g krenten
60 g rozijnen
3 dl melk
12 g verse gist
of 6 g gedroogde gist
250 g bloem of meel
5 g zout
½ ei
50 g boter of olie

Drie-in-de-pan ***(met gist, ± 18 stuks)***

De krenten en rozijnen wassen en goed laten uitlekken. De melk lauwwarm laten worden, de verse gist met de helft van de lauwe melk aanmengen. De bloem met het zout vermengen, een kuiltje in de bloem maken en het ei en de aangemengde gist in het kuiltje schenken. Van het midden uit roerend een dik glad beslag maken en dit enige minuten beslaan. Goed roerend het beslag in gedeelten verdunnen met de overige lauwe melk. De dikte van het beslag beoordelen: het moet als een brede band van de lepel lopen. De droge krenten en rozijnen door het beslag roeren. Het beslag afgedekt op een warme plaats ± 1 uur laten rijzen. Van dit beslag in de licht gebruinde boter of in de hete olie in een koekenpan vrij dikke ronde koekjes bakken van ± 6 cm doorsnee. Deze langzaam gaar en lichtbruin laten worden (niet keren voordat de bovenkant droog is). Het gerecht warm geven met suiker.

Variaties

Krenten en rozijnen vervangen door 1 à 2 gesnipperde appels of stukjes uitgelekte ananas uit blik.

Appelkoekjes (2 appels)

Het beslag zonder krenten en rozijnen maken. Bij het bakken een schijf appel op het deeg leggen en er iets in drukken.

Hartige drie-in-de-pan

De krenten en rozijnen vervangen door 200 g kleingesneden rookworst of ham en/of kaas. Desgewenst gembersnippers of geroosterde amandelsnippers toevoegen.

Drie-in-de-pan (van zelfrijzend bakmeel, ± 16 stuks)

De bloem en de gist vervangen door bloem en 7 g bakpoeder of door zelfrijzend bakmeel; het beslag met koude melk bereiden.
Na het beslaan meteen bakken.

Blini's (voor- of lunchgerecht)

Het beslag zonder krenten en rozijnen maken. De bloem en de gist vervangen door 100 g bloem en 100 g boekweitmeel en 2 theelepels bakpoeder. 2 eieren, 3 g zout en 2½ dl koude melk gebruiken. De eieren splitsen, de dooiers losroeren en het beslag eraan toevoegen. De eiwitten stijfkloppen en door het beslag scheppen. De blini's meteen bakken. Opdoen met zure room, kaviaar of zwarte of roze viseitjes, gerookte zalm(snippers) en bestrooid met dille.

± 3½ dl melk
200 g bloem of 100 g bloem
en 100 g boekweitmeel
2 g zout
8 g verse gist
of 4 g gedroogde gist
± 40 g boter

Poffertjes ***(± 60 stuks)***

De melk lauwwarm laten worden. De bloem (en het meel) met het zout vermengen; een kuiltje in de bloem maken. De gist aanmengen met ruim de helft van de lauwe melk en in het kuiltje schenken. Van het midden uit roerend een dik glad beslag maken en dit enige minuten beslaan. Goed roerend het beslag verdunnen met de overige lauwe melk, tot weer een glad beslag is verkregen. Het beslag afgedekt op een tamelijk warme plaats ± 1 uur laten rijzen. Voor iedere portie de holletjes van een hete poffertjespan met een kwastje met boter besmeren. De holletjes voor de helft met beslag vullen en de poffertjes vrij snel aan weerskanten bruin en bijna gaar bakken. De poffertjes warm geven met boter en poedersuiker.

Variatie

Poffertjes met bier

De melk door licht bier vervangen. Het rijzen vervalt hierbij, meteen gaan bakken.

± 1¾ dl melk
125 g bloem
2 g zout
6 g verse gist
of 3 g gedroogde gist
½ ei
3 à 4 handappels
15 g suiker
½ theelepel kaneel
olie

Appelbeignets ***(met gist, ± 16 stuks)***

De melk lauwwarm laten worden. De bloem en het zout vermengen; een kuiltje in de bloem maken. De verse gist aanmengen met ruim de helft van de lauwe melk en met het ei in het kuiltje schenken. Van het midden uit roerend een dik glad beslag maken en dit enige minuten beslaan. Goed roerend het beslag bij gedeelten verdunnen met de overige lauwe melk tot weer een glad beslag is verkregen. Het beslag op dikte beoordelen: het moet gemakkelijk, als een brede band van de lepel lopen. Het beslag afgedekt op een tamelijk warme plaats ± 1 uur laten rijzen. De appels met een appelboor van klokhuizen ontdoen, schillen en in dikke plakken snijden; bestrooien met een mengsel van de suiker en de kaneel en hiermee
± 5 minuten laten staan. Een frituurpan voor de helft met olie vullen en verhitten (± 180 °C). De appelplakken afschudden en een voor een door het beslag halen, meteen in de hete olie laten glijden en snel gaar en aan weerskanten goudbruin bakken. De appelbeignets goed laten uitlekken en warm geven met suiker of met poedersuiker.

Variaties

Appelbeignets (met zelfrijzend bakmeel, ± 16 stuks)

De bloem en de gist vervangen door zelfrijzend bakmeel of bloem met 4 g bakpoeder; het beslag met koude melk bereiden. Na het beslaan meteen bakken.

Ananasbeignets, abrikozenbeignets, bananenbeignets

De appelschijven vervangen door gehalveerde uitgelekte ananasschijven of geweekte, uitgelekte abrikozen, of in schuine schijven gesneden of gehalveerde banaan. Deze beignets kunnen zowel als nagerecht met suiker als bij vlees- en visgerechten worden gegeven.

200 g bloem
4 g zout
2 eieren
4½ dl melk
± 40 g boter

Eierpannenkoeken ***(10 à 12 stuks; ± 20 cm doorsnee)***

De bloem met het zout vermengen, hierin een kuiltje maken. In het kuiltje de eieren breken en 1 dl melk schenken. Van het midden uit roerend, een dik glad beslag maken. Dit goed roerend langzamerhand verdunnen met de overige melk, tot weer een glad beslag verkregen is. Voor elke pannenkoek in een koekenpan iets boter lichtbruin laten worden. Hierin met een diepe lepel zoveel beslag uitschenken dat dit over de gehele panbodem juist kan uitvloeien. De pannenkoeken vlug gaar en aan weerskanten goudbruin bakken (niet keren voordat de bovenkant opgedroogd is). De pannenkoeken recht op elkaar stapelen en warm geven met suiker, stroop of jam.

4½ dl melk
250 g bloem of meel
10 g verse gist
of 4 g gedroogde gist 5 g zout
1 ei
± 40 g boter of olie

Pannenkoeken met gist ***(4 à 5 stuks van ± 24 cm doorsnee; ± 8 stuks van ± 20 cm doorsnee)***

De melk lauwwarm laten worden. De bloem en het zout vermengen; een kuiltje in de bloem maken. De verse gist aanmengen met de helft van de lauwe melk en met het losgeklopte ei in het kuiltje schenken. Van het midden uit roerend een dik glad beslag maken en dit enige minuten beslaan. Goed roerend het beslag verdunnen met de overgebleven lauwe melk, tot weer een glad beslag is verkregen dat als een koord van de lepel afloopt. Het beslag afgedekt op een tamelijk warme plaats ± 1 uur laten rijzen. Voor elke pannenkoek in een grote koekenpan iets boter lichtbruin laten worden of wat olie verhitten. Hierin een deel van het beslag schenken en dit snel over de gehele panbodem laten uitvloeien. De pannenkoeken langzaam gaar en aan weerskanten goudbruin bakken (niet keren voordat de bovenkant droog is). De pannenkoeken warm geven met suiker, stroop, jam of gembersnippers.

Variaties

Pannenkoeken met zelfrijzend bakmeel (± 8 stuks van 20 cm doorsnee)

De bloem en de gist vervangen door zelfrijzend bakmeel of bloem met 7 g bakpoeder, het beslag met koude melk bereiden. Het beslag meteen bakken.

Spekpannenkoeken

150 g rookspek in dunne plakjes in een grote koekenpan langzaam laten uitsmelten. Het spek op een bord leggen, het vet in een kommetje doen. Voor elke pannenkoek wat spekvet heet laten worden. Na het uitvloeien van het beslag enige plakjes spek over de pannenkoek verdelen en meebakken. De spekpannenkoeken geven met stroop.

Kaaspannenkoeken

Na het keren van de pannenkoek ± 40 g dunne plakjes kaas (Goudse, camembert, brie of blauwe kaas) erop leggen en meebakken.

Hartige pannenkoeken

Kleingesneden ham (± 100 g) en/of geraspte kaas door het beslag mengen en meebakken.

Krenten-, rozijnen-, gember-, appelpannenkoeken

100 g gewassen en gedroogde krenten, rozijnen of gembersnippers of 2 kleine appels gesnipperd of in dunne plakken over het beslag verdelen. Het vulsel met een kleine hoeveelheid beslag bedekken.

Hartige gevulde pannenkoeken

1 à 2 (warme) plakken ham per pannenkoek mee oprollen.

250 g roergebakken gehakt (blz. 175) over de pannenkoeken verdelen en mee oprollen.

250 g (roer)gebakken champignons (blz. 217) met ui (kerrie) over de pannenkoeken verdelen en mee oprollen.

Flensjes *(± 20 stuks; ± 18 cm doorsnee)*

150 g bloem
3 g zout
2 eieren
4½ dl melk
± 40 g boter

De bloem met het zout vermengen, hierin een kuiltje maken. In het kuiltje de eieren breken en ½ dl melk schenken. Van het midden uit roerend een dik, glad beslag maken. Goed roerend het beslag langzamerhand verdunnen met de overige melk, tot een glad en zeer dun beslag verkregen is. Het beslag overdoen in een kan •. De boter in een koekenpan smelten en door het beslag mengen. De koekenpan heet laten worden en een klein scheutje beslag over de hele panbodem laten uitvloeien, zodat het onmiddellijk droog wordt. De flensjes aan weerskanten goudbruin bakken, recht op elkaar stapelen en warm geven met suiker, jam, marmelade, vruchten(moes), gembersnippers of een bolletje vanille-ijs.

Variatie

Fijne flensjes (± 25 stuks, ± 18 cm doorsnee)

120 g bloem en 3 eieren gebruiken. De flensjes aan één kant bakken voor soepele flensjes. Desgewenst ½ dl melk vervangen door rum of kirsch.

Gevulde flensjes *(zoet)* *(zie blz. 351)*

Gevulde flensjes met ragout *(zie blz. 60)*

Crêpes suzette, flensjes met likeursaus

(fijne) flensjes: ½ recept (zie boven)
Saus:
4 perssinaasappels of 3 sinaasappels + 1 citroen
75 g boter
60 g poedersuiker
(1 blikje mandarijntjes)
(oranjesnippers)
± 2 lepels (oranje) curaçao, Grand Marnier of cointreau
Voor het flamberen:
(1 dl cognac)

De flensjes warm houden. 2 sinaasappels raspen, alle vruchten uitpersen. In een (diepe) koekenpan op een tafelkomfoor de boter juist laten smelten. De geraspte schil en de poedersuiker meeverwarmen tot deze lichtbeige is gekleurd; het uitgeperste sap toevoegen. Desgewenst ook het mandarijnsap en de kleingesneden mandarijntjes en/of de oranjesnippers erdoor mengen. De saus iets laten inkoken. De likeur toevoegen. De flensjes een voor een door de saus halen, in vieren vouwen en langs de rand van de pan warm houden. De flensjes op verwarmde bordjes opdoen met wat saus erover. Desgewenst het gerecht flamberen: overgieten met voorverwarmde cognac en aansteken.

N.B. Bij flamberen altijd zorgen dat de afzuigkap is uitgeschakeld.

Variatie

Crêpes suzette met ijs

Naast de flensjes op het bord een bolletje (vanille-)ijs leggen.

flensjes van 150 g bloem (blz. 350)

Vulling naar keuze:

dikke (gember)vla (½ recept, blz. 311)

een mengsel van 3 dl dikke vanillevla en 1½ dl advocaat

een dikke vruchtenmoes (½ recept), bijvoorbeeld:

appelmoes (blz. 286)

rabarbermoes (blz. 292)

abrikozenmoes (blz. 283)

Gevulde flensjes ***(zoet) (koud of warm)***

Elk flensje met een deel van het vulsel bestrijken en oprollen, of naast het midden van elk flensje een band van dik vulsel leggen en de flensjes dubbelslaan of de flensjes eerst dubbelslaan, in het midden daarvan een bergje vulsel neerleggen en de punten over het vulsel dichtvouwen.

Variaties

Flensjestaart

De flensjes bij het opstapelen elk met een deel van het vulsel bedekken. De taart laten afkoelen en desgewenst rondom bestrooien met gezeefde poedersuiker of een mengsel van kaneel en suiker; garneren met vruchten, Franse vruchtjes of rode jam.

Flensjes met kwark

De afgekoelde flensjes vullen met 200 g dikke kwark of verse roomkaas, vermengd met 50 g gewelde rozijnen (of 4 kleingesneden plakken ananas of ± 5 kleingesneden bolletjes stemgember); desgewenst 1 lepel gehakte walnoten en een mespunt citroenrasp. Op smaak brengen met basterdsuiker en citroensap, zo nodig verdund met ± 1 lepel (koffie)melk of vruchtensap.

Sneeuwballen ***(zie blz. 403)***

Omelet met zoet vulsel ***(zie blz. 122)***

Schuimomelet ***(zie blz. 122)***

IJs en ijsgerechten

Hoewel er vele soorten ijs en ijsgerechten kant-en-klaar in de handel zijn, kan men om redenen van smaak en prijs toch zelf ijs willen bereiden.

Benodigdheden

Voor het bereiden van ijs heeft men nodig:

- Een koelkast met driesterrenvriesvak (-18 °C)
- of een vrieskast/-kist (-24 °C)
- of een ijsmachine (sorbetière) met een elektrisch roerwerk dat het ijsmengsel in beweging houdt en er lucht in brengt, waardoor het volume wordt vergroot.

Bij 'draaiend' invriezen (sorbetière), waarbij door de beweging de ijskristallen klein blijven, kan men van elke vloeistof uitgaan, bijvoorbeeld op smaak gebracht vruchtensap of -puree, en yoghurt.
Bij 'stilstaand' invriezen moet men om kleine ijskristallen te krijgen, uitgaan van een vruchten- of melkvla (gebonden met gelatine en/of ei), luchtig gemaakt met stijfgeklopte slagroom en/of eiwit. Tijdens de invriestijd het ijs enkele malen omscheppen.

Soorten ijs

Granité: waterijs van een grove structuur met grote ijskristallen.
Sorbetijs: (zogenoemd waterijs) van een vrij gladde structuur, bereid van vruchtensap, vruchtenpuree, limonadesiroop (ijslolly's) of wijn (spoom). Luchtige sorbets zijn nét stevig van consistentie (het ijs mag niet uit elkaar vallen).
Roomijs: ijs bereid van room, eieren, suiker en/of een natuurlijke of kunstmatige smaakstof. De massa wordt tijdens het invriezen regelmatig geroerd, om een goede consistentie te krijgen met kleine ijskristallen.
Parfaitijs: een fijne, vrij zachte ijssoort bereid van dunne vla (gebonden met eieren en/of gelatine), stijfgeklopte slagroom, suiker en smaakstof. Wordt niet gedraaid en omgeroerd; het heeft een lange invriestijd (6-8 uur). Het wordt onder andere gebruikt voor ijspuddingen.
N.B. Op dezelfde manier kan een bavarois (blz. 330-336) tot ijs ingevroren worden.
Mousse glacé: roomijs op vladikte geserveerd.

Aanwijzingen voor een goed resultaat

- Zéér hygiënisch werken; ijs is een goede voedingsbodem voor bacteriën.
- Een ijsmengsel moet vóór het invriezen een sterkere smaak en zoetgraad hebben dan een vla; de smaak wordt door de lage temperatuur sterk teruggedrongen.
- Het ijsmengsel vóór het invriezen goed laten afkoelen.
- Slagroom maakt het ijs zachter, stijfgeklopte slagroom maakt het luchtig.
- Gelatine geeft kleine ijskristallen.

- Roeren en omscheppen tijdens het invriezen geeft kleinere ijskristallen.
- De invriestijd (½-3½ uur) hangt sterk af van de samenstelling van het ijs, de hoeveelheid ijs en de invriestemperatuur.
- De smaak van ijs is het beste na het rijpen, dat wil zeggen het ijs na het invriezen nog enige tijd (½-6 uur) bewaren in het vriesvak, desgewenst in een metalen ijspuddingvorm.
- Na een week bewaren gaat vooral vruchtenijs in smaak achteruit.
- IJs 10-30 minuten afhankelijk van de hoeveelheid vóór het serveren uit de vriezer halen, anders is het te hard en minder smakelijk.

Variaties

Variatie in ijsgerechten kan men verkrijgen door een combinatie met:
- een of meer soorten ijs en een garnering van chocoladehagelslag of -vlokken of nogakruimels;
- vruchten en/of slagroom, in coupes opgedaan;
- cake, biscuitgebak, soesjes, schuimgebak of flensjes (koud of warm) op glazen schaaltjes opgedaan;
- koude of warme sauzen, sabayon of advocaat.

Een sorbet is een ijsgerecht met vruchten(puree), slagroom en/of stijfgeklopt eiwit opgedaan in een hoog glas.
Een ice-cream soda noemt men een sorbet waaraan ook mineraalwater is toegevoegd.

Mokkagranité

½ liter water
100 g suiker
12 g oploskoffie

De helft van het water aan de kook laten komen; de suiker en de oploskoffie er goed roerend in oplossen. De rest van het water toevoegen en het mengsel in een wijde ondiepe schaal laten afkoelen. Het koude mengsel afgedekt in een vriesvak of vriezer zetten (laagste temperatuur). Na ± 1 uur de kristallen langs de wand van de schaal met een spatel losmaken en doorroeren. Dit om de 20 minuten minstens driemaal herhalen, tot er een grof gekristalliseerde samenhangende massa is ontstaan. De granité serveren in hoge glazen.

Variatie

Mokkasorbetijs (in ijsmachine)

Het koude mengsel in een ijsmachine half vast laten draaien. Een eiwit stijfkloppen en het ijsmengsel erdoor spatelen. Het luchtige mengsel afgedekt in een diepvriezer plaatsen en in ± 1 uur vast laten worden.

Vruchtengranité

1½ dl water
90 g suiker
sap van 1 citroen
3½ dl vruchtensap

Het water aan de kook laten komen, de suiker er goed roerend in oplossen. Het citroen- en vruchtensap toevoegen en het mengsel in een wijde ondiepe schaal laten afkoelen. Het koude mengsel afgedekt in een vriesvak of vriezer zetten (laagste temperatuur). Na ± 1 uur de kristallen langs de wand van de schaal met een spatel losmaken en doorroeren. Dit om de 20 minuten minstens driemaal herhalen, tot er een grof gekristalliseerde samenhangende massa is ontstaan. De granité serveren in hoge glazen.

Variatie

Vruchtensorbetijs (in ijsmachine)

Zie mokkasorbetijs (blz. 353).

½ dl water
60 g suiker
sap van 1 citroen
2 dl mousserende witte wijn
of
champagne

Spoom, wijnsorbetijs, champagnesorbetijs *(in vriesvak)*

De koel- of vrieskast instellen op de laagste temperatuur (3 sterren -18 °C, diepvriezer -24 °C). Het water met de suiker aan de kook laten komen; de suiker roerend geheel laten oplossen. Het citroensap toevoegen en laten afkoelen. De wijn of de champagne toevoegen. Het mengsel overdoen in een plat bakje met deksel en in het vriesvak plaatsen. Zodra een rand van ± 1½ cm dikte van het mengsel bevroren is, de massa doorroeren. Dit enkele malen herhalen, tot een juist samenhangende stevige massa ontstaan is (± 2-3 uur). Het sorbetijs nog ± ½ uur in het vriesvak laten narijpen. Spoom serveren in hoge glazen waarin een of twee kleine bolletjes ijs aangevuld worden met dezelfde soort wijn of champagne en bijvoorbeeld een kers als garnering.

N.B. Spoom wordt als een verfrissing tussen de gangen (bijvoorbeeld na de tweede gang) van een uitgebreid diner gegeven.

2 dl aardbeienpuree
van ± 300 g vruchten
sap van 1 citroen
2 g bladgelatine
3 lepels water
100 g suiker
Garnering;
1 dl slagroom
15 g suiker

Aardbeiensorbetijs *(in vriesvak ± ½ liter)*

De koel- of vrieskast instellen op de laagste temperatuur (3 sterren -18 °C, diepvriezer -24 °C). De aardbeienpuree zo nodig zeven, vermengen met het citroensap. De gelatine 10 minuten laten weken, uitknijpen en van de warmtebron af oplossen in het hete water. De suiker en de puree toevoegen. Het mengsel overdoen in een plat bakje met deksel en in het vriesvak plaatsen. Zodra een rand van ± 1½ cm dikte van het mengsel bevroren is, de massa doorroeren. Dit enkele malen herhalen, tot een juist samenhangende massa ontstaan is (± 2-3 uur). Het sorbetijs nog ± ½ uur in het vriesvak laten narijpen. Desgewenst garneren met de met suiker stijfgeklopte slagroom of geven met vanillesaus en biscuits.

Variaties

Bramen-, cranberry-, bessensorbetijs

De aardbeienpuree vervangen door bramen- of cranberrypuree of bessensap. Geen citroensap toevoegen. Twee lepels suiker extra nemen.

Abrikozen-, mango-, meloensorbetijs

De aardbeienpuree vervangen door abrikozen, mango of meloenpuree. Citroensap naar smaak toevoegen.

Banaansorbetijs

De aardbeienpuree vervangen door 4 fijngemaakte bananen.

± 4 sinaasappels
1 citroen
75 g basterdsuiker
1 dl room
Garnering:
1 sinaasappel en/of 1 kiwi

Sinaasappelroomijs ***(in ijsmachine, ± ½ liter)***

Van 1 sinaasappel en de helft van de citroen de schil afraspen. De vruchten uitpersen, het sap zeven, zo nodig aanvullen tot 2½ dl. De suiker roerend in het sap oplossen. De rasp en de room toevoegen. De ijsbeker van de ijsmachine uit het vriesvak halen, het sinaasappelmengsel erin overdoen en in ± 30 minuten tot ijs laten draaien. Het ijs nog ± ½ uur in het vriesvak laten rijpen. Serveren in (gekoelde) coupes en garneren met bijvoorbeeld schijfjes sinaasappel en/of kiwi.

Variaties

Aardbeienroomijs, frambozenroomijs

Het sinaasappelsap vervangen door puree van ± 300 g aardbeien of frambozen (2½ dl puree); ± 100 g suiker nemen.

Abrikozenroomijs, meloenroomijs

Het sinaasappelsap vervangen door 2½ dl abrikozen- of meloenpuree.

Yoghurtroomijs

Het sap vervangen door 2½ dl yoghurt.

Advocaatroomijs

Het sap vervangen door 1½ dl advocaat en 1 lepel rum; aanvullen met melk tot 2½ dl.

± 300 g verse vruchten
± 50 g basterdsuiker
of
1 dl water en
75 g suiker
1 lepel citroensap
½ liter ijs
± 1 dl slagroom
15 g suiker

Sorbet

Vier hoge glazen koelen. Verse zachte vruchten ± ½ uur met basterdsuiker wegzetten; harde vruchten in stukjes gesneden in hete siroop van het water met de suiker en het citroensap pocheren, tot ze glazig zijn. De uitgelekte en afkoelde vruchten met ± 2 lepels vocht in de glazen leggen. Het ijs en de slagroom, die met de suiker stijfgeklopt is, toevoegen. Geven met een lepel met een lange steel en een rietje.

Variaties

Verse vruchten vervangen door vruchten uit blik (van ± 425 g); desgewenst per glas 1 lepel likeur toevoegen.

Ice-cream soda (ijsdrank)

De glazen bijvullen met koolzuurhoudend (soda)water (± ½ liter totaal).

2 eierdooiers
75 g suiker
2 dl melk
1 vanillestokje
1¼ dl slagroom
Garnering naar keuze:
chocoladevlokken
vruchten (vers of uitgelekt uit blik, ± 225 g)
hazelnoten
gembersnippers
(1¼ dl slagroom)
(20 g suiker)

Vanilleroomijs ***(in ijsmachine ± ½ liter)***

Dunne vanillevla bereiden: de dooiers met de suiker en enkele lepels melk goed uitroeren. De overige melk met het opengesneden vanillestokje aan de kook laten komen en ± 15 minuten in een gesloten pan op een getemperde warmtebron laten trekken. Het vanillestokje verwijderen. De kokende melk roerend bij het eiermengsel schenken, terugschenken in de pan en goed roerend tegen de kook aan laten komen, tot de massa licht gebonden is. De vla nu en dan roerend snel laten afkoelen (in koudwaterbad plaatsen), de room (ongeklopt) toevoegen. De ijsbeker van de ijsmachine uit het vriesvak halen, het ijsmengsel erin overdoen en in ± 30 minuten tot ijs laten draaien. Het ijs nog ± ½ uur in het vriesvak laten rijpen. Serveren in (gekoelde) coupes of op gekoelde (glazen) schaaltjes. Een garnering op en/of om het ijs leggen. Desgewenst opspuiten met de slagroom, die met de suiker stijfgeklopt is. Wafels of andere biscuits bij het ijs geven.

Variatie in bereiding

Vanilleroomijs (in vriesvak)

De afgekoelde vla luchtig omscheppend vermengen met de *bijna stijfgeklopte* room (mengdikte). In een gesloten bakje in het vriesvak van een op de koudste stand ingestelde koelkast (-18 °C) of vrieskast (-24 °C) plaatsen. Na 1 uur het mengsel luchtig doorroeren; dit enige malen herhalen om te bevorderen dat de ijskristallen zo klein mogelijk blijven. 2 à 4 uur laten bevriezen.

Variaties

Vanilleroomijs met rozijnen of chocolade

De afgekoelde vla vermengen met ± 30 g gewelde (en desgewenst in rum geweekte) goed uitgelekte rozijnen of met ± 30 g gebroken chocoladevlokken of geraspte chocolade.

Kokosroomijs

Het vanillestokje vervangen door 50 g gemalen kokos; deze met de melk 20 minuten laten trekken.

Kaneelroomijs

Enkele lepels hete vla door een mengsel van 3 theelepels kaneel en 1 lepel basterdsuiker roeren en dit door de rest van de vla roeren.

Mokkaroomijs

De vla vermengen met 10 g oploskoffie die in 2 lepels kokend water is opgelost.

IJstaart, ijspudding

IJs overdoen in een metalen tulband- of puddingvorm; stevig aanduwen en ± 3 uur in de diepvriezer plaatsen. Kort voor het gebruik de vorm even in koud water dompelen. De ijstaart/-pudding op een gekoelde schaal keren en garneren met de slagroom, die met de suiker stijfgeklopt is en met bijvoorbeeld nogakruimels of met uitgelekte, gekoelde vruchten.

IJsbolletjes

IJs tot kleine bolletjes vormen. Deze naar keuze rollen door: chocoladevlokken, gemalen kokos, gehakte amandelen, hazel- of walnoten of cakekruimels.

Vruchtenparfaitijs

4 gepasteuriseerde eierdooiers
2 gepasteuriseerde eiwitten
75 g basterdsuiker
4 g bladgelatine
1½ dl slagroom
1 dl dikke vruchtenmoes (bijvoorbeeld aardbeien, bramen, frambozen)
½ lepel citroensap
(1 lepel (vruchten)likeur)

De eieren, de dooiers en de suiker au bain-marie warm, dik en schuimend kloppen. De geweekte en goed uitgeknepen gelatine erin oplossen en de massa, van het vuur af, al kloppend koud laten worden. De slagroom tot mengdikte kloppen, de vruchtenmoes, het citroensap en desgewenst de likeur toevoegen. Door de slagroom scheppen; het mengsel overdoen in een vorm en gladstrijken. De vorm afdekken. De parfait (zonder omscheppen) in 8 uur laten bevriezen.

Variaties

Citroen-, sinaasappelparfaitijs

In plaats van de vruchtenmoes de geraspte schil van 1 citroen of 1 sinaasappel aan 2½ dl geklopte slagroom toevoegen.

Vanilleparfaitijs

Het zaad van ½ vanillestokje met de eieren meekloppen en 2½ dl slagroom, in plaats van 1½ dl slagroom en de vruchtenmoes en het citroensap gebruiken.

Mokkaparfaitijs

In plaats van de vruchtenmoes ½ dl sterk koffie-extract en 2 dl slagroom gebruiken.

Ananasmousseglacé *(in vriesvak)*

4 g bladgelatine
1½ dl ananassap
± 100 g suiker
1 lepel citroensap of (sinaasappel)likeur
± 75 g ananasstukjes (blikje van ± 425 g)
1 dl slagroom

De koelkast instellen op de laagste temperatuur (3 sterren -18 °C, diepvriezer -24 °C). De gelatine 10 minuten in ruim koud water laten weken, goed uitknijpen en van de warmtebron af oplossen in ± 3 lepels kokend ananassap. De suiker, het citroensap of de likeur en de kleingesneden ananasstukjes toevoegen en laten afkoelen. De slagroom bijna stijfkloppen (mengdikte). De ananasmassa, zodra deze geleiachtig (vladikte) begint te worden, luchtig omscheppend door de slagroom mengen. Zodra de massa niet meer uitzakt, overdoen in een plat bakje met deksel en laten bevriezen (3 à 4 uur, afhankelijk van de invriestemperatuur). Opdoen in coupes of in hoge gekoelde glazen. Desgewenst garneren met de overige vruchtenstukjes.

Variaties

Mandarijnenmousseglacé

Het sap en de vruchtenstukjes vervangen door (gebroken) mandarijnen op sap.

Perzikenmousseglacé

Het ananassap en de vruchtenstukjes vervangen door perziken op sap.

N.B. Mousseglacé kan ook met verse vruchten worden bereid. (*Geen* tropische vruchten in verband met het afbreken van de gelatine.)

Aardbeienmousseglacé *(zie blz. 317)*

1 citroen of sinaasappel
¾ dl water
5 g bladgelatine*
100 g suiker
½ dl rum of likeur (bijvoorbeeld Grand Marnier, crème de cassis, citroenlikeur, apricot brandy)
1 dl slagroom
(ijsbiscuits)

Rum-, likeurmousseglacé *(in vriesvak)*

De koel- of vrieskast instellen op de laagste temperatuur (3 sterren -18 °C, diepvriezer -24 °C). De citroen of sinaasappel afspoelen en voor de helft zeer dun afschillen. De schil met het water tegen de kook aan 10 minuten laten trekken. De vrucht uitpersen, het sap zeven en zo nodig met water aanvullen tot ½ dl. De gelatine 10 minuten in ruim koud water laten weken, goed uitknijpen en van de warmtebron af oplossen in het kokende water waaruit de schil verwijderd is. Daarna de suiker erin oplossen, het vruchtensap en de likeur toevoegen en laten afkoelen. De slagroom bijna stijf kloppen (mengdikte). De vla, zodra deze geleiachtig (vladikte) begint te worden, luchtig omscheppend door de slagroom mengen. Zodra de massa niet meer uitzakt, overdoen in een plat bakje met deksel en laten bevriezen (3 à 4 uur, afhankelijk van de invriestemperatuur). Opdoen in coupes of de mousse in hoge gekoelde glazen met desgewenst biscuits erbij geven.

Variaties

De schil vervangen door 40 g (in rum) geweekte rozijnen; deze na de suiker toevoegen.

Mokkamousseglacé

De likeur vervangen door zeer sterk koffie-extract.

4 perziken of
1 blik perziken 'au sirop' van ½ liter
200 g verse frambozen of
2 dl frambozensaus
± 25 g basterdsuiker
sap van ½ citroen
½ liter vanilleroomijs

Pêche melba, vanilleroomijs met perziken en frambozenpuree

De perziken zo nodig pocheren (zie perzikencompote blz. 286), laten uitlekken en koelen. De verse frambozen schoonmaken en pureren. De puree met de basterdsuiker en het citroensap vermengen en koelen. Het vanille-ijs overdoen in gekoelde coupes of op gekoelde glazen schaaltjes en de porties garneren met de gekoelde perziken. Iedere portie overgieten met de gekoelde frambozenpuree of -saus.

1 blik peren 'au sirop' van ½ liter
½ liter vanilleroomijs
warme chocoladesaus (blz. 340)

Coupe poire Hélène, vanilleroomijs met peren en warme chocoladesaus

De peren laten uitlekken en koelen. Het vanille-ijs overdoen in gekoelde coupes of op gekoelde glazen schaaltjes en de porties garneren met de gekoelde peren. Vlak voor het opdoen warme chocoladesaus over het ijs gieten; de overige saus in een sauskom erbij geven.

½ liter vanilleroomijs
warme kersensaus (blz. 342)
(½ dl kirsch)

Vanilleroomijs met warme kersensaus

Het ijs opdoen op een gekoelde schaal of op schaaltjes. Iets hete saus om het ijs heen schenken; de overige hete saus apart opdienen. Het gerecht desgewenst flamberen met verwarmde kirsch.

Variatie

Vanilleroomijs met sinaasappelcompote

De kersensaus vervangen door sinaasappelcompote (blz. 292) of compote van andere vruchten.

* *Poedergelatine zie blz. 321.*

1 liter vanille-ijs
1 cake (± 250 g)
3 lepels likeur
6 lepels water
schuimomelet van 3 eieren (blz. 122) of eiwitschuimkop van 3 eiwitten (blz. 413)

Omelette sibérienne, gegratineerde ijsomelet

(± 10 personen)

Het ijs in het vriesvak zeer hard laten worden. De cake in de lengte in 4 plakken snijden. Eén plak op een ovenvaste schaal leggen. De likeur verdunnen met het water en de plakken cake ermee besprenkelen. Kort voor het gebruik een schuimomeletmengsel maken of het eiwit stijfkloppen. Het ijs op de cake leggen en de overige plakken cake rondom tegen het ijs aanduwen. Bedekken met het omeletmengsel of het eiwitschuim erop spuiten. Het gerecht boven het midden in een zeer hete oven (± 260 °C) zetten. Het schuim vast en goudbruin laten worden (3 à 4 minuten), of het gerecht 10 cm onder een roodgloeiende grill zetten en de bovenkant vast en lichtbruin laten worden. Het gerecht meteen serveren, desgewenst met gekoelde gezoete vruchten.

Variaties

Het gebak vervangen door 150 g biscuits: lange vingers of biscuits de Savoie.

Omelette vésuvienne

Meteen nadat de omelet uit de oven komt, het gerecht flamberen door 2 lepels warme rum in een lege eierschaal te schenken die in de omelet gedrukt is; de rum aansteken.

N.B. Bij flamberen altijd zorgen dat de afzuigkap is uitgeschakeld.

1 blik vruchten (± 850 g)
een cake van ± 250 g
½ dl marasquin of crème de cacao en 1 dl water
½ liter vanille(room)ijs
Garnering:
1½ dl slagroom
± 20 g suiker

Vanilleroomijs met cake en vruchten

De vruchten laten uitlekken en koel wegzetten. De cake in plakken snijden; deze op schaaltjes leggen, besprenkelen met het likeur-watermengsel of vruchtensap. Iedere plak bedekken met een portie ijs en met gekoelde uitgelekte vruchten. Garneren met de slagroom, die met de suiker is stijfgeklopt.

een cake van ± 250 g
½ dl Grand Marnier of apricot brandy en 1 dl water
± ½ liter vanille(room)ijs
Garnering:
1 blikje mandarijntjes of perziken
(1¼ dl slagroom)
(± 20 g suiker)

IJscake *(ijs met cake en vruchten) (6 personen)*

De cake in horizontale richting in 3 plakken snijden; de plakken besprenkelen met het likeur-watermengsel of met vruchtensap. Het ijs met een warm, nat mes in 2 plakken snijden. Deze tussen de cakeplakken leggen. De ijscake zo nodig bijsnijden en in het vriesvak van de koelkast laten opstijven. De ijscake garneren met de uitgelekte en gekoelde partjes mandarijn of perzik en desgewenst met de slagroom, die met suiker is stijfgeklopt.

roomsoezen van 2 eieren (blz. 402)
½ blikje mandarijntjes
½ liter vanille(room)ijs
1¼ dl slagroom
20 g suiker

IJssoezen

De afgekoelde soezen doorsnijden. De mandarijntjes laten uitlekken. Kort voor het gebruik in alle onderste soezenhelften wat partjes mandarijn en een bol ijs leggen. Het ijs bedekken met een deel van de met suiker stijf geslagen slagroom en enkele mandarijntjes. Elke ijsbol afdekken met de bovenhelft van de soes. De ijssoezen garneren met de overige slagroom en mandarijntjes.

IJssoesjes met warme chocoladesaus

(Profiteroles au chocolat)

roomsoesjes van 2 eieren (blz. 402)
½ liter vanille(room) ijs (blz. 356)
warme chocoladesaus II (blz. 340)

De afgekoelde soesjes doorsnijden, vlak voor het gebruik een bolletje ijs op de onderste helft van elk soesje leggen, afdekken met de bovenste helft en hierover bij het opdoen de hete chocoladesaus schenken.

IJsmengsels van kant-en-klaar ijs

½ liter vanilleijs of
½ liter mokkaijs of
½ liter aardbeienijs
40 g rozijnen en 1 dl rum of
25 g hazelnoten en
25 g chocolade(reep)

Het ijs in de koelkast halfzacht laten worden. De rozijnen weken in 1 dl rum of de hazelnoten en de chocolade kleinhakken. Het vulsel gelijkmatig door het zachte ijs mengen. Het ijsmengsel weer in de diepvries plaatsen en hard laten worden.

Variatie

De rozijnen vervangen door gedroogde pruimen of abrikozen; deze een nacht weken in marasquin of apricot brandy. De noten en chocolade vervangen door chocoladevlokken of -hagel.

Gebak

De grote variëteit in gebaksoorten houdt verband met:
- de keuze van de ingrediënten: al of niet toevoegen van boter, eieren, suiker, vulsel;
- de verhouding van de ingrediënten: zie inleiding bij elke gebaksoort;
- de wijze van mengen:
  - *kneden:* gistdeeg, stroedeldeeg, zandtaartdeeg;
  - *uitrollen:* (bladerdeeg) pie/korstdeeg, feuilletédeeg;
  - *koken:* soezendeeg (beslag);
  - *roeren:* cakedeeg (beslag);
  - *kloppen:* biscuitdeeg en Moskovisch deeg (beslag);
- de baktemperatuur: gebak zonder suiker kan een hogere temperatuur verdragen dan gebak waarin suiker verwerkt is (zie oventemperaturen);
- de vorm: gebak op een licht gekleurde bakplaat gebakken krijgt een lichtere korst dan op een donkere plaat, dit geldt ook voor bakvormen. In vormen met een siliconenlaag plakt het gebak minder snel vast. Plakken aan de bakplaat kan worden voorkomen door deze te bedekken met bakpapier. Voor huishoudelijk gebruik zijn aluminiumfolievormen gemakkelijk, omdat het gebak daarin kan worden opgedaan;
- de afwerking: het glanzen van het gebak met losgeklopt ei of met melk (opgebracht voor het bakken); het aanbrengen van (abrikozen)jam op warm gebak of het bedekken van de vulling of garnering met glansgelei.

Ovengebruik

Soorten ovens: zie blz. 8.
Voorverwarmen heeft het beste resultaat bij een oven waaruit de bakplaat is verwijderd. In enkele recepten wordt speciaal aangegeven dat de bakplaat meeverwarmd wordt om de onderzijde van het gebak goed gaar te laten worden. Het rooster op de aangegeven bakhoogte plaatsen.
In het algemeen voorverwarmen op dezelfde temperatuur als voor het bakken is aangegeven, de tijd is afhankelijk van de hoogte van de baktemperatuur:
- gasovens zonder thermostaat 2-5 minuten op de hoogste stand;
- gasovens met thermostaat 2-5 minuten op de aangegeven baktemperatuur;
- elektrische ovens 10-15 minuten op de aangegeven baktemperatuur.

De *plaats* in de oven: in het algemeen wordt gebak zodanig in de oven geplaatst, dat het midden van het gebak zich in het midden van de oven bevindt (het rooster of de bakplaat dus iets lager plaatsen). Gebak dat moet rijzen wordt iets onder het midden geplaatst. In een *heteluchtoven* zorgt de ventilator ervoor dat de temperatuur in de gehele oven gelijk is. De plaats in de oven maakt daarbij niet uit; er kan zelfs in meerdere lagen gebakken worden.

Bakken

Bij gebak dat moet uitrijzen opletten dat:

- de vorm iets onder het midden in de oven staat;
- de ovendeur ruim de eerste helft van de baktijd niet geopend wordt om inzakken van het gebak te voorkomen;
- het gebak de eerste helft van de baktijd niet te snel kleurt (waardoor de bovenkant bij verder uitrijzen openbarst); zo nodig in het begin afdekken met bakpapier of beboterd aluminiumfolie; dit in de tweede helft van de baktijd verwijderen;
- het gebak gaar is. Roer- en klopdeeg controleren met behulp van een satépen of breinaald die na het diep inprikken droog (zonder deeg) uit het gebak moet komen.
- het gebak na het verstrijken van de baktijd als het gaar is, nog ± 10 minuten in de geopende oven blijft staan om te 'acclimatiseren' en om alsnog inzakken te voorkomen.

Gebak dat niet hoeft uit te rijzen, stroedel, zandgebak en koekjes, zie blz. 368-395 en 404-413.

Oventemperaturen

Gebak van:	aanduiding in recepten:	temperatuur*	cijferstand ovenknop (gasoven):
korst/feuilletédeeg	zeer heet	240 °C	6 à 7
brood/gistdeeg	zeer heet	220-240 °C	5 à 6
soezendeeg	heet	± 220 °C	4 à 5
Moskovisch deeg	vrij heet	± 190-200 °C	4
biscuitdeeg	warm	± 180 °C	3
zandtaartdeeg	warm	± 170-180 °C	3
cakedeeg	matig warm	± 160 °C	2
schuim (méringue)	lauwwarm	± 140 °C	1

** Heteluch- of circulatieoven ± 20 °C lager instellen.*

Brood, gistgebak

De structuur van gistgebak en brood wordt gekenmerkt door goed uitgerezen kruim met grove gaten en een harde, dunne korst. Het deeg ontleent zijn typische luchtigheid aan het rijsmiddel gist in samenwerking met het gluteneiwit in de tarwebloem of het tarwemeel (zie ook gebakken nagerechten gemaakt van een beslag, blz. 345). Het wordt gebakken bij een hoge temperatuur: ± 240 °C.
Verse gist kan heel goed vervangen worden door *gedroogde gist* (± ½ nodig van de hoeveelheid verse gist). Ook *zuurdesem* (blz. 368) of *bakpoeder* kan gist vervangen, maar de structuur van het gebak is dan vaster; ook de smaak is anders. Brooddeeg is een kneeddeeg, dat door 'slaan' tot een elastische massa wordt opgerekt.

I Ingrediënten

tarwebloem[1] of meel	100 g	
zout[2]	1 à 2 g	
verse gist[3]	3 à 8 g	(gedroogde gist ± de helft van deze hoeveelheid)
vocht[4]	± 65 g	
vulsel[5]	50 à 100 g	
(eierdooier)	10 g	(½ eierdooier)

1 Door de aanwezigheid in tarwe van gluteneiwit en van bepaalde enzymen verkrijgt men goed uitgerezen brood, in tegenstelling tot brood van andere graansoorten. Bloem kan vervangen worden door meel (bloem + zemelen) of door volkorenmeel (bloem + zemelen + kiemen). Het gebak wordt dan veel zwaarder. Daarom vervangt men bij voorkeur de helft van de bloem in de recepten door meel of volkorenmeel.

2 De hoeveelheid zout is het kleinst voor zoete broodsoorten, bijvoorbeeld krentenbrood.

3 Gist is in grotere hoeveelheden nodig, naarmate het deeg zwaarder en/of vetter is (bijvoorbeeld door gebruik van volkorenmeel, vulsel of vet).

4 Vocht kan afkomstig zijn van: water en/of melk en/of losgeklopt ei (1 ei = ½ dl) en/of gesmolten boter (100 g = 1 dl). De hoeveelheid vocht hangt samen met het eigen vochtgehalte van de bloem. De precieze hoeveelheid moet bij het kneden en rekken beoordeeld worden. Ei en boter maken het gebak fijner van structuur en zachter.

5 Vulsel, bijvoorbeeld (gewelde) goed gedroogde rozijnen, krenten, gesneden tuttifrutti, gember, oranjesnippers, noten, Franse vruchtjes, in hartig brood bijvoorbeeld gefruite uitjes, geperst knoflook, kruiden, kleingesneden olijven.

II Variaties van brooddeeg

Vorm:	tulband, kleinbrood, vlecht, pizzavorm, vlaaivorm.
Combinaties:	met vruchten, (onder andere krentenbrood, vlaai).
	met groente, kaas, vleeswaren, vis (onder andere pizza)

III Aanwijzingen voor een goed resultaat

- Een lauwwarme temperatuur van de omgeving en van het vocht (± 35 °C), waardoor de gistcellen tijdens het rijzen optimaal werken. Dit is te bereiken door het deeg in een kom in een bak warm water te zetten of in een lauwe oven (50 °C) waarin een bak met water staat te plaatsen en af te dekken met een vochtige, warme doek.
- Stevig kneden en slaan, waardoor het gluten(eiwit) uit de tarwe elastisch wordt.
- Tweemaal laten rijzen; door het rijzen moet het volume ongeveer verdubbelen.
  De rijstijd bedraagt ± 20 minuten voor de eerste rijs en ± 40 minuten voor de tweede rijs.
- Tussen eerste en tweede rijs goed doorslaan. Hierdoor komt er opnieuw zuurstof bij de gist en wordt het deeg gerekt. Het achterwege laten van de tweede rijs veroorzaakt onregelmatig kruim.
- Vulsel goed droogmaken en na het doorslaan, vóór de tweede rijs, kort doorkneden.
- Een donkere bakvorm gebruiken; het brood kleurt dan mooier.
- Bakken op een hoge temperatuur (240 °C); er wordt dan snel een 'eiwitskelet' gevormd, waardoor het brood niet inzakt; er wordt een dunne korst gevormd. Gistdeeg in een platte vorm wordt bij ± 220 °C gebakken.
- De oven niet openen vóór ⅔ van de baktijd verstreken is.
- Het gebak op gaarte controleren door er op te kloppen met een houten lepel; het moet hol klinken.

Gebakken brood en brooddeeg kunnen in de diepvries worden bewaard (± 1 maand); het brood wordt dan niet oud. Na het ontdooien vrij snel opgebruiken.
Slap (stok)brood desgewenst vochtig maken en ± 5 minuten in een hete oven (± 220 °C) opbakken, waardoor het weer knapperig wordt.

500 g bloem of
200 g bloem en
300 g (volkoren)meel
10 g zout
15 g verse gist of
7 g gedroogde gist
3 à 3½ dl water
50 g boter of olie

Witbrood, bruinbrood

De bloem en het zout goed vermengen; een kuiltje in de bloem maken. De verse gist aanmengen met lauw vocht en deze met de rest van het lauwe vocht en de gesmolten boter in het kuiltje schenken; de massa vermengen, kneden en slaan tot een soepel deeg is ontstaan. Het deeg afgedekt op een tamelijk warme, vochtige, tochtvrije plaats laten rijzen (± ¾ uur) en daarna opnieuw slaan en kneden. Van het deeg een lap maken, deze stevig oprollen. Met de naad naar beneden op een ingevette bakplaat of in een ingevette broodvorm leggen en aandrukken. Het deeg opnieuw laten rijzen tot de vorm gevuld is (± ½ uur). De vorm op een rooster, iets onder het midden, in een voorverwarmde oven (240 °C) zetten, het brood snel gaar en bruin laten worden (± 25 minuten). Het brood aan de bovenzijde natmaken en nog 1 minuut in de oven laten staan, daarna keren en op een rooster laten uitdampen.

N.B. Rijzen in een kom die in een teiltje warm water wordt gezet of in een oven op de laagste stand (op de bodem van de oven een ovenschaal met warm water zetten).

Variaties

Melkwit, melkbruin

30 g verse gist, 3 dl melk, ½ ei en 60 g gesmolten boter gebruiken. Desgewenst 20 g basterdsuiker toevoegen.

Maanzaad-, sesamzaad-, zonnebloempittenbrood

Met ei bestrijken en bestrooien met maanzaad, sesamzaad, zonnebloempitten of zemelen, haver- of tarwevlokken.

Stokbrood

Het deeg tot 2 gelijke rollen vormen; deze schuin inkerven. Op een bakplaat bakken (20 minuten).

Hartig gevuld brood

Brooddeeg maken, maar 400 g bloem of bloem en (volkoren)meel en 35 g verse gist of 17 g gedroogde gist gebruiken. Na de eerste rijs vulsel naar keuze door het deeg kneden, bijvoorbeeld: ± 80 g kleingesneden olijven, 1 lepel gedroogde Provençaalse kruiden en 2 lepels olijfolie of ± 80 g kleingesneden gedroogde tomaten op olie of 250 g kleingesneden gefruite ui en desgewenst knoflook en/of 150 g zeer klein gesneden belegen kaas of 4 lepels kleingesneden groene tuinkruiden of 200 g gehakte noten door het deeg kneden.

Luxe broodjes (15 stuks), vlechtbroodjes (5 stuks) van melkwit, melkbruin

Na de eerste rijs van het deeg 15 bolletjes vormen of deze uitrollen tot dunne strengen en hiervan 5 broodjes vlechten. De broodjes met losgeklopt ei bestrijken en desgewenst bestrooien met maan- of sesamzaad. Baktemperatuur 260 °C, baktijd ± 15 minuten.

Bagels (± 15 stuks)

Na de eerste rijs van het deeg 15 bolletjes vormen en deze uitrollen tot rolletjes. Op de bakplaat rondjes vormen met een gat in het midden. De einden met water stevig tegen elkaar drukken. Na de tweede rijs de ongebakken bagels ± ½ minuut in ruim kokend water leggen.

Weer op de bakplaat leggen, met losgeklopt ei bestrijken en desgewenst met maan- of sesamzaad bestrooien. Bakken als luxe broodjes (zie hierboven).

Croissants (12 stuks)

Het brooddeeg na de eerste rijs uitrollen en er 100 g boter in stukjes over verdelen. Dit deeg dubbelvouwen en driemaal toeren (zie bladerdeeg blz. 382). Het deeg in driehoekjes verdelen en elk driehoekje oprollen, zodat de punt van de driehoek aan de buitenkant eindigt. Na de tweede rijs bakken als luxe broodjes (zie hierboven).

Worstenbroodjes (8 stuks)

Het deeg (½ recept) na de eerste rijs uitrollen (± 40 × 50 cm) en verdelen in 8 gelijke stukken. Elke plak om een (Frankfurter) worstje rollen en aandrukken. Bakken als luxe broodjes (zie blz. 364).

Krentenbrood, rozijnenbrood

Vulsel:
250 g krenten en/of rozijnen
Deeg:
400 g bloem
6 g zout
(geraspte citroenschil of kardemompoeder)
20 g basterdsuiker
1 eierdooier
35 g verse gist of 17 g gedroogde gist
± 2 dl melk
60 g boter

De krenten en/of rozijnen 30 minuten in lauw water laten weken; laten uitlekken en droogdeppen. Van de bloem, het zout, desgewenst de geraspte citroenschil of kardemom, de basterdsuiker, het ei, de gist, de melk en de gesmolten boter een soepel deeg maken (zie wittebrood blz. 364). Het deeg op een tamelijk warme, vochtige, tochtvrije plaats laten rijzen (20 minuten). Het deeg doorkneden, daarna het droge vulsel er snel doorwerken, zonder dat het vulsel kapotgaat. Van het deeg een lap maken en deze stevig oprollen. Aan de oppervlakte uitstekende krenten/rozijnen dieper in het deeg duwen. De rol met de naad naar beneden in of op een ingevette bakvorm/bakplaat leggen en aandrukken. Het deeg opnieuw laten rijzen (40 minuten). De bakplaat of de vorm (op een rooster) iets onder het midden in een voorverwarmde oven (± 240 °C) zetten. Het brood snel gaar en bruin laten worden (± 25 minuten). Het brood aan de bovenzijde natmaken en nog 1 minuut in de oven terugzetten; daarna keren en op een rooster laten uitdampen.

Variaties

Bruin krentenbrood

250 g bloem vervangen door (volkoren)meel en 40 g verse gist gebruiken.

Krentenbollen (12 stuks)

Na de eerste rijs en het doorwerken van het vulsel, van het deeg 12 kleine bollen vormen en deze op een ingevette bakplaat laten rijzen (± ½ uur). De bollen enkele malen met losgeklopt ei bestrijken. Baktijd: 10 à 15 minuten.

Gemberbrood, gemberbollen, suikerbrood

De krenten/rozijnen vervangen door 200 g kleingesneden goed uitgelekte gember of 200 g minisuikerklontjes.

Paasbrood, vruchtenbrood

Als vulsel extra toevoegen: 25 g sukade, 25 g oranjesnippers en 25 g geroosterde amandelsnippers.

Kerststol, weihnachtsstol

Als vulsel extra toevoegen 25 g sukade, 25 g oranjesnippers en

25 g geroosterde amandelsnippers. Als vulling 200 g amandelspijs (van 100 g amandelen blz. 416). Na de eerste rijs en het doorwerken van het vulsel, een ronde deegplak vormen en deze op een ingevette bakplaat leggen; de amandelspijs tot een rol vormen en ongeveer in het midden leggen. Het deeg zó dubbelslaan dat het omgeslagen deel iets kleiner is dan het onderste. Het deeg opnieuw laten rijzen. Na het bakken de warme stol een paar maal met boter bestrijken. Desgewenst het afgekoelde brood met poedersuiker bestrooien en met een rood lint en een takje hulst versieren.

Broodtulband

Het deeg na de eerste rijs en het doorwerken van het vulsel, overdoen in een ingeboterde tulbandvorm en in een klein zandtaartvormpje. Na de tweede rijs op een rooster bakken. Het kleine vormpje na ± 15 minuten uit de oven halen. Dit na afkoelen als een 'hoedje' op de tulband plaatsen.

Deeg:
250 g bloem
4 g zout
20 g basterdsuiker
3 eieren
16 g verse gist of
7 g gedroogde gist
± 1 dl melk
75 g boter
Trempeervocht:
1¼ dl water
60 g basterdsuiker
½ à ¾ dl rum of kirsch
(pistaches)

Savarin

Van de bloem, het zout, de suiker, de eieren, de gist, de melk en de boter slap gistdeeg maken (zie wittebrood). Een beboterde metalen rijstrand of een platte tulbandvorm voor ruim de helft met het deeg vullen. De savarin bakken als wittebrood (blz. 364). Het gebak warm storten, meteen regelmatig diep inprikken en overgieten met het mengsel van water, suiker en rum of kirsch. Desgewenst nog bestrooien met gehakte pistaches. Een savarin bij voorkeur warm geven met warme abrikozensaus of koud met vruchten(compote) en slagroom.

Variatie

Baba au rhum, baba au liqueur

Het deeg bakken in eenpersoons rijstrandjes of timbaaltjes. Het gebak zeer sterk doordrenken met het rummengsel of een likeur.

Deeg:
150 g bloem
3 g zout
10 g basterdsuiker
1 eierdooier
9 g verse gist of 4 g gedroogde gist
¾ dl melk
30 g boter
Vulling:
750 g verse vruchten, bijvoorbeeld kersen, pruimen, kwetsen of appels of 200 g gedroogde abrikozen
50 à 75 g basterdsuiker
(ei om te bestrijken)
(glansgelei blz. 103)

Limburgse vlaai *(middellijn ± 22 cm)*
Limburgse vlaaitjes *(5 à 10 stuks)*

Van de bloem, het zout, de basterdsuiker, de dooier, de gist, de lauwe melk en de gesmolten boter een soepel deeg maken (zie wittebrood blz. 364). Het deeg op een tamelijk warme, vochtige, tochtvrije plaats laten rijzen (20 minuten) en daarna op een met bloem bestoven werkvlak uitrollen tot een plak van ½ cm dikte. Hieruit een grote ronde plak of 5 à 10 kleine ronde plakken steken. Deze in (een) beboterde platte zandtaartvorm(en) leggen, zo, dat het deeg iets tegen de zijkanten opstaat. Van de resten deeg een vlechtje vormen of een koordje draaien en dit met water op de opstaande deegrand(en) plakken. De bodem(s) inprikken en het deeg opnieuw laten rijzen (30 minuten). De verse vruchten schoonmaken, zo nodig ontpitten en halveren of in schijfjes snijden. De abrikozen weken (blz. 282). De vruchten (met de open kant naar boven) dicht tegen elkaar aan op het deeg in de vorm(en) leggen en met de helft van de suiker bestrooien. De vorm(en) op een rooster midden in een voorverwarmde oven (± 220 °C) plaatsen. Na 20 minuten de vruchten met de overige suiker bestrooien, en het gebak in ± 10 minuten gaar en bruin laten worden. Zodra de vlaai(tjes) uit de oven is (zijn) genomen, de vruchten desgewenst glanzen met glansgelei (blz. 103). Het gebak laten afkoelen en daarna voorzichtig uit de vorm(en) nemen.

Variaties

Rijstevlaai

Als vulling (luchtige) rijstepap koken van 4 dl melk, 50 g rijst, 1 g zout en vanillesuiker (blz. 301). Vlak voor het bakken van de vlaai aan de pap 1 uitgeroerde eierdooier, 25 g suiker en 30 g boter toevoegen. De pap omscheppen met stijfgeklopt eiwit.

Kruimelvlaai

Op het vulsel een laag kruimig deeg van 100 g bloem, 50 g boter, 50 g suiker, ½ ei en ½ zakje vanillesuiker meebakken.

Berlinerbollen *(± 12 stuks)*

Deeg:

- 250 g bloem
- 4 g zout
- 15 g basterdsuiker
- 2 eierdooiers
- 16 g verse gist of 7 g gedroogde gist (1 zakje)
- 1 dl melk
- 40 g boter

Vulling:

- ± 200 g jam of banketbakkers-room van 2 dl melk (blz. 415)
- frituurolie
- ± 50 g suiker
- ¼ theelepel kaneel

Van de bloem, het zout, de basterdsuiker, de dooiers, de gist, de lauwe melk en de gesmolten boter een soepel deeg maken (zie wittebrood blz. 364). Het deeg op een tamelijk warme, vochtige, tochtvrije plaats laten rijzen (20 minuten) en daarna op een met bloem bestoven werkvlak uitrollen tot een plak van ± 1½ cm dikte. Hieruit rondjes van ± 6 cm middellijn steken. In de helft van het aantal rondjes een kuiltje maken, hierin iets jam of banketbakkersroom leggen, de randen van deze rondjes met water bevochtigen en ieder gevuld rondje met een ander rondje bedekken; de randen aandrukken. Het deeg opnieuw laten rijzen (30 minuten). Het frituurvet verwarmen tot ± 180 °C. De bollen hierin gaar en bruin bakken (± 8 minuten); laten uitlekken en door een mengsel van de suiker en de kaneel rollen. De bollen heet geven.

Oliebollen *(zie blz. 346)*

Bolussen *(5 stuks, middellijn ± 10 cm)*

Deeg:

- 250 g bloem
- 5 g zout
- 15 g basterdsuiker
- 1 eierdooier
- 25 g verse gist of 12 g gedroogde gist
- 1 dl melk
- 65 g margarine

Mengsel:

- 50 g lichtbruine basterdsuiker
- 2 theelepels kaneel

Van de bloem, het zout, de basterdsuiker, de dooier, de gist, de lauwe melk en de gesmolten margarine een soepel deeg maken (zie wittebrood, blz. 364). Het deeg op een tamelijk warme, vochtige, tochtvrije plaats laten rijzen (20 minuten) en daarna in 5 stukken verdelen. Deze uitrollen in strengen van 25 cm. De strengen door ¾ van het suiker-kaneelmengsel rollen. Op een beboterd bakpapier of in een beboterde (aluminiumfolie)vorm de strengen van het midden uit tot een ronde koek draaien. De strengen nogmaals laten rijzen (30 minuten). Na het rijzen de rest van het suiker-kaneelmengsel erover strooien. De bolussen afdekken met beboterd bakpapier en op een bakplaat in het midden van een voorverwarmde oven (± 220 °C) zetten. Na ± 20 minuten het papier weghalen. De bolussen gaar en bruin laten worden (nog ± 15 minuten). Het gebak uit de oven nemen en laten afkoelen.

Variaties

Marmeladebolussen, gemberbolussen

Het suiker-kaneelmengsel vervangen door ± 250 g oranje marmelade of door 200 g kleingesneden gember en 3 lepels gembersiroop. Na het rijzen de bolussen hiermee enige malen bestrijken.

Muffins, scones ***(zie blz. 404, 405)***

Pizza ***(zie blz. 73)***

Zuurdesembrood

± 60 g zuurdesem (in 4 of meer dagen gemaakt, zie N.B.)
400 g (volkoren)meel
8 g zout
4 dl water

Het zuurdesem vermengen met 30 g meel en ½ dl van het water. Dit mengsel ± 6 uur laten staan bij kamertemperatuur. Het overige meel met het zout vermengen; het zuurdesemmengsel en het overige water toevoegen. Het deeg kneden tot een enigszins samenhangende massa; afgedekt op een vrij warme plaats laten rijzen (4 à 6 uur). Het gerezen deeg opbollen en in een met olie bestreken broodvorm leggen. Het brood op een rooster iets onder het midden van een voorverwarmde zeer hete oven (240 °C) bruin en gaar bakken in ± 40 minuten.

N.B. Zuurdesem bestaat in aanvang uit een papje van meel en tweemaal zoveel water, dat bij kamertemperatuur afgedekt wordt bewaard. Het wordt na respectievelijk 2, 1 en ½ dag vermeerderd met een deegje van gelijke hoeveelheden bloem en water. Het totale deeg verzuurt geleidelijk, waarbij het een steeds frissere geur krijgt. Het dient als rijsmiddel.

Stroedel (Strudel)

Het gebak is krokant, vrij droog en licht van kleur; het wordt altijd vliesdun uitgerekt en in combinatie met een zoet of hartig vulsel verwerkt. Stroedeldeeg is een kneeddeeg.

Ingrediënten

tarwebloem[1]	100 g	
zout	1 g	
boter/olie[2]	25 g	
(lauw) water[3]	± 40 g	(± 3 lepels)
eierdooier	20 g	(1 dooier)

1 Het gluten (eiwit) uit de bloem veroorzaakt na het kneden en rekken grote elasticiteit van het deeg.

2 Gesmolten boter of olie (en ei) geven soepelheid aan het deeg en voorkomen het te snel uitdrogen.

3 De precieze hoeveelheid vocht moet bij het kneden en rekken beoordeeld worden.

Aanwijzingen voor een goed resultaat

- Boter gesmolten toevoegen.
- Water (hand)warm toevoegen, niet te heet.
- Het deeg stevig kneden en slaan, zodat het elastisch wordt.
- Het deeg, met boter of olie besmeerd, ½ uur bij kamertemperatuur afgedekt laten rusten.
- Het deeg uitrollen en daarna met bebloemde handen uitrekken.
- Het uitgerekte deeg neerleggen op aluminiumfolie of op een doek en rechthoekig bijsnijden.
- Het deeg snel verwerken en met olie bestrijken, om uitdrogen te voorkomen.
- De oven voorverwarmen op 200 °C; het gebak bij dezelfde temperatuur bakken.
- Het deeg midden in de oven bakken, op de plaat laten afkoelen en iets afgekoeld snijden.

Appelstroedel *(apfelstrudel)*

Deeg:
250 g patentbloem
3 g zout
2 eierdooiers
60 g boter of 4 lepels olie
ruim 1 dl water
2 druppels azijn
Vulling:
750 g zure appels
1 theelepel kaneel
75 g suiker
(50 g walnoten of 75 g rozijnen)
(2 nootjes gember)
(1 eetlepel rum)
1 ei

De bloem zeven, een kuiltje in de bloem maken en hierin het zout, de dooiers, de gesmolten boter of de olie, het lauwwarme water en de azijn schenken. Van het midden uit roerend alle ingrediënten vermengen en tot een soepel deeg kneden. De deegbal met olie bestreken afgedekt ± 30 minuten op kamertemperatuur laten rusten. De appels schoonmaken en snipperen. De kaneel en de suiker en desgewenst de gehakte walnoten of gewelde rozijnen en gesneden gember en/of rum toevoegen. De deegbal uitrollen op een met bloem bestoven stuk folie of op een doek. De deegplak dun met olie bestrijken, op bebloemde handen nemen en gelijkmatig uitrekken tot papierdikte (± 40 × 40 cm) en neerleggen op folie of op een doek; de randen bijsnijden. De vulling (zo nodig op een zeef laten uitlekken), met het losgeklopt ei vermengen en als een brede reep vanaf ± 10 cm van de bovenrand af leggen. De onbedekte rand over het vulsel heen leggen en stevig oprollen. De zijkanten op het onderliggende deeg vastdrukken. De stroedel op een goed ingevette bakplaat leggen, met boter of olie bestrijken en midden in een voorverwarmde oven (200 °C) bakken; na 20 minuten nog eens met olie of boter bestrijken. Het gebak gaar laten worden en licht laten kleuren (totaal 45 minuten). Het gebak op de bakplaat iets laten afkoelen en in stukken van ± 5 cm breedte snijden. Desgewenst geven met een warme vanillesaus.

Variaties

Appelstroedel van (diepvries)piedeeg, van filodeeg

Het stroedeldeeg vervangen door zeer dun uitgerold piedeeg (zie piebakjes blz. 377), diepvriesbladerdeeg (blz. 376) of filodeeg.

Vruchtenstroedel

De helft van het appelmengsel vervangen door 100 g goed uitgelekte, geweekte, kleingesneden abrikozen en/of pruimen, en desgewenst 1 lepel maanzaad.

Kaas/hamstroedel

De appelvulling vervangen door een mengsel van 250 g geraspte kaas, 250 g kleingesneden schouderham, 200 g preiringen en 2 eieren losgeklopt met 1 dl zure room.

Zandgebak

Het gebak heeft een grove, vrij vaste korrelige structuur. Het is vrij bros en heel lichtbruin. Zandtaartdeeg (hard Wener deeg) is een kneeddeeg.

Ingrediënten

In verhouding uitgedrukt:

tarwebloem	100 g
zout	max. 1 g
(harde) boter[1]	± 60 à 75 g
(basterd)suiker[2]	± 30 à 50 g
(eierdooier)[3]	10 g (½ dooier)

4 : 3 : 2 wil zeggen:	4 delen bloem =	100 g
	3 delen boter =	75 g
	2 delen suiker =	50 g
3 : 2 : 1 wil zeggen:	100 g bloem	(3 delen)
	± 60 g boter	(2 delen)
	± 30 g suiker	(1 deel)

1 *Harde boter bevordert de korrelige structuur. Meer boter dan aangegeven smelt uit, doordat de bloem niet méér kan vasthouden. Minder boter maakt het deeg erg droog.*

2 *Basterdsuiker veroorzaakt een zacht korrelige structuur. Doordat er in het deeg nagenoeg geen vocht zit, kan kristalsuiker niet oplossen; het gebak wordt hard. Meer suiker dan aangegeven, maakt het gebak te hard. Geklonterde basterdsuiker zeven.*

3 *Een kleine hoeveelheid eierdooier maakt het deeg minder bros; bovendien wordt het iets elastischer (gemakkelijker uit te rollen).*

Variaties

- Toevoegen van vanille, kaneel (koekkruiden), geraspte citroenschil, cacao, krenten, gemalen kokos, amandelpers of noten.
- Bestrijken met ei of met glazuur.
- Combineren van het gebak met jam of vruchten.
- Achterwege laten van de suiker, daarvoor in de plaats bijvoorbeeld geraspte kaas en/of kruiden toevoegen (totaal 2% zout van de bloem rekenen).

Aanwijzingen voor een goed resultaat

- Uitgaan van koude, harde boter; het deeg moet stevig zijn. Is het deeg te zacht, dan vóór het verwerken afgedekt in de koelkast laten opstijven. Grotere hoeveelheden in gedeelten verwerken.
- Stevig, snel kneden, met een koele hand en aaneengesloten vingers. Men voorkomt daardoor dat het deeg te zacht wordt en dat er te veel lucht in het deeg komt.
- Te droog (geworden) deeg verbeteren door toevoegen van iets boter; te vet deeg door toevoegen van iets bloem.
- Uitrollen op een glad werkvlak dat *dun* met bloem is bestoven (bijvoorbeeld door een zeef). De deegroller eveneens met bloem bestuiven. Het deeg na elke uitrolhandeling losmaken van de ondergrond (met een pannenkoekmes) en verschuiven (*niet* keren). Overtollige bloem wegvegen (deegschuiertje). Losse lappen deeg verplaatsen door dubbelvouwen of om de deegroller rollen of uitrollen op folie (dit met het deeg boven de vorm omkeren).
- Deeglap van één kant uit in de vorm aandrukken (lucht wordt weggedrukt). Deeg als ondergrond voor vulsel dat meegebakken wordt, regelmatig inprikken (tegen rijzen van het deeg).
- Deeg in diepe deegbakjes, die na het bakken gevuld worden, van steunvulsel (rijst of peulvruchten) voorzien; tussen deeg en steunvulsel beboterd bakpapier leggen (de laatste 10 minuten zonder steunvulsel bruinbakken).

- Het gebak op een bakplaat *midden in* een voorverwarmde, matig warme oven (± 170 °C) bakken.
- Het 'iets' afgekoelde gebak met een breed mes van de bakplaat nemen en op een *vlakke* ondergrond laten afkoelen (zandgebak dat volkomen afgekoeld is, kan niet meer zonder breuk van de bakplaat gehaald worden).

200 g bloem
150 g harde boter
100 g basterdsuiker
2 g zout
(1 eierdooier)
(poedersuiker)

Zandtaartjes *(± 14 stuks)*

De bloem, de boter, de (gezeefde) basterdsuiker en het zout in een kom doen. De boter (met twee messen) in kleine stukjes snijden, desgewenst de dooier toevoegen en de massa met een koele hand vlug tot een samenhangende gelijkmatige bal kneden. Het deeg zo nodig op een koele plaats laten opstijven. De beboterde vormpjes met het deeg vullen en op een bakplaat midden in een voorverwarmde oven (± 170 °C) zetten. De zandtaartjes gaar en heel lichtbruin bakken (± ½ uur). De taartjes in de vorm iets laten afkoelen, voorzichtig keren en desgewenst met poedersuiker bestuiven.

Variatie

Desgewenst 100 g gemalen (wal)noten toevoegen.

Deeg:
200 g bloem
125 g harde boter
65 g basterdsuiker
2 g zout
1 eierdooier
Steunvulsel:
rauwe erwten of rauwe rijst
Vulling naar keuze:
500 g aardbeien of kersen
en 75 g suiker
of
150 g witte druiven
1 banaan
150 g bramen
± 50 g basterdsuiker
of
1 blik ananas of
mandarijntjes van ½ liter
2 kiwi's
Garnering:
glansgelei van 1 dl
vruchtensap (blz. 103)
(1¼ dl slagroom)
(20 g suiker)

Vruchtentaart *(middellijn ± 20 cm) (zandgebak)*
Vruchtentaartjes *(10 à 12 stuks)*

De bloem, de boter, de gezeefde basterdsuiker, het zout en de dooier in een kom doen. De boter (met twee messen) in kleine stukjes snijden en de massa met een koele hand vlug tot een samenhangende gelijkmatige bal kneden. Een beboterde platte zandtaartvorm of kleine beboterde vormpjes met een dikke deeglaag voeren. Het deeg bedekken met beboterd bakpapier en de vorm(pjes) voor de helft vullen met de erwten of de rijst. De vorm(pjes) op een bakplaat midden in een voorverwarmde oven (± 170 °C) zetten; hierin de taartjes 20 minuten, de grote taart 30 minuten bakken. Het papier met het steunvulsel verwijderen en de taartjes hierna gaar en lichtbruin bakken (nog ± 10 minuten, de grote taart nog ± 15 minuten). Het gebak in de vorm(pjes) iets laten afkoelen tot het hard is, daarna voorzichtig uit de vorm(pjes) halen. Het gebak kort voor het gebruik vullen met de schoongemaakte (gesneden), uitgelekte, gesuikerde verse vruchten, of de uitgelekte blikvruchten. De vruchten met de glansgelei bedekken. Desgewenst de taart(jes) garneren met de slagroom, die met de suiker is stijfgeklopt.

N.B. Men kan vóór het neerleggen van de vruchten op de taartbodem desgewenst een dun laagje aanbrengen van bijvoorbeeld banketbakkersroom of slagroom, of deze bestrijken met au bain-marie gesmolten (zie blz. 414) chocoladecouverture, om snel slap worden van het gebak te voorkomen.

Vulling:
250 g amandelspijs (blz. 416)
15 g boter of 1½ lepel room
(5 nootjes gember)
Deeg:
160 g bloem
100 g harde boter
50 g basterdsuiker
1½ g zout
1 eierdooier
Bestrijken:
1 lepel melk, ½ ei
50 g abrikozenjam
Glanzen:
(dun glazuur van 30 g poedersuiker, blz. 413)

Penséetaart ***(middellijn ± 18 cm)***
Penséetaartjes ***(± 10 stuks)***
De amandelspijs vermengen met de gesmolten boter of de room en desgewenst de kleingesneden gember. Van de bloem, de boter, de basterdsuiker, het zout en de dooier zandtaartdeeg maken als voor een open vruchtentaart (vorig recept). Het deeg uitrollen op een met bloem bestoven werkvlak tot een lap van ± ½ cm dikte. Hieruit een grote ronde plak of ± 10 kleine ronde plakjes steken. De bodem(s) van een beboterde vorm of vormpjes met de plak of plakjes deeg bedekken en de wand(en) voeren met een reep deeg van ± 3 cm breedte; het overgebleven deeg voor het vlechtwerk achterhouden. De taart(jes) vullen met de amandelspijs, desgewenst vermengd met de gesneden gember. Het overgebleven deeg doorkneden en opnieuw uitrollen en er reepjes van snijden; hiervan over de vulling een ruitpatroon leggen. Het bovenste randje van de deegwand zo nodig bijsnijden en over de vulling vouwen, zodat het een afsluitend randje van de taart vormt. Het netwerk en de rand(en) met het met de melk losgeklopte ei bestrijken en de vorm(en) op een bakplaat midden in een voorverwarmde oven (± 170 °C) zetten. De taart gaar en lichtbruin bakken (± ¾ uur; de taartjes ± ½ uur). De bovenkant van het warme gebak bestrijken met de verwarmde, gezeefde abrikozenjam. De taart(jes) iets laten afkoelen, uit de vorm(pjes) nemen en daarna desgewenst bedekken met het glazuur.

Variaties

Notentaart, kokostaart(jes)
Het vulsel vervangen door 1 stijfgeklopt eiwit vermengd met 80 g basterdsuiker en 100 g gemalen (hazel)noten of een kokosvulling (zie kokosmakarons blz. 410, ½ recept). Desgewenst 15 g gezeefde cacao door het deeg kneden.

Spijstaartjes, gembertaartjes (± 15 stuks)
Het deeg vervangen door piedeeg (blz. 377) van 100 g bloem of door ± 4 plakjes dunner uitgerold diepvriesbladerdeeg. Het deeg in de vormpjes vóór het vullen met een vork enkele malen inprikken. Op de spijstaartjes een (wal)noot als garnering in de spijs drukken. De gembertaartjes voor de helft met spijs vullen en bedekken met dunne plakjes gember. Het ruitpatroon vervalt. De vormpjes op een bakblik op de onderste richel van een hete (220 °C) voorverwarmde oven ± 15-20 minuten bakken, tot ze heel licht gekleurd zijn. Uit de vormpjes nemen en desgewenst bestrijken met jam.

Deeg:
240 g bloem
150 g harde boter
100 g basterdsuiker
2½ g zout
1 eierdooier
Vulling:
200 g amandelspijs (blz. 416)
1 lepel melk
4 gepelde amandelen
Bestrijken:
½ ei
1 lepel melk

Gevulde koeken ***(± 6 stuks)***

Van de bloem, de boter, de basterdsuiker, het zout en de dooier deeg maken als voor vruchtentaart (zandgebak) (blz. 390). Het deeg op een met bloem bestoven werkvlak uitrollen tot een plak van ± ⅓ cm dikte. Hieruit 12 ronde plakken steken van ± 10 cm middellijn; 6 plakken op een beboterde bakplaat leggen. De amandelspijs iets slapper maken met de melk en over de plakken verdelen; de randen onbedekt laten. Hierop de 6 overige plakken leggen. De randen van de koeken aandrukken, op het midden van iedere koek een gehalveerde amandel leggen en de bovenkant met het met melk losgeklopte ei bestrijken. De bakplaat midden in een voorverwarmde oven (± 170 °C) zetten. De koeken gaar en lichtbruin bakken (± 30 minuten); iets laten afkoelen, daarna van de bakplaat nemen en koud laten worden.

Variatie

Gevulde halvemaantjes (12 stuks)

Elk deegrondje dubbelslaan over een deel van de volgende vullingen:

- Een mengsel van 100 g gehakte walnoten en 150 g fijngesneden geweekte pruimen.
- Een mengsel van 100 g verkruimelde bitterkoekjes en 150 g fijngesneden kort in apricot brandy geweekte abrikozen.

Vulling:
200 g amandelspijs
geraspte citroenschil
± 1 lepel citroensap
½ ei
Deeg:
75 g zelfrijzend bakmeel
75 g bloem
100 g boter
75 g bruine basterdsuiker
1½ g zout
± 4 g (± ¾ lepel) speculaaskruiden
(1 lepel melk)
enige amandelen
Bestrijken:
½ ei
1 lepel melk

Gevulde speculaas ***(middellijn ± 20 cm)***

De amandelspijs met de citroenrasp, het citroensap en het ei goed vermengen. Het zelfrijzend bakmeel, de bloem, de boter, de suiker, het zout en de kruiden in een kom doen. De boter met twee messen in kleine stukjes snijden en de massa met een koele hand vlug tot een samenhangende bal kneden. Zo nodig de melk erdoor werken. De helft van het deeg in een beboterde (aluminium)vorm plat uitdrukken. De amandelspijs erover uitstrijken tot 2 cm van de kant. De tweede helft van het deeg op een stuk folie uitdrukken tot een rondje ter grootte van de vorm. Dit als deksel met behulp van het folie op de taart omklappen en langs de randen aandrukken. Desgewenst met gehalveerde (gepelde) amandelen een garnering op het deeg maken. De bovenkant met het met melk losgeklopte ei bestrijken. De vorm midden in een voorverwarmde oven (170 °C) op een hete bakplaat zetten en het gebak gaar en bruin laten worden (± 40 minuten). Het gebak laten afkoelen.

Variatie vorm

Het deeg uitrollen tot een rechthoek van ± 18 bij ± 26 cm. Deze overdwars doorsnijden; een van de deeglappen op een beboterde bakplaat leggen of in een rechthoekige folievorm. Het amandelpers uitdrukken tot een rechthoek die iets kleiner is dan deze deeglap, daarna op het deeg leggen; de andere deeglap eroverheen leggen; desgewenst de randen op elkaar drukken. Het gebak na het bakken op de bakplaat laten afkoelen.

Deeg:
160 g bloem
120 g harde boter
80 g basterdsuiker
1½ g zout
½ ei
Vulling:
600 g handappels
40 g basterdsuiker
kaneel
7 g maïzena
75 g rozijnen
(50 g noten of 6 bolletjes gember)
Bestrijken:
½ ei
1 lepel melk
(50 g abrikozenjam of glansgelei, blz. 103)

Appeltaart van zandtaartdeeg

(met rauw vulsel gebakken, middellijn ± 20 cm)

Appeltaartjes ***(4 stuks, middellijn ± 8 cm)***

De bloem, de boter, de (gezeefde) basterdsuiker, het zout en het ei in een kom doen. De boter (met twee messen) in kleine stukjes snijden en de massa met een koele hand vlug tot een samenhangende bal kneden. Het deeg zo nodig op een koele plaats laten opstijven. Een beboterde vorm of vormpjes met een dikke deeglaag voeren. Desgewenst een kleine hoeveelheid deeg achterhouden voor garnering. De appels schoonmaken en in schijfjes snijden. De suiker, de kaneel en de maïzena vermengen met de appelschijfjes, de gewassen en uitgelekte rozijnen en desgewenst de kleingesneden noten of de gember. De appelschijfjes in de vorm overdoen, de bovenste laag regelmatig rangschikken. Het eventueel achtergehouden deeg dun uitrollen en in reepjes snijden. Deze in een ruitpatroon over de appelvulling leggen; de rand rondom met een reep deeg bedekken. Het ruitpatroon met het met melk losgeklopte ei bestrijken. De vorm op een hete bakplaat midden in een voorverwarmde oven (170 °C) zetten en de taart gaar en lichtbruin bakken (± 45 minuten). De bovenkant van de warme taart desgewenst bestrijken met gezeefde abrikozenjam, of de appels na afkoeling glanzen met glansgelei.

Variaties

De deegbodem bedekken met een plak slappe amandelspijs van 50 g amandelen (blz. 416).

Pruimentaart

De appels vervangen door 500 g gewassen, ontpitte gehalveerde pruimen; voor vrij zure pruimen 60 g suiker gebruiken; kaneel achterwege laten.

Appel/abrikozentaart

200 g appels vervangen door verse abrikozen of door 60 g geweekte, gewelde abrikozen.

Zwitserse appeltaart

De maïzena vervangen door 2 eieren en 3 lepels melk, die met de kaneel en de suiker worden losgeklopt. Dit mengsel in de vorm over de appelstukjes schenken. De taart niet glanzen.

Appeltaart (gebakken met gaar vulsel)

Voor de vulling 800 g appels, 75 g krenten en/of rozijnen in gedeelten verwarmen in een suikerstroop van 2 dl water, 100 g suiker en een geraspte citroenschil tot de appelschijfjes glazig zijn en de rozijnen/krenten opzwellen. Het vulsel goed laten uitlekken. De taart vullen met de afgekoelde vruchten.

Kwarktaart (middellijn ± 20 cm)

Voor de kwarkvulling 3 eieren scheiden, de dooiers met 70 g basterdsuiker en geraspte citroenschil uitroeren en met ± 350 g kwark vermengen. De eiwitten stijf slaan, desgewenst met 75 g gewelde rozijnen of gesneden gember door het kwarkmengsel scheppen. Het kwarkmengsel in de deegvorm overdoen. De vorm op een bakplaat in een voorverwarmde oven (± 170 °C) plaatsen. De taart gaar en

lichtbruin bakken (± 50 minuten). De afgekoelde taart desgewenst met poedersuiker bestrooien.
N.B. De taart maximaal 2 dagen van tevoren bereiden.

140 g bloem
125 g boter
100 g basterdsuiker
1½ g zout
Bestrijken:
½ ei
1 lepel melk

Boterkoek ***(middellijn ± 20 cm)***
De bloem, de boter, de (gezeefde) basterdsuiker en het zout in een kom doen. De boter (met twee messen) in kleine stukjes snijden en van de massa met koele hand vlug een samenhangende bal kneden. Een boterkoekvorm of aluminiumfolievorm met het deeg vullen; zorg dat het deeg ± 1 cm van de wand af ligt. De bovenkant met losgeklopt ei bestrijken. De vorm op een hete bakplaat midden in een voorverwarmde oven (± 220 °C) zetten. De boterkoek bruin en bijna gaar bakken (+ 20 minuten); in de vorm laten afkoelen, daarna uit de vorm nemen en snijden.
Variaties
Boterkoek met gember
50 g kleingesneden gember door het deeg mengen.
Gevulde boterkoek, met spijs
Het deeg in twee plakken verdelen en ertussen een laagje amandelspijs van 60 g amandelen (blz. 416) aanbrengen.

Gebak van bladerdeeg (roldeeg, korstdeeg)

Structuur
Roldeeg levert een krokante korst op die afhankelijk van de soort weinig tot zeer luchtig bladerig is. Kenmerkend is de manier van bereiden, waarbij de ingrediënten koel en luchtig door elkaar gemengd worden, waarna de deegbal tot een elastische deeglap wordt uitgerold.
Roldeeg wordt luchtiger (bladeriger) naarmate de hoeveelheid boter in verhouding tot de bloem hoger wordt; en doordat de deeglap vaker wordt uitgerold, in drieën opgevouwen en opnieuw in een andere richting uitgerold wordt (driemaal vormt een zogenoemde toer).
Om de boter die door het uitrollen zachter wordt weer te laten opstijven, moet het deeg na het uitrollen minstens ½ uur afgedekt op een koude plaats (koelkast) rusten. De boterlaagjes zorgen dat de door het toeren ontstane deeglaagjes tijdens het bakken niet aan elkaar vastplakken. De luchtigheid ontstaat doordat bij het bakken in een hete tot zeer hete oven het toegevoegde water zeer snel verdampt; de waterdamp duwt de deeglaagjes uit elkaar. Dit effect wordt nog versterkt doordat de lucht, die door het opvouwen is ingebracht, uitzet.

Tot bladerdeeg behoren
Piedeeg: Dit deeg wordt voornamelijk gebruikt om een gerecht een krokante korst te geven; bij pies alleen aan de bovenkant, bij gevoerde pies rondom. De typische vorm voor een pie is de zogenoemde piedish, een ondiepe vuurvaste schaal met schuin toelopende wand en een brede, platte rand. Voor *piedeeg* kan men bloem door (volkoren)meel vervangen.
Luchtig piedeeg: Door meer boter te gebruiken en het deeg enige malen te toeren, wordt het luchtiger.
Feuilletédeeg/bladerdeeg: Door evenveel boter als bloem te nemen en driemaal te toeren, wordt dit deeg zeer bladerig.

Ingrediënten		
tarwebloem (patentbloem)	100 g	
harde boter	50 à 60 g	voor piedeeg
	75 g	voor luchtig piedeeg
	90 à 100 g	voor bladerdeeg (feuilletédeeg)
ijskoud water	± 50 g	(3 à 4 lepels)
zout	1½ g	voor zoete gerechten
	2 g	voor zoute gerechten

Snelle methode

Door 1 druppel azijn per 100 g bloem aan het water toe te voegen, kan men met 1 × toeren en 1 × rusten redelijk bladerdeeg bereiden. Het gebak is iets brosser dan het gebak bereid zonder azijn.

Diepvriesbladerdeeg

Er zijn pakjes diepvriesbladerdeeg in de handel met 10 plakjes deeg van 10 × 10 cm. De plakjes moet men in bevroren toestand van elkaar halen en na het ontdooien meteen verwerken, daar ze zeer snel uitdrogen.

De plakjes kunnen enigszins vergroot worden door ze naar de vier zijden iets uit te rollen. Voor één grote deeglap de randen van de lapjes met water vochtig maken en deze op elkaar plakken; daarna luchtig plat rollen.

Variaties

- Door combinaties van het deeg met zoet of hartig vulsel, bijvoorbeeld amandelbroodjes, appelcarrés, hartige taarten.
- Door het gebak kort voor het gebruik te vullen met: vruchten, een bavaroismengsel, slagroom en dergelijke of met ragouts (open vruchtentaarten, pasteitjes).

Aanwijzingen voor een goed resultaat

- Op een koele plaats werken.
- Uitgaan van koude ingrediënten (boter, water).
- Een klein deel van de bloem apart houden om bij het uitrollen te gebruiken.
- Zo min mogelijk met de handen aan het deeg komen.
- Voorkomen dat het deeg gaat plakken: werkvlak en roller met bloem bestuiven en het deeg *luchtig* vanuit het midden naar de buitenkant rollen.
- Voor feuilletédeeg de plakken (rechthoekig) uitrollen; om het gelijkmatig te kunnen opvouwen (en later gelijkmatig te laten rijzen).
- Het deeg tussen het toeren afgedekt op een koele plaats laten opstijven.
- Het deeg na het vormen alleen aan de bovenkant met losgeklopt ei bestrijken (ei aan de zijkant gaat het gelijkmatig uitrijzen tegen).
- De oven op 200 °C of 220 °C (zie recepten) voorverwarmen en op die temperatuur bakken.
- Het eerste kwartier de oven niet openen, om neerslaan van het gerezen gebak te voorkomen.
- Het gebak warm van de bakplaat halen en op een rooster laten afkoelen.

Gebak van piedeeg

Deeg:
100 g bloem
60 g harde boter
2 g zout
3 à 4 lepels water
of
5 plakjes diepvriesbladerdeeg (zie blz. 376)
Steunvulsel:
rauwe rijst of rauwe peulvruchten
Vulling:
naar keuze vruchten of ragouts of salades

Piebakjes *(8 stuks)*

Bijna alle gezeefde bloem, de koude harde boter en het zout in een kom doen. (Een klein deel van de bloem achterhouden, om later bij het rollen te gebruiken.) De boter met twee messen in kleine stukjes ter grootte van rijstkorrels door de bloem verdelen, tot een kruimelige massa ontstaat. Het ijskoude water toevoegen en met behulp van een mes door de bloem heen werken, tot een samenhangende, iets vochtige massa verkregen is. Het deeg met bloem bestuiven en op een met bloem bestoven werkvlak onder nu en dan keren en bestuiven luchtig uitrollen, totdat een elastische lap van ± 16 cm bij ± 24 cm verkregen is. Deze lap opgevouwen ten minste ½ uur afgedekt op een koele plaats laten rusten. Na het rusten de deeglap in 8 stukken verdelen en hiermee 8 beboterde platte zandtaartvormpjes voeren; het deeg hier en daar inprikken. Het deeg in ieder vormpje bedekken met een beboterd stukje bakpapier en de vormpjes vullen met het steunvulsel. De vormpjes op een bakplaat iets onder het midden in een voorverwarmde oven (± 220 °C) zetten. Na 15 minuten het papier met het steunvulsel eruit halen en de bakjes gaar en lichtbruin laten worden (nog ± 15 minuten). Het gebak uit de vormpjes nemen en al of niet afgekoeld vullen met een vulsel naar keuze.

Variatie

Hartige notentaartjes

De vormpjes (zonder steunvulsel) na het inprikken vullen met een mengsel van 50 g grof gehakte (wal)noten, 2 lepels geraspte oude kaas, 1 lepel kleingesneden peterselie, peper, zout, 2 losgeklopte eieren (zonder hagelsnoer) en 1 dl slagroom. Totale baktijd ± 20 minuten.

Spijstaartjes, gembertaartjes ***(zie blz. 372)***

Appelpie *(± 14 cm bij ± 20 cm)*

Deeg:
80 g bloem of meel
40 g harde boter
± 1 g zout
± 3 lepels water
of
± 4 plakjes diepvriesbladerdeeg (zie blz. 376)
Vulling:
500 g zure appels
75 g rozijnen
50 g suiker
1 theelepel kaneel of citroenrasp
(2 nootjes gember)
Bestrijken:
½ ei
1 lepel melk

Van de bloem of meel, de harde boter, het zout en het ijskoude water piedeeg maken (zie boven bij piebakjes). Het deeg na het rusten uitrollen tot een lap waarop een omgekeerde pie-dish (ovenschaal met brede platte rand) past. Langs de rand van de schaal het deeg ruim uitsnijden. Van het overige deeg reepjes snijden. De appels schoonmaken, in stukjes snijden en vermengen met de gewelde rozijnen, de suiker en de kaneel of de citroenrasp en desgewenst de fijngesneden gember. Het mengsel in de beboterde schaal overdoen. De brede bovenrand van de schaal natmaken en bedekken met reepjes deeg. De gevormde deegrand met water bestrijken en de schaal met de lap deeg bedekken. Van het overige deeg desgewenst een garnering maken en deze met water op het piedeksel plakken. De rand van de pie stevig aandrukken. De bovenkant met het met de melk losgeklopte ei bestrijken en hier en daar langs de garnering inprikken of kleine insnijdingen geven. De pie op een rooster midden in een voorverwarmde oven (220 °C) zetten (iets boven het midden) en na 15 minuten de ovenwarmte temperen tot ± 200 °C. De pie gaar en héél lichtbruin laten worden (nog ± ½ uur). De appelpie warm geven.

Hartige pie *(zie blz. 61)*

Pie(bak) met gedroogde vruchten *(14 bij 20 cm)*

Vulling:
200 g gedroogde abrikozen of
200 g tuttifrutti
½ liter water
± 50 g suiker
geraspte citroenschil
Deeg:
175 g bloem
90 g harde boter
2 g zout
¾ à 1 dl water
of
± 8 plakjes diepvriesbladerdeeg (zie blz. 376)
Bestrijken:
½ ei
1 lepel melk

De gedroogde vruchten wassen, 12 uur laten weken met het water, de suiker en de geraspte citroenschil en daarna laten uitlekken. Van de bloem, de boter, het zout en het water piedeeg maken (zie piebakjes blz. 377); het deeg uitrollen tot een lap van ± 25 cm bij ± 45 cm. De opgevouwen lap op een koele plaats afgedekt minstens ½ uur laten rusten. Een piedish (een ovenschaal met brede rand) omgekeerd op de deeglap zetten en ruim langs de rand van de schaal een lap deeg uitsnijden. Met de rest van de deeglap de beboterde schaal zo voeren, dat ook de rand met deeg bedekt wordt. De deegrand met water bestrijken. De gevoerde schaal vullen met het uitgelekte vruchtenmengsel en afsluiten met de uitgesneden lap deeg. Van het overgebleven deeg desgewenst een garnering maken en deze met water op het piedeksel plakken. De rand van de pie stevig aandrukken. De bovenkant bestrijken met het met de melk losgeklopte ei en hier en daar langs de garnering inprikken of kleine insnijdingen maken. De pie op een rooster midden in een voorverwarmde oven (± 220 °C) zetten. Na 15 minuten de ovenwarmte temperen tot 200 °C. De pie gaar en lichtbruin laten worden
(nog ± ½ uur). De pie keren, daarna weer omkeren en warm geven.

Mince-pie, Engels kerstgebak*

(middellijn ± 20 cm of ± 13 kleine pies)

Deeg:
- 150 g bloem
- 75 g harde boter
- 1½ g zout
- ± 5 lepels water
- of
- ± 15 plakjes diepvriesbladerdeeg (zie blz. 376)

Vulling:
- 250 g appels
- 50 g krenten
- 50 g rozijnen
- 50 g kalfsniervet
- 25 g sukade
- 25 g oranjesnippers
- 50 g bruine suiker
- geraspte citroenschil
- sap van 1 citroen
- ½ theelepel kaneel
- ¼ theelepel gemalen kruidnagel
- ¼ theelepel gemberpoeder
- 1 g zout

Garnering:
- poedersuiker

Van de bloem, de harde boter, het zout en het water piedeeg maken (zie piebakjes blz. 377). De appels schillen, van klokhuizen ontdoen en snipperen. De krenten en rozijnen wassen en goed laten uitlekken. Het vet in stukjes hakken en daarna alle bestanddelen van de vulling met elkaar vermengen. Voor een grote pie een zandtaartvorm, liefst met platte rand, gebruiken en deze voeren, vullen en afdekken als een piebak (zie vorig recept). Voor kleine piegebakjes beboterde zandtaartvormpjes voeren (hiervoor ± ¾ van de deeglap gebruiken). Het deeg langs de bovenrand natmaken. De vulling over de vormpjes verdelen, de vormpjes voor driekwart vullen, de vormpjes heel dicht naast elkaar zetten en allemaal tegelijk met een deeglap, gemaakt van het overgebleven deeg, bedekken. Met een deegrol over de deeglap rollen, zodat elk vormpje een deksel krijgt. Het deeg op de randen stevig aandrukken en de resten deeg tussen de vormpjes uitnemen. De grote of kleine pies op een bakplaat iets onder het midden in een voorverwarmde oven (± 220 °C) zetten. Na ± 15 minuten de ovenwarmte temperen tot 200 °C. De pie(s) gaar laten worden (kleine pies nog 15 minuten, de grote nog ± ½ uur). De pies keren, weer omkeren en warm geven of laten afkoelen en met poedersuiker bestuiven.

Gebak van luchtig piedeeg (korstdeeg)

Fleurons *(15-18 stuks)*

Deeg:
- 100 g patentbloem
- 75 g harde boter
- 2 g zout
- 3 à 4 lepels water
- of
- ± 4 plakjes diepvriesbladerdeeg (zie blz. 376)

Bestrijken:
- ½ ei
- 1 lepel melk

¾ van de gezeefde bloem, de boter en het zout in een kom doen. (¼ van de bloem achterhouden om later bij het rollen te gebruiken.) De boter met twee messen in kleine stukjes, ter grootte van bruine bonen, door de bloem verdelen, totdat een kruimelige massa verkregen is. Het ijskoude water toevoegen en met behulp van een mes door de bloem heen werken, tot een samenhangende, iets vochtige massa verkregen is. Het deeg met bloem bestuiven en op een met bloem bestoven werkvlak, onder nu en dan keren en bestuiven, luchtig uitrollen tot een dunne, rechthoekige, elastische lap verkregen is. De lap in drieën vouwen, een kwartslag draaien en opnieuw regelmatig uitrollen. Deze handeling nog tweemaal herhalen (een zogenoemde toer geven) en het opgevouwen deeg afgedekt op een koude plaats ten minste ½ uur laten rusten. Na het rusten weer een toer geven (uitrollen, draaien, 3 ×) en nogmaals laten rusten. Na de tweede rust, het deeg uitrollen tot een lap (20 × 20 cm) van ± ½ cm dikte. Uit de deeglap brede halvemaantjes steken met een speciale fleuronuitsteekvorm of met behulp van een ronde uitsteekvorm. De stukjes

** Dit gebak kan, mits in een goed sluitende trommel bewaard, enige weken van tevoren gemaakt worden.*

deeg op een natte bakplaat leggen, op een koele plaats laten opstijven en met het met de melk losgeklopte ei bestrijken (zorgen dat er geen ei langs de kanten druipt). De bakplaat iets onder het midden in een voorverwarmde oven (± 220 °C) zetten. De fleurons gaar en bruin bakken (± 20 minuten); het eerste kwartier de oven niet openen. Fleurons bijvoorbeeld geven als garnering rond een warme vleesschotel of bij een ragout.
N.B. De bereidingstijd kan bekort worden door aan het water 1 druppel azijn toe te voegen. Het deeg behoeft dan slechts eenmaal te rusten. Het gebak wordt bij deze bereidingswijze wel iets brosser.

Saucijzenbroodjes *(5 stuks)*

Deeg:
100 g patentbloem
75 g harde boter
2 g zout
3 à 4 lepels water
(druppel azijn)
of
5 plakjes diepvriesbladerdeeg (zie blz. 376)
Vulling:
150 g gemengd gehakt
± 1 lepel melk
1 snee oud brood zonder korst
peper, zout, nootmuskaat
Bestrijken:
½ ei, 1 lepel melk
Garnering:
peterselie

Van de bloem, de boter, het zout, het ijskoude water en eventueel de azijn luchtig piedeeg maken (zie bij fleurons). Het gehakt vermengen met het in wat melk geweekte en goed uitgedrukte brood, peper, zout en nootmuskaat tot een egale massa. Na de tweede rust het deeg uitrollen tot een lap van ⅓ cm dikte. Hiervan 5 lapjes snijden van ± 10 cm bij ± 10 cm. De lapjes op een natte bakplaat leggen. Ongeveer midden op ieder lapje een rolletje aangemengd gehakt leggen. De randen met koud water vochtig maken. Het lapje dubbelvouwen en de randen stevig aandrukken. Het deeg op een koele plaats laten opstijven en de bovenkant met het met de melk losgeklopte ei bestrijken. De bakplaat iets onder het midden in een voorverwarmde oven (± 220 °C) zetten. De broodjes gaar en bruin bakken (± 35 minuten). Het eerste kwartier de oven niet openen. De saucijzenbroodjes warm opdoen op een schaal, die met een servetje bedekt is. De schaal garneren met peterselie.

Variaties

Hamcroissants

Het gehaktmengsel vervangen door 150 g kleingesneden ham en desgewenst 50 g geraspte kaas.

Amandelbroodjes *(6 stuks)*

Deeg:
100 g patentbloem
75 g harde boter
1½ g zout
3 à 4 lepels water
(1 druppel azijn)
of
6 plakjes diepvriesbladerdeeg (zie blz. 376)
Vulling:
200 g dik amandelspijs (blz. 416)
Bestrijken:
½ ei
1 lepel melk
Garnering:
suiker

Van de bloem, de boter, het zout, het ijskoude water en eventueel de azijn bladerdeeg maken (zie fleurons blz. 379). Na de tweede rust het deeg uitrollen tot een lap van ± ⅓ cm dikte en 20 × 30 cm. Hiervan 6 lapjes snijden van ± 10 cm bij 10 cm. De randen van de lapjes met koud water vochtig maken. Ongeveer midden op ieder lapje een rolletje amandelspijs leggen. De lapjes dubbelvouwen en de randen stevig aandrukken. Het deeg op een koele plaats laten opstijven. De amandelbroodjes aan de bovenkant met het met de melk losgeklopte ei bestrijken, met suiker bestrooien en op een natte bakplaat leggen. De bakplaat iets onder het midden in een voorverwarmde oven (± 240 °C) zetten. De broodjes gaar en bruin bakken (± 30 minuten). Het eerste kwartier de oven niet openen. De broodjes van de bakplaat nemen en laten afkoelen.

Deeg:
120 g patentbloem
90 g harde boter
1½ g zout
± 4 lepels water
of
± 8 plakjes diepvriesbladerdeeg (zie blz. 376)
Vulling:
± 250 g appels
35 g suiker
1 theelepel kaneel of geraspte citroenschil
7 g maïzena
(25 g gewelde rozijnen)
(2 nootjes gember)
Bestrijken:
½ ei
1 lepel melk
(± 100 g abrikozenjam)

Appelcarrés *(± 8 stuks)*

Van de bloem, de boter, het zout en het ijskoude water luchtig piedeeg maken (zie fleurons blz. 379). Na de tweede rust het deeg uitrollen tot een lap van ± 22 cm bij ± 32 cm. Deze deeglap verdelen in 2 lappen, waarvan de ene ± 12 cm breed is en de andere ± 10 cm. De brede deeglap op een koude plaats leggen en de smalle lap op een natte bakplaat leggen.

De appels schoonmaken, vrij klein snipperen en vlak voor het neerleggen op het deeg, vermengen met een mengsel van de suiker, de kaneel of de geraspte citroenschil, de maïzena en desgewenst de rozijnen of de kleingesneden gember (als het mengsel erg vochtig is dit op een zeef laten uitlekken). Het appelvulsel op de smalle deeglap leggen, daarbij de randen van de lange zijden vrij laten en deze met water vochtig maken. De brede deeglap eroverheen leggen en de randen van het deeg stevig aandrukken. Het deeg, dat over het vulsel ligt, naast elkaar overdwars inknippen met 1½ cm tussenruimte. Het deeg met het met de melk losgeklopte ei bestrijken. De bakplaat midden in een voorverwarmde oven (± 220 °C) zetten. Het gebak gaar en lichtbruin laten worden (± 25 minuten). Het warme gebak desgewenst meteen bestrijken met de abrikozenjam, in stukken snijden van ± 4 cm breedte en op een taartrooster laten afkoelen.

Variaties

Hartige kwarkcarrés, kaascarrés

Het vulsel vervangen door 250 g (magere) kwark, feta of verse roomkaas, vermengd met 1 losgeklopt ei, zout, paprikapoeder, 2 lepels fijngesneden verse tuinkruiden en 1 kleingesneden (gefruite) ui.

Hartige ragoutcarrés

Het vulsel vervangen door een afgekoeld kroketmengsel (blz. 62).

Appelflappen, abrikozenflappen (8 stuks)

Beide deegrepen van ± 10 cm breedte maken en deze in vierkante stukken verdelen. Ongeveer op het midden van elk lapje 2 lepels appelmengsel (van 150 g appels) of 1 lepel dik abrikozenmoes (van 100 g abrikozen en 1½ dl water) leggen. De randen van het deeg vochtig maken en de lapjes schuin dubbelklappen, zodat het driehoekjes worden. De randen van de driehoekjes stevig aandrukken en het deeg met losgeklopt ei bestrijken. De flappen op een natte bakplaat leggen en bakken als appelcarrés.

Gebak van bladerdeeg (feuilletédeeg)

125 g patentbloem
125 g harde boter
2 g zout
± 4 lepels water

Bladerdeeg
Van de bloem, de boter, het zout en het ijskoude water in een koele ruimte bladerdeeg maken op een van de twee volgende manieren:
1. De bloem zeven; ⅓ deel hiervan achterhouden om bij het uitrollen te gebruiken. De rest met de harde boter en het zout in een kom doen. De boter met twee messen in stukken van ± 2 × 2 cm door de bloem snijden. Het ijskoude water toevoegen en met een mes luchtig door de bloem verdelen tot een juist samenhangende massa met grote stukken boter. Een deel van de achtergehouden bloem op het werkvlak strooien, het deeg erop leggen en met bloem bestrooien. Vanuit het midden het deeg luchtig tot een dikke, rechthoekige plak uitrollen. Deze deegplak zowel in de lengte als in de breedte in drieën vouwen. Dit 'pakje' een kwartslag draaien, opnieuw uitrollen, opvouwen et cetera, in totaal 3 × (een zogenoemde toer). Zorgen dat het deeg tijdens het uitrollen niet gaat plakken; geregeld met bloem bestuiven. Met een pannenkoekmes zo nodig losmaken en opvouwen. De deeglap zoveel mogelijk rechthoekig houden. Vóór het opvouwen de bloem van het deeg vegen. De opgevouwen deeglap ½ uur afgedekt op een koele plaats laten rusten. Daarna weer een toer maken, ½ uur laten rusten en een 3e toer maken.
Na de 3e rust de deeglap op maat uitrollen om te verwerken.
N.B. De bereidingstijd kan bekort worden door aan het water ± 1 druppel azijn toe te voegen; het deeg behoeft dan slechts eenmaal te rusten. Het gebak wordt bij deze bereidingswijze wel iets brosser.
2. De vrij harde boter in 3 porties verdelen. De bloem met ⅓ deel van de boter, het zout en het water verwerken als boven. Aan het einde van de 1e en de 2e toer (vóór het opvouwen om te rusten) beide malen nog ⅓ deel van de boter in stukken van ± 2 × 2 cm op regelmatige afstanden in het midden van de deeglap leggen. Het deeg zowel in de lengte als in de breedte opvouwen en ± ½ uur afgedekt op een koele plaats laten rusten.

Deeg:
125 g patentbloem (zie hierboven)
of 8 plakjes diepvriesbladerdeeg (zie blz. 376)
Bestrijken:
½ ei
1 lepel melk
Vulling:
een hete ragout (blz. 54-59)

Pasteibakjes ***(4 stuks) (pasteitjes zie blz. 52)***
Na de laatste rust het deeg uitrollen tot een lap van ½ cm dikte. Hieruit 8 ronde plakken steken met een middellijn van ± 8 cm. Midden uit deze plakken met een klein vormpje (± 4 cm) rondjes wegsteken, zodat ringen overblijven. 4 ringen met water vochtig maken en de andere daarop leggen; 4 kleine rondjes achterhouden als deksel. Het overgebleven deeg en rondjes opnieuw uitrollen tot ⅓ cm dikte en hieruit 4 ronde plakken van 8 cm middellijn steken. Deze op een natgemaakte bakplaat leggen als de bodem voor de pasteibakjes. De randen vochtig maken en de dubbele ringen hierop plakken. Het midden van de bodem inprikken. De dekseltjes vooraan op de bakplaat leggen. Het deeg op een koele plaats laten opstijven. De ringen en de dekseltjes zorgvuldig, alleen bovenop met zeer weinig van het met

melk losgeklopte ei bestrijken; zorg dat er geen ei langs de kanten druipt. De bakplaat iets onder het midden in een voorverwarmde oven (± 240 °C) zetten. De pasteibakjes laten rijzen en gaar en goudbruin laten worden (de dekseltjes ± 15 minuten, de bakjes ± 30 minuten). De oven het eerste kwartier niet openen. De bakjes van de bakplaat nemen en eventueel ongaar deeg eruit halen.
De warme pasteibakjes bijvoorbeeld vullen met een hete ragout en meteen opdoen. Of de bakjes laten afkoelen en afgesloten bewaren; vóór het vullen opwarmen.

Deeg:
120 g patentbloem
120 g harde boter
1½ g zout
± 4 lepels water
(1 druppel azijn)
of ± 6 plakjes diepvriesbladerdeeg (zie blz. 376)
Vulling:
300 g dik amandelspijs (zie blz. 416)
Bestrijken:
½ ei
1 lepel melk

Boterletter, banketletter

Van de bloem, de boter, het zout, het ijskoude water en eventueel de azijn bladerdeeg maken (zie blz. 382). Na de laatste rust het deeg uitrollen tot een lange lap van ± ½ cm dikte, ± 10 cm breedte en ± 64 cm lengte; de korte zijden recht bijsnijden. Van de amandelspijs een dunne rol maken, die iets korter is dan de deeglap.
Letters die met één lijn geschreven kunnen worden (bijvoorbeeld N, S, W) vormen als lange boterstaven (zie volgend recept) en er op een natte bakplaat de gewenste letter van leggen.
Letters die uit een cirkel gemaakt kunnen worden (bijvoorbeeld B, D, O) als volgt vormen. De rol amandelspijs midden op de deeglap leggen, zodat aan één korte kant de rol gelijk ligt met het deeg. Een van de lange randen los over het amandelspijs heen leggen; de andere rand met water bestrijken, over de eerste rand heen leggen en vastplakken. Het ene uiteinde van de staaf in het andere schuiven; zorg dat het vulsel goed aansluit. De overslag stevig met water vastplakken. De cirkel met de naad onder op een natte bakplaat leggen en er de gewenste letter van vormen.
Letters die met verschillende lijnen geschreven moeten worden (bijvoorbeeld A, E, H) als volgt vormen. De deeglap in stukken verdelen; aantal en grootte hiervan bepalen in verband met de gewenste letter. Midden op iedere deeglap een rol amandelspijs leggen die iets korter is dan de deeglap. De zijkanten van de lap(pen), die de uiteinden van de letter zullen worden, natmaken en over de amandelspijs heen slaan. Bij alle stukken een van de lange randen los over het amandelspijs heen leggen, de andere lange rand met water bestrijken, met een klein randje over de eerste heen leggen en vastplakken. De stukken met de naad onder in de vorm van de letter op een natte bakplaat leggen. In de staaf of staven op de plaats waar de stukken aan elkaar gehecht moeten worden, zo laag mogelijk, horizontaal een insnijding maken. De losse uiteinden natmaken en voorzichtig in de opening schuiven, zodat het deeg onder de amandelspijs komt te liggen. Het deeg goed aandrukken.
De letter op een koele plaats laten opstijven en met het met de melk losgeklopte ei bestrijken. De bakplaat iets onder het midden in een voorverwarmde, zeer hete (240 °C) oven zetten. De letter gaar en bruin laten worden (30 à 40 minuten). Het eerste kwartier de oven niet openen. Het gebak zo nodig losmaken van de bakplaat en laten afkoelen.

Deeg:
120 g patentbloem
120 g harde boter
2 g zout
± 4 lepels water
(1 druppel azijn)
of
± 6 plakjes diepvriesbladerdeeg (zie blz. 376)
Vulling:
300 g dik amandelspijs (blz. 416)
Bestrijken:
½ ei
1 lepel melk

Boterstaven, banketstaven *(2 stuks)*

Van de bloem, de boter, het zout, het ijskoude water en eventueel de azijn bladerdeeg maken (zie blz. 382). Na de laatste rust het deeg uitrollen tot twee lange lappen van ± ½ cm dikte, ± 10 cm breedte en ± 32 cm lengte. Van de amandelspijs 2 dunne rollen vormen die iets korter zijn dan de deeglappen. De rollen amandelspijs midden op de deeglappen leggen en deze laatste aan de uiteinden natmaken en over de amandelspijs heen slaan. Een van de lange randen van iedere lap los over de amandelspijs heen leggen, de andere rand met water bestrijken en over de eerste rand heen leggen en op elkaar plakken. Beide rollen met de naad onder op een natte bakplaat leggen, op een koele plaats laten opstijven en met het met de melk losgeklopte ei bestrijken. De bakplaat iets onder het midden in een voorverwarmde oven (± 240 °C) zetten. De staven gaar en bruin laten worden (30 à 40 minuten). Het eerste kwartier de oven niet openen. Het gebak zo nodig losmaken van de bakplaat en laten afkoelen.

Deeg:
120 g patentbloem
120 g harde boter
2 g zout
± 4 lepels water
(1 druppel azijn)
of 6 plakjes diepvriesbladerdeeg (zie blz. 376)
Vulling:
25 à 50 g Franse vruchtjes
300 g dik amandelspijs (blz. 416)
Bestrijken:
½ ei
1 lepel melk
Garnering:
glazuur van 50 g poedersuiker
of 50 g abrikozenjam
oranjesnippers

Kerstkrans

Van de bloem, de boter, het zout, het ijskoude water en eventueel de azijn bladerdeeg maken (zie blz. 382). Na de laatste rust het deeg uitrollen tot een lange lap van ± ½ cm dikte, ± 10 cm breedte en ± 60 cm lengte; de korte zijden recht bijsnijden. De helft van de Franse vruchtjes kleinsnijden, met de amandelspijs vermengen en er een dunne rol van maken, die iets korter is dan de deeglap. De rol amandelspijs midden op de deeglap leggen, zodat aan één korte kant de rol gelijk ligt met het deeg. Een van de lange randen los over de amandelspijs heen leggen, de andere rand met water bestrijken, over de eerste rand heen leggen en vastplakken. Het ene uiteinde van de staaf in het andere schuiven; zorg dat het vulsel goed aansluit. De overslag stevig met water vastplakken. De krans met de naad onder op een natte bakplaat leggen; op een koele plaats laten opstijven en met het met de melk losgeklopte ei bestrijken. De bakplaat iets onder het midden in een voorverwarmde oven (± 240 °C) zetten. De krans gaar en bruin laten worden (30 à 40 minuten). Het eerste kwartier de oven niet openen. De krans zo nodig losmaken van de bakplaat en laten afkoelen, daarna met het glazuur of met verwarmde, gezeefde abrikozenjam bestrijken en garneren met de oranjesnippers en met de overige gehalveerde rode en groene Franse vruchtjes.

Appelbollen *(6 stuks)*

Deeg:
- 150 g patentbloem
- 150 g harde boter
- 2 g zout
- ± 5 lepels water
- (1 druppel azijn)
- of
- 10 plakjes diepvriesbladerdeeg (zie blz. 376)

Vulling:
- 6 appels
- 40 g suiker
- 1 theelepel kaneel
- of
- 35 g gewelde rozijnen

Bestrijken:
- ½ ei, 1 lepel melk

Van de bloem, de boter, het zout, het ijskoude water en eventueel de azijn bladerdeeg maken (zie blz. 382). Na de laatste rust het deeg uitrollen tot een plak van ± ½ cm dikte en deze verdelen in 6 lapjes van ± 14 cm bij ± 14 cm. De appels boren, schillen, en met de kant van het steeltje boven, in het midden van de lapjes plaatsen. De holten vullen met een mengsel van suiker en kaneel of de rozijnen. Het deeg ruim om de appels heen vouwen en met water vastplakken. De appelbollen (met de gladde kant boven) op een natte bakplaat zetten, op een koele plaats laten opstijven en met het met de melk losgeklopte ei bestrijken. De bakplaat iets onder het midden in een voorverwarmde oven (± 240 °C) zetten. De appelbollen gaar en bruin bakken (± 25 minuten). Het eerste kwartier de oven niet openen. Het gebak zo nodig losmaken en laten afkoelen. De appelbollen warm of koud geven.

Variaties

Appelbollen met spijs

De holten met amandelspijs vullen (± 200 g, zie blz. 416).

Appelrozetten

De deeglapjes om de appels heen slaan en aan de punten vastplakken met rondjes deeg die natgemaakt zijn. De hete rozetten desgewenst bestrijken met verwarmde, gezeefde abrikozenjam en bestrooien met amandelsnippers.

Roomhoorns *(8 stuks)*

Deeg:
- 160 g patentbloem
- 160 g harde boter
- 2 g zout
- ± 5 lepels water
- of ± 12 plakjes diepvriesbladerdeeg (zie blz. 376)

Bestrijken:
- ½ ei
- 1 lepel melk

Garnering:
- 30 g suiker

Vulling:
- fijne banketbakkersroom (blz. 415) van 3 dl melk, maar 40 g bloem gebruiken)
- of
- 3 dl slagroom
- 45 g suiker
- ± 1 theelepel marasquin of vanillesuiker

Van de bloem, de boter, het zout en het ijskoude water bladerdeeg maken (zie blz. 382). Na de laatste rust het deeg uitrollen tot een lap (± 20 × 65 cm) van ± ½ cm dikte en hiervan 8 lange repen snijden van ± 2 cm breedte. Roomhoornvormen aan de buitenzijde met boter bestrijken. De repen dun met water bestrijken en, te beginnen bij de punt, met de natte kant boven regelmatig om de vormen wikkelen, zodat steeds elke volgende winding de vorige gedeeltelijk bedekt. De hoorns op een natte bakplaat leggen, het deeg op een koele plaats laten opstijven, daarna met het met de melk losgeklopte ei bestrijken en met wat suiker bestrooien. De bakplaat iets onder het midden in een voorverwarmde oven (± 240 °C) zetten. De hoorns gaar en bruin bakken (± 30 minuten). Het eerste kwartier de oven niet openen. De vormen uit de hoorns nemen. De hoorns laten afkoelen en volspuiten met de banketbakkersroom of met de stijfgeklopte slagroom.

Deeg:
150 g patentbloem
150 g harde boter
2 g zout
± 5 lepels water
of ± 10 plakjes diepvriesbladerdeeg (blz. 376)
Bestrijken:
½ ei
1 lepel melk
Vulling:
1 blik kersen 'au sirop' van ¼ liter
1 blik abrikozen idem
1 blik reine-claudes idem
of andere (verse zachte) vruchten in afstekende kleuren
glansgelei (blz. 103)

Confiturentaart *(vruchtentaart) (bladerdeeg) (middellijn ± 24 cm)*

Van de bloem, de boter, het zout en het ijskoude water bladerdeeg maken (zie blz. 382). Na de laatste rust het deeg uitrollen tot een lap van ± ½ cm dikte, hieruit met behulp van een deksel een ronde plak van ± 24 cm middellijn snijden en deze op een natte bakplaat leggen. Van het overige deeg 6 smalle reepjes van 10 cm snijden en 6 halvemaantjes van ± 10 cm uitsteken. De reepjes straalsgewijze met water op de deegbodem plakken, zodat 6 gelijke vakjes ontstaan. Ieder vakje afsluiten met een halfmaantje, dat met de bolle kant naar buiten met water op het deeg geplakt wordt. Desgewenst de buitenste puntjes van de deegbodem, die niet bedekt zijn, wegsnijden. De bodem van de vakjes inprikken en het deeg op een koele plaats laten opstijven. De reepjes en de halvemaantjes met het met de melk losgeklopte ei bestrijken en de bakplaat iets onder het midden in een voorverwarmde oven (± 240 °C) zetten. De taart gaar en bruin laten worden (± 30 minuten). De oven het eerste kwartier niet openen. Het gebak laten afkoelen en op een taartrand zetten die op een taartkarton ligt. De vakjes vullen met de goed uitgelekte vruchten; deze met zoete glansgelei bedekken.

N.B. Om slap worden te voorkomen de taart kort voor het gebruik met de vruchten vullen. Of de afgekoelde taart vóór het vullen bestrijken met au bain-marie (blz. 414) gesmolten chocoladecouverture.

Cake

Cake is een veerkrachtig, vrij luchtig, goudgeel gebak, dat goed in plakken gesneden kan worden. Cake is een gebaksoort afkomstig uit de Engelse keuken en is het smakelijkst 1 dag na het bakken. Cakedeeg (cakebeslag) is een roerdeeg waarin alle ingrediënten tot een homogene massa verwerkt worden.

Ingrediënten

Van alle ingrediënten gelijke hoeveelheden:

tarwebloem/meel (+ 1½ g zout)	100 g
zachte boter	100 g
(kristal)suiker*	100 g
verse eieren (M = ± 50 g)	100 g
droog vulsel	100 g

Een extra rijsmiddel in de vorm van bakpoeder (of zelfrijzend bakmeel in plaats van bloem) is bij deze verhouding niet nodig; het maakt de cake kruimelig.

Door per 100 g bloem ⅓ deel van de hoeveelheid boter en/of ei minder te nemen, krijgt men een eenvoudige cake die droger en minder luchtig is. Voor elke weggelaten 50 g boter en/of voor elk ei, 2 lepels melk toevoegen. In dit geval bloem vervangen door zelfrijzend bakmeel, om de luchtigheid te bevorderen.

Een hoeveelheid boter en/of eieren die minder dan 50% van de bloem bedraagt, levert een ***koek*** op, die vast van structuur is en niet op cake lijkt.

** De suiker vervangen door 8 à 10 g zoetstof.*

Variaties

- Smaakstoffen: vanille, citroenrasp, cacao, (koek)kruiden toevoegen.
- Vulsels: gember, geraspte chocolade, rozijnen, krenten, appel, noten door het deeg mengen.
- Combinaties/garneren met crème, slagroom, jam, glazuur.

Aanwijzingen voor een goed resultaat

- De boter op kamertemperatuur laten komen en met de suiker intensief luchtig roeren (mixen).
- Verse eieren gebruiken, deze van tevoren op kamertemperatuur laten komen.
- De eieren goed roerend een voor een toevoegen, tot steeds weer een homogene massa ontstaat (totaal ± 20 minuten roeren = ± 10 minuten mixen).
- Vulsel vóór het toevoegen met bloem omschudden; vulsel eventueel een dag van tevoren wellen en laten uitlekken of droogdeppen.
- De oven op 160 °C voorverwarmen en de cake op die temperatuur bakken.
- Een blanke beboterde vorm gebruiken, die voor ¾ gevuld wordt. Eventueel de vorm dun bestuiven met bloem of fijn paneermeel. Indien alleen een donkere of minder gladde vorm beschikbaar is, deze met bakpapier voeren. Daarvoor een stuk papier knippen ter lengte van de bodem en de beide opstaande dwarskanten, en ter breedte van de bodem en de beide opstaande zijkanten. Dit papier aan elk der 4 hoeken eenmaal een knip geven even hoog als de opstaande kant. Het papier als voering glad in de vorm schikken.
- Meteen nadat de vorm is gevuld deze op een rooster in de voorverwarmde oven zetten; het midden van de cake in het midden van de oven.
- Indien de gebakken cake een bult of barst vertoont, dit in het vervolg voorkomen door:
  a de cake iets lager in de oven te plaatsen;
  b de oventemperatuur iets lager te stellen of
  c de eerste 40 minuten een beboterd vetvrij papier op de vorm te leggen.
- De oven *nooit* openen voordat de helft van de baktijd is verstreken.
- Na afloop van de baktijd de cake in het midden op gaarte controleren, bijvoorbeeld door er met een houten satépen of breinaald in te prikken. Deze moet er droog uitkomen. De cake nog even in de *geopende* oven laten staan (de zijkanten laten dan los van de vorm).
- De cake op een rooster keren en laten uitdampen; in plastic of folie verpakken om uitdrogen te voorkomen.

Bakpannen (wonderpannen) gebruikt, op gas of een elektrische plaat, kunnen voor cake en koek een goed bakresultaat geven. Indien ze op de gasvlam geplaatst worden, de pannen niet voorverwarmen. De pannen bij voorkeur aan de bovenkant afdekken (bijvoorbeeld met een vlamverdeler) om de warmte te behouden en de bovenkant van het gebak voldoende gaar te laten worden.

150 g boter
150 g suiker
vanillemerg of geraspte citroenschil of 1 pakje vanillesuiker
2 g zout
3 eieren
150 g bloem

Cake *(vorm van ± 1 liter)*

De boter met de suiker, het vanillemerg of de geraspte citroenschil en het zout zacht en schuimig roeren. De eieren er een voor een door roeren; een volgend ei pas toevoegen, nadat door goed roeren een gelijkmatige, luchtige massa verkregen is. De gezeefde bloem in gedeelten door het deeg roeren. Het deeg meteen overdoen in een beboterde cakevorm die zo nodig gevoerd is en ten hoogste voor ¾ gevuld mag worden. • De cakevorm op een rooster iets onder het midden in een voorverwarmde oven (± 160 °C) zetten. (Zo nodig de bovenzijde afdekken.) De cake laten rijzen en gaar en goudgeel laten worden

(1 à 1½ uur). Het eerste halfuur de oven niet openen. (De cake is gaar als een breinaald die erin gestoken wordt, er droog uitkomt.) De cake in de vorm iets laten afkoelen. Wanneer de kanten losgetrokken zijn van de vorm, de cake op een taartrooster keren en laten afkoelen.

Variaties

Kleine cakes (16 à 18 stuks)

Papieren vormpjes gebruiken of hoge zandtaartvormpjes beboteren en voor ruim de helft vullen met het deeg. Op een bakplaat zetten en bedekken met beboterd bakpapier. De plaat midden in een matig warme oven (150 °C voor de cakes in de papieren vormpjes, 160 °C voor de cakes in de metalen vormpjes) zetten; na ± 20 minuten het papier verwijderen. De cake gaar en goudgeel laten worden (± 25 minuten). De cakes laten afkoelen en in de papieren vormpjes geven. De metalen vormpjes keren als ze enigszins afgekoeld zijn. Desgewenst de cakes bedekken met abrikozenjam en bestrooien met gemalen kokos.

Marmercake

Een mengsel van 15 g cacao en 30 g basterdsuiker door ⅓ van het cakedeeg mengen. Dit op gelijke dikte van het witte deeg brengen met iets melk. Onder in de beboterde vorm de helft van het witte deeg uitstrijken; daarop het cacaodeeg leggen. De vorm verder vullen met het overige witte deeg en met een mes enkele malen zigzag door het deeg gaan.

Brownies (± 12 stuks)

80 g pure chocolade in stukjes verdelen en met de boter laten smelten, maar niet warm laten worden. 2 eieren, 1 zakje vanillesuiker, 1 g zout en 100 g suiker dik en romig kloppen, het chocoladebotermengsel en 100 g zelfrijzend bakmeel erdoor scheppen. Het deeg in een beboterde vierkante bakvorm overdoen en gaar laten worden (25-30 minuten). Laten afkoelen en in vierkanten snijden.

Vulsel:
100 g rozijnen
(rum)
Deeg:
120 g boter
135 g suiker
½ pakje vanillesuiker of geraspte citroen- of sinaasappelschil
2 g zout
3 eieren
75 g bloem
75 g zelfrijzend bakmeel
± ¼ dl melk

Gevulde cake *(vorm van ± 1 liter)*

De rozijnen wellen of weken in rum; laten uitlekken en droogdeppen. De boter met de suiker, de vanillesuiker of de geraspte citroen- of sinaasappelschil en het zout zacht en schuimig roeren. De eieren er een voor een door roeren; een volgend ei pas toevoegen nadat door goed roeren een gelijkmatige, luchtige massa verkregen is. De gezeefde bloem, het gezeefde zelfrijzend bakmeel en de melk in gedeelten om beurten door de massa roeren. De rozijnen gelijkmatig door het deeg scheppen. Het deeg meteen overdoen in een beboterde cakevorm die ten hoogste voor ¾ gevuld wordt. De cakevorm op een rooster iets onder het midden in een voorverwarmde oven (170 °C) zetten. Na 20 minuten de oven temperen (160 °C), zo nodig een beboterd bakpapier op de cake leggen (als deze al te veel kleurt). De cake gaar en goudgeel laten worden (1 à 1½ uur). Het eerste halfuur de oven niet openen. (De cake is gaar als een breinaald die erin wordt gestoken, er droog uitkomt.) De cake in de vorm iets laten afkoelen. Wanneer de kanten losgetrokken zijn van de vorm, de cake op een taartrooster keren en laten afkoelen.

Variaties

Volkorencake

De bloem vervangen door (volkoren)meel.

Gembercake, dadelcake

Als vulsel 100 g kleingesneden gember of 50 g gember en 50 g gehakte noten, of 100 g zeer klein gesneden dadels toevoegen. De melk desgewenst vervangen door gembernat.

Rumcake

Als vulsel 100 g fijngemaakte bitterkoekjes (vooraf geweekt in ¾ dl rum) door het deeg mengen.

Notencake, kokoscake

Als vulsel 100 g gemalen hazel- of walnoten door het deeg mengen of 75 g gemalen kokos.

Chocolade-notencake

Als vulsel 60 g gehakte chocolade (puur) of hagelslag en 50 g gehakte walnoten of amandelsnippers door het deeg mengen.

Kruidcake

De vanillesuiker vervangen door ± 1 lepel koekkruiden of een mengsel van 2 theelepels kaneel, ½ theelepel gemalen kruidnagel en ½ theelepel gemberpoeder.

Helenacake, Helenataart

Kruidcake bereiden; de taart in een ronde vorm bakken. De warme taart ruim met rum besprenkelen en desgewenst met gekleurde suiker bestrooien. De taart meteen in plastic verpakken en minimaal 1 dag laten doortrekken.

Ananas upside-down cake

± 4 plakken goed uitgelekte ananas over de bodem van een dik beboterde springvorm verdelen. Elke holte vullen met een goed uitgelekte kers of enkele rozijnen. Het cakedeeg over de plakken verdelen, zonder dat deze verschuiven.

Deeg:
150 g boter
150 g suiker
½ pakje vanillesuiker
2 g zout
3 eieren
150 g bloem
Garnering en vulling:
100 g jam
glazuur van 150 g poedersuiker (blz. 413)
gekonfijte vruchten

Gegarneerde cake ***(in lagen, vorm van ± 1 liter)***

Van de boter, de suiker, de vanillesuiker, het zout, de eieren en de bloem een cake bakken (blz. 387). De afgekoelde cake horizontaal in drie plakken snijden. De onderste plak met een laagje jam bestrijken, hierop de tweede plak leggen, ook deze met jam bestrijken en ten slotte de bovenste plak cake erop leggen.

De bovenkant en de zijkanten met het glazuur bedekken en op het glazuur een garnering aanbrengen van poedersuiker met de gekonfijte vruchten.

Variaties

Gegarneerde cake met chocoladecouverture

Het glazuur vervangen door 200 g au bain-marie gesmolten couverture of chocoladerepen. Garneren met hazelnoten, walnoten of amandelen.

Gegarneerde cake met crème au beurre

De jam en het glazuur vervangen door crème au beurre (blz. 414 met vla). De zijkanten dun met de crème bestrijken en bedekken met ± 40 g geroosterde amandelsnippers. Daarna de bovenkant dun met de crème bestrijken en met de rest opspuiten. Garneren met hazelnoten, walnoten of amandelen.

Kerstcake *(middellijn ± 18 cm)*

Vulsel:
150 g rode Franse vruchtjes of
100 g rozijnen en
50 g krenten
Deeg:
200 g boter
200 g suiker
3 g zout
4 eieren
200 g bloem
2 lepels rum
Garnering:
eiwitglazuur van 175 g
Franse vruchtjes
zilverpilletjes
sukade
(dik rood glazuur van
25 g poedersuiker, blz. 413)

De vruchtjes kleinsnijden of de rozijnen en krenten laten wellen, uitlekken en zeer goed drogen. Van de boter, de suiker, het zout, de eieren en de bloem cakedeeg maken (zie cake blz. 387). Het vulsel en de rum door het deeg mengen. Het deeg meteen overdoen in een beboterde springvorm, die ten hoogste voor ¾ gevuld mag worden. De vorm op een rooster iets onder het midden in een voorverwarmde oven (± 170 °C) zetten. De cake laten rijzen; na ± 20 minuten de ovenwarmte iets temperen (± 160 °C). Zo nodig de bovenzijde afdekken met beboterd bakpapier en de cake gaar en goudgeel laten worden (nog ± 1 uur). Het eerste halfuur de oven niet openen. (De cake is gaar als een breinaald die erin gestoken wordt, er droog uitkomt.) De cake in de vorm iets laten afkoelen. Wanneer de kanten losgetrokken zijn van de vorm, de cake op een taartrooster keren. De afgekoelde cake aan de bovenkant en aan de zijkanten dik met het eiwitglazuur bedekken. Hierop met Franse vruchtjes, zilverpilletjes, sukade en desgewenst rood glazuur, een toepasselijke garnering aanbrengen (bijvoorbeeld een kerstboompje van dunne reepjes gesneden sukade of een hulstmotiefje van sukade en Franse vruchtjes, of 'Gelukkig Kerstfeest', gespoten met zeer dik rood glazuur).

Vruchtentaart *(van cakedeeg, middellijn ± 18 cm)*

Deeg:
70 g boter
50 g basterdsuiker
1 ei
100 g bloem
1 g zout
(vanillesuiker)
Vulling naar keuze:
500 g appels
of
300 g appels en
60 g abrikozen
glansgelei (blz. 103)

Van de boter, de suiker, het ei, de bloem, het zout en desgewenst de vanillesuiker een dik cakedeeg maken (blz. 387). Het deeg overdoen in een beboterde en met bloem bestoven omkeerbare taartbodem. De bodem op een bakplaat iets onder het midden in een voorverwarmde oven (160 °C) zetten en gaar bakken (± 20 minuten). De iets afgekoelde bodem keren en koud laten worden. De bodem vullen met in suikerstroop gepocheerde appelschijfjes en/of abrikozen (zie bij appeltaart met gaar vulsel blz. 374). De vruchten bedekken met glansgelei.

Variatie

De vruchten vervangen door uitgelekte vruchten uit blik (± 850 g). Desgewenst garneren met stijfgeklopte slagroom.

Appeltaart van cakedeeg *(springvorm van 18 à 20 cm)*

- 600 g appels
- *Deeg:*
- 160 g boter
- 180 g suiker
- 2 g zout
- citroenrasp
- 3 eieren
- 200 g zelfrijzend bakmeel
- ½ dl melk
- (6 bolletjes gember)
- (abrikozenjam)

De appels schillen, in vier of zes parten snijden en van klokhuizen ontdoen. De boter met de suiker, het zout en de citroenrasp zacht en schuimig roeren. De eieren er een voor een door roeren, een volgend ei pas toevoegen nadat door goed roeren een gelijkmatige, luchtige massa verkregen is. Het gezeefde zelfrijzend bakmeel en de melk in gedeelten, om beurten, door de massa roeren. Desgewenst de kleingesneden gember toevoegen. Het deeg meteen overdoen in een beboterde springvorm. De parten appel aan de bolle kant diep inkerven en naast elkaar met de ingesneden kant boven in het cakedeeg drukken, zodat ze nog juist zichtbaar zijn. De taart bakken als cake (blz. 387 vanaf •). De nog warme cake desgewenst bestrijken met abrikozenjam.

Notenkoek *(vorm van 2 liter)*

- 3 eieren
- 125 g suiker
- 3 dl melk
- 50 g boter
- 2 lepels honing
- 350 g zelfrijzend bakmeel
- 3 g zout
- 100 g gemalen hazelnoten of walnoten
- (honing)

De eieren met de suiker uitroeren, tot een luchtige massa verkregen is. De melk met de boter en de honing lauwwarm maken; de boter laten smelten. De helft van het melkmengsel door de eieren roeren. Het zelfrijzend bakmeel, het zout en de gemalen noten afwisselend met de overige melk door het deeg roeren. Het deeg meteen overdoen in een beboterde cakevorm, die ten hoogste voor ¾ gevuld mag worden. De vorm op een rooster midden in een voorverwarmde oven (170 °C) zetten en in 50 minuten gaar en lichtbruin laten worden. De koek desgewenst bestrijken met warme honing.

Variatie

150 g zelfrijzend bakmeel vervangen door (volkoren)meel en 4 g bakpoeder.

Kruidkoek *(vorm van 1 liter)*

- 200 g zelfrijzend bakmeel
- 160 g bruine basterdsuiker
- 2 g zout
- 1 lepel koekkruiden
- ± 1½ dl melk
- 100 g rozijnen of
- 60 g gember
- (50 g (hazel)noten)

Het zelfrijzend bakmeel, de suiker, het zout en de kruiden vermengen. De melk erdoor roeren, tot een gladde massa verkregen is die als een dikke band van de lepel loopt en langzaam met de rest van het deeg gelijk vloeit. De rozijnen, die geweld, uitgelekt en afgedroogd zijn, of de uitgelekte en kleingesneden gember en desgewenst de grof gemalen (hazel)noten erdoor mengen. Het deeg overdoen in een beboterde en met bloem bestoven cakevorm. De vorm op een rooster iets onder het midden in een voorverwarmde oven (170 °C) in ± 1 uur gaar laten worden. Als de bovenkant van de kruidkoek veerkrachtig aanvoelt, deze uit de oven nemen en ± 5 minuten in de vorm laten afkoelen; daarna keren en in een afgesloten plastic zak verder laten afkoelen.

Variatie

100 g zelfrijzend bakmeel vervangen door 100 g (volkoren)meel en 3 g bakpoeder.

100 g boter
65 g basterdsuiker
1 ei
125 g bloem
± 2 lepels gembersiroop
125 g gembersnippers

Gembertaart *(platte vorm van ± 18 cm middellijn)*
Van de boter, de suiker, het ei en de bloem een zeer stijf cakedeeg maken (zie blz. 387). Hierdoor de gembersiroop mengen. Het deeg overdoen in een beboterde platte vorm; de gembersnippers erop leggen en iets aandrukken. De vorm op een rooster iets onder het midden in een warme oven zetten (± 170 °C) en gaar en lichtbruin bakken (± ¾ uur). De taart laten afkoelen en in punten of ruitvormige stukken snijden.

Biscuitgebak

I Structuur

Het gebak is een luchtig en zeer soepel eiergebak met een goudbruine buitenkant. Het is wat droog* door de afwezigheid van boter. Daardoor is het juist geschikt om in taarten te combineren met romige vulsels en/of te tremperen met verdunde likeur of vruchtensap. Biscuitdeeg (beslag) is een klopdeeg.

** Men kan, om biscuitdeeg minder droog te maken, er gesmolten boter door spatelen (vóór de bloem). Een beter resultaat verkrijgt men echter door het maken van Moskovisch deeg (blz. 398).*

II Ingrediënten

Per ei (M = ± 50 g): 20 à 30 g bloem (+ zetmeel)*
± 30 g suiker
¼ g zout

** De hoeveelheid bloem beïnvloedt de soepelheid van het deeg. Voor bijvoorbeeld een soepele opgerolde koek gebruikt men de kleinste hoeveelheid bloem. Om het glutengehalte van de tarwebloem iets af te zwakken kan ¼ van de bloem vervangen worden door zetmeel (maïzena).*

III Variaties

- Toepassen van verschillende vormen: springvorm, cakevorm, zandtaartvorm (met dikke rand), rechthoekig bakblik ('kapsel' voor taartjes), gevouwen papieren vorm op bakblik (voor opgerolde koek).
- ½ van de bloem vervangen door cacao (bijvoorbeeld voor Schwarzwalder Kirschtorte).
- Diverse vulsels en garneringen gebruiken: crèmes, slagroom, banketbakkersroom, bavaroismengsel, vruchten(puree); glazuur, noga, geroosterde amandelsnippers, chocoladehagelslag/-vlokken.

IV Aanwijzingen voor een goed resultaat

- Verse eieren gebruiken; deze van tevoren op kamertemperatuur laten komen.
- De kom met eieren en suiker tijdens het kloppen in (hand)warm water plaatsen.
- Zo lang kloppen/mixen tot de schuimige massa als een brede band van de klopper loopt en slechts langzaam met het overige deeg gelijk vloeit (kloppen ± 20 minuten, mixen ± 10 minuten).
- De oven op 180 °C voorverwarmen, het gebak bij deze temperatuur bakken.
- De bloem door een zeef toevoegen en tegelijk luchtig omscheppen door de eiermassa (beslist *niet* mixen), totdat er geen losse bloem meer te zien is.
- Het deeg meteen in een met boter bestreken en met bloem bestoven (spring)vorm overdoen en deze meteen midden in de voorverwarmde oven op een rooster plaatsen.

- De oven beslist *niet* openen voordat ⅔ van de baktijd voorbij is; het gebak is eerder niet stevig genoeg, het zakt in.
- Na afloop van de baktijd het gare gebak in de *geopende* oven laten afkoelen.
- Zodra het gebak van de rand van de vorm loslaat, keren op een taartrooster en verder laten afkoelen. Afgekoeld gebak zo nodig in aluminiumfolie verpakt bewaren (invriezen).
- Zo nodig het afgekoelde gebak in plakken verdelen met een scherp (brood)mes of met een draad (bij voorkeur een dag na de bereiding). Om de plakken na het vullen weer op de juiste plaats terug te leggen (om het risico van een scheve taart te voorkomen), vóór het snijden aan de zijkant van de taart met de botte kant van een mes 3 inkervingen geven als kenteken of boven elkaar 2 of 3 prikkers in de rand van het deeg steken.

Slagroomtaart met vruchten

(biscuitdeeg, middellijn 18 à 20 cm)

boter om te bestrijken
bloem om te bestuiven
Deeg:
3 eieren
100 g suiker
80 g bloem of
60 g bloem
en 20 g maïzena
1 g zout
Trempeervocht:
4 lepels vruchtensap of
3 lepels water en
1 lepel marasquin
Vulling en garnering:
kersen, ananas of
abrikozen (1 blik à 850 g)
1 kiwi
½ liter slagroom
75 g suiker
(slagroomversteviger, blz. 415)
40 g geroosterde
amandelsnippers (blz. 414)
glansgelei (blz. 103)

Een springvorm vrij dik met boter bestrijken en met bloem bestuiven. De eieren met de suiker kloppen tot een schuimige massa verkregen is, die als een dikke band van de klopper afloopt en langzaam met de rest van het deeg gelijk vloeit. Meteen de bloem (de maïzena) en het zout zeven en bij gedeelten luchtig door de geklopte eieren scheppen, zodat een gelijkmatig luchtig deeg ontstaat. Het deeg meteen overdoen in de springvorm, die ten hoogste voor ⅔ gevuld mag worden. De vorm op een rooster midden in een voorverwarmde oven (± 180 °C) zetten. De taart laten rijzen en gaar en lichtbruin laten worden (± 40 minuten). De eerste 20 minuten de oven niet openen. (De taart is gaar, wanneer ze veerkrachtig aanvoelt.) Het gare gebak 5 minuten in de geopende oven laten staan. De taart op een taartrooster keren zodra ze van de kant van de vorm loslaat en laten afkoelen. De vruchten laten uitlekken; het sap bewaren. De taart in 3 plakken snijden. Iedere plak tremperen met vruchtensap of een mengsel van sap en likeur. De slagroom met de suiker en desgewenst versteviger stijfkloppen; een mengsel maken van ⅓ deel van de slagroom en de helft van de klein gesneden vruchten. De onderste plak met de helft van dit mengsel bedekken en de tweede plak erop leggen. Ook deze plak met het mengsel bedekken en ten slotte de bovenste plak van het gebak erop leggen. De zijkant van de taart met slagroom bestrijken en de taart door de amandelsnippers rollen. Het gebak op een taartrand plaatsen die op een taartkarton ligt. De bovenkant van de taart met slagroom bestrijken en met de vruchten garneren. De vruchten glanzen met glansgelei; de taart met de overige slagroom opspuiten.

Variaties

2½ dl slagroom vervangen door banketbakkersroom (blz. 415); hiermee de plakken en de zijkant van de taart bestrijken.

Chocolade-kersentaart (Schwarzwalder Kirschtorte)

40 g bloem vervangen door gezeefde cacao. Uitsluitend kersen en slagroom als vulsel en garnering gebruiken (1 blik kersen van 1 liter). De amandelsnippers vervangen door 100 g pure chocoladehagelslag.

Chipolatataart
Bij het tremperen de likeur vervangen door rum. De slagroom vervangen door crème au beurre (met vla) (blz. 414). De vruchten vervangen door een mengsel van 40 g gewelde rozijnen, 20 g oranjesnippers en 2 schijven (kleingesneden) ananas. De zijkant van de taart bestrijken met abrikozenjam. De amandelsnippers vervangen door 75 g gehakte noga (blz. 417). De taart aan de bovenzijde bespuiten met de crème au beurre en afwerken met zilverpilletjes.

Mokkataart
Voor het tremperen marasquin door rum vervangen. De slagroom en de vruchten vervangen door mokkacrème (met vla) (blz. 414) of door mokkaslagroom (blz. 416). De taart aan de bovenkant bespuiten met de mokkacrème/-slagroom en afwerken met 50 g dunne chocoladegalettes en/of hazel- of walnoten.

Zoete wortel-, courgettetaart
2 eieren splitsen en de dooiers met 100 g lichtbruine basterdsuiker, 1 theelepel citroenrasp, 1 g zout en ½-1 dl water of sinaasappelsap tot een schuimige massa uitroeren. 175 g grof geraspte winterwortel of courgette, 125 g gehakte hazelnoten, 50 g bloem, 10 g maïzena, 1 theelepel bakpoeder, 1 theelepel koek- of speculaaskruiden en 2 stijfgeklopte eiwitten door het deeg scheppen. Het deeg meteen overdoen in een beboterde en met bloem of paneermeel bestrooide springvorm en ± 45 minuten bakken (200 °C). De afgekoelde taart in 2 plakken snijden, de onderste plak bestrijken met abrikozen-, sinaasappel- of gembermarmelade. De plakken op elkaar leggen en de bovenkant afwerken met chocoladeglazuur, -couverture of bestrooien met poedersuiker. Desgewenst garneren met (hazel)noten.

Deeg:
4 eieren
120 g suiker
100 g bloem of
75 g bloem
en 25 g maïzena
1 g zout
Trempeervocht:
3 lepels water en ½ lepel likeur
Vulling en garnering:
banketbakkersroom van 2½ dl melk (blz. 415)
crème au beurre (met vla) (heel recept blz. 414) of
mokkaslagroom (heel recept blz. 416)
verse vruchten ± 250 g of 1 klein blikje (uitgelekt) of kleine zilverpilletjes
(12 papieren vormpjes, caisses)

Biscuitgebakjes *(12 stuks)*

Op een beboterde bakplaat een beboterd bakpapier of aluminiumfolie leggen van ± 30 cm bij ± 22 cm; hiervan de randen ± 3 cm omvouwen, rechtop zetten en met paperclips vastmaken, zodat een rechthoekige vorm van ± 24 cm bij ± 16 cm ontstaat. Van de eieren, de suiker, de bloem, de maïzena en het zout biscuitdeeg maken als voor slagroomtaart (blz. 393). Meteen het deeg in de vorm uitstrijken en de bakplaat midden in een voorverwarmde oven (± 180 °C) zetten. Het gebak lichtbruin en gaar laten worden (± 25 minuten); op een taartrooster keren, het papier eraf nemen. Het gebak laten afkoelen en horizontaal in twee plakken snijden. Iedere plak besprenkelen met een mengsel van water en likeur. De onderste plak met de banketbakkersroom bestrijken en de andere plak erop leggen. De taart met een deel van de crème au beurre of slagroom bestrijken, en in 12 rechthoekige gebakjes van ± 8 cm bij ± 4 cm snijden. Elk taartje met de rest van de crème au beurre of slagroom opspuiten en garneren met de zo nodig kleingesneden vruchten of met enkele zilverpilletjes. Desgewenst de gebakjes in papieren vormpjes opdoen.

Variatie

Petits fours van biscuitdeeg

Het gebak verdelen in 24 stukjes van 3½ × 3½ cm.

Deeg:
2 eieren
60 g suiker
50 g bloem
zout
Vulling:
aardbeien-, sinaasappel- of ananasbavaroismengsel (½ recept, blz. 331-332)
(1 blikje mandarijnen of ananas van ½ liter)
Garnering:
2 dl slagroom
30 g suiker
(slagroomversteviger, blz. 415)

Sinaasappelbavaroistaart, ananasbavaroistaart, aardbeienbavaroistaart *(middellijn 20 cm)*

Van de ingrediënten biscuitdeeg bereiden (zie blz. 393), dit gaar en goudbruin bakken in een springvorm van 20 cm middellijn (± 20 minuten). Het afgekoelde gebak in 2 plakken snijden. De rand van de springvorm dun met olie bestrijken en op een platte schaal plaatsen. De onderste plak weer in de rand leggen. Het bavaroismengsel, zodra het geleiachtig begint te worden, op het gebak in de rand schenken. Zodra de puddingmassa vast begint te worden, de bovenste plak gebak daarop leggen. De taart koud en stijf laten worden, de rand verwijderen. De taart garneren met de slagroom (die met de suiker en desgewenst versteviger stijfgeklopt is) en met de uitgelekte mandarijnen, stukjes ananas of aardbeien.

Deeg:
1 ei
30 g suiker
25 g bloem
Vulling:
kwarkbavaroismengsel (blz. 333)
1 blikje ananasschijven van ½ liter
Garnering:
(2 dl slagroom)
(30 g suiker)
(slagroomversteviger, blz. 415)

Kwarkbavaroistaart met ananas ***(middellijn ± 20 cm)***

Van de ingrediënten biscuitdeeg bereiden (zie blz. 393); dit gaar en goudbruin bakken in een springvorm van 20 cm middellijn (± 10 minuten). Het afgekoelde gebak uit de vorm nemen. De rand van de springvorm dun met olie bestrijken en op een platte schaal plaatsen; tegen de rand een reep bakpapier plakken. Het gebak weer in de rand leggen. Op het gebak, tegen de rand, halve schijven ananas zetten. Het bavaroismengsel, zodra het geleiachtig begint te worden, op het gebak in de rand schenken. De taart stijf laten worden, de rand verwijderen en voorzichtig de reep papier lostrekken. Desgewenst garneren met wat achtergehouden schijven ananas en de met suiker en desgewenst versteviger stijfgeklopte slagroom.

Variatie

De taartbodem van biscuitdeeg vervangen door een zonder oven te bereiden bodem van biscuits en gesmolten boter.

150 g biscuits
75 g boter
200 g verse roomkaas
1¼ dl zure room
50 g basterdsuiker
200 g vruchten (vlaaivulling, kersen, aardbeien)

Roomkaastaart ***(zonder oven) (20 cm)***

De biscuits fijnmaken en door de gesmolten boter roeren. Het mengsel over de bodem van een met bakpapier belegde vorm uitstrijken, aandrukken en in de koelkast laten opstijven. De roomkaas met de zure room en de basterdsuiker glad roeren; op de bodem overdoen. Kort voor het gebruik de goed uitgelekte vruchten op de taart leggen.

Variatie

Het roomkaasmengsel vervangen door een bavaroismengsel (blz. 330-335).

Deeg:
cakedeeg van 6 eieren (blz. 387)
biscuitdeeg van 2 × 5 eieren (blz. 393)
Trempeervocht:
1½ dl water en ½ dl likeur of 2 dl vruchtensap
Vulling en garnering:
450 g abrikozenjam
sap van 1 citroen
1 blikje ananasstukjes van ½ liter
crème au beurre van 500 g boter (blz. 414)
1 klein glazen buisje
eiwitglazuur van 600 g poedersuiker (blz. 413)
zeer dik lichtgroen glazuur van 150 g poedersuiker (blz. 413) of crème au beurre (lichtgroen) van 100 g boter (blz. 414)

Bruidstaart ***(bestaande uit 5 taarten met een middellijn van ± 25, 20, 16, 10 en 6 cm)***

Voor de grootste vorm een cake van 6 eieren bakken (blz. 387). Biscuitdeeg van 5 eieren maken en dit verdelen over de op één na grootste vorm en de kleinste vorm en bakken (blz. 393). Het overige biscuitdeeg van 5 eieren verdelen over de beide middelgrote vormen en bakken. De taarten storten op een taartrooster, zodra ze van de kant van de vormen loslaten, en laten afkoelen; ze alle in 2 plakken snijden. Alle plakken besprenkelen met het mengsel van water en likeur of met vruchtensap. De onderste plakken van iedere taart dik besmeren met gezeefde jam die vermengd is met citroensap en fijngesneden uitgelekte ananas en de bijbehorende plakken, besmeerd met crème au beurre erop leggen. De taarten naar aflopende grootte op elkaar plakken met crème au beurre. Het glazen buisje loodrecht midden in de bovenkant van de taart duwen, zodat het juist onzichtbaar is. De gehele taart dik met het witte eiwitglazuur bedekken. Parelrandjes van lichtgroen glazuur of crème au beurre langs de rand van elke verdieping spuiten en desgewenst met dit glazuur ook een spreuk op de taart spuiten. Het glazen buisje met water vullen en hierin enige bloemetjes van het bruidsboeket steken.

Deeg:
3 eieren
75 g suiker
45 g bloem
15 g maïzena
1 g zout
Vulling:
dik abrikozenmoes (blz. 283)
of 250 g jam (± ½ potje)
(citroensap)
Garnering:
glazuur van ± 75 g
poedersuiker (blz. 413)
Franse vruchtjes
sukade

Opgerolde koek *(van biscuitgebak)*

Een vorm maken door op een bakplaat een beboterd bakpapier te leggen van ± 36 cm bij ± 30 cm; hiervan de randen ± 2 cm omvouwen en rechtop vastzetten met paperclips. De eieren met de suiker kloppen (± 20 minuten) tot een schuimige massa verkregen is, die als een dikke band van de klopper afvloeit. Meteen de gezeefde bloem, de maïzena en het zout bij gedeelten luchtig door de geklopte eieren scheppen, tot een gelijkmatig luchtig deeg ontstaat. Onmiddellijk het deeg in de papieren vorm uitstrijken en de bakplaat midden in een voorverwarmde oven (200 °C) zetten. Het gebak gaar en vooral niet bruin laten worden (± 10 minuten). •

Intussen zo nodig de smaak van de jam verbeteren met citroensap en verwarmen. Een met poedersuiker bestrooid(e) vetvrij papier of doek klaarleggen. Hierop het warme gebak snel keren; meteen de papieren vorm eraf halen en eventueel harde randen van het gebak afsnijden. Verwarmd abrikozenmoes of jam vlug over de plak uitstrijken. Meteen de nog warme koek oprollen, de zijkanten schuin bijsnijden en de rol op een taartrooster laten afkoelen. De koek met poedersuiker bestrooien of de bovenkant in de lengte van de rol met het glazuur bedekken en er met Franse vruchtjes en reepjes sukade een 'doorlopende' garnering op aanbrengen.

Variatie

Opgerolde koek van chocoladedeeg

20 g bloem vervangen door 20 g gezeefde cacao. De vulling desgewenst vervangen door crème au beurre (met vla) (zie blz. 414).

Deeg:
biscuitdeeg van 3 eieren
(zie vorig recept)
Vulling:
2 dl mokkaslagroom (blz. 416)
50 g geroosterde gemalen
hazelnoten
Garnering:
hazelnootnoga
(blz. 417, ½ recept)
(kiwi)

Koningsrol, hazelnootrol

Het biscuitdeeg bakken als in het vorige recept tot •. Vlug het hete gebak keren op een doek, het papier eraf nemen en met de doek stevig oprollen. De rol laten afkoelen. De mokkaslagroom vermengen met de gemalen hazelnoten. De koek terugrollen, de doek wegnemen en het gebak bestrijken met ¾ van de mokkaslagroom. De koek weer oprollen, de zijkanten schuin bijsnijden. De buitenzijde bestrijken met de overige slagroom; de koek door de garneernoga rollen.

Variatie

Boomstam

De mokkaslagroom met de hazelnoten vervangen door mokkacrème (blz. 414). De buitenzijde garneren met in lengtestrepen gespoten mokkacrème en stukjes noga of kiwi.

Moskovisch gebak

Structuur

Dit is een luchtig eiergebak (evenals biscuitgebak). Het is zeer sponzig en veerkrachtig van structuur (door toevoegen van harde boter). Het kan zonder vulsel ('blind') worden gebruikt voor taarten; met vulsel wordt het vaak in een tulbandvorm gebakken. Moskovisch deeg (beslag) is een klopdeeg.

Ingrediënten

Per ei (M = ± 50 g):	25 g bloem (+ zetmeel)*
	¼ g zout
	± 20 g suiker
	20 g (harde) boter in stukjes
	20 g (kurkdroog) vulsel

** Om het glutengehalte van de tarwebloem af te zwakken, kan ¼ van de bloem vervangen worden door zetmeel (bijvoorbeeld maïzena).*

Variaties

- *Vorm:* tulbandvorm, cakevorm of hoge zandtaartvorm, kapselvorm.
- *Vulsel:* krenten, rozijnen, oranjesnippers, sukade, abrikozen, noten, geraspte chocolade (of hagelslag).
- *'Blind' gebak:* (zonder vulsel) kan tot dezelfde taarten of gebakjes verwerkt worden als biscuitgebak.

Aanwijzingen voor een goed resultaat

- De vorm vrij dik en regelmatig inboteren en dun met bloem bestuiven.
- Verse eieren splitsen in dooier en wit (geen dooier in het wit morsen, dan wordt dit niet stijf).
- Alleen zeer harde boter verwerken (in kleine stukjes verdeeld).
- De dooiers met de suiker zéér schuimig roeren/mixen.
- Het eiwit in een grote schone (ontvette) kom stijfkloppen. Daarna de suiker er in gedeelten door kloppen. Een volgende hoeveelheid suiker toevoegen, nadat het eiwit weer geheel stijfgeklopt is.
- Krenten en rozijnen bij voorkeur een dag van tevoren wellen en laten uitlekken; vóór het toevoegen met bloem omschudden.
- De oven op 190 °C voorverwarmen en het gebak op dezelfde temperatuur bakken.
- Op het stijfgeklopte eiwit de boter + bloem, daarop de uitgeroerde eierdooiers en daarop het vulsel stapelen. Daarna alles luchtig omscheppen tot een gelijkmatige massa, waarin geen losse bloem meer te zien is.
- Het deeg meteen in de geprepareerde vorm overdoen en midden in de voorverwarmde oven (op een rooster) plaatsen.
- De oven beslist *niet* openen voordat ⅔ van de baktijd voorbij is; het gebak is eerder niet stevig genoeg en zou inzakken.
- Het gebak controleren op gaarte, bij indrukken behoort het terug te veren.
- Het gare gebak in de geopende oven laten afkoelen (om alsnog inzakken te voorkomen).
- Zodra het gebak van de rand van de vorm loslaat, keren op een taartrooster en verder laten afkoelen.
- Zo nodig het afgekoelde gebak in plakken verdelen met een scherp (brood)mes of met een draad (bij voorkeur een dag na de bereiding). Om de plakken na het vullen weer op de juiste plaats terug te leggen (om het risico van een scheve taart te voorkomen), vóór het snijden aan de zijkant van de taart met de botte kant van een mes 3 inkervingen geven als kenteken of boven elkaar 2 of 3 prikkers in de rand van het deeg steken.

Vulling:
80 g krenten en rozijnen of
80 g gesneden gember
Deeg:
80 g harde boter
75 g bloem
25 g maïzena
1 g zout
4 eieren
80 g suiker
poedersuiker

Moskovische tulband ***(middellijn ± 20 cm)***
De krenten en rozijnen 30 minuten in lauw water laten weken, goed laten uitlekken, droogdeppen en met ½ lepel bloem omschudden. Een tulbandvorm en een klein zandtaartvormpje dik met boter bestrijken en met gezeefde bloem bestuiven. De koude, harde boter met de gezeefde bloem, maïzena en het zout fijnhakken en op een koude plaats wegzetten. De eieren scheiden; de dooiers met de helft van de suiker uitroeren tot een schuimige dikke massa is ontstaan. De eiwitten in een grote kom stijfkloppen en de overige suiker er bij gedeelten al kloppend aan toevoegen; een volgende hoeveelheid suiker pas toevoegen, nadat het eiwit weer geheel stijfgeklopt is. Hierop eerst de boter en de bloem, daarna de uitgeroerde dooiers en ten slotte de krenten en rozijnen of de goed uitgelekte gember leggen. De massa luchtig omscheppen, tot een gelijkmatig deeg verkregen is. Het deeg meteen overdoen in de tulbandvorm en het kleine vormpje, die hiermee ten hoogste voor ¾ gevuld mogen worden. De vormen op een rooster midden in een vrij hete oven (± 190 °C) zetten. De tulband laten rijzen en gaar en bruin laten worden (± ¾ uur). De eerste 20 minuten de oven niet openen, daarna het kleine gebakje uit de oven halen. (Het gebak is gaar wanneer het veerkrachtig aanvoelt.) De gare tulband 5 minuten in de geopende oven laten staan. De tulband op een taartrooster storten zodra hij van de kant van de vorm loslaat en laten afkoelen. Het kleine gebakje op de tulband plaatsen en het gebak met gezeefde poedersuiker bestuiven.
Variatie
Moskovische cakes (± 30 stuks)
Als vormpjes zandtaartvormpjes gebruiken. Baktijd ± 20 minuten.

Deeg:
80 g harde boter
80 g bloem
20 g maïzena
1 g zout
4 eieren
80 g suiker
Vulling:
dik abrikozenmoes (blz. 283 met 2 dl water)
of 250 g jam (± ½ potje)
(citroensap)
Garnering:
poedersuiker of glazuur van ± 75 g poedersuiker (blz. 413)
Franse vruchtjes
sukade

Opgerolde koek ***(van Moskovisch gebak)***
Een vorm maken door op een bakplaat een beboterd bakpapier te leggen van ± 36 cm bij ± 30 cm; hiervan de randen ± 2 cm omvouwen, rechtop zetten en met paperclips vastmaken. Van de boter, de bloem, de maïzena, het zout, de eieren en de suiker Moskovisch deeg maken (zie vorig recept). Het deeg meteen in de vorm uitstrijken en de bakplaat in een hete oven (± 220 °C) zetten. Het gebak gaar en vooral niet bruin laten worden (± 10 minuten).
De koek verder bereiden als opgerolde koek van biscuitgebak (blz. 397 vanaf •).

Oranjetaart *(middellijn ± 20 cm)*

Deeg:
80 g harde boter
75 g bloem
25 g maïzena
1 g zout
4 eieren
80 g suiker
(80 g droge oranjesnippers)
(1 dl Grand Marnier)

Vulling:
100 g oranjemarmelade
fijne banketbakkersroom van 1½ dl melk (blz. 415)

Garnering:
crème au beurre met Grand Marnier van 100 g boter (blz. 414)
40 g geroosterde amandelsnippers (blz. 414)
1 blikje mandarijntjes 'au sirop' van ¼ liter

Een springvorm dik met boter bestrijken en met gezeefde bloem bestuiven. Van de boter, de bloem, de maïzena, het zout, de eieren, de suiker en desgewenst de kleingesneden oranjesnippers deeg maken als voor Moskovische tulband (blz. 399). Het deeg meteen overdoen in de springvorm. De vorm op een rooster midden in een voorverwarmde oven (± 190 °C) zetten. De taart laten rijzen en gaar en lichtbruin laten worden (± ½ uur). De eerste 20 minuten de oven niet openen. (De taart is gaar wanneer ze veerkrachtig aanvoelt.) Het gare gebak 5 minuten in de geopende oven laten staan. De taart keren op een taartrooster, zodra ze van de kant van de vorm loslaat en laten afkoelen. De afgekoelde taart in 2 of 3 plakken snijden en elke plak desgewenst tremperen met de likeur. Op de onderste plak de helft van de marmelade uitstrijken en hierop de helft van de banketbakkersroom leggen. De tweede plak erop leggen, deze met de overige marmelade en de tweede helft van de banketbakkersroom bestrijken. Ten slotte de bovenste laag gebak erop leggen. De zijkant van de taart met iets crème au beurre bestrijken en de taart door de amandelsnippers rollen. De bovenkant van de taart dun met crème au beurre bedekken. Hierop een garnering aanbrengen van de goed uitgelekte mandarijntjes. De taart met de overige crème au beurre opspuiten.

Petits fours, Moskovische theegebakjes *(± 24 stuks)*

Deeg:
100 g harde boter
90 g bloem
35 g maïzena
1 g zout
5 eieren
100 g suiker

Vulling:
150 g jam en citroensap of banketbakkersroom van 2½ dl melk (blz. 415)

Garnering:
100 g geroosterde amandelsnippers (blz. 414)
glazuur in 2 verschillende kleuren, elk van 75 g poedersuiker (blz. 413)
dik chocoladeglazuur van 50 g poedersuiker (blz. 413)
of Franse vruchtjes
(zilverpilletjes)
(24 papieren vormpjes, caisses)

Een vorm maken door op een bakplaat een beboterd bakpapier van ± 34 cm bij ± 20 cm te leggen; hiervan de randen ± 3 cm omvouwen, rechtop zetten en met paperclips vastmaken, zodat een rechthoekige vorm ontstaat van ± 28 cm bij ± 14 cm. Van de boter, de bloem, de maïzena, het zout, de eieren en de suiker Moskovisch deeg maken als voor oranjetaart (zie vorig recept). Onmiddellijk het deeg in de vorm uitstrijken en de bakplaat in een voorverwarmde oven (± 190 °C) zetten. Het gebak gaar en lichtbruin laten worden (± 25 minuten); op een taartrooster keren en het papier verwijderen. Het gebak laten afkoelen en horizontaal in 2 plakken snijden. De onderste plak met ¾ van de jam of de banketbakkersroom bestrijken en de andere plak erop leggen. De taartplak in vierkante gebakjes snijden van ± 3½ cm bij ± 3½ cm. De zijkanten met jam of banketbakkersroom bestrijken en de gebakjes met de zijkanten door de amandelsnippers wentelen. De helft van de gebakjes aan de bovenkant bedekken met de ene kleur glazuur, de andere gebakjes met de andere kleur glazuur. De theegebakjes opspuiten met het chocoladeglazuur of garneren met stukjes Franse vruchtjes en desgewenst zilverpilletjes. De gebakjes desgewenst opdoen in papieren vormpjes.

Soezen

I Structuur

Het gebak bestaat uit een zeer dunne, uitgerezen, goudgele korst (met lucht gevuld). Soezendeeg is een kookdeeg dat relatief veel eieren bevat. Het rijst tijdens het bakken uit door de combinatie van het water, dat stoom wordt, en de ingeroerde lucht, die uitzet.

II Ingrediënten

2 eieren (M)	± 100 g
(kokend) water*	100 g + 1 g zout
boter**	50 g
bloem	60 g

** Water kan vervangen worden door melk; dan verkrijgt men een dikkere, iets zachtere korst.*

*** Meer boter zal uitsmelten, omdat de bloem niet méér kan vasthouden.*

III Variaties

A Bakken in de oven

- zonder vulsel; koud serveren.

Zo laat mogelijk vullen met:

- *Zoete vulling:* slagroom, banketbakkersroom, bavarois, ijs. *Garnering*: poedersuiker of glazuur.
- *Hartige vulling:* hartige boter of crèmes, kwarkmengsel, hartige mousse, (koud) roerei, slaatje, koude ragout. *Garnering*: kleingesneden peterselie of paprikapoeder.

B Bakken in hete frituurolie (175 °C); warm serveren.

Door het beslag:

- zoet vulsel: (bijvoorbeeld rozijnen)
- hartig vulsel: (bijvoorbeeld ham, kaas).

IV Aanwijzingen voor een goed resultaat

- Verse eieren gebruiken.
- Alle ingrediënten *zeer nauwkeurig* afwegen.
- Het water met de boter langzaam aan de kook laten komen tot de boter gesmolten is zonder dat er water verdampt.
- Alle bloem *ineens* al roerend toevoegen en gladroeren.
- De pan van de warmtebron af halen en laten afkoelen tot handwarmte, voordat de losgeklopte eieren er op een klein deel na (± ¼) doorgeklopt worden. Dit om coaguleren van het ei te voorkomen.
- De dikte van het deeg beoordelen nadat ¾ deel van de eieren is toegevoegd. Het deeg moet bij stukken tegelijk van de lepel vallen. Zo nodig verder verdunnen met de rest van het ei, bij uitzondering met extra water.
- Voorwarm- en baktemperatuur 220 °C. (Voor grote soezen na ± 10 minuten minderen naar 200 °C). Het water uit het deeg moet snel 'stoom' vormen.
- De bakplaat in het midden of iets onder het midden in de oven plaatsen.
- Na het verstrijken van de baktijd voelen of het gebak gaar is; het moet dan licht aanvoelen (zo niet, terugplaatsen in de oven).
- De afgekoelde soezen kort voor het gebruik van vulsel voorzien.

Deeg:
1 dl water
1 g zout
50 g boter
60 g bloem
2 eieren
Vulling:
2½ dl slagroom
40 g suiker
(iets marasquin)
(slagroomversteviger blz. 415)
of
(¼ blikje mandarijnen of ananas van ¼ liter)
fijne banketbakkersroom van 5 dl melk (blz. 415)
Garnering:
poedersuiker
(½ dl slagroom)
(± 7 g suiker)

Roomsoezen *(10 stuks)*
Het water met het zout en de boter aan de kook brengen. Ineens alle bloem toevoegen en roeren, tot een samenhangende gladde deegbal verkregen is die van de wand van de pan loslaat. De pan van de warmtebron nemen en als deze handwarm is, de losgeklopte eieren bij gedeelten door de massa roeren of mixen; een volgend gedeelte pas toevoegen nadat door goed roeren een gelijkmatige massa verkregen is. Wanneer de massa bij stukken tegelijk van de lepel valt, mag ze niet verder met ei verdund worden.
Op een beboterde bakplaat, op enige afstand van elkaar, 10 à 12 bergjes deeg spuiten. De bakplaat iets onder het midden in een voorverwarmde oven (± 220 °C) zetten. De soezen snel laten rijzen (± 12 minuten); gedurende deze tijd de oven niet openen. De ovenwarmte zo nodig iets temperen (± 200 °C) en de soezen gaar laten worden (totale baktijd 25 à 30 minuten). De soezen zijn gaar, wanneer ze heel licht aanvoelen en ook in de vouwen goudgeel gekleurd zijn.
De soezen op een taartrooster laten afkoelen. In de zijkant van de soezen een kleine opening maken en kort voor het gebruik de met suiker (en versteviger) stijfgeklopte slagroom (die desgewenst met marasquin of de kleingesneden mandarijnen of ananas vermengd is), of de banketbakkersroom erin spuiten. De soezen met gezeefde poedersuiker bestuiven of garneren met stijfgeklopte slagroom en een vruchtje erop leggen.

Variaties

Roomsoesjes
Van het deeg 20 bergjes spuiten of vormen; baktijd ± 10 minuten. De afgekoelde soesjes vlak voor het gebruik vullen.

Moorkoppen
De bovenkant van de soezen bedekken met chocoladeglazuur van 70 g poedersuiker (blz. 413).

Eclairs
Het deeg in dikke strepen op het bakblik spuiten. Het afgekoelde gebak bedekken met koffieglazuur van 70 g poedersuiker (blz. 413).

Soezen met bavaroismengsel
De room als vulling vervangen door een bavaroismengsel (zie vanillebavarois en variaties blz. 330, ½ recept). De soezen halveren, de onderste helft vullen met bavarois, de bovenste helft erop plaatsen en garneren.

Minisoesjes ***(blz. 93)***

IJssoezen ***(blz. 359)***

IJssoesjes met warme chocoladesaus, profiteroles au chocolat ***(blz. 360)***

Hartig gevulde soesjes ***(blz. 26)***

Saint-Honorétaart ***(middellijn ± 20 cm)***

Zandtaartdeeg:
80 g bloem
60 g boter
40 g basterdsuiker
¼ ei
Soezendeeg:
7 dl water
1 g zout
50 g boter
60 g bloem
2 eieren
Vulling:
banketbakkersroom van ¼ liter melk (blz. 415)
iets marasquin
Karamel:
50 g suiker
5 g boter
Garnering:
chocolade- en/of koffieglazuur van 50 g poedersuiker (blz. 413)
¼ liter slagroom
40 g suiker

Van de bloem, de boter, de basterdsuiker en ¼ ei zandtaartdeeg maken (zie zandtaartjes blz. 371). Het deeg in een beboterde gladde zandtaartvorm of springvorm overdoen. Van het water, het zout, de boter, de bloem en de eieren soezendeeg maken, als voor roomsoezen (blz. 402). Op de vochtig gemaakte buitenrand van het zandtaartdeeg een rand soezendeeg spuiten en de vorm op een rooster in een voorverwarmde vrij hete oven (± 200 °C) zetten. Het gebak gaar en lichtbruin laten worden (± ½ uur); laten afkoelen en uit de vorm nemen. Van het overige soezendeeg ± 16 soesjes vormen en bakken (zie vorig recept). Deze laten afkoelen. Aan de zijkant van de soesjes een kleine opening maken en de soesjes vullen met de banketbakkersroom, waar de marasquin aan toegevoegd is. Karamel maken door de suiker met de boter te laten smelten en lichtbruin te laten worden. De soesjes met de onderkant even in de warmgehouden karamel dompelen en onmiddellijk op de rand van het soezendeeg plakken, zodat ze een aaneengesloten rij vormen. De soesjes met het glazuur bedekken; het middengedeelte opvullen met de eventueel overgebleven soesjes. De slagroom met de suiker stijfkloppen en het middengedeelte van de taart hiermee volspuiten. Desgewenst garneren met vruchten.

Sneeuwballen ***(15 stuks)***

Deeg:
1 dl water
1 g zout
50 g boter
60 g bloem
2 eieren
Vulsel:
40 g rozijnen
sukade
oranjesnippers
frituurolie
poedersuiker

Het water met het zout en de boter aan de kook brengen. Ineens alle bloem toevoegen en zo lang roeren, tot een gelijkmatige deegbal verkregen is, die van de wand van de pan loslaat. De pan van het vuur nemen, de eieren een voor een door de massa roeren; een volgend ei pas toevoegen, nadat door goed roeren een gelijkmatige massa verkregen is; hierna nog 3 minuten blijven roeren. Daarna de kurkdroge rozijnen, de kleingesneden sukade en de oranjesnippers erdoor roeren. Van het deeg ± 15 balletjes vormen. Een grote pan met frituurolie verhitten (160 °C). De sneeuwballen voorbakken: steeds ± ⅓ van de balletjes in de warme olie leggen, hierin laten uitrijzen (zonder dat ze bruin worden), en ze uit de pan nemen. Als alle sneeuwballen voorgebakken zijn, de olie tot 180 °C verhitten en ze hierin twee aan twee snel lichtbruin laten worden. De sneeuwballen goed laten uitlekken, dik met poedersuiker bestrooien en onmiddellijk warm geven.

Ham- en kaassoesjes ***(gefrituurd, blz. 50)***

Koekjes, klein gebak

Koekjes behoren tot het zogenoemde klein gebak. Ze zijn van verschillende deegsoorten te bereiden, die elk hun eigen kenmerkende effect geven (bijvoorbeeld zandgebak en bladerdeeg). Behalve zoete koekjes worden er ook hartige koekjes gebakken; hierin is de suiker vervangen door zout, kruiden en/of kaas als smaakgevende ingrediënten.

Aanwijzingen voor een goed resultaat

- De bakplaat vóór het voorwarmen uit de oven halen.
- De ingrediënten zorgvuldig afwegen.
- De juiste deegbereidingswijze toepassen.
- Deeg waarin boter is verwerkt vóór het uitrollen ± ½ uur op een koele plaats laten opstijven (verpakt in een plastic zakje of folie).
- Bij het uitrollen van (vooral zandtaartdeeg) weinig bloem op het werkvlak gebruiken, de deegroller steeds opnieuw met bloem inwrijven en de deeglap steeds opnieuw met een pannenkoekmes van het werkvlak losmaken.
- Zorgen voor een gelijkmatige dikte van de deeglap(pen); verschil in dikte van de koekjes veroorzaakt verschil in kleur en baktijd.
- Vóór het uitsteken zorgen dat de deeglap los ligt van het werkvlak; uitsteekvormpjes vóór het uitsteken steeds even in losse bloem drukken, om aankleven te voorkomen.
- De koekjes na het uitsteken op gelijkmatige afstand (in verband met uitlopen niet te dicht bij elkaar) op de ingevette of met bakpapier bedekte bakplaat leggen.
- Deeg waarin zelfrijzend bakmeel (of bakpoeder) is verwerkt meteen bakken, omdat het rijsmiddel zodra het deeg gekneed is, gaat werken.
- Tenzij anders is aangegeven koekjes midden in de oven bakken.
- Koekjes na het bakken meteen met een pannenkoekmes voorzichtig van de bakplaat losmaken en op een vlakke ondergrond laten afkoelen. Plaatkoek ook meteen na het bakken op de bakplaat in model snijden en op een vlakke ondergrond laten afkoelen.

Koekjesdeeg kan verpakt in een plastic zakje of folie ingevroren worden en ± 6 weken bewaard; ontdooien bij kamertemperatuur in ± ½ uur.
Door bewaren slap geworden koekjes kunnen weer knapperig gemaakt worden door ze ± 5 minuten in een voorverwarmde oven (175 °C) te leggen.

150 g zelfrijzend bakmeel
75 g basterdsuiker
1 zakje vanillesuiker
1 g zout
1 ei
1¼ dl (karne)melk
75 g boter

Muffins *(8 stuks)*

Het zelfrijzend bakmeel, de basterdsuiker, de vanillesuiker en het zout vermengen met het losgeklopte ei, de melk en de gesmolten boter. Het mengsel tot een glad beslag roeren. Het beslag in beboterde vormpjes (aluminium of papier) of in de holletjes van een muffinplaat scheppen. De muffins op een bakplaat midden in een voorverwarmde oven (200 °C) gaar en lichtbruin bakken (± 20 minuten).

Variaties

Chocolademuffins

Als vulsel 40 g geraspte chocolade of chocoladechips door het beslag roeren.

Abrikozen-, noten-, blauwebessenmuffins
Als vulsel 40 g gedroogde abrikozen, geweekt en kleingesneden, 50 g gehakte noten of gewassen en goed gedroogde blauwe bessen door het beslag roeren.
Wortel-, kokosmuffins
2 lepels geraspte wortel of kokos door het beslag roeren.

Scones ***(12 stuks)***

150 g zelfrijzend bakmeel
1 g zout
15 g suiker
± 1 dl (karne)melk
25 g boter
ei om te bestrijken

Het zelfrijzend bakmeel, het zout, de suiker, de melk en de harde boter in een kom doen. De boter met twee messen in kleine stukjes snijden en de massa met een koele hand vlug tot een soepel deeg kneden. Het deeg op een met bloem bestoven werkvlak uitrollen tot een plak van 2 cm dikte; deze losmaken van het werkvlak. Uit de deeglap rondjes van 6 cm steken. Deze op gelijkmatige afstanden van elkaar op een beboterde bakplaat of bakpapier leggen. De bakplaat midden in een voorverwarmde oven (220 °C) zetten en de scones gaar en heel lichtbruin bakken (± 15 minuten). Kort na het bakken de scones van de bakplaat nemen. Koud of warm serveren met zure room of slagroom en jam of honing.

Brownies ***(blz. 388)***

Hernhuttertjes ***(30 à 40 stuks; zandtaartdeeg)***

160 g bloem
120 g boter
80 g basterdsuiker
1½ g zout
(1 eierdooier)
(poedersuiker)

De bloem, de harde boter, de (gezeefde) basterdsuiker, het zout en desgewenst de dooier in een kom doen. De boter met twee messen in kleine stukjes snijden en de massa met een koele hand vlug tot een samenhangende, gelijkmatige bal kneden. Van het deeg kleine balletjes vormen en deze plat drukken in beboterde hernhuttervormpjes, zo, dat deze voor ¾ gevuld zijn. De vormpjes op een bakplaat midden in een voorverwarmde oven (± 170 °C) zetten en gaar en lichtbruin bakken (25 à 30 minuten). De hernhuttertjes iets laten afkoelen, keren en de vormpjes eraf nemen. De koekjes laten afkoelen en desgewenst met poedersuiker bestrooien.

Zandkoekjes, volkorenkoekjes
(± 30 stuks; uitsteekkoekjes)

160 g bloem of
60 g bloem en 100 g volkorenmeel
120 g boter
80 g basterdsuiker
1½ g zout

Van de bloem, de boter, de basterdsuiker en het zout zandtaartdeeg maken (zie vorig recept). Het deeg op een met bloem bestoven werkvlak uitrollen tot een plak van ⅓ cm dikte; deze losmaken van het werkvlak. Uit de deeglap met uitsteekvormpjes of met een glas figuurtjes steken. Deze op gelijkmatige afstanden van elkaar op een beboterde bakplaat of op bakpapier leggen. • De bakplaat midden in een voorverwarmde oven (± 170 °C) zetten en de koekjes gaar en heel lichtbruin laten worden (± 20 minuten). De koekjes van de bakplaat nemen, vlak neerleggen en laten afkoelen.
Variaties
Gember- of sukadekoekjes
De uitgestoken koekjes voor het bakken met losgeklopt ei bestrijken

en bestrooien met kleingesneden gember of sukade.

Amandelzandkoekjes

Na het uitrollen het deeg met ei bestrijken en bestrooien met 50 g geroosterde amandelsnippers. Het deeg in vierkantjes van ± 3 cm bij ± 3 cm snijden.

Deeg:
160 g bloem
120 g boter
80 g basterdsuiker
1½ g zout
6 g cacao
15 g basterdsuiker

Half-om-halfjes *(± 30 stuks)*

Van de bloem, de boter, de basterdsuiker en het zout deeg maken (zie bij hernhuttertjes blz. 405). Het deeg in twee gelijke stukken verdelen en door een van beide de gezeefde cacao en de basterdsuiker kneden. Het deeg op een van de volgende manieren tot koekjes verwerken.

1e manier

Van beide stukken deeg een even grote rol vormen en in de lengte in vieren snijden. De verkregen stukken zo op elkaar stapelen dat wit en bruin om en om liggen. De nieuwe rollen stevig aandrukken, bijvormen, op een koele plaats laten opstijven en in gelijke plakjes snijden.

2e manier

De stukken deeg op een met bloem bestoven werkvlak uitrollen tot twee gelijke lange lappen van ± ⅓ cm dikte en van dezelfde grootte. De lappen deeg op elkaar leggen (de onderste eerst met een kwastje met water vochtig maken) en de dubbele lap stevig oprollen en aandrukken. De rol op een koele plaats laten opstijven en in plakjes snijden. De koekjes ± 20 minuten bakken bij 170 °C (zie zandkoekjes blz. 405).

Deeg:
80 g bloem
80 g zelfrijzend bakmeel
120 g boter
80 g basterdsuiker
1½ g zout
± 25 g suiker
(citroenschil)

Moppen *(30 à 40 stuks)*

De bloem, het bakmeel, de boter, de suiker, het zout en desgewenst de geraspte citroenschil in een kom doen. De boter met twee messen in kleine stukjes snijden en de massa met een koele hand vlug tot een samenhangende gelijkmatige bal kneden. Van het deeg een rol maken; deze door de suiker rollen. Zo nodig op een koele plaats laten opstijven, daarna in vrij dikke plakken snijden. De koekjes ± 20 minuten bakken bij 170 °C (zie zandkoekjes blz. 405 vanaf •).

Variaties

Volkorenmoppen

De helft van de bloem vervangen door volkorenmeel.

Pitmoppen

Op elke plak een halve amandel leggen en desgewenst het deeg met losgeklopt ei bestrijken.

Havermoutmoppen

200 g havermout, 150 g gesmolten boter, 150 g basterdsuiker, 4 g bakpoeder, 2 lepels melk en geraspte citroenschil goed door elkaar mengen. Op een koele plaats laten opstijven en er een dunne rol van maken.

110 g boter
90 g lichtbruine basterdsuiker
2 g zout
± 2 theelepels speculaaskruiden
(citroenrasp)
100 g bloem
1 lepel losgeklopt ei
100 g zelfrijzend bakmeel
(50 g amandelen)
(rijstebloem)

Speculaasjes ***(40 à 50 stuks)***

Speculaaspoppen ***(5 middelmatig grote poppen)***

De boter met de suiker, het zout, de kruiden en desgewenst iets citroenrasp uitroeren tot een zachte massa is ontstaan. De bloem en het ei erdoor roeren, daarna het bakmeel erdoor kneden. Voor speculaas gevormd in een plank (print) het deeg op een koele plaats laten opstijven en bij gedeelten in een met (rijste)bloem bestrooide speculaasprint drukken. De stukjes deeg horizontaal met de plank gelijk snijden en de plank met een flinke klap omkeren op aluminiumfolie, of het deeg in vijf stukken verdelen en hiervan met de hand vijf poppen vormen. De koekjes of poppen op enige afstand van elkaar op een beboterde bakplaat leggen. De bakplaat midden in een voorverwarmde oven (± 170 °C) zetten en de speculaas hierin gaar en bruin laten worden (voor speculaasjes ± 20 minuten en voor poppen ± 30 minuten). De speculaas losmaken van de bakplaat, laten afkoelen en van de bakplaat nemen.
N.B. Om de smaak beter door te laten trekken het deeg bij voorkeur enige dagen van tevoren maken en in plastic verpakt koel bewaren.

Variatie

Amandelspeculaas

Voor zowel de poppen als de koekjes over het deeg 50 g verkruimelde amandelsnippers strooien en licht aandrukken.

40 g boter
50 g bruine basterdsuiker
½ g zout
± 1 theelepel speculaaskruiden
100 g zelfrijzend bakmeel
1 à 2 lepels melk

Kruidnoten ***(± 50 stuks)***

De boter zacht roeren met de suiker, het zout en de kruiden. De helft van het zelfrijzend bakmeel met 1 lepel melk erdoor mengen en daarna de rest van het bakmeel en zo nodig de overige melk erdoor kneden. Hiervan kleine balletjes vormen en deze op een beboterde bakplaat iets platdrukken. Bakken als speculaasjes (10 à 15 minuten).

Deeg:
100 g bloem
100 g zelfrijzend bakmeel
120 g harde boter
100 g basterdsuiker
½ ei
2 g zout
Garnering:
½ ei, 1 lepel melk
50 g amandelsnippers en 20 g suiker

Kerstkransjes ***(± 50 stuks)***

De bloem, het bakmeel, de boter, de gezeefde basterdsuiker, het ½ ei en het zout in een kom doen. De boter met twee messen in kleine stukjes snijden en de massa met een koele hand vlug tot een samenhangende bal kneden. Het deeg op een met bloem bestoven werkvlak uitrollen tot een lap van ± ⅓ cm dikte. Hieruit met een speciaal uitsteekvormpje, of met behulp van een glas en een appelboor, kransjes steken. De kransjes op gelijkmatige afstanden van elkaar op een beboterde bakplaat leggen, met het overige, losgeklopte ei bestrijken en bestrooien met de amandelsnippers en desgewenst de suiker. De koekjes ± 20 minuten bakken bij 170 °C (zie zandkoekjes blz. 405 vanaf •).

Janhagel

Deeg:
160 g zelfrijzend bakmeel
100 g harde boter
80 g basterdsuiker
1½ g zout
1½ theelepel kaneel
Garnering:
½ ei, 1 lepel melk
40 g fijne kandijsuiker
(20 g amandelsnippers)

Van het bakmeel, de boter, de basterdsuiker, het zout en de kaneel zandtaartdeeg maken (zie bij hernhuttertjes blz. 405). Het deeg uitrollen tot een rechthoekige lap van ⅓ cm dikte en deze op een beboterde bakplaat leggen. De lap bestrijken met het ei, dat met de melk is losgeklopt. De fijne kandijsuiker en desgewenst de (geroosterde) amandelsnippers gelijkmatig over de deeglap verdelen en met de deegrol zachtjes iets in het deeg drukken. De bakplaat midden in een voorverwarmde oven (± 175 °C) zetten en de janhagel gaar en bruin bakken (± 20 minuten). De warme koek op de bakplaat snel in rechthoekige stukjes snijden van ± 4 bij ± 8 cm. De koekjes van de bakplaat nemen, vlak neerleggen en laten afkoelen.

Hazelnootkoekjes

Deeg:
130 g bloem of
70 g bloem en
60 g volkorenmeel
100 g harde boter
80 g basterdsuiker
1½ g zout
80 g hazelnoten
Bestrijken:
½ ei, 1 lepel melk

Van de bloem, de boter, de suiker en het zout zandtaartdeeg maken (zie bij hernhuttertjes blz. 405). De hazelnoten malen en door het deeg kneden. Het deeg tot een vierkante staaf vormen en van deze staaf koekjes snijden van ⅓ cm dikte. De koekjes bestrijken met het ei, dat met de melk is losgeklopt.
De koekjes op enige afstand van elkaar op een beboterde bakplaat leggen. De bakplaat midden in een voorverwarmde oven (± 175 °C) zetten. Hazelnootkoekjes gaar en goudbruin bakken (± 20 minuten). De koekjes van de bakplaat nemen, vlak neerleggen en laten afkoelen.

Amandelkoekjes

Deeg:
75 g boter
75 g basterdsuiker
1 g zout
1 ei
100 g bloem
25 g amandelsnippers

De boter met de suiker en het zout zacht roeren. Het ei erdoor roeren, tot een gelijkmatige massa verkregen is. De bloem bij gedeelten erdoor roeren. Dit deeg met een pannenlikker, die telkens in melk gedoopt wordt, zeer dun uitstrijken op een beboterde bakplaat. De gesnipperde amandelen over het deeg strooien. De bakplaat midden in een voorverwarmde oven (± 175 °C) zetten en het gebak gaar en lichtbruin laten worden (± 20 minuten). De warme koek op de bakplaat snel in rechthoekige stukjes snijden van ± 3 cm bij ± 6 cm. De koekjes van de bakplaat nemen, vlak neerleggen en laten afkoelen.

Sprits

170 g boter
100 g basterdsuiker
2 g zout
1 zakje vanillesuiker of
geraspte citroenschil
2 theelepels eierdooier
50 g zelfrijzend bakmeel
150 g bloem

De boter met de gezeefde basterdsuiker, het zout en de vanillesuiker of de geraspte citroenschil zacht en schuimig roeren. De dooier door de massa roeren en het zelfrijzend bakmeel en de bloem bij gedeelten erdoor mengen. Op een beboterde bakplaat, op gelijkmatige afstanden van elkaar, streepjes, roosjes of brede zigzagrepen van het deeg spuiten. De bakplaat midden in een voorverwarmde oven (± 160 °C) zetten. De sprits gaar en heel lichtbruin laten worden (voor kleine koekjes 20 minuten, voor grote koeken 30 minuten). De nog warme zigzagrepen op de bakplaat in stukken snijden. De sprits van de bakplaat nemen, vlak neerleggen en laten afkoelen.

50 g boter
50 g poedersuiker
een tikje zout
½ vanillestokje of
½ pakje vanillesuiker
1 eiwit
50 g bloem

Kattentongen ***(± 30 stuks)***

De boter met de gezeefde poedersuiker, het zout en het merg uit het vanillestokje of de vanillesuiker zacht en schuimig roeren. Het eiwit toevoegen en de massa luchtig roeren. De bloem bij gedeelten erdoor mengen. Van het deeg op een beboterde bakplaat met een gladde spuit op ± 5 cm afstand van elkaar reepjes van ± 6 cm lengte spuiten. De bakplaat in een voorverwarmde oven (met overwegend onderwarmte) (± 200 °C) zetten. De koekjes gaar en langs de randen lichtbruin laten worden (± 6 minuten). De koekjes voorzichtig van de bakplaat nemen, vlak neerleggen en laten afkoelen.

Variatie

Crèmekoekjes (± 20 stuks)

Van het deeg kleine bergjes op de bakplaat leggen, zodat ronde koekjes verkregen worden. De helft van het aantal koekjes aan de achterkant dik met crème au beurre of mokkaboter (blz. 414, ⅕ recept) bestrijken en de overige koekjes met de onderkant op de crème au beurre leggen.

3 eieren
150 g suiker
2 g zout
vanillesuiker
150 g zelfrijzend bakmeel
30 g maïzena

Eierkoekjes ***(± 30 stuks)***

De eieren met de suiker, het zout en de vanillesuiker kloppen tot een dikke schuimige massa verkregen is. Het zelfrijzend bakmeel en de maïzena samen zeven en bij gedeelten luchtig door de massa scheppen. Op een beboterde bakplaat op gelijkmatige afstanden van elkaar kleine bergjes van het deeg leggen. De bakplaat meteen midden in een voorverwarmde oven (± 160 °C) zetten. De koekjes lichtbruin en gaar laten worden (± 10 minuten), van de bakplaat nemen en laten afkoelen.

50 g boter
110 g bruine basterdsuiker
(± ½ theelepel kaneel)
50 g bloem
(1 à 2 lepels water)
40 g amandelsnippers

Kletskoppen ***(± 30 stuks)***

De boter zacht roeren, de bruine basterdsuiker (desgewenst de kaneel) en daarna de bloem bij gedeelten erdoor roeren. Als de massa niet smeuïg is, water erdoor mengen. De (geroosterde) amandelsnippers door het deeg mengen. Van het deeg zeer kleine balletjes vormen en deze op ± 8 cm afstand van elkaar op een beboterde bakplaat leggen. De bakplaat boven het midden in een voorverwarmde oven (± 220 °C) zetten. De kletskoppen snel laten uitlopen en bruin laten worden (5 à 7 minuten). De koekjes op de bakplaat iets laten afkoelen; voorzichtig eraf nemen, vlak neerleggen en verder laten afkoelen.

150 g bloem
150 g boter
2 g zout
± ¾ dl water of 5 plakjes
diepvriesbladerdeeg (blz. 376)
½ ei
50 g suiker

Arnhemse meisjes ***(± 25 stuks)***

Van de bloem, de boter, het zout en het water bladerdeeg maken (zie bladerdeeg blz. 382). Na de laatste rust van het deeg, dit uitrollen tot een lap van ± ½ cm dikte. Hieruit rondjes steken van ± 4 cm middellijn; deze uitrollen tot ovaaltjes en op gelijkmatige afstanden van elkaar op een natte bakplaat leggen. Op een koude plaats laten opstijven, bestrijken met losgeklopt ei en bestrooien met suiker. De bakplaat boven het midden in een voorverwarmde oven (± 220 °C) zetten en de koekjes in ± 20 minuten gaar en bruin laten worden (het eerste kwartier de oven niet openen). De koekjes van de bakplaat nemen en op een vlakke ondergrond laten afkoelen.

125 g amandelen of
gemalen kokos
geraspte citroenschil of
vanillesuiker
2 eiwitten
100 g poedersuiker
ouwel

Makarons, kokosmakarons ***(± 20 stuks)***

De amandelen pellen (zie bij zoute amandelen blz. 21), malen en vermengen met geraspte citroenschil of met vanillesuiker. De eiwitten zeer stijfkloppen, de suiker bij gedeelten, al kloppend, toevoegen; een volgende hoeveelheid suiker pas toevoegen, nadat het eiwit weer geheel stijfgeklopt is. De gemalen amandelen of kokos door de massa scheppen. Van het deeg meteen op een met ouwel belegde bakplaat bergjes vormen. De bakplaat iets onder het midden in een voorverwarmde oven (± 160 °C) zetten. De makarons vrij langzaam laten uitdrogen en van buiten stevig en heel licht beige laten worden (± ¾ uur), daarna van de bakplaat nemen en laten afkoelen. De ouwel langs de buitenrand van de makarons afbreken.

3 eiwitten
150 g poedersuiker
vanillesuiker

Schuimpjes, méringues

De eiwitten zeer stijfkloppen, de suiker en de vanillesuiker er in gedeelten, al kloppend, aan toevoegen; een volgende hoeveelheid suiker pas toevoegen, nadat het eiwit weer geheel stijfgeklopt is. Van het eiwit meteen op een beboterde bakplaat torentjes, kransjes of zigzagreepjes spuiten. De bakplaat iets onder het midden in een voorverwarmde oven (± 140 °C) zetten. De schuimpjes langzaam laten uitdrogen en vanbuiten stevig laten worden (1 à 1 ½ uur); van de bakplaat nemen en laten afkoelen.

Variatie

Schuimtaart (middellijn 20 cm)

De helft van het stijfgeklopte eiwitmengsel op ingeboterd bakpapier uitstrijken of spuiten tot een gelijkmatige ronde bodem van 20 cm. Van de rest van het schuim 1 of 2 cirkels spuiten van 20 cm. De cirkels en de bodem laten drogen als schuimpjes. De taart vullen met aardbeienbavarois (blz. 331). De taart dezelfde dag opeten.

100 g boter
175 g basterdsuiker
½ theelepel kaneel
3 g zout
2 eieren
200 g bloem
± 2 dl water

Oublies ***(wafels) (± 30 stuks van 13 cm Ø)***

De boter met de basterdsuiker, de kaneel en het zout zacht en schuimig roeren. De eieren er een voor een door roeren; het tweede ei pas toevoegen nadat door goed roeren een gelijkmatige massa verkregen is. De bloem en het water in gedeelten, om beurten, erdoor roeren. Een oublie-ijzer warm maken, met boter bestrijken en wat beslag op één kant van het ijzer uitgieten. Het ijzer sluiten en de wafel gaar en bruin bakken (± 2 minuten). De wafel voorzichtig uit het ijzer nemen en snel oprollen rond de steel van een houten lepel. Van het overige beslag op dezelfde wijze oublies bakken.

250 g bloem
3 g zout
1 theelepel kaneel of
1 zakje vanillesuiker
25 g basterdsuiker
4 eieren
15 g verse gist of 7 g gedroogde gist
2 dl melk
100 g boter
± 1½ dl water
poedersuiker
(suiker en kaneel)

Hollandse wafels ***(± 20 stuks)***

De bloem en het zout, desgewenst kaneel of vanillesuiker met de basterdsuiker vermengen. Een kuiltje in de bloem maken, hierin de eieren breken en met de bloem tot een dik glad beslag roeren. De gist aanmengen met iets lauwe melk en door het beslag roeren; dit verder verdunnen met de gesmolten boter en de overige lauwe melk en het lauwe water. Het beslag op een tamelijk warme, vochtige, tochtvrije plaats laten rijzen (½ à ¾ uur). Het wafelijzer (alleen voor de eerste wafel invetten) met beslag vullen. De wafels vlug bakken. Telkens voor het vullen van het ijzer het beslag even doorroeren. Wafels heet serveren, bestrooid met poedersuiker of een mengsel van suiker en kaneel.

Variatie in bereiding

De bloem en de gist kunnen vervangen worden door zelfrijzend bakmeel. Dan vervalt de rijstijd.

Variaties

Pikante wafels

2 lepels water vervangen door 2 lepels tomatenpuree; kaneel en suiker vervangen door ½ theelepel paprikapoeder, en desgewenst oregano of uienpoeder naar smaak.

150 g boter
6 g zout
200 g zelfrijzend bakmeel
½ à ¾ dl melk

Zoute bolletjes ***(± 50 stuks)***

De boter met het zout tot room roeren. Het zelfrijzend bakmeel en de melk bij gedeelten, om beurten door de boter roeren tot een stevige bal verkregen is. Hiervan kleine balletjes maken en deze op een beboterde bakplaat leggen. De bakplaat midden in een warme oven (± 150 °C) zetten. De bolletjes gaar en bruin laten worden (± 20 minuten), van de bakplaat nemen en laten afkoelen.

Deeg:
100 g bloem
75 g boter
3 g zout
4 lepels water
of
5 plakjes diepvriesbladerdeeg (blz. 376)
Bestrijken:
½ ei
1 lepel melk
Garnering:
50 g amandelsnippers of
50 g maanzaad

Amandelzoutjes, maanzaadzoutjes ***(piegebak, ± 50 stuks)***

Van de bloem, de boter, het zout en het water luchtig piedeeg maken (zie fleurons blz. 379). Het deeg uitrollen tot een lap van ± ⅓ cm dikte, met het losgeklopte ei bestrijken en bestrooien met (geroosterde) amandelsnippers of met maanzaad. De garnering luchtig in het deeg drukken. Hiervan ruitvormige koekjes snijden; deze op een natte bakplaat leggen. De koekjes iets onder het midden in een voorverwarmde oven (± 220 °C) zetten en gaar en goudbruin bakken (± 20 minuten). De koekjes van de bakplaat halen en op een rooster laten afkoelen.

Variaties

Kaaszoutjes

Het zout vervangen door 100 g geraspte oude kaas en 2 g zout (desgewenst 25 g boter minder nemen).
De zoutjes *zeer* licht gekleurd uit de oven nemen.

Sesamzoutjes

De amandelsnippers vervangen door 50 g sesamzaad.

Deeg:
100 g bloem
90 g boter
4 g zout
± 4 lepels water
of
± 5 plakjes diepvries-bladerdeeg (blz. 376)
Bestrijken:
½ ei
1 lepel melk

Zoute stengels *(± 30 stuks)*

Van de bloem, de boter, het zout en het water bladerdeeg maken (zie bladerdeeg blz. 382). Na de laatste rust van het deeg dit uitrollen tot een lap van ± ¾ cm dikte. De lap op een natte bakplaat leggen, in smalle repen snijden van ± 8 cm lengte en 2 cm breedte en op een koude plaats laten opstijven. De stengels dun met het met melk losgeklopte ei bestrijken. De bakplaat iets onder het midden in een voorverwarmde oven (± 225 °C) zetten. De zoute stengels gaar en lichtbruin bakken (± 20 minuten). De stengels van de bakplaat nemen en op een rooster laten afkoelen.

Variatie

Kaasstengels

Het zout vervangen door 100 g geraspte oude kaas of door 60 g geraspte kaas en 40 g gemalen hazelnoten of 2 lepels sesamzaad en 2 g zout; het deeg met 65 g boter bereiden.
De koekjes *zeer* licht gekleurd uit de oven nemen.

Deeg:
100 g bloem
90 g boter
4 g zout
± 4 lepels water
of
± 5 plakjes diepvries-bladerdeeg (blz. 376)

Palmiers *(± 25 stuks)*

Van de bloem, de boter, het zout en het water bladerdeeg maken (zie bladerdeeg blz. 382). Na de laatste rust van het deeg dit uitrollen tot een lap van ± 20 cm breedte en ¼ cm dikte. De lap met water bestrijken en in de lengte aan weerszijden tot aan het midden oprollen. Deze dubbele rol op een koude plaats laten opstijven en in plakjes snijden. De plakjes op een natte bakplaat leggen. De bakplaat iets onder het midden in een voorverwarmde oven (± 225 °C) zetten. De koekjes laten rijzen en gaar en lichtbruin laten worden (± 20 minuten). De palmiers van de bakplaat nemen en op een rooster laten afkoelen.

Variatie

Kaaspalmiers

Het zout vervangen door 100 g geraspte oude kaas en 2 g zout; 25 g boter minder nemen. De koekjes *zeer* licht gekleurd uit de oven nemen.

100 g bloem
90 g boter
100 g geraspte oude kaas
2 g zout

Kaaskoekjes *(± 50 stuks)*

De bloem, de boter, de kaas en het zout in een kom doen. De boter met twee messen in kleine stukjes snijden en de massa met een koele hand vlug tot een samenhangende gelijkmatige bal kneden. Het deeg op een van de volgende manieren tot koekjes verwerken.

1e manier

Het deeg vormen tot een rol en deze daarna een driehoekige vorm geven. Deze 'rol' laten opstijven; daarna met een mes in dunne plakjes snijden.

2e manier

Het deeg op een met bloem bestoven werkvlak uitrollen tot een lap van ± ⅓ cm dikte. Uit deze lap rechthoekige koekjes snijden van ± 2 bij ± 3 cm, bijvoorbeeld met een deegradertje.

3e manier
Het deeg zonder de kaas kneden. Het deeg uitrollen tot een lap van ¼ cm dikte. De kaas hierover uitstrooien. De deeglap stevig oprollen, laten opstijven en in dunne plakjes snijden.

De koekjes op gelijkmatige afstanden van elkaar op een beboterde bakplaat leggen. De bakplaat midden in een voorverwarmde oven (± 160 °C) zetten. De koekjes gaar en goudgeel (beslist niet laten kleuren in verband met de bittere smaak) laten worden (10 à 15 minuten); van de bakplaat nemen en op een rooster laten afkoelen.

Kaassoesjes *(zie blz. 50)*

Garnering en vullingen van gebak

100 g poedersuiker
enkele druppels citroensap, likeur en/of water
(kleurstof)

Glazuur* ***(enigszins doorschijnend)***
De poedersuiker zeven en goed roerend het citroensap of de likeur en zo nodig water druppelsgewijs toevoegen, tot een gelijkmatige massa verkregen is. Voor bedekking van gebak het glazuur zo dik maken, dat het met een vochtig mes juist uitgestreken kan worden. Voor spuitwerk zeer dik glazuur maken. Het glazuur 5 minuten glimmend roeren. Desgewenst één druppel kleurstof erdoor mengen.
Variaties
Chocoladeglazuur (glanzend)
Het citroensap of de likeur vervangen door water. 10 g cacao met de poedersuiker meezeven.
Koffieglazuur (glanzend)
Het vocht vervangen door enkele druppels sterk koffie-extract.
Eiwitglazuur (dof)
Het vocht vervangen door ± ¼ losgeklopt eiwit waaruit het hagelsnoer verwijderd is.

3 eiwitten
1 g zout
80 g poedersuiker
(mespunt citroenrasp of ½ zakje vanillesuiker)

Eiwitschuim, schuimkop
De hagelsnoeren uit het eiwit verwijderen. De eiwitten met het zout zeer stijfkloppen. Bij gedeelten de gezeefde suiker en desgewenst de smaakstof erdoor kloppen. Het schuim met een lepel over bijvoorbeeld het gebak verdelen, of er met een grove gekartelde of gladde spuitmond opspuiten. Midden in een voorverwarmde oven (± 220 °C) met geopende ovendeur het schuim licht laten kleuren (± 15 minuten).
N.B. Eierdooier of vet materiaal gaat stijf worden van het eiwit tegen.

Nogakruimels ***(om te garneren) (blz. 417)***

** 1 lepel gesmolten boter, met het vocht toegevoegd, maakt het glazuur elastischer en beter te verwerken.*

200 g couverturechocolade of chocoladerepen

Chocoladecouverture

De chocolade in een beboterde pan breken en al roerend laten smelten. De dikke saus met een kwastje over het gebak uitstrijken en laten afkoelen.

40 g amandelen of amandelsnippers

Geroosterde amandelsnippers

Zo nodig de amandelen van bruine vliesjes ontdoen door ze op te zetten met zoveel koud water dat ze ruim onderstaan. Juist aan de kook laten komen, afgieten, met koud water afspoelen, pellen en droogdeppen. De amandelen in lange, dunne snippers snijden. De snippers uitspreiden op een bakplaat en midden in een voorverwarmde oven (± 160 °C) heel licht laten kleuren (± 10 minuten). Of de snippers nu en dan omscheppend in een droge koekenpan op matig hoge warmtebron laten kleuren.

200 g zachte boter
100 g poedersuiker
enkele druppels essence of
2 lepels likeur
(1 druppel kleurstof)
± ¾ dl melk

Crème au beurre *(botercrème)*

De boter romig roeren of mixen. De poedersuiker zeven en met de essence of de likeur en desgewenst de kleurstof door de boter roeren. De melk (op kamertemperatuur) goed roerend toevoegen. De crème op een koele plaats laten opstijven (om schiften te voorkomen *niet* in de koelkast).

Variaties

Mokkaboter

De essence of de likeur en de melk vervangen door ¾ dl sterk koffie-extract (op kamertemperatuur) en ± 3 lepels melk en ± 30 g poedersuiker extra nemen.

Chocoladeboter

De essence of de likeur vervangen door 24 g cacao die met de poedersuiker gezeefd wordt; ± 30 g poedersuiker en 3 lepels melk extra nemen.

13 g maïzena
7 g suiker
1½ dl melk
½ zakje vanillesuiker of essence
150 g boter
75 g poedersuiker

Crème au beurre *(met vla)*

De maïzena met de suiker en iets koude melk glad uitroeren en met de overige melk verdunnen. De massa goed roerend verhitten, tot ze juist kookt. De vanillesuiker of de essence toevoegen. De dikke vla nu en dan roerend laten afkoelen. De boter met de gezeefde poedersuiker zacht roeren. De vla bij kleine hoeveelheden tegelijk door de boter roeren, tot een gladde massa verkregen is. De crème op een koele plaats bewaren (om schiften te voorkomen *niet* in de koelkast).

Variaties

Mokkacrème (met vla)

3 g koffie-extractpoeder oplossen in 1 lepel heet water, of 1 lepel zeer sterk koffie-extract door de warme vla roeren; 7 g suiker extra nemen.

Chocoladecrème (met vla)

Voor de vla 24 g cacao en 7 g suiker extra met de maïzena droog door elkaar roeren en met de melk glad uitroeren.

2 eierdooiers
± 40 g suiker
25 g bloem
2½ dl melk
½ vanillestokje
(± 25 g boter)

Fijne banketbakkersroom

De eierdooiers met de suiker uitroeren, de bloem erdoor mengen en de massa met wat koude melk gladroeren. De rest van de melk met het opengesneden vanillestokje aan de kook laten komen, 20 minuten laten trekken en het stokje verwijderen. Goed roerend de melk aan het mengsel toevoegen. Daarna de massa al roerend aan de kook laten komen en roerend ± 4 minuten laten doorkoken. De zeer dikke vla nu en dan roerend laten afkoelen. Desgewenst de boter romig roeren, de vla langzaam al roerend eraan toevoegen.

Variatie

Luchtige banketbakkersroom

2 eiwitten zeer stijf kloppen. De hete vla luchtig erdoor scheppen en laten afkoelen.

1 eierdooier
40 g suiker
12 g custardpoeder
15 g bloem
2½ dl melk
½ zakje vanillesuiker
(± 25 g boter)

Banketbakkersroom ***(gele room)***

De eierdooier met de helft van de suiker uitroeren. Het custardpoeder, de bloem en de overige suiker erdoor mengen en de massa gladroeren met wat koude melk. De overige melk aan de kook laten komen en roerend bij het mengsel schenken. Daarna de massa al roerend aan de kook laten komen en roerend ± 4 minuten laten doorkoken. De vanillesuiker toevoegen en de zeer dikke vla nu en dan roerend laten afkoelen. Desgewenst de boter romig roeren en de vla langzaam al roerend eraan toevoegen.

2½ dl slagroom
40 g suiker
(½ theelepel likeur
of vanillesuiker)

Slagroom ***(stijf kloppen)***

De gekoelde slagroom kort voor gebruik bereiden. De slagroom met de suiker en desgewenst de likeur of vanillesuiker luchtig kloppen of mixen, tot de garde streepjes in de room achterlaat. De dikke room nu op lage snelheid verder kloppen, tot deze met de garde in een puntje rechtop gezet kan worden en zo blijft staan.

N.B. Bij warm weer tijdens het kloppen de schaal in koud (ijs)water zetten.

Variaties

Slagroom (die niet terugloopt)

2 g in koud water geweekte goed uitgeknepen gelatine oplossen in 2 lepels kokend water. Laten afkoelen. De koude, nog vloeibare massa kloppend aan de slagroom met de suiker toevoegen en doorkloppen tot ze geschikt is om te spuiten.

Slagroom (met versteviger)

Halverwege het kloppen ± 1 lepel poedervormige stabilisator (bijvoorbeeld Klop-fix) toevoegen.

2 lepels water
2 g gelatine
3 g koffie-extractpoeder
2½ dl slagroom
60 g suiker
(enkele druppels rum)

Mokkaslagroom

In het kokend hete water de in koud water geweekte en goed uitgeknepen gelatine en het koffie-extractpoeder oplossen. Dit mengsel laten afkoelen. De koude, nog vloeibare massa kloppend aan de slagroom met de suiker en de rum toevoegen en zo lang kloppen tot ze geschikt is om te spuiten (zie vorig recept).

1 lepel cacao
60 g suiker
2½ dl slagroom
(2 lepels water)
(2 g gelatine)

Chocoladeslagroom

De cacao zeven en met de suiker vermengen. De slagroom roerend toevoegen. Dit mengsel luchtig kloppen (zie boven). Desgewenst het afgekoelde gelatinemengsel (zie boven) toevoegen.

Variatie

Kaneelslagroom

De cacao vervangen door 2 theelepels kaneel.

100 g amandelen
100 g suiker
of
200 g amandelpers
½ ei
geraspte citroenschil
± 1 lepel citroensap

Amandelpers, amandelspijs

De amandelen zo nodig van bruine vliesjes ontdoen (zie geroosterde amandelsnippers blz. 414), malen, vermengen met de suiker en weer malen, waardoor amandelpers wordt verkregen.

Het amandelpers verwerken tot amandelspijs door het te vermengen met het losgeklopte ei, de geraspte citroenschil en het citroensap. Amandelspijs bij voorkeur enige weken afgedekt op een koele plaats bewaren.

Variatie

Walnotenspijs, hazelnotenspijs

De amandelen vervangen door 100 g gepelde walnoten of hazelnoten.

Zoete versnaperingen

60 g gepelde amandelen
of 60 g gepelde hazelnoten
of 60 g gepelde pinda's
200 g suiker
20 g boter
1 citroen

Noga

De noten roosteren (zie geroosterde amandelsnippers blz. 414) en hakken. Een bakplaat of een glad werkvlak met boter besmeren. De suiker met de boter in een pan met dikke bodem langzaam laten smelten en daarna lichtbruin laten kleuren. De gehakte noten toevoegen en goed doorroeren. Verwarmen tot de massa dun vloeibaar is en vlug uitgieten op de ingevette bakplaat. De massa met de citroen uitstrijken tot een dunne plak. Met een mes snel ruitvormige inkervingen in de noga maken en de plak losmaken van bakplaat of aanrecht. De noga laten afkoelen en langs de inkervingen in stukken breken.

Variatie

Nogakruimels (om te garneren)

½ recept nemen (zonder noten of pinda's). De noga laten afkoelen en klein hakken. De noga kort voor het garneren van gebak bereiden of luchtdicht afgesloten bewaren.

75 g suiker
75 g stroop
2 lepels azijn
1 lepel water

Zeeuwse babbelaars

Een bakplaat of een glad werkvlak met boter besmeren. De suiker, de stroop, de azijn en het water opzetten en laten inkoken, tot een druppel van deze massa in koud water hard wordt. De massa vlug uitgieten op de ingevette bakplaat. Met een beboterd mes de zijkanten steeds naar het midden duwen. Zodra de hele massa stijf begint te worden, de handen met iets boter inwrijven en de plak met de handen snel uitrekken tot een snoer van ± 1 cm dikte. Meteen het snoer in gelijkmatige stukjes knippen.
N.B. In plaats van half suiker, half stroop, kan men ook babbelaars maken van uitsluitend kristalsuiker (lichte babbelaars) of van uitsluitend donkerbruine basterdsuiker (donkere babbelaars). Voor boterbabbelaars 20 g boter meekoken.

30 g cacao
90 g poedersuiker
60 g boter
10 g cacao en 20 g poedersuiker
of 30 g hagelslag

Chocoladetruffels ***(van cacao; ± 20 stuks)***

De cacao en de poedersuiker zeven en met de boter in een kom met een vork zo lang vermengen tot samenhang verkregen is (± 5 minuten). De massa laten opstijven op een koele plaats en er daarna balletjes van vormen. Ieder balletje meteen door een mengsel van de gezeefde cacao en de suiker of door de hagelslag rollen.

Variatie

Paastruffels

In hagelslagtruffels een kuiltje maken; hierin enkele anijsmuisjes leggen.

± 120 g pure chocolade
1 lepel melk of koffie-extract
40 g boter
1 ei
20 g poedersuiker
10 g cacao en 20 g poedersuiker
of 30 g hagelslag

Fijne chocoladetruffels *(van chocoladerepen)*

De chocoladerepen in stukjes breken en met de melk of het koffie-extract au bain-marie laten smelten. De boter toevoegen en goed roerend net laten smelten. Het ei met de gezeefde poedersuiker uitroeren; de warme chocolade in een dun straaltje al roerend toevoegen. De massa koud en stijf laten worden, tot balletjes vormen en ieder balletje door het mengsel van cacao en poedersuiker of door de hagelslag rollen.

125 g poedersuiker
± 2 druppels pepermuntolie
± ½ eiwit

Pepermuntkussentjes *(after-dinnermints)*

De poedersuiker zeven, al roerend de pepermuntolie en het enigszins losgeroerde eiwit toevoegen en blijven roeren, tot een stijve, zalfachtige massa verkregen is. De massa op een met poedersuiker bestoven plank tot staafjes rollen en deze in kleine, vierkante kussentjes knippen. De pepermuntkussentjes op een koele plaats hard laten worden.

150 g suiker
4 lepels water
enkele druppels essence en/of kleurstof naar keuze
(20 g gepelde amandelen, hazelnoten of pinda's)
(10 g boter)

Borstplaat *(van kristalsuiker)*

Een vorm natmaken of beboteren en op beboterd bakpapier leggen. De suiker met het water langzaam verwarmen, onder nu en dan roeren met een metalen lepel geheel laten oplossen en *daarna* aan de kook laten komen. De heldere oplossing laten inkoken. Ondertussen de dikte beoordelen door telkens de pan van het vuur te nemen, de lepel erboven te laten afdruipen en te letten op de laatste druppel die van de lepel loopt. Zodra deze een heel dunne, wapperende draad trekt, de essence en desgewenst de kleingehakte noten en de boter toevoegen. • Snel roerend de massa laten afkoelen, tot ze begint te krassen en ondoorschijnend wordt. Dan de massa ineens uitgieten in de borstplaatvorm, die stevig op het papier gedrukt wordt. Zodra zich op de borstplaat witte vlekjes vertonen, de vorm rechtop zetten en het papier eraf trekken. De borstplaat laten afkoelen; daarna voorzichtig uit de vorm nemen.

Variaties

Koffieborstplaat

De suiker vermengen met 3 g koffie-extractpoeder (in plaats van essence).

Gemberborstplaat

1 lepel water vervangen door 1 lepel gembersiroop.
Na het inkoken 2 kleingesneden nootjes gember toevoegen.

Borstplaat *(van basterdsuiker)*

50 g poedersuiker
100 g basterdsuiker
3 lepels melk of water
enkele druppels essence naar keuze
(10 g boter)

Een vorm natmaken of beboteren en op beboterd vetvrij papier leggen. De poedersuiker zeven. De basterdsuiker met het vocht nu en dan roerend laten oplossen en daarna langzaam aan de kook laten komen. De oplossing 1 minuut zachtjes laten koken en van het vuur af de essence, de poedersuiker en desgewenst de boter er vlug doorheen roeren. De massa meteen snel uitgieten in de vorm, die stevig op bakpapier gedrukt wordt. Zodra zich op de borstplaat witte vlekjes vertonen, de vorm rechtop zetten en het papier eraf trekken. De borstplaat laten afkoelen; daarna voorzichtig uit de vorm nemen.

Variatie

Chocoladeborstplaat

De basterdsuiker vermengen met 5 g gezeefde cacao (in plaats van essence).

Roomborstplaat

150 g basterdsuiker
2 lepels melk
2 lepels slagroom of koffieroom
(15 g gepelde hazelnoten)
(15 g rozijnen)

Een vorm natmaken of beboteren en op beboterd vetvrij papier leggen. De suiker met de melk en de room langzaam verwarmen en nu en dan roerend volkomen laten oplossen; daarna aan de kook laten komen. De oplossing laten inkoken. De dikte beoordelen door een druppel in een kopje koud water te laten vallen; deze moet zijn vorm houden. Desgewenst de gehakte hazelnoten en de gewelde, goed uitgelekte rozijnen toevoegen. Voor verdere bereiding zie borstplaat van kristalsuiker (blz. 418 vanaf •).

Variatie

Chocolade- of mokkaroomborstplaat

De suiker vermengen met 5 g cacao of 3 g koffie-extractpoeder.

Marsepein

150 g amandelen
300 g poedersuiker
1 eiwit
½ theelepel oranjebloesemwater of 1-2 druppels amandelessence
(iets kleurstof of ± 5 g cacao)

De amandelen zo nodig van bruine velletjes ontdoen (zie bij geroosterde amandelsnippers, blz. 414), malen en vermengen met de gezeefde poedersuiker, het eiwit en het oranjebloesemwater of de essence. Deze massa nogmaals héél fijn malen; eventueel met kleurstof of gezeefde cacao vermengen. De marsepein in de gewenste vorm brengen en laten opdrogen. (Om aardappeltjes te verkrijgen, balletjes vormen en deze door een mengsel van cacao en gezeefde poedersuiker rollen.)

Dranken

Dranken kunnen zowel verfrissend zijn op warme dagen als verwarmend op koude dagen.
Ze kunnen ingedeeld worden naar:

- temperatuur: koud of warm;
- samenstelling: *alcoholvrij*, bijvoorbeeld bronwater, frisdrank, vruchtensap, groentesap, thee, koffie, melk; *alcoholhoudend*, bijvoorbeeld wijn, bier, gedistilleerd, likeur.

Een *combinatie* van verschillende dranken (zonder of met alcohol) wordt een *cocktail* genoemd.
Een *bowl* bestaat uit verschillende vruchten (verse of conserven), aangevuld met vruchtensap, mineraalwater (met of zonder koolzuurgas) of wijn. Vers 'hard' fruit, bijvoorbeeld appels, even blancheren in water met suiker en citroensap; het afgekoelde blancheervocht kan aan de bowl worden toegevoegd. Citroensap gaat het verkleuren van vers fruit tegen (bijvoorbeeld bij appels, peren, bananen).
Een *milkshake* wordt gemaakt van gekoelde melk, een smaakgevend bestanddeel, bijvoorbeeld vruchtenpuree, (vruchten)siroop, koffie en desgewenst (room)ijs.
Alcoholhoudende dranken kunnen puur (bijvoorbeeld wijn) of met andere ingrediënten (bijvoorbeeld vruchten(bowl) of likeur (kir)) vermengd worden gegeven.

Wijnen

Men kan onderscheid maken tussen:

- aperitiefwijn (versterkte wijn);
- wijn bij de (feestelijke) maaltijd;
- wijn als gezelligheidsdrank.

Aperitiefwijn

Aperitiefwijnen kunnen ook op recepties worden geschonken. Meestal wordt een keuze gemaakt uit:

sherry:	dry (droog, niet zoet) medium dry (iets zoet)
port:	wit (vrij zacht) ruby (krachtig, robijnrood, friszoet, kort gerijpt) tawny (taankleurig, vol van smaak, minimaal 3 jaar gerijpt)
vermout:	wit (vrij zacht en zoet) rood (iets bitter, kruidig)
wijn:	lichte rode, rosé of witte wijn (niet te zoet)

Wijn bij de (feestelijke) maaltijd

Echte kenners kiezen de gerechten die het best passen bij de wijn die men wil schenken. Maar in het algemeen gaat men uit van het menu en past daarbij de wijnen aan. Voor de wijnkeuze zie blz. 450.

Enkele aandachtspunten

- Bij het schenken van meerdere soorten wijn gaan lichte wijnen vóór de volle of de krachtige en droge (niet-zoete) wijnen vóór de zoete.
  Dessertwijn (zeer zoet) alleen bij een zoet dessert schenken.
- Witte wijnen en rosé kunnen in het algemeen niet te lang bewaard worden.
- Rode volle en krachtige wijnen kunnen in het algemeen enkele jaren bewaard worden, waarbij de smaak zich tot een bepaald punt ontwikkelt.
- Flessen wijn bij voorkeur in een koele, donkere ruimte *liggend* bewaren.
  De kurken blijven hierbij vochtig, waardoor ze niet krimpen, en voorkomen wordt dat zuurstof in de fles doordringt en de smaak kan aantasten.
- Het op temperatuur laten komen van een fles wijn (chambreren) dient geleidelijk te gebeuren. Een snelle temperatuurwisseling kan de smaak beïnvloeden.
- Lang bewaarde rode wijn met veel bezinksel (depot) desgewenst overschenken (decanteren) in bijvoorbeeld een karaf, waarbij het bezinksel in de fles moet achterblijven.

Wijn als gezelligheidsdrank

Hierbij wordt in het algemeen gekozen voor:

- witte wijn, licht, iets zoet of mousserend;
- rosé;
- rode wijn, licht tot vol, niet te zoet.

Bronwater, frisdrank, vruchtensap (voor hen die geen wijn drinken).
Hierbij worden meestal noten, zoutjes, kaas of andere hartige hapjes gegeven.

Aanbevolen temperatuur voor alcoholhoudende dranken

± 5 °C:	mousserende witte wijn, (champagne in koeler), jenever
± 10 °C:	overige witte wijnen, rosé, likeuren, vermout, bier
± 12 °C:	sherry, madera, witte port
± 16 °C:	rode Bourgogne, rode port
± 18 °C:	rode Bordeaux, cognac

Warme dranken met alcohol hebben vaak een traditionele achtergrond; ze werden bij bepaalde feestelijke gelegenheden gegeven, bijvoorbeeld kandeel bij geboorte, bisschopswijn op Sint-Nicolaasavond.

Alcoholvrije koude dranken

1 blikje tomatenpuree
4 dl water
1 (kruiden)bouillontablet
(peper)
(basterdsuiker)
(worcestersaus of aroma)

Tomatendrank
De tomatenpuree verdunnen met de afgekoelde bouillon en zeer koud laten worden. De drank zo nodig op smaak afmaken met peper, basterdsuiker, worcestersaus en/of aroma. Tomatendrank gekoeld geven.

500 g knolselderij
bleekselderij
300 g appels
of
750 g tomaten
½ bosje selderij
of
750 g wortels
2 sinaasappels
(aroma, citroensap, suiker)

Groentecocktaildrank
De groenten en vruchten schoonmaken, in stukken verdelen en uitpersen in een sapcentrifuge. Het sap desgewenst op smaak afmaken met aroma, citroensap en/of suiker, en gekoeld geven.

5 citroenen
2 dl ananassap
2 dl grapefruitsap
½ dl rozenbottelsiroop

Vruchtencocktaildrank
De citroenen wassen, aan één stuk zeer dun afschillen, daarna halveren en uitpersen. De vruchtensappen mengen en desgewenst koelen. Als garnering in elk glas een spiraalvormig stuk citroenschil geven.

750 g aardbeien
± 100 g basterdsuiker
1 liter appelsap
sap van 1 citroen
½ fles mineraalwater (met koolzuurgas)

Aardbeienbowl ***(alcoholvrij; ± 12 glazen)***
De aardbeien wassen, schoonmaken en met de suiker bestrooid 1 uur laten staan. Het appelsap en het citroensap toevoegen. De bowl koelen en vlak voor het gebruik het mineraalwater erbij schenken.
Variatie
250 g aardbeien vervangen door frambozensap; het appelsap door sap van passievruchten.

750 g verschillende verse vruchten, bijvoorbeeld harde vruchten: appels, peren zachte vruchten: bananen, abrikozen, aardbeien
± 150 g suiker
2 dl water
sap van 1 citroen
1 liter appelsap
½ fles mineraalwater (met koolzuurgas)

Vruchtenbowl ***(alcoholvrij; ± 12 glazen)***
De verse vruchten schoonmaken en zo nodig in stukjes snijden. De suiker oplossen in het hete water, het citroensap toevoegen en de stukjes harde vrucht enige minuten in de suikerstroop tegen de kook aan houden (pocheren). De massa laten afkoelen en de zachte vruchten en het appelsap toevoegen. De bowl koelen en vlak voor het gebruik het mineraalwater erbij schenken.
Variatie
De verse vruchten en de suikerstroop vervangen door 3 verschillende blikjes vruchten op zware siroop van ¼ liter en het sap van 1 citroen; appelsap vervangen door druivensap.

IJsthee

¾ liter water
10 g thee
12 ijsblokjes
4 plakjes citroen of sap van 1 citroen
(suiker)

Van het kokende water en de thee, zeer sterke thee zetten (blz. 426) en deze laten afkoelen. De ijsblokjes over 4 gekoelde hoge glazen verdelen. De thee op de ijsblokjes schenken. IJsthee geven met citroen(sap) en desgewenst suiker.

IJskoffie

6 dl sterk koffie-extract (blz. 425)
12 ijsblokjes

De ijsblokjes over 4 gekoelde glazen verdelen. Het koude koffie-extract over de ijsblokjes schenken. De glazen zo nodig bijvullen met koud water. Desgewenst koffieroom en basterdsuiker bij de koffie geven.

Ice-cream soda *(zie blz. 355)*

Sorbet *(zie blz. 355)*

Milkshake

2 bananen
sap van ½ citroen
± 50 g basterdsuiker
4 dl gekoelde melk
(1 dl vanilleroomijs)

De vruchten schoonmaken en pureren. De puree vermengen met het citroensap en de suiker. Het mengsel (± 1 uur in de koelkast) zeer koud laten worden. De melk en desgewenst het roomijs toevoegen. De massa schuimig kloppen. De milkshake overdoen in 4 glazen.

Variatie

De bananen vervangen door 150 g aardbeien, frambozen of bramen of 2 dl limonadesiroop.

Mokkamilkshake

2 dl sterk koffie-extract (bijvoorbeeld van 5 g koffie-extractpoeder)
± 70 g basterdsuiker
4 dl gekoelde melk
(1 dl vanilleroomijs)

Het koffie-extract met de suiker zeer koud laten worden.
De melk en desgewenst het roomijs toevoegen.
De massa schuimig kloppen. De milkshake overdoen in 4 glazen.

Vruchtenmelkdrank, smoothie

4 dl melk of karnemelk
2 dl vruchtensap of vruchtenpuree
± 60 g basterdsuiker of gembersiroop
(citroensap)

Al roerend in de koude melk of karnemelk het vruchtensap of de vruchtenpuree in een dun straaltje erbij schenken. Basterdsuiker of gembersiroop en zo nodig citroensap naar smaak toevoegen.
De drank desgewenst koelen.

Variaties

Vruchtenyoghurtdrank, smoothie
De melk vervangen door (magere) yoghurt.

Vruchtenmelkdrank met likeur, smoothie met likeur
± 2 lepels likeur toevoegen

1 ei
± 10 g suiker
(¼ dl cognac)

Geklutst ei ***(1 glas)***

Het ei breken, de suiker en desgewenst de cognac toevoegen. Het ei zo lang kloppen, tot het licht van kleur en schuimig geworden is. Het ei door een zeef in een glas schenken.

Variatie

Geklutst ei met vruchtensap of (chocolade)melk

De cognac vervangen door het sap van 1 citroen of sinaasappel of door 1 dl (chocolade)melk.

N.B. Voor groepen met minder weerstand (bijvoorbeeld kinderen, zieken, ouderen) is rauwe eierdooier af te raden; daarom gepasteuriseerde producten gebruiken.

Alcoholhoudende koude dranken

Aardbeienbowl, vruchtenbowl ***(met wijn)***

Ingrediënten en bereiding als voor alcoholvrije bowl (blz. 422); het appelsap en het mineraalwater vervangen door mousserende witte wijn of witte landwijn.

1 citroen
± ¾ liter witte landwijn of rijn- of moezelwijn
25 g basterdsuiker
(¼ fles champagne of andere mousserende wijn)

Kalte Ente, koude wittewijndrank ***(± 8 glazen)***

De citroen wassen, de schil aan één stuk zeer dun afschillen en met de wijn en enkele schijfjes van de citroen en met de suiker ½ uur gekoeld laten staan. Daarna de wijn in een karaf schenken en het geheel nog ± 20 minuten koud zetten. Desgewenst vlak voor het gebruik de gekoelde champagne of gekoelde mousserende wijn toevoegen.

1 sinaasappel
¾ liter rode landwijn
50 g basterdsuiker
(1 à 2 lepels cognac)
(¼ liter mineraalwater met koolzuurgas)

Sangria, koude rodewijndrank ***(± 8 glazen)***

De sinaasappel afborstelen en wassen; de schil aan één stuk zeer dun afschillen. De schil met de wijn, de suiker, desgewenst de cognac en de in schijfjes gesneden sinaasappel minimaal 2 uur gekoeld laten staan. De drank opdoen in een karaf (met enkele stukjes sinaasappel en de sinaasappelschil erin). Desgewenst vlak voor het gebruik het mineraalwater erbij schenken.

Variatie

De sinaasappelschil vervangen door een citroenschil en de stukjes sinaasappel door stukjes perzik; desgewenst ± 2 lepels cointreau toevoegen.

1 dl cassislikeur of zwartebessensiroop
3 dl droge witte (Bourgogne) wijn

Kir

De cassislikeur over 4 wijnglazen verdelen. Aanvullen met de gekoelde witte wijn (geschikt als aperitief).

1½ dl dry gin of wodka
3 dl gekruid en gekoeld tomatensap

Tomatensap met dry gin, tomatensap met wodka
De dry gin of wodka over 4 glazen verdelen. Aanvullen met het gekoelde tomatensap.
Variatie
Sinaasappelsap met sherry
De gin vervangen door sherry; het tomatensap door gekoeld sinaasappelsap.

4 sinaasappels
ijsblokjes
2 dl dry gin
½ liter sodawater of tonic (gekoeld)

Gin-soda, gin-tonic ***(± 8 glazen)***
De vruchten afborstelen, zeer dun aan één stuk afschillen en daarna uitpersen. Longdrinkglazen voor de helft met ijsblokjes vullen. Het sinaasappelsap en de gin op het ijs schenken, de schil toevoegen. Hierbij het sodawater of de tonic apart geven en naar smaak toevoegen.
Variatie
De sinaasappels vervangen door 4 citroenen; 50 g suiker toevoegen.

ijsblokjes
3 dl vermout
1 citroen
6 dl sodawater of tonic (gekoeld)

Vermout-soda, vermout-tonic ***(± 8 glazen)***
Longdrinkglazen voor de helft met ijsblokjes vullen. De vermout op het ijs schenken; schijfjes citroen toevoegen. Het sodawater of de tonic er apart bijgeven en naar smaak toevoegen.

12 eieren
400 g suiker
merg uit 2 vanillestokjes
¾ liter brandewijn (40% alcohol)

Advocaat
In een schaal, die in warm water geplaatst is, de eieren, de suiker en het vanillemerg kloppen of mixen, tot een dikke massa verkregen is. Onder voortdurend kloppen de brandewijn erbij schenken en de massa kloppend au bain-marie verwarmen tot ze gebonden is.

Warme dranken zonder alcohol

60 g koffiebonen of vacuüm verpakte gemalen koffie
(1 g zout)
± ½ liter water

Koffie-extract, filterkoffie* ***(voor ± 10 kopjes)***
Een hoge aardewerken koffiefilter kiezen, dat met deze hoeveelheid koffie voor ¾ gevuld is. De koffie zo nodig malen; het filter met heet water omspoelen. De koffie in het filter overdoen en stevig aanstampen. Desgewenst het zout erover strooien. De tuit van de koffiepot met een propje papier of kurkje afsluiten. Het water aan de kook laten komen en de eerste maal zo weinig water op de koffie schenken, dat ze juist vochtig is en opzwelt. Het water aan de kook houden en bij kleine scheutjes tegelijk opschenken, tot het doorgelopen vocht lichtbruin ziet. Het koffie-extract geven met kokende melk of kokend water en desgewenst koffieroom en suiker.
Variaties
Koffie met likeur, afterdinner coffee
De koffie in kleine kopjes geven met suikerklontjes, die vlak voor het gebruik besprenkeld worden met likeur (bijvoorbeeld crème de cacao, curaçao of bénédictine), of de likeur in kleine glaasjes bij de koffie geven.

** Voor café-filtre, in speciale eenpersoonsfilters gezet, per persoon 12 g koffie en ± 1½ dl water gebruiken.*

Weense koffie (± 6 glazen)
Het koffie-extract in hoge glazen schenken en aanvullen met kokend water. 2½ dl slagroom, die met 40 g suiker is stijfgeklopt, over de glazen verdelen. De room bestrooien met iets cacaopoeder.
Koffie met gember
½ lepel kleingesneden gember en een ½ lepel gembersiroop in elk kopje scheppen.
Cappuccino
De hete koffie in grote koppen schenken en aanvullen met schuimig geklopte hete melk; bestrooien met gezeefd cacaopoeder.

Irish coffee ***(zie blz. 428)***

± 40 g koffie
± ¾ liter water

Percolatorkoffie
Het percolatorfilter voor ¾ met gemalen koffie vullen. Zoveel koud water in de kan doen, dat dit tot de onderkant van het filter reikt. Het water aan de kook laten komen. De koffie ± 8 minuten juist aan de kook houden. Voor het uitschenken het filter uit de kan nemen. Percolatorkoffie desgewenst geven met suiker en/of koffieroom.

40 g koffie (snelfiltermaling)
1 liter water

Snelfilterkoffie ***(voor 8 kopjes)****
Een papieren koffiefilter natmaken en in een koffiefilter plaatsen; de koffie erin scheppen. Kokend water in het filter op de koffie schenken tot deze vol is. Als dit water doorgelopen is, nogmaals het overige water in het filter schenken. De koffie heet serveren, desgewenst met gekookte melk of koffiemelk en suiker.

5 g (kruiden)thee of
1 theezakje
6 dl water

Thee, kruidenthee
Een theepot van de juiste grootte kiezen. De theepot omspoelen met kokend water, de thee in de pot doen en het vers gekookte water erop schenken. De theepot warm houden op een theelichtje, onder een theemuts of in een theebeurs en de thee 5 minuten laten trekken. Vóór het schenken de thee even doorroeren en zo nodig door een theezeefje inschenken. De thee geven met suiker en/of melk of met citroen. Desgewenst de thee nog eens met kokend water opschenken.
Variaties
Jägerthee (thee met rum)
Per theeglas aan de kokend hete thee ± ¼ dl rum toevoegen.
Sinaasappelthee
1 sinaasappel zeer dun afschillen zonder 'wit'. Enkele stukken schil mee laten trekken met de thee. De sinaasappel uitpersen en de thee geven met een scheutje sinaasappelsap.

** Voor café-filtre, in speciale eenpersoonsfilters gezet, per persoon 12 g koffie en ± 1½ dl water gebruiken.*

Slempmelk

iets foelie
± 5 cm pijpkaneel
iets saffraan
3 g thee
¾ liter melk
45 g suiker
(allesbinder of 8 g maïzena)

De foelie, de pijpkaneel, de saffraan en de thee in een doekje binden. Met de melk aan de kook laten komen en ± ¾ uur laten trekken. De kruiden uit de melk nemen, de suiker toevoegen. Desgewenst de kokende melk binden met de allesbinder of de aangemengde maïzena.

Anijsmelk *(van anijszaad)*

± 1½ lepel anijszaad
¾ liter melk
45 g suiker
(allesbinder of 8 g maïzena)

Het anijszaad in een dun doekje binden, met de melk aan de kook laten komen en zachtjes laten trekken (± 15 minuten). Het anijszaad uit de melk nemen, de suiker toevoegen en laten oplossen. Desgewenst de kokende anijsmelk binden met de allesbinder of de aangemengde maïzena.

N.B. Het anijszaad en de suiker kunnen vervangen worden door ± 4 anijsblokjes. Het trekken vervalt hierbij.

Chocolademelk

30 g cacao
90 g suiker
¾ liter melk
(allesbinder of 8 g maïzena)

De cacao en de suiker goed door elkaar roeren en met wat koude melk aanmengen. De rest van de melk aan de kook laten komen; al roerend het mengsel toevoegen. De chocolademelk al roerend aan de kook laten komen en desgewenst binden met allesbinder of aangemengde maïzena.

Variaties

Waterchocolade

De melk vervangen door water.

Jägerchocolade (chocolademelk met rum)

Per beker hete chocolademelk ± ¼ dl rum toevoegen.

Chocolademelk met ei

Per persoon 1 ei met ½ lepel suiker schuimig kloppen. De hete chocolademelk al roerend toevoegen en door een zeef in een beker schenken.

Warme kwast *(één glas)*

1½ dl water
sap van 1 citroen
± 30 g suiker

Het water aan de kook laten komen. Het sap met de suiker in een glas doen en roerend het water langzaam erbij schenken.

Warm gekruid bessensap

4 dl water
4 kruidnagels
± 5 cm pijpkaneel
citroenschil
± ½ liter bessensap
100 g suiker

Het water met de kruidnagels, de pijpkaneel en de citroenschil aan de kook laten komen; ± ½ uur laten trekken en zeven. Het bessensap en de suiker toevoegen, de drank tegen de kook aan laten komen.

1 citroen
1 sinaasappel
1 liter appelsap
± 4 cm pijpkaneel
4 kruidnagels
stukje gemberwortel
± 50 g suiker

Vruchtenpunch

De vruchten wassen, zeer dun afschillen en uitpersen. De helft van het appelsap met de kruiden en de schil aan de kook laten komen, ½ uur laten trekken en zeven. Het overige sap en de suiker toevoegen.

Warme dranken met alcohol

8 lepels Ierse whisky
± 60 g bruine basterdsuiker
± 4 dl koffie-extract (blz. 425)
1 dl slagroom

Irish coffee, Ierse koffie

In warme glazen per persoon 2 lepels whisky schenken en ± 2 volle theelepels bruine basterdsuiker erdoor roeren. Hierbij zeer heet koffie-extract schenken, tot de glazen voor ¾ deel gevuld zijn. Op de koffie de halfstijfgeklopte slagroom scheppen.

Variatie

French coffee, café Grand Marnier

De whisky vervangen door cognac of Grand Marnier (of een andere likeur).

4 dl rode wijn
± 100 g suiker
4 schijven citroen
2 dl water

Wijngrog

De wijn tegen de kook aan laten komen. De wijn, de suiker en de citroenschijven over 4 glazen verdelen. In ieder glas een metalen lepeltje zetten; het kokende water langzaam erbij schenken.

2 dl cognac
± 100 g suiker
4 schijven citroen
± 4 dl water

Cognacgrog

De cognac, de suiker en de citroenschijfjes over 4 glazen verdelen. In ieder glas een metalen lepeltje zetten; het kokende water langzaam erbij schenken.

4 kruidnagels
1 sinaasappel
1½ dl water
foelie
± 5 cm pijpkaneel
100 g suiker
± ¾ liter rode wijn

Bisschop ***(6 glazen)***

De kruidnagels in de sinaasappel steken. Het water met de sinaasappel en de kruiden aan de kook laten komen en ± ¾ uur laten trekken. Het vocht zeven, de suiker en de rode wijn toevoegen. De drank tegen de kook aan laten komen.

Variatie

Bisschop met whisky

1 dl wijn vervangen door whisky.

6 kruidnagels
1 citroen
¼ liter water
stukje foelie
± 5 cm pijpkaneel
stukje gemberwortel
150 g basterdsuiker
± ¾ liter rode wijn
6 schijfjes citroen

Warme wijn, glühwein ***(6 glazen)***

De kruidnagels in de citroen steken. Het water met deze citroen en de kruiden tegen de kook aan laten komen en ± ¾ uur laten trekken. De citroen uit het water nemen, de suiker en de wijn toevoegen en de drank tegen de kook aan laten komen. De hete wijn over een metalen lepeltje in glazen schenken; in ieder glas een dun schijfje citroen leggen.

Variaties

De citroen en de kruiden vervangen door ± 4 glühweinkruidenbuiltjes.

Zweedse glühwein

1 dl wijn vervangen door rum waarin desgewenst 4 lepels gewelde rozijnen zijn geweekt.

± 6 dl appelsap
4 dl witte of rode wijn
sap van 1 citroen
± 100 g suiker
1 à 1½ dl rum
(60 g rozijnen)

Punch ***(± 6 glazen)***

Het appelsap, de wijn, het citroensap en de suiker tegen de kook aan laten komen. De rum, waarin desgewenst de rozijnen geweekt zijn, met de rozijnen toevoegen en meeverwarmen. De rozijnen over de glazen verdelen; de punch erbij schenken.

2 dl water
citroenschil
5 kruidnagels
een stukje pijpkaneel
10 eierdooiers
250 g suiker
¾ liter rijnwijn

Kandeel ***(15 kopjes)***

Het water met de citroenschil en de kruiden aan de kook laten komen, ½ uur laten trekken en zeven. De eierdooiers met de suiker uitroeren, goed roerend het kruidenaftreksel en de rijnwijn in een dun straaltje erbij schenken en de massa au bain-marie roerend verwarmen tot ze gebonden is. De drank warm geven in mokkakopjes.

Conserveren (inmaken)

Huishoudelijk inmaken diende vroeger om verse levensmiddelen, die men korte tijd van het jaar in ruime mate voorhanden had, het hele jaar door in voorraad te houden. Tegenwoordig is die noodzaak voor de meeste huishoudens vervallen, tenzij men groenten of fruit uit eigen tuin of van een goedkope aanbieding houdbaar wil maken. Ook wordt het pasteuriseren (wecken van groente en vlees) vrijwel geheel vervangen door diepvriezen, zelfs hele maaltijden of gebak. Vooral in verband met de gevaren van voedselvergiftiging die huishoudelijk pasteuriseren meebrengt, wordt alleen het pasteuriseren van vruchten nog opgenomen.

Oorzaak van bederf is de werking van:

- bacteriën, schimmels of gistcellen;
- enzymen (invloed op kleur, geur en smaak);
- chemische omzettingen (bijvoorbeeld ranzig worden).

Doel van het conserveren is bovengenoemde werkingen onmogelijk te maken of sterk te vertragen.

Methoden van conserveren

- Diepvriezen (-24 °C) en bewaren bij -18 °C.
- Verhitten en tegelijk afsluiten van de lucht, in inmaakglazen; toegepast op lichtzure producten (vruchten), het zogenoemde wecken of pasteuriseren.
- Afsluiten van de lucht van al of niet gekookte zure producten; bessensap in luchtdicht afgesloten flessen.
- Verwerken tot producten met een voor bacterieontwikkeling ongeschikte voedingsbodem door toevoeging van:
  - *suiker*: 62% van het eindproduct, bijvoorbeeld jam, limonadesiroop;
  - *azijn*: 4% van het eindproduct, bijvoorbeeld tafelzuur, mixed pickles;
  - *alcohol*: 15% van het eindproduct, bijvoorbeeld boerenjongens, rumtopf.

Volconserven kunnen niet bederven, doordat alle micro-organismen gedood zijn en er zich geen nieuwe kunnen ontwikkelen.

Halfconserven zijn beperkt houdbaar; ze moeten in de koelkast bewaard worden. Ze hebben een te laag suiker-, azijn- of alcoholgehalte en ze zijn niet luchtdicht afgesloten.

Jam als halfconserve is minder zoet, men proeft de vruchtensmaak beter, ze moet echter gepasteuriseerd worden (zie bij appelmoes) of snel opgemaakt worden.

Diepvriezen

Bij diepvriezen blijven de voedingswaarde, consistentie, smaak en kleur het best behouden. De kans op voedselvergiftiging is gering, daar de werking van de micro-organismen sterk wordt vertraagd. Diepvriezen vraagt een hoge investering en een permanent energieverbruik.

Aanwijzingen voor een goed resultaat

- Voor diepvriezen is een speciale kast, kist of kluis noodzakelijk, daar deze een temperatuur van minstens -24 °C moet kunnen bereiken, voorwaarde voor het snel invriezen van producten (de industrie vriest in bij -40 °C). Alleen door snel invriezen ontstaan zeer kleine ijskristallen, die de cellen niet beschadigen, waardoor de producten zo stevig en smakelijk mogelijk blijven. Het vriesvak van een driesterrenkoelkast bereikt nooit meer dan -20 °C, en is daardoor slechts geschikt voor het bewaren van reeds ingevroren producten.
- Bij kasten zonder automaat 5 uur voor het invriezen de thermostaat op de laagste temperatuur zetten; na drie dagen weer op bewaartemperatuur instellen (-18 °C).
- Om een goede werking van de diepvriezer te garanderen, deze schoonmaken als de ijsafzetting meer dan ½ cm bedraagt.
- Uitsluitend zeer verse producten van goede kwaliteit verwerken. Bij groente en vruchten zijn bepaalde rassen speciaal geschikt om in te vriezen.
- Als verpakkingsmateriaal speciaal diepvriesfolie, polyethyleenzakken (0,05-0,07 mm), polyethyleendozen of geparaffineerde bekers gebruiken. De uiteinden van het folie aan de bovenzijde tegen elkaar leggen en enkele malen omvouwen, tot het folie bijna tegen het product aansluit. Zo min mogelijk lucht in de verpakking laten, desgewenst vacuüm trekken. De zijkanten op dezelfde wijze omvouwen. Om uitdrogen te voorkomen een dubbele verpakking gebruiken.
- Levensmiddelen in handzame (dag)porties zoveel mogelijk luchtdicht verpakken; ontdooide porties niet weer invriezen, dus opgebruiken. Op de verpakking inhoud en invriesdatum vermelden. Praktisch is hiervan een overzicht bij te houden.
- Verse levensmiddelen maximaal 1 jaar, bereide levensmiddelen maximaal 3 maanden bewaren.
- Diepgevroren groenten zoveel mogelijk tot de bereiding in bevroren toestand laten.
- Om een ongewenste vermenigvuldiging van bacteriën tegen te gaan vlees, gevogelte en dergelijke in de koelkast of in een magnetron- of heteluchtoven ontdooien. Het dooivocht opvangen en *nooit* gebruiken. Eventueel gemorst vocht opnemen met keukenpapier.

Eenmaal ontdooide gerechten niet meer invriezen.

zeer verse slinkgroenten
verpakkingsmateriaal

Slinkgroenten diepvriezen/ontdooien

Andijvie, stoofsla, prei diepvriezen

De groenten wassen, grof snijden en in porties van ± 500 g in een pan met ruim kokend water 2 minuten blancheren •. De groenten in een vergiet, meteen onder stromend water afkoelen en goed laten uitlekken • •. De groente per maaltijdportie overdoen in de verpakking, die ten hoogste voor 4/5 deel gevuld mag worden. De inhoud plat duwen en de lucht zoveel mogelijk uit de zakjes drukken. De verpakking sluiten. Op elk pak soort groente en datum vermelden. De pakjes zo snel mogelijk invriezen. Groenten ± 8 maanden bewaren. Bij gebruik in bevroren toestand opzetten en gaarkoken (± 10 minuten).

zeer verse vaste groenten
verpakkingsmateriaal

Vaste groenten diepvriezen/ontdooien
Snijbonen, sperziebonen, worteltjes, asperges diepvriezen

De groenten schoonmaken, wassen en in porties van ± 750 g in een pan met ruim kokend water 4 minuten blancheren. Verdere bereiding als bij slinkgroenten (zie blz. 431 vanaf •).

kleine porties verse groene kruiden al of niet kleingesneden

Verse groene kruiden diepvriezen/ontdooien

De kruiden verdelen in porties die per maaltijdbereiding nodig zijn. Wassen en droogbetten. Elke portie in folie rollen en snel invriezen. Bij gebruik de kruiden in bevroren toestand aan het gerecht toevoegen.

Variatie

De kleingesneden kruiden per portie verdelen over de blokjes van een ijslade; deze met water bijvullen en invriezen. Bij gebruik een of meer blokjes in of over het hete gerecht laten smelten.

1½ liter water
1 kg suiker
3 g vitamine-C-tabletjes
± 4 kg verse peren, perziken of pruimen
verpakkingsmateriaal (zie blz. 431)

Harde vruchten in siroop diepvriezen/ontdooien
Peren, perziken, pruimen diepvriezen

Het water aan de kook laten komen, de suiker en de vitamine-C-tabletten erin oplossen; de suikerstroop laten afkoelen. De vruchten zo nodig schillen, halveren en ontpitten. De vruchten overdoen in bakjes of zakjes. Zoveel suikerstroop bijschenken, dat de vruchten juist onder staan. De vruchten verder verpakken als bij slinkgroenten diepvriezen (zie blz. 431 vanaf ••). Vruchten maximaal 6 maanden bewaren. De vruchten bij kamertemperatuur afgedekt laten ontdooien.

zeer verse zachte vruchten
± 70 g suiker per kg vruchten

Zachte vruchten met suiker diepvriezen/ontdooien
Aardbeien, frambozen, bessen, bramen, kersen diepvriezen

De vruchten schoonmaken, wassen, goed laten uitlekken en omschudden met de kristalsuiker. Voor verdere bereiding zie slinkgroenten diepvriezen, blz. 431 vanaf ••. Vruchten maximaal 6 maanden bewaren. De vruchten bij kamertemperatuur afgedekt laten ontdooien en meteen consumeren.

zeer verse zachte vruchten

Zachte vruchten (zonder toevoeging) diepvriezen/ontdooien
Aardbeien, frambozen, bessen, bramen, kersen, abrikozen diepvriezen

De vruchten schoonmaken, wassen, goed laten uitlekken en laten drogen. De vruchten een voor een naast elkaar op aluminiumfolie of op een blad leggen. Met blad en al invriezen. De harde ingevroren vruchten daarna in een zak verpakken; zie bij slinkgroenten diepvriezen blz. 431 vanaf ••. De vruchten bij kamertemperatuur juist ontdooien, en meteen consumeren. Op deze wijze ingevroren vruchten zijn minder zacht dan vruchten die met suiker of siroop ingevroren zijn.

maximaal 2 kg niet te vet
rauw vlees, gevogelte of vis
verpakkingsmateriaal
(zie blz. 431)

Vlees, gevogelte, vis (rauw) diepvriezen/ontdooien

Zichtbaar vet en zo mogelijk bot wegsnijden. Gevogelte en vis goed schoonmaken, wassen, afdrogen en in stukken verdelen. • Per maaltijdportie in diepvriesfolie verpakken, losse stukken of lappen met folie ertussen. Vóór het dichtvouwen de lucht er goed uitdrukken. Het foliepakje in een diepvrieszak of -doos overdoen; inhoud, gewicht en datum vermelden. De pakjes meteen invriezen en maximaal 6 maanden bewaren; zeer vette producten maximaal 3 maanden.
Vlees, gevogelte en vis vóór de bereiding ontdooien. Om ongewenste vermenigvuldiging van bacteriën te voorkomen, ontdooien in de koelkast (langzaam) of in een magnetron- of heteluchtoven (snel). Het uitlopende dooivocht opvangen en nooit gebruiken. Eventueel gemorst vocht opnemen met keukenpapier.

Variatie

Vlees, gevogelte, vis (na bereiding) diepvriezen

Zie bovenaan vanaf •.

piedeeg
bladerdeeg
zandtaartdeeg

Rauw deeg diepvriezen/ontdooien

Het deeg in lagen van maximaal 2 cm verpakken en invriezen.
Het deeg in de koelkast laten ontdooien, tot het buigzaam is.
N.B. Cake- en biscuitdeeg na het bakken invriezen.

brood
cake, taart
koekjes
verpakkingsmateriaal
(zie blz. 431)

Brood, gebak diepvriezen/ontdooien

Het zeer verse gebak desgewenst in stukken of in porties verdeeld verpakken en snel invriezen. Brood en gebak zijn ± 5 maanden te bewaren, crèmegebak ± 6 weken. Na het ontdooien bij kamertemperatuur vlug opgebruiken, daar het snel oudbakken wordt.

Kant-en-klaargerechten diepvriezen/ontdooien

De gerechten niet te gaar laten worden en in maaltijdporties verpakken. Vloeibare gerechten (bijvoorbeeld soep, moes, slinkgroenten) overdoen in een diepvrieszak die in een doos geplaatst is. Na het invriezen de zak uit de doos nemen; er is nu een stapelbaar blok ontstaan. Vooral voor 1 à 2 persoonshuishoudens is het gemakkelijk een grotere portie te bereiden dan men nodig heeft en een deel daarvan als voorraad in te vriezen. Diepvriesgerechten ontdooien en opwarmen:

- in een voorverwarmde oven op 200 °C;
- in een magnetron (korst blijft niet krokant);
- in een pan met een bodem kokend water op een getemperde warmtebron; het gerecht zo mogelijk in stukken verdelen;
- in een diepvrieszak met inhoud in een pan met kokend water.

Pasteuriseren, wecken (verhitten onder afsluiting van lucht in inmaakglazen)

Bij deze methode wordt *geprobeerd* de inhoud van een inmaakglas steriel te maken. Daar de bereikbare temperatuur voor de gehele inhoud in de huishouding niet boven de 100 °C kan komen, kan er niet van steriliseren gesproken worden. Vooral sporenvormende bacteriën kunnen overleven en kunnen hun toxinen (giftige uitscheidingsproducten) aan het product afgeven. Bij eiwitrijke levensmiddelen (bijvoorbeeld vlees) en bij groenten, die in de huishouding op deze manier geconserveerd zijn, is een kans op voedselvergiftiging altijd aanwezig, vandaar dat wordt aanbevolen deze producten in de huishouding te conserveren door diepvriezen.
Bij vruchten zijn door de hoge zuurgraad de levensvoorwaarden van (sporenvormende) bacteriën zo ongunstig, dat het risico op voedselvergiftiging bij een juiste handelwijze vrij klein is.
Afsluiten van de lucht wordt bereikt met behulp van een beugel, die het deksel en een rubberring op het inmaakglas drukt. Tijdens de behandeling ontstaat een verschil in luchtdruk in het inmaakglas en daarbuiten, waardoor het deksel op het glas gedrukt blijft, ook als de beugel van het koude glas is verwijderd (er ontstaat een vacuüm). Voorwaarde voor het gesloten blijven van het glas is het bereiken van de hoge temperatuur tot in de kern van het product. Maak gebruik van ongeschonden deksels en glazen en soepele, gave rubberringen. Om de sporenvormende bacteriën onwerkzaam te maken na 24 tot 48 uur een tweede pasteurisatie uitvoeren.

6 literglazen met deksels
6 gummiringen*
1½ liter water
750 g suiker
15 vitamine-C-tabletjes
8 kg aardbeien of frambozen
of 6 kg kersen (bij ontpitten)
of 4 kg kersen
(bij niet ontpitten)
of 5 kg pruimen of kwetsen
of ± 4 kg peren
of ± 3 kg perziken

Vruchten pasteuriseren

Glazen, deksels en ringen wassen in kokendheet sodawater en naspoelen met kokendheet water. Het water aan de kook laten komen, de suiker en de vitaminetabletjes erin oplossen, en laten afkoelen. Aardbeien of frambozen of kersen of pruimen wassen en schoonmaken; peren of perziken schillen, halveren, van klokhuizen of pitten ontdoen en meteen in de koude suikerstroop leggen. De glazen tot 2 cm onder de rand vullen met de vruchten (peren of perziken met de bolle kant naar buiten leggen). Zoveel koude suikerstroop op de vruchten schenken, dat ze juist onderstaan. De glazen aan de bovenkant met een schone doek natmaken en sluiten met natte ringen en natte deksels. De glazen dichtklemmen met beugels en in een steriliseerketel met lauw water plaatsen. Zorg dat de glazen geheel onder water staan. Het water in de ketel op de juiste temperatuur laten komen en de gewenste tijd op deze temperatuur houden.

Pasteuriseertijd en -temperatuur:	
aardbeien, frambozen:	15 min. bij 70°C
perziken, pruimen:	25 min. bij 75 °C
kersen:	25 min. bij 80 °C
zachte peren:	25 min. bij 90 °C
kwetsen:	30 min. bij 90 °C
harde peren:	45 min. bij 90 °C

** Nieuwe ringen 20 minuten uitkoken.*

De afgekoelde glazen ontdoen van de beugels; voelen of ze gesloten zijn. Glazen die open blijken te zijn, opnieuw pasteuriseren nadat het euvel verholpen is.

Variatie

Pasteuriseren in de oven (gas/elektrisch)

- De oven niet voorverwarmen.
- Het rooster in de onderste richel schuiven.
- Glazen van gelijke grootte met voldoende tussenruimte op het rooster plaatsen.
- Tussen de inmaakglazen een schaaltje water zetten.
- De oven op de hoogste stand inschakelen (gasoven 10 minuten, elektrische oven 20 minuten boven- en onderwarmte).
- Daarna de gasoven temperen tot de helft; bij de elektrische oven de bovenwarmte uitschakelen.
- Als de luchtbellen in de flessen tot halverwege stijgen, de opgegeven pasteuriseertijd aanhouden. Bij de elektrische oven nu ook de onderwarmte uitschakelen.

6 literglazen met deksels
6 gummiringen*
1½ liter water
750 g suiker
5 kg rabarberstelen

Rabarber pasteuriseren *(stukjes)*

Glazen, deksels en ringen wassen in kokendheet sodawater en naspoelen met kokendheet water. Het water aan de kook laten komen; de suiker erin oplossen. De rabarberstelen wassen, snijden en verder behandelen zoals bij pasteuriseren van vruchten beschreven is (zie vorig recept). Pasteuriseertijd en -temperatuur: 15 minuten bij 75 °C. Te gebruiken als taartvulling of compote.

6 literglazen met deksels
6 gummiringen*
7½ kg moesappels of
7 kg rabarber
± ½ liter water
750 g suiker

Appelmoes/rabarbermoes pasteuriseren

Glazen, deksels en ringen wassen in kokendheet sodawater en naspoelen met kokendheet water. Van de appels of rabarber met het water en de suiker moes maken (blz. 286, 292). De flessen tot 2 cm onder de rand vullen met de moes en verder behandelen zoals bij pasteuriseren van vruchten beschreven is (blz. 434). Pasteuriseertijd en -temperatuur: 25 minuten bij 80 °C.

6 literglazen met deksel
6 gummiringen*
of
8 flessen met nauwe hals van ¾ liter
8 kurken
lak of paraffine
9 kg aalbessen, frambozen, aardbeien of druiven
of 12 kg kersen of tomaten

Vruchtensap pasteuriseren

Glazen, deksels en ringen wassen in kokendheet sodawater en naspoelen met kokendheet water. De flessen, de kurken en een trechter wassen in kokendheet sodawater en naspoelen met kokendheet water. De flessen gesloten wegzetten tot ze gevuld worden. De vruchten wassen en er sap uit winnen op een van de volgende drie manieren:

Sap winnen uit vruchten

De vruchten wassen en:

1. de vruchten koud uitpersen in een sapcentrifuge of een vruchtenpers. Bij het gebruik van de pers het sap desgewenst door een natgemaakte doek laten lekken om het helder te krijgen;
2. de vruchten met iets water aan de kook laten komen en ± ½ uur tegen de kook aan houden. De massa uitschenken op een natgemaakte doek, die in een vergiet ligt; het sap door de doek laten lekken;

* *Nieuwe ringen 20 minuten uitkoken.*

3 de vruchten in een vergiet of zeef doen; deze op een kom plaatsen. De kom in een grote pan met water zetten; zorg dat het water niet in de kom kan lopen. De pan afdekken, het water aan de kook laten komen en ± ¾ uur tegen de kook aan houden. (Op deze wijze zal men van slechts ± 3 kg vruchten tegelijk sap kunnen winnen.) Het sap overdoen in de flessen.

Vullen en pasteuriseren

1 Bij inmaakglazen: deze tot 2 cm onder de rand met het sap vullen. De glazen verder behandelen zoals bij pasteuriseren van vruchten beschreven is (blz. 434).
Pasteuriseertijd en -temperatuur: 20 minuten bij 70 °C.

2 Bij flessen: de flessen bijna geheel met het sap vullen, de kurken erop plaatsen en vastbinden met een dubbele champagneknoop. De flessen op een rooster in een pan of steriliseerketel met lauw water plaatsen; zorg dat de flessen bijna tot aan de rand onder water staan. Het water verhitten tot 70 °C en gedurende 20 minuten op deze temperatuur houden. De flessen uit het water nemen en laten afkoelen, tot er geen damp meer door de kurken ontwijkt. De kurken stevig in de flessen drukken, het touw verwijderen, de flessen luchtdicht afsluiten (de bovenkant van de flessen even in vloeibaar gemaakte lak of paraffine houden) en voorzien van etiketten met soort sap en datum. De flessen op een koele plaats bewaren.

Afsluiten van de lucht van zure producten (al of niet gekookt)

Hiervoor komen alleen zeer zure producten zoals bessensap in aanmerking. Voorwaarde is dat het vaatwerk dat wordt gebruikt vooraf is gesteriliseerd. Afsluiten van de lucht gebeurt door uitgekookte kurken bedekt met lak of paraffine.

Bessensap in gekurkte flessen*

8 flessen van ¾ liter
8 kurken
lak of paraffine
9 kg aalbessen*

Al het benodigde materiaal op de volgende manier behandelen:
De flessen en kurken schoonwassen en met alle voorwerpen die voor het vullen nodig zijn, gedurende ten minste 20 minuten uitkoken; alles in het kokende water laten liggen tot men het gebruikt.
De bessen wassen en er sap uit winnen op een van de manieren die bij pasteuriseren van vruchtensap beschreven zijn (blz. 435). De flessen snel bijna geheel vullen met het kokendhete bessensap (alleen bij bessen die juist vers geplukt zijn kan men koud gewonnen sap koud in de flessen schenken). Iedere gevulde fles meteen sluiten met een uitgekookte kurk. De flessen laten afkoelen tot er geen damp meer door de kurk ontwijkt. De kurken stevig op de flessen drukken, de flessen luchtdicht afsluiten (de bovenkant van de fles even in vloeibaar gemaakte lak of paraffine houden) en voorzien van etiketten met soort sap en datum. De flessen op een koele plaats bewaren.

** Zie ook vruchtensap pasteuriseren (blz. 435).*

Bereiden van jams, limonadesiroop, zoetzuur, pickles, chutneys en vruchten op alcohol

Vruchten of groenten worden tot producten verwerkt die een ongeschikte voedingsbodem blijken te zijn voor bacteriën. Hiertoe wordt een hoog percentage suiker, azijn of alcohol gebruikt. Afsluiten van de lucht is hierbij niet nodig; een droge bewaarplaats en afsluiten tegen stof zijn voldoende voor lange duurzaamheid.

A 62% suiker als conserveermiddel

1 Jam, gelei, marmelade als volconserve (zie blz. 438-440)

a Vruchtenmoes of vruchtensap al of niet inkoken om het pectinegehalte (dat bij de verschillende vruchten sterk varieert) te verhogen; afhankelijk van het gehalte van een bepaalde pectinesoort in de vruchten. Bij gebruik van een pectinepreparaat, bijvoorbeeld geleisuiker, de gebruiksaanwijzing volgen, omdat er minder lang wordt ingekookt (4 minuten totaal).

b 1½ × zoveel suiker nemen als de ingekookte massa, zodat de jam uit 60% toegevoegde suiker bestaat; we rekenen, dat de suiker uit de vruchten het product op minstens 62% suikergehalte brengt.

c Om uitkristalliseren te voorkomen, wat zou kunnen gebeuren indien het suikergehalte hoger dan 62% zou zijn, de jam of gelei enige tijd met de suiker zachtjes laten koken; door koken met zuur verandert de suiker zodanig, dat de kans op uitkristalliseren zeer klein is geworden.

N.B. Jams als halfconserve

Jams bereid met ¾ van de opgegeven hoeveelheid suiker, of bereid met geleisuiker-speciaal (met extra sterke geleerkracht en zeer korte kooktijd, 1 minuut), zijn minder zoet van smaak, maar minder lang houdbaar.

Jams die men nog minder zoet wil maken (bijvoorbeeld met geleipoeder), moeten worden gepasteuriseerd (zie appelmoes), om ze onbeperkt houdbaar te maken.

2 Limonadesiroop (zie blz. 440)

Per dl vruchtensap 150 g suiker nemen, waardoor de massa tevens stroperig wordt. Ook hier brengt de suiker uit het sap het product op een suikergehalte van minstens 62%. Daar het product veel vocht bevat, is er geen kans op uitkristalliseren, zodat enige tijd koken met de suiker af te raden is, aangezien dan pectine vrijkomt, die de stroop geleiachtig maakt.

B 4% azijnzuuroplossing (zie blz. 441) als conserveermiddel

Dit bereikt men door producten waaraan men water onttrokken heeft, ruim onder azijn te zetten. (Bij vis en vlees moet men slappere azijn gebruiken, omdat vis of vlees anders oplost. Het product is daardoor slechts enige weken goed te houden.)

C 15% alcohol (zie blz. 444) als conserveermiddel

Vruchten met suiker of suikerstroop naar smaak ruim onder brandewijn (minimaal 40% alcohol) of rum (minimaal 53% alcohol) zetten. Het water uit de vruchten verdunt de alcohol, wat de smaak ten goede komt. Het alcoholgehalte mag niet onder 15% dalen.

2 kg vruchten
1¼ kg suiker*
(2 citroenen)
(5 jampotten)
(vershoudfolie)
(elastiekjes)
(etiketten)

Aardbeienjam, kersenjam, perzikenjam

De vruchten wassen, schoonmaken, eventueel ontpitten, stukmaken en tot moes koken (± 10 minuten). De moes in een open pan tot de helft laten indampen. De suiker erbij doen en de jam al roerend aan de kook laten komen. • Desgewenst citroensap toevoegen. Controleren op dikte door een druppel koud te laten worden; de druppel mag dan nauwelijks uitvloeien. Als de dikte goed is, de pan sluiten. De jam 10 minuten zachtjes laten doorkoken. Zo nodig weer controleren op dikte. De potten en (schroef)deksels wassen met kokend heet sodawater, naspoelen met heet water en omgekeerd op een schone doek zetten. De jam heet in de potten schenken. De potten geheel vullen en afsluiten met vershoudfolie en elastiekjes en/of met de deksels. De potten ± 15 minuten ondersteboven neerzetten. Daarna, indien ze kleverig zijn, met warm water afnemen en voorzien van etiketten met datum.

Variaties

Jam met geleisuiker

Evenveel geleisuiker als vruchten nemen. Na het aan de kook komen 4 minuten bruisend laten doorkoken en in de potjes overdoen.

Jam met geleisuiker-speciaal (halfconserve)

Ongeveer de helft van het gewicht van de vruchten aan geleisuiker-speciaal nemen. Na het aan de kook komen 1 minuut bruisend laten doorkoken. Zie ook de gebruiksaanwijzing.

Jam met geleipoeder (halfconserve)

Zie de gebruiksaanwijzing. De jam kan met heel weinig suiker bereid worden. Om het product dan lang houdbaar te maken, moet het gepasteuriseerd worden.

Tomatenjam (van matig rijpe tomaten)

De moes zeven. Desgewenst 500 g tomaten vervangen door rode paprika's (van zaad en zaadlijst ontdaan); deze met een mixer fijnmaken en aan het gezeefde moes toevoegen.

1 kg vruchten
1100 g suiker*
(1 à 2 citroenen)
(4 jampotten)
(vershoudfolie)
(elastiekjes)
(etiketten)

Bosbessen-, bramen-, frambozen-, abrikozenjam

De vruchten wassen, zo nodig ontpitten, stukmaken en tot moes koken (± 10 minuten). Deze moes in een open pan laten indampen totdat er ¾ van de massa is overgebleven. De suiker toevoegen en de jam aan de kook laten komen. Voor verdere bereiding zie aardbeienjam hierboven vanaf •.

Variaties

Frambozen-bessenjam

Van 500 g frambozen en 500 g schoongemaakte bessen.

Aardbeien-kruisbessenjam

Van 500 g schoongemaakte aardbeien en 500 g onrijpe kruisbessen.

** Van de hoeveelheid suiker ¾ nemen, indien de jam niet onbeperkt houdbaar hoeft te zijn (halfconserve).*

2 kg vruchten
½ dl water
1½ kg suiker*
(2 citroenen)
(5 jampotten)
(vershoudfolie)
(elastiekjes)
(etiketten)

Aalbessen-, kruisbessen-, kwetsen-, pruimenjam

De vruchten wassen, ontvellen, zo nodig in vieren snijden en ontpitten en met het water tot moes koken (± 10 minuten). Deze moes in een open pan laten indampen tot ¾ van de massa is overgebleven. De suiker toevoegen en de jam aan de kook laten komen. Voor verdere bereiding zie aardbeienjam (blz. 438 vanaf •).

Variatie

Druivenjam

De rijpe vruchten tot moes koken en zeven. Desgewenst 1 theelepel gemberpoeder toevoegen.

1½ kg schoongemaakte kweeperen
1 liter water
1600 g suiker
(2 citroenen)
(5 jampotten)
(vershoudfolie)
(elastiekjes)
(etiketten)

Kweeperenjam *(5 potjes)*

De kweeperen in stukjes snijden, opzetten met het water; laten koken tot ze gaar zijn (1 à 1½ uur). De suiker toevoegen en de massa al roerend aan de kook laten komen. Voor verdere bereiding zie aardbeienjam (blz. 438 vanaf •).

1 kg sinaasappels (6 stuks)
(geen kunstmatig gekleurde)
2 citroenen
3½ dl water
1 kg suiker*
(4 jampotten)
(vershoudfolie)
(elastiekjes)
(etiketten)

Sinaasappelmarmelade

De vruchten wassen, in vieren snijden en gaarkoken met het water (1 uur). Het vruchtvlees van de schil afnemen en door een zeef wrijven. De helft van de sinaasappelschillen van het wit ontdoen en in lange, fijne reepjes snijden. Kooknat, gezeefd vruchtvlees en schilletjes samen wegen en zo nodig met water aanvullen tot 700 g. De suiker toevoegen en de marmelade aan de kook laten komen. Voor verdere bereiding zie bij aardbeienjam (blz. 438 vanaf •).

Variaties

Citroenmarmelade van 1 kg citroenen (10-12 stuks)

Grapefruitmarmelade van 1¼ kg grapefruits (± 4 stuks)

1½ kg aalbessen of zwarte bessen
± 1300 g suiker*
(5 jampotten)
(vershoudfolie)
(elastiekjes)
(etiketten)

Bessengelei

De bessen wassen, stukmaken en verhitten, totdat ze hun sap hebben losgelaten (± 15 minuten). De massa door een doek uitpersen. Het sap meten en per dl sap 130 g suiker nemen. Het sap in een open pan inkoken, totdat er 7/8 van de massa overgebleven is. De suiker toevoegen en de gelei al roerend aan de kook laten komen. Het schuim afscheppen. Voor verdere bereiding zie aardbeienjam (blz. 438 vanaf •).

Variaties

Gelei met geleisuiker

Evenveel suiker als vruchten nemen. Na het aan de kook komen van het sap dit 4 minuten bruisend laten doorkoken.

Gelei met geleisuiker-speciaal (halfconserve)

Ongeveer de helft van de vruchten aan geleisuiker-speciaal nemen. Na het aan de kook komen van het sap dit 1 minuut bruisend laten doorkoken (zie ook de gebruiksaanwijzing op de verpakking).

** Van de hoeveelheid suiker ¾ nemen, indien de jam niet onbeperkt houdbaar hoeft te zijn (halfconserve).*

1 kg goudrenetten
¾ liter water
2 citroenen
± 1 kg suiker*
(4 jampotten)
(vershoudfolie)
(elastiekjes)
(etiketten)

Appelgelei

De appels wassen, ongeschild in stukken snijden en laten koken met het water, tot dit roodachtig van kleur is (± 2 uur). De massa door een doek laten uitlekken; het gezeefde citroensap toevoegen. Het sap meten en per dl sap 120 g suiker nemen. Het sap in een open pan inkoken, totdat er 7/8 van de massa overgebleven is. De suiker toevoegen en de gelei aan de kook laten komen. Het schuim afscheppen.
N.B. Bij gebruik van een hogedrukpan de appels met ½ liter water opzetten, ¾ à 1 uur laten koken en per dl sap 150 g suiker nemen. Het sap niet meer inkoken. Voor verdere bereiding zie aardbeienjam (blz. 438 vanaf •).

Variaties

Appelgelei van appelsap

De goudrenetten en het water vervangen door 8 dl appelsap.

Sinaasappel-, grapefruitgelei van sap en geleisuiker

De appels en het water vervangen door 8 dl sinaasappel- of grapefruitsap. De suiker vervangen door geleisuiker. Het sap met de geleisuiker 4 minuten bruisend laten doorkoken. Desgewenst dunne reepjes schil meekoken.

3 flessen met kurken
soda
10 citroenen (± 1 kg)
16 sinaasappels (± 2 kg)
1¼ liter sinaasappelsap
125 g suikerklontjes
1¾ kg suiker

Sinaasappellimonadesiroop

De flessen en de kurken wassen met kokendheet sodawater en naspoelen met kokendheet water. De flessen gesloten wegzetten, totdat ze gevuld worden. Een deel van de citroenen wassen; met de suikerklontjes de schil eraf raspen. De vruchten uitpersen, het sap desgewenst zeven; daarna meten en zo nodig met water aanvullen tot 1¼ liter. In ½ liter heet sap de suiker en de suikerklontjes oplossen. De oplossing enigszins laten afkoelen en bij het overige vruchtensap schenken. De flessen vullen, afsluiten met de kurken, eventueel met warm water afnemen; voorzien van etiketten met soort sap en datum.

Variatie

Grapefruitlimonadesiroop van ± 3 kg grapefruits (1¼ liter sap).

De vruchten wassen en met de suikerklontjes afraspen.

1 jampot
soda
± 10 citroenen of sinaasappels
± 150 g suiker

Citroen-/sinaasappelrasp of -schil op suiker

De jampot en het deksel wassen in kokendheet sodawater; naspoelen in kokendheet water en op een schone doek laten uitlekken. De vruchten wassen en met een fijne rasp afraspen of zeer dun, zonder wit, afschillen. De rasp of de in stukken gesneden schil met de suiker vermengen en in de jampot overdoen; zorg dat de schil geheel met suiker bedekt is. De pot goed sluiten en de suiker ± 3 weken laten intrekken, voordat de pot geopend wordt. Als smaakmaker aan gebak (rasp) of melk- of vruchtengerecht (rasp of schil) toevoegen.

** Van de hoeveelheid suiker ¾ nemen, indien de jam niet onbeperkt houdbaar hoeft te zijn (halfconserve).*

Inmaak in azijn, relish

1½ kg zilveruitjes, sjalotjes, augurkjes of radijsjes
zout
6 stukjes foelie
6 Spaanse pepertjes
venkel, gemberwortel
4 g aluin
1½ liter natuurazijn
(6 jampotten)
(vershoudfolie)
(elastiekjes)
(etiketten)

Uitjes, sjalotjes, augurkjes, radijsjes in azijn

(± 6 jampotten)

De groenten/vruchten schoonmaken, wassen, dik bestrooien met zout; hiermee een nacht laten staan. Laten uitlekken en afdrogen. Met kokendheet sodawater de potten (en deksels) wassen, naspoelen met kokendheet water, laten afkoelen. Vullen met de vruchten, de kruiden, de aluin en de azijn. Zorg dat de vruchten ruim onderstaan. De potten afsluiten met huishoudfolie en de elastiekjes en/of met de deksels en voorzien van etiketten met soort, inhoud en datum.

Variatie in bereiding

In de azijn ± 3 lepels (bruine) basterdsuiker oplossen.

± 1½ kg schoongemaakte groenten, bijvoorbeeld bloemkool, worteltjes, sperziebonen, paprika, snijbonen, uitjes, augurkjes, komkommer, knolselderij
zout
1½ liter natuurazijn
dille of dragon
± 1 theelepel mosterdzaad
(1 Spaanse peper)
± 1 theelepel piment
(huishoudfolie)
(elastiekjes)
(etiketten)

Gemengde groenten in azijn *(mixed pickles)*

(± 6 jampotten)

De groenten in kleine stukjes snijden en 2 minuten voorkoken in ruim kokend water met 50 g zout per liter water. De groenten zeer goed laten uitlekken. • Met kokendheet sodawater de potten (en de deksels) wassen, naspoelen met kokendheet water, laten afkoelen en vullen met de groenten, de kruiden en de azijn. Zorg dat de groenten ruim onderstaan. De potten afsluiten met huishoudfolie en de elastiekjes en/of de deksels en voorzien van etiketten met datum.
N.B. De mixed pickles voor het gebruik ± 2 weken op een koele, donkere plaats bewaren.

1 kg schoongemaakte groenten (bijvoorbeeld bloemkool, worteltjes, bonen, snijbonen, uitjes, augurkjes, komkommers, knolselderij)
zout
± 4½ g mosterdpoeder
5 g kurkuma, 10 g zout, 40 g bloem, 25 g suiker
(15 g kerrie)
1½ liter azijn

Groenten in mosterdsaus *(piccalilly) (± 4 jampotten)*

De groenten in kleine stukjes snijden en 2 minuten voorkoken in ruim kokend water met 50 g zout per liter water. De groenten zeer goed laten uitlekken. Het mosterdpoeder, de kurkuma, de suiker, het zout, de bloem en desgewenst de kerrie glad aanmengen met wat azijn. De overige azijn aan de kook laten komen; het mengsel roerend in de kokende azijn schenken. De massa aan de kook laten komen en gedurende 5 minuten zachtjes laten doorkoken. De pan van de warmtebron nemen, de saus laten afkoelen en daarna de groenten door de saus mengen.
Voor de afwerking zie gemengde groenten in azijn vanaf • (vorig recept).

Tomatenchutney *(pittig zoetzuur tomatenmoes) (3-4 jampotten)*

1¼ kg tomaten of
1 kg tomaten en
250 g goudrenetten
200 g uien
125 g gedroogde pruimen zonder pit, abrikozen of rozijnen
200 g bruine basterdsuiker
± 1 dl water
1 theelepel gemalen piment
¼ Spaanse peper of enkele druppels tabasco
1½ dl (rode wijn)azijn
8 g zout
(4 nootjes gember)
(mosterd)

De ontvelde tomaten (en de geschilde appels) in vieren snijden. De uien schoonmaken en met de pruimen kleinsnijden. De suiker in het water oplossen, alle overige ingrediënten erbij doen en onder nu en dan roeren zachtjes laten inkoken, tot een getrokken streep even zichtbaar blijft (45 minuten-1 uur). De chutney zo nodig met mosterd op smaak afmaken. Voor de afwerking zie gemengde groenten in azijn vanaf • (blz. 441). Chutney geven bij vlees- en visgerechten. Tomatenchutney maximaal 3 weken op een koele plaats bewaren.

Variatie

De goudrenetten vervangen door peren.

Appel-, kiwichutney *(5-6 jampotten)*

± 2 kg zure appels of kiwi's
sap van 4 citroenen
200 g uien, 2 groene paprika's
150 g rozijnen
400 g bruine basterdsuiker
1½ dl (appel)azijn
1 eetlepel gemberpoeder
½ theelepel (cayenne)peper
1 eetlepel zout

De appels of kiwi's schillen en in blokjes snijden; het citroensap erover schenken. De uien schoonmaken en kleinsnijden. De paprika's wassen, van zaad ontdoen en kleinsnijden. De overige ingrediënten toevoegen, de massa nu en dan roerend laten inkoken, tot een getrokken streep even zichtbaar blijft (45 minuten-1 uur). Voor de afwerking zie gemengde groenten in azijn vanaf • (blz. 441).
Appelchutney maximaal 3 weken op een koele plaats bewaren.

Variaties

Appel-gemberchutney

De paprika's vervangen door 150 g kleingesneden gember.

Rabarberchutney

De appels en de citroenen vervangen door 2 kg in stukken gesneden rabarber; desgewenst ± 3 teentjes knoflook toevoegen.

Perziken-, perenchutney *(5-6 jampotten)*

2 kg perziken of peren
200 g uien
2 zure appels
150 g rozijnen
4 dl (vruchten)azijn
± 5 cm pijpkaneel
1 theelepel gemberpoeder
400 g geleisuiker

De perziken ontvellen, halveren, ontpitten en kleinsnijden. De peren schillen en de klokhuizen eruit snijden; de uien schoonmaken. De peren en uien kleinsnijden, de appels grof raspen. Alle ingrediënten, behalve de geleisuiker, aan de kook laten komen en ± 15 minuten op een getemperde warmtebron zachtjes laten koken. De geleisuiker erdoor roeren en 4 minuten bruisend laten koken. Het kaneelstokje eruit halen. Voor de afwerking zie gemengde groenten in azijn vanaf • (blz. 441).

Variatie

Mangochutney, pompoenchutney

De perziken vervangen door mango's of pompoen; de uien en de appels vervangen door een klein potje zilveruitjes, de rozijnen door dadels of ± 10 bolletjes gesneden gember, de pijpkaneel door piment.

2 kg onrijpe meloenen (± 3) of
2 kg pompoen
7½ dl azijn
750 g suiker
± 5 cm pijpkaneel
3 g kruidnagelen
1 theelepel gemberpoeder
(6 jampotten)
(vershoudfolie)
(elastiekjes)
(etiketten)

Zoetzuur van meloen, zoetzuur van pompoen
(± 6 jampotten)

De vruchten in bijvoorbeeld vieren verdelen, dun schillen en in gelijke blokjes snijden. De azijn met de suiker en de kruiden aan de kook laten komen in een pan die men vooraf gewogen heeft. De stukjes vrucht bij gedeelten even in de suikerstroop laten koken tot ze glazig zijn, uit de pan nemen en zeer goed laten uitlekken. • Het vocht zo nodig laten inkoken tot men 1½ kg suikerstroop heeft. De pijpkaneel en de kruidnagelen verwijderen en de uitgelekte stukjes vrucht erdoor roeren.

Met kokendheet sodawater de potten schoon wassen, met kokendheet water naspoelen en vullen met het zoetzuur. De potten afsluiten met vershoudfolie en elastiekjes en/of de deksels en voorzien van etiketten met inhoud en datum. Zoetzuur bijvoorbeeld geven bij warme vleesgerechten.

Variaties

Zoetzuur van komkommer, stoofperen, appels of kersen

De meloenen of de pompoen vervangen door 1¾ kg komkommer (± 6), stoofperen, handappels of ontpitte kersen.

1½ kg kwetsen
7½ dl azijn
750 g suiker
± 5 cm pijpkaneel
3 g kruidnagelen
(mespunt gemberpoeder)
(6 jampotten)
(vershoudfolie)
(elastiekjes)
(etiketten)

Zoetzuur van kwetsen *(± 6 jampotten)*

De kwetsen wassen en inprikken. In een pan, die men gewogen heeft, de azijn met de suiker en de kruiden aan de kook laten komen en laten afkoelen. Hierin de vruchten 24 uur laten weken. Daarna de kwetsen in 3 porties verdelen; iedere portie langzaam met de suikerstroop aan de kook laten komen en zachtjes laten koken, totdat de vruchten zacht beginnen te worden; dan uit het vocht nemen en goed laten uitlekken. Voor verdere bereiding zie zoetzuur van meloen (vorig recept vanaf •).

1½ kg paprika's (rood en/of groen)
300 g uien
(± 2 teentjes knoflook)
(1 kleine Spaanse peper)
7½ dl azijn
750 g suiker
¼ theelepel mosterdpoeder
½ theelepel zout
(6 jampotten)
(vershoudfolie)
(elastiekjes)
(etiketten)

Zoetzuur van paprika *(± 6 jampotten)*

De paprika's schoonmaken, halveren en de zaadlijsten en het zaad verwijderen en in dunne reepjes snijden. De uien schoonmaken en in ringen snijden. Desgewenst het knoflook persen en de peper halveren; zaad verwijderen en zeer klein snijden. Alle ingrediënten aan de kook laten komen in een pan die men vooraf gewogen heeft en 5 minuten op een getemperde warmtebron laten doorkoken. Uit het vocht nemen en goed laten uitlekken. Voor verdere bereiding zie zoetzuur van meloen (blz. 443) vanaf •.

Inmaak in alcohol

500 g rozijnen
½ liter water
± 3 cm pijpkaneel
300 g suiker
¾ liter brandewijn (van ± 40% alcohol)
1 glazen stopfles met stop

Boerenjongens

De rozijnen ontdoen van steeltjes, wassen en laten wellen (± 20 minuten) in het water met de pijpkaneel. De suiker in het vocht oplossen, laten afkoelen; de brandewijn toevoegen. • De stopfles en de stop wassen met kokendheet sodawater; naspoelen met kokendheet water, laten afkoelen en vullen met de boerenjongens. De fles sluiten en ten minste 3 maanden laten staan.

350 g gedroogde abrikozen
½ liter water
citroenschil
400 g suiker
¾ liter brandewijn (van ± 40% alcohol)
1 glazen stopfles met stop

Boerenmeisjes

De abrikozen wassen, 24 uur laten weken in het water met de citroenschil en gaarkoken in het weekwater (± 20 minuten). De suiker in het vocht oplossen, laten afkoelen; de brandewijn toevoegen. Voor verdere bereiding zie boerenjongens (vorig recept vanaf •).

een aardewerken of glazen pot met deksel
per kg verse, gave vruchten* (bijvoorbeeld aardbeien, kersen, perziken, aalbessen)
1 kg suiker en ± ¾ liter rum (53%)

Vruchten op rum, Rumtopf

De pot en het deksel wassen met kokendheet sodawater en naspoelen met heet water. De vruchten wassen, laten uitlekken, schoonmaken en in de pot leggen, laag om laag met de suiker. Zoveel rum op de vruchten schenken, dat de vruchten onderstaan. Bij voorkeur de vruchten op rum de eerste weken in de koelkast bewaren en minstens 6 weken laten doortrekken.

** Druiven zijn minder geschikt, daar de schil hard wordt.*

Dagelijkse en feestelijke maaltijden, tussenmaaltijden en dranken

Voldoende variatie in de samenstelling van de maaltijden verhoogt de voedingswaarde en draagt bij tot het behoud van de gezondheid. Het gebruik van voedingsmiddelen die rijk aan vezelstoffen zijn, verhoogt de verzadigingswaarde van de maaltijden, waardoor er minder snel weer eetlust ontstaat. De combinatie van smaak, kleur en consistentie bepaalt in hoge mate de *genotswaarde* van de maaltijden, waardoor de eetlust gestimuleerd wordt.
De samenstelling van de maaltijden hangt mede af van de dagelijkse bezigheden. Wie veel spierarbeid moet verrichten (of sterk groeit) heeft grotere en zwaardere maaltijden nodig dan wie zittend werk heeft.

Ontbijt

Uit voedingskundig oogpunt is het gebruik van een ontbijt noodzakelijk, onder andere om het bloedsuikergehalte en daarmee ook het concentratievermogen op peil te houden. Overslaan van het ontbijt wordt dus afgeraden, temeer daar men later bij een hongerig gevoel naar (zoete/vette) snacks grijpt, die de gezondheid niet bevorderen.

Traditioneel ontbijt	**Te vervangen door/uit te breiden met**
bord pap	yoghurt of kwark, cereals, müsli, drinkontbijt
(bruin)brood	knäckebröd, beschuit, (stok)brood, krentenbrood
kaas of ei	vleeswaren, visconserven
jam	honing, stroop, marmelade
thee	melk, koffie, vruchtensap
fruit, (vrucht)groenten	vers, compote, fruitsalade, tomaat, rauwkost

Brunch

(zie ook koude gerechten voor brunch/lunch, blz. 34-36 en warme gerechten voor brunch/lunch, blz. 54-69)

Een maaltijd die tegelijk een (laat) ontbijt en een (vroege) lunch vervangt. Het aantal gerechten waaruit men kan kiezen is groter dan bij het ontbijt. Een uitgebreide brunch wordt ook wel in de vorm van een buffetmaaltijd gegeven (zie blz. 37-39).

Extra's:	verschillende broodsoorten of broodvervanging meer soorten hartig en zoet beleg.
Koude gerechten:	salade, rauwkost.
Warme gerechten:	warme eier-, vlees- of visgerechten, soep of snacks (zie ook bij Koffietafel (lunch) blz. 446).
Drank:	koffie, thee, vruchtensap, frisdrank, wijn (champagne).

Koffietijd

In de loop van de morgen, al of niet vergezeld van een koekje. Bij feestelijke gelegenheden: cake, gebak of een café-complet (zie thé-complet blz. 446 en 447).

11-uurtje (mid-morningsnack)

Dit is nodig voor de opgroeiende jeugd (in de pauze) en voor werkers met zware spierarbeid. Het bestaat bij voorkeur uit een dubbele bruine boterham met hartig beleg (eventueel gecombineerd met komkommer of een blad sla) of uit een vrucht. Het is aan te bevelen ook melk of een melkproduct te gebruiken.

Lunch (koffietafel)

(zie ook koude gerechten voor brunch/lunch, blz. 34-36 en warme gerechten voor brunch/lunch, blz. 54-69).

Kenmerkend voor ons land is de koffietafel tussen de middag (± 12.30 uur). De koffietafel doet denken aan een uitgebreid ontbijt. Naast verschillende broodsoorten, broodvervangingen en meer soorten beleg kan als extra gegeven worden:

- een kop soep en/of
- een warm lunchgerecht, bijvoorbeeld omelet, tosti, hamburger, hotdog, kroket, soufflé, quiche, hartige taart, gevuld (stok)brood;
- een koud lunchgerecht, bijvoorbeeld salade, rauwkost.

Lunchpakket

Bestemd voor degenen die een korte pauze tussen de middag hebben. Aanbevolen wordt:

- de boterhammen niet te dik te snijden;
- hartig beleg samen met een blad sla of komkommerschijven tussen het brood te leggen;
- als zoet beleg hagelslag of speculaas te nemen (beleg dat niet in het brood trekt);
- brood met verschillend beleg apart te verpakken;
- het brood in een trommeltje te verpakken, dit voorkomt platdrukken;
- gemakkelijk te schillen fruit toe te voegen (apart verpakt);
- eventueel een drank mee te nemen in een goed sluitende beker.

Warme lunch *(zie ook warme gerechten voor brunch/lunch, blz. 54-69)*

Gegeven bij een feestelijke gelegenheid (bijvoorbeeld verjaardag, reünie) of als onderdeel van een zakelijke bespreking. Het kan de warme maaltijd 's avonds vervangen. De menusamenstelling kan gelijk zijn aan die van een uitgebreide warme maaltijd (blz. 448). De gerechten mogen niet te 'zwaar' zijn.

Theetijd

Een kopje thee wordt in de loop van de middag gegeven. Men kan een pot thee zetten van 'losse' groene of zwarte thee in een thee-ei of van 4-grams theezakjes. Ook kan men, om aan de persoonlijke smaak te voldoen, verschillende smaken 1-kops zakjes aanbieden en een schoteltje voor het natte zakje. Er is keuze in verschillende soorten zwarte thee, alsook thee met onder andere vruchten- en kaneelsmaak. Bij de thee wordt suiker en melk gegeven en naar keuze chocolaatjes, biscuits of koekjes.

Uitgebreide thee, thé-complet, afternoontea (ook wel 'high tea' genoemd)

Hierbij worden verschillende smaken thee geschonken en zowel zoete als hartige hapjes gegeven, waaronder sandwiches, scones en/of muffins. Vaak 7 à 8 onderling verschillende soorten hapjes.

Enkele voorbeelden

petit fours	roomsoesjes	(marmer)cake
chocoladetruffels	marsepein	bonbons
hemhuttertjes	Arnhemse meisjes	kletskoppen
zoute amandelen	kaaskoekjes	studentenhaver
scones met room en jam	muffins	mince-pies
kleine saucijzenbroodjes	bitterballen	pasteibakje met ragout
open sandwiches	smørrebrød	sandwiches

Dagelijkse warme maaltijd

De warme maaltijd moet een groot deel van de voedingsstoffen bevatten die men dagelijks nodig heeft om gezond te blijven. Daarom dient men naast aardappels en (verse) groenten steeds in een maaltijd te geven: vlees of vis of ei of kaas of een plantaardige eiwitbron, bijvoorbeeld tahoe, tempé, quorn; in plaats van aardappels kan men granen (rijst, gort), graanproducten, pasta's of peulvruchten geven. In dat geval wordt aanbevolen het gemis aan vitamine C uit de aardappels aan te vullen door die dag zeker rauwkost of vers fruit te gebruiken. In plaats van een nagerecht kan vooraf soep gegeven worden.

Voorbeelden van verantwoorde warme maaltijden (2-gangen)

A	*Stamppot*	stamppot van rauwe andijvie met gebakken kaas
	Nagerecht	gevulde beschuitbollen met rabarbermoes
B	*Gemengd gerecht*	Irish Stew
	Nagerecht	sinaasappel
C	*Roerbakgerecht*	kipfiletreepjes, gemengde salade, pasta
	Nagerecht	yoghurtvla
D	*Dikke soep*	Peulvruchtensoep (maaltijdsoep)
	Nagerecht	Appel(koekjes)

E	*Soep*			*groentesoep*
	Vlees of	vis ei kaas tahoe/tempé	gebakken tahoe of tempé	gestoofde vis
	Groente of	gekookte of als salade	andijvie	bietjes
	Aardappels of	granen graanproducten pasta peulvruchten	aardappels	rijst
	Nagerecht		chocoladevla	

Uitgebreide warme maaltijd

Deze bestaat uit minimaal 3 gangen en kan uitgebreid worden met een tweede groente, salade of compote. Voor de volgorde van de gerechten (zie uitgebreid diner blz. 453).

Voorbeeld

MENU		MENU
Tomatensoep	Soep of voorgerecht	Krabcocktail
*	*	*
Rosbief	Vlees, gevogelte of vis	Kip
Snijbonen Gemengde salade	Groente en rauwkost of compote	Venkel Abrikozencompote
Aardappels	Aardappels	Gebakken aardappels
*		*
Vanille-ijs met kersensaus	Nagerecht	Schuimige karamelvla

Souper

Een souper wordt in de late avonduren gegeven, bijvoorbeeld na theaterbezoek en bestaat uit enkele lichte gerechten in een kleinere hoeveelheid dan bij een diner.

Voorbeeld

MENU	**A**	**B**	**MENU**
Kop bouillon	Bouillon	Koud voorgerecht	Italiaanse sla
*	*	*	*
Garnalensoufflé	Warm voorgerecht	Bouillon	Kop kippenbouillon
*	*	*	*
Chaudfroid van kip	Koude schotel	Warme schotel	Mixed grill Perzikcompote
*	*	*	*
Kaasschotel	Nagerecht	Nagerecht	IJs met warme chocoladesaus

Maaltijden met 'zelfwerkzaamheid'

Raclette

Van een vette, harde kaassoort wordt aan tafel boven een speciaal racletteapparaat (oorspronkelijk boven open vuur) een laagje gesmolten en meteen afgeschraapt (zie blz. 126). Geven met bijvoorbeeld in de schil gekookte aardappels en tafelzuur.

Kaasfondue
Een gesmolten kaas-wijnmengsel waarin blokjes brood gedoopt worden (zie blz. 127). Geven met bijvoorbeeld stukjes (stok)brood, ananas en gember.

Vleesfondue
Stukjes mals vlees die door de tafelgenoten in een voor de helft gevulde pan hete olie (fondue bourguignonne, zie blz. 159) of in hete, 'sterke' bouillon (fondue chinoise, zie blz. 181) worden verhit. Geven met bijvoorbeeld stokbrood, sauzen en rauwkostgerecht.

Gourmetmaaltijd, steengrill
Kleine vleesgerechten (biefstukjes, minivinken), kip-, visfilets, plakken kaas en vleeswaar, paddenstoelen, ringen ui, prei, paprika et cetera worden per persoon in een kleine koekenpan op een speciaal tafelkomfoor of steengrill gebakken. Geven met bijvoorbeeld stokbrood, sauzen en rauwkostgerecht.

Barbecue
Vlees, en /of vis (eventueel vooraf (half)gaar gemaakt), bestreken met olie of een pittige saus, worden op of tussen een rooster boven een gloeiend (houtskool)vuur geroosterd. Geven met bijvoorbeeld stokbrood, sauzen en rauwkostgerecht (zie ook barbecuen blz. 12).

Aanwijzingen voor de feestelijke maaltijd of het huiselijk diner

Voor een geslaagde feestmaaltijd allereerst: *een goed doordacht plan!*
(Uitnodigingen 2 à 3 weken van tevoren versturen.)

1 Een keuze maken uit een van de volgende *menuschema's,* rekening houdend met:
- **a** beschikbare tijd voor en eventuele hulp bij het koken, serveren en afwassen;
- **b** grootte van kooktoestel, keuken en koelruimte; hulpmiddelen (mixer, grill);
- **c** aanwezig serviesgoed en dergelijke (eventueel huren).

2 Bij de keuze van de *gerechten* rekening houden met:
- **a** de gelegenheid, die aanleiding is voor het diner;
- **b** het beschikbare geld (voor uitgebreide maaltijden een begroting maken);
- **c** de tijd van het jaar;
- **d** de afwisseling in smaak, kleur, consistentie, grondstof en manier van bereiden;
- **e** de onder 1 genoemde factoren.

3 Een goede *bestellijst* maken:
- **a** van alle ingrediënten, die *van tevoren* ingekocht kunnen worden (inclusief dranken);
- **b** van alle ingrediënten, die *op de dag* van de maaltijd in huis moeten komen.

4 Voor zeer uitgebreide maaltijden van tevoren een *werkindeling voor* elke medewerker maken:
- **a** de werkzaamheden vooraf;
- **b** de werkzaamheden tijdens en na de maaltijd.

Bij *elk diner dient een juist evenwicht te heersen* tussen de drie onderdelen: inleiding, middenstuk en slot (zie schema groot diner blz. 453). Deze bestaan uit gangen. Een gang bestaat uit een of meer gerechten, die *tegelijk* worden opgediend, waarbij de smaak per gang van licht naar meer uitgesproken dient op te lopen. Het middenstuk mag het grootste aantal gangen bevatten. De gangen van inlei-

ding en slot behoren minder uitgebreid te zijn dan die van het middenstuk. Het slot (nagerecht) kan bestaan uit vla, pudding, ijs, gebak, fruit of kaas.
De 'staart' (koffie) wordt niet meegerekend bij het slot en dit is dus géén gang. Licht verteerbare en eetlustopwekkende gerechten gaan voorop in het menu. Menu's met 7 of meer gangen worden zelden gegeven. In zo'n geval kan voor de laatste gang van het middenstuk een pauze ingelast worden door het geven van bijvoorbeeld een spoom. Bij een 4-gangendiner kan na de tweede gang en bij een 6-gangendiner na de derde gang een spoom gegeven worden.

Wijnkeuze bij de feestelijke maaltijd

Meestal wordt (worden) een of twee wijnen gekozen in overeenstemming met het menu. Lichte wijnen gaan vóór de volle of krachtige. Droge (niet-zoete) wijnen vóór de min of meer zoete. Champagne is de enige wijnsoort die men bij alle gangen kan geven (zie ook wijnen blz. 420-421).

Koud voorgerecht:	frisse wijn (niet zoet of mousserend)
Soep:	geen wijn
Warm voorgerecht:	lichte droge witte wijn of rosé
Hoofdgang met vis:	half droge wijn
Hoofdgang met (licht) vlees (en eventueel vruchten):	lichte rode wijn of rosé
Hoofdgang met donker vlees of wild:	volle of krachtige rode wijn
Kaasplank:	krachtige rode wijn of port
Zoet dessert:	zoete (dessert)wijn of champagne
Koffie:	likeur of cognac

Feestelijke maaltijd of huiselijk diner

Kan als volgt zijn samengesteld:

MENU

Russische eieren
*
Aspergesoep
*
Kalfsoesters
Tuinboontjes
Witlofsalade
Aardappelsoesjes
*
Aardbeienroomvla

Juni 20..

A		B
Koud voorgerecht	of	Soep
		*
Soep		Warm voorgerecht
Vlees, vis		Wild, gevogelte
Groente		Groente
Tweede groente		Salade, compote
Aardappelgerecht		Pasta of rijst
Nagerecht		Nagerecht
Koffie		Koffie

MENU

Broccolisoep
*
Gevulde tomaten
*
Hazenpeper
Spruitjes
Cranberrycompote
Rijst
*
Meloen in coupes

November 20..

Tips bij het dekken voor een meergangendiner

Per persoon rekent men op ± 60-65 cm plaatsruimte en let erop dat niemand voor een poot van de tafel zit. Indien meer tafels nodig zijn, deze in T-vorm of in hoefijzervorm plaatsen, zodat de gasten elkaar kunnen zien. (Tafelruimte kan men creëren met behulp van schragen en bijvoorbeeld gladde (kamer)deuren.) Een wit (vlekvrij en goed gestreken) tafellaken past bij elk servies. Een molton onder het tafellaken laat de plooien beter wegstrijken, voelt zachter aan en zorgt dat eventueel gemorste drank niet zo snel uitloopt.

Volgorde

(Onder)bord(en)

- 1 cm van de tafelrand plaatsen;
- een onderbord staat feestelijk en maakt het mogelijk om diner- en soepborden voor te warmen;
- in plaats van een onderbord kan een (groot, plat) dinerbord genomen worden, waarop het bord voor de eerste gang geplaatst kan worden;
- na het hoofdgerecht komen de dessertborden op tafel.

Bestek

- tegen de rand van de tafel in de volgorde van de verschillende gangen (voor elke gang een apart bestek) *van buiten naar het bord toe leggen*;
- alle vorken links van het bord;
- alle messen (snijkant naar het bord) *en* de soeplepel rechts van het bord;
- het bestek voor het dessert boven het bord.

Broodbordje

- het broodbordje met het mesje erboven links van het bord, boven de vorken.

Glazen

- de glazen rechts boven het bord in de volgorde van de te schenken dranken, het 1e glas (eventueel waterglas) het meest rechts, links daarnaast het 2e en 3e glas iets schuin oplopend.

Servetten

- de (linnen)servetten links van de vorken leggen of op het bord.

Opschepmateriaal

- bij de gastvrouw of (bij een groot gezelschap) verspreid over de tafel.

Extra aanwijzingen

- lage kandelaars en kaarsen of waxinelichtjes gebruiken;
- lage, niet te sterk geurende bloemen;
- (meerdere) peper- en zoutvaatjes;
- (meerdere) botervlootjes;
- tafelindeling: partners bij voorkeur niet naast elkaar; zo mogelijk vrouw, man om en om eventueel vrije keuze laten aan de gasten;
- serveerregel: warme gerechten op warme borden serveren. Links opdoen, rechts afnemen.

Bestek voor één persoon bij een 6-gangenmenu.
Per gang van buiten naar binnen:
a klein bestek voor koud voorgerecht
b grote soeplepel
c visbestek voor warm visvoorgerecht
d groot bestek voor hoofdgerecht

Boven het bord is gedekt voor het nagerecht:

- kleine lepel voor pudding of ijs;
- fruitvorkje + mesje voor vrucht.

Boven de vorken: broodbordje + mesje.

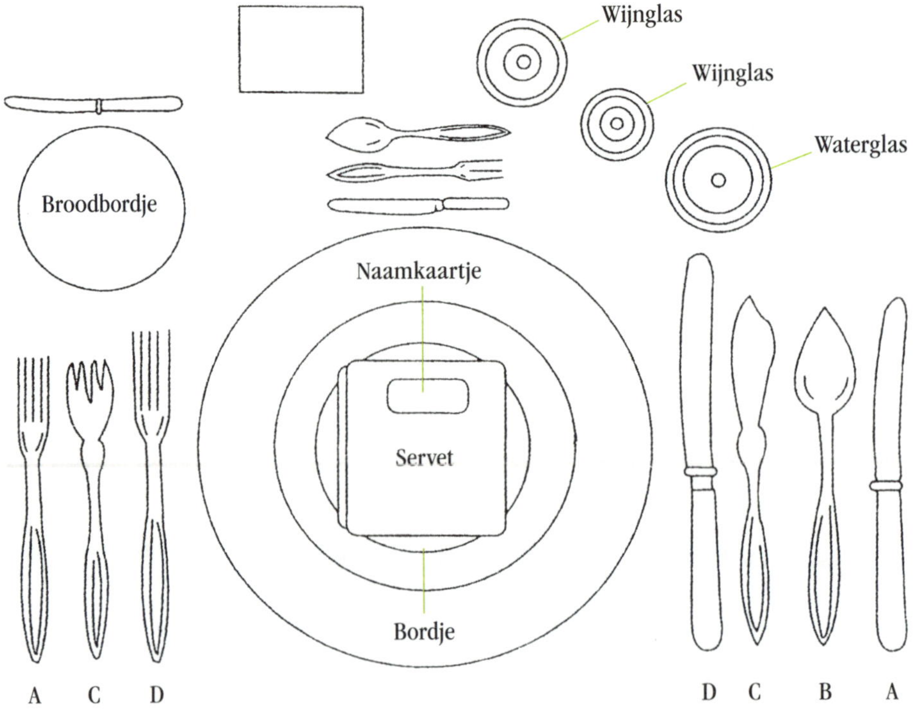

Uitgebreid diner

Wordt tegenwoordig slechts bij hoge uitzondering gegeven. Dit voorbeeld dient om de volgorde van de gerechten bij een (feestelijke) maaltijd of huiselijk diner te bepalen. Bij een 3-gangenmaaltijd kiest men uit elk onderdeel van inleiding, middenstuk en slot één gerecht. Bij een 4- of meergangendiner kan men kiezen uit méér gerechten per onderdeel in de aangegeven volgorde.

Inleiding
(Voorgerechten)

Koud voorgerecht
(Droge champagne)
–
Soep
–
Warm voorgerecht
–

Middenstuk
(Hoofdgerechten)

Gekookte vis
(Halfdroge witte wijn)
–
Vlees
Groente
Aardappelgerecht
(Lichte rode wijn of rosé)
Groenteschotel
–
Pauze met spoom
–
Wild of gevogelte
–
Compote
(Volle rode wijn)
–

Slot
(Nagerechten)

Pudding en/of ijs
(zoete (dessert)wijn of champagne)
–
Gebak
–
Fruit
–
Kaasschotel
(Krachtige rode wijn of port)

Staart
(is dus géén gang)

Koffie-likeur/cognac
Bonbons

Diner ter ere van
het 150-jarig bestaan
Firma 'Neerlandia'

MENU

Verschillende koude voorgerechten
-
Ter keuze:
Fijne groentesoep
Heldere ossenstaartsoep
-
Ragoutschelp
-
Warme schotel van tongfilets
Kappertjessaus
-
Tournedos Rossini
Peultjes
Aardappelsoesjes
-
Champignons met roomsaus
-
Frambozenspoom
-
Eend
-
Sinaasappelcompote
-
Nesselrodepudding
-
St.-Honorétaart
-
Fruit
-
Kaasschotel
-
Koffie-cognac
Bonbons

Ontvangsten en recepties

Zie ook koude gerechten voor amuses/borrelhapjes blz. 20-27 en warme gerechten voor borrelhapjes blz. 47-50.

Aperitief

Zie ook aperitiefwijn blz. 420.
Een aperitief wordt minimaal een halfuur voor een diner (maaltijd) gegeven. Men presenteert zoutjes, noten, radijsjes, plakken komkommer en /of kaas (zwaardere snacks kunnen de eetlust wegnemen). In plaats van alcoholhoudende dranken kunnen vruchtensappen en frisdranken geschonken worden.

Bittercomplet

Hierbij worden behalve sterke drank (cocktails) ook aperitiefwijn, bier, vruchtensap en frisdranken gegeven. Daarbij koude en /of warme gerechtjes geven die zoveel mogelijk met een prikker in één hap genuttigd kunnen worden, of een kaasplank met crackers.

Voorbeelden

a	b	c
paté op komkommer	hartige gevulde soesjes	ham- of tongrolletjes
kaasblokjes met gember	kipsalade in piebakjes	zalmsalade in deegbakjes
zoute amandelen	(cashew)noten	zoute koekjes
mosselprikkers	nieuwe haring	paling op toast
smørrebrød	stokbrood met tapenade	bruschetta
punten quiche	warme baconprikkers	bitterballen

Buffetmaaltijd (koud buffet, 'lopend' buffet), smörgåsbord

Zie ook koude gerechten voor koud buffet, blz. 37-39.

Een buffetmaaltijd is geschikt bij ontvangsten (bijvoorbeeld recepties) en als aan veel personen een maaltijd wordt aangeboden en daarvoor weinig ruimte beschikbaar is. De maaltijd bestaat meestal hoofdzakelijk uit koude gerechten, soms ook enkele warme (bijvoorbeeld soep of ragout). Niet iedereen hoeft een zitplaats te hebben. Zorg wel voor voldoende (hoge) tafels om iets te kunnen neerzetten en zithoekjes voor hen die dat nodig hebben (bijvoorbeeld ouderen). Doordat men niet aan een vaste plaats gebonden is, is de sfeer wat informeler dan bij een diner, men maakt sneller contact. Het Zweedse buffet (smörgåsbord) werd oorspronkelijk aan gedekte tafels genuttigd.
Gerechten die door ieder gemakkelijk zelf afgenomen kunnen worden, staan klaar op een 'buffet', meestal gevormd door enige (aaneengesloten) tafels (soms met een verhoging). Bij het opstellen moet rekening worden gehouden met de looprichting. Aan het begin staan borden en bestek (vaak in servet gewikkeld). Daarna de opgemaakte schotels (eerst de koude, daarna de warme gerechten) met daarbij (stok)brood, crackers en dergelijke. Aan het eind staan glazen met verschillende dranken. De nagerechten (bijvoorbeeld pudding of ijs, gebak, fruit, kaasplank) worden meestal klaargezet op het laatst, als de andere schotels zijn afgeruimd. Soep wordt in koppen opgedaan en soms geserveerd. Bij de keuze van de gerechten moet rekening worden gehouden:

- met variatie in bijvoorbeeld grondstoffen, smaak, kleur, consistentie (zie bij koude gerechten blz. 18-19);
- dat de gerechten gemakkelijk op te scheppen en te consumeren zijn.

Voorbeeld van een buffetmaaltijd:

Kop bouillon of soep	tomatenbouillon of avocadosoep
Koude schotels	graved lachs of Hollandse nieuwe haring
	garnalen- of zalmsalade
	gevulde eieren of chaudfroid van eieren
	plakken koude rosbief en parmaham
	paté met cranberrysaus
	waldorfsalade of broccolimousse
	crudités met koude saus
Warme schotels	kalfsvleesragout of hartige gevulde flensjes
	warme beenham met Cumberlandsaus of honing/tijmsaus
Nagerechten	aardbeienbavarois of -ijs
	penséetaartjes
	vruchtensalade
	kaasplank
Koffie of thee	koffievariatie en thee in diverse smaken

Register

A

c

G

H

I

J

K

n

O

P

S

T

U

V

W

Y

Z